Nietzsche Werke

尼采全集

第1卷

[德]弗里德里希·尼采 著 杨恒达 等 译

悲剧的诞生
不合时宜的思考
1870—1873年遗稿

中国人民大学出版社
·北京·

总　序

尼采在当代中国的意义

弗里德里希·尼采（Friedrich Nietzsche，1844—1900）在当代中国也许是最著名的西方哲学家之一。尼采传入中国至今已百年有余，经历过多次的“尼采热”，影响广泛而深远，且经久不衰。现在，尼采的主要著作大多有好几个中文译本，拥有的读者不计其数。这种情况在其他西方思想家那里实属少见。

为什么尼采在当代中国受到如此厚爱？尼采对 20 世纪欧美一大批重要哲学家、思想家产生过重大影响，进而影响到中国思想界，这当然是重要原因之一。然而，更重要的是，中国的文化背景、人文环境、思维方式、具体的当代历史语境等，都对尼采在中国的广泛传播具有一种特殊的需求。

尼采不同于西方传统哲学思想家的地方在于，他挑战了形而上学的思维方式。海德格尔通过对尼采长期深入的研究而认识到这种挑战的价值。他认为，尼采所说的“上帝死了”，是宣布了西方自柏拉图以来的形而上学传统及其所形成的一切价值和观念的死亡。形而上学传统正是尼采“对一切价值的重估”努力中所要翻转的东西，因为形而上学传统所培育起来的理性精神和它自己形成的一套价值观念发生了不可调和的矛盾冲突，道德的“绝对命令”最终只能求助于信仰的飞跃，因此尼采要重估一切价值，连同其源头一起加以翻转。然而，海德格尔认为，尼采将一切都归结于强力意志是试图从超感性的形而上学世界里走出来，却最终还是陷在这个世界里。其实，海德格尔也未必没有陷在这个世界里，正如他自己所说："形而上学之本质的完成在其实现过程中可能是很不完善的，也无需排除以往的形而上学基本立场的继续存在。对不同形而上学基本立场以及它们个别的学说和概念的清算还是有可能的。"① 尼采的挑战和海德格尔的这种清算是意义十分深远的，使人们从对理性的非理性式的执迷不悟中，从对离实践和具体认识对象越来越远的逻各斯中心主义的迷恋中惊醒过来。

当尼采进入中国思想家视野的时候，正是西方的形而上学思维方式伴随启蒙思潮涌入中国之际。但是，西方的启蒙思想到了中国这块土地上，却发生了启蒙的初衷所始料未及的变异。自从传教士在中国办学以来，尤其是1905年中国取消科举制度、开始普遍引入西方教育体制以来，西方启蒙思想被大量贯穿到学校教育中，在青年学生和一些开明的中年知识分子中培养了一批对西方文化有好感的新文化倡导者。但是，由于当时中国保守势力的强大，启蒙思想的传播并不十分顺当。阻力越大，这些新文化倡导者就越是针锋相对。保守势力尊奉儒教，他们便一定要打倒孔家店，还将中国的贫穷落后、国力衰败、民族耻辱统统归罪于儒家和尊孔，进而将启蒙与民主兴国、救亡图存等联系起来。正如李泽厚先生所说："所有这些就并不是为了争个人的'天赋权利'——纯然个体主义的自由、独立、平等。所以，当把这种本来建立在个体主义基础上的西方文化介绍输入，以抨击传统打倒孔子时，却不自觉地遇上自己本来就有的上述集体主义的意识和无意识，遇上了这种仍然异常关怀国事民瘼的社会政治的意识和无意识传统。"②

西方形而上学思维方式作为启蒙理性的一个重要组成部分在传入中国时，遇到同样的问题。形而上学的思维方式尤其被用来作为演绎社会

---

① [德] 马丁·海德格尔著，孙周兴译：《尼采》（下卷），833页，北京，商务印书馆，2003。

② 李泽厚：《中国现代思想史论》，6页，北京，三联书店，2008。

政治概念的工具，也许演绎过程本身是合乎理性的，而前提却是由某种宏大叙事式的主义或政治意识形态所先验性地预设的。本来一些中性的概念和术语，由于带有一定感情色彩或信仰色彩的先验性预设，而成为驾驭演绎过程的霸主，整个演绎过程及其论证可以完全合乎逻辑而不失为高度理性产物，但却仍然是这些霸主的奴隶。久而久之，这种理论和实践相脱离的倾向，这种一味借助工具理性的做法，沉淀为一种文化。

一种文化一旦形成，就很难在短时间内改变，不是一次起义或一场革命就能很快改变的，且不说中国两千多年的帝王专制文化是这样，就是形而上学思维方式加中国特色的社会政治宏大叙事而形成的文化也是如此。

其实，当尼采最初传入中国的时候，新文化运动的倡导者也在倡导语言的改革，这本是一个可以从尼采对语言的真知灼见中悟出其中道理的契机，并从对语言改革的思考中把握当时正在影响中国思想界的形而上学思维方式和逻各斯中心主义的一些重大问题，因为逻各斯中心主义总是在试图寻找一个永恒的中心，一种形而上的本源和绝对的权威，而历来的语言传统正是人们不断进行这种追寻的顽固工具。这就是之所以不少思想家在批判形而上学传统时，却在语言上仍然无法摆脱这种传统影响的原因。尼采也属于这样的思想家。但是，尼采却早在 19 世纪就已经看出了语言上这种问题的倾向。他说："语言对于文化演变的意义在于，在语言中，人类在另一个世界旁建立起了一个自己的世界，一个人类认为如此固定不变的地方，立足于此，就可以彻底改造其余的世界，使自己成为世界的主人。人类长期以来把事物的概念和名称作为**永远真实的东西**来相信，同样也养成了他们借以居于动物之上的那种骄傲：他们真的认为在语言中掌握了关于世界的知识。语言的创造者没有谦虚到了如此地步，乃至于相信他给予事物的只是一些符号，他宁愿认为，他是在用言语表达关于事物的最高知识。"① 从这段话里，我们不仅看到

---

① ［德］尼采：《人性的，太人性的》（德文版），见《评注版尼采全集》，第 2 卷，30 页，德语袖珍书出版社（dtv），1999。

尼采对西方语言，对逻各斯中心主义式的思维方式的质疑，而且听得出他对人将自己置于世界主人或世界中心地位的做法感到不屑的口气。但是当时中国语言改革的倡导者并未注意尼采在这方面的先见之明，只是致力于让语言更好地发挥工具理性的作用，让更多的中国人更容易接受启蒙“真理”的教育，进而参与对旧文化、旧传统的批判，尼采也只是作为传统的彻底叛逆者的形象进入到新文化倡导者的视野中。

然而，尼采在这里所说的关键，是知识的真实性问题，也是我们是否能用概念和名称一成不变地把握认识对象的问题。按照尼采的看法，用相对固定或稳定的概念和名称去把握在动态中瞬息万变的认识对象，是不可能具有恒定真实性的，这由人本身的局限性所决定。形而上学思维方式依靠概念进行演绎，当然会离真实性越来越远。而中国学界一般都将这样的真实性（德文中的 Wahrheit 或英文中的 truth）翻译成“真理”，从而倾向于把真实性理解为“真实的道理”。这实际上又使形而上学思维方式的局限性在中国文化中成为必须隐讳的东西。当尼采质疑 Wahrheit 的时候，虽然他实际上是在怀疑人们对事物的认识是否会有恒定的真实性，但中国人也许会认为他大逆不道，竟然怀疑真理的存在。尤其是，中国人唱的《国际歌》歌词中，有一句“要为真理而斗争！”可是，如果你通读法、英、德文的《国际歌》歌词，你会发现根本找不到中文翻译成“真理”的这个词（法文中是 verité，英、德文中如前所注），这是因为在西方语言中，这个词并无“道理”的含义在内，只是强调真实性而已。从这一点可以看出，文化差异对形而上学思维方式的影响，而且进一步说明尼采对形而上学思维方式的挑战在当代中国具有更为深刻的意义。

尼采将形而上学的局限性归结为人的局限性，从某种意义上讲，也是要引起人们对文化问题的关注。人通过文化而掩盖了人自己的局限性，将弱点美化为优点。人的生命和活动范围、感觉器官、大脑皮层的有限，决定了人类的认识能力无法穷尽无限丰富的世界。由于在封闭环境下形成的文化心态，人们往往会把自己的一孔之见当成对整体事物的全面看法，从而养成从单一视角以偏概全地看问题的习惯，最终把自己当成了世界的尺度，无限拔高了自己。最可怕的是把对世界、对事物的肤浅、片面、有限、不求甚解的认识当成了“真理”，以不可质疑的权威强加于人。中外历史上由此而引起的冲突、迫害、杀戮、战争还嫌少吗？曾几何时，“人定胜天”的口号在中国激动了多少人的心弦，甚至大腕科学家都为之呐喊，为之论证，但结果如何呢？

尼采对人的局限性的思考可以为处于东西方文化碰撞中的当代中国思想界提供有益的借鉴。为了避免人性的弱点，尼采用“超人”理念，用“视角论”（Perspektivismus）和系谱学的方法，来弥补形而上学思维方式在真实性方面的不足。

尼采认为：“就‘认识’一词有其意义而言，世界是可认识的：但是它可以有不同解释，支撑它的不是一种意义，而是无数种意义。——‘视角论’。”① 也就是说，如果我们认为世界是可认识的，那也只是以“认识”一词的最低限度意义为基础的，但是认识是无法穷尽世界的，我们只能通过多视角看问题来减弱片面性。所以，“视角论”的意义在于，在对事物本质加以界定的实践难以避免的情况下，不要过于执著于这样的界定，而应该尽量寻找更多的视角。这关涉到我们的教育机构如何处理好入门教育和深入引导的关系。在入门教育时，对事物本质加以界定的实践是难以避免的，但是这样的实践一经完成，即应该转入新的实践，让学生多视角看问题，接触更多信息，培养批判性思维的能力。我们常常会问，我们现在如此重视教育，为什么没有培养出大师级的人才呢？因为我国目前的应试教育体制不可能培养出具有独立思考精神和批判性思维能力的人才，当然更谈不上大师级人才了。这从尼采对当时德国教育机构的批评中可以得到一定的启发。他认为：“在当今为最广泛的大众设置的教育机构中，恰恰是那些使成立教育机构有意义的出类拔萃的学生感到得到的促进最小。”② 他还认为：“人们肯定也可以从大量教师中看

---

① 《三卷本尼采著作》（德文版），第 3 卷，903 页，卡尔·翰泽尔出版社，1956。

② ［德］尼采：《论我们的教育机构的未来》（德语版），见《评注版尼采全集》，第 1 卷，697 页，德语袖珍书出版社（dtv），1999。

到精神上的危急状态的一个主要原因：由于教师的原因，人们学的东西这么少，这么糟糕。”① 尼采把教师称作“一种必然的恶”，这是因为正是教师在尼采所说的那种教育机构中灌输给学生有限的视角和狭隘的视野，并以引导对真理和高尚情操的追求的表率者的面目出现，而实际上，他们却还是要像商人一样在“生产者那里尽可能降低价钱，在消费者那里尽可能提高价钱，以便从两者尽可能大的损害中得到好处”②。尼采对教师的这种尖锐指责，其实倒并不是针对教师这个职业，而是指出了教师角色在这样一种教育机构中必然面临知识灌输和批判性思维能力培养的矛盾。这样的教育机构作为形而上学传统的培育基地，当然要受到激烈反对形而上学传统的尼采的强烈攻击。尼采对德国教育机构的批评，实际上也切中了我国当前教育体制的弊病，值得我们的教育机构和教师、家长很好地加以思考。

运用“视角论”的方法可以减少认识上的片面性，然而现在处于信息社会，信息铺天盖地而来，我们如何进行判断呢？

尼采虽然没有经历我们现在的信息社会，但是他很清楚人喜欢从对自己有利的视角获取信息，而且人也有惰性，喜欢止于人自己方便接近的视角。这些都是人性的弱点，应该努力加以克服，所以尼采的查拉图斯特拉要教人做“超人”，也就是要超越人自己的局限性，置身事外，超善恶，这样才能在“视角论”的指引下接近认识的真实性。按照孔子的说法，就是“诚则明”。而且孔子十分智慧地说明了“诚”与“明”的互动关系：“诚则明矣，明则诚矣。”（《中庸》）对于尼采来说，达到“超人”的境界需要有查拉图斯特拉式的修炼，需要有海纳百川的胸怀：因为人是一条不洁的河，只有成为大海，才能不遭污染，也就是摆脱人性的弱点。在孔子看来，诚意和正心都是和修身紧密关联的。

有人可能认为尼采提倡的是快乐哲学，将他和孔子的道德哲学相提并论，似乎很不合适。其实尼采挑战当时的道德法则，要求重估一

---

①② ［德］尼采：《人性的，太人性的》（德语版），见《评注版尼采全集》，第2卷，677页。

切价值，意在攻击虚伪的伦理道德，他认为这是基督教文化中的伪善一面所致，所以他对认识的真实性、道德的真实性的追求是无可非议的，尽管他怀疑恒定的真实性，只是试图努力去接近这种真实性。将他和孔子相提并论仅仅是为了说明，在对知识、道德、价值等问题的看法上，不同文化背景的民族和个人实际上都存在着对话和交流的平台。

实际上，尼采对虚伪道德的抨击是击中道德问题的要害的。当道德成为特权阶层和拥有话语权的人用来约束别人、对付别人的专用武器时，便必然显示出它的虚伪性。基督教文化受到尼采的抨击，是因为它的博爱精神与社会中的残酷现实反差太大。孔孟在中国的新文化运动中遭到猛烈冲击，也是因为他们被专制主义者用来作为掩盖他们巧取豪夺丑陋行为的美好面具。

尼采对虚伪道德的批判并没有停留在浅层次上，他同样是将其纳入到他对形而上学思维方式的挑战上。尼采反对把道德变成一门可以演绎的、理性的、必然的科学。在这样的“道德科学”面前，尼采针锋相对地提出了“道德系谱学”，把关于伦理学的探讨引入完全不同的方向。这同福柯后现代主义地对道德与权力，对犯罪、惩戒、性变态等进行系谱分析的出发点是一致的，这就是试图避免那种一味追求起源、目的和本质，只注重简单的因果关系，忽视事物中、人的自我中多元共生的复杂关系的形而上学倾向。正如学者所指出的那样：“福柯将他的《性史》描绘成现代自我的系谱学，德里达则把他的大部分学术研究说成是‘重复了道德系谱学’；两人都求助于尼采的实践和范例。”① 尼采提出的“道德系谱学”可以避免形而上学思维方式在认识的真实性、道德的真实性方面的许多问题，可以对形而上学思维方式传入中国以后过于强调工具理性的简单倾向产生积极的影响。

---

① ［美］盖利·夏皮罗：《翻译，重复，命名：福柯、德里达与〈道德系谱学〉》，见克莱顿·柯尔布编：《作为后现代主义者的尼采》（英文版），39～40页，纽约州立大学出版社，1990。

在此首批《尼采全集》著作出版之际，尤其要感谢中国人民大学出版社的领导和编辑人员，感谢他们的积极支持和辛勤劳动。

杨恒达

2011年9月15日于世纪城

目　录

悲剧的诞生

不合时宜的思考

1870—1873 年遗稿

悲剧的诞生

杨恒达 译

一种自我批评的尝试*

1

无论这本成问题的书所依据的基础是什么，它都必然是最具吸引力 11
的第一流问题，而且是一个深刻的个人问题——见证这一点的就是它产
生于其中的那个时代，令人振奋的1870—1871年普法战争的时代，它生
不逢时。当沃尔特①战役的隆隆炮声越过欧洲的时候，将成为本书作者的
那位冥思苦想且好琢磨谜语的人正端坐在阿尔卑斯山的某个角落里，苦
苦思索，琢磨谜语，因而既苦恼，又无忧无虑地记下他关于**希腊人**的种
种想法——这本难懂的奇书的核心。这个迟到的前言（或后记）就是献
给此书的。在记下这些想法的几个星期之后，他自己到了梅斯②城下，还
是始终没有摆脱他给希腊人的所谓“欢乐”和给希腊艺术所打上的问号；
直至最后，到了凡尔赛和谈那个最紧张的月份，他最终也跟自己讲和了，
并慢慢从一场自战场带回家来的疾病中康复过来，断定“悲剧从**音乐**精
神中的诞生”在自己这里最终可以付诸实施了。——从音乐中？音乐和 12
悲剧？希腊人和悲剧音乐？希腊人和悲观主义的艺术品？至今的人类中
最成功、最美、最受嫉妒、最诱惑人去生活的那一类人，希腊人——怎

---

* 这是尼采于1886年为《悲剧的诞生》写的序。

① 德国西南部靠近莱茵河边上的小城，1870—1871年普法战争期间，双方军队在此激战。

② 法国东北部城市，罗马帝国时代建立城堡，1871—1918年期间属于德国。

么了？他们真的**需要**悲剧？还有——艺术？什么是希腊艺术？它们如何诞生？

你由此可以猜到，关于生存①价值的大问号是在何处。悲观主义**必然**是毁灭、衰落、失败、疲惫衰微本能的标志吗？——就像它在印度人那里的情况一样？就像它外表看来在我们这些“现代”人、欧洲人这里的情况一样？有没有一种**强者的**悲观主义？由于安康，由于漫溢的健康，由于生存的**充裕**而对生存中艰难、恐怖、险恶、成问题的东西有一种理智的偏爱？也许有一种过度充裕本身造成的痛苦？一种最敏锐洞察力的跃跃欲试的勇气？这种目光**渴望**着可怕的东西，有如渴望敌人，渴望尊贵的敌人，以便在他身上试一试它的力量，并从他身上了解什么是“害怕”。在最美好、最强大、最勇敢时代的希腊人那里，**悲剧**神话意味着什么呢？而酒神的非凡现象呢？从中诞生的悲剧呢？——另一方面，置悲剧于死地的东西，道德苏格拉底主义，理论之人的辩证法、满足和欢乐——怎么样？难道这苏格拉底主义就不会恰好是一种毁灭、疲惫、病态、无政府主义本能的自我解脱的标志？而后期希腊文化的“希腊之欢乐”难道只是一道晚霞？难道反对悲观主义的伊壁鸠鲁意志只是受苦受难者的一种小心谨慎？而知识本身，我们的知识——是啊，被视为生命标志的全部知识究竟意味着什么？全部知识——目的为何？更麻烦的是，
13 **自何而来**？怎么？知识追求也许只是对悲观主义的一种恐惧和逃避？一种针对——**真理**的聪明的正当防卫？而从道德角度讲，有点像胆怯和虚伪？从非道德角度讲，是一种精明？哦，苏格拉底，这也许就是**你的**秘密？哦，深奥莫测的讽刺家，这也许就是你的——讽刺？——

2

我当时抓住的东西，是某种可怕而又危险的东西，一个带角的问题，

---

① 译文中凡有“生存”一词之处，均译自德文 Dasein。尼采在著作中大量使用了这个词，指和普遍的 Sein（存在）相区别的有限存在。尼采认为没有存在（Sein），只有生成（Werden），一切都在变化。Dasein 是指个体的生成过程，这个过程是变化的，但是这个过程本身，即这个个体，又有其相对的、有限的存在。尼采受希腊前苏格拉底哲学的影响很深，又影响了后来的海德格尔。海德格尔的“此在”（Dasein）和尼采译文中的“生存”（Dasein）在德文中是同一个词，但在尼采译文中都译成“生存”，是为了和海德格尔有所区别。

倒不一定是一头公牛那样的，但无论如何是一个**新**问题：今天我会说，这是**知识本身的问题**——知识第一次被看作有问题、成问题的。当时那本书直抒我等年轻人的勇气和怀疑——但要从这样一个不适合年轻人的使命中产生出这么一本书来是多么不可能啊！立足于呼之欲出的纯粹早熟的自我体验，置于**艺术**的基础之上——因为知识的问题不可能在知识的基础上被认识——一本也许献给这样一类艺术家的书，他们对分析能力和追溯能力有附带嗜好（也就是说，献给一些特例，这样的艺术家，人们不得不寻找，却一次也不愿意寻找……），书中充满心理创新和艺术家的奥秘，背景上有一种艺术家的形而上学，一部充满年轻人勇气和年轻人忧郁的年轻人作品，甚至在似乎屈服于权威和自己的敬仰之情①的地方也是独立的、倔强而自立的，总之，是一部处女作，带有处女作这个词的贬低意义，尽管是老掉牙的问题，但它有各种年轻人的错误，尤其是“太冗长”，还有它的“狂飙突进”②；另一方面，就它取得的成功（尤其是在伟大的艺术家那里，在瓦格纳那里，此书面向他，有如面向一场对话）而言，它是一本**得到证实的**书，我的意思是说，无论如何，它使 14
“其时代的最优秀者”感到满意。因此，它本该得到一些体谅，本该不受什么议论的；然而，我却不想完全掩饰，现在在我看来，它有多么令人不快，它在十六年以后站在我面前显得多么陌生——在一双比较老成的、上百倍地更爱挑剔然而绝没有变得更冷漠的眼睛前，这双眼睛对那本大胆的书第一次敢于探讨的那种使命本身——即**用艺术家的眼光来看知识，然而用生活的眼光来看艺术**……——来说，并没有变得更加陌生。

3

再说一遍：在我今天看来，这是一本不可能的书。我称之为写得糟糕、笨拙冗长、令人难堪、稀奇古怪、形象杂乱、很感情化，时不时很甜腻，直至到了很女性化的地步，节拍不匀称，无意于逻辑的澄明，极端自大，因而放弃论证，甚至不相信论证的**正当性的书**。作为给行内人

① 指尼采当初对瓦格纳的仰慕。

② “狂飙突进”本是1767—1785年德国年轻诗人、知识分子发起的一场张扬个性的文学运动。在这里，尼采借喻他在写《悲剧的诞生》时怀有的一种年轻人的狂热。

士阅读的书，作为给以音乐的名义受洗、从万物之始就在共同的、非凡的艺术经验上关联在一起的人听的“音乐”，作为艺术血缘关系的识别标志，它是一本高傲而狂热的书，它从一开始就嗤之以鼻的，是“有教养者”中的 *profanum vulgus*①，而不是“大众”。但是正如它的效果已经证明和正在证明的那样，它无疑十分善于寻找它的狂热知音，并把他们吸引到新的秘密路径和舞场上去。无论如何，在这里说话的——好奇者和厌恶者都承认这一点——是一个**陌生的**声音，一位“无名之神”的门徒，暂时藏在学者的外衣之下，藏在德国人的沉重和辩证法的沉闷之下，甚至藏在瓦格纳信徒的无礼之下；这里有一个陌生甚至无名需求的精神，一个满是问题、经验、秘密的记忆，酒神的名字就像一个问号添加在它们旁边；在这里有某种东西说话了（人们怀疑地对自己说），就像一颗神秘而近乎疯狂的灵魂，这灵魂既费力而又随意地结结巴巴像是在说外语，几乎犹豫不决地，不知道是要说出来还是要隐藏起来。这“新灵魂”应该**唱歌**，而不是说话！多么可惜啊，我当时不得不说的话，我没有敢于作为诗人说出来：也许我本来是能说的！或者至少作为语文学家——即使在今天，在这个领域里也还是几乎一切都留待语文学家去发现和发掘！在所有问题中最重要的是，这里存在某个问题——以及，只要我们没有回答“酒神倾向是什么”的问题，希腊人就始终完全是未被认识的、难以想象的……

4

的确，酒神倾向是什么？——本书中就有该问题的一个答案——有一个“知情者”在那里说话，一个对自己的神知情的人，这位神的信徒。也许，我现在会更谨慎、更不善言辩地谈论像希腊人的悲剧起源这样一个如此困难的心理问题。一个基本问题是希腊人和痛苦的关系，他的敏感性程度——这种关系始终如一呢？还是有所转向呢？——即这样一个问题：希腊人越来越强烈的**对美的渴望**，对庆典、娱乐、新狂热崇拜的渴望，是否出自匮乏、不足、忧郁、痛苦？因为假定恰恰这是真的——

① 拉丁文：俗人。

伯里克利[①]（或修昔底德[②]）著名的葬礼演说让我们留意到这一点——那
么，按照时间来看出现得更早的相反渴望，即**对丑的渴望**，早期希腊人 16
对悲观主义，对悲剧神话，对生存基础上的一切可怕、邪恶、神秘、毁
灭性、灾难性事物形象的好心而严酷的意愿，该缘何而生？——那么，
悲剧该缘何而生？也许缘于**快感**，缘于力量，缘于漫溢的健康，缘于过
分的充裕？那么，从生理学的角度发问，产生出悲剧艺术和戏剧艺术的
那种疯狂，那种酒神式的疯狂，有什么样的意义呢？怎么？也许疯狂并
不必然是蜕化的征兆、衰败的征兆、落伍文化的征兆？也许有——一个
要精神病医生回答的问题——**健康型**的神经病？民族青年期的神经病？
民族青春型的神经病？萨提儿[③]身上神与公羊的那种综合表明了什么？希
腊人把酒神狂热者和远古之人想象为萨提儿，必然是出自什么样的自我
体验，立足于什么样的需求？涉及悲剧歌队的起源：在希腊的肉体焕发
活力、希腊的灵魂洋溢着生命的那几个世纪里，也许有整个集体、整个
文化群体分享的固有狂喜？固有幻象和固有幻觉？如果希腊人正是在他
们兴旺发达的青春期向往悲剧倾向，并且是悲观主义者，如果这正是柏
拉图所说的那种给希腊带来**最大**好处的疯狂，如果另一方面，从相反角
度看，希腊人恰恰在他们瓦解和孱弱的时代变得越来越乐观、越来越肤
浅、越来越戏子气，甚至越来越热衷于逻辑和世界的逻辑化，因而同时
也越来越“欢乐”和越来越“有知识”，那又怎么样呢？也许有可能，**乐
观主义**的胜利、**理性至上**日趋占统治地位、实践功利主义和理论**功利主
义**有如同时代的民主本身一样，和民主风气的全部“现代观念”和偏见
相违背，是一种沉沦之力、将至之暮年、生理之困乏的征兆？而恰恰**并** 17
非悲观主义是这样的征兆？那又怎么样呢？伊壁鸠鲁[④]恰恰是作为**受苦**

---

① 伯里克利（公元前500？—前429），古希腊政治家，雅典民主制时期的城邦统治者。

② 修昔底德（公元前460—前400），古希腊历史学家。

③ 希腊神话中的森林之神，是一个半神半山羊怪物，长有公羊的角、腿和尾巴，性好欢娱，耽于淫乐。

④ 伊壁鸠鲁（公元前341—前270），古希腊哲学家，认为以道德、教养等为规范的享乐是人生至善。

者，才是乐观主义者吗？——你看到，这本书满载着一大堆困难的问题——让我们再加上一个最困难的问题！即从**生命**的角度看，道德意味着——什么？……

5

在献给理查德·瓦格纳的前言里，艺术——而不是道德——已经作为人的真正**形而上的**活动提出来了；在书中，甚至多次出现了那个暗示性的命题：只有作为审美现象，世界的生存才是**有充分理由的**。事实上，全书在所有事情背后只认识到一种艺术家意识及其言外之意——如果你愿意，可以称之为一个“神”，可无疑是一个无所顾忌的、非道德的艺术家之神，他要在建与毁之中，在善事与恶事之中感受自己同样的快乐和自负。他在创造世界的同时，从充裕和**过分充裕**的**困境**中，从自身内部充满矛盾压力的**痛苦**中解脱出来。世界在任何时刻都是神“**所实现的**”拯救，是只懂得在**外观**中拯救自我的最痛苦者、最对立者、最富于矛盾者永远在变化的、常新的幻象：你也许会把这整个艺术家形而上学说成很随意、多余、富于幻想——但是，本质问题在于，这种艺术家形而上学已经流露出一种精神，这种精神有一天将冒任何危险来抵制关于生存的**道德**解释和**道德**意味。在这里，一种“超善恶”的悲观主义也许第一次宣告自己的来临；在这里，那种“信念反常”溢于言表，叔本华早就
18 不遗余力地事先朝它投掷过去他最愤怒的诅咒和咒骂——一种敢于将道德本身放到、贬到现象世界中，不仅将它归在“现象”（在唯心主义专门术语的意义上）名下，而且作为外观、妄想、谬误、解释、打扮、艺术，归在“错觉”名下的哲学。也许我们可以从全书用以对待基督教——把基督教看作至今可以给人类倾听的道德主旋律最无节制的彻底华彩化①——的小心谨慎而又怀有敌意的沉默中最佳地估量出这种**反道德**倾向的深度。事实上，没有比基督教学说更敌对于这本书中所说的对世界的纯粹审美解释和审美辩解的了，基督教学说**只**是道德学说，**只**愿意是道

---

① 华彩在音乐上指的是华彩段，即意大利歌剧或协奏曲乐章末尾独唱者或独奏者的即兴发挥。这里的“彻底华彩化”就是指彻底的即兴发挥。

德学说，而且以它的绝对尺度，比如以它的上帝真实性尺度，把艺术，把**任何**艺术，放逐到**谎言**的王国里——也就是说，加以否定、诅咒、谴责。在那样一种纯粹情况下必然敌视艺术的思想方法和评价方法背后，我向来都感觉到那种**敌视生命的东西**，那种对生命本身忿忿然地渴望复仇的厌恶感：因为一切生命都停留在外观、艺术、错觉、视觉效果以及对透视法、对谬误的必然需要上。基督教从一开始就彻头彻尾是生命对生命的厌恶和厌倦，这种厌恶和厌倦只是乔装打扮成、只是藏身于、只是装饰成对“另一种”或“更好”生活的信念。对“人间”的憎恨，对情绪的诅咒，对美和感官性的恐惧，一个发明出来更充分地诽谤此岸世界而实际上是对虚无、终结、安息，直至对“安息中之安息”的向往的彼岸世界——这一切在我看来，如同基督教**只**承认道德价值的绝对意志一样，始终就像一切可能形式的“毁灭意志”中最危险、最可怕的形式，至少也是生命中最深的病态、倦态、不快、枯竭、匮乏——因为在道德 19
（尤其是基督教道德，也就是说，绝对道德）面前，生命**必然**不断地、不可避免地受到冤枉，因为生命基本上**是**非道德的东西——生命在蔑视和永远遭受否定的压力之下最终**必然**被感觉为不值得向往、本身毫无价值的东西。那么道德本身——怎么样？难道道德不应该是一种“对生命之否定的意志”，一种隐蔽的毁灭性本能，一种衰朽原则、贬斥原则、诽谤原则，一种终结的开始吗？因而是危险中的危险吗？……所以，我的本能，作为一种对生命加以肯定的本能，当时和这本成问题的书一起，转而反对道德，并且发明了一种根本对立的生命学说，一种根本对立的对生命的评价，一种纯粹关于艺术的学说，一种**反基督教的学说**。把这种学说称为什么好呢？作为语文学家和辞令之人，我不无某种随意性地——因为谁会知道基督之敌的真名实姓呢？——用一位希腊之神的名字来命名它：我称之为**酒神学说**。——

6

你明白，我竟然用这本书启动了什么样的使命吗？……我现在多么为此感到遗憾：我当时没有勇气（或者非分之想？）无论如何允许自己用一种**独特的语言**来表达如此独特的观点和胆识——以至于我竭力试图使用叔本华和康德的表达方式来表达从根本上既违背康德、叔本华精神，又违背他们趣味的异类的、新的价值尊重！可是，叔本华是如何思考悲剧的呢？他说："给予所有悲剧因素以特有的推动，将其推向崇高的，是
20 对以下认识的领悟，即世界、人生不能提供真正的满足，因此**不值得**我们对它忠诚。悲剧精神就在于此——因而它把人引向**断念**。"（《作为意志和表象的世界》，第二卷，第495页①）哦，酒神对我说的是多么不一样啊！哦，正是这整个断念主义当时离我很遥远！——可是这本书现在还有更令我感到遗憾，比使用叔本华的表达方式糟蹋、损害酒神预感更糟糕得多的事情，也就是我一般地通过最现代事物的混合而**损害了**我所领悟的了不起的**希腊问题**！我在没有什么东西可期待的地方，在一切都再清楚不过地指向终结的地方，建立希望！我在最新的德意志音乐的基础上，开始编造"德意志天性"，就好像它将要发现自我、重新找到自我——它在一个德意志精神不久前还有着欧洲统治者的意志、有着欧洲领导者的力量的时代，执行遗嘱般地、终成定局地**退位**，在建立帝国的堂而皇之的借口之下，实现它向中庸、民主和"现代观念"的过渡！事实上，在这期间，我学会了毫无希望地、毫不留情地考虑这种"德意志天性"，也同样地考虑现在的**德意志音乐**，因为这种音乐是彻头彻尾的浪漫主义，是一切可能的形式中最无希腊味的；可是此外，又是一个第一流的神经杀手，在一个爱好酗酒、把模糊不清尊为美德的民族那里加倍危险，也就是说，它具有既麻醉人又**使人如在云里雾里**的麻醉剂的双重特性。当然，且不说对最现代的东西寄托的种种仓促希望和适用上的缺陷当时损害了我的第一本书，就是书中矗立着的那个酒神大问号，甚至在音乐方面，也继续矗立着：一种不再像德意志音乐那样具有浪漫主义起源——而是具有**酒神**起源的音乐，应该是什么样的呢？

7

21 ——可是，我的先生，如果**你的**书不是浪漫主义，全世界还有什么

① 这是尼采所引该书德文原版页码，以下所引该书如无特别说明均指德文原版页码。

是浪漫主义呢？还有什么对“现在”、“现实”、“现代观念”的深仇大恨会比你的艺术家形而上学走得更远呢？——这种艺术家形而上学宁愿相信虚无、相信魔鬼，也不愿意相信“现在”？在你全部对位法的声音艺术和音响诱惑之下，不是低沉地响着一种愤怒和毁灭欲的基础低音吗？一种坚决反对一切“现在”的盛怒决断，一种离实际的虚无主义并不太遥远、似乎在说着以下言论的意志：“宁愿没有任何东西是真的，也不要你们说得对，不要你们的真理是对的！”我的悲观主义者加艺术崇拜者先生，你自己洗耳恭听从你书中选出来的仅有的一段话吧，那不无雄辩的屠龙者段落，也许对于年轻人的耳朵和心灵来说，它听起来令人感到尴尬而又有蛊惑性。怎么？难道这书不是在1850年的悲观主义面具之下，真正的1830年浪漫派表白？在它背后，奏响了通常的浪漫派终曲的前奏曲——决裂、衰竭、回归，扑倒在一个古老的信仰面前，扑倒在**那位**古老的神灵面前……怎么？你的悲观主义者之书本身不就是反希腊文化之作、浪漫主义之作，本身就是某种既麻醉人又使人如在云里雾里的东西，总之是一种麻醉剂，甚至是一曲音乐，**德意志**音乐？可是请听：

> 让我们想象一下这些屠龙者的果敢步伐，他们以高傲的鲁莽，对于所有乐观主义的懦弱教条不屑一顾，以便完全彻底“坚定地生活”。这样一种文化的悲剧人物，在他培养认真和畏惧的自我教育中，难道没有必要把一种新的艺术，即形而上慰藉的艺术——悲剧，作为属于他的海伦来渴望，并同浮士德一起喊出：
>
> 难道我这无比渴望之力
> 不能让这无比倩影再世？①

“难道不**必要**吗？”……不，三倍的不！你们这些年轻的浪漫主义者： 22
不应该是必要的！不过很可能最终的**结果**，**你们**的结果是“得到了慰藉”，像书中所写的那样，尽管有各种培养认真和恐惧的自我教育，但还是得到了“形而上的慰藉”，总之，像浪漫主义者那样以**接受基督教**而告终……不，你们应该暂且学会**此岸**慰藉的艺术——我的年轻朋友们，即

① 引文出自尼采《悲剧的诞生》正文第18节。

使你们想要彻底保持悲观主义者的身份，你们也应该学会**笑**；也许你们作为笑者，因此而在某一天让所有形而上的慰藉——尤其是形而上学，统统见鬼去！要不然，用那位叫做查拉图斯特拉的酒神恶魔的话来说，就是：

抬高你们的心气，我的兄弟们，高点！再高点！也不要忘记双腿！也抬高你们的双腿吧，你们这些善舞者，倒立起来更好！

这笑者之冠，这玫瑰花环之冠：我给自己戴上这花冠，我自己给我的笑声封圣。如今我还没有发现任何其他人有足够的实力做到这一点。

舞者查拉图斯特拉，用翅膀致意的轻盈者查拉图斯特拉，一个准备好起飞的人，向所有飞鸟致意；一切准备就绪，一个极乐世界的轻浮者：——

先知查拉图斯特拉，真笑者查拉图斯特拉，不是不耐烦者，不是绝对者，一个喜爱跳跃和越界跳跃的人；我自己给自己戴上这冠冕！

这笑者之冠，这玫瑰花环之冠：你们，我的兄弟们，我把这冠冕给你们扔过去！我给笑封圣；你们这些更高之人，给我**学着**——笑吧！

（选自《查拉图斯特拉如是说》第四卷中
“关于更高之人”一章的第17、18、20节）

献给理查德·瓦格纳的前言

为了避免集中于此书中的思想有可能给我们审美公众的固有性格造成 23
种种疑虑、激动、误解，也为了能用书中每一页都有其标志的那种宁静的欢乐，犹如美好而崇高时光的化石，来书写此书的前言，我设想了您，我最尊敬的朋友，收到此书的时刻，您，也许在一次冬雪中的夜间散步之后，如何注视着扉页上被解放了的普罗米修斯，读着我的名字，立刻就相信，不管这本书里有什么东西，反正作者有认真而急切的话要说；同样，他可以在他想到的一切问题上，与您，就像与一位在场者当面进行交流，但只可以记下和这种当面交谈相应的一些东西。在这时，您会想起，在您为纪念贝多芬而写的精彩之作发表的同时，也就是说，在刚爆发的战争恐惧和崇高感中，我正专心致志于这些思想。然而，那些，比方说，会在这种专
心致志中想到爱国激情和审美享乐之对立，以及大胆认真和欢闹嬉戏之对 24
立的人想错了：但愿他们在真正阅读了此书之后会惊讶地搞清楚，我们要着手的是怎样一个严肃的德国问题，这个问题被我们作为旋涡和转折点，真正放到了德国希望的中心。可是，也许对于这同样的一些人来说，如果他们能够不再把艺术看作有趣的附属品、看作一种附属于“生存之严肃”的铃铛，没有也罢，那么如此认真地看待一个审美问题一般就带有冒犯性了：好像没有人知道与这样一种“生存之严肃”的对比有何意义。但愿以下的话能对那些认真的人有所启迪：我们相信艺术从某个人的意义上讲，是此生的最高使命和真正的形而上活动，这个人是我在这条道路上的崇高先驱者，在这里我要将此书奉献给他。

巴塞尔，1871 年底

悲剧的诞生

1

25 如果我们不仅具备逻辑的洞察力，而且达到了观察的直接可靠性，认识到艺术的继续发展同**日神倾向**和**酒神倾向**①的二元性有关，那我们就会为美学赢得颇多收获：这就好像人的世代相传在连续的斗争中和阶段性出现的和解中依赖于性的二元性一样。日神、酒神这些名称，我们是从希腊人那里借用来的，希腊人不是以概念，而是以他们的神祇世界极其清晰的形象，使得明智者能听到他们艺术观察的意味深长的奥秘。我们的下述认识同希腊人的两位艺术之神——日神和酒神有关，就是说，在希腊世界里，按照起源和目的，在日神的造型艺术和作为酒神艺术的非造型的音乐艺术之间存在着巨大的对立：两种如此不同的本能并肩而行，它们多半处于相互间的公开冲突中，并且相互间不断引发更为强有力的新生命，为的是在新生中永远维持那种对立的斗争，它们共同涉及的“艺术”一词，只有表面上的调和作用；直到最后，它们才通过希腊
26 “意志”的一种形而上的神奇作用显得好像彼此结合起来，正是在这种结合中，最终产生了雅典悲剧这种既是酒神的又是日神的艺术作品。

为了使我们了解这两种本能，让我们首先把它们想象成**梦**和**醉**这两

① 日神和酒神在德文原文中是 Apollo（阿波罗）和 Dionysus（狄奥尼索斯），在译文中一律翻译成“日神”和“酒神”。此处尼采使用的是这两个专有名词的形容词名词化形式，表示“日神倾向和酒神倾向”或“日神因素和酒神因素”。

个分开的艺术世界；在梦和醉的生理现象之间也可以像在日神和酒神之间一样，看到一种相应的对立。按照卢克莱修①的看法，庄严美妙的神祇形象首先是在梦中出现在人类灵魂面前，伟大的雕塑家是在梦中看见了超人之生灵的令人陶醉的肢体构造的，而希腊诗人为了了解诗歌产生的秘密，同样会提出梦的问题，同样会像《名歌手》中的汉斯·萨克斯②那样做出教诲：

我的朋友，说明并留意自己的梦，
那正是诗人的工作。
请相信我，人的最真实的幻想
在梦中为他呈现：
一切诗歌艺术和诗歌创作
不过是真实幻梦的显示。

每个人在缔造梦幻世界方面都是完全的艺术家，这种梦幻世界的美丽外表是一切造型艺术的前提，是的，正如我们将看到的那样，也是诗的重要的一半。我们享受着对形象的直接理解，所有的形式都在同我们说话，没有无关紧要和不必要的东西。就是在梦的现实最栩栩如生的时候，它也还是给我们一种朦胧本质的不良感觉：至少这是我的经验。为了说明这种经验的经常性，甚至正常性，我也许还得提供一些证据和诗人格言。哲学家甚至有这样的预感：在我们生活与存在于其中的这个现实背后，也还隐藏着另一个全然不同的现实，所以我们的现实也还只是外表而已；叔本华直率地把这样的能力，即有时感觉人和万物都是纯粹 27
的幻影或梦中形象的能力，描绘成哲学才能的标志。艺术上敏感的人与梦之现实的关系，正如哲学家与存在之现实的关系一样；他仔细观看，乐在其中，因为他根据梦中形象来解释生活，练习梦中事件以用于生活。他以全部理解力体验到的，不仅是愉悦美好的形象，还有严肃、阴暗、

① 卢克莱修（约公元前99—前55），古罗马诗人、哲学家。

② 汉斯·萨克斯（1494—1576），德国诗人，生于纽伦堡，写过许多工匠歌曲。这里是指瓦格纳歌剧《纽伦堡的工匠歌手》（或译《纽伦堡的名歌手》）中的人物，接下来的引文出自该剧第3幕第2场中汉斯·萨克斯的唱词。

伤心、阴沉的画面，突然的压抑，意外事件的捉弄，诚惶诚恐的期待。总之，是整部活生生的“神曲”，连同其中的“地狱”篇，从他身边经过，不只是像皮影戏一样——因为他在这些场景中一起生活，一起受苦——但是仍然不免有那种短暂的朦胧感；也许有些人像我一样记得，在梦中遇到危险或受到惊吓时，偶尔也会壮着胆子，大声说：“这是一个梦！我且梦下去！”有人还向我说起过这样一些人，他们能够连着三四夜把同一个梦的因果关系继续下去：这些事实清楚地证明，我们最内在的本质，我们大家的共同基础，都带着浓厚的兴趣和愉悦的急迫心情亲身体验着梦。

这种梦中体验的愉悦之必然性，同样由希腊人在他们的日神身上表达出来：作为一切造型力量的神，日神同时也是预言之神。他从根本上来说，是“照耀者”，是光明之神，但他也统治着内心幻想世界的美丽外观。与无法完全理解的日常现实相对立的这些状态的更高真实性、完美性，以及对在睡梦中起治疗作用和救援作用的自然天性的深入意识，同时成为预言真理能力的象征性比拟，尤其是艺术的象征性比拟，正是靠
28 着这一点，人生才成为可能，并值得一过。然而，即使是梦中形象要避免外观作为粗陋现实欺骗我们的病理效果就不可跨越的那种精细线条——在日神的形象中也是不可缺少的：那种适度的约束，那种对更疯狂刺激的解脱，造型之神的那种充满智慧的宁静。他的目光，追根溯源，一定是“明媚阳光”：即使在生气和闷闷不乐的时候，也从美丽外观中透出庄严。叔本华在《作为意志和表象的世界》第一卷第416页上关于藏身在摩耶之幕下面的人所说的话，从一种异乎寻常的意义上来讲，也适用于日神：“就像在汹涌咆哮、波涛起伏的无垠大海上，一个船夫坐在小船上，托身于这经不起风浪的交通工具；个别的人也是这样平静地坐在一个痛苦的世界当中，依靠、信赖 *principium individuationis*①。”② 关于日神，甚至可以这样说，在他身上，那种对个体化原理毫不动摇的信赖

① 拉丁文：个体化原理。

② 参考石冲白所译叔本华《作为意志和表象的世界》（北京，商务印书馆，1982；以下注释所引译本均指此版），483～484页。

和藏身于其中的那种平静安坐精神得到了最庄严的表达，人们甚至想把日神看作个体化原理的崇高神像，从其表情和目光中，让“外表”的全部情趣、智慧，连同它的美，来同我们说话。

在同一处，叔本华向我们描述了一种巨大的**恐惧**，当人突然怀疑起对现象的认识形式，从而充足理由律在其任何一种形态下似乎都遇到了例外时，他就会产生这种恐惧。如果我们再给这种恐惧加上个体化原理崩溃时，从人的最内在基础即天性中升起的充满喜悦的陶醉，那么我们就可以看一眼**酒神倾向**的本质了。这种本质通过**醉**的比喻，被放到了最接近于我们的地方。不是由于所有原始人和原始民族在颂诗里谈到的那 29
种麻醉饮料的影响，就是因为春天不可阻挡地来临，使整个自然欢欣鼓舞，充满春天气息，那种酒神的激情就此苏醒，随着这种激情的高涨，主体淡出，进入完全忘我的境界。在德国的中世纪，受同样的酒神强力的支配，人们甚至越来越多地聚集在一起，到处载歌载舞：在这些圣约翰内斯舞蹈病患者和圣维托斯舞蹈病患者①身上，我们又认出了希腊酒神歌队及其在小亚细亚的史前史，乃至巴比伦和放纵的萨凯恩节②。有些人由于缺乏经验或麻木不仁，自以为感觉很健康，嘲讽地或怜悯地避开这样一些现象，犹如避开“大众疾病”一样；可是这些可怜虫没有意识到，当酒神崇拜者的灼热生活在他们身边沸腾的时候，他们的“健康”会显得多么像死尸般、幽灵般惨白可怖。

在酒神的魔力下，不但人和人重新团结起来，而且疏远的、敌对的或者受奴役的自然也重新庆祝她同她的浪子人类和解的节日。大地自愿奉献它的贡品，山崖沙漠中的猛兽也温顺地凑上前来。酒神的车辇满载鲜花与花环，拉车的虎豹阔步而行。人们可以把贝多芬的《欢乐颂》变

---

① 圣约翰内斯舞蹈病和圣维托斯舞蹈病实际上是一回事，出现在 14 世纪欧洲的黑死病时期，体现为一种失控的舞蹈癫狂，在德国首先被称为“圣约翰内斯舞蹈病”，英语叫“圣约翰舞蹈病”，这跟施洗者约翰有关，因为他是癫痫和其他动作失控病患者的主保圣人，以他的名字命名，是希望这种病能治好。后来这种病又被重新命名为“圣维托斯舞蹈病”。根据传说，西西里岛人维托斯为舞蹈病患者祈祷，并得到神的回应。

② 萨凯恩节是古代波斯和巴比伦的节日，节日活动包括一项“换位”的游戏，如主人奴隶、人兽身份的“换位”。

成一幅画，并继续发挥想象力，看到上百万人充满畏惧地倒在尘埃中：这样人们就能接近酒神状态了。此刻，奴隶就是自由人，此刻，大家一起来摧毁在人与人之间造成贫穷、专断或“无耻时尚”的僵化、敌对的界限；此刻，在世界大同的福音中，每个人都感到自己不仅同他人团结、
30 和解、融合，而且完全成为一体，好像摩耶之幕已被撕破，只有碎片在神秘的太一面前四处飘零。人载歌载舞，将自己表现为一个更高的共同体的成员：他连走路说话都忘记了，一路跳着舞飞到高空中。他的神态表明他着了魔。就像动物会说话，大地上产出牛奶和蜂蜜一样，人身上发出了超自然的声音：他感觉自己就是神，他现在甚至变得如此狂喜、如此振奋，就像他在梦中看见诸神的变化一样。人不再是艺术家，他变成了艺术品：整个自然的艺术力量，为了实现太一的最高幸福的满足，伴随着醉的恐惧显现出来。人，这最贵重的黏土，最昂贵的大理石，在这里被揉捏，被雕琢，伴随着酒神的世界艺术家的凿子声，响起了依洛西斯秘密仪式①的呼喊：“万民啊，你们倒下了吗？世界啊，你预感到那造物主了吗？”② ——

2

至此，我们是把日神及其对立者酒神视为**不需要人类艺术家的中介**而从自然本身迸发出来的艺术力量。在这些力量中，自然的艺术本能首先以直接的方式得到满足：一方面作为梦的形象世界，这个世界的完成同个人的智力水平或艺术修养没有任何关系；另一方面作为醉的现实，这个现实同样不重视个人，甚至试图消灭个体，并通过一种神秘的统一感来拯救个体。对于自然的这些直接的艺术状态，每个艺术家都是“模仿者”，而且不是日神的梦艺术家，就是酒神的醉艺术家，要不最终
31 便——如在希腊悲剧中——兼为醉艺术家和梦艺术家：作为这样的艺术家，我们可以设想他如何在酒神的醉态和神秘的自弃中独自一人离开成群结队的歌队而倒下，设想他自己的状态，即他和世界最内在基础的统

① 依洛西斯秘密仪式，因其兴起于希腊古城依洛西斯而得名，祭祀活动同农耕有关。

② 这段引文出自席勒的《欢乐颂》。

一，如何通过日神的梦的影响，**在一幅譬喻式的梦中图景里**向他显现。

按照这些一般的前提和对比，我们现在来到希腊人跟前，以弄清他们身上的那种**自然的艺术本能**发展到何等程度，达到了何种水平：我们借此能够更深刻地理解并评价希腊艺术家同其原型之间的关系，或者用亚里士多德的话说，“对自然的模仿”。关于希腊人的**梦**，尽管他们有各种关于梦的文学和无数关于梦的逸事，我们也只能以猜测的方式，然而又带着相当的把握来谈论。由于他们的眼睛有着令人难以置信的确切而可靠的造型能力，加上他们对色彩具有的明快而真诚的趣味，所以令所有后人感到耻辱的是，人们禁不住也为他们的梦假定线条与轮廓、颜色与组合的合乎逻辑的因果关系，一种与他们最出色的浮雕相类似的场景效果，这种场景的完美性，若是有可能做比喻的话，无疑可以使我们有理由把做梦的希腊人看成荷马，又把荷马看成一个做梦的希腊人：比起现代人在做梦方面胆敢拿自己与莎士比亚相比，这具有一种更深刻的意义。

与此相反，如果有人揭示出**酒神式的希腊人**和酒神式的野蛮人之间的鸿沟，那么我们就不必单凭猜测来说话了。在古代世界——这里且不谈近代世界——的各个地方，从罗马到巴比伦，我们都能证明酒神节的 *32*
存在，那种类型的酒神节同希腊类型的酒神节之间的关系，最多也就像借用公山羊之名及其属性的长胡须萨提儿同酒神本身的关系一样。几乎在各个地方，这些节日的中心都处于过度的性放纵之中，其浪潮淹没了任何家庭生活及其受人尊敬的规则；在这里释放出来的正是自然中最凶猛的野兽，乃至肉欲与凶残的丑陋结合，在我看来，这始终是真正的“女巫魔汤”①。关于那种节日的知识从所有陆路和水路向希腊人渗透过来，希腊人在这些节日的狂热刺激面前，有一段时期似乎受到在这里傲然屹立的日神形象的充分保护和捍卫，是日神将美杜莎的脑袋②交给了再

---

① “女巫魔汤”令人想起歌德笔下的浮士德在女巫之厨喝了女巫的魔汤，被点燃了欲望之火，有时甚至变得很凶残。

② 在希腊神话中，女妖美杜莎的脑袋被英雄帕修斯砍下后装在雅典娜的盾牌上，在这里，美杜莎的脑袋指的是希腊人对野蛮人的酒神节日的抵制。

危险不过的力量——未被宰杀的丑陋的酒神。正是在多利斯①艺术中，日神的那种庄严的拒绝姿态才得以永世不朽。当类似的冲动最终从希腊人的至深根基中夺路而出时，这种抵挡就变得更为可疑甚至不可能了：这时，德尔斐②神庙之神的作用仅限于通过一个及时达成的和解，将毁灭性的武器从强大的对手手里拿走。这种和解是希腊祭礼史上最重要的时刻：无论我们从哪个角度看，都可以看清楚这一事件的划时代意义。这是两个对手的和解，他们严格规定了他们从现在起必须遵守的界限，并定期赠送高贵的礼品，其实鸿沟并没有消除。但是如果我们看到，在达成和解的压力下，酒神力量是如何表现的，那么，同那巴比伦的萨凯恩节及其从人退回到老虎、猴子的地位变化相比，我们现在就在希腊人的酒神
33 祭节庆中认识到救世节庆与基督变容节③之类的意义。只有在那些希腊节庆中，自然天性才达到了其艺术的欢腾，只有在它们那里，个体化原理的破坏才成为一种艺术现象。那种由肉欲和凶残构成的令人恶心的女巫魔汤在这里没有效力，只有酒神信徒的狂热情绪中那种神奇的混合和两重性——即那样一种现象，痛感唤醒快感，由衷的欢呼夺走令人痛苦的声音——使人想起它来，就好像药物使人想起致命的毒药一样。乐极生悲，人们会为一个无法弥补的损失发出惊呼或怀念的哀怨声。在那些希腊节庆中，似乎突然出现了自然天性的感伤面容，好像它不得不为自己被肢解成个体而叹息。这些有着双重情绪的狂热信徒的歌唱和手舞足蹈对于荷马的希腊世界来说是闻所未闻的新事物，尤其是酒神的**音乐**引起了恐惧与惊骇。如果说从表面上看音乐已经作为一种日神艺术而闻名的话，那么精确地说，它只是作为节奏的波浪式拍击，这种拍击的造型力量被发展来描绘日神状态。日神的音乐是有声的多利斯建筑艺术，但只是以暗示的声音，就像基特拉琴④的声音那样。正是那种构成酒神音乐乃

---

① 古希腊多利安人居住的山地名称，也指一种艺术风格。

② 指日神。

③ 救世节庆（das Welterlösungsfest）指的是复活节等基督教节庆日，基督变容节（der Verklärungstag）也是基督教节庆日，在8月6日。尼采在文中使用的是这两个词的复数形式，含有泛指基督教节庆日的意思。

④ 有7—18根弦的古希腊拨弦乐器。

至一般音乐的非日神因素，如音色的震撼人心的力量、统一的旋律之流、空前绝后的和声境界等，都被小心翼翼地拒之门外。在酒神颂里，人被刺激着登上了他的象征能力的最高峰；从未感受过的事情，如摩耶之幕的毁灭，由同一性来充当族类乃至自然的守护神等，力求得到表达。现在自然的本质应该象征性地做出自我表现；必须有一个象征的新世界，首先是整个躯体的象征，不仅是嘴的象征、脸的象征、语言的象征，而且是有节奏地运动全部肢体的完整舞姿，然后突然迅猛地发展起其他的 34
象征力量，即有着节奏、力度、和声的音乐的象征力量。为了实现所有象征力量的彻底解放，人必须处于那种自弃的高度，要象征性地以那些力量来说话：唱着酒神颂歌的酒神仆从因而只为其同类人所理解！日神式的希腊人一定向他投去何等惊讶的目光！这种惊讶越来越厉害，因为它又掺入了这样的恐惧：所有这一切原本对他并不陌生，是的，他的日神意识只不过像一层幕布一样遮挡着他面前的这个酒神世界。

3

为了理解这一点，我们似乎必须一块石头、一块石头地把日神文化那座具有高度艺术性的大厦拆下来，直至我们看到大厦赖以建立的基础。在这里我们首先看见的是耸立在大厦山墙上的**奥林匹斯**诸神的壮丽形象，他们的业绩用光彩普照的浮雕描述出来，构成了大厦带状缘饰的一部分。如果在他们之中，日神作为个别之神站在其他神的旁边，并不要求坐第一把交椅，我们是不会因此而感到迷惑的。总之，可以在日神那里感受到的那种本能产生了整个奥林匹斯世界，在这个意义上说，日神对我们来说就是奥林匹斯之父。一个如此光彩照人的奥林匹斯诸神社会借以产生的非凡需求是怎样的需求呢？

谁心中怀着另一种宗教走近奥林匹斯山，在那里寻求道德的高尚，甚至圣洁，寻求无肉体的超凡脱俗，寻求仁义之爱的目光，他就一定会懊恼丧气，很快转过身去。这里没有什么东西使人想起苦行、智慧和义 35
务，这里只有一种旺盛甚至洋洋得意的生存向我们说话，在这种生存中，一切现存之物都被神化，无论善恶均一视同仁。于是观看者站在这神奇的生命活力面前震惊不已地自问，这些忘乎所以的人喝了什么样的魔汤，才能如此享受人生，以至于他们目光所到之处，海伦，这个“在甜蜜的肉欲中漂浮的”形象，这个他们固有存在的理想形象，无处不在地冲着他们微笑。但是我们必须对这位转身离去的观看者喊道：别离开那里，先听一听希腊民间智慧关于这以无法言传的欢快展现在你面前的生命究竟说了些什么。据说，国王米达斯①在树林里长时间地追捕酒神的陪伴，智慧的**西勒诺斯**，却没有抓到他。当他终于落到国王手里的时候，国王问他，对人来说，最好、最出色的东西是什么？那伴神直挺挺地一动不动，什么也不说，直到最后，在国王的威逼下，他尖声大笑着说出这样一番话来：“可怜的蜉蝣族啊，无常与苦难所生的孩子，你逼我说出你最好不要听到的话吗？最好的东西对你来说是根本达不到的，即不出生，不**存在**，处于**虚无**状态。不过对你来说还有次好的东西——马上就死。”

奥林匹斯诸神世界和这民间智慧的关系是怎样的呢？就像受拷问的殉道者所怀的心醉神迷的幻影和他的痛苦之间的关系一样。

现在，奥林匹斯魔山似乎向我们开放了，让我们看到它的根源。希腊人知道并感觉到生存的恐怖与可怕：为了真正能够活着，他不得不用这光辉的奥林匹斯诸神在梦中的诞生来遮挡掉这样的恐怖与可怕。那种对巨大自然力量的莫大怀疑，那位无情地凌驾于一切知识之上的命运女
36 神，那只折磨人类伟大朋友普罗米修斯的兀鹰②，智慧的俄狄浦斯的那种可怕命运③，迫使俄瑞斯忒斯弑母的那种阿特柔斯家族的厄运④，总之，林中之神⑤那全部的哲学，及其所举的关于伤感的伊特鲁利亚⑥人因此而毁灭的神话例子——在希腊人那里都被奥林匹斯山的那个艺术**中间世界**

① 希腊神话传说中的佛律癸亚国王，他所抓的西勒诺斯是酒神的伴神。

② 希腊神话中，普罗米修斯神因为反对主神宙斯，被绑在高加索山崖上，每天都有兀鹰来啄他的肝脏。

③ 希腊神话传说中，俄狄浦斯猜破狮身人面怪物斯芬克司的谜语，成为底比斯的国王，所以说他是智慧的，但是他命中注定要杀父娶母，所以说他有着可怕的命运。

④ 俄瑞斯忒斯是希腊神话传说中希腊联军统帅阿伽门农的儿子，因他母亲与其奸夫谋害了他父亲，所以他杀死母亲为父报仇。所谓的阿特柔斯家族的厄运指的是阿伽门农一族中的各种恩怨和仇杀。

⑤ 指西勒诺斯。

⑥ 意大利中西部古国。

不断重新加以克服，至少加以掩盖，避而不见。为了能够活着，希腊人实在是不得不创造这些神祇，其过程我们不妨这样来设想，从最初提坦诸神①的恐怖神系，通过日神的美之本能，经缓慢过渡而发展成为奥林匹斯的快乐神系，就像玫瑰从有刺的灌木中绽开一样。这样一个如此敏感、有如此强烈追求、遭受这无与伦比的**痛苦**的民族，如果生存不是由更高的灵光所萦绕，在其诸神中向他们展示出来，那么他们有什么别的方法忍受它呢？将艺术召唤到生命中的这一种本能，作为对生存的补充和完成，诱惑人继续生活下去，它也同样让奥林匹斯世界产生出来，在这世界里，希腊人的“意志”拿一面使人容光焕发的镜子举在自己面前。诸神就是这样通过自己体验人的生活而为人的生活辩护的——唯有这才是够格的神正论②！在这些神祇的明媚阳光普照下，生存被感觉为本来就值得追求的东西，而荷马式的人的真正**痛苦**在于和生存相分离，尤其是即将到来的分离，以至于人们现在可以颠倒西勒诺斯的智慧，并如此议论荷马式的人：“对他们来说，最坏的东西是马上就死，次坏的东西是迟早要死。”一旦发出这样的悲叹，那么它听起来又是针对短命的阿喀琉斯，针对人类像树叶一般的世代更替变化，针对英雄时代的没落而发。渴望活下去，甚至活一天算一天，这对于最伟大的英雄来说也不算有失体面。在日神阶段，“意志”如此强烈地要求这种生存，荷马 37
式的人感觉自己如此和它融为一体，以至于这种悲叹甚至变成了对它的颂歌。

这里必须指出的是，后人如此倾慕地观察到的那种和谐，即席勒用“素朴”这一术语加以说明的人和自然的统一，它绝不是一种如此简单的、自发产生的、似乎无法避免的状态，好像我们在每一种文化的大门口都**必然**会碰上它这样的人间天堂一样；只有一个时代会相信它，这个

---

① 天神乌拉诺斯和地母该亚的子女，共十二位。天神宙斯是他们的后代，但他推翻了父辈的统治，在奥林匹斯山上建立了新的统治。

② 神正论（die Theodicee）又译成“上帝正义论”。德国哲学家莱布尼茨（1646—1716）在《上帝正义论》（1710）一书中认为，凡在逻辑上属于可能的事情，上帝都能做到。尼采在这里借用这个词说明对希腊诸神之正义的彰显实际上是人在为自己的合理存在辩护。

时代试图把卢梭的爱弥儿①也想象为艺术家，误以为在荷马身上也发现了这样一个在自然的中心受教育的艺术家爱弥儿。我们凡在艺术中遇到“素朴”，就应该清楚地看到日神文化的最高效果：它必然要首先推翻一个提坦王国，杀死凶猛者，凭借强有力的装疯卖傻和快乐的幻觉，成为超越对世界的可怕深思和敏感的痛苦感受能力的胜利者。但是，那样的素朴，那种完全沉浸在外观美中，是多么难以达到啊！因此**荷马**的崇高也是多么无法用言辞表达啊！他作为个人同那种日神式大众文化的关系，就像个别的梦的艺术家同大众的乃至自然的梦幻能力的关系一样。荷马的“素朴”只能理解为日神幻觉的完全胜利：正是这样一种幻觉，自然如此经常地借用来达到自己的意图。真实的目的被一种幻象所掩盖：我们朝幻象伸出手去，而自然就以我们的受骗上当来达到目的。在希腊人身上，“意志”要通过天才与艺术世界的神化静观自身；为了自我颂扬，
38 “意志”的产物必然感觉自己值得颂扬，必然在一个更高境界里重新见到自己，用不着这个静观中的完美世界来发挥强制命令或谴责的作用。这就是美的境界，那些产物在其中见到了自己的镜中映像——奥林匹斯诸神。希腊人的“意志”就用这美的折射来反对那种与痛苦和痛苦的智慧相关的艺术才能，而素朴艺术家荷马则作为它的胜利的纪念碑矗立在我们面前。

4

关于这位素朴艺术家，梦的类比可以给我们一些指教。如果我们想象一下做梦者如何处于梦中世界的幻觉当中，为了不扰好梦，自己喊道：“这是一个梦，我且梦下去”；如果我们必然由此推断出观看梦境具有一种深沉的内在乐趣，如果另一方面我们为了能够带着这种观看梦境的内在乐趣去做梦而必然完全忘记白天及其可怕的纠缠，那么我们也许可以在释梦的日神的指引下用以下方法对所有这一切现象做出解释。无疑在生活的两半，即醒的一半和梦的一半中，前者在我们看来，要远为可取、

---

① 卢梭（1712—1778），法国启蒙时期主要思想家之一，曾写过一部以爱弥儿为主人公的教育小说《爱弥儿》。

重要、有价值、值得体验，甚至是唯一体验过的生活；然而我却要断言，尽管看起来完全是一个悖论，可是就我们本质的那种神秘基础（我们只是其现象）而言，对于梦恰好反而应该给予尊重。因为我越是在自然中察觉到那种最强大的艺术本能，并在那种本能中察觉到一种对于外观、对于通过外观而得到拯救的炽烈渴望，我就越感到自己向往这样的形而上假设：真实存在和太一①，作为永恒的受苦者和矛盾的集合体，同时也需要令人陶醉的幻象，需要快乐的外观，以求不断得到拯救。对完全囿于其中并由其构成的我们来说，这种外观不得不被感觉成真正的非存在，*39*
即一种在时间、空间和因果关系中的持续生成，换句话说，是一种经验的现实。我们暂且不谈我们自己的“现实”，暂且把我们的经验生存如同一般意义上的世界存在一样，看成一种每时每刻都在产生出来的太一的表象，那么我们就不得不把梦看作**外观的外观**，从而看作对外观的原始欲望的一种更高满足。鉴于同一理由，自然最内在的核心对素朴艺术家和同样是“外观的外观”的素朴艺术作品拥有那种无法描述的兴趣。**拉斐尔**②，那些不朽的“素朴者”之一，在一幅带比喻性质的绘画中给我们描绘了那种装门面的外表的削弱过程，即素朴艺术家的，同时也是日神文化的原始过程。在他的《基督变容图》中，下半部分用那个迷乱的男孩，那些绝望的脚夫，那些不知所措的信徒，向我们展示了永恒原始痛苦、世界唯一基础的反映。“外观”在这里便是永恒矛盾这万物之父的映像。从这外观升起一个幻影般的新外观世界，犹如一股仙境般的芬芳，那些囿于第一层外观的人看不见其中的任何东西——这是一种神采奕奕的飘荡，飘荡在纯净的幸福中，飘荡在毫无痛苦地睁大眼睛使劲看的观望中。这里，我们在最高的艺术象征中看到了日神的那种美的世界及其

---

① 太一的德文原文是 das Ur-Eine，含有“原始之一”的意思，和中国哲学术语“太一”的意思相近，也就是老子所说的“道生一，一生二”中的“道”。这里译成“太一”，既保留原文意思，又能和中国哲学概念相通。

② 拉斐尔（1483—1520），文艺复兴时期意大利最著名的艺术家之一。《基督变容图》又译《基督显圣》，是拉斐尔应红衣主教朱利奥·美第奇邀请为法国纳博纳教堂绘制的祭坛画，也是拉斐尔临终前的最后一幅杰作，内容取材于《新约圣经》中的几部福音书：耶稣带着彼得、雅各和约翰暗暗地上了高山，突然间就在他们的面前变了形象。

基础，即西勒诺斯的可怕智慧，并且凭直觉领悟了它们相互间的必然性。但是日神再次作为个体化原理的神圣体现向我们迎来，被永远实现的太一目标，即通过外观而获得它的解脱，只有在日神那里才产生。他以庄严的神情告诉我们，整个痛苦的世界是何等必要，个人通过它，被推动
40 着产生了解脱的幻影，然后，陷入对这幻影的观望，在大海中安坐于他那颠簸的小舟上。

这种个体化的神圣体现，如果一般被认为带有强制性并制定规则，那它便只知道**一个**法则，即个体，也就是说，遵守个体的界限，亦即希腊人所理解的**适度**。日神作为伦理之神，要求他的下属适度，并且为了能遵守适度而要有自知之明。于是，除了美的审美必然性以外，又提出了“认识你自己”和“勿过度”的要求，同时，自高自大和过度被认为是非日神领域中原本就怀有敌意的恶魔，因而被视为前日神时代、提坦时代和日神外世界即野蛮人世界的特征。普罗米修斯由于他对人类的提坦式的爱，不得不每天遭兀鹰的撕啄；俄狄浦斯因为过于聪明，解开了斯芬克司之谜，不得不陷入纷乱的罪恶旋涡：德尔斐之神如此解释希腊的过去。

在日神式的希腊人看来，引起**酒神倾向**的那种效果也是“提坦式的”和“野蛮人式的”；同时他无法对自己隐瞒，他本身也同那些被推翻的提坦诸神和英雄有着内在的亲缘关系。是的，他甚至还感觉到他的全部生存加上所有的美和适度，都建立在一个痛苦和知识的隐蔽基础上，这个基础再次由酒神倾向向他揭示出来。瞧！日神不能离开酒神而生存！“提坦”倾向和“野蛮人”倾向最终竟和日神倾向一样，同是一种必然！现在我们设想一下，酒神节的狂欢声如何以越来越诱人的魔法传入这个建
41 立在外观和适度基础上、受到人为限制的世界里，自然的全部**过度**的欢乐、痛苦、知识直至刺耳的尖叫如何在那种魔法中被揭示出来；我们设想一下，在幽灵般的竖琴声中唱着赞美诗的日神艺术家面对这着了魔的大众歌唱可能会意味着什么！“外观”艺术的缪斯们在一种醉说真理的艺术面前黯然失色，西勒诺斯的智慧朝着这位奥林匹斯之神喊道：“哀哉！哀哉！”在这里，个体带着他全部的界限和适度淹没在酒神状态的忘我之

中，忘记了日神的章法。**过度**自我显示为真，而矛盾——一种生于痛苦的极乐，则从自然的心底里诉说自我。于是，在酒神倾向所及的地方，日神倾向到处遭到抵消和毁灭。但是同样肯定的是，在第一次进攻被顶住的地方，德尔斐之神的模样和威严表现得比任何时候都更加顽强，更带有威胁性。因为我能够宣布，**多利斯**国家和多利斯艺术在我看来只不过是日神倾向不断建立的军营：只有在一种对酒神倾向的提坦式—野蛮人式本性的不断反抗中，一种如此顽固而难于处理的、被堡垒团团围住的艺术，一种适应战争需要的、难以忍受的教育，一种如此残酷无情的国家制度，才能更为持久。

到此刻为止，我在本文开头发表的看法已得到了较为广泛的阐明，即酒神倾向和日神倾向如何在彼此紧随的不断新生中相得益彰地支配了希腊人的存在：荷马世界如何在日神的美之本能支配下，从"青铜"时代及其提坦神之争和苦涩的民间哲学中发展出来，这"素朴"的壮美如何再次为突如其来的酒神倾向之洪流所吞噬，日神倾向如何面对这新生
力量升华为多利斯艺术和多利斯世界观的刚性威严。如果早期古希腊历 42
史按这种方式在那两个敌对原则的斗争中分成四大艺术阶段，那么，万一最后到达的阶段，即多利斯艺术的阶段，根本没有被我们看作那种艺术本能的顶点与目的，我们现在就不得不进一步询问一下这种生成与发展的最终图景：在这里，**雅典悲剧**和戏剧酒神颂歌的崇高而受到高度赞扬的艺术作品，作为两种本能的共同目标出现在我们眼前，这两种本能的神秘的联姻纽带在上述的长期斗争之后体现在一个这样的孩子身上——这孩子既是安提戈涅①，又是卡桑德拉②。

5

我们的探讨现在接近其真正的目标了。这一探讨致力于认识酒神—日神式的天才及其艺术作品，至少感悟那种协调的奥秘。在这里，我们首先要问，那在后来发展成为悲剧和戏剧酒神颂的新芽，在希腊人的世

---

① 希腊神话传说中的人物，著名悲剧诗人索福克勒斯有一部悲剧，就叫《安提戈涅》。

② 希腊神话传说中的人物。

界里最初是在哪里引起人们注意的？关于这一点，古代文化将**荷马**和**阿尔基洛科斯**①作为希腊诗歌的始祖和引导者并列在雕塑作品、宝石作品等上面，本身就形象地向我们做出说明，让人可信地感到，似乎只有这两个完全具有同样创造天性的人应该被认为有一股火流不断从他们那里流出来，注入到希腊的千秋后世中。荷马，这位自我陶醉的年迈梦者，日神式素朴艺术家的典型，现在似乎在惊愕地望着阿尔基洛科斯的狂热脑袋，这位好斗的缪斯仆人受到生存的疯狂驱使：近代的美学只会解释性地补充一句说，在这里同“客观”艺术家对立的是第一位“主观”艺术
43 家。这种解释对我们毫无用处，因为我们只是把主观艺术家当作糟糕的艺术家来认识的，在每个艺术种类和艺术高度上，首先要求战胜主观，从“自我”中得到解脱，让任何个人意志和个人欲望保持沉默，甚至没有客观性，没有纯粹超然的观察，就绝不能相信存在哪怕是最起码的真正的艺术创作。因此，我们的美学必须首先解决“抒情诗人”如何才可能是艺术家的问题：他，在经历了所有的时代之后，还总是在诉说“自我”，没完没了地在我们面前完全用半音音阶②吟唱他的激情和渴望。正是这位阿尔基洛科斯，在荷马旁边，用他仇恨与嘲讽的喊叫，用他陶醉的欲望的爆发，使我们惊恐不已；他，这第一位所谓的主观艺术家，岂不因此而是真正的非艺术家吗？但是，恰恰又是德尔斐的神谕，这客观艺术的源头，用奇妙的格言给予他，这位诗人，以尊敬，这是怎么回事呢？

席勒曾用一种他自己也不清楚的、但无疑闪烁着光芒的心理观察，就他的创作过程向我们做了说明；就是说他承认，创作行为以前，与其说是眼前和心中已经有了一系列带有思维条理之因果关系的形象作为准备状态，不如说有一种**音乐情绪**（“感觉在我这里一开始并无确定而清晰的对象，对象是后来才形成的。先是某一种音乐情绪，随后在我这里才有了诗的意念”③）。如果现在我们再加上整个古代抒情诗最重要的现象，

---

① 阿尔基洛科斯（公元前714？—前676？），古希腊抒情诗人。

② 指古希腊音乐三种四音音列之一。

③ 席勒于1796年3月18日致歌德的信。

即到处都被视为当然的**抒情诗人**与**音乐家**之间的结合甚至一致——与此相比，我们后世的抒情诗显得就好像是一个无头神像——那么我们就能根据我们原先描绘过的审美形而上学，用以下方法来说明抒情诗人了。
他首先作为酒神艺术家，完全和太一及其痛苦和矛盾融为一体，产生这 44
太一的摹本即音乐，要不然称之为世界的重演或重铸也有道理；但是现在这音乐在日神的梦幻效应之下，又变得能令他看得见了，就像在一个**比喻性的梦中形象**里一样。原始痛苦在音乐中的那种无形象、无概念的折射，以及它在外观中的解脱，现在产生了一个第二映像，作为个别的比喻或例证。艺术家在酒神过程中已经放弃了他的主观性，现在将他和世界中心的统一展示给他看的那个形象，是一个把那种原始矛盾、原始痛苦以及外观的原始快乐感官化的梦境。抒情诗人的“自我”是从存在的深渊传出其声音的，他的“主观性”从近代美学家的意义上讲，是一种幻觉。如果说，希腊人的第一位抒情诗人阿尔基洛科斯向吕甘伯斯的女儿们[1]表达了疯狂的爱，同时也表达了他的鄙视，那么，在我们面前忘乎所以地狂舞的不是他的激情：我们看见了酒神和女祭司们，看见了醉酒的寻欢作乐者阿尔基洛科斯倒地睡去——如同欧里庇得斯在《酒神的伴侣》[2] 中向我们描写的他：在中午的阳光下，睡在高高的阿尔卑斯山的草地上——现在日神走到他跟前，用月桂枝轻轻地触他。睡眠者的酒神—音乐之魔似乎在向周围喷发形象的火花，这就是抒情诗，它的最高发展形式叫做悲剧或戏剧酒神颂。

雕塑家，同时还有与之相近的史诗诗人，都沉浸在对形象的纯粹观望之中。酒神音乐家完全没有形象，本身只是原始痛苦及其原始回响。抒情诗天才感到，从神秘的自弃状态和统一状态中发展出一个形象与比喻的世界，这个世界和那个雕塑家与史诗诗人的世界相比，具有完全不同的色彩、因果关系和速度。一方面，雕塑家与史诗诗人在这些形象中，
而且只有在这些形象中，才愉快舒服地生活，不倦地、充满爱意地、不 45

---

① 吕甘伯斯是古希腊帕罗斯岛上的居民，曾答应把女儿嫁给阿尔基洛科斯，后又拒绝，阿尔基洛科斯很生气，写诗表达他的愤怒。

② 欧里庇得斯死后才演出的一部悲剧，获得头奖。

放过最细小特征地观察它们；对他们来说，发怒的阿喀琉斯的形象只是一个形象，他们怀着对外观的那种梦的渴望，享受他发怒的表情——因此，他们靠着这面外观的镜子，防止同他们的思想合为一体，融合在一起。与此相反，抒情诗人的形象只是**他**自己，可以说，只是他自己的各种形象的客观化，因此他可以作为那个世界的运动中心点说“我”：只是这个我和那个清醒的经验—现实之人的我不是一回事，而是唯一的、完全真实存在的、永恒的、植根于万物基础中的我，抒情诗天才通过这个我的种种摹本，一直看透到万物的基础。现在让我们想象一下，他是如何在这些摹本中把**自己**看作非天才，即看作他的“主体”的，也就是那整个一大堆乱七八糟的主观激情和意志冲动，针对某个他自认为真实的事物；如果现在看上去抒情诗天才和同他有关的非天才好像是一致的，好像前者用“我”这个卑微字眼来谈论自己，那么，这种外观就再也不能诱惑我们了，尽管它曾诱惑过那些把抒情诗人看作主观诗人的人。实际上，阿尔基洛科斯，这个燃烧着爱与恨的激情的人，只是一个天才的幻影，这个天才已不再是阿尔基洛科斯，而是世界天才，他借阿尔基洛科斯其人的比喻，象征性地说出了他的原始痛苦，而那个有主观意愿和渴望的阿尔基洛科斯根本不可能，也永远不可能是诗人。但是，抒情诗人完全没有必要只是把自己面前的阿尔基洛科斯其人的现象看作永恒存在的映像，悲剧证明，抒情诗人的幻象世界离那固然是首先存在的现象能有多远。

46 **叔本华**不对自己隐瞒抒情诗人给哲学的艺术思考造成的困难，一方面他相信已经找到了一条与我无缘的出路，另一方面只有在他那深刻的音乐形而上学里，他才被赋予决定性地克服那种困难的手段：就像我相信在本书中按他的精神，也为了表示对他的尊敬所做的这一切一样。与此形成对照的是，他对歌的固有本质有以下看法（《作为意志和表象的世界》，第一卷，第295页）：“充斥歌者意识的是意志的主体，即自己的愿望，它经常是一种得到解脱、得到满足的愿望（快乐），但是更经常是一种受阻的愿望（悲哀），而一贯的则是内心冲动、激情、激动的心境。然而，伴随着这种心境，同时也因此，歌者通过瞥见周围的自然而意识到他是无意志的纯粹认识的主体，这种认识的牢不可破的、天国般的宁静从此以后就同始终受限制、总是很可怜的愿望的躁动形成对照：这种对照感、交替作用感原本就是歌的整体中所表现的东西，是一般地构成抒情状态的东西。在这种状态中，纯粹认识仿佛朝我们走来，要把我们从愿望及其躁动中拯救出来，我们俯首从命；但只是在转瞬之间，愿望，那种对我们个人目的的记忆，总是重新把我们从宁静的观察中拽开；不过，无意志的纯粹认识在其中向我们显现的近在咫尺的优美环境也总是一再诱使我们脱离愿望。因此，在歌和抒情情绪中，愿望（对目的的个人兴趣）和对显现的环境的纯粹观望奇特地混合起来，我们要对两者之间的关系加以探究和想象；主观情绪，意志的情感，将自己的色彩传给被观望的环境，反过来环境又把它的反射中的色彩传给主观情绪和意志的情感：真正的歌就是这整个如此混合又如此不一致的心境的重复。”① 47

在这段描述中，谁还能看不出来，抒情诗在这里被说成是成就不全面、似乎起伏不定、很少达到目标的艺术，甚至是一种半艺术，其**本质**在于愿望和纯粹观望，即审美状态和非审美状态的奇妙混合？我们宁可主张，叔本华依然当作价值尺度来划分艺术的那种对立，即主观艺术和客观艺术的对立，在美学中是根本不适合的，因为主体，即有愿望并促进自己利己意图的个人，只能被看作艺术的敌人，而不能被看作艺术的源泉。但是，只要主体是艺术家，他就必然已经摆脱了个人意志，似乎变成了中介，通过这中介，一个好像真的似的主体在外观中庆祝他得到解脱。因为我们在进行褒贬时，必须特别清楚这一点：整个艺术喜剧根本不是为我们，比如说为改善和教育我们而演出的；而且我们也同样不是这个艺术世界的真正创造者，我们大概倒是可以这样来假定自己，认为我们对于那个世界的真正创造者来说，已经是形象和艺术投影了，在艺术作品的意义中有着我们最高的尊严——因为只有作为**审美现象**，生存和世界才是永远**有充分理由的**——而我们对于我们的这种意义所具有的意识，和画在画布上的武士对于画布上所描绘的战役所具有的意识没

① 参考石冲白所译叔本华《作为意志和表象的世界》，346～347页。

有什么两样。所以，我们的全部艺术知识从根本上讲是一种完全虚幻的知识，因为我们作为认知者和作为那种艺术喜剧的唯一创作者与观众，而为自己带来永久享受的那种本质并非同一体，是不相一致的。只有当
48 天才在艺术创作行为中同那世界的原始艺术家相融合，他才知道一点艺术永恒本质的事情，因为在那种状态中，他奇妙地等同于那能转动眼睛观察自己的令人毛骨悚然的童话形象。现在他既是主体，又是客体；既是诗人，又是演员和观众。

6

关于阿尔基洛科斯，学术研究发现，他把**民歌**引进了文学；由于这一事迹，他在希腊人的普遍敬重中适合于得到仅次于荷马的唯一地位。然而，同完全日神式的史诗相对立的民歌是什么呢？除了是日神倾向与酒神倾向相结合的 *perpetuum vestigium*① 还能是什么呢？它跨越所有民族、在不断新生中日益强化的惊人传播，对于我们来说是一个明证，证明自然的双重艺术本能有多么强烈：这种本能以类似于一个民族的放纵举动在该民族的音乐里恒久如故的方式，在民歌中留下了自己的痕迹。它甚至也是在历史上可以证明的，凡是民歌丰富而多产的，便都受到酒神潮流最强烈的激发，这种潮流，我们必须始终把它看作民歌的基础和前提。

然而，民歌在我们看来，首先是世界的音乐之镜，是原始的旋律，这旋律现在为自己寻找着平行的梦幻现象，在诗中将它表达出来。**因此，旋律是第一位的、普遍的东西**，因而这种东西自身也能在多种文本中被多样性地具体化。按照民众的素朴评价，它甚至是远为重要和必然的东
49 西。旋律从自身中产生诗，而且一再重新产生诗。**民歌的诗节形式**要对我们说的不过是这一点，我一直惊异地观察这种现象，直到我最终找到了这一解释。谁用这个理论来看待民歌集，比如《儿童的神奇号角》②，他就将找到无数例子，表明不断产生的旋律如何在自己周围迸发出形象的火花：它们色彩斑斓，陡然突变，甚至滚滚而来，显示出一种完全不

① 拉丁文：永久痕迹。
② 德国作家阿尔尼姆（1781—1831）和布伦坦诺（1778—1842）编辑出版的民歌集。

同于史诗的假象及其平静流逝的力量。从史诗的立场看，抒情诗的这个不均衡、不合乎常规的形象世界简直该受批判：泰尔潘得罗斯①时代日神节时那些庄严的史诗吟诵者无疑就做出了这样的批判。

于是，在民歌的诗文中，我们看到语言竭尽全力地**模仿音乐**：因此，阿尔基洛科斯开始了一个诗的新世界，它根本对立于荷马的世界。我们以此表明诗与音乐、词与声音之间唯一有可能的关系：词、形象、概念寻求一种类似于音乐的表达方式，现在自己听命于音乐的威力。在这个意义上，我们可以在希腊民族的语言史上区分出两个主要潮流，区分的依据是看语言究竟是模仿现象世界和形象世界，还是模仿音乐世界。你只要更深入地思考一下荷马和品达②在语言上的色彩差别、句法结构差别、词汇差别，你就会理解这一对立的意义；你甚至会因此而十分清楚：在荷马和品达之间，必然响起过**奥林匹斯的放纵笛声**，这笛声在亚里士多德时代，在一种不断发扬光大的音乐中间，仍使人如痴如醉地激昂，无疑以其原始效果激发当时人们的一切诗歌表达方式去模仿它。在这里，我提醒一下我们时代一种我们的美学似乎认为要不得的熟悉现象。我们 *50*
一再看到，贝多芬的一首交响乐如何迫使个别观众以形象来说话，尽管由一段乐曲产生的种种形象世界的组合看起来实在是极其五花八门，甚至互相矛盾的：在这种组合上练习他们可怜的理解力，却忽视了真正值得解释的现象，这倒恰恰像是那种美学的风格。甚至当这位作曲家用形象谈论一首乐曲，比如把一部交响曲称作《田园交响曲》，把一段乐章称作“溪边小景”，把另一乐章称作“村民欢会”的时候，那也同样只是比喻式的、由音乐产生的想象——而绝不是音乐的模仿对象——这些想象从任何方面看都不可能教会我们懂得音乐的**酒神**内容，而且和别的形象在一起，它们也没有什么特别的价值。我们现在不得不把这个音乐在形象中的宣泄过程转移到一个朝气蓬勃、富有语言创造力的人群那里，以便了解诗节式的民歌是如何产生的，以及整个语言能力是如何被对音乐

---

① 泰尔潘得罗斯（活动时间约在公元前 7 世纪），希腊爱琴海莱斯沃斯的诗人和音乐家。

② 品达（公元前 522？—前 442），古希腊抒情诗人。

的模仿这一新原则激发起来的。

如果我们因此而可以把抒情诗看作音乐以形象和概念发出的模仿闪光，那么我们现在就能够追问：“音乐在形象和概念之镜中是作为什么而**出现**的呢?”**它作为意志**，即叔本华所理解的意志，也就是作为纯观望的无意志审美情绪的对立面**而出现**。在这里，人们或许要尽可能明确地对本质概念和现象概念加以区分：音乐按照其本质终究不可能是意志，因为它若是意志的话，便会被完全驱逐出艺术领域——因为意志是那种本
51 身并不属于审美领域的东西——然而，它作为意志而出现。这是因为，为了表达音乐以形象而出现的现象，抒情诗人需要所有的激情振奋，从倾慕的低声细语到疯狂的暴跳如雷；在这种用日神比喻来谈论音乐的本能之下，他把整个自然连同他在自然中的自身仅仅理解为永恒的意欲者、渴求者、热望者。但是，就他用形象来解释音乐而言，他自己是休养生息于日神式观望的风平浪静的宁静海面上，一切都如此宁静，而他通过音乐媒介观看到的一切竟然在他周围处于如此急切而紧迫的运动之中。甚至当他通过这同样的媒介看到自己时，他自己的形象在他面前也显现在一种不满足的感情状态中：他自己的意愿、渴求、呻吟和欢呼对他来说都是他用以向自己解释音乐的一种比喻。这就是抒情诗人现象：作为日神式的天才，他通过意志的形象来解释音乐，而他自己却完全摆脱了意志的贪得无厌，是纯粹清澈的日之眼。

这整个探讨坚持这样的看法，即抒情诗依赖于音乐精神的程度，就像音乐本身处于完全的无限之中，不**需要**形象和概念，而只是**容忍**它们在自己身边一样。音乐中尚未有那种迫使抒情诗人以形象说话的最高普遍性和最高普遍有效性的东西，抒情诗人的诗是无法说出来的。音乐的世界象征意义之所以无法用语言来全面企及，是因为它象征性地涉及太一中心的原始矛盾和原始痛苦，从而将一种超越一切现象和先于一切现象的境界象征化了。与之相比，更应该说每种现象都只是比喻。因此，**语言**作为现象的器官和象征，绝不可能把音乐至深的内在世界亮到外边来，当它一参与对音乐的模仿时，它就始终只是停留在同音乐的一种表
52 面接触中，而音乐的至深意义，尽管有抒情的口若悬河，却不能让我们

靠近一步。

7

我们现在不得不求助于以上讨论的全部艺术原理，以便在我们不得不称之为**希腊悲剧起源**的这一迷宫中找到方向。如果我说这个起源问题至今还根本没有认真提出来过，更不用说解决了的话，我也并不认为我是在做什么荒谬的断言。甚至古代传说四处飘散的碎片也如此经常地被缝合在一起，又被重新拆散。这些传说十分坚定地告诉我们，悲剧产生于悲剧歌队，而原先只是歌队，仅此而已。由此，我们有责任看清作为真正原始戏剧的这种悲剧歌队的核心，不让自己以某种方式满足于流行的艺术论方法——即说歌队是理想的观众，或者说它得代表平民，处于舞台上王公贵族区域的对立面。让有些政治家听起来觉得很崇高的那后一种解释的想法——好像民主雅典人的永恒道德法则体现在平民歌队里一样，歌队凌驾于国王们的激情放纵与过度行为之上，总是有理——很可以用亚里士多德的一句话来做出提示，即因为平民和王公之间的完全对立，歌队对悲剧的原始形成没有影响，总之，任何政治社会领域，都已经从那种纯宗教的起源中被排除在外了；可是，对于我们很熟悉的埃斯库罗斯、索福克勒斯的古典歌队形式，我们也愿意把在这里谈论一种“立宪人民代议制”的预感看作亵渎，尽管别的人不在意这样的亵渎。古 53
代的国家宪法实际上不了解一种立宪人民代议制，但愿也不会在其悲剧中“预感”到这样的代议制。

比这种关于歌队的政治解释更加著名得多的是奥·威·施莱格尔①的思想，他推荐我们在某种程度上将歌队视为观众群体的完美体现和精华，视为“理想观众”。这种观点和认为悲剧原先只是歌队的历史传说结合在一起，表明了它实际上就是一种粗略的、非学术性的然而闪光的看法，然而它只有通过集中的表达形式，通过对一切所谓“理想”的东西的真正日耳曼式的偏见，通过我们一时的惊讶来保持这种闪光。因为我们一旦将我们很熟悉的戏剧观众同那歌队进行比较，我们一旦问自己是否有

---

① 奥·威·施莱格尔（1767—1845），德国文学批评家、语言学家、翻译家。

可能把这种观众理想化为类似于悲剧歌队的某种东西，我们就会惊讶。我们默默地否认了这一点，现在则对施莱格尔主张的大胆，就如对希腊观众完全不同的天性一样，感到惊奇起来。因为我们总是认为，真正的观众，无论他们是谁或想要什么，总是不得不始终意识到，自己面对着一部艺术作品，而不是一个经验现实：而希腊人的悲剧歌队则必须承认舞台上的形象是实实在在的存在。扮演俄刻阿尼得们①的歌队真的相信在自己眼前看见了提坦神普罗米修斯，并把自己看成和舞台上的那位神一样真实。像俄刻阿尼得们那样把普罗米修斯看成伸手可及的实实在在的现实存在，这应该就是最高、最纯粹类型的观众吗？跑到舞台上，把这位神从他所受的酷刑中解救出来，这就是理想观众的标志吗？我们曾相
54 信一种审美观众，个别的观众越是能够把艺术作品看成艺术，也就是说，越是能审美地看待它，他就被认为越有能力；而现在，施莱格尔的说法却向我们暗示，完美的理想观众根本不是让舞台上的世界审美地作用于自己，而是让它实实在在地、经验地对自己发生影响。哦，这些希腊人怎么回事！我们叹息说，他们推翻了我们的美学！可是，一旦习惯于这一点，只要谈起歌队，我们就会重复施莱格尔的箴言。

然而，那种如此明确的传说却在这里同施莱格尔作对：没有舞台的歌队本身，即悲剧的原始形式，和那种理想观众的歌队是互不相容的。从观众概念引申出来的、“自在的观众”不得不充当其真正形式的东西，是什么样的一种艺术类型啊！无戏剧的观众是一个不合情理的概念。恐怕悲剧的诞生既不应该解释为源于对大众道德理解力的高度重视，也不应该解释为源于无戏剧观众的概念，我们认为这个问题太深奥，哪怕被这样肤浅的思考方法触及一下都不可能。

席勒已经在《麦西拿的新娘》② 的著名前言中就歌队的意义流露出具有无限价值的洞见，他把歌队视为一堵活的大墙，悲剧将其围在自己周

---

① 大洋女神，希腊神话中海神波塞冬以前的海洋之神俄刻阿诺斯和提坦神蒂锡斯所生的女儿，有三千个之多。

② 席勒模仿希腊悲剧而写的一部悲剧，背景是10世纪诺曼人统治下的西西里岛的麦西拿。席勒在为该剧写的序言《论悲剧中歌队的运用》中讨论了悲剧中的歌队问题。

围，为的是把自己同现实世界真正隔绝开来，捍卫自己的理想境界和诗的自由。

席勒以他的这种主要武器，同平庸的自然观念、同戏剧诗中一般所要求的错觉作斗争。席勒认为，尽管舞台上展现的时日只是人为的时间，建筑物只是一种象征性的建筑物，富于韵律的语言带有一种理想的特点，然而总体来说，谬见仍然始终占统治地位：把作为整个诗之本质的东西只是当作一种诗的自由来容忍，这是不够的。他还认为，歌队的引入是 55
决定性的一步，用以光明磊落地向艺术中的任何自然主义宣战。——在我看来，正是针对这样一种思考方法，我们这个自以为很优越的时代使用了“假理想主义”这一轻蔑的时髦用语。恐怕，相比之下，以我们现在对自然世界与现实世界的尊重，我们处于一切自然主义的对立面上，也就是处在蜡像馆的境地。甚至在蜡像馆内，也有一种艺术，就如现在某些流行小说的情况那样：只是不要拿这样的期待来折磨我们，即认为以这样的艺术，席勒—歌德式的“假理想主义”就被克服了。

然而，这是一个“理想”境界，按照席勒的正确洞见，希腊的萨提儿歌队，即原始悲剧的歌队，通常就漫游于这个境界，一个凌驾于凡人的现实漫游之路上空的境界。希腊人为这种歌队建造了一个虚构的**自然状态**的空中楼阁，又将虚构的**自然生灵**置于其中。悲剧在这样的基础之上成长起来，但是却因此而从一开始就免除了一种对现实的痛苦临摹。然而，这并不是在天地之间任意想象出来的世界；更应该说，这是一个具有现实性和可信度的世界，就像奥林匹斯山及其居住者对于深信不疑的希腊人来说所拥有的那种现实性和可信度一样。萨提儿作为酒神歌队成员生活在一种神话与文化领域认可之下的、在宗教上得到承认的现实之中。悲剧始于他，悲剧的酒神智慧出自他之口，是一个令人惊讶的现象，对我们这里的人来说，有如悲剧一般而言产生于歌队一样令人惊讶。如果我提出这样的看法，认为萨提儿这个虚构的自然生灵之于文明人和酒神音乐之于文明是一样的关系，那我们也许就有了思考的出发点。关于文明，理查德·瓦格纳说，它在音乐面前黯然失色，就像灯光在日光 56
中黯然失色一样。我相信，希腊的文明人也同样感觉自己在萨提儿歌队面前黯然失色了，而酒神悲剧的下一个效果便是：国家与社会。总之，造成人与人之间鸿沟的东西，屈服于一种回归自然中心的超强统一感。立足于万物的生命，尽管现象上千变万化，却是坚不可摧地强大、快活，这种形而上的慰藉——正如我在本文中已经表明的那样，任何一部真正的悲剧都会给我们留下这样的慰藉——是作为萨提儿歌队，作为自然生灵的歌队，有血有肉地明确显现的。那些自然生灵几乎在所有文明背后不可灭绝地生活着，尽管世代更替和各民族历史千变万化，他们却永远依然如故。

深思熟虑而且唯一能承受最沉重的切肤之痛的希腊人靠这样的歌队来自我安慰，他们以犀利的目光直视所谓世界史的可怕毁灭行为，就像直面自然的残酷一样，并且险些寻求佛教徒式的意志之否定。艺术拯救了希腊人，而通过艺术为自己拯救了希腊人的则是——生命。

因为，酒神状态的陶醉以其对生存的通常限制和通常界限的消除，在其持续过程中包含了一种**冷漠的**成分，所有过去的亲身经历都沉浸于这种成分中。于是，日常现实世界和酒神现实世界便在相互之间被这条忘川割裂开来。可是，一旦那种日常现实重新进入意识，它作为这样的现实就会让人感到恶心；那种状态的结果就是一种禁欲的、否定意志的心境。在这个意义上，酒神之人同哈姆雷特很相似：
57 二者都真正瞥见了万物的本质，他们**看透**了，行动令他们厌恶，因为他们的行动一点也改变不了永恒的万物本质。他们感觉苛求他们重整颠倒混乱的乾坤是很可笑的或者很可耻的。认识扼杀行动，行动则包含了让错觉给你蒙上面纱——这便是哈姆雷特的教训，不是梦幻者的廉价智慧，梦幻者由于太多的反省，甚至是由于太过剩的可能性，而无法行动；这不是反省的问题，不！——真正的认识，对可怕真理的洞见，压倒了任何驱使人行动的动机，在哈姆雷特那里和在酒神之人那里都是一样的情况。现在不再有任何慰藉起作用，对死亡的渴望超越了一个世界，甚至超越了诸神，生存连同它在诸神身上或者在一个不朽的彼岸世界中的熠熠生辉的映像一起遭到了否定。人类意识到曾经窥见过真理，在这样的意识中，现在人类到处都只看见存在的恐惧和荒诞，现在人类明白了奥菲利娅①命运中的象征性，现在人类认识到了森林之神西勒诺斯的智慧：人类感到恶心。

这里，在这意志的最高危险中，**艺术**作为熟知医道、救苦救难的女法师来临了，她能独自把关于生存之恐惧与荒诞的恶心念头变成借以让人生存下去的想象：这就是作为艺术上对恐惧之克服的**崇高**和作为艺术上对荒诞所致恶心之宣泄的**滑稽**。酒神颂的萨提儿歌队是希腊艺术的拯救之举；在这酒神陪伴者的中介世界里，刚才描述过的那些突然感到的念头消耗殆尽。

8

萨提儿如同我们近代的田园牧童一样，两者都产生于对原始自然因素的渴望；然而，希腊人多么坚定而毫无恐惧地伸手去抓住他们的林中 58
来客，现代人却是多么害羞而柔弱地戏弄着深情地吹奏牧笛、长相善良的牧童那经过美化的形象！尚无任何知识对其产生作用的天然本性，尚未被冲破门闩、文化仍被阻挡于其门外的天然本性——这就是希腊人在其萨提儿身上所见到的，因此在希腊人看来，萨提儿还是和猿猴不一样的。相反，这是人类的原始形象，是人类作为因为靠近神灵而兴奋陶醉的狂热者、作为出自最深天然本性之智慧的宣告者、作为神的痛苦在其身上复现的与神共患难之难友、作为希腊人习惯于用敬畏的惊叹来看待的自然之性至高无上的象征所具有的最高最强激情之表达。萨提儿是某种崇高而神圣的东西，尤其是在酒神之人那种为痛苦所打断的目光中，他必然如此。经过装点打扮而虚构出来的牧童就会伤害他，他的目光十分满足地停留在不加掩饰、永不枯竭的大自然创作笔法上。在这里，文化的错觉已从人类的原始形象上洗去；在这里，真正的人，即向自己的神欢呼的大胡子萨提儿显露出来。在他面前，文明人萎缩成虚构的讽刺画。关于悲剧艺术的这种开端，席勒的意见也是正确的：歌队是一堵活的大墙，阻挡住猛冲过来的现实，因为它——萨提儿歌队——比一般将

① 莎士比亚著名悲剧《哈姆雷特》中哈姆雷特的恋人，最终成为宫廷斗争的牺牲品。

自己视为唯一现实的文明人更真实、更现实、更充分地描绘了生存。诗的领域并非作为一个诗人头脑中的不被现实接受的想象物而存在于世界之外：它要成为完全相反的东西，成为未经涂脂抹粉的真理之表达，并且因此而不得不摆脱掉文明人那种自以为是的现实的虚构盛装。这种真
59 正的自然真理和做出是唯一现实之姿态的文化谎言之间的对照，是一种类似于永恒的万物核心即自在之物和整个现象界之间的对照：正如悲剧在现象的不断破灭中，以其对那种生存核心之永恒生命的形而上慰藉所暗示的那样，萨提儿歌队的象征性已经用一种比喻说出了自在之物和现象之间的那种原始关系。现代人爱好的那种田园牧童，不过是被他们当作自然的大量文化错觉的写照；酒神式的希腊人要求最强有力的真实和自然——他们在魔幻中见到自己变为萨提儿。

在如此情绪和悟性的影响下，一帮狂热的酒神仆从欢呼雀跃：他们的力量就在他们自己的眼前改变了他们，以至于他们误把自己看成被复原的自然守护神，看成萨提儿们。后来的悲剧歌队的构成是对那种自然现象的艺术模仿；按照这样的构成，当然就需要区分酒神观众和处于酒神魔幻中的人。只是人们始终不得不提醒自己，阿提卡①的悲剧观众在乐池的歌队中重新发现了自己；归根结底，没有观众和歌队的对立，因为一切都不过是一个由歌舞中的萨提儿们，或者由允许自己被这些萨提儿们所代表的人，组成的庄严的大歌队。施莱格尔的话在这里必然为我们展现出更深刻的意义。歌队是"理想观众"，因为它是唯一的**观看者**，舞台上幻想世界的观看者。我们知道，希腊人不了解作为观众的大众：在他们的剧场里，在以相同圆心的弧形逐步升高的台阶状的观众席上，每个人都有可能完全**无视**自己周围的整个文明世界，在心满意足的观看中把自己也当成了歌队成员。按照这样的见解，我们可以把在其原始悲剧
60 的原始阶段上的歌队称为酒神之人的一种自我折射：一个在演员表演过程中可以最清晰地分辨出的现象，这演员如果真的有天赋，他就会实实在在地看见他所要扮演角色的形象在他眼前晃动。萨提儿歌队首先是酒

① 以雅典为中心的古希腊东南部地区。

神大众的一个幻觉，而舞台上的世界又是这萨提儿歌队的一个幻觉：这种幻觉的力量十分强大，足以使目光变得呆滞而麻木不仁，对“现实”的印象，对周围一排排座位上的有修养之人视而不见。希腊剧场的形式令人想起一个孤零零的山谷：舞台的建筑显得像是一个发光的云中景象，在山上聚集起来的酒神信徒从高山之巅观看这景象，酒神的形象就在美丽的背景中向他们显现。

我们在这里为解释悲剧歌队而谈论的那种艺术的原始现象，从我们
学者关于基本艺术进程的观点来看，是几乎有失体统的；尽管没有任何
东西比以下事实更确定无疑了：诗人只有靠看见自己被一些人影所围绕
才成其为诗人，这些人影在他面前生活、活动，他看透了他们最内在的
本质。由于现代天才特有的一个弱点，我们倾向于太过于复杂和抽象地
想象审美的原始现象。隐喻对于真正的诗人来说，不是一个修辞手段，
而是一个具有代表性的形象，这个形象取代一个概念，真实地浮现在他
面前。对他来说，人物不是某种由搜集来的个别特征构成的完整之物，
而是一个在他眼前令人讨厌地活跃的个人，这个人只是由于连续不断地
继续生活、继续行动而同画家的同样幻觉相区别。荷马为何比所有诗人
都描写得更加鲜明得多呢？因为他观察得格外多。我们如此抽象地谈论
诗，因为我们大家通常都是糟糕的诗人。归根结底，审美现象是简单的： 61
一个人只要有能力不断观看一场生动的游戏，不断在一群幽灵的包围中
生活，那他就是诗人；一个人只要感觉到要改变自我，有要到别人身体
和灵魂中去向外说话的欲望，那他就是戏剧家。

酒神的兴奋能将这种看见自己在这样一群和自己内在地相一致的幽灵包围之中的艺术天赋传达给整个大众。悲剧歌队的这一过程是**戏剧的**原始现象：看见自己在自己面前变形，现在举手投足好像真的进入了另一个身体，进入了另一个人物。这个过程就处于戏剧发展之始。其中有某种不同于诵诗人的东西，因为诵诗人不是同自己描绘的形象融合，而是像画家一样，用观赏的目光，在自身之外看见这些形象；其中已经有一种通过进入陌生气质而对个性的放弃。而且，这种现象像传染病一般地出现：有整整一群人感觉自己像这个样子中了魔法。因此酒神颂和歌

队的任何一种其他歌咏有着根本的区别。手中拿着月桂枝，唱着游行圣歌，庄严地走向日神神庙的少女仍然是她们实际的模样，并保留了她们的平民姓氏：酒神颂歌队是一个由变形者组成的歌队，在这些变形者那里，他们自己过去的平民身份，他们的社会地位，被全然忘却，他们变成了永恒的酒神仆从，生活在所有的社会领域之外。希腊人所有其他的歌队抒情诗都只是对日神歌队成员的一种大大的强化而已；而在酒神颂里，一个无意识的演员团体站在我们面前，他们在相互之间都把自己看作已发生了变形。

着魔是所有戏剧艺术的前提。在这种着魔中，酒神式的狂热者把自
62 己看作萨提儿，**而且自己又作为萨提儿来观看神**，也就是说，他在自己的变形中看见自己身外的另一个幻象，作为他的状况的日神式完成。伴随着这样一个新的幻象，戏剧就大功告成了。

根据这样的认识，我们就得把希腊悲剧理解为一而再、再而三地在日神的形象世界中宣泄的酒神歌队。因而在一定程度上，悲剧同其交织在一起的那些合唱歌曲部分就是整个所谓对话的、全部舞台世界即戏剧本身的母腹。在接二连三的一些宣泄之中，悲剧的这种原始基础就放射出那种戏剧幻象：这完全是梦幻现象，并且就这方面而言，具有史诗的本性；可是另一方面，作为一种酒神状态的客观化，这种幻象不表现光照假象中日神前来做出拯救，而是相反，表现个体的破碎及其与原始存在的合而为一。因此，戏剧就是酒神认识与酒神效果的日神感性化，并由此而像被鸿沟隔开一样，同史诗相分离。

希腊悲剧的**歌队**，在酒神激发的兴奋之中的全体大众的象征，在我们的这种理解中找到了充分的解释。尽管由于我们习惯于一个歌队尤其是歌剧合唱在现代舞台上的地位而完全无法理解那种希腊人的悲剧歌队如何会比“动作”本身更古老、更原始，甚至更重要——如这一点在传说中明确流传下来的那样——尽管我们同样也无法将歌队之所以只是由做仆役的下等生灵们，甚至首先只是由公羊模样的萨提儿们组成的原因，同那种传说中的高度的重要性和原始性统一起来，尽管舞台前的乐池始终是一个谜，但是我们现在已经看到，舞台连同情节，归根结底，从一

开始就被认为是**幻象**，唯一的“现实”就是歌队，是从自身产生出幻象 63
并用舞蹈、声音、言辞等全部象征手段来谈论这幻象的歌队。这歌队在它产生的幻象中看到了自己的主人和师父酒神狄奥尼索斯，因而永远是**服役者的**歌队：歌队看到酒神是如何受苦，如何美化酒神自己的，因此歌队自身并不**行动**。但是在这个在神面前完全充当仆役的地位上，歌队是**自然**的最高表达，即酒神表达，因此像自然一样，在欢欣鼓舞中谈论神谕和格言；作为**同情者**，它同时又是从世界之中心宣告真理的**智者**。于是就产生了那位想象的、显得有失体统的形象，那智慧而欢欣鼓舞的萨提儿；他又是不同于神的“天真汉”，自然及其最强烈欲望的模本，甚至象征；同时又是自然智慧和自然艺术的宣告者，集音乐家、诗人、舞蹈家、能见鬼神者于一身。

按照这种认识，也根据传说，**酒神**这真正的舞台主角和幻象中心，在最最古老的悲剧时期并不真的在场，而只是被想象为在场，也就是说，悲剧原先只是“歌队”而不是“戏剧”。后来才做了这样的尝试：把神展现为实体的神，并把幻象的外形以及神化的光环表现为每一双眼睛都可见到的实在；于是，更狭窄意义上的“戏剧”就开始了。现在酒神颂歌队就有了这样的任务：把观众的情绪激发到酒神的高度，以至于当悲剧主人公出现在舞台上的时候，观众看见的绝不是戴着奇形怪状面具的人，而是一个几乎诞生于他们自己陶醉状态的幻觉形象。如果我们想象阿德墨托斯深情地想念他刚去世的妻子阿尔刻提斯①，完全在她的精神形象面前受煎熬——就像有一个蒙着面、有着相似外形、走着相似步子的女人
形象突然被领到他跟前；如果我们想象他突然在颤抖中感到的不安，想 64
象他那心潮起伏中的对比，想象他那本能的确信——那么我们就会有类似于被酒神激发起来的观众借以看见神在舞台上向他们走来的那种感觉，观众同神的痛苦已经合而为一。观众不由自主地把整个魔幻地在他的灵魂面前颤抖的神的形象转到那个戴面具的人影身上，将人影的现实性差不多融化在一种幽灵般的非现实之中。这是日神的梦幻状态，在这种状

① 阿德墨托斯是希腊神话传说中的阿尔戈斯英雄，阿尔刻提斯的丈夫。后来身患不治之症，日神请求命运女神准许由别人代替他去死，他的妻子自愿替死。

态中，白天的世界蒙上了面纱，一个比它更清晰、更可理解、更感动人心，然而也更像幻影的新世界在不断变幻中崭新地诞生于我们的眼前。与此相应的是，我们在悲剧中清楚地看到一种风格上的鲜明对照：语言、色彩、动作性、言语生动性作为截然分开的表达阶段分别出现在日神的歌队抒情诗和日神的舞台梦幻世界中。酒神在其中客体化的这种日神现象，不再像歌队音乐的情况那样，是“一座永恒的大海，一种交织，一种炽烈的生活”①，不再是那种只被感觉到的、没有浓缩为形象的力量，兴奋中充满这种力量的酒神仆从感觉酒神就在近旁；而现在从舞台上对他说话的是史诗形象塑造的清晰性和实在性，现在酒神不再凭借力量，而是作为史诗的主人公，几乎是用荷马的语言来说话。

9

在希腊悲剧的日神部分中和在对白中浮到表面的一切，看上去都很简单、很透明、很美。在这个意义上，对白是希腊人的一个写照，希腊人的天性是在舞蹈中显露出来的，因为在舞蹈中，最强大的力量也只是
65 潜在的，但是却通过动作的柔韧性和丰富性流露出来。索福克勒斯的主人公们的语言以其日神的确切性和明朗性，让我们如此惊讶，以至于我们立刻就误以为已经看到了他们最根本的实质，还带有几分诧异，不明白通往这实质的道路为何竟如此之短。可是一旦我们撇开主人公们表面上流露出来、显现出来的性格——从根本上讲，不过是投射到一面黑暗墙上的光影图像，也就是说，彻头彻尾的幻象——不谈，我们倒反而更加深入到以这种映像投射出来的神话当中去了，于是我们突然经历了同一种众所周知的光学现象相反的现象。如果我们试着猛地直视太阳，却眼花缭乱地转过身去，几乎作为治疗手段，我们眼前就会出现深色斑点：正好相反的是，索福克勒斯的主人公们那些光影幻象，即面具的日神倾向，也就是看了一眼自然的内部及其可怕事物以后必然产生的倾向，几乎就是用来治疗被可怕夜晚损坏之视力的发亮斑点。只有在这个意义上，我们才可以相信正确把握了“希腊之欢乐”这一严肃而有意义的概念；

---

① 引文出自歌德诗剧《浮士德》，第1部，505～507行。

而我们却在所有通往当下之路、之桥上，碰上了对这种处于无危险舒适状态中的欢乐概念的错误理解。

不幸的**俄狄浦斯**，这个希腊舞台上最痛苦的形象，被索福克勒斯理解为一个高贵的人，这个人尽管有智慧，可是却注定要犯错误，注定遭遇灾难。不过他最终又通过自己巨大的痛苦而在他周围形成一股给人以福祉的魔幻力量，这股力量的有效性超越了他的死亡。这个高贵的人不犯罪过，这便是思想深刻的诗人要对我们说的：通过俄狄浦斯的行动，任何法律、任何自然秩序甚至道德世界都会毁灭；然而正是由于这样的行动，一个更加非同寻常的魔力圈形成了，它在倾覆的旧世界的废墟上建立起一个新世界。这一点是诗人要告诉我们的，因为他同时也是宗教 66
思想家：作为诗人，他首先让我们看到了一个奇异地纠缠在一起的法庭审理之结，法官慢慢地、一点又一点地把结解开，耗尽了他自己的心血；真正的希腊人在这种辩证地解结过程中所获得的快乐如此之大，以至于因此就有一种压倒一切的快活特色笼罩在整个作品上，到处都巧妙地使那个审理过程的可怕前提锋芒受挫。在《俄狄浦斯在科罗诺斯》① 中，我们就遇到了这同一种快活，不过是在无尽的神化中被拔高了而已；相对于那个遭遇了过度不幸、纯粹作为**受苦受难者**受尽磨难的老人的——是从神界降临的超尘世的快活，它展示给我们，那位主人公如何以他纯粹被动的举止实现了远远超越他生命的最高主动性，而他早先生活中那种有意识的努力只是把他引向了被动性而已。于是对于肉眼来说难分难解地缠结在一起的俄狄浦斯寓言的法庭审理之结就慢慢地解开了——于是，靠着这种辩证法的神圣对立面，我们获得了最深刻的人间快乐。如果我们在这里以这样的解释公正对待诗人，那么就有可能总是被问到：神话的内容是否因此而枯竭了？而在这里显示出来的是，诗人的整个见解不过是在我们瞥见深渊之后，有治疗作用的自然投射到我们面前的那种影像。杀父娶母的俄狄浦斯，解开斯芬克司之谜的俄狄浦斯！这神秘的三重命运告诉了我们什么？有一种古老的，尤其是在波斯流传的民间迷信，

---

① 索福克勒斯写的一部悲剧作品。科罗诺斯在雅典附近，俄狄浦斯在此度过了他最后的日子。

认为一个智慧的巫师只可能生于乱伦：这一点，就解谜和娶母的俄狄浦斯而言，我们立即就得这样来解释，即在现在和未来的魔力、僵硬的个
67 体化法则，总之自然的真正魔法被先知的魔幻力量打破之处，一种违背自然的可怕事情——诸如所说的乱伦——便必然首先跑出来充当原因；因为如果不是靠成功地抗拒自然，也就是说，靠违背自然的方法，你怎么可能强迫自然泄露它的秘密呢？我认为这种认识在俄狄浦斯可怕的三重命运中已经显现出来：解开自然——那双重特性的斯芬克司——之谜的同一个人，也必然作为杀父娶母者打破最神圣的自然秩序。的确，神话似乎想要悄悄告诉我们，智慧，恰恰是酒神智慧，是一种违背自然的可怕东西；用自己的知识将自然投入毁灭深渊的人，自身必然要经历自然的解体。“智慧的利器刺向智者，智慧是对自然犯下的一种罪行”，神话向我们喊出如此可怕的话语来；可是希腊诗人像一道阳光，触摸着神话的这根崇高而可怕的曼依之柱①，以至于它突然开始发出音乐——索福克勒斯的旋律！

现在我来把围绕埃斯库罗斯笔下的**普罗米修斯**发光的主动性灵光和被动性灵光加以对照。思想家埃斯库罗斯在这里要对我们说的，但他作为诗人却只是通过使用比喻方式的形象来让我们感觉的东西，青年歌德已懂得用他的普罗米修斯的大胆言词来揭示了：

我坐在这里
按照我的模样造人，
造一个像我一样的种族，
像我一样
受苦，哭泣，
享受，快活，
不尊敬你！②

上升到提坦神地位的人类甚至为自己争来了自己的文化，迫使诸神

① 曼依是荷马史诗《奥德修纪》中的美男子。据传说，底比斯附近有一根上面雕刻着曼依雕像的柱子，若是早晨太阳照射到柱子上，柱子便发出音乐声。

② 这几行诗歌引自歌德诗歌《普罗米修斯》。

同自己联合，因为人类在自己的智慧中掌握着神的存在和神力的界限。 68
那首普罗米修斯诗歌，按照其基本思想，是对有失虔敬之行为的一首真正的赞美诗。可是，其最令人惊异的地方却是埃斯库罗斯**正义**追求的深刻特征：一方面是大胆“个人”的无尽痛苦，另一方面是神的困境，甚至一种神到黄昏的预感，这种强制这两个痛苦世界达成和解、达成形而上统一的力量——这一切最强烈地让人想起埃斯库罗斯世界观的中心点和基本原理，他的世界观看到命运女神作为永恒正义端坐于诸神和人类之上。在埃斯库罗斯用以将奥林匹斯世界置于他的正义天平上的惊人大胆方面，我们不得不提醒自己，深邃的希腊人在他们的秘密宗教仪式中有一种坚定不移的形而上学思维的基础；希腊人的全部怀疑情绪可以发泄到奥林匹斯众神头上。尤其是希腊艺术家，对这样的神感觉到一种互相依赖的朦胧情感，而恰恰在埃斯库罗斯的普罗米修斯身上，有了这种情感的象征。提坦神式的艺术家在自己身上找到了顽强的信念，相信能创造人，并且至少能摧毁奥林匹斯众神，而且通过他的更高智慧来做到这一切。当然，他不得不在永恒的痛苦中为这种更高智慧遭受惩罚。伟大天才的突出“能力”，即使以永恒痛苦为代价来偿付都嫌太少，还有**艺术家**那种苦涩的自豪——这是埃斯库罗斯创作的内容和灵魂，而索福克勒斯在他的俄狄浦斯身上像奏响前奏曲一般地奏起了**圣人**的胜利之歌。然而，即使用埃斯库罗斯给予神话的那种解释，也无法测算出其形成的恐惧之可怕深度：应该说，艺术家对生成的乐趣，抗拒任何不幸的艺术创造之快活，只是一种明朗的云天图像，这图像倒映在黑色的悲伤之海
上。普罗米修斯传说是各雅利安民族①整体的原始财富及其深思和悲剧天 69
赋的文献，甚至以下看法也不是没有可能的，即这种神话对于雅利安人来说所拥有的典型意义，和原罪神话对于闪族人②来说所拥有的典型意义是相同的；两种神话之间存在着一种兄妹间的亲缘关系。那普罗米修斯

① 指由史前时期居住在伊朗和印度北部的一个民族发展出来的各民族，其使用的语言为雅利安语，或称“印欧语”。

② 又译“闪米特人”，近代主要指阿拉伯人和犹太人，古代包括希伯来人、巴比伦人、腓尼基人、亚述人等。按照《旧约圣经》的说法，闪族人是诺亚之子闪（Shem）的后裔。

神话的先决条件是一种天真的人类给予**火**的丰富价值，是将其视为任何上升之文化的真正守护神。可是，人类自由地支配火，不仅仅是借助于一种上天的馈赠，将其作为有点火作用的电光或者加热作用的日光来接受，这一点在那些遐想的远古之人看来，似乎就像是一种亵渎行为，一种对神性自然的掠夺。于是，第一个哲学难题提出了人和神之间一个痛苦而无法解决的矛盾，并将它像一块岩石一般推到任何文化的门前。人类可以分享的最佳、最高事物是通过一种亵渎行为实现的，现在人类不得不再次接受其进一步的后果，也就是说，受冒犯的上天——必然——使高贵地努力向上的人类遭受的一大堆痛苦和忧虑：一种苦涩的想法，这种想法通过它给予亵渎行为的那种**尊严**，同闪族原罪神话形成了奇异的对照。在闪族的原罪神话中，好奇、谎言欺骗、容易受诱惑、贪婪，总之，一系列尤其具有女性特点的情感被视为恶的根源。雅利安观念的突出之点是那种将**主动罪愆**视为真正普罗米修斯式美德的崇高见解；同时，悲观的悲剧之伦理基础也因此而被认为是对人类之恶的**辩解**，而且既为人类之过，又为人类因过失而遭受的痛苦辩解。万物本质中的不
70 祥——遐想的雅利安人不喜欢用过细的解释来打发这个问题——世界中心的矛盾，在雅利安人看来，显现为不同世界，比如一个神的世界和一个人的世界的混杂，在这些世界中，每一个世界都是作为合理的个体而存在的，可是作为互相挨在一起的个别世界都得为其个体化而受苦。在个人进入一般的英勇追求中，在跨越个体化禁令、要求成为**独一无二**世界本质的尝试中，个人在自己身上遭遇了隐藏于万物之中的原始矛盾，也就是说，他亵渎和受苦。于是，亵渎被雅利安人理解为男性，罪被闪族人理解为女性，正如原始亵渎由男性所犯，原罪由女性所犯。① 顺便说一下，女巫歌队唱道：

　　女人千步行，

① 普罗米修斯盗天上火种给人类，教给人类使用火的方法，触怒宙斯，被视为对诸神的亵渎，因而受到宙斯残酷的惩罚。普罗米修斯作为男性之神犯下的这种亵渎，即前面所说的“主动罪愆”。夏娃受撒旦的引诱，出于好奇，偷吃智慧之果，还劝说亚当一起吃，她作为女人的祖先首先犯下了原罪，但她的罪愆不是主动的，因为她受到撒旦的引诱。

不必太当真；
她竭其所能，
男人一步成。①

理解普罗米修斯传说那种最内在核心——即理解向付出巨大努力的个体显示出的亵渎之必然——的人，必然也同时感觉到这种悲观观念的非日神倾向；因为日神恰恰是要通过以下方法使个体存在安静下来：他一再以他对自我认识和适度的要求提醒人注意这一点，恰如注意最神圣的世界法则。然而，为了在这种日神倾向中使形式不至于僵化为埃及式的拘谨和冷漠，为了不至于在为个别浪涛规定路线和范围的努力中让整体的海浪运动渐渐消失，酒神的滚滚大潮时不时地一再冲毁片面的日神“意志”试图禁锢希腊精神的所有那些小圈子。这时候，那种突然涨起的酒神大潮将个体的个别小浪尖背负在自己的肩上，就像普罗米修斯的兄弟、提坦神阿特拉斯②举起大地一样。这种几乎要成为所有个体的阿特拉 71
斯之神并用宽阔的肩膀将所有的个体背负得越来越高、越来越远的提坦式欲望是普罗米修斯精神和酒神精神之间的共同之处。以这种观点看，埃斯库罗斯的普罗米修斯是一个酒神面具，而在以前提到过的那种寻求正义的深刻特征中，埃斯库罗斯则流露出从父系角度看他起源于日神这位个体化和正义界限之神、这位洞察秋毫者。而埃斯库罗斯的普罗米修斯的两重性，他同时具有的酒神天性和日神天性，可以用以下抽象的表达方式来表达：“一切存在的都是合理的，又是不合理的，两者都同样有道理。”

这是你的世界！这就叫做一个世界！③ ——

10

这是一个无可争辩的传统：最古老形式的希腊悲剧只有酒神之痛苦作为题材；在较长一段时间里，舞台上唯一在场的主角只有酒神。然而，可以同样肯定地说，直到欧里庇得斯为止，酒神从来没有停止过做悲剧

① 这一诗节引自歌德诗剧《浮士德》，第1部“瓦卜吉司之夜”，3982～3985行。

② 提坦神族的一员，因为反对宙斯，攻打奥林匹斯山，被罚用头和手在世界极西处顶住天。

③ 这两句话出自歌德诗剧《浮士德》，409行。

主角，而希腊舞台上所有那些著名人物——普罗米修斯、俄狄浦斯等都只是那原始主角酒神的面具。在所有那些面具背后藏着一位神，这一点从根本上说明了那些著名人物何以有如此经常受赞美的典型“理想性”。我不知道是谁曾断言说，作为个体，所有个体都应该是可笑的，因而也是非悲剧性的：由此可以推导出，希腊人一般不**能**忍受悲剧舞台上的个体。事实上，他们似乎已如此感觉到了：一般来说，柏拉图对“理念”
72 与“偶像”、摹本的那种区分和评价是如何深深地植根于希腊人的本性之中。可是，若用柏拉图的术语来说，大致可以这样来谈论希腊舞台上的悲剧人物形象：一个真正现实的酒神出现在多种形象中，戴着一个作战中的英雄的面具，几乎被缠到了个体意志的网中。现在显形中的神所言所行的样子，很像是一个迷失方向、追求着、痛苦着的个体：他一般以这种史诗的确定性和明晰性**出现**，这是圆梦者日神的效果，他通过那种比喻式的出现向歌队解释了他的酒神状态。然而，那位英雄实际上就是宗教神秘仪式中受苦受难的酒神，那位在自己身上体验个体化痛苦的神，关于那位神，奇异的神话告诉我们，他当初作为男孩如何被提坦神肢解，现在在这种作为扎格列欧斯①的状态中又如何受到尊敬：由此表明，这种肢解，真正的酒神式**痛苦**，像转化为气、水、土、火一样；我们因此就得将个体化状态视为一切痛苦的源泉和根本原因，视为某种本身应受鄙弃的东西。从这酒神的微笑中，产生出奥林匹斯众神，从酒神的眼泪中诞生了人类。在那种作为被肢解之神的状态中，酒神有着一个残酷而粗野的魔鬼和一个温文尔雅的统治者的双重天性。然而，参与祭典而达最高境界者寄希望于酒神的新生，我们现在必须富有预感地将此理解为个体化的终结：最高境界者沸腾的欢乐之歌，朝这正在到来的第三位酒神响起。只是在这种希望中，在被捣毁成个体的破碎世界的脸上有一道快乐之光：正如神话以陷入永久悲哀的得墨忒耳②来说明的那样，当有人对

① 据希腊奥菲士神话传说，扎格列欧斯是酒神的别名，主神宙斯和女儿珀耳塞福涅所生的儿子。

② 得墨忒耳，希腊神话中掌管农业、出生、婚姻等的女神。她的女儿被冥王哈得斯劫走，强娶为妻，她悲痛万分，无心掌管农业，以致田野荒芜。后来宙斯命令哈得斯准许她女儿每年回来与她团聚，于是每年在她女儿回来时，便大地回春。

她说，她可以**再一次**生下酒神时，她第一次**高兴**起来。在列举的观点中，我们已经凑齐了一种深邃的悲观主义世界观的所有组成部分，同时也包 73 括了**悲剧的秘密宗教仪式说**：对一切现存事物的统一性的基本认识；将个体化视为恶的根本原因；艺术是对个体化禁令应该被打破的快乐希望，是对一种再确立的统一性的预感。——

前面已指出过，荷马史诗是奥林匹斯文化之诗，奥林匹斯文化以此唱出了它关于与提坦神之战的恐怖的凯旋之歌。现在，在悲剧诗的极为强大的影响下，荷马神话重新得到转生，并在这种转生中表明，在这期间，甚至奥林匹斯文化也被一种更深刻的世界观所战胜。顽强的提坦神普罗米修斯向他的奥林匹斯山上的折磨者宣告，如果他不及时和自己联合，那么他的统治有一天就会遭受最大危险的威胁。在埃斯库罗斯那里，我们看到了惊恐的、为自己末日担心的宙斯同这位提坦神的结盟。① 于是，早已过去的提坦神时代现在又被重新从塔塔罗斯②取出来放到光天化日之下。有着原始、赤裸秉性的哲学女神以不加掩饰的真实表情注视着翩翩而过的荷马世界的神话：在这位女神闪电般的眼神面前，这些神话变得苍白起来，胆战心惊——直到它们迫使酒神艺术家的有力拳头为新的神灵服务。酒神真理把整个神话领域看作**其**认知的象征表达，它一部分在公开的悲剧文化领域内、一部分在对戏剧式的秘密宗教仪式庆典的秘密庆祝中表达出它的认知，但是始终戴着神秘的面纱。是什么力量解救了普罗米修斯，使他免于兀鹰的攻击，并把神话变成了酒神智慧的工具？这是音乐的巨大力量：作为这样的力量，它在悲剧中达到其最高显现，懂得以思想深邃的新意义来解释神话，正如我们先前已经不得不将 74 此描述为音乐的最强大能力一样。因为渐渐步入所谓历史真实的小胡同，被后来的任何一个时代按历史要求看作唯一的事实，这是任何神话的命运：希腊人已经完全开始了他们的过程，机敏而专横地转而给他们以神话表达的整个人类青春期梦想打上了一种历史的、实用的**青春期历史**的

① 在埃斯库罗斯失传的悲剧《普罗米修斯被释》中，普罗米修斯最终被释放，与宙斯取得和解。

② 塔塔罗斯是希腊神话中冥府里的深渊，宙斯放逐仇敌的地方。

印记。因为这通常是宗教死亡的方式。也就是说，这时候，一种宗教的神话前提在正统教条主义严格而明智目光的注视下被系统化为完成的历史事件总和，人们开始焦虑地为神话的可信度辩护，却又抵制那些神话，不让它们有任何进一步的自然生存和发展；或者说，这时候，神话感消失，取而代之的是宗教对历史依据的要求。现在，新生的酒神音乐天才抓住了这临终的神话：在他手中，神话之花重新开放，呈现它从未展示过的色彩，散发出激发一个形而上世界之渴慕预感的芬芳。在这回光返照之后，它凋零了，它的花瓣枯萎，不久，古代好讽刺挖苦的琉善①们就追逐起随风四处飘零、锈色枯槁的花朵来。神话借悲剧达到了它最深刻的内容，它的最富于表现力的形式；它再一次像一个受伤的英雄那样站起来，全部剩余的力量加上临终者富于明智的宁静，像回光返照的强大光芒在他的眼中燃烧。

亵渎神灵的欧里庇得斯，当你试图迫使这临终者再一次为你服劳役
75 时，你欲求何物？它死于你的暴力之手：你现在需要一个仿造的、乔装打扮的神话，它像赫拉克勒斯的猴子②一样，只知道用古老的富丽堂皇来打扮自己。恰如神话死于你之手，音乐天才也死于你之手：纵使你想要贪婪地把音乐的花园抢劫一空，你也只能成就一种仿造的、乔装打扮的音乐。因为你抛弃酒神，所以日神也抛弃你；纵使你把所有的激情都从它们的窝里惊起，把它们圈在一起，纵使你为你的主人公们的言论磨砺、加工出一种诡辩的辩证法——你的主人公们也仍然只有仿造的、乔装打扮的激情，只说仿造的、乔装打扮的言论。

11

希腊悲剧的灭亡不同于全部早期姐妹艺术类型：它死于自杀，由于一种无法解决的冲突，因而死得悲壮，而所有那些早期姐妹艺术则寿终正寝，死得最为漂亮、安宁。因为如果说儿孙美满、不用挣扎着告别人

---

① 琉善（120—180），希腊作家，又译卢奇安，作品讽刺和谴责各派哲学的欺骗性、道德堕落等。

② 这是指赫拉克勒斯的模仿者。赫拉克勒斯是希腊神话传说中的杰出英雄，曾建立十二项奇功。

生，符合快乐的自然状态，那么那些艺术类型的终结便是向我们展示了这样一种快乐的自然状态：它们慢慢消逝，在它们垂死的目光中已经站立着比它们更美好的后生们，以无所畏惧的表情不耐烦地探着脑袋。与此相反，随着希腊悲剧之死，产生出一种巨大的、处处都深刻感觉到的虚无；在提比略①时代，希腊船员有一次在一个孤零零的岛上听到令人震惊的叫喊："大神潘②死了！"而现在则像一声痛苦的悲叹，在整个希腊世界都响着这样的声音："悲剧死了！诗歌本身也随它一起消逝！去吧，你们这些消瘦而形容枯槁的后辈，去吧！去到地狱里，以便在那里你们可以饱餐一顿前主人的残羹剩汤！"

可是，当现在又有一种将悲剧尊为其先驱与主人的新艺术类型繁荣 76
起来的时候，人们会惊愕地发现，它尽管带有其母亲的特征，可是这些特征却只是它的母亲在其长期的垂死挣扎中表现出来的那一些。**欧里庇得斯**就进行了这种垂死挣扎，而大家知道，那种后期的艺术类型便是**阿提卡新喜剧**。在它那里，蜕变的悲剧形态仍继续存在，作为其极其艰难、极其残酷之死的纪念碑。

在这样的相互关系中，新喜剧诗人对欧里庇得斯所感到的那种酷爱就可以理解了；所以，菲莱蒙③想要被立即绞死，只是为了能寻找到阴间的欧里庇得斯。他的这种愿望不再令人感到惊讶：只要他相信，死者仍然明白事理的话。可是，如果我们想要最简略地描述，而不要求没完没了地说出欧里庇得斯和米南德、菲莱蒙所共同拥有的东西，以及对于米南德、菲莱蒙来说产生如此激动人心之榜样力量的东西，那么，这样来说就足够了，即**观众**被欧里庇得斯搬上了舞台。谁认识到欧里庇得斯以前的普罗米修斯悲剧家们是靠哪些材料来塑造其主人公的，认识到把现实的忠实面具搬上舞台的意图距离这些悲剧家有多远，谁就将清楚地看到欧里庇得斯完全偏离的意向。日常生活中的人通过欧里庇得斯而从观

---

① 提比略（公元前 42—公元 37），古罗马皇帝。

② 大神潘是希腊神话中的山林之神。

③ 菲莱蒙（约公元前 368—前 264），古希腊雅典的新喜剧诗人，当时另一位著名新喜剧代表人物米南德（公元前 342—前 292）的竞争对手。

众席挤上舞台；以前只是照出轮廓分明的显著特征的镜子，现在显示了那种连大自然的败笔也一五一十再现出来的一丝不苟之真实。早期艺术中的那个典型希腊人奥德修斯，现在在新喜剧诗人笔下堕落成“小希腊人”① 的形象，这样的人从这时候起就作为好心肠而又狡黠的家奴居于戏
77 剧兴趣的中心点。阿里斯托芬的《蛙》中的欧里庇得斯自以为很有功劳的事情，即用他的家常手段，将悲剧艺术从其奢华的臃肿中解脱出来②，尤其可以从他的悲剧主人公身上感觉出来。从总体上看，观众现在在欧里庇得斯的舞台上看到、听到的是自己的替身，很高兴这位替身懂得如何巧舌如簧。高兴的事还不止于此：人们甚至向欧里庇得斯学习说话，《蛙》中的欧里庇得斯甚至在同埃斯库罗斯的论战中自夸，现在如何由于他的缘故，大众学会了以艺术方式、以最机智的诡辩来进行观察、商议并得出结论。总而言之，公众语言的这种根本改变，使新喜剧成为可能。因为从那时候起，日常琐事以何种方式、用哪些至理名言才能出现在舞台上，已不再是什么奥秘了。直至那时，决定语言特点的，在悲剧中都是半神半人，在喜剧中都是醉酒的萨提儿或半人半兽，而现在欧里庇得斯将其全部政治希望建于其上的市民式平庸终于有表达的机会了。所以，阿里斯托芬剧中的欧里庇得斯高度赞美自己如何描述了普通的、众所周知的、日常的生活和活动，对于这样的生活和活动，每一个人都能做出判断。剧中的欧里庇得斯认为，如果现在全部大众都推究哲理，以闻所未闻的智慧掌管家园，从事司法程序，那么，这就是他的功劳，是他灌输给大众以智慧的结果。

新喜剧现在可以面对的，就是这样一种受到调教和启蒙的大众，欧里庇得斯在某种程度上成了大众的歌队教师；只不过这一次，观众的歌队必须训练有素。歌队一变得训练有素地用欧里庇得斯的语气唱歌，就

---

① 原文为 Graeculus，这是罗马人对希腊人的蔑称。

② 希腊“喜剧之父”阿里斯托芬《蛙》一剧中的欧里庇得斯对埃斯库罗斯说：“当你将这门艺术遗传给我的时候，她是一件古董——因夸张的言辞而臃肿，因辞藻的枯燥笨重而肥胖，好吧，我首先给她一个瘦身疗法，用甜菜汁、体操、有着清淡舒适味道的诗句，加一碗清汤，里面是来自我大量藏书中的现成学问；然后将她建立在抒情独唱曲的基础上。”

形成一种博弈般的戏剧类型，即剧中不断以狡猾和诡计多端取胜的新喜
剧。而欧里庇得斯——这位歌队教师——则不断受到赞扬：要是有人不
知道悲剧诗人全都已经和悲剧一样销声匿迹了的话，他甚至还会为了到
欧里庇得斯那里去讨教更多东西而自杀呢！可是，连同悲剧一起，希腊 78
人放弃了关于不朽的信念，不仅是关于理想往昔的信念，也是关于理想
未来的信念。著名的墓志铭言“老耄之年，漫不经心而又乖戾”也适用
于老耄的希腊文化。当下时刻、插科打诨、漫不经心、一时之念，这些
是它的最高之神；第五等级——奴隶等级，至少从观念上讲，现在要当
权了：如果现在一般来说仍然可以谈论“希腊之欢乐”的话，那么这就
是奴隶之欢乐，奴隶不懂得为任何困难的事情负责，不懂得追求伟大事
物，不懂得珍惜比现在更高的过去或未来之物。正是这种“希腊之欢乐”
的外观，激怒了最初四个世纪基督教的思想深邃而可怕的人物：对于他
们来说，如此女性般地逃离严肃和恐惧，如此怯懦地自我满足于舒适的
享受，似乎不仅是可鄙的，而且也是真正反基督教的思想意识。正是由
于他们的影响，经历了好几个世纪的希腊古代观点才以几乎不可征服的
顽强韧性抓住了那种浅红的欢乐之色——好像从来没有一个有其悲剧的
诞生、有其秘密宗教仪式、有其毕达哥拉斯和赫拉克利特的公元前 6 世
纪①；甚至好像伟大时代的艺术品根本不存在。而对于这些艺术品——每
一部作品本身——完全不应该立足于这样一种老耄的、适合于奴隶的生
存乐趣和欢乐来加以解释，它们表明了有一种完全不同的世界观作为其
存在的基础。

如果最终有人断言说，欧里庇得斯将观众搬上舞台是为了也使观众
真正能够对戏剧做出判断，那么就会造成一种假象，好像早期的悲剧艺
术没有从一种与观众的不相称中走出来：人们也许会受到诱惑，将欧里 79
庇得斯培养一种艺术品与公众之间两相适应关系的激进意向，赞美为超

---

① 公元前 6 世纪是希腊抒情诗最兴盛，也是希腊悲剧诞生的时期，同时秘密宗教仪式也很盛行，还产生了像毕达哥拉斯（约公元前 580—约前 500）和赫拉克利特（约公元前 540—约前 480 与前 470 之间）这样的著名哲学家。所以尼采认为，如此重要的一个世纪是不容忽视的。

越索福克勒斯的一种进步。然而，这个“公众”不过是一种说法，根本没有相应的实在意义。为什么艺术家该有义务去迎合一种只是在数量上显示其强大的力量呢？如果按照其天赋和意图，艺术家感觉自己高于这些观众中的任何一个个人，那么他怎么会对所有那些能力在他之下者的集体名词，而不是对相对来说具有最高天赋的个别观众感觉到更多的尊敬呢？实际上，没有一个希腊艺术家在整个漫长的一生中比（恰好是）欧里庇得斯更放肆、更自满地对待自己的大众了：当大众跪倒在他脚下时，正是他，以高度的固执，同他自己的意向相左，而他正是用这种倾向征服了大众的。如果这位天才对大众这样的群魔还有一点点敬畏的话，那么他在屡屡失败的棒击之下未到自己人生中途便早就夭折了。出于这样的考虑，我们看到，我们说欧里庇得斯把观众搬上舞台是为了使观众真正能做出判断，这只是一种临时的说法；我们必须尝试更深入地理解他的意向。与此相反的是，众所周知，埃斯库罗斯和索福克勒斯在他们的有生之年，甚至远在他们身后，如何充分拥有大众的爱戴，也就是说，在欧里庇得斯的前辈那里，绝对谈不上艺术品和公众之间不相称的问题。是什么驱使这位富有才华、迫切地不断进行创造的艺术家，强行离开在
80 最伟大诗人之名的阳光普照下、在大众之爱戴的万里晴空下的道路呢？是对观众的何种特殊考虑把他引向观众的？他怎么会出于对其公众的过高尊重——而蔑视其公众呢？

欧里庇得斯感觉自己——这是刚才描述的谜之谜底——无疑是高于大众而不是高于他的两位观众的诗人：他将大众搬上舞台，把那两位观众尊为唯独能对他的全部艺术进行评判的法官与大师。遵循他们的指令和劝告，他把至此为止作为任何节日庆祝演出中的无形歌队出现在观众席上的整个感觉、激情、经验的世界移植到他的舞台角色的心灵里，他也遵照他们的要求为这些新角色寻找新的言词和新的语气，只有在他们的声音里，他听到了自己感觉再一次受到公众司法审判时所听到的对他创作的有效裁判，就像听到了预告胜利的勉励一般。

在这两位观众中，一位便是——欧里庇得斯自己，作为**思想家**而不是作为诗人的欧里庇得斯。关于他，我们可以说，他格外丰富的批评才

华就像莱辛的情况那样，即使不是产生了，也是不断孕育了一种富有艺术创造性的附带本能。欧里庇得斯带着这样的天赋，带着他全部毫发可鉴、才思敏捷的批评思想，坐在剧场里，努力去一笔一画地像辨认变得灰暗的绘画一样，重新认识他的伟大前辈们的杰作。在这里，他现在碰到了对于埃斯库罗斯悲剧之较深奥秘有所洞悉的人来说并不出乎意料的东西：他在每一笔每一画中注意到了某种不协调的东西，某种带有欺骗性的确定性，同时还有背景的一种谜一般的深度甚至无限性。最清晰的
形象仍始终拖着一条彗星的尾巴，似乎指向了不确定，指向了难以名状。 81
同样的朦胧之光笼罩着戏剧的结构，尤其笼罩着歌队的意义。伦理问题的解决在他看来多么可疑！对神话的处理多么成问题！幸运和不幸的分摊是多么不匀称！甚至早期悲剧的语言中也有许多他认为有失体统，至少也是像谜一样的东西；尤其是他发现把简单的关系搞得太复杂，把太多的比喻和令人难以置信的东西加到了简朴的人物头上。所以他不安地坐在剧场里冥思苦想，作为观众他自己承认，他不理解他的伟大前辈。可是，由于他把理解力看作一切享受和创造的真正根源，所以他不得不问一下，不得不朝四周看一下，是否有人想的跟他一样，同样也向自己承认那种不协调性。然而，许多人，也包括最出色的个人，只是不信任地冲他微笑；却没有人会对他说明，为什么他对大师们的疑虑和反对意见是正确的。就在这样一种令人痛苦的状态中，他发现了**另一位观众**，这位观众不理解悲剧，因而也就不尊重悲剧。和这个观众结盟，欧里庇得斯就会敢于从自己的孤独中走出来，开始对埃斯库罗斯和索福克勒斯的艺术品展开非同寻常的斗争——不是用论战文字，而是作为戏剧诗人，用**他的**悲剧观反对传统的悲剧观。——

12

在说出这另一位观众的名字以前，我们且在这里稍待片刻，回忆一下我们以前描述过的那种关于埃斯库罗斯悲剧本质中的矛盾因素和不协调因素的印象。让我们想一想我们自己面对那种悲剧的歌队和**悲剧角色**
时所感到的诧异吧！我们无法使这些悲剧和我们的习惯，同样也和传统 82
协调一致——直至我们重新发现那种两重性本身就是希腊悲剧的起源和

本质，是**日神倾向和酒神倾向**这两种互相交织的艺术本能的表达。

将那种原始的、万能的酒神因素从悲剧中排除出去，将悲剧纯粹地重新建立在非酒神艺术、习俗、世界观的基础上——这就是现在一清二楚地向我们揭示出来的欧里庇得斯的意向。

欧里庇得斯自己在暮年时尽可能强调地提出了关于一个神话中的这种意向对他同时代人的价值和意义的问题。究竟有没有酒神倾向存在呢？我们不应该用暴力将它从希腊的土地上根除掉吗？诗人对我们说，只要有可能，当然是应该的；可是狄奥尼索斯神太强大，最聪慧的对手——如《酒神的伴侣》[①] 中的彭透斯——也意外地中了酒神的魔法，然后在这种着魔状态中奔赴他的厄运。两位老人卡德摩斯和提瑞西阿斯[②]的判断似乎也是老年诗人的判断：最聪明的个人思考也不能推翻那些古老的民间传说，不能推翻永远繁衍生息的那种对酒神的尊敬，甚至就这样一些令人惊异的力量而言，至少富于外交手腕地显示一下小心谨慎的参与，也是合适的。然而在这里，酒神对这样一种温吞水一样的参与大为不满，并把那位外交家——在这里如那位卡德摩斯——最终变成一条龙，这样的事情也始终是可能的。这一点，诗人告诉了我们，他整个漫长的一生都以英雄之力反抗酒神——为了在生命终结时以一种对他对手的颂扬和一种自杀来结束自己的生命历程，就像一个眩晕者那样，只要能摆脱可怕的、再也忍受不了的旋转，便从塔上跳下来。那种悲剧是对他的意向
83 之可行性的一种抗议；啊，这种意向已经付诸实施！奇迹已经发生：当诗人改口的时候，他的意向已经获胜。酒神已经被赶下了悲剧的舞台，而且是通过出自欧里庇得斯之口的魔力。甚至欧里庇得斯在某种意义上也只是面具：借他之口说话的不是酒神，也不是日神，而是一个完全新生的魔鬼，叫做**苏格拉底**。这是新的对立，酒神倾向和苏格拉底倾向的对立，希腊悲剧艺术品因这种对立而毁灭。即使现在欧里庇得斯试图通

---

① 欧里庇得斯在马其顿度过的最后岁月中写的悲剧，在他死后才上演。

② 在希腊神话传说中，彭透斯是底比斯王，因反对崇拜酒神，被参加酒神节游行的妇女撕碎；卡德摩斯是底比斯城的建立者；提瑞西阿斯是底比斯的盲人先知。这三人都是《酒神的伴侣》中的人物。

过改口来安慰我们，他也不会成功：最富丽堂皇的圣殿成了一片废墟；摧毁者的悲叹以及他承认这是所有圣殿中之最美，对我们有何用处？即使受到所有时代艺术判官的处罚，欧里庇得斯被变成了一条龙①——这种可怜的补偿又会令谁满意呢？

让我们现在来接近那种**苏格拉底**意向吧，欧里庇得斯就是以此来反对并战胜埃斯库罗斯悲剧的。

欧里庇得斯把戏剧仅仅建立在非酒神倾向基础上的意图，在其对最高理想的贯彻中究竟有何目的？——我们现在不得不自问这样的问题。如果戏剧不是在那种酒神倾向的朦胧之中诞生于音乐的母腹，还会剩下什么样的戏剧形式呢？只有**那种戏剧化史诗**：在这样一种日神的艺术领域里，悲剧效果当然是无法达到的。这里不是取决于所描述事件的内容；我甚至可以断言，歌德在他设想的《瑙西卡》中是不会有可能使那田园诗般尤物的自杀——按设想是在第五幕里完成这场自杀——具有悲剧性动人效果的②；史诗—日神倾向的力量如此非同寻常，以至于这种倾向以那种对外观的乐趣和通过外观而得到的解脱来使最充满恐怖的事物在我 84
们眼前发生魔变。戏剧化史诗的诗人像史诗诵诗人一样，不能充分地与其形象融合：他始终只是睁大眼睛观看的宁静而无动于衷的注视，看见的是自己**眼前**的形象。这种戏剧化史诗中的演员，归根结底，始终只是诵诗人；他的全部行动都笼罩在内在梦想的神圣之下，所以他绝不完全是演员。

那么，欧里庇得斯的作品是如何对待这种日神戏剧理想的呢？就像柏拉图《伊安篇》中那位年轻一代诵诗人对待老一辈庄严的诵诗人那样，那位年轻一代诵诗人如是描述自己的天性：“我在朗诵哀怜事迹时，就满

---

① 龙在德语国家中是一种想象中的凶残动物，此词亦含有泼妇之意。若说某人变成了龙，必然含有贬义。

② 瑙西卡本为希腊神话传说中淮阿喀亚王阿尔喀诺俄斯的女儿。奥德修斯在特洛伊打完仗回国途中沉船落水，游水上岸后昏倒在地，被瑙西卡及其女友的歌声唤醒。瑙西卡把他带到父亲的宫殿去，国王为他提供船只和水手帮助他回国。歌德在《意大利游记》中设想写《瑙西卡》一剧，并设想她在第五幕寻死。实际上歌德后来只写了一个很短的三幕残篇《瑙西卡》。

眼是泪；在朗诵恐怖事迹时，就毛骨悚然，心也跳动。”① 我们在这里再也觉察不到那种对外观的史诗式沉迷状态，觉察不到真正的演员那种无动于衷的冷静，真正的演员就是发挥到最高明的状态，也完全是外观和对外观的乐趣。欧里庇得斯是心脏悸动、毛骨悚然的演员；作为苏格拉底式的思想家，他拟订计划，作为激情奔放的演员，他执行计划。无论在拟订计划还是在执行计划时，他都不是纯粹的艺术家。所以欧里庇得斯的戏剧是一种既冷又热的东西，能使你冻僵，同样也能使你烧焦；它不可能达到史诗的日神效果，而另一方面它又尽可能摆脱酒神因素，现在干脆为了制造效果而需要不再可能属于日神倾向和酒神倾向这两种唯一的艺术本能范围的新刺激手段。这种刺激手段就是冷静的悖论式的**观念**（取代日神倾向的直观形象）和火热的**冲动**（取代酒神倾向的心醉神迷），而且是最为现实主义地来模仿的、绝对没有沐浴在艺术空气中的观念和冲动。

85 如果我们因此而如此充分地认识到，欧里庇得斯根本没有成功地将戏剧单单立足于日神倾向之上，他的非酒神倾向更应该说迷失在一种自然主义的非艺术倾向之中，那么，我们现在将可以接近**审美苏格拉底主义**的本质了，其最高法则大概是这样的：“万物欲成其美，必合情理。”这是苏格拉底式“唯知情知理者有德”的平行原则。欧里庇得斯用手中的这一准则来衡量一切个别事物，并按照这一原则矫正一切：语言、人物性格、戏剧艺术结构、歌队音乐。和索福克勒斯的悲剧相比，我们往往经常地认为在欧里庇得斯身上是诗的缺陷和退步的东西，多半就是那种咄咄逼人的挑剔过程，那种冒失的智性活动的产物。且让我们举出欧里庇得斯的**开场白**作为那种理性主义方法的生产性之例证吧。任何东西都不可能比欧里庇得斯戏剧中的开场白更违背我们的舞台技巧了。个别亮相者在作品开头自报家门，讲述情节的来龙去脉，这会让一个现代戏剧诗人将其称为一种对悬念效果的不可原谅的故意放弃。人们肯定知道将要发生的一切，谁会愿意一直等到这些事情真的发生呢？——因为在这里，绝没有预言的梦境同后来出现的现实之间的那种令人激动的关系。

---

① 这一段引文采用朱光潜所译柏拉图《文艺对话集》（北京，人民文学出版社，1980）中的译文，见该书第10页。

欧里庇得斯的思考完全不一样。在他看来，悲剧的效果绝不在于史诗般的悬念，不在于现在和随后将发生之事的迷人的不确定性，而在于那些雄辩、抒情的大场面，在那些场面中，主人公的激情和雄辩术膨胀为一种广袤而汹涌的洪流。一切都为激情，而不是为情节做准备：不为激情做准备的东西就被视为不足取。然而，最强烈地妨碍人们津津有味地全 86
神贯注于这种场面的，是听众感到若有所失的部分，是编造来历上的一个漏洞；只要听众还得揣摩这个那个人物意味着什么，倾向和意图上的这个那个冲突以什么作为前提，那么，听众便仍然不可能完全专心致志于主要人物的痛苦和行为，也不可能屏息般地与之同苦共忧。埃斯库罗斯、索福克勒斯的悲剧使用最有修养的艺术手段，以便在最初几场里几乎是不经意地把所有那些为理解所必需的线索交到观众手里：这是真正的艺术家证明必然会有的一个特征，他对**必然的**套路几乎是藏而不露，让它作为偶然事件出现。可是，欧里庇得斯总还是相信他注意到，在那最初的几场里，观众处于固有的不安之中，以解开关于来历的计算难题，以至于诗之美和展示情节的激情对他来说就丧失殆尽。因此，他又在展示情节之前设置了开场白，并将其置于一个人们可以信任的人物之口：经常得由一位神来向观众关于悲剧的进程做出某种程度的保证，并消除对神话之真实性的任何怀疑。这用的是类似于笛卡儿那样的方法，笛卡儿只能通过诉诸神之诚实和不可能说谎来证明经验世界的真实性。欧里庇得斯在其戏剧的结尾再次需要这同样的神之诚实，以便向观众证实他的主人公的未来；这便是声名狼藉的解围之神①的任务。在史诗式的预见和向外看见之间②是戏剧抒情的当下，是真正的“戏剧”。

---

① “解围之神”的拉丁文是 deus ex machina，直译应该是“出自机械之神”。古希腊戏剧的剧场一般都是依山筑成的露天剧场，戏剧中有解决不了的矛盾，就由通过绳索机关从山上飞降下来的神介入解决。这种矛盾的解决一般不是剧情发展的自然而然的结果，结构上并不有机合理，因此尼采称其为“声名狼藉”。

② “在史诗式的预见和向外看见之间”的德文原文是 zwischen der epschen Vorschau und Hinausschau，Vorschau（预见）和 Hinausschau（外见）不仅在意思上互相呼应，指戏剧的开场白和结局，在发音上也互相呼应，尼采在用词上很喜欢这样的呼应，以形成一定的讽刺。他之所以在这里用“外见”（即向外所见）这个词，是因为在戏剧的结尾，观众不是看见剧情内的东西，而是看见从外面飞降来的“神”。

因此，作为诗人的欧里庇得斯尤其是他自己有意识知识的回声；这
87 恰恰给予他希腊艺术史上一个如此重要的地位。由于他的批判性、创造性的创作，他经常有这样的情绪，好像他应该让阿那克萨戈拉①著作的开头生动地用于戏剧，其开头几句话是这样的：“泰初混沌；然后理智来临，创立秩序。”如果阿那克萨戈拉带着他的 Nous（理性）出现在哲学家中间，就如第一个清醒者出现在烂醉者中间，那么，欧里庇得斯也可以按相似的比喻来理解他同其他悲剧诗人的关系。只要万物唯一的秩序维护者和统治者 Nous（理性）仍然被艺术创作排斥在外，那么一切就仍然处于一种原始的混沌状态中；欧里庇得斯不得不做出如是判断，他不得不如是这般地作为第一个“清醒者”来批判“醉”诗人。索福克勒斯曾说埃斯库罗斯做得对，尽管是无意之中为之，这肯定没有欧里庇得斯的那种意思：欧里庇得斯只会同意说，埃斯库罗斯就**因为**是无意之中创作，所以他创作了不合理的东西。甚至神圣的柏拉图谈论诗人的创作能力也是在其不是有意识的理智的范围内，大部分都只不过是讽刺，而且将其等同于预言家和释梦者的才能；仿佛诗人在失去意识，不再拥有理智以前，便没有能力写诗。欧里庇得斯着手向世人展示“非理性”诗人的对立面，有如柏拉图曾经也做过的那样；他的审美原则“万物欲成其美，必有意识”是苏格拉底式“万物欲成其善，必有意识”的平行原则，如我说过的那样。因此，我们可以把欧里庇得斯看作审美苏格拉底主义的诗人。可是，苏格拉底是那不理解因而不重视早期悲剧的**第二位观众**；有苏格拉底作为盟友，欧里庇得斯就敢于当一种新艺术创作的宣告者。如果早期悲剧就此毁灭，那么审美苏格拉底主义就是凶杀原则。可是，
88 因为反对酒神倾向的斗争针对早期的艺术，所以我们就在苏格拉底身上认出了酒神的对手，这位新的俄耳甫斯②，他起而反抗酒神，尽管注定将

---

① 阿那克萨戈拉（约公元前500—前428），古希腊哲学家，原子唯物论的先驱，提出 Nous 说等。

② 希腊神话传说中色雷斯地方的诗人和歌手，善弹竖琴，他的琴声可使猛兽伏首、顽石点头。他的妻子欧律狄刻死后，他追到阴间，冥后珀耳塞福涅被他的琴声感动，答应他把欧律狄刻带回人间，条件是他在路上不得回顾，可是当他走近地面时，想回头看看妻子是否跟在后面，结果，他的妻子又回到阴间。关于他的死有各种说法，有一种说法是酒神怂恿他的女祭司们在一次祭酒神的仪式中把他撕成碎片，因为他主张崇拜对立的日神。

被雅典法庭的酒神女祭司们撕碎①，然而他还是迫使这位极其强大的神自己逃走了：这位神就像当初逃避厄多尼国王吕库耳戈斯②那样，逃到大海的深处，也就是说，逃入一种渐渐席卷整个世界的秘密祭拜的神秘洪流中。

13

苏格拉底同欧里庇得斯有一种密切的倾向上的关系，这一点并没有为同时代的古代人所忽视；关于这种幸运察觉之最具说服力的说法，乃是在雅典流传的那种，说是苏格拉底常常帮助欧里庇得斯作诗。在应该列举出当下的大众蛊惑者的时候，两个人的名字被“古老盛世”的信徒一口气说了出来：古老的马拉松式身心敦实干练，在身心力量不断衰退的情况下，越来越成为一种可疑解释的牺牲品，这就是源自于这两个人的影响。阿里斯托芬喜剧通常就是用这种口气——一半愤怒一半蔑视地——来谈论那两个人，让新一代的人感到惊恐，他们虽然很愿意背弃欧里庇得斯，可是他们对苏格拉底在阿里斯托芬的剧中被写成头号**诡辩家**，写成所有诡辩志向的镜子和典范感到惊诧不已：这里唯一可以提供的安慰是，把阿里斯托芬本人作为在诗的领域中无耻地撒谎的阿尔西比亚德斯③钉在耻辱柱上示众。我在这里不是针对这样的攻击，为阿里斯托
芬深刻的直觉辩护，我是在继续借古代的感受表明苏格拉底和欧里庇得 89
斯的息息相关；在这种意义上，尤其应该记得，苏格拉底作为悲剧艺术的敌对者是不看悲剧的，只是当欧里庇得斯的一部新作品上演时，他才出现在观众之中。然而，最著名的是两人的名字在德尔斐神谕中紧紧排列在一起，神谕把苏格拉底称为最有智慧的人，而同时做出判断，应该

---

① 苏格拉底是被雅典法庭判处死刑的，他安然服毒死去。尼采在这里说他注定将被酒神女祭司们撕碎，只是因为前面说他是新的俄耳甫斯，所以只是借用俄耳甫斯的死法来说明苏格拉底反对酒神的结局将和俄耳甫斯差不多，只不过俄耳甫斯是被酒神及仪式中的女祭司们撕碎的，苏格拉底是被雅典法庭的“女祭司们”处死的。

② 厄多尼是古代色雷斯的一个地区，据说其国王吕库耳戈斯是酒神的敌人，后来受到宙斯的惩罚。

③ 阿尔西比亚德斯（公元前 450？—前 404），古希腊雅典政客和将领，政治上反复无常。

把智慧竞赛中的二等奖给予欧里庇得斯。

在这个等级中，索福克勒斯名列第三；相对于埃斯库罗斯，他自夸做得正确，而且因为他**知道**何为正确。显然，正是这种**知**的神圣程度是那种将此三人共同彰显为其时代三位"知情知理者"的东西。

然而，关于对知和认识的那种新的、闻所未闻的高度评价所说的最为尖锐的话，是苏格拉底身为唯一承认自己**一无所知**的人时说出来的；而他挑剔地走遍雅典，拜访了最伟大的政治家、演说家、诗人、艺术家，到处碰到的都是对知的自负。他惊讶地认识到，所有那些名人甚至对自己的职业也没有正确而确切的认识，只是出于本能从事自己的职业。"只是出于本能"：用这种说法，我们触及了苏格拉底倾向的核心和焦点。苏格拉底主义既用它来谴责现存的艺术，也同样用它来谴责现存的伦理。无论他将审视的目光投向何方，他都看到认识上的匮乏和狂妄的力量，由这种匮乏，他推断出现有状况的颠倒和不足取。由这一点出发，苏格拉底相信必须纠正生存状况：他这个个人，带着蔑视和自负的表情，作为一种截然不同类型的文化、艺术、道德的先驱者，走进一个这样的世
90 界：对于这个世界，我们只要偶尔瞥见其一隅，便会以为我们获得了无上荣幸。

这是巨大的忧虑，每次面对苏格拉底，这种忧虑就袭上我们的心头，一而再、再而三地刺激我们去认识古代这个最可疑现象的意义和目的。那个敢于作为个人否定希腊本质特征的人是谁？这种体现为荷马、品达、埃斯库罗斯，体现为斐狄亚斯，体现为伯里克利，体现为皮提亚①和狄奥尼索斯，体现为最深的深渊和最高的巅峰的本质特征，无疑受到我们惊叹不已的朝拜。是哪一种魔鬼的力量竟敢把这种魔汤倾倒在尘埃里？是哪一位半神，人类中最高贵者的精灵歌队不得不对他高呼："哀哉！哀哉！你摧毁了它，这美好的世界，用强力之拳；它倾塌，它瓦解！"②

---

① 此处的斐狄亚斯（公元前500？—前438？）是古希腊雕刻家，皮提亚是德尔斐神庙中能预言的女祭司。

② 这是歌德《浮士德》一剧中精灵歌队接着浮士德的话所唱的一段合唱。紧接着的一句话是："一位半神把它摧毁。"见该书德文版1607～1612行。

被称为“苏格拉底之守护神”的那种奇异现象向我们提供了一把打开苏格拉底本质之门的钥匙。在他的非凡理智陷入摇摆不定的特殊情况下，他通过在这样的时刻发出的一种神圣之声而获得了一个坚实的支撑点。这个声音来临时，总是进行**劝阻**。本能的智慧总是只出现在这种完全异常的天性中，以便时不时**阻挠性地**对抗有意识的认识。尽管在所有具有创造性的人那里，本能恰恰是创造、肯定之力，意识显示出批判性和劝阻性；而在苏格拉底那里，本能变成了批评者，意识变成了创造者——一种真正的畸形缺陷！而且我们在这里看见的是一种有着一切神秘气质的畸形缺陷，乃至于苏格拉底会被称为特殊的**非神秘主义者**。在他身上，逻辑本性通过一种多余的添加①而被过多地开发，就像在神秘主义者身上那种本能智慧的情况一样。而另一方面，那种在苏格拉底身上出现的逻辑本能却完全不能针对自己；在这种无拘无束的汹涌奔腾中， 91
他显示出一种自然力，我们只有在所有最巨大的本能力量那里才会在毛骨悚然的震惊中遇见这种自然力。任何人只要从柏拉图的著作中感觉到一点点苏格拉底生活志向的那种神圣质朴和自信，他就也会感觉到逻辑苏格拉底主义的巨大驱动轮如何几乎就在苏格拉底的**背后**转动着，而且这一切如何必然会通过苏格拉底而被看到，就像通过一个影子一般。而他自己预感到了这种关系，这一点表现在那种庄严隆重的态度上，他到处，甚至在法官面前，还用这种态度来提出他的神圣使命作为理由。在这点上，要从根本上反驳他，就像同意他在消解本能方面产生的影响一样，是不可能的。在这种无法解决的冲突中，当他有一天被拽到希腊的城邦公民大会面前，公民大会只提出了唯一一种形式的判决，就是放逐；人们本可以作为一个谜，作为无法归类、无法解释的事情，把他撵过边境，不会有任何的后代有理由指责雅典人做了一件卑鄙的事。可是，对他宣布的是死刑，而不仅仅是放逐，这似乎是苏格拉底自己造成的，他十分清楚自己在做什么，毫无对死亡的自然恐惧：带着柏拉图所描述的

① 尼采在这里使用的德文原文是Superfötation，本意是指生理学上的异期复孕，或植物学上的异花粉受精，也可延伸为“多余的添加”的意思。尼采用这个词，意在挖苦苏格拉底。

他作为最后的豪饮者在拂晓时分离开酒会、开始新的一天时所带有的那种宁静前去赴死；这时候，在他的身后，在长凳上、地上，留下了和他一起喝酒、现已醉入梦乡的酒友，他们梦见了苏格拉底，这个真正的色鬼。**赴死的苏格拉底**变成了高贵希腊青年前所未见的新理想，尤其是典型的希腊小青年柏拉图，以其狂热灵魂的全部热烈奉献，跪倒在这个形象面前。

14

92 现在让我们想象，苏格拉底的一只独眼巨人的巨大眼睛转向了悲剧，那只眼睛，艺术热情的妩媚疯狂从来不在其中发出炽热之光——让我们想象一下，那只眼睛如何拒绝满心喜欢地窥探酒神的深渊——它实际上一定在柏拉图所说的“崇高而备受赞美的”悲剧艺术中看到了什么吧？某种真正非理性的东西，有着似乎没有果的因，没有因的果，而且整体上如此丰富多彩，以至于必然和一种深思熟虑的气质格格不入，对于容易受刺激的、过敏的灵魂来说就会成为危险的导火索。我们知道，苏格拉底理解的唯一的诗歌艺术种类是什么，是**伊索寓言**；而且这种事情肯定是笑嘻嘻地很随和地发生的，诚实善良的盖勒特①就是带着这种随和态度在蜜蜂和母鸡的寓言中称颂诗歌的：

你在我身上看到它的用处，
是对没有许多理智的人，
通过形象来说出真理。

可是对于苏格拉底来说，悲剧艺术根本不“说出真理”，除非是对“没有许多理智的”人，也就是说，不对哲学家：远离悲剧艺术是有双重理由的。像柏拉图一样，他把它看作谄媚的艺术，它只描写适意的东西，不写有用的事情，因此而要求他的门徒保持节制，绝对远离这种非哲学的诱惑；他大获成功，以至于年轻的悲剧诗人柏拉图首先焚毁自己的诗作，以便能成为苏格拉底的学生。可是，在不可战胜的气质同苏格拉底
93 的原则作斗争的地方，这种气质的力量，加上那种非凡性格的冲击力，

① 盖勒特（1715—1769），德国作家，德国寓言的奠基人。

总是大到足以促使诗歌本身进入一种直至当时尚不为人所知的新姿态中。

这样的一个例子就是刚才所说的柏拉图：他在对悲剧和艺术的谴责中，一般来说无疑没有停留在他老师的单纯挖苦背后，而一定是完全出于艺术的必然，创造出一种恰恰同为他所拒绝的现存艺术形式有着内在联系的艺术形式。柏拉图不得不对早期艺术做出的主要谴责——说它是对一种假象的模仿，因而属于一个比经验世界更低的领域——尤其不可以用来针对新的艺术品。于是我们竟然看见柏拉图努力超越现实，描绘出构成那种虚假现实之基础的理念。可是，思想家柏拉图因此而绕了一大圈，来到了他作为诗人始终熟悉的地方，而且索福克勒斯和整个早期艺术正是从这里出发隆重抗议那种谴责的。如果说悲剧吸收了早期的所有艺术种类，那么另一方面，从一种古怪的意义上讲，同样的话也适用于柏拉图的对话，它产生于所有现存风格、形式的混合，游荡于叙事、抒情、戏剧之间，散文和诗歌之间，从而也打破了统一语言形式的严格早期法则。在这条道上，**犬儒派**[1]作家走得更远，他们以风格上最大程度的色彩斑斓，在散文和韵文之间的来回摇摆，也实现了他们通常在生活中扮演的“狂人苏格拉底”的文学形象。柏拉图对话似乎就是遭遇沉船的早期诗歌加上其所有的孩子逃命所乘坐的小船：它们挤在一个狭小的空间里，战战兢兢地屈从于舵手苏格拉底，现在驶入了一个新的世界， 94
而这个新的世界对这一幕幻景总是百看不厌。柏拉图确实为整个后代留下了一种新艺术形式的样本，即**小说**的样本：它可以被称为无限提升的伊索寓言，在其中，诗同辩证哲学的关系就好像许多世纪中辩证哲学同神学的关系，也就是说，是为其充当婢女的关系。这是诗的新地位，柏拉图在恶魔苏格拉底的压力下逼迫诗进入了这样的地位。

在这里，**哲学观念**蔓延在艺术周围，迫使它紧紧抱住辩证法的主干。**日神**倾向变形为逻辑的公式化：就像我们必然在欧里庇得斯那里看到相似情况，看到**酒神倾向**朝自然主义情绪的转化一样。苏格拉底，这位柏拉图戏剧中的辩证法主人公，让我们想起了欧里庇得斯的主人公的类似

① 希腊哲学学派之一，活动期在公元前4世纪到基督教时期，据说苏格拉底的门徒安提西尼为其创始人。该学派提倡克己自制，鄙视金钱和享受等。

本性，欧里庇得斯的主人公不得不用正反理由来为自己的行为辩护，于是如此经常地陷入失去我们悲剧性同情的危险。因为辩证法本质中的**乐观**因素是一目了然的，它在任何结论中都得意洋洋，只有在冷静的一目了然和有意识状态下才能呼吸：那种乐观因素一旦入侵到悲剧中，就必定渐渐覆盖酒神领域，必然驱使酒神领域实施自我毁灭——直至死亡的一跃，跃入市民戏剧。人们只要想一想苏格拉底命题的结论就行了：“美德即知识；无知才有罪恶；有德者常乐。”悲剧之死就死在这乐观主义的三个基本形式中。因为现在有德的主人公必然是辩证论者；现在在美德和知识之间、信仰和道德之间，必定有一种必然的、可见的联结；现在
95 埃斯库罗斯的超越尘世的正义之解，以其流行的解围之神，已被降低为肤浅、狂妄的“诗的正义”① 原则。

相对于这新的苏格拉底乐观主义的舞台世界，**歌队**和一般来说悲剧的整个音乐的酒神基础现在显得是什么样子呢？显得是某种偶然的东西，是一种对悲剧之起源的全然可无的回忆；尽管我们明白，歌队一般只能被理解为悲剧和悲剧因素的**起因**。在索福克勒斯那里，歌队的那种尴尬局面已经显露出来——这是一个重要的标志，表明在他那里，悲剧的酒神基础已经开始破碎。他不敢再把效果的主要部分托付给歌队，而是将它的领域限制在这样的范围内，使它现在显得几乎就是在配合演员，就好像它现在是从歌队席被提升到了舞台上，从而它的本质当然就被完全摧毁了，尽管亚里士多德恰好赞成对于歌队的这种见解。索福克勒斯总是通过他的实践，而且据传说，甚至通过一篇文章，来推荐那种歌队地位的变更，这种变更是走向歌队**消亡**的第一步，它在欧里庇得斯、阿伽同②以及新喜剧那里经历的几个阶段以惊人的速度连续发生。乐观的辩证法用其三段论的鞭子将**音乐**赶出了悲剧，也就是说，它摧毁了悲剧的本质，这只能被解释为酒神状态的一种体现和形象化，解释为音乐的有形的象征化，解释为一种酒神式陶醉的梦境。

---

① “诗的正义”是指诗歌中的惩恶扬善倾向。

② 阿伽同，古希腊悲剧家，名声仅次于埃斯库罗斯、索福克勒斯和欧里庇得斯，生平不详。

如果我们不得不设想，也就是说，甚至有一个在苏格拉底之前就存在的反酒神倾向，这种倾向只是在他身上得到一种前所未闻的出色表达，那么我们就不必惧怕这样的问题，即苏格拉底这样的现象究竟意味着什
么：这种现象，鉴于柏拉图的对话，我们无法将其理解为一种只是起消 96
解作用的否定力量。所以，尽管苏格拉底本能的直接效果是要实现酒神悲剧的毁灭，这是无疑的，但是苏格拉底自己深刻的生活经验迫使我们提出这样的问题：在苏格拉底和艺术之间，究竟是否**必然**只存在一种对立关系，一个“艺术的苏格拉底”的诞生究竟是否本身就是某种充满矛盾的东西。

因为就艺术而言，那位专横的逻辑学家时不时感到一种缺憾、一种空虚、一种部分的责备，一种也许被疏忽的义务。他在监狱中告诉朋友说，经常有同一个梦中形象出现在他面前，始终对他说着同样的话：“苏格拉底，从事音乐吧!”他直到最后的日子都用这样的看法来安慰自己：他的哲学思辨是最高的缪斯艺术，并不真正相信一个神会提醒他那种“平庸而通俗的音乐”。最终他在监狱里勉强同意了从事他不尊重的那种音乐，以彻底减轻他良心的负担。在这样的思想态度中，他用诗写成一篇献给日神的序文，把几个伊索寓言改写成了韵文。驱使他从事这种训练的，是某种类似于守护神告诫之声的东西，是日神让他认识到：他像一个野蛮人国王一样不理解一个高贵的神像，正处于对神灵犯下罪过的危险中——由于他的不理解。苏格拉底梦中形象的那些话是关于逻辑本性之界限的一种思考的唯一迹象：也许——他不得不如此自问——我所不理解的事情未必马上就是非理性的东西吧？也许有一个逻辑学家被驱逐出境的智慧王国吧？也许艺术甚至就是知识的一种必要的关联物和补充吧？

15

现在必须在上面这些充满预感的问题的意义上宣告，苏格拉底的影 97
响如何直至此刻，甚至在整个未来，都像一个在傍晚阳光中越变越大的阴影，蔓延到后代身上；这种影响对于**艺术**——而且是更宽更深的形而上意义上的艺术——的创新始终是必要的，而且靠着这种影响的无限，

也确保了创新的无限。

在这一点得到承认以前，在令人信服地阐明任何艺术都最内在地从属于希腊人、从属于从荷马到苏格拉底的希腊人以前，我们同这些希腊人的关系就像雅典人同苏格拉底的关系一样。几乎任何时代，任何文化阶段，都曾经十分不快地试图摆脱希腊人，因为面对希腊人，一切自我成就的、显得充分有独创性的、真正真诚地得到赞赏的东西似乎全都突然色彩全无、生气全无，缩水成为不成功的复制品，甚至成为讽刺。于是，对于那个竟敢把所有时代一切非本土的东西视为“野蛮”的狂妄小民族，打心底里就爆发出怨恨：人们自问，那些人是谁？他们尽管只具有昙花一现的历史光彩、只具有狭隘地局限到了可笑地步的公共机构、只具有可疑的道德美誉，甚至以丑行恶德为其特征，却在各民族中要求得到应归于众生之天才的尊严和特殊地位。可惜人们并没有如此幸运地找到用以干掉这样一种存在物的毒药杯：因为一切在自身中产生出嫉妒、诽谤、怨恨的毒药不足以摧毁那种自我满足的崇高。于是人们在希腊人
98 面前感到羞愧和恐惧；除非一个人尊重高于一切的真理，并敢于承认这一条真理：希腊人作为御者掌握着我们的文化、任何的文化；而车马几乎总是材质太差，无法和它们御者的荣耀相匹配，这时候这些御者会认为，把这样的搭档赶到深渊里去倒是很好玩的，他们自己则以阿喀琉斯的一跃，越过深渊。

为了证明苏格拉底也有这样一种御者地位的尊严，只要在他身上认出一种在他之前闻所未闻的生存形式的类型，即**理论之人**的类型，就足够了，认识理论之人的意义和目的是我们的下一个任务。理论之人也像艺术家一样，无限满足于现存的东西，并且像艺术家一样，受到这种满足心态的保护，免受悲观主义的实用伦理学的侵害，免受悲观主义只在昏暗中发光的山猫利眼的注视。因为每次揭示真理时，艺术家总是只用出神入化的目光盯着现在真理被去蔽以后依然是遮蔽物的东西，而理论之人则享受着、满足于遮蔽物被弃之如敝履，其最高快乐的目的就在于始终快乐的、通过特有力量实现的去蔽过程。如果知识只是为了那**一个**赤身裸体的女神，而没有别的什么事好做，那就不会有知识。因为这时

候，知识信徒们心里的感受一定和那些想要挖一个洞一直穿透大地的人想的一样：他们当中每个人都认识到，即使尽毕生最大的努力，他也只能挖出巨大深度中极小的一部分，就这一小块地方会在他眼前被邻人所干的活儿重新覆盖起来，乃至于在第三个人看来，显然还是靠自己的力量选择一个新的地方来从事他打洞的尝试为好。如果现在一个人令人信服地证明，通过这条直的路线不可能达到另一端的目标，那么谁还会愿意在旧洞里继续工作，除非他这期间是在不知满足地寻找宝石或发现自 99
然规律。因此，最诚实的理论之人莱辛敢于直言不讳地说，在他看来，寻求真理比真理本身更重要，由此，知识的基本秘密被揭开了，这是让知识人士惊讶甚至恼火的事情。然而，现在在这种个别认识的边上，作为一种过分的诚实（如果不是过分的狂妄的话），却站立着一种深刻的**妄想**，这种妄想首先体现为苏格拉底，他坚定不移地相信，思想在因果律的引导下，可以抵达存在的最深处；思想不仅能认识存在，而且甚至能**纠正**存在。这种崇高的形而上妄想是作为知识本能而附加在知识边上的，把知识一而再、再而三地引向它的极限，到达这个极限，知识必然转化为**艺术：这个必然过程的目的原本就在于艺术**。

让我们现在举着这种观念的火把来看一看苏格拉底：在我们看来，他似乎是不仅能靠知识本能之手活着，而且能——更有甚者——死于知识本能之手的第一人。因此，**赴死的苏格拉底**作为借知其所以然而免除死亡恐惧之人的形象，是知识的大门之上提醒每一个人不忘其使命的盾徽，这使命就是使生存变得可以理解，因而也显得完全合理。当然，在理由不足的情况下，**神话**最终必然会有助于达到这个目的，我甚至把神话视为知识的必然结果，乃至于目的。

谁一旦搞清楚，在苏格拉底这位把人引入知识这一秘教的引导者之后，一个又一个哲学学派如何后浪推前浪，知识如何以教化世界中最广阔领域内求知贪欲的一种从未被预感到的普遍程度，并作为任何能力更胜一筹者的真正使命，驶入它从此以后再也不可能被完全赶走的大海， 100
一张共同的思想之网如何通过这种普遍程度，甚至带着对整个太阳系法则的展望，被首先覆盖在整个地球上；谁在眼前看到这一切，再加上现在高得令人吃惊的知识金字塔，谁就不可能不在苏格拉底身上看到所谓世界史的那一个转折点和旋涡。想象一下这整个无法计算的力的总量吧！它被用于那种世界趋势，**不是**用来为认识服务，而是用于个人和各民族的实际的，也就是说，利己主义的目标，于是也许在普遍的毁灭性斗争中和持续的民族大迁徙中，本能的生活乐趣被如此削弱，以至于在自杀的习惯中，个人也许不得不感觉到最后一点责任感，就像斐济岛上的居民那样，身为儿子，把自己的父母掐死，身为朋友，把自己的朋友掐死：一种实用的悲观主义，它甚至可以出于同情形成一种恐怖的种族屠杀伦理——顺便说一下，在世界上任何地方，只要艺术没有以某种形式，尤其是作为宗教和知识出现，充当治疗和防止这种悲观主义瘟疫的手段，那么，这种悲观主义就都是存在过的，而且仍然存在着。

面对这种实用的悲观主义，苏格拉底是理论乐观主义者的原型，他如我们所描述过的那样相信万物本性的可探究性，他在这种信念中给予知识和认知以一种万灵药的效力，在谬误中包含了自在之恶。在苏格拉底式的人物看来，深究那些缘由，分清真知和外观谬误的区别，是最高贵的甚至唯一的真正人类的职业。所以从苏格拉底开始，概念、判断、
101 结论的必然程序被推崇为高于一切其他能力的最高级活动和最值得赞美的天赋。甚至最崇高的道德行为、同情行为、自我牺牲行为、英雄主义行为，以及日神倾向的希腊人称之为涵养的那种难以达到的内心宁静，都被苏格拉底和直至今天他所有那些志趣相投的追随者，从知识的辩证法里推导出来，因而视为可以教授的。亲身体验了苏格拉底式认识之乐趣并感觉这种乐趣如何以越来越扩大的范围试图包括整个现象界的人，将从此感觉没有任何促进生存的刺激会比完成那种征服、把网牢不可破地织好的渴望更强烈。对于一个如此心境的人来说，柏拉图的苏格拉底这时候似乎就是一种全新形式的“希腊之欢乐”和生存之福的教师，这种新形式寻求在行动中宣泄，并为了最终产生天才的目的，尤其将在对高贵青年的启发式问答教学和其他教育的影响中实现这种宣泄。

可是，现在知识受到其强大妄想的刺激，马不停蹄地直奔其极限而去，在这极限上，藏在逻辑本质中的乐观主义破灭了。因为知识之圈的

圆周上有无数的点，尽管完全预见不了这个圆圈如何才能得到充分的度量，但是，高贵而有才华之人尚在其生存的中途之前，就不可避免地碰上了圆周上这样的边界点，他在那里注视着眼前的一团漆黑。当他在这里惊恐地看到，逻辑在这边界上如何绕着自己蜷曲起来，最终咬住自己的尾巴时——新形式的认识，即**悲剧认识**，脱颖而出，它只是为了被忍受，需要艺术作为庇护和治疗手段。

如果我们用强化的、靠着希腊人而振奋的目光看一看围绕我们流动的那个世界的最高境界，我们就会发现，在苏格拉底身上显现的那种对 *102*
不知满足的乐观主义知识的贪欲转变为悲剧式的认命和艺术需求。尽管这同样的贪欲处于其低级阶段时必然表现出对于艺术的敌对态度，尤其内在地厌恶酒神悲剧艺术，就像我已经用埃斯库罗斯悲剧和苏格拉底主义的冲突举例说明的情况那样。

现在我们在这里正情绪激动地叩响现代和未来的大门：那种“转变”将导致天才的、而且恰恰是**从事音乐的苏格拉底**的始终崭新的造型吗？覆盖在生存之上的艺术之网，无论是以宗教的名义还是以知识的名义，将被编织得越来越结实、越来越精致，还是它注定要在被称为“现代”的躁动不安的野蛮活动和旋涡中被撕成碎片？——我们忧心忡忡地，然而不是毫无安慰地在一旁站上一小会儿吧，作为被允许充当那种非凡斗争和转折之见证人的沉思者。啊！这是这些斗争的魔力之所在：观看这些斗争的人，也不得不进行这些斗争。

16

通过举出这历史性的例子，我们已经试图阐明，悲剧如何必然随着音乐精神的消失而死亡，正如它只能从这种精神中诞生一样。为了使这种断言不至于危言耸听，另一方面，也为了表明我们这种认识的起源，我们就得用毫无拘束的目光对照现代类似的现象；我们不得不走进那些斗争中间，正如我刚才说过的那样，这些斗争是在我们现在世界的最高境界中，在不知满足的乐观主义认识和悲剧式的艺术需求之间进行的。 *103*
在这里，我要撇开任何时代抵制艺术，尤其抵制悲剧的所有其他敌对欲望，这种欲望甚至在现代也满怀胜利信心地蔓延到了这样的程度，比如，在戏剧艺术中，只有闹剧和芭蕾还算茂盛地开放着它们那些也许并非对任何人来说都芬芳的鲜花。我只想谈论悲剧世界观**最显赫的对立面**，我指的是以其鼻祖苏格拉底为首的、最深刻本质意义上的乐观主义知识。随即我还要指名道姓地说出在我看来确保**悲剧之新生**的力量——除此之外，德意志天性还有什么有福的希望呀！

在我们投入那些斗争之前，让我们先把自己裹在我们至今已经获得的知识盔甲中去。人们努力从作为任何艺术品必要的生命之源的唯一原则推导出艺术，与所有这些人相反，我把眼光牢牢盯住希腊人的那两位艺术之神，日神和酒神，并在他们身上认出其最深刻本质意义和最高目标各异的**两个**艺术世界的生动而直观的代表。日神站在我面前，作为美化世界的个体化原理之守护神，只有通过个体化原理，在外观中的解脱才能真正实现；而在酒神的神秘欢呼之下，个体化的魔力被驱散，通向存在之母、通向万物最内在核心的道路畅通了。这种横亘在作为日神艺术的造型艺术和作为酒神艺术的音乐之间的巨大对立，对于唯一一位伟大的思想家来说已经明显到了这样的地步：他甚至不用希腊神祇象征意
104 义的指引，就赋予音乐以一种不同的特性和先于所有其他艺术的起源，因为音乐不像所有那些艺术，是对现象的写照，而直接是意志自身的写照，所以**对世界上一切形而下的事物来说**，音乐表现着**形而上的**，对一切现象来说，音乐表现着自在之物。（叔本华：《作为意志和表象的世界》，第一卷，第310页）① 这种对于全部美学的最重要认识，从更认真的意义上讲，就是美学的开始。当理查德·瓦格纳在《贝多芬》一文中断言说，音乐应该按照完全不同于一切造型艺术的审美原则，而根本不是按照美的范畴来衡量时，他是在上述认识上打上了他自己的印记，来强调这种认识的永恒真理，尽管一种误导艺术走向蜕化的错误美学从那种适用于形象世界的美之概念出发，习惯于要求音乐有一种相似于造型艺术作品的效果，也就是说，要激发**对美之形式的快感**。在认识到那种

① 此处及下面的一大段引文，尼采所注页码均为他当时所用版本的页码。从“现象的写照”起至“自在之物”是尼采对叔本华的大段引用，此处参考石冲白所译叔本华《作为意志和表象的世界》第363～364页的译文。

巨大的对立之后，我感觉有一种强烈的需求，想要接近希腊悲剧的本质，从而走向对希腊天才的最深刻的揭示。因为现在我才相信我掌握了魔法，能够超越我们通常美学的套话，真正把悲剧的原始问题摆到我的灵魂面前：借此我可以被赐予一种如此奇妙绝伦的眼光来观察希腊特色，以至于我必然会感觉，就好像我们如此引以自豪的古典希腊学问，从本质上讲，至今也不过是只懂得以皮影戏一类的东西和皮毛外观为乐罢了。

那个原始问题，我们不妨用以下问题来切入：如果日神倾向和酒神倾向这两个互相分离的艺术力量一起发挥作用，会产生哪一种审美效果？或者更简短地说，音乐同形象和概念是什么关系？——理查德·瓦格纳赞扬叔本华恰恰在这一点上有一种描述上恰如其分的清晰性和透明度。 *105*
叔本华在这个问题上表达了最详细的观点，我在这里将它全文转引如下。《作为意志和表象的世界》，第一卷，第 309 页：“根据这一切，我们可以把这显现着的世界或大自然和音乐看作同一事物的两种不同表现，所以这同一事物自身就是这两种表现得以类比的唯一中介，而为了认清这一类比就必须认识这一中介。因此，如果被看作世界的表现，那音乐就是普遍程度最高的语言，甚至可以说，这种语言同概念的普遍性之间的关系，大致等于概念同个别事物之间的关系。可是，音乐的普遍性绝不是抽象思维那种空洞的普遍性，而完全是另一种普遍性，是和彻底的、明晰的规定相联系的。在这一点上，音乐和几何图形、数字相似，几何图形和数字作为一切可能之经验客体的普遍形式，可以先验地应用于一切，然而又不是抽象的，而是直观地、彻底地被规定的。意志可能有的一切努力、兴奋和表现，人被理性一概置于‘感情’这一广泛而消极的概念之下的所有内心历程，都要由无穷多的、可能的旋律来表现，但总是只在纯形式的普遍性中表现出来，没有内容；总是只按自在本体而不按现象来表现，好比是现象的最内在的灵魂而不具肉体。在音乐同万物之真正本质的这种内在关系中，也应该说明，如果相对于某个场景、情节、事件、环境响起相应的音乐，那么音乐就好像是为我们揭露了这一切的最深奥的意义；而且作为最正确、最明晰的注解出现。同样，谁要是全神贯注在一部交响乐的印象上，他就好像看见生活中、世界上一切可能

的事件都在自己面前经过；然而，如果他反省一下，却又指不出那音乐
106 的演奏和浮现于他面前的事物之间有任何相似之处。原来音乐，如前所述，在这一点上和所有其他的艺术都不同。音乐不是现象的，或正确一些说，不是意志恰如其分的客体性的写照，而直接是意志自身的写照。所以对世界上一切形而下的事物来说，音乐表现着那形而上的；对一切现象来说，音乐表现着自在之物。因此，人们既可以把这世界叫做形体化了的音乐，也可以叫做形体化了的意志。因此，从这里还可以说明为什么音乐能使现实生活中、世界上的每一个画面甚至每一个场景立即突现出更高的意义，当然，音乐的旋律和已有现象的内在精神愈相似，就愈是这样。人们之所以能够给音乐配上一首诗而使之成为歌曲，或配上一个直观的表演而使之成为哑剧，或给配上两者而使之成为歌剧，都是基于这一点。配上了普遍音乐语言的这种人生个别形象，绝不是以一般的必然性和音乐相关联或相符合的；相反，这些个别形象同音乐的关系，只是任意的例子同一般概念的那种关系：个别形象以现实规定性表现出音乐以纯形式的普遍性说的那种东西。因为旋律在一定范围内，也和一般概念一样，是现实的一种抽象。因为现实，也就是，个别事物的世界，既为概念的普遍性，同样也为旋律的普遍性提供直观的、特殊的和个别的东西，即提供个别的情况，然而在某些方面，这两种普遍性是相互对立的；因为概念只含有首先从直观抽象得来的形式，几乎是从事物上剥下来的外壳，所以完全是真正的抽象；而音乐则相反，音乐拿出来的是最内在的、先于一切形态的内核或万物的核心。这种关系如果用经院哲学的语言来表示倒很恰当，即概念'后于事物的普遍性'，但音乐提供的
107 是'先于事物的普遍性'，而现实则提供'事物中的普遍性'。可是，一般来说，一首乐曲和一个直观的描述之间的关系能成为可能，如已经说过的那样，所依据的是，两者只是世界同一内在本质的完全不同的表达方式。什么时候在个别场合真有这样一种关系存在，也就是说，作曲家懂得以普遍音乐语言说出构成一个事件之核心的意志冲动，这时候，歌曲的旋律、歌剧的音乐就会富有表现力。不过由作曲家在上述两者之间所发现的类似性必然在理性没有意识到的情况下直接来自对世界的本质

的认识，不可以是带着有意识的目的性而通过概念进行的间接模仿，否则音乐就不是言说内在的本质，不是言说意志本身，而只是不充分地模仿意志的现象而已。一切真正模仿性的音乐都是这样做的。"① ——

如是，根据叔本华的学说，我们把音乐直接理解为意志的语言，并感觉我们的想象被激发起来，来建构那个闻其声不见其形，却如此活跃、如此不平静的鬼神世界，并以类比的范例，让这个世界体现在我们身上。另一方面，形象和概念在一种真正相应的音乐影响之下，实现了一种更高的意义。也就是说，酒神艺术通常对日神艺术能力产生双重效果：音乐激发对酒神普遍性的**比喻性直观体验**，然后音乐让比喻性形象凸显**为最高的意义**。从这些本身很可以理解，然而没有更深的观察便不可能获得的事实中，我得出结论：音乐能够产生**神话**，也就是最有意义的榜样，而且正是**悲剧**神话，即用比喻来谈论酒神认识的神话。关于抒情诗人的现象，我阐明了音乐在抒情诗人身上如何竭力争取以日神形象来让人了解它的本质。现在我们想象一下，音乐在其最高境界也 108
必然寻求实现一种最高的阐明，于是我们必然认为这样的事情是可能的：它也懂得为它真正的酒神智慧找到象征的表达方式；如果不是在悲剧中，总之是在**悲剧性**的概念中，我们将到哪里去寻找这种表达方式呢？

从一般按照外观和美的唯一范畴所理解的艺术本质，是完全不可能以正当的方式推导出悲剧性的；只有从音乐精神出发，我们才理解个体毁灭引起的快感。因为只有这种毁灭的一个个例子才让我们明白了永恒的酒神艺术现象，是酒神艺术表达了几乎在个体化原理背后的全能的意志，那种超越一切现象、不顾任何毁灭的永恒生命。对于悲剧性的形而上快感是将本能上无意识的酒神智慧转化为形象的语言：主人公，这最高的意志现象，为了我们的快感而遭到毁灭，因为他只是现象，他的毁灭对于意志的永恒生命毫发无损。"我们相信永恒的生命，"悲剧喊道，而音乐则是这种生命的直接理念。造型艺术有着完全不同的目的：在造

---

① 参考石冲白所译叔本华《作为意志和表象的世界》，363～365页。

型艺术中，日神通过对**现象之永恒**的闪亮美化，克服了个体的痛苦，是美在这里战胜了生命所固有的痛苦，从某种意义上讲，痛苦被谎言哄骗出了自然特征的行列。在酒神艺术中，在酒神艺术的悲剧象征中，同一个自然用它真正的、毫不掩饰的声音对我们说："你们像我一样吧！在现象的不停变化之中，这永恒创造、永恒促进生存、永恒满足于这种现象变化的万物之母！"

17

109 酒神艺术甚至要使我们相信生存的永恒乐趣：只是我们不应该在现象中，而应该在现象背后，寻找这种乐趣。我们应该认识到，一切产生出来的东西如何必然准备好走向灭亡，我们不得不看到个体存在的恐惧——然而却不应该吓得发呆：一种形而上的慰藉会短暂地把我们拽离万变形态的喧嚣。我们真的在短暂的瞬间就是原始存在本身，感觉到其不可遏制的生存欲望和生存乐趣；我们现在认为，在无数挤入、闯入生命的生存形式泛滥的情况下，在世界意志过于丰富的情况下，斗争、痛苦、现象的毁灭是多么必要；我们就在似乎和对生存的无限原始乐趣合而为一的时候，就在酒神式陶醉中预感到这种乐趣之不可摧毁和永恒长存的时候，为这种痛苦的狂暴毒刺所刺穿。尽管有恐惧和怜悯，我们却是快乐的生者，不是作为个体，而是作为我们同其生殖乐趣相融合的**一个**生者。

希腊悲剧的发生史现在十分明确地告诉我们，希腊人的悲剧艺术品的确诞生于音乐精神：通过这样的想法，我们相信自己第一次正确评价了歌队十分值得惊叹的原始意义。然而，同时我们不得不承认，刚刚提出的悲剧神话的意义，对于希腊诗人而言，是从来不以概念的明确性来显现的，更不用说对于希腊哲学家而言了；希腊诗人笔下的主人公说的几乎比做的更肤浅；神话根本没有在言说中找到它相应的客体化。舞台
110 结构和直观的形象揭示出一种比诗人本身用语言和概念所能表达的更深刻的智慧。正如我们在莎士比亚那里也可以观察到同样的情况，比如他的哈姆雷特在一种相似意义上说的比做的更肤浅，以至于以前提到的那种哈姆雷特的教训不是从语言中，而是从对整体的深入观察和一目了然

中得出的。关于希腊悲剧，当然只是作为语言戏剧[1]和我们相遇的，我甚至已经表明，神话和语言之间的那种不一致很容易引诱我们把希腊悲剧看作比它的实际情况更肤浅、更无意义，甚至假定它有一种肤浅的效果，比古人所证实的效果更肤浅：因为人们是多么容易忘记，语言诗人没有成功地使神话实现最高的精神化和理想化，可是他作为具有创造性的音乐家却在任何时刻都可以实现这种事情！当然我们几乎不得不在学问的道路上重建音乐效果的优势，以便接受一点真正的悲剧必然拥有的那种无与伦比的慰藉。然而，只有我们成为希腊人，我们才会真正感受到这种音乐优势；而我们在希腊音乐的整体发挥中——跟那种我们很熟悉、很亲切、更为无限丰富的音乐相比——我们相信只听到了用腼腆的力度感唱出的音乐天才青少年时代的歌曲。正如埃及祭司所说，希腊人是永远的孩子，甚至在悲剧艺术中也只是孩子，孩子是不知道他们手下产生了什么样高明的玩具，又是怎么——被捣毁的。

音乐精神争取形象启示和神话启示的那种奋斗，把最初的抒情诗提升为阿提卡悲剧，然而在刚刚繁荣起来之后，就突然中断，几乎从希腊艺术的表面消失了：而从这种奋斗中诞生的酒神世界观却继续活在秘密 111
宗教仪式中，在最奇异的变形与蜕变中不停地把天性更严肃的人吸引到自己身边。它是否将从它神秘的深渊里出来，再次上升为艺术呢？

在这里，我们全神贯注于这个问题：使悲剧毁于其抵抗的那股力量是否永远有着足够的强度，来阻碍悲剧和悲剧世界观在艺术上的复苏？如果古老的悲剧被知识的辩证求知本能和辩证乐观主义本能挤出其正常轨道，那么就会从这个事实中推断出一场**理论世界观**和**悲剧世界观**之间的永恒斗争；只有在知识精神被引导到它的极限，它对普遍有效性的要求由于那种极限得到证实而破灭，才可以指望有悲剧的再生。对于这样的文化形式，我们不得不在以前讨论过的那种意义上以**从事音乐的苏格拉底**作为象征。通过这样的对比，我把知识精神理解为那种首先在苏格

---

① 尼采在这里所说的“语言戏剧”（Wortdrama）和下面所说的“语言诗人”（Wortdichter）是暗示语言的间接性，而神话在舞台上更应该直接诉诸形象，所以尼采谈到了神话和语言之间的不一致。

拉底身上体现出来的对自然的可探究性和知识的普遍治疗力量的信念。

谁记得这种孜孜不倦地向前推进的知识精神的最直接后果，谁就立即想起**神话**是如何被这种精神毁灭的，诗又是如何被这种毁灭排挤出它的自然基础、理想基础，从此成为无家可归者的。如果我们正确地赋予音乐以从自身中再生出神话的力量，那么我们就将不得不在知识精神敌对于音乐的这种神话创造力量的轨道上去寻找知识精神了。这发生在**新**
112 **阿提卡酒神颂**的发展过程中，其音乐不再说出内在本质，说出意志本身，而只是在一种借助于概念的模仿中不充分地再现了现象：对于这种内在地蜕化的音乐，真正有音乐气质的人带着在苏格拉底扼杀艺术的倾向面前所具有的那种反感，避之唯恐不及。阿里斯托芬在以同样的反感概述苏格拉底本人、欧里庇得斯的悲剧以及新酒神颂诗人，并从所有三种现象中察觉到一种堕落文化的标志时，他那可靠的本能无疑把握了正确的事物。音乐被那种新酒神颂罪恶地变成了对于诸如一场战役、一次海上风暴等现象的肖像式模仿，从而当然也被剥夺了它的神话创造力量。因为如果音乐只通过迫使我们寻找生命过程、自然过程和音乐的某种韵律手段、独特乐声之间的外部相似而试图激发我们的赏心悦目之感，如果我们的理解力就应该满足于对这种相似的认识，那么我们就被拽入了一种不可能孕育神话因素的心境中；因为神话要求作为一种普遍性、一种真理的唯一范例被直观地感受，这种普遍性和真理始终凝视着无限。真正的酒神音乐作为世界意志的这样一面普遍性镜子向我们迎来：那折射在这面镜子里的直观事件对于我们的感觉来说，立即就扩展为一种永恒真理的映像。相反，这样一个直观事件却立即被新酒神颂的音诗构图剥夺了任何神话特性；现在音乐变成了现象的贫乏映像，因而比起现象本身，更是贫乏到了无止境的地步。我们感觉，由于这样的贫乏，它更是把现象本身往下拽，乃至于现在，比如，那样一种音乐模仿的战役，便
113 仅仅局限于行军中的噪音、军号声等等，而我们的想象恰恰被固定在这种表面之上。所以，音诗构图从各方面讲都是创造神话之真正音乐力量的对立面：通过它，现象变得比它的实际情况更贫乏，而通过酒神音乐，个别现象则丰富、扩展为世界的形象。当非酒神精神在新酒神颂的发展

中使音乐同自身疏离，把音乐挤下去，成为现象的奴隶时，这就是它的巨大胜利。欧里庇得斯，他在更高意义上不得不被称作毫无音乐气质的人，就由于这样的理由，他是一个新酒神颂音乐的热烈支持者，他以一种强盗式的慷慨大方，动用了新酒神颂音乐的全部效果技巧和装模作样。

当我们把目光投向索福克勒斯以来的悲剧中大量增加的**性格描写**和心理上的过分讲究时，我们就从另一方面看到这种针对神话的非酒神精神的力量在发挥作用。性格不应该再被扩展为永恒的类型，而是相反，通过艺术的次要特征和色彩上的细微差别，通过所有线条最精致的确定性，产生个别效果，让观众根本不再感觉到神话，而是感觉到高度的逼真和艺术家的模仿力。在这里我们也察觉到现象对普遍性的胜利，以及对个别的几乎是解剖用的标本所感到的乐趣，我们已经呼吸到一个理论世界的气息，对于这个世界来说，知识上的认识比一种世界法则的艺术反映具有更高价值。沿着性格特征倾向发展的运动继续迅速向前推进：一方面，索福克勒斯还是描绘着整个性格，运用神话而让性格有十分讲究的发展；另一方面，欧里庇得斯已经只描绘懂得用强烈激情做自我表现的重大个别性格特征；在阿提卡新喜剧中，只有**一种**表情的面具：漫 114
不经心的老人、上当受骗的皮条客、狡黠的奴隶不懈地重复出现。建构神话的音乐精神现在到哪里去了？现在音乐剩下的东西，不是躁动的音乐，就是回忆的音乐，也就是说，不是对麻木疲惫神经的刺激手段，就是音诗构图。就前者而言，它几乎不取决于所填的词如何。在欧里庇得斯那里，当他的主人公或歌队一开始唱歌的时候，事情就渐渐变得真的很麻烦；他放肆的后继者会走向何方呢？

然而，新的非酒神精神最清晰地在新戏剧的**终结**中显现出来。在旧悲剧中，形而上的慰藉是可以在最终感觉到的，没有这种慰藉，悲剧快感就根本无法得到解释；也许，在《俄狄浦斯在科罗诺斯》中最纯粹地响起了来自另一世界的和解之声。现在，当音乐精神从悲剧中消逝的时候，从严格意义上讲，悲剧也就死亡了：因为现在人们从何处能创造出那种形而上的慰藉呢？此后人们寻求用尘世的方法解决悲剧中的不和谐；主人公在被命运折磨够了以后，在一场金玉良缘中，在神圣的荣耀中，得到了应得的酬报。主人公变成了竞技场里的角斗士①，在被虐待得遍体鳞伤之后，偶尔也被赐予自由。机械降神取代了形而上的慰藉。我不愿意说，悲剧世界观完全彻底地被咄咄逼人的非酒神倾向的精神所摧毁：我们只知道，它蜕变成秘密宗教的狂热崇拜，不得不从艺术中（几乎）逃到了地狱里。可是，肆虐在希腊人最广阔的表面领域，是以“希腊之欢乐”的形式出现的那种消耗性的精神气息，关于这种形式，前面已经
115 作为一种老耄而无创造性的生存乐趣谈论过；这种欢乐是早期希腊人美好“天真”的对立面，按照已知的特征，它可以理解为从黑暗深渊长出的日神文化之花，理解为希腊意志以其对美的反映而取得的对痛苦和痛苦之智慧的胜利。那另一种形式的“希腊之欢乐”，即亚历山大式②“希腊之欢乐”，其最高贵的形式是**理论之人的**欢乐。它显示出我刚才从非酒神倾向的精神中推导出来的那种特征——它同酒神智慧和酒神艺术作斗争；它致力于消除神话；它用一种尘世的和谐，甚至一种特别的解围之神，即机械和熔炉之神③，也就是说，在为一种更高利己主义的服务中被认识、被使用的自然精灵之力，取代一种形而上的慰藉；它相信可以用知识匡正世界，相信一种由知识引导的生活，也真正能够把个人局限在一个能做出作业题的最小圈子里，在这个圈子里，它欢乐地对生活说：“我要你，你值得被认识。”

18

这是一种永恒现象：贪婪的意志总是找到一种手段，通过笼罩在万物上的幻觉，让它的创造物活在世上，并迫使其继续活下去。一个人被苏格拉底的求知乐趣和一种妄想所束缚，这种妄想认为通过求知便能治愈永久的生存之伤痕；另一个人被眼前飘拂的艺术之美丽诱人的面纱所诱惑；第三个人得到了形而上的慰藉，感觉在现象的旋涡之下，永恒的生命坚不可摧地不断奔流：我们且不说意志随时都为人准备好的更庸俗、

---

① 通常是指古罗马竞技场里互斗或与野兽搏斗的奴隶或俘虏。

② 亚历山大式指的是希腊化时期以亚历山大城为中心的希腊文化方式。

③ 尼采在这里所说的“机械和熔炉之神”指的就是机械和熔炉，是认识自然力量，将其用于实用目的的结果。

几乎更挥之不去的幻觉。上述三种不同程度的幻觉一般只适合于高贵气 116
质的人，这些人带着更深的反感，感觉到生存的负担和沉重，需要用精心挑选的刺激手段，才能使他们忘却这种反感。一切我们称为文化的东西，都是由这些刺激手段构成的：根据合成物的不同比例，我们主要拥有一种**苏格拉底**文化，或**艺术**文化，或**悲剧**文化，如果允许用历史的例子说明的话，那就有一种亚历山大文化，或者希腊文化，或者佛教文化①。

我们的整个现代世界都困于亚历山大文化之网中，它把具有最高认识能力、服务于知识的**理论之人**认作理想，其典范和祖先就是苏格拉底。我们所有的教育手段原本都盯着这个理想，除此之外，任何其他人都不得不作为被允许的存在，而不是有预期目的的存在而努力向上。近乎惊人的是，有教养的人在很长时间里被发现只是以学者的形式出现，甚至我们的诗歌艺术也不得不从博学的模仿中演化出来；我们在韵律的主要效果中，认识到我们的诗歌形式起源于对一种不熟悉的、真正有学问的语言之人为实验。对于真正的希腊人来说，本身很明白的现代文化人**浮士德**势必显得多么不好理解啊！这位不知满足地闯入所有学科领域，出于求知欲望而屈从于魔法和魔鬼的浮士德，我们只是为了比较，将他置于苏格拉底旁边，以便认识到，现代人开始预感到那种苏格拉底认识乐趣的界限，渴望离开茫茫无际、荒无人烟的知识海洋，登上海岸。如果说歌德有一次对爱克曼谈到拿破仑时这么说：“对了，好朋友，还有一种
行为上的创造力”②，那么他是用一种十分素朴的方式提醒我们，没有理 117
论的人对于现代人来说是某种不值得相信而又令人吃惊的东西，所以还是需要某一位歌德的智慧，以便发现这样一种令人惊异的存在形式是可以理解的，甚至可以原谅的。

现在我们不应该向自己隐瞒隐藏在这种苏格拉底文化母腹中的东西

---

① 这里的德文原文是 eine buddhaistische Cultur，而在其他一些尼采著作版本中，Cultur（文化）前面的形容词不是 buddhaistische，而是 indische（brahmanische），因此就成了“印度（婆罗门）文化”。

② 引自爱克曼辑录《歌德谈话录》中 1828 年 3 月 11 日歌德与爱克曼的谈话。

了！想入非非的乐观主义！现在，即使这种乐观主义的果实成熟了，即使经由这一种文化的彻底发酵作用而全面发酵起来的社会渐渐在热烈沸腾和慷慨激昂中颤抖，即使相信所有人都有尘世幸福的信念、相信这样一种普遍的知识文化有可能存在的信念渐渐转变为对一种这样的亚历山大式尘世幸福的紧迫要求，转变为对欧里庇得斯的解围之神的召唤，我们也不必感到惊讶！我们应该注意到，亚历山大文化需要一种奴隶阶级，以便能长久存在，可是它在对于生存的乐观主义观察中，否认这样一个阶级的必要性，因此一旦“人的尊严”、“工作的尊严”之类有蛊惑力和镇静作用的美好言辞的作用被耗尽，它就会渐渐走向可怕的灭亡。没有什么比一个野蛮的奴隶阶级更可怕的了，它学着将其存在看作一种不公正，准备不仅为自己，而且也为世世代代复仇。面对这样一种迫近的风暴，谁敢以确信的气概诉诸我们苍白无力的宗教，这些宗教本身已经从根本上蜕化为学者宗教了，以至于神话，即任何宗教的必要前提，已经到处都瘫痪了，甚至在这个领域里，那种乐观主义精神占了统治地位，我们刚才已经把它称为我们社会毁灭的起点了。

118 潜藏在理论文化母腹中的灾祸渐渐开始让现代人感到害怕，现代人不安地从他的经验宝库中搜寻避开危险的手段，而他自己也并不真正相信这些手段，他因此而预感到自己的结局。这时候，着眼于普遍性的伟人以一种令人难以置信的谦虚谨慎，善于利用知识工具本身，来一般性地说明认识的界限和局限，从而决定性地否认知识有资格声称具有普遍有效性和普遍目的：有了这样的依据，那种妄想第一次被认识到是这样一种妄想，这种妄想自以为借助于因果律便能探究万物最内在的本质了。**康德**和**叔本华**的巨大勇气和智慧取得了最难取得的胜利，即对隐藏在逻辑本质中的乐观主义的胜利，这种乐观主义是我们文化的基础。如果说乐观主义依靠它深信不疑的 *aeternae veritates*①，相信一切世界之谜的可认识性和可探究性，并将空间、时间、因果律看作具有最普遍有效性的完全绝对的法则，那么康德则揭示出，这些法则原本只服务于把单纯的

① 拉丁文：永恒真理。

现象，即摩耶的作品，提升为唯一的最高现实，使它取代万物最内在的真正本质，因而使对这种本质的真正认识成为不可能，根据叔本华的说法，也就是说，使做梦的人睡得更酣些（《作为意志和表象的世界》，第一卷，第 498 页）①。一种文化以这种认识开始，我斗胆称之为悲剧文化，它的最重要标志是，智慧被移到知识的位置上，成为最高目标，它不受知识诱惑误导的欺骗，目光一动不动地盯着世界的总体形象，试图在这总体形象中，以爱的同情感把永恒的痛苦理解为自己的痛苦。让我们想
象一下有着这种无畏目光的未来一代，他们英勇地推进，向往着惊天动 119
地；让我们想象一下这些屠龙者的果敢步伐，他们以高傲的鲁莽，对于所有乐观主义的懦弱教条不屑一顾，以便完全彻底“坚定地生活”。这样一种文化的悲剧人物，在他培养认真和畏惧的自我教育中，难道没有必要把一种新的艺术，即形而上慰藉的艺术——悲剧，作为属于他的海伦来渴望，并同浮士德一起喊出：

> 难道我这无比渴望之力
> 不能让这无比倩影再世？②

可是，苏格拉底文化受到两方面的震撼，只能用颤抖的双手抓住它灵验的权杖。这一方面是出于它渐渐开始预感到的对自己结论的恐惧，另一方面也因为它自己不再带着以前那种天真的信赖，相信自己基础的永恒有效性了。所以看到它的思之舞如何总是渴望着倒向新的人影，以拥抱她们，然后又突然像靡非斯特甩开诱人的拉弥爱们③那样，感到毛骨悚然而让她们闪开去，这是一个悲哀的景象。这甚至就是每个人通常作为谈论现代文化的原始痛苦而谈论的那种“决裂”的标志：理论之人害怕、不满自己的结论，不再敢于信赖可怕的生存之冰川，忧心忡忡地在岸上跑来跑去。他不再想要完全拥有任何事物，万物总带着天然残酷。乐观主义的观点把他娇惯到了如此地步。此外他感觉到，一种建立在知

---

① 参考石冲白所译叔本华《作为意志和表象的世界》，573 页。

② 歌德《浮士德》，第 2 部，7438～7439 行。其中的“无比倩影”指的是作品中写到的古希腊美女海伦。

③ 拉弥爱原为希腊神话中的怪物，歌德《浮士德》的第 2 部中有一段关于拉弥爱们引诱靡非斯特的插曲。

识原则上的文化，当它开始变得**不合逻辑**，也就是说，开始逃避自己结论的时候，如何不得不走向灭亡。我们的艺术揭示出这种普遍的困境：
120 人们徒然地模仿所有具有创造性的伟大时代和人物；人们为了安慰现代人而徒然地在他周围聚集起全部的“世界文学”①，并把他置于所有时代的艺术风格和艺术家中间，以便他像亚当给动物起名一样，给他们起个名字。他仍然是永恒的饥饿者，没有乐趣的、无力的“批评家”，亚历山大风格之人，实际上的图书馆管理员和校对员，凄惨地被书上的灰尘和印刷错误弄瞎了眼睛。

19

人们称这种苏格拉底文化为**歌剧文化**，没有比这能更透彻地说明其最内在内涵的了。因为在这个领域，这种文化以特有的天真说出了它的意愿和认识，如果我们把歌剧的产生、歌剧发展的事实同日神倾向、酒神倾向的永恒真理放在一起加以对照的话，那么我们就会感到很是惊讶。我首先提请注意的是 *stilo rappresentativo*② 和宣叙调的产生。这种完全肤浅的、不能出神入化的歌剧音乐能被一个时代予以狂热的厚爱，几乎作为所有真正音乐的再生来接受和爱护，而这个时代恰恰耸立着帕莱斯特里纳③无比崇高神圣的音乐，这是可以相信的吗？另一方面，谁会想要只让那些佛罗伦萨文化圈④对消遣享乐的陶醉和他们的戏剧歌唱家的虚荣，为如此凶猛扩展的歌剧兴趣负责呢？在同一个时代，甚至在同一个民族中，在整个基督教中世纪都在从事其建造工作的帕莱斯特里纳和声穹隆的一旁，那种对半音乐⑤说话方式的激情觉醒了，这一点，我只能用在宣叙调本质中共同发挥作用的**艺术外倾向**来加以说明了。

---

① “世界文学”是歌德在同爱克曼的谈话中首先提出来的概念。

② 这里用的原文是意大利文（只是第一个单词应该是 stilc，而不是 stilo。本文中多次提到这一术语，用的都是 stilo，原因不详），意思是“表演式”，指的是17世纪初意大利音乐家使用的宣叙调用声方式。国内有些译本将这一术语译成“抒情调”，与上下文意思不符。

③ 帕莱斯特里纳（1525—1594），意大利作曲家，一生创作大量风格多样的宗教音乐与世俗音乐，以技巧完美著称。

④ 指16世纪末17世纪初佛罗伦萨的艺术与娱乐的爱好者。

⑤ 即后面所说的半说半唱一类的音乐形式。

歌唱家通过说比唱多，通过在半歌唱中加强慷慨激昂的语言表达，121
适应了要求听清楚言词的听众：通过这种对激情的增强，他使言词易于理解，而且压倒了剩余那一半的音乐。现在威胁他的真正危险是，一旦他不合时宜地过多强调了音乐，说话的激情和言词的清晰必然立刻因此而荡然无存；而另一方面，他始终感觉到以音乐的方式一吐为快和技艺高超地亮出嗓音的欲望。这时候，“诗人”出来帮助他，“诗人”懂得给他提供足够的机会，让他发出抒情感叹、复诵警句格言等。在这些时候，歌唱家在纯粹的音乐因素中优哉游哉，对言词无所顾忌。存在于 *stilo rappresentativo* 本质中，激情洋溢、很有说服力，然而却是半唱出来的说话和完全唱出来的感叹之间的这种交替，这种迅速变化的时而作用于概念和想象、时而作用于听众音乐底蕴的努力，是某种十分不自然、全然以同样方式根本违背酒神倾向和日神倾向两种艺术本能的东西，乃至于人们不得不断定宣叙调的起源与所有艺术本能无关。按照这样的描述，宣叙调应该界定为史诗吟诵和抒情式吟诵的混合物，而且绝不是完全矛盾的事物无法达到的、内部稳定的混合，而是最表面的、镶嵌式的粘合，这在自然界和经验领域完全没有先例。**可这不是那些宣叙调发明者的意思**。他们自己，以及他们的时代，更相信古代音乐的秘密已为那种 *stilo*
rappresentativo 所解开，只有从中才能使一个俄耳甫斯、一个安菲翁①，122
甚至希腊悲剧的非凡效果得到解释。新风格被看作最有效音乐即古希腊音乐的复苏。按照荷马世界**即原始世界**这个普遍的、完全大众化的理解，人们甚至会沉溺于这样的梦幻：现在人们复归于天堂时期的人类之初，音乐在当初的人类那里必然也拥有诗人善于在其田园剧中，如此动人地讲述的那种未被超越的纯洁、威力、无辜。在这里，我们看到了这种真正现代的艺术类型即歌剧的最内在的生成；在这里，一种强烈的需求为自己争取到一种艺术，不过这是一种非审美方式的需求，是对田园生活的渴望，对艺术人、善良人远古时代生活的信念。宣叙调被看作那种远古之人语言的再发现；歌剧被看作那种田园诗般的或英雄般的好人家园

① 安菲翁，希腊神话中演奏竖琴的圣手。

的再发现，这种好人同时在所有行动中都追随一种自然的艺术本能，在他有话要说的时候，他至少唱点什么，以便在稍有情绪激动的时候，就立即放声歌唱。我们现在感到无所谓的是，当时的人文主义者用这种新创造的天堂艺术家的形象，反对教会关于人天生堕落、迷惘的旧观念。所以应该把歌剧理解为善良人的相反教条，有了它同时也就找到了针对悲观主义的慰藉手段；恰恰是当时那些态度认真的人，由于各种状况的可怕的不确定性，被最强烈地激发起悲观主义。如果我们认识到，这种新艺术形式的基本魔力，以及相伴的产生过程，在于对一种完全非审美的需求的满足，在于对人本身的乐观主义赞美，在于把远古之人理解为
123 天生的善良人和艺术人。这样的歌剧原则渐渐变成了一种紧迫的可怕**要求**，我们面对现在的社会主义运动，对这种要求不再能充耳不闻了。“善良的远古人”要求他的权利：什么样的天堂前景啊！

此外，我还提出关于我的观点的另一个同样明确的证明：歌剧是和我们的亚历山大文化建立在同样原则上的。歌剧是理论之人的产物，是外行批评家的产物，不是艺术家的产物，这是全部艺术的历史上最令人惊异的事实之一。这是真正非音乐听众的要求：你必须首先理解言词，以至于只有当你发现某种声乐方法是言词支配对位法，就像主人支配仆人那样时，你才可以期待音乐的再生。因为据说言词比伴随的和声系统高贵得多，就像灵魂比肉体高贵得多一样。音乐、形象、言词之间的关系，在歌剧产生之初，就是用这些音乐外行的粗野观点来加以处理的；在这种美学意义上，佛罗伦萨高雅的外行圈子里，由在其中受庇护的诗人、歌唱家进行了最初的实验。艺术上无能的人恰恰因为他本身是非艺术之人，所以才孕育出一种艺术。因为他没有预感到音乐的酒神深度，所以他把艺术乐趣变成了 *stilo rappresentativo* 中理智的激情修辞学和修声学①，变成了声乐艺术的淫乐。因为他没有能力看到幻象，他就强迫机械师和装饰艺术家来为他服务；因为他不善于领会真正的艺术家本质，他就根据自己的趣味在自己面前魔变出“艺术的远古之人”，也就是说，

---

① 指有意的拿腔拿调与说和唱的结合。

激情地歌唱并说着韵文的人。他梦见自己进入了一个激情足以产生声乐和诗歌的时代，好像激情曾经能够创造出某种有艺术性的东西似的。歌 124
剧的前提是一种关于艺术过程的错误信念，而且是那种田园诗般的信念，认为任何有感觉的人实际上都是艺术家。在这种信念的意义上，歌剧就是艺术中外行趣味的表达，这种趣味用理论之人轻松愉快的乐观主义支配它的法则。

如果我们想要把刚才描述的、在歌剧产生之初发生过重要作用的两个概念[①]统一在一个观念之下，那么我们剩下要做的就是谈论一种**歌剧的田园诗倾向**：在这里，我们只需使用席勒的说法和解释。席勒说，自然和理想不是在自然被表现为毫无希望，理想被表现为可望而不可即的时候成为忧伤的对象，就是两者因为被想象成现实而成为快乐的对象。第一种情况产生了比较狭义的哀歌，第二种情况产生了最广泛意义上的田园诗。[②] 在这里，应该立即让大家注意到那两个概念在歌剧产生过程中的共同特征：它们让人感到理想不是可望而不可即的，自然不是毫无希望的。按照这种感受，曾有一个人类受自然特别关照的原始时代，同时靠着这样的质朴，人类的理想达到了一种天堂之善和天堂艺术气质。据说我们大家都是这完美的远古之人的后代，我们甚至现在也仍然是其忠实的画像，只是我们不得不从我们身上抛弃一点东西，以便我们由于自愿放弃多余的博学，放弃过于丰富的文化而重新认出自己就是这种远古之人。文艺复兴时期有教养的人通过对希腊悲剧的歌剧式模仿而让自己被引导回到这样一种自然与理想的和谐之中，回到一种田园诗般的现实之中，他们利用这种悲剧，就像但丁利用维吉尔一样，以便被引导到天堂
之门去；而从这里出发，他们就独立地继续往前走，从一种对最高希腊 125
艺术形式的模仿转向一种“万物的复原”，转向一种对人的原始艺术世界的复制。在理论文化的怀抱中，这些大胆努力有着何等充满自信的善意啊！——只有用以下安慰性的信念才可以做出解释，即“人自身”是永

① 指表演式和宣叙调。

② 参见席勒《论素朴的与感伤的诗》，见《席勒文集》，德文版“数字丛书”之103，第5卷，728页。

远有美德的歌剧主人公，是永远吹着笛子或唱着歌的牧羊人，万一他自己某个时候真的有一次暂时迷失，他最终也必然重新找到这种自我身份；他不过是乐观主义的产物，在这里，乐观主义就像一根散发诱人甜香的雾水之柱从苏格拉底世界观的深谷中升起。

所以，歌剧特征绝没有显示出永恒失落的那种哀歌式痛苦，而是显示了永恒的重新发现带来的欢乐，显示了对一种田园诗般的现实所感到的惬意快感，你至少可以在任何时刻对这样的现实做现实的想象。在这里，你有一天也许会预感到，这种误解的现实不过是一种想象上微不足道的把戏。能够用真实自然的可怕严肃性衡量这种把戏，并能够将它同人之初的独特原始场景进行比较的任何人都必然带着恶心朝它喊道：滚开吧，你这鬼影！然而，如果你相信，像歌剧这样一种卖俏的尤物，你像对待幽灵那样朝它大喝一声，就能简单地将它赶走，那你就想错了。想要消灭歌剧的人，必须进行反对亚历山大式欢乐的斗争。那种欢乐在歌剧中如此天真地对它最喜爱的观念表达出自己的看法，歌剧甚至就是它本来的艺术形式。可是，如果有一种艺术形式根本不是起源于审美领域，而是从一种半道德领域偷偷溜进了艺术领域，只是会偶尔关于其杂交起源做出一点欺瞒，那么对于艺术本身来说，应该期待这样的艺术形
126 式有什么样的效果呢？这种寄生的歌剧形式如果不是靠真正的艺术之精华为生，又靠什么呢？难道不可以猜想，在它的田园诗般的诱惑中，在它的亚历山大式恭维艺术中，最高的、可以称为真正认真的艺术使命——使眼睛免于注视黑夜的恐怖，通过外观的治疗油膏把主体从意志躁动的痉挛中解救出来——将蜕变为一种空洞的、给人消遣的赏心悦目倾向吗？在我谈论 *stilo rappresentativo* 的本质时阐述的那种风格的混合中，酒神倾向和日神倾向的永恒真理会变成什么呢？在这种混合中，音乐被看作仆人，言词被看作主人，音乐被比作肉体，言词被比作灵魂；最高目标至多不过在于一种说明性的音诗构图，类似于以前在新阿提卡酒神颂里的情况那样；音乐完全疏离了它真正的尊严，即成为酒神式的世界之镜，于是它剩下的就只有作为现象的奴隶，模仿现象的形式特质，在线条和比例的游戏中激发一种外在的赏心悦目。在一种严格的观察看

来，歌剧对音乐的这种灾难性的影响和现代音乐的总体发展完全一致；潜伏在歌剧的产生过程中和由歌剧所代表的文化之本质中的乐观主义以惊人的速度成功地解除了音乐的酒神式世界使命，给它打上一种玩弄形式、轻松愉快的特征印记：这样一种改变，大概只有埃斯库罗斯式的人到亚历山大式的欢乐之人的变形可以与之相比了。

然而，如果我们在这里的举例说明中正确地将酒神精神的消失同希腊人的一种最引人注目、然而至今未加以解释的变化和退化联系了起
来——那么当最可靠的征兆使我们确信会发生**相反的过程**，即我们现代 127
世界中**酒神精神渐渐苏醒**的时候，我们心中必然会复活出什么样的希望啊！赫拉克勒斯的神力不可能永远在为翁法勒①所服的大量苦役中耗尽。从德意志精神的酒神基础上，有一股力量升起，它与苏格拉底文化的原始前提毫无共同之处，既无法以这些前提来解释它，也无法以这些前提来为它辩解，毋宁说它被这种文化感受为可怕而无法解释的东西、强大而怀有敌意的东西，这就是**德意志音乐**，按我们的必然理解，尤其是从巴赫到贝多芬，从贝多芬到瓦格纳的强劲的太阳运转。我们时代醉心于认识的苏格拉底学派即使在最有利的情况下，又能着手对这从无底深渊升起的魔鬼做些什么呢？既不能从歌剧旋律的装饰乐句和装饰小调出发，也不能借助于赋格曲和对位法中的增减计算，来找到一种表达方法，能给人以三倍的启迪，从而让那魔鬼甘拜下风，并迫使他说话。当我们的美学家现在用一张捕捉他们自认为很独特的“美”的罗网，借助既不能用永恒美的标准，也不能用崇高的标准加以评判的动作，朝他们面前莫明其妙地充满生机的、嬉戏玩闹的音乐天才撒下网去，并将其套牢的时候，这会是什么样的一个场面啊！如果这些音乐的恩主如此不知疲倦地喊“美啊！美啊！”的，但愿我们能在近旁亲眼端详他们，瞧他们这时候是否看上去像在美人怀抱里受教养、受溺爱的自然之骄子，或者是否更应该说是在为特别的粗野寻找一种蒙人的掩饰形式，为特别的麻木不仁

① 翁法勒，希腊神话传说中的吕狄亚女王。赫拉克勒斯在必须短期为奴以赎罪时，就在她那里服苦役。

128 的清醒寻找一个审美的借口：在这里，我想到了奥托·扬①。可是，谎言家和伪君子要小心提防德意志音乐了，因为在我们的全部文化中，只有它才是唯一纯粹、纯净、也令人纯净的火之精灵，正如以弗所②伟大的赫拉克利特所说，万物均在往复循环的双向运动中出自于火，归之于火：我们现在称之为文化、教育、文明的一切，有一天将必然出现在可靠的法官酒神狄奥尼索斯面前。

然后让我们回忆一下，从同一源泉涌出的**德意志哲学**精神是如何由康德和叔本华，通过证明注重知识的苏格拉底学派的局限，而有可能摧毁其心满意足的生存乐趣的；而且通过这种证明，更是引入了一种对伦理问题、艺术的极其深刻、极其认真的思考，我们完全可以把这种思考称为镶嵌在概念中的**酒神智慧**：德意志音乐和德意志哲学之间这种统一的奥秘如果不是向我们指示一种新的生存形式，又是指向哪里呢？关于这种新的生存形式的内容，我们只是从希腊的类比中有所感悟。因为对于我们这些站在两种不同生存形式分界线上的人来说，希腊以一种有经典教育意义的形式清楚显示出所有那些过渡和斗争方面所形成的典范，保留了这种不可估量的价值。只是我们似乎是以**相反的**顺序比喻性地经历希腊人各个伟大的主要时代，比如，现在我们似乎是从亚历山大时代迈开步子，走回到悲剧时代去。同时，我们身上有这样一种活生生的感觉，好像一个悲剧时代的诞生对于德意志精神来说，只是回到自身，在从外部闯入的巨大力量长时间地迫使生活在野蛮形式状态中的人接受它们的形式统治下的奴役之后，必然意味着极乐中的自我重新发现。现在，在德意志精神回到其本质之源之后，它终于不用依赖于一种罗曼语系的
129 文明③，敢于大胆而自由地大踏步走到所有民族跟前。但愿它善于坚持不懈地向一个民族学习，向希腊人学习。能向希腊人学习，本身就是一种高度的荣誉和罕见的超群出众。我们现在正在经历**悲剧的再生**，并处于

① 奥托·扬（1813—1869），德国波恩的古典语文学教授。

② 古希腊小亚细亚西岸的一个重要城市，希腊哲学家赫拉克利特（约公元前540—约前470）就是以弗所人。

③ 罗曼语系均自拉丁语衍生，主要语言有法语、意大利语、西班牙语等。这里所谓的“一种罗曼语系的文明”，显然指的是法兰西文明。

既不知道它来自何方，又不能向自己指出它要去向何方的危险中，那么，我们有什么时候比现在更需要希腊人这些最高超的教师呢？

20

但愿有一天，在一个不可收买的法官审视之下，可以权衡出德意志精神至今是在什么时代，是通过哪些人，最拼命努力地向希腊人学习的；如果我们满怀信心地假定，这唯一的赞美必然归于歌德、席勒、温克尔曼①最高贵的教育奋斗，那么无论如何还应该补充说，自从那个时代以及那种奋斗的最新影响以来，在同一条道路上走向教育、走向希腊人的努力，已经莫名其妙地变得越来越弱了。为了不必完全对德意志精神绝望，难道我们不应该由此而得出以下结论吗？即认为在某些要点上，甚至那些奋斗者也没有成功地进入到希腊本质的核心中去，没能在德意志文化和希腊文化之间造成一种持久的联姻，以至于对那种缺陷的无意识认识也许甚至在较认真的人中间也激起沮丧的怀疑，怀疑他们在这样的先驱之后，是否会在这样的教育道路上像那些先驱者一样继续前进，进而达到目标。因此我们看到，自从那个时代以来，关于希腊人对教育有何价值的判断十分令人忧虑地蜕化了；在精神领域和非精神领域最五花八门 130
的阵营里，都可以听到居高临下表示同情的说法；而其他地方则玩弄起“希腊式和谐”、“希腊之美”、“希腊之欢乐”之类毫无用处的华而不实之词。正是在那些如此尊贵地要为造福德国教育而不倦地从希腊河床里汲水的团体里，在高等教育机构教师的圈子里，人们最拿手地学会了早早地、舒舒服服地容忍希腊人，有不少还到了怀疑、背弃希腊理想，到了完全颠倒整个古典研究的真正目的的地步。总而言之，那些圈子里的人若不是在当好一个古代文献的可靠校对员或者一个语言学上的博物学显微镜专家②的努力中搞得完全精疲力竭，那么可能也是在试图“历史地”把希腊的古代文化和其他的古代文化放在一起掌握，可是他们无论如何都是按照我们现代教育的历史编纂学的方法和高高在上的姿态那样去做的。

---

① 温克尔曼（1717—1768），德国考古学家和艺术史家，代表作是《古代艺术史》。

② 指咬文嚼字地研究古代文献，但没有从精神上去把握古代文化。

因此，如果高等教育机构的教育力量从来没有像现在这样低下、这样薄弱，如果当代的纸奴——“新闻记者”在任何教育问题上都赢得了对高校教师的胜利，而对于这些教师来说，现在只剩下经常体验到的变形了，说话行事拿着新闻记者的腔调，带着报界人士的“轻松优雅”，像一只欢乐而有教养的蝴蝶①——这样一种有教养的现代人瞪着眼睛看那种只有比喻式地从至今未被理解的希腊天才最深的心底里出发才能理解的现象，即酒神精神的复苏和悲剧的再生，他们必然处于一种何等痛苦的迷惘中呀！还没有另一个艺术时代，在其中所谓的教育和真正的艺术像我们现在亲眼所见那样互相疏离、互相厌恶的。我们理解，为什么一种如此薄
131 弱的教育憎恨真正的艺术，因为它害怕自己毁于艺术之手。可是，整个一种类型的文化，即那种苏格拉底—亚历山大文化，在它到了娇美瘦弱的顶点，像现代教育那样，在那里停下来之后，难道它就不应该寿终正寝吗？如果像席勒、歌德那样的英雄也无法成功冲破那扇通向希腊魔山的魔门，如果以他们最无畏的拼搏也只是成就了歌德的伊菲革涅亚②在未开化的陶里斯隔海望乡的那种渴望目光，那么这类英雄们的追随者们还有什么好希望的，除非是大门从尚未被直至今日的文化所做出的所有努力触动的另一面自动打开——在复苏的悲剧音乐的神秘乐声中。

不要让任何人设法败坏我们关于即将来临的希腊古代文化再生的信念，因为只有在希腊古代文化中我们才找到我们借音乐之火的魔力更新和净化德意志精神的希望。在现代文化的荒芜疲惫中能唤醒某种对未来的令人欣慰的期待的，我们还能称之为别的什么吗？我们就寻找一条生长茂盛的根，一小块肥沃的好土地：到处都是灰尘、沙子、僵化、折磨。一个绝望的孤独者除了像丢勒③所画的和死神与魔鬼在一起的骑士，那位有着青铜器一般冷峻目光的铁甲骑士，还能选择什么更好的象征呢？那

① 蝴蝶象征轻佻。

② 伊菲革涅亚是希腊神话中希腊联军统帅阿伽门农之女，本要被父亲用来祭月神阿耳忒弥斯，月神赦免了她，把她带到陶里斯做祭司。歌德写有《伊菲革涅亚在陶里斯》一剧。

③ 丢勒（1471—1528），文艺复兴时期德国最重要的油画家、版画家、装饰设计家和理论家。铜版画《骑士、死神和魔鬼》是他的重要作品之一。

位骑士懂得不为他的两个可怕同伴所动，然而无望地只身骑着骏马、带着狗，走上他的恐怖之路。我们的叔本华就是这样一位丢勒式骑士：他毫无希望，然而他要真理。现在已没有他这样的人了。——

我们疲惫的文化刚才还被可怕地描写成一片荒凉，可是当它一接触到酒神的魔力，它就发生了怎样的变化啊！一场风暴袭击着一切老朽、 132
腐朽、破碎、凋零的东西，旋转着将其裹在红色的尘雾中，像兀鹰一样将其带到空中。我们的目光茫然地寻找着消失的东西：因为我们的目光之所见，就像从沉没中一下子升腾到金光灿烂之中，如此浑厚、新鲜，如此生气勃勃，如此充满渴望、无可比拟。悲剧在崇高的狂喜中端坐于这丰盈的生命、痛苦与欢乐之中，它倾听着远处一首忧郁的歌曲——歌曲叙述着关于存在之母的故事，这些母亲的名字叫：疯狂、意志、痛苦。——是的，我的朋友们，请和我一起相信酒神式的生命活力和悲剧的再生吧！苏格拉底式人类的时代已经过去：戴上花环，手上拿着酒神手杖，如果豹和老虎邀宠地躺到你的膝下，不要感到惊讶。现在只要敢于做悲剧式的人，因为你们应该得到拯救。你们应该伴送酒神游行队伍从印度前往希腊！准备好艰巨的战斗，可是要相信你们的神之奇迹！

21

从上述劝勉的腔调悄悄回到沉思者应有的情绪中，现在我要再说一遍：悲剧的这种奇迹般的突然苏醒对一个民族最内在的生命基础必然意味的东西，只能从希腊人那里学到。这是有着悲剧式宗教秘密仪式的民族，和波斯人打过仗的民族，而进行了那些战争的这个民族又需要悲剧作为必要的愈伤之饮。谁会猜到，正是这样一个民族，经过好几代人被酒神之魔的最强烈抽搐刺激到了骨子里之后，仍然有最单纯的政治感情、最自然的爱国天性、雄赳赳的原始战斗豪情如此源源不断地喷涌出来呢？ 133
可是，在酒神刺激的任何重大蔓延中都可以感觉到，摆脱个体枷锁的酒神式解放首先体现在对政治本能的削弱，乃至于漠视和敌视，所以无疑在另一方面，建邦立国的日神也是个体化原理的守护神，没有对个体个性的肯定，国家和爱国意识就不可能存在。对于一个民族来说，从放纵出发，只有一条路，这就是通向印度佛教之路，它为了使自己对虚无的渴望一般可以被忍受，需要那种难得的超越时空和个体的心醉神迷状态：这类状态再次要求一种哲学，这种哲学教人通过一种观念克服中间状态那种难以形容的不快。同样必然的是，从政治本能的绝对有效性出发，一个民族便走上一条绝对世俗化的道路，其最了不起然而也是最可怕的体现，便是罗马帝国。

希腊人处于印度和罗马之间，不得不面对具有诱惑性的抉择，却在此之外成功地以古典的纯粹发明出第三种形式，当然他们自己并没有太久使用这种形式，但是恰恰因此而不朽。因为神的宠儿早死，这适用于万事万物，然而同样肯定的是，他们然后永远和诸神生活在一起。你毕竟不应该要求最贵重的东西有皮革一样的持久韧性，比如，罗马民族本能特有的坚强耐力也许不属于关于完美的必然称谓。可是如果我们问，希腊人用了什么灵丹妙药，竟然有可能在他们的伟大时代，在他们的酒神本能和政治本能非常强大的情况下，既没有被一种心醉神迷的沉思，也没有被令人耗尽心血的对世俗权力和世俗荣誉的追逐，搞得精疲力竭，
134 而是实现了那种美妙的混合，就像一杯既让人燃烧又让人心情悠闲的名酒拥有的那种混合，那么，我们就必然念念不忘**悲剧**所具有的那种激发、净化、释放整个民族生命力的非凡力量；悲剧的最高价值只有当它像在希腊人中间那样，作为所有预防药疗效的典范，作为居于民族最强有力的素质和最灾难性的素质之间的调解女神朝我们走来的时候，我们才会感觉得到。

悲剧把音乐的最高放纵吸收到自身中，以至于在希腊人那里，也在我们这里，它真正使音乐臻于完美，可是然后，它又将悲剧神话和悲剧主人公置于其旁，这时候，悲剧主人公就像一个大力的提坦神，把整个酒神世界背到背上，解除了这个世界给我们造成的负担：而在另一方面，悲剧又善于通过同一个悲剧神话，以悲剧主人公的身份，把人从贪恋此生的压力下拯救出来，并以告诫之手提醒人们还有另一种存在，有一种更高的快乐，奋斗的主人公通过他的毁灭，而不是通过他的胜利，充满预感地为这种更高快乐做好了准备。悲剧在其音乐的普遍有效性和易受感染的酒神式听众之间置入了一个崇高的比喻，即神话，并在听众那里

唤起一种假象，好像音乐只是使神话的造型世界栩栩如生的最高表现手段。悲剧对这种高贵的错觉深信不疑，它现在可以运动它的四肢，跳起酒神颂舞蹈，毫不迟疑地沉醉于一种放纵的自由感。若没有那种错觉，它作为自在之音乐，是不敢沉醉于这种自由感的。神话保护我们抵御音乐，另一方面它又给音乐以最高的自由。因此，作为回馈，音乐又给予悲剧神话以一种透彻而富有说服力的形而上意义，只要没有音乐的帮助，
语言和形象便绝不可能做到这一点；尤其是通过音乐而袭上悲剧观众心 135
头的，正是那种对最高欢乐的确切预感，经由毁灭和否定的道路通向了这种最高欢乐，以至于悲剧观众认为好像听到了从万物最内在的深处向他清晰地发出的声音。

如果上面最后几句话也许只是对这个难以理解的观念做出了一种暂时的、很少人能马上理解的表述，那么我恰恰在这里不可以就此罢手，而不鼓励我的朋友们再做一次尝试，不请他们依靠我们共同经验中的一个个案来为对普遍命题的认识做好准备。在这个个案中，我不可以提及那些利用舞台演出的形象、情节人物的台词和激情这些东西来接近音乐感的人。因为这些人都不是把音乐作为母语来谈论的，而且尽管有那些东西的帮助，他们也不过到了音乐感的前厅，不可以接触音乐感最深处的圣物；其中有些人，如格尔维努斯①，在这条道上甚至连前厅都没有到达。我只可以转向那些直接同音乐有关的人，他们把音乐看成母亲的怀抱，几乎只通过无意识的音乐关系同万物相联系。对于这些真正的音乐家，我要提出这样的问题：他们是否能想象一个人不用语言和形象的辅助，就能把《特里斯坦与伊瑟尔德》② 的第三幕纯粹感受为非凡的交响乐章，不会在心灵动辄展翅飞翔时喘不上气来？他是一个这样的人：他如同在剧场里一样，似乎把耳朵贴到了世界意志的心房上，感觉对生存的强烈渴望像轰然奔腾的大江大河或者像最柔和地升腾着雾气的小溪，从这里灌进了世界的全部动脉中；难道他不应该就此粉身碎骨吗？在人类

① 格尔维努斯（1805—1871），德国历史学家。

② 《特里斯坦与伊瑟尔德》本是中世纪的一部骑士传奇，这里指的是瓦格纳根据该题材改编的歌剧。

136 个体可怜的玻璃外壳中听到无数欢呼和惨叫的回声从“世界之夜的广袤空间”[1] 传来，竟然面对着形而上学的这种牧人轮舞[2]而不马不停蹄地逃向他的原始家园，他会忍受得了吗？可是，如果这样一部作品能够作为整体被感受到而没有对个体存在的否定，如果这样一种创造物可以被创造而不用击碎其创造者——那我们又从哪里去弄来这种矛盾的解决办法呢？

这里，在我们的最高音乐刺激和那种音乐之间，挤入了悲剧神话、悲剧主人公，它们归根结底只是作为只有音乐才可以直接言说的普遍事实的比喻。可是，如果我们纯粹作为酒神式的生灵来感受神话，那么神话作为比喻就会毫无效果、不被重视地止步于我们周围，绝不会有任何时刻不让我们的耳朵去听一听 *universalia ante rem*[3] 的回声。然而在这里，**日神**力量迸发出来，带着一种欢乐错觉做成的治疗油膏，要让几乎炸得粉碎的个体复原。突然，我们相信自己只看见特里斯坦一动不动，麻木地自问：“老调重弹；它为何唤醒我？”[4] 从前让我们感到像是来自存在之中心的一声空洞叹息的东西，现在只想要对我们说：多么“荒凉空旷的大海”[5]。而在我们误以为自己背过气去，正在所有感觉直挺挺地痉挛中死去，然而尚存一息的时候，我们只听见、看见受了致命伤然而还没有死亡的主人公发出绝望的呼喊：“渴望！渴望！我在死亡中渴望，因渴望而不死！”[6] 如果说以前，号角的欢呼在过于丰富、过于大量的痛苦把人折磨得精疲力竭之后，有如最高的痛苦一样把我们的心撕碎，那么现在，在我们和这种“欢呼本身”之间却站立着面朝伊瑟尔德乘坐的船欢呼的库夫纳尔[7]。尽管怜悯之情如此强烈地影响我们，然而在某种意义
137 上，怜悯之情却把我们从世界的原始痛苦中拯救出来，就像神话的比喻形象把我们拯救出来一样，使我们免于对最高世界理念的直接注视；就像思想和言辞把我们拯救出来一样，使我们逃避决堤的无意识意志洪流。

---

① 瓦格纳歌剧《特里斯坦与伊瑟尔德》中的歌词。

② 指形而上学思维方式的简单推导与演绎、组合。

③ 拉丁文：事物的普遍性。

④⑤⑥ 瓦格纳歌剧《特里斯坦与伊瑟尔德》中的歌词。

⑦ 瓦格纳歌剧《特里斯坦与伊瑟尔德》中特里斯坦的侍从。

由于那种美好的日神错觉，我们仿佛觉得声音的王国就像一个形象世界一样朝我们走来，甚至好像在这个世界里只形成了并像雕塑一般清楚显现出特里斯坦和伊瑟尔德有如用最敏感、最富于表现力的材料做成的命运。

于是，日神倾向把我们从酒神普遍性中扯开，让我们为个体而陶醉；它把我们怜悯的激情捆绑到这些个体上，通过这些个体满足渴望伟大、崇高形式的美感；它在我们面前展现生命形象，刺激我们从思想上领会它们所包含的生命核心。日神倾向以形象、概念、伦理规范、怜悯的激情等巨大力量，把人从放纵的自我毁灭中拽出来，哄骗他超越酒神事件的普遍性，进入这样一种疯狂：他看见个别的世界形象，比如特里斯坦和伊瑟尔德，并且**通过音乐**而更真切、更内在地看见这世界的形象。如果日神精于医道的魔力本身能激起我们的错觉，好像酒神倾向真的能帮助日神倾向提高其效果，甚至好像音乐本质上就是关于一种日神式内容的表演艺术，那么这种魔力还有什么做不到的呢？

在漫游于完美的戏剧及其音乐之间的那种预先确立的和谐之中，戏剧达到了一种对于语言戏剧来说，在其他情况下达不到的最高可看性程度。有如所有生动活泼的舞台形象以独立运动的旋律线索在我们面前简化为弧形线条的清晰性，这些线索的并存朝我们响起了以最细腻方式和进行中的事件发生共鸣的和声变化；通过这种和声变化，我们可以以感 *138*
官上可感觉到的、毫不抽象的方式直接领悟到万物的关系，我们也同样通过它认识到，只有在这些关系中，一种性格和一种旋律线索的本质才真正得以显现。而当音乐如此迫使我们比往常看得更多、更深刻，舞台上的事件轻纱般展现在我们面前的时候，舞台世界为我们超凡脱俗、深入洞察的眼睛无限扩展，同时也由内而外地将里外照亮。语言诗人能提供类似的东西吗？尽管他费尽心机，间接地用更不完美的机械手段，从语言和概念出发，去达到那种可见的舞台世界的内在扩展及其内在照明。尽管音乐悲剧也附带使用语言，但是它能同时提供语言的基础和来源，让我们从里到外地搞清楚语言的生成。

然而，关于刚才描述的事情同样可以确切地说，它只是美好的外观，即前面提到的日神**错觉**，通过这种错觉效果，我们可以免去酒神式的洪流和过剩造成的压力。归根结底，音乐同戏剧的关系恰恰相反：音乐是真正的世界理念，戏剧只是这种理念的一种回光返照，是它的一种个别影像。旋律线索和活生生的形象之间、和声和那个形象的性格关系之间的同一性是真实的，但是和我们在观看音乐悲剧时会认为的那样正好意思相反。即使我们用最可见的方式使形象活动并活灵活现，由里到外放射光芒，它也始终只是现象，没有一座桥梁可以从这种现象跨入真正的现实，跨入世界之心。可是音乐的声音发自世界之心；无数那种类型的
139 现象可以借助同样的音乐，它们绝对不会让这种音乐的天性枯竭，而始终只是它的表面化映像。用流行然而完全错误的灵魂肉体对立说当然无法解释音乐和戏剧之间难以说明的关系，而且把一切都搞得乱七八糟；可是，那种对立说的非哲学的粗俗性似乎恰恰在我们的美学家那里，不知是出于什么原因，变成了一个被欣然承认的信条，而他们关于现象和自在之物的对立却一无所知，或者出于同样无人知道的原因，什么也不想知道。

如果我们分析的结果是，悲剧中的日神倾向通过它的错觉完全取得了对音乐的原始酒神因素的胜利，利用音乐来达到它的目的，即把戏剧解释得一清二楚，那么当然应该加上一个非常重要的限定：日神错觉在最关键时刻遭到突破和摧毁。戏剧在音乐帮助之下，以全部动作和形象如此透彻明亮的清晰度展现在我们面前，就好像我们看见织物在织布机的上下颤动中成形一样——达到了一种处于**所有日神艺术效果彼岸**的整体效果。在悲剧的总体效果中，酒神倾向再次获得优势；悲剧以一种绝不可能从日神艺术王国传来的声音宣告结束。于是，日神错觉露出真相，表明它在整个悲剧演出期间一直不断地在给真正的酒神效果蒙上面纱。然而酒神效果如此强大，最后把日神戏剧本身逼到开始用酒神智慧说话、否定自己、否定自己的可见性的地步。所以，悲剧中日神倾向和酒神倾
140 向之间难以名状的关系真的应该用日神和酒神的兄弟结盟来象征：酒神说着日神的语言，而日神则最终说起酒神的语言，从而悲剧以及一般意义上的艺术的最高目标就达到了。

22

但愿留心的朋友能凭借他自己的经验，纯粹而毫不掺杂地想象一部真正的音乐悲剧的效果。我认为我已经从两个方面描述了这种效果的现象，他现在可以解释他自己的经验了。因为他将记得，就他面前展现的神话而言，他感觉自己被提升到一种全知全能之中，好像现在他眼睛的视力不仅是一种平面视力，而且能够深入到事物内部。就好像他现在借助于音乐，几乎对意志的沸腾、动机的冲突、激情的汹涌澎湃都有了感性视觉，就像眼前看见大量活生生地运动着的线索和形象，从而能深入到无意识激情最奥妙的秘密中去。尽管他因此而意识到他的可视本能和美化本能上升到了最高境界，他却同样确切地感到，这一大堆日神艺术效果并**不**产生那种持续沉浸在无意志观看中的幸福状态，而这种状态正是造型艺术家、史诗诗人，即真正的日神艺术家，通过他们的艺术作品而在他身上唤起的。也就是说，在那种观看中达到的为个体化世界的辩解，日神艺术的顶点与典范就是这样的。他看着美化的舞台世界，却对它加以否认。他看见面前的悲剧主人公有史诗般的清晰和美，却对他的毁灭感到高兴。他最彻底地理解舞台事件，很愿意逃入无法理解的事物。他感觉主人公的行为应该得到辩解，但是，当这些行为毁灭了行为者时，141
他更感到振奋。他为主人公将遭遇的痛苦感到震撼，可是看到痛苦，又预感到一种更高、更强烈得多的快感。他从来没有看得如此之多，如此之深刻，却希望自己失明。这种奇怪的自我分裂，这种日神顶点的翻转，如果我们不到在外观上把日神冲动刺激到最高程度同时又能迫使这漫溢的日神力量为自己服务的**酒神**魔力中去寻找其根源，又到哪里去寻找呢？**悲剧神话**只应该理解为酒神智慧通过日神艺术手段的一种形象阐明。它把现象世界引导到极限，在那里，现象世界自我否定，并重新试图逃回到真正的唯一现实的怀抱里；在那里，现象世界似乎和伊瑟尔德一起如是唱出它形而上的绝唱：

在幸福之海
滔天的波浪中，
在芳香浪涛

发出的声音中，
在世界呼吸
吹送的万物中
无意识地——溺死——
沉没——最高的快乐！①

所以，让我们借助真正审美听众的经验，想象一下悲剧艺术家本身，看他是如何像一个想象力丰富的个体化之神，创造他的形象的，在此意义上，他的作品几乎不应该被理解为“对自然的模仿”——可是，然后，他的非凡酒神本能是如何吞噬了这整个现象世界，以便在他身后，并通过他的毁灭，让人预感到一种在太一怀抱中的最高的原始艺术快感。当然，我们的美学家不善于谈论这种对原始家园的回归，谈论悲剧中两位
142 艺术之神的兄弟结盟，谈论听众的日神、酒神激情，同时却不倦于把主人公同命运的斗争、世界道德秩序的胜利或者悲剧发挥的一种感情宣泄作用描写为真正的悲剧因素。其孜孜不倦让我想到，他们也许根本不想当有审美激情的人，在听悲剧的时候，也许只应该把他们看作道德人。自从亚里士多德以来，还从来没有过一种关于悲剧效果的解释，你可以从中推断出艺术状态、推断出听众审美活动的。时而怜悯和恐惧被认为应该由严肃的事件推向一种让人缓解的宣泄；时而我们被认为应该在善良高贵的原则胜利时，在主人公做出道德世界观意义上的牺牲时，感觉崇高和振奋。所以我确信，对于无数人来说，恰恰这一点，而且只有这一点，才是悲剧的效果，由此清楚地得出结论：所有这些人，加上他们那些做出解释的美学家，对作为最高**艺术**的悲剧没有任何体验。那种病理学的宣泄，即亚里士多德的卡达西斯②，哲学家们并不确切知道，应该把它算作医学现象还是道德现象，它却让人想起歌德的一种奇特预感。他说：“我没有一种强烈的病理兴趣，也从未成功地探讨过某种悲剧情境，因此我宁愿回避悲剧情境，而不是寻求它。最高激情之作在古人那

① 瓦格纳歌剧《特里斯坦与伊瑟尔德》中伊瑟尔德的终场唱词。

② 原文为Katharsis，含有导泻、通便的意思。在人文领域一般翻译成“净化”、“陶冶”或“宣泄”。

里只是审美游戏，在我们这里要产生一部这样的作品，却不得不同时有逼真的效果，难道这不是古人的优点之一吗?”① 对于这最后一个如此深刻的问题，我们恰恰在音乐悲剧中惊讶地体验了最高激情之作只能是审美游戏这一点有多么真实之后，现在可以按照我们自己的美妙经验做出肯定了，因此我们可以相信：只有现在，才可以较为成功地描写悲剧因 143
素的原始现象了。谁现在还是不得不谈论那些来自非审美领域的替代效果，感觉超越不了病理—道德过程，谁就也许只能对自己的审美天性感到绝望了。对此，我们推荐他按照格尔维努斯的方法解释莎士比亚，并努力探究“诗的正义”，作为无害的替代。

于是，随着悲剧的再生，**审美听众**也重新诞生，在迄今为止的剧场里，他的位子上通常是一个古怪的替代者——“批评家”，以半道德、半学问的资格，坐在那里。在他至今的领域里，一切都是人为的，只是用一种生命的外观做了掩饰。表演艺术家事实上不再知道，他得如何着手同这样一个持批评态度的听众打交道，因此和给他灵感的戏剧家或歌剧作曲家一起，不安地在这个高度乏味、没有欣赏能力的家伙那里寻找一点点尚存的生气。可是，迄今为止，公众就是由这样的“批评家”构成的；大学生、中小学生，甚至最无害的尤物，已经在不知不觉中被教育和刊物造就了一种对艺术品的相同感知。艺术家中气质较高贵的人面对这样的公众，就指望激发起道德—宗教的力量，而对“道德世界秩序”的呼吁则在一种强大的艺术魔力本应该使真正的听众心醉神迷的地方取而代之地介入。或者当今政治、社会各界一种了不起的、至少也令人兴奋的倾向被戏剧家如此清晰地表现出来，以至于听众会忘记自己在批评上已经枯竭，沉湎于类似在爱国主义时刻或战斗时刻，或者在议会的讲台前或谴责犯罪和罪恶时所具有的那种激情：这样一种对真正艺术目的 144
的疏离必然时不时完全导致对倾向性的迷信。然而在这里，介入了一种在所有伪装的艺术那里一向都会介入的东西，即那种倾向性的极其迅速的变质，以至于，比如把剧场用作大众道德教育机构，这种倾向性在席

① 引自歌德于1797年12月18日致席勒的信。

勒时代就很被看重，已经作为被超越的文化，算在不可置信的古董之列了。当批评家在剧场和音乐会、新闻记者在学校、报刊在社会上占据统治地位的时候，艺术蜕化为最低档次的聊天对象，审美批评被用作一种爱虚荣的、分散的、自私自利的、外加匮乏而无创造性的社交的黏合剂，这种社交的意义，叔本华那个关于豪猪的寓言向我们做了暗示①，以至于艺术从来没有被聊得如此之多，却被保留得如此之少。可是，你还能同一个善于聊贝多芬和莎士比亚的人交往吗？让每个人按照他自己的感情来回答这个问题吧：他无论如何都将以回答来证明他把"文化"想象成什么，前提是他至少试图回答问题，而不是已经惊讶得哑口无言了。

另一方面，有些天性高贵而细腻的能人，尽管按照上述描写过的方式，他们已经逐渐变成了批评上的野蛮人，但是他们还是会不得不谈论比如一场十分成功的《罗恩格林》② 对他们产生的一种既出乎意料、又完全无法理解的效果。只是，他们也许缺少一个帮着提醒他们、帮着起指点作用的帮手，以至于当初震撼他们的那种极其纷繁复杂、完全无可比拟的感觉也仍然很孤立，就像一颗神秘的星星，在短暂发光之后熄灭了。此时此刻，他隐隐感觉到何为审美听众了。

23

145 想要真正精确地自我检验，自己在多大程度上跟真正的审美听众相关或属于苏格拉底式批评家团体的人，只需要真诚地询问一下自己是带着什么样的感受来接受舞台上演出的**奇迹**的。无论他感觉到在这期间他的严格关注心理因果关系的历史感受到伤害，还是他以好意的让步几乎将奇迹容忍为一种对于孩子可以理解、对于他却很陌生的现象，抑或他在这期间忍受着别的什么事情。因为以此方法，他可以衡量他在多大程度上能理解**神话**这一世界形象的总和，它作为现象的缩写词是不能没有奇迹的。然而，或许几乎每个人，经过严格检验，都感觉自己被我们教

---

① 叔本华写过这样一个关于豪猪的寓言：一群豪猪在寒冷的冬天挤在一起取暖，因为身上有刺互相难以接近，最后他们只好彼此保持适当距离，以便既可取暖，又不至于刺着对方。

② 瓦格纳根据中世纪题材改编的歌剧。

育中的批评史精神瓦解了，只能在学问的道路上，通过间接的抽象，使自己相信神话曾经存在过。可是，没有神话，任何文化都会丧失其健康的自然创造力；只有用神话调整的视野才能将整个文化运动圈定在一体中。所有的幻想力和日神的梦幻力量才会被神话从它们盲目的四处漫游中拯救出来。神话的形象必然是不知不觉中无处不在的魔鬼般的守护者，在其守护之下，年轻的心灵成长壮大，借助其符号，人类解释自己的生活和斗争，甚至国家也不知道有比让人确信国家与宗教之间的关系、确信国家从神话想象中发展起来的神话基本原则更强有力的不成文法。

现在，在其旁边，让我们放上抽象的没有神话引导的人、抽象的教育、抽象的习俗、抽象的法律、抽象的国家；让我们想象无规则的、不 *146*
受本地神话束缚的艺术幻觉之漫游；让我们想象一种文化，它没有坚实的神圣原始根基，而是注定要穷尽所有可能性，靠所有文化养活自己——这就是现代，作为那种旨在摧毁神话的苏格拉底主义的结果。而现在，没有了神话的人永远处于饥饿状态中，被全部的往昔所包围，挖地三尺地搜寻根基，尽管他不得不到最遥远的古代去挖掘它。不满足的现代文化的巨大历史需求、无数其他文化的包围、让人精疲力竭的认识愿望，如果不是表明神话的丧失，表明神话家园、神话母腹的丧失，还会表明什么呢？让我们自问，这种文化的狂热而又如此可怕的表现是否就是某种不同于饥饿者贪婪攫食、扑食的东西呢？——谁还想要给这样一种文化以某种东西呢？这种文化不会满足于它吞下的一切，而且经它一接触，通常最营养丰富、最有益于健康的食品也变成了“历史与批评”。

如果我们的德意志天性已经以我们可以在文明的法兰西惊讶地观察到的那种方式和我们的文化纠缠得难分难解，甚至成为一体，那么我们还不得不痛苦地为我们的德意志天性感到绝望；长期都是法兰西伟大优点及其巨大优势原因的东西，即那种民族与文化的一体，会使我们看到以下状况而不得不感到庆幸：我们这种如此成问题的文化至今都跟我们民族性格的高贵核心毫无共同之处。更应该说，我们的全部希望都焦渴地探寻那样的感觉：在这不安地上下颤动的文化生命和教育痉挛之下，

147 隐藏着一种美妙的、内在健康的原始力量，当然，这种力量只有在非凡时刻才强有力地动弹一下，然后重新梦想着未来的觉醒。从这个深渊里，生长出德国的宗教改革：在其赞美诗中首先响起德意志音乐的未来旋律。这首路德的赞美诗作为春天临近时从茂密的丛林里传出的第一声酒神召唤，声音如此深沉、勇敢、富于深情，如此洋溢着善和温柔。庄严而放纵的酒神狂热者节日游行队伍以竞争的回声对它做出回应，我们要将德意志音乐归功于这些狂热者——我们将把**德意志神话的再生**归功于这些狂热者！

我知道，我现在必须把密切关注的朋友领到只会有少数伙伴、可以孤独地进行思考的一块高地上，我鼓励地朝他喊，我们得牢牢抓住我们那些给人以光明的向导——希腊人。为了净化我们的审美认识，我们至今都一直向他们借用了那两位各自统治着自己专门艺术领域的神，我们通过希腊悲剧而感受到他们的相互联系和相互促进。在我们看来，希腊悲剧的灭亡必然是由两种原始艺术本能的明显分裂造成的。这样一个事件，是和希腊民族性格的退化和改变相一致的，这种退化和改变要求我们认真思考：艺术和民族、神话和习俗、悲剧和国家是如何从根本上必然地、密切地关联在一起的。悲剧的灭亡同时也是神话的灭亡。直到那时候，希腊人都是不由自主地把经历的一切立即同他们的神话联系起来的，甚至只通过这种联系来理解所经历的一切。因此，甚至最近的现在在他们看来似乎也必然马上 *sub specie aeterni*[1]，而且在某种意义上，作
148 为无限而出现。可是国家和艺术都同样浸入到这条无时间的大河中，以便在大河中寻找安宁，逃避此时此刻的重负和贪欲。一个民族的价值是多少——顺便说一下，一个人亦如此——就看它能在自己的经验上打上多少永恒的印记。因为这样一来，它似乎就超凡脱俗了，并显示出它对时间的相对性和生命的真正的，也就是说，形而上的意义所抱有的无意识内在信念。如果一个民族开始历史地理解自己，捣毁自己周围的神话堡垒，那么相反的情况就会出现。与此相联系的通常是一种明显的世俗

---

[1] 拉丁文：在永恒的外表下。

化，一种同它以前生存的无意识形而上学的决裂，以及由此造成的所有伦理后果。希腊艺术，尤其是希腊悲剧，首先阻止了神话的毁灭：你得把它们一起消灭掉，才可以脱离故土，无拘无束地生活在思想、习俗、行为的荒野上。甚至现在，那种形而上的本能仍尝试在渴望生活的知识苏格拉底主义中为自己创造一种美化的形式，尽管只是一种弱化了的形式。然而，在低级阶段，这同样的本能只是导致一种狂热的追求，这种追求渐渐迷失在一大堆从各处收集来的神话和迷信的群魔乱舞之中。希腊人仍然心情不平静地坐于其间，直到他作为小希腊人，懂得了用希腊之欢乐和希腊之无忧无虑来掩饰这种狂热，或者在东方某种麻木不仁的迷信中充分麻痹自己。

自从亚历山大—罗马的古代文化在 15 世纪复苏以来，在一个难以描述的长时间幕间插曲之后，我们以最引人注目的方式走近了上述那种状态。高高在上，这同样过于丰富的求知欲、这同样不知餍足的发现狂、这同样非凡的世俗化，此外还有一种无家可归的四处游荡、一种挤到别人宴席上攫食的贪欲、一种对现代的轻浮崇拜或者在麻木不仁的麻痹中 *149*
脱离 *sub specie saeculi*① 的一切，即脱离“现在”。这些同样的征兆让人猜到了这种文化核心中的同样的缺陷，猜到了神话的灭亡。持续地成功移植一种外来神话而不在移植中无可救药地把树木损坏，这似乎不大可能：树木也许很健康强壮，足以用艰苦卓绝的斗争把那外来因素重新排出体外，可是通常也必然在久病不愈、形容枯槁中，或者在病态的疯长中耗尽自己。我们如此看重纯粹而强有力的德意志天性的核心，以至于我们恰恰敢于期待它有力地排出植入的外来因素，并认为德意志精神回归自我的醒悟是有可能的。也许有些人会认为，德意志精神必须以排出罗曼语文化因素②来开始它的斗争。为此他们也许在上一场战争③中的常胜胆识和血腥荣耀中认识到一种外部的准备和勉励，但是不得不在竞争中寻求内在的迫切要求，永远无愧于做路德之路和我们伟大艺术家、诗

---

① 拉丁文：在世俗的外表下。
② 这里指的是法兰西文化因素。
③ 指 1870—1871 年的普法战争。

人之路上的崇高开路先锋。但愿他们绝不要相信，没有他们的家族守护神，没有他们的神话家园，没有所有德意志事物的“恢复”，就能进行相似的战斗！如果德国人畏缩不前地环顾四周，寻找一个向导，以便被重新带回到早已失去的家园，家园的路径他几乎已不再认得——那他只要倾听在他头顶上盘旋、愿意为他指路的酒神之鸟喜庆而迷人的呼唤就行了。

24

150 在音乐悲剧的独特艺术效果中，我们必须强调一种日神**错觉**，通过这种错觉，我们可以避免和酒神音乐直接融为一体，而我们的音乐激情却可以宣泄到一个日神领域和介于其间的一个明显的中间世界。同时我们相信，通过这种宣泄，舞台事件的中间世界，以及一般来说，戏剧本身，从某种程度上讲，从里到外都变得可见和可理解了，这种程度在所有其他日神艺术中是达不到的。所以我们在这种艺术几乎受到音乐精神的激励和提升的地方，不得不承认这种艺术力量的最大强化，从而也承认，在日神、酒神的那种兄弟结盟中，日神和酒神艺术意图所达到的巅峰。

当然，日神影像正是在被音乐内在地照亮的时候，达不到较弱程度的日神艺术的独特效果；史诗或被赋予灵性的石头所能做的事情，即迫使注视的眼睛宁静地陶醉于个体化世界，在这里却做不到，尽管有一种更高的灵性和更高的清晰度。我们注视着戏剧，用洞察秋毫的目光深入到它活跃的内在动机世界——然而我们感觉好像只有一个比喻形象从我们面前经过，我们相信自己几乎猜到了其深刻意义，我们想要把它像帷幕一样拉开，以便看到他后面的原始形象。形象最明明白白的清晰度并不让我们感到满足，因为与其说它要揭示什么，倒不如说要掩盖什么；一方面它似乎用它比喻式的揭示来要求撕掉面纱，揭露神秘的背景，另一方面，正是那种彻底照亮的一目了然迷住了眼睛，阻止它看得更深入。

没有过既不得不看、又渴望超越这种看的体验的人，将很难想象这
151 两个过程在注视悲剧神话的时候是如何确确实实、明明白白地并列在一起，并被并列在一起感受到的；而真正的审美观众将对我承认，在悲剧

的独特效果中，那种并列是最引人注目的。现在你若把这种审美观众的现象移入到悲剧艺术家的相似过程中去，你就会明白**悲剧神话**的起源了。它同日神艺术领域分享从外观和观看中得到的完全的快感，同时他又否定这快感，在有形的外观世界的毁灭中得到一种更高的满足。悲剧神话的内容首先是一个史诗事件，和对一个拼搏中的主人公的美化。可是，主人公命运中的痛苦、最令人心痛的征服、最折磨人的动机对立，总之，那西勒诺斯智慧的例证，或者，用美学上的说法，丑与不和谐，被一再以如此无数的形式和如此的偏爱重新描述出来，而且恰恰是在一个民族最兴旺、最年轻的时代，如果不是恰恰对所有这一切感知到一种更高的乐趣，那么这些本身谜一般的特征究竟从何而来呢？

说生活实际上如此悲惨，是完全无法解释一种艺术形式的产生的，因为艺术不仅仅是对自然现实的模仿，而且恰恰是对自然现实的一种形而上的补充，是为了战胜自然现实而置于其旁的。悲剧神话，就它一般属于艺术领域而言，总体上也完全参与了艺术的这种形而上的美化意图。可是，如果它展示了以受苦的主人公形象出现的现象世界，那么它美化了什么呢？完全不是这种现象世界的“现实”，因为它恰恰在对我们说：“瞧啊！仔细瞧啊！这就是你们的生活！这就是你们生存之钟上的时针！”

而神话展示这种生活，就是为了要在我们面前美化它吗？如果不是， 152
那么我们还让那些形象在我们面前经过的审美快感何在？我问的是审美快感，但是我完全知道，在此之外，有许多这样的形象有时还会产生比如以怜悯形式或道德上胜利的形式出现的道德快感。然而，想要仅仅从这种道德根源推导出悲剧因素的效果——当然这在美学界已经在太长时间里习以为常了——的人，只是不要相信因此就为艺术做了些什么：艺术必然尤其要求它领域里的纯粹。要解释悲剧神话，恰好第一个要求就是，在纯粹的审美领域内寻求它所特有的快感，而不侵入到怜悯、恐惧、道德崇高的领域中去。那么，悲剧神话的内容——丑与不和谐如何才能引起审美快感呢？

在这里，有必要通过重复我在前面所说的命题——只有作为审美现象，生存和世界才显得有充分理由——作为大胆的助跑，以便一跃而进入一种艺术形而上学：在这个意义上，正是悲剧神话必然让我们相信，甚至丑与不和谐也是意志在其永远洋溢的快感中同自己玩的一场艺术游戏。然而，酒神艺术这种难以理解的原始现象只有直接按照**音乐不谐和音**的奇异意义才好理解，才能直接把握：一般来说，只有与世界并列的音乐才能告诉我们，应该怎样来理解世界作为一种审美现象的合理性。悲剧神话产生的快感像音乐中的不谐和音的快感一样，有一个同样的家园。酒神倾向和它自己在痛苦中感受的原始快感是音乐和悲剧神话的共同母腹。

153 我们不是暂且可以借助于不谐和音的音乐关系使那个悲剧效果的难题从根本上变得容易起来吗？我们现在就来理解在悲剧中想要看同时又渴望超越看是什么意思吧。这种状态，我们也许就得从艺术地运用的不和谐音的角度来如此描述其特征，即我们想听，同时又渴望超越听。在清晰感知的现实所唤起的快感中，那种进入无限的努力，那种振翅飞翔的渴望，让人想起，我们不得不在两种状态中认识到一种酒神现象，这种现象用一种类似于晦涩哲人赫拉克利特用来把构建世界的力量比作一个来回放置石头玩耍、垒起沙堆又把它摧毁的小孩的方法，向我们一而再、再而三地把个体世界玩耍一样的建立与摧毁揭示为一种原始快感的结果。

所以为了正确估价一个民族的酒神能力，我们不仅要想到这个民族的音乐，而且也同样有必要想到这个民族的悲剧神话，将它看作那种能力的第二位见证。考虑到音乐和神话之间这种极为密切的关系，现在可以同样猜想，一者的蜕化变质将关联着另一者的凋零，因而也可以说，酒神能力的削弱尤其在神话的削弱中表现出来。而关于两者，看一眼德国人天性的发展就不会让我们再有任何怀疑了：在歌剧中，就像在我们没有神话的生存之抽象性中一样；在一门沦为取乐的艺术中，就像在一种受概念引导的生活中一样，苏格拉底乐观主义那种既非艺术又消耗生命的天性向我们暴露出来。然而让我们感到安慰是，有一个迹象表明，
154 尽管如此，德意志精神仍然休憩于、憨梦于一个难以到达的深渊中，十分健康、深沉、富于酒神力量，坚如磐石，像一个沉睡的骑士。从这个

深渊中，有酒神歌曲向我们传来，要让我们明白，这位德意志骑士甚至现在还在梦见幸福庄重之幻影中的原始酒神神话。如果德意志精神还如此清楚地理解那讲述家乡故事的鸟鸣声，那么有谁相信它竟会永远失去其神话家园呢？有一天它将发现自己醒来，在一次非凡睡眠以后的早晨的非凡清新之中：这时候，它将屠龙，灭掉阴险的侏儒，唤醒布伦希尔德①——连沃旦②的长矛也挡不了它的道！

我的朋友们，你们这些相信酒神音乐的人，你们也知道，悲剧对我们意味着什么。在悲剧中，我们拥有从音乐中再生的悲剧神话——而在悲剧神话中，你们可以希望一切，忘却最痛苦的事情！可是，最痛苦的事情对于我们大家来说，是德意志天才远离家园，在对阴险侏儒的侍候中长期苟且偷生的屈辱。你们明白那个词——就像你们最终也会明白我的希望一样。

25

音乐和悲剧神话同样都是一个民族酒神能力的表现，相互之间是不可分的。两者都来源于一个超越日神倾向的艺术领域；两者都美化一个领域，在这个领域的快乐和谐中，不谐和音和可怕的世界形象都迷人地渐渐消失；两者都相信自己极为强有力的魔幻艺术，玩弄痛苦的刺针；两者都通过这种玩弄，甚至为“最劣世界”的存在辩护。在这里，酒神倾向跟日神倾向相比，显现为永恒、原始的艺术力量，这种力量尤其呼 155
唤整个现象世界进入生存中，正是在这个世界中，一种新的美化外观成为必然，以便保持活生生的个体化世界的生机。如果我们可以想象不谐和音变成人——要不然，人是什么呢？——那么这种不谐和音为了能活着，就需要一个美好的幻觉，用一块美的面纱把它自己的身体遮挡起来。这是日神的真正艺术意图：我们以日神的名义概括了美的外观所有那些不计其数的幻觉，这些幻觉任何时刻都一般地使生存值得把握，并促使它体验下一时刻。

---

① 德意志民族史诗《尼伯龙根之歌》中的冰岛女王，嫁给了勃艮第国王巩特尔为妻。

② 又叫奥丁，北欧神话中的主神，世界的统治者，持长矛。

在这个过程中，从全部存在的基础，从世界的酒神基础，有多少东西进入到个人的意识中，就有多少东西会被那种日神的美化力量所克服，以至于这两种艺术本能不得不按照永恒正义的法则，以严格对应的比例来展现他们的力量。在酒神力量如我们所体验的那样迅猛上升的地方，日神必然已经在云彩的萦绕中降临我们中间，下一代人也许将一睹他最丰富的美的效果。

可是，如果每个人曾感觉到，哪怕是在梦中感觉到，他被放回到了古希腊的生活中，那么，每个人都会通过直觉而最确切地抱有同感：上述那种效果是必然的。走在高耸的爱奥尼亚廊柱下，眺望以纯粹和高贵线条裁剪出来的地平线，在照得通亮的大理石上看到自己旁边有自己美化形象的映像，在自己周围迈着庄严的步伐或者轻柔地活动着的人群正在发出和谐的声音，打着有节奏的手语——在美的这种不断涌入中，难
156 道他不会必然地朝日神举起手大喊：“极乐的希腊人！如果得洛斯之神①认为有一种魔力很有必要，可以治愈你们的酒神疯狂，那么，在你们中间，作为这种魔力的酒神必然是多么伟大啊！”——可是，对于一个怀有如此情绪的人，一位雅典老人会用埃斯库罗斯的崇高目光仰视他，并回答说：“可是你这奇怪的外乡人，你也说说这些：这个民族为了能变得如此之美，不得不受过多少痛苦啊！可是现在随我去看悲剧，和我一起在两位神灵的殿堂里献祭吧！”

---

① 即日神阿波罗，因为他出生在得洛斯岛上，故有这一称呼。

不合时宜的思考

杨恒达 译

第一部分　大卫·施特劳斯*：自白者和作家

1

德国的舆论似乎严格禁止提及战争的严重后果、危险后果，尤其是在涉及一场以胜利告终的战争①时；而那些不知道还有什么看法比那种舆论更重要，因而竞相赞美战争，竞相欢呼着探究战争对道德、文化、艺术的影响之非同小可现象的作家，他们却格外愿意要他们的声音被人听到。尽管如此，仍然应该说：一场大胜利便是一场大危险。人性忍受它，要比忍受一场失败更难；是的，甚至赢得这样一场胜利比忍受它也更容易，以至于不会由此而产生任何比较严重的失败。可是，在上一次同法国进行的那场战争留下的所有严重后果中，也许最严重的就是一种广泛的甚至普遍的谬见：舆论的谬见和制造舆论者的谬见，认为在那场争斗中，甚至德意志文化也取得了胜利，所以现在必须得用与如此非凡的事件和非凡的成就相一致的花环来装饰它。这种愚蠢是极其有害的：绝不是因为它是一种愚蠢——因为有那种最有益、最造福社会的谬见——而 159

---

* 大卫·弗里德里希·施特劳斯（1808—1874），德国神学家、作家。在黑格尔哲学影响下，他在他的《耶稣传》（1835—1836）中提出了这样的命题：福音书中讲述的事件不是历史性的，而是神话性的。他在最后的著作《新旧信仰》（1872）中完全放弃基督教，赞成科学唯物主义。

① 指1870—1871年的普法战争。

160 是因为它能够把我们的胜利变成一场完全的失败：**为有利于“德意志帝国”而变成德意志精神的失败甚至被根除**。

甚至假定两种文化互相斗争，胜利者的标准也仍然是十分相对的，在某些情况下会完全没有资格欢呼胜利或者自我赞美。因为这取决于对那被征服的文化有何价值的了解：也许没什么价值，在这种情况下，甚至显示出最堂皇的武器成果的胜利，对于胜利者的文化来说，也不意味着有理由对胜利可以洋洋得意。另一方面，在我们的情况里，连谈论一种德意志文化之胜利的最简单理由都没有；因为法兰西文化一如既往地存在着，我们一如既往地依赖于它。胜利甚至并不有助于武器方面的成果。严格的军事训练、天然的勇敢和毅力、领袖人物的出类拔萃、被领导者的团结一致和服从，总之，与文化毫无关系的因素帮助我们取得了对那些对手的胜利，他们缺乏其中最重要的一些因素。只是人们会对这样的问题感到惊讶：现在在德国被称为“文化”的东西竟然如此不起阻挡作用地介入企望取得巨大成就的军事要求之中，也许只是因为这种自称为文化的东西自认为更有利于在这一次证明它是裨益于人的。如果你让它成长起来、蔓延开来，如果你通过阿谀奉承的愚昧纵容它，认为它大获全胜，那么它就会像我所说的那样有力量根除德意志精神——谁知道那时候是否有什么东西可以以剩余的德意志躯体作为起点。

如果有可能唤起德国人用来对抗法国人那种充满激情、突如其来的狂热的沉着而坚忍不拔的勇敢，用以反对内部的敌人，反对极其有歧义
161 的、现在在德国以危险的误解被称为文化的、任何情况下都同民族特色无关的“有教养”，那么并非所有对于一种真正纯正德意志文化——那种“有教养”的对立面——的希望都已丧失：因为德国人从不缺乏最明智、最有胆识的领袖和统帅——只是这些人物中经常没有德国人。但是我变得越来越怀疑，是否可能给予德国式的勇敢以那种新的方向，而且在战争之后，一天天变得更加不相信这是有可能的了；因为我看到，每个人都如何相信完全不再需要一场争斗、一种如此的勇敢，如何相信，恰恰相反，大多数事情都被尽可能地安排得十分妥帖，在任何情况下，需要的一切早就被发现了，早就做了，总之，最佳的文化种子有一部分已经

到处播撒了，有一部分已长成新绿，这里那里甚至已经鲜花盛开。在这个领域里有的不仅是满足，还有幸福和陶醉。我在德国报人和小说、悲剧、歌曲、冒险故事制造者们无比自信的行为举止中感觉到这种陶醉和这种幸福：因为这明显是一个相互间休戚相关的团伙，这团伙似乎共谋来侵占现代人的悠闲时间和出恭时间，即现代人的“文化时刻”，用这种印满了字的纸张来麻醉现代人。自从那场战争以来，现在对于这个团伙来说，一切都是幸福、尊严和自我意识：它在如此的“德意志文化成就”之后，不仅感觉自己得到认可和认同，而且几乎是神圣不可侵犯的，因此说话更郑重其事，喜欢向德国人民呼吁，按照经典著作的方式出版全集，还在那些听其摆布的社交刊物上郑重宣告它中间的一些个人为新的德国经典作家和模范作家。人们也许会以为，**对成功的**那样一种**糟蹋**会为有教养的德国人中那部分比较审慎、比较有学问的人所认识；或者至少，当下演出中的难堪必然会被感觉到：因为有什么能比看到畸形人装 *162*
腔作势地像一只公鸡一样站在镜子前，同他的映像交换赞赏的目光更令人难堪的呢？可是，有学问的等级喜欢让事情该怎么发生就怎么发生，有足够的事情要独自去做，不可能将操心德意志精神的事情揽到自己身上。此外，这个等级的成员十分确信，他们自己的教养是时代的，甚至是所有时代的最成熟、最美好的果实，因此他们根本不理解一种对一般意义上的德意志教养的担忧，因为在他们自己那里以及在无数他们的同类人那里，一切都已经被远远地超越了。顺便提一下，在比较小心谨慎的观察者——尤其是如果他是一个外国人——看来，在现在德国学者称为其教养的东西和新的德国经典作家的那种洋洋得意的教养之间，存在一种仅仅在知识之量问题上的对立，这是无法避免的：凡是不是知识而是能力可以行得通的地方，凡是不是信息而是艺术可以行得通的地方，也就是说，凡是生命为那种教养作证的地方，现在就只有**一种**德意志教养——而这就应该是对法国的胜利吗？

这种断言似乎完全是不可理解的：所有没有偏见的判官，最终甚至法国人，正是在德国军官更广博的知识中，在德国全体士兵更高的学识中，在更科学的作战中，认识到了具有决定性的优点。可是，如果你想要将德意志学识同德意志教养相分离，那么，德意志教养在何种意义上才可以说是取得了胜利呢？在任何意义上都不可以：因为诸如更严格的纪律、更平静的服从这样一类道德品质同教养没有任何关系，却使比如马其顿的军队面对更加有教养的希腊军队显得出类拔萃。如果你谈论德
163 意志教养和文化的胜利，那么这只能是一种误解，一种建立在这样一种认识基础上的误解，即在德国，纯粹的文化概念已经消失。

文化尤其是在一个民族的全部生命表现中的艺术风格的统一。可是，许多知识和学问既不是必要的文化手段，也不是一种文化标志，在必要时，会最和谐地和文化的对立面即野蛮相处，也就是说：没有风格，或者所有风格的混乱不堪。

可是，正是在这种所有风格的混乱不堪中，生活着我们今天的德国人；而以他的全部学识，他如何可能不注意到这一点，而且还十分由衷地津津乐道于他现在的“教养”，这仍然是一个严重的问题。可是一切都应该让他明白：每看一眼他的服装、他的房间、他的屋子，每走一趟他的城市的街道，每逛一次时髦用品、艺术品商人的收藏室；在社会交往中，他应该意识到他的风度和行动之根由；在我们的艺术设施中，在音乐会、剧院、博物馆的其乐融融中，他应该意识到各种有可能的风格之间奇怪的并存和重叠。德国人在自己周围堆积起各个时代、各个地区的形式、色彩、产品和珍品，并由此产生那种现代交易会的五彩缤纷，德国人的学者现在又再次不得不将其看作、表达为“自在之现代性”；德国人自己却四平八稳地待在各种风格的这种混乱当中。可是，这样的文化实际上只是一种对文化的麻木不仁，人们无法以此征服敌人，至少无法以此征服像法国人那样，不管有什么样的价值，却拥有一种真正的、有创造性的文化的敌人，而我们至今还模仿他们的一切，而且通常还是笨拙的模仿。

假如我们真的停止模仿他们，那我们是不会因此而战胜他们的，只是把自己从他们那里解放出来而已：只有当我们把一种真正的德意志文
164 化强加于他们的时候，才可以谈论一种德意志文化的胜利。同时，我们要注意到，在所有形式问题上，我们都一如既往地依赖于巴黎——而且

必须依赖：因为直到现在，还没有真正的德意志文化。

我们大家都应该自己清楚这一点；此外，少数几个有权利以责备口气对德国人说出这一点的人之一也公开流露出这样的意思。“我们德国人属于昨天，”歌德有一次对爱克曼①说，“我们一百年以来确实变得非常文明，只是可能还需要几百年，在我们的同胞那里才会有很多精神的东西和更高的文化渗入，并变得很普遍，以至于人们将能如此来谈论他们：**他们曾是野蛮人**，那是很久以前的事了。”②

2

可是，如果我们的公众生活和私人生活如此明显地不以一种有创造性的、雅致的文化为特征，此外，如果我们的伟大艺术家们以最认真的坚决态度和伟大者应该具有的诚实承认了并仍然承认这种非同寻常的、令一个有才华的民族深感羞耻的事实，那么，有教养的德国人当中怎么仍然还有可能笼罩着一种最大的满足呢？一种这样的满足：它自从上一场战争以来甚至不断表现得欣然要爆发出纵情的欢呼，抑制不住大获全胜的喜悦。总之，人们生活在这样的信念中，认为拥有一种纯粹的文化：这种满足的甚至洋洋得意的信念和一种明显的缺陷之间的鲜明对照似乎根本就极少引起注意。因为一切所谓的舆论都闭目塞听——那种对照甚至是不应该存在的。这怎么可能呢？哪一种力量这么强大，竟然可以规 165
定这样一种“不应该”呢？在德国，必须是哪一种人取得统治地位，才能禁止如此强烈、如此简单的感情或者阻止这种感情的表达呢？这种力量，这种人，我要冠之以名称——这就是**有教养的市侩**。

众所周知，“市侩”一词来自学生用语，其进一步的、十分通俗的意义指向了诗人、艺术家、文化人的对立面。可是，有教养的市侩——研究其类型、在其做自白③时听一听其自白，现在变成了讨厌的义务——由于**一种**偏见而不同于一般观念上的“市侩”类型，他误以为自己是诗人和文化人：一种不可理解的疯狂。由此而得知，他根本不知道市侩是什

---

① 约翰·彼得·爱克曼（1792—1854），德国作家，歌德晚年的助手。

② 歌德与爱克曼的谈话，1827 年 5 月 3 日。

③ 指激起尼采回应的 1872 年施特劳斯著作，其全称是《新旧信仰：一种自白》。

么，其对立面是什么：因此，当他通常郑重其事地发誓说不是市侩的时候，我们也不会感到惊奇。在这种缺乏任何自我认识的情况下，他感觉自己坚定地相信，他的“教养”正是真正的德意志文化的完美表达：因为他到处碰到他那种有教养的人，而所有人都按照他那种教养，按照他的需要，来设置公共机构，来设置学校、教育机构、文化设施，所以他无论到哪里去，都带着他那种洋洋得意的感觉，认为是现在德意志文化的尊贵代表，并相应地提出他的需要和要求。在任何情况下，如果真正的文化以风格的统一为前提——甚至一种糟糕、堕落的文化，若不是将多样性汇入了一种风格的一致性，那也是不可想象的——那么，那种有教养的市侩的疯狂就会因以下逻辑而产生错乱：他到处都一再碰到和他一个模子里出来的人，而从所有“有教养者”这同一个模子，就可以推
166 断出一种德意志教养的风格统一，一句话，推断出一种文化。他在自己周围只察觉到纯粹同样的需要和相似的观点；无论他去哪里，都立即有一种关于许多事物，尤其是关于宗教和艺术问题的无言习俗将他捆绑起来：这种给人深刻印象的同一性，这种没有受到指令却立即爆发的 *tutti unisono*①，误导他相信这里可能有一种文化在起作用。可是，系统的、占了统治地位的市侩习气正因为它有系统，所以才不是文化，甚至不是糟糕的文化，而始终只是其对立面，即根深蒂固的野蛮。因为在德国现在的有教养者那里，所有匀称地引起他们眼球注意的那种模子的统一，只有通过有意或无意地排除和否定一种真正的风格在艺术上有创造性的各种形式和要求才成其为统一。必然有一种不幸的曲解出现在有教养的市侩脑子里：他恰恰是把否定文化的东西当成了文化，由于他始终如一地行事，于是他最终得到了一组相互关联的这种否定，一种非文化系统，万一谈论一种风格化的野蛮终究还有意义的话，那么你就甚至可以向这种非文化承认有某种“风格的统一”。如果允许他在一种适应风格的行为和一种相反的行为之间做出决断的话，那么他始终会选择后者，而因为他始终选择后者，所以，所有他的行为就都带上了一种相同的负面印记。

---

① 意大利语：齐声合唱。

正是在这一点上，他辨认出他具有专利的“德意志文化”的特性：他衡量他的敌人和对立面的标准就是是否同这种模子相符合。有教养的市侩在不相符合的情况下便只是拒绝、否定、封杀、闭目塞听，他是一个否定者，甚至怀着他的仇恨和敌意。但是，他只憎恨把他当作市侩来对待
并说给他听他为何物的人：所有强有力者、创造者的障碍物，所有怀疑 167
者、迷失者的迷宫，所有疲乏者的泥潭，所有向高大目标奔跑者的脚镣，所有新起点上笼罩的毒雾，探索着、渴望着新生活的德意志精神的干旱沙漠。因为它在**探索**，这德意志精神！你们因为它探索，因为它不愿相信你们已经发现它在探索什么而憎恨它。像有教养的市侩那样一种类型是怎么才有可能产生，万一产生了，怎么才有可能发展到取得关于所有德意志文化问题的最高判官权力的地步？在一系列伟大的英雄人物已从我们身边擦肩而过以后，这怎么才有可能？这些英雄人物以他们所有的举动，以他们的全部神情，以他们发问的声音，以他们烈火般的眼睛，只流露出一件事：**他们是探索者**，他们热情地、真正坚持不懈地探索着有教养的市侩误以为自己占有的东西，纯粹的、原始的德意志文化。他们似乎在问，有没有一块如此纯粹、如此未经触动、有如少女般神圣的地面，以至于在它上面，而不是在其他地面上，德意志精神建立起其家园？他们打探着，走过苦难时代和贫困状态的荒野丛林，作为探索者从我们的视线中消失：以至他们中间一个人在高龄时能够代表大家说：“我整整半个世纪都够艰难的，不给自己任何休息，而是始终尽可能最好最多地争取、探求、做事。”①

可是，我们的市侩教育关于这些探索者是怎么下判断的呢？它简单地把他们当作发现者，似乎忘记了他们自己只是自我感觉为探索者。那么也就是说，我们确实有我们的文化，因为我们确实有我们的“经典作家”，不仅有基础，而且建筑物已经在此基础上建立起来——我们自己就是这建筑物。这时候，市侩感到费解了。

可是，为了能如此错误地评判、如此在辱骂中关注我们的经典作家， 168

① 歌德与爱克曼的谈话，1830 年 3 月 14 日。

人们不得不完全不再认识他们：而这是普遍事实。因为要不然，人们就得知道只有一种尊敬他们的方法，也就是继续以他们那样的精神、他们那样的勇气来探索，乐此不疲。然而，给他们加上如此发人深省的“经典作家”一词，时不时从他们的著作中得到“精神鼓舞”，也就是说，沉湎于那种虚弱的、自私的感情冲动，这种感情冲动给每一个付钱的人许诺了我们的音乐厅和剧场，甚至建立柱形立像，以他们的名字命名节日和团体——这一切只是丁零当啷地拿钱币来清账，有教养的市侩以此同他们划清界限，以便此外不再认识他们，尤其是不必追随，不必继续探索。因为：不可以再进行探索；这就是市侩的口号。

这口号曾经有某种意义：在德国，当时在本世纪最初的十年里，开始了一种如此多样、如此纷乱的探索、实验、预示、预感、希望，此起彼伏，使得有文化教养的中产阶级必然有理由为自己感到恐惧。当时它有理由耸一耸肩，拒绝奇妙而难以用语言表达的哲学与狂热而有意偏袒的历史观察的杂烩、浪漫主义者收集的诸神与全部神话的嘉年华会以及在醉中虚构的诗人风尚与疯狂行为；有理由，是因为市侩甚至没有理由纵情欢乐。可是，他利用机会，以小人的那种狡黠，全然怀疑探索，要求舒舒服服地去发现。他睁大眼睛寻找市侩之乐：他逃离所有疯狂的实验，进入田园诗般的感觉，以某种惬意来对抗艺术家不平静的创造冲动，
169 一种对自己的狭隘、对自己的不受干扰甚至对自己的局限性感到的惬意。他伸长的手指不带任何无用的羞怯，指向了他生活中所有隐蔽的、秘密的角落，指向了许多激动人心的、天真无邪的欢乐，这些欢乐在最微不足道的、未开化的生存底层，几乎是在市侩生活的沼泽地里，作为朴素的花朵生长起来。

有一些特别的天才描绘者，他们以纤细的手笔临摹遍布儿童房间、学者房间、农夫房间的那些欢乐、隐秘、平凡、农夫般的健康和全部惬意。手里拿着这样一些关于现实的图画书，这些舒适的家伙甚至试图一劳永逸地脱离靠不住的经典作家以及从他们出发做进一步探索的要求；他们编造出“模仿时代”的概念，就为了得到安宁，为了能在遇到所有不舒服的较新事物时立即就拿出否定性的判决——“模仿作品”。这些舒

服的家伙甚至为了这同样的目的，即保证他们的安宁，强暴历史，试图把预期会对舒适造成干扰的各种科学变成历史学科，尤其是哲学和古典语文学。通过历史意识，他们躲避热情——因为历史不像歌德会误解的那样引起热情①；而麻木不仁，现在正是 *nil admirari*② 的非哲学人士在他们试图历史地理解一切时的目的。在人们假装仇恨任何形式的狂热信仰和不能容忍其他信仰的同时，人们其实是仇恨重要的天才和现实文化要求的暴政；因此人们就将全部力量转向在可以期待有新的强大运动的地方到处去让人瘫痪、让人麻木不仁或者让人解体。这样，一种哲学就在乱七八糟的华丽辞藻中间完美掩盖了其创立者的市侩式忏悔，又发明
出一个推崇平凡的公式：它谈论一切现实的便是合理的，以此讨好也喜 170
爱乱七八糟华丽辞藻的有教养的市侩，可是尤其将自己理解为现实的，并把市侩的现实当成世界上理性的尺度。现在市侩允许每一个人以及他自己做一点思考、研究、审美化，尤其是诗化、音乐化，甚至作画，如同全部的哲学一样：只是在我们这里，天啊，一切都不得不维持老样子，绝不可以对“合理的”和“现实的”，也就是说，对市侩，有任何震动。市侩虽然很愿意时不时沉湎于优雅而大胆的艺术表达和一种持怀疑态度的历史编纂学，对这种消遣对象和娱乐对象的魅力评价不低；但是他严格地将“严肃生活”，即所谓的职业、事业，连同女人孩子，和那种乐趣相区分；属于后者的，大约有文化所包含的一切。因此，甚至开始当真并提出要求的艺术，这触及他的职业、事业、习惯，也就是说，触及他市侩身价的艺术，见鬼去吧——他把眼睛从这样的艺术转开去，好像他看见了淫秽的东西，并以一副贞操守护者的面孔，警告每一个需要保护的美德甚至看都不要朝那边看。

如果说他在警告时表现得如此能言善辩，那么他对聆听他劝说、被他劝阻的艺术家倒是很感激的，他向艺术家暗示，要把事情看得在他手里会更容易、更随便；不要要求他，这牢靠的志同道合者，有什么高品

---

① 暗指歌德《箴言和沉思》第 495 节：“我们从历史获得的最佳事物是它激起的热情。”（摘自《威廉·麦斯特的漫游时代》［1829］）

② 拉丁文：平常心态。这是贺拉斯《书信集》第 1 卷的开篇之词。

位的杰作，而只是两种类型：要么在田园诗或者温和幽默的讽刺作品中对现实的模仿直至矫揉造作的程度，要么随意抄写最公认、最有名的经
171 典作家作品，然而却羞涩地纵容时尚。因为如果他只是看重无创造性的模仿，或者对当下事物的精确描绘，那么他就知道，后者是在美化他，在增加“现实”的惬意，而前者也不是损害他，甚至还是在促进他作为一位经典趣味评判者的名声，而且此外他也不做任何新的努力，因为他甚至已一劳永逸地容忍了经典作家。最后，他为他的习惯、观察方式、排斥与接纳等发明出普遍有效的“健康”公式，并拿出对人的怀疑，说人有病或发狂，以排除任何讨厌的扰乱者。大卫·施特劳斯，我们教养状况的一个真正的心满意足者和一个典型的市侩，有一次就是这样用独特的措辞来谈论“阿尔图尔·叔本华的虽然十分有才智，然而却往往不健康、无益处的哲学探讨”的。因为这是一个糟糕的事实：“才智”往往特别同情“不健康、无益处的东西”；甚至一个市侩，如果有一次他**真诚地**对待自己，那么他也会在产生了他的同类并将其推向市场的哲学命题那里，感觉到一点往往没有才智却十分健康有益的哲学探讨的味道。

因为市侩们如果在他们自己人中间就会贪恋杯中之物，真诚地、喋喋不休地、天真地回想起伟大的战争业绩；这时候，一些往往会被小心翼翼掩藏起来的东西就会暴露在光天化日之下，有一个人偶尔甚至会在闲谈中泄露出整个团体的基本秘密。最近有一次，出自黑格尔的合理性学派的一位著名美学家就有过这样的时刻。然而，动机是够非同寻常的，在喧闹的市侩圈子里，人们纪念一位真正的、纯粹的非市侩，而且是一
172 位最严格意义上毁于市侩之手的非市侩：纪念尊贵的荷尔德林①。而那位著名美学家因此就有一种权利，借此机会谈论毁于“现实”的悲剧人物，即将“现实”一词按照提到过的那种意义理解为市侩理性。可是，“现实”变成了另一个现实：这样的问题会被提出来，即荷尔德林是否能适应现在的伟大时代。“我不知道，”弗里德里希·费舍尔②说，“他的柔弱

① 弗里德里希·荷尔德林（1770—1843），德国诗人，生前未受重视，现在被视为最伟大的德国诗歌大师之一。他像尼采一样，也是精神失常而死。

② 弗里德里希·费舍尔（1807—1887），德国神学家、美学家、文人。

心灵是否能承受那场战争中的那么多粗暴，是否能承受战后我们看见在各种各样领域蔓延的腐败。也许他会重新陷入绝望。他是一个手无寸铁的人，他是希腊的维特，一个毫无希望的恋者；他的一生充满柔弱和渴望，可是他的意志中也有力量和内容，在他的风格中，也有伟大、丰盈和生气，他的风格有时候甚至让你想起埃斯库罗斯。只是他的精神太缺乏强硬的东西；它没有强硬的东西作为幽默的武器；**它不能忍受，一个人既是市侩，却又不是野蛮人**。”这最后的表白，而不是这席间演说者的甜蜜悼词，同我们有点关系。是啊，一个人承认是市侩，却不是野蛮人！不惜任何代价。可怜的荷尔德林可惜未能如此细致地来划分。当然，如果你关于“野蛮”一词想到了文明的对立面，也许甚至想到了海盗和吃人，那么那种区分就分对了。可是，那位美学家显然要对我们说：你可以是市侩，然而却是文明人——其中有可怜的荷尔德林所缺乏的幽默，他就是毁于这样的缺乏。

在这样的时机，演说者忘了做第二个表白：“使**我们**超越被悲剧人物深深感觉到的对美的欲望的，并不始终是意志力，**而是孱弱**。”——表白的内容大约是这样的，它是以表示集合体的“我们”的名义提出来的， 173
这“我们”也就是“超越者”，是通过孱弱而超越的“超越者”！让我们满足于这样的表白吧！现在，我们通过一个知情人之口确实知道了两件事：一是这“我们”真的摆脱甚至超越了对美的渴望，二是通过孱弱实现了这种摆脱甚至超越！正是这种孱弱此外会在少数冒失的时刻具有一个更美好的名称：这就是有教养的市侩的著名“健康”。可是，按照这种最新的教导，最好不再把他们，而是把**柔弱者**或者进一步把**弱者**说成“健康者”。但愿这些弱者不会有力量！你管他们叫什么，同他们又有什么关系呢！因为他们是统治者，不能容忍一个外号的统治者便不是一个真正的统治者。是的，只要一个人有力量，他就会学会甚至嘲弄自己。这时候，一个人是否有缺点就并不十分重要了：因为还有什么不能为紫色的王袍、为胜利者的斗篷所掩盖呢！如果有教养的市侩承认他的孱弱，那么他的强大也就闪亮登场了：他承认得越多、越具有讽刺性，就越清楚地显示出他如何看重自己，如何有优越感。现在是讽刺的市侩自白的时代。正如弗里德里希·费舍尔用一句话那样，大卫·施特劳斯用一本书来做出自白：那句话和这本自白书都是具有讽刺意味的。

3

大卫·施特劳斯的用词和行为，即**“自白者”一词和作家的行为**，双重地就那种市侩的教养做出了自白。他那本标题为《新旧信仰》的书，
174 首先由于其内容，其次作为一本书和作家的作品，因而是一种连续不断的自白；在以下事实，即他允许自己公开关于他的信仰做出自白的事实中，就存在着一种自白。——在四十岁之后写自己传记的权利，也许每个人都有：因为最无足轻重的人也能经历点什么，也能比较接近地看到对于思想家来说很有价值、很值得注意的东西。可是，提出关于自己信仰的自白就必然被看作更为无比高尚的了：因为其先决条件是，自白者不仅赋予他的生存中经历过或考察过或看见过的东西以价值，而且赋予他相信过的事物以价值。现在，真正的思想家最后想知道，这种施特劳斯类型的人对于一些什么样的东西可以作为信仰来忍受，他们在自己心里“半梦半醒中想象”（第10页）万物是什么东西，而关于万物，只有直接了解它们的人才有权利来谈论它们。谁会需要某一位兰克①或蒙森②的信仰自白呢？他们此外还是完全不同于大卫·施特劳斯的学者和历史学家：可是他们一旦想要以他们的信仰而不是以他们的科学认识来打动我们，那就马上以令人不快的方式越过了他们的界限。而施特劳斯在叙述他的信仰的时候，就是这样做的。没有人要求对此知道些什么，也许有几个施特劳斯之见的反对者除外，他们头脑狭隘，在这同样的见解背后察觉到真正恶魔般的信条，不得不希望施特劳斯通过这样一些恶魔般的内心念头的表白使他有学问的断言出丑。也许这些粗俗的家伙在那本新书中甚至发现了他们的账单；我们这些没有理由察觉这种恶魔般的内心念头的其他人，对于那样的东西是丝毫没有发现，甚至再多一点恶魔的东西也绝不会感到不满。因为肯定不会有邪恶之人像施特劳斯那样来

---

① 利奥波德·冯·兰克（1795—1886），德国历史学家。

② 提奥多·蒙森（1817—1903），德国作家，名著《罗马史》的作者，1902年获诺贝尔文学奖。

谈论他的新信仰的：可是根本没有人谈论，一个真正的天才是最不会去 175
谈论的。而只有那些施特劳斯作为他的“我们”介绍给我们的人才这样谈论，这些人在向我们讲述他们的信仰时，比他们向我们讲述他们的梦时更无聊，无论他们现在“是学者还是艺术家，是官员还是军人，是从业者还是庄园主，他们成千上万地生活，但不是作为国内最低劣的人”。如果他们不想保留城乡的宁静，而是吵吵闹闹地做出自白，那么他们一齐发出的噪音也不能向我们隐瞒他们所唱曲调的贫乏和鄙俗。当我们听说一个自白由很多人分担讲述时，如果一切是以这样一种方式来进行，即我们不让这许多人中每一个准备给我们讲述这同一个自白的人都把话讲完，而是打着哈欠把他打断，那么这就对我们再有利不过了。我们一定会告诉他，如果你有这样一种信仰，那么看在上帝分上，不要泄露有关它的任何东西。也许以前有几个没有恶意的人试图把大卫·施特劳斯看成一位思想家，现在他们发现他是信徒，感到很失望。如果他保持沉默，那么至少对于这些人来说，他仍然是哲学家，而他现在对于谁来说都不是哲学家。而他甚至已经不再渴望思想家的荣誉了；他只想做一名新的信徒，为他的“新信仰”而自豪。在做出书面自白的时候，他误以为写了“现代观念”的问答手册，建起了宽阔的“世界未来之路”。事实上，我们的市侩们不再自暴自弃，不再感到害羞，可是大概太自信了，竟然到了玩世不恭的地步。有的时候，当然是在很久以前，市侩只是作为某种不说话的、人们也不谈论的东西被容忍；又有的时候，人们抚摩他的皱纹，发现他很滑稽，并谈论他。他因此而渐渐变成了小丑，开始由衷地为他的皱纹和乖僻单纯的特性感到高兴：现在他自己差不多是以
里尔①的家庭音乐的方式来说话了。“可是我不得不见到的是什么呀！是 176
影子？还是现实？我的卷毛犬变得如此硕大无朋！”② 因为他现在已经像一只河马辗转在“世界未来之路”上，呼噜声和吼叫声也已经变成了一种高傲的宗教创立者的声调。老师先生，也许您喜欢建立未来的宗教？

---

① 威廉·海因里希·里尔（1823—1897），德国历史学家，曾将德国诗人的 50 首诗歌谱成家庭音乐的曲子。

② 引自歌德《浮士德》，第 1 部，第 3 场。

“时间对我来说似乎还不成熟。我甚至没有想到要摧毁任何一个教会。”（第8页）——可是为什么不呢，老师先生？重要的是你能摧毁。此外，老实说，你甚至相信你能够摧毁：只要看看你的书的最后一页就行。在那一页上你甚至知道，你的新道路“是唯一的世界未来之路，它只需要部分完成，主要是带有普遍经验，以便也变得舒适愉快”。你就不要再否认了：宗教创立者的身份已经确认，通向施特劳斯式天堂的舒适愉快的崭新大道已经建成。只是你要为我们驾驭的车辆，你这位谦虚的人，你还不大满意；你最后对我们说，“我不想断言，我的尊敬的读者必须和我一起信赖的车辆全都符合要求”（第367页）：“我们被彻底颠散了架，浑身不舒服。”啊，你想要听一听好听的，你这位风度翩翩的宗教创立者。可是我们要对你说句坦率的话。如果你的读者给自己这样规定，把你的368页的宗教问答手册以一年中每天读一页的最小剂量来阅读，那么我们甚至相信，他最终会感到恶心：也就是说，是由于该有的效果没有产生而感到恼火。不如一口吞下！一次尽可能多地吞下！就像所有赶潮流的书所开的处方那样。那么，饮料是无害的，饮者喝下去绝不会感到恶心和不快，而是感到心情舒畅快活，就好像什么也没有发生，什么宗教也
177 没有摧毁，什么世界之路也没有建立——可我也将此称为一种效果！医生、药品、疾病，统统忘了！那种喜笑颜开！不断痒痒得发笑！你应该羡慕，我的先生，因为你建立了最令人愉快的宗教，因为其创立者不断因为人们取笑他而感到自豪。

4

作为未来宗教创立者的市侩——这是有着最令人难忘的形式的新信仰；变成了狂热者的市侩——这是使我们的现代德意志出类拔萃的闻所未闻的奇迹。可是，暂时让我们也对这种狂热保持一定程度的谨慎吧：可是除了大卫·施特劳斯以外，没有人以下列智慧的段落劝我们如此谨慎小心，然而遇到这种段落的时候，我们首先不会想到施特劳斯，而是想到基督教的创立者：“我们知道：曾有过高尚的、有修养的狂热者，一个狂热者可以激励、鼓舞别人，也可以在历史上持续地发挥影响；可是我们不愿意选择他成为生活引导者。如果我们不把他的影响置于理性的

控制之下，他就会把我们引上邪路。”（第 80 页）我们更知道，也可能有愚钝的狂热者，不激励、不鼓舞别人，却有希望作为生活引导者在历史上发挥非常持久影响并统治未来的狂热者：我们格外应该将他们的狂热置于理性的控制之下。利希腾贝格①甚至说：“有没有能力的狂热者，他们是真正的危险分子。”② 为了理性控制的缘故，我们首先渴望只对三个问题做出诚实的回答。第一，新信仰者是如何想象他的天堂的？第二，新的信仰给予他的勇气可以达到多远的地方？第三，他是如何写他的书的？自白者施特劳斯应该给我们回答第一、第二两个问题，作家施特劳斯应该给我们回答第三个问题。

新信仰者的天堂当然必定是一个人间天堂：因为基督教的“不朽的、 178
天堂生活的前景”加上那些对于“只有一只脚”站在施特劳斯立场上的其他安慰，是“绝对毫无意义的”（第 364 页）。如果说一种宗教如此这般地想象了它的天堂，那么这还是有点意义的：假如这是真的，即基督教除了吹拉弹唱以外不知道什么其他的天堂活动，那么这对于施特劳斯式的市侩来说，就当然不是什么有安慰的前景了。可是在自白书中有一页是谈论天堂的，即 294 页：让这羊皮纸卷尤其为你而展开吧，最幸福的市侩！整个天堂都下凡到了你跟前。“我们只要表明，我们做了许多年的事情现在是怎么做的，”施特劳斯说，“除了我们的职业以外——因为我们属于各种各样不同种类的职业，绝不仅仅是学者或艺术家，而且也是官员和军人，从业者和庄园主，而且，正如已经说过的那样，我们人数不少，有成千上万之多，而且不是所有国家里的最低劣者——除了我们的职业以外，我说，我们试图尽可能为所有更高的人类兴趣保持开放的意义：我们在最近几年中积极参加了伟大的民族战争和德意志国家的振兴，我们发现，我们内心里为我们这久经考验的民族命运的意外而美好的转折洋洋得意。我们通过历史研究促进了对这些事物的理解，现在由于一系列写得很有吸引力、很通俗的历史著作，历史学习甚至对于没有学问的人来说也变得很容易，同时我们试图扩大我们的自然知识，对

---

① 利希腾贝格（1742—1799），德国学者、作家。
② 引自利希腾贝格《杂文集》（1867），第 1 卷，188 页。

此也同样不乏通俗易懂的辅助手段；最后，我们在我们伟大诗人的文字中，在我们伟大音乐家作品的演出中，发现一种对精神和性情、对幻想
179 和幽默的刺激，它不让你此外还有什么别的奢望。我们就这样生活，我们就这样幸福地悠闲自在。"

这就是我们的人呀！市侩欢呼起来，他这样来读解：因为我们确实如此生活，所以我们生活得很平常。① 他懂得多么美妙地来改写啊！他能，比如，在我们用来帮助理解政治形势的历史研究中，比报上的读物更多地理解些什么吗？在对德意志国家振兴的积极参与中，比我们每天光顾啤酒店更多地理解些什么吗？使我们的自然知识扩大的动物园散步不应该是所指的那种"通俗易懂的辅助手段"吗？最后——剧场和音乐会，我们从那里把"对幻想和幽默的刺激"带回家去，它"不让你此外还有什么别的奢望"——他把靠不住的话说得多么郑重其事、多么幽默啊！这就是我们的人；因为他的天堂就是我们的天堂！

市侩如此欢呼，而如果我们不像他那样满意，那么，这只是因为我们想要知道得更多。斯卡利杰②常说："蒙田喝了红酒还是白酒，与我们有何相干！"可是我们在这个重要例子中会多么欣赏这样一种明确的声明啊！如果我们也还知道，那位市侩每天按照新信仰的规则抽了多少烟斗，他在喝咖啡的时候是更喜欢看《施彭纳尔报》还是《国民报》③，那又怎样！我们孜孜不倦的求知欲望啊！只有在一点上，我们接受的教育比较详细。很幸运，这种教育涉及天堂里的天堂，即那种审美的私人小房间，是为纪念伟大的诗人和音乐家而建造的，那位市侩很"喜欢"待在里面，甚至在他承认之后，在其中"他所有的污点都一笔勾销、都洗刷干净了"（第363页）；以至我们得把那些私人小房间看作小小的祭奠室加澡堂子。
180 "可是这不过是转瞬即逝的东西，它只出现于、适用于幻想王国；我们一回到冷酷的现实和狭窄的生活中，甚至过去的贫乏都从四面八方降临到

---

① 这是德国一首学生歌曲中的内容。

② 约瑟夫·J·斯卡利杰（1540—1609），法国古典学者、语言学家。

③ 由施彭纳尔（1749—1827）创办的保守报纸，于1874年并入1848年创办的自由主义报纸《国民报》。

我们头上。”——我们的老师如此叹息道。可是让我们利用我们可以用来待在小房间里的那些转瞬即逝的片刻吧！时间刚好够用，可以从四面八方看一看市侩的理想图像，也就是说，**被洗刷干净所有污垢**、现在完全是纯粹市侩典型**的市侩**。非常认真地说，这里提供的东西是非常富有教育意义的：在一般成为那自白书的牺牲品的人当中，但愿不会有人不读一读有着“关于我们的伟大诗人”和“关于我们的伟大音乐家”标题的这两个附录就让它们从手中溜过去了。在这里，新联盟的彩虹展现开来，见到它不高兴的人，“根本没有希望”，就像施特劳斯在另一个场合说过，可是在这里也会说的那样，“以我们的观点看，他尚不成熟”。我们是在天堂里的天堂之中。这位热情的 *Perieget*① 准备领着我们到处转转，遇到过于高兴而对所有那些美好事物谈论太多的时候，就表示歉意。“如果我也许会变得比这种场合理应有的样子更啰唆一些，”他对我们说，“那么我就要请读者谅解了；人的内心之丰富，总会溢于言表。只是他事先应该得到承诺的是，他以后将读到的东西，绝不是由我在这里插入的以前材料构成的，它是为当下目的、为当地而写的。”（第 296 页）这自白让我们惊讶了一下子。漂亮的小章节是否新写的，与我们有何相干！好像是要由写作来决定似的！老实说，我倒希望它早在四分之一个世纪以前就已经写成，那时候我至少会知道，为什么这些思想让我觉得如此苍白无力，为什么它们身上散发着腐朽的古物的味道。可是，在 1872 年写的
东西，竟在 1872 年就散发出腐朽的味道，我总觉得很可疑。让我们设想 181
一下，某人在遭遇这些章节及其味道的时候睡着了——他会梦见什么呢？一位朋友向我透露了情况，因为他有自己的经验。他梦见了一个蜡像馆：经典作家站在那里，是用蜡和珠子做成的精致的模仿之作。它们的手臂和眼睛能动，它们体内有一个螺丝同时发出嘎吱嘎吱的声音。他在那里看到了阴森可怕的东西，一个挂着小带子和发黄的纸头的怪诞人形，嘴里叼着一张纸条，上面写着“莱辛”字样；那位朋友想要走近一点看一看，结果看到了最可怕的东西，这是荷马的喀迈拉②，前面是施特劳斯，

① 在古希腊语中含有“导游”的意思，通常指古希腊旅行手册的作者。
② 喀迈拉是希腊神话传说中的喷火怪物。

后面是盖尔维努斯①，中间是喀迈拉——合起来是莱辛。这个发现让他忍不住恐怖地叫喊起来，他醒了，不再阅读。老师先生，可你为什么写了如此腐朽的章节呀！

我们倒也从中学到了一些新东西，比如，你通过盖尔维努斯知道，歌德怎么、为什么不是戏剧天才：歌德发表的《浮士德》第二部只是一种寓言式的、虚幻的产品；华伦斯坦②是一个麦克白，同时又是哈姆雷特；施特劳斯式的读者从《漫游时代》中拣出了中篇小说，就像顽皮的孩子从一个黏糊的蛋糕面团中拣出葡萄干和杏仁一样③；没有舞台上那种强烈的、吸引人的因素，就达不到充分效果；席勒走出康德，就像走出一个冷水疗养院一样。这一切当然新鲜而又引人注目，可是，即使引人注目，我们也并不喜欢；这一切肯定是新鲜的，也肯定绝不会变老，因为从未年轻过，一离开娘胎即已少年老成。这些享受极乐的新派亡灵在他们的审美天国里想起了什么样的念头啊！他们为什么不至少忘记一些呢，尤其是有些念头现在如此没有审美性，在人世间如此昙花一现，而且还如此明显带有幼稚可笑者的印记！比如像盖尔维努斯的某些学术观
182 点那样。但是，几乎就好像一位施特劳斯的谦虚的伟大和盖尔维努斯的不谦虚的微不足道竟然太想要相互容忍了：如果这位毫无疑问的艺术批评家继续教授他学来的热情和诚实的格里尔帕策④恰如其分地明确谈论过的他租来之马的飞奔，不久以后整个天堂都会在那飞奔的热情蹄声中回响，那么，祝福那些享受极乐的亡灵吧！也祝福我们这些不享受极乐的非亡灵吧！那时候，至少会变得比现在更活泼一点、更吵闹一点，我们那位天堂的导游者那种蹑手蹑脚、穿着毡袜子走路以掩盖的激动以及他口中那不紧不慢的雄辩会长久地使我们疲乏与厌倦。我想知道，施特劳斯嘴里出来的一声“哈利路亚”听起来是什么样子：我相信，你得洗耳恭听，要不然，你就会认为听到了一声有礼貌的道歉，或低声耳语的恭

① 盖尔维努斯（1805—1871），德国历史学家、文学史家。
② 德国诗人席勒（1759—1805）的戏剧《华伦斯坦三部曲》（1800）中的人物。
③ 歌德的小说《威廉·麦斯特的漫游时代》（1821—1829）中包含插入的小说。
④ 弗朗茨·格里尔帕策（1791—1872），奥地利剧作家。

维。我可以讲出一个有教育意义的、让你大吃一惊的有关例子。施特劳斯的对手谈论起施特劳斯在莱辛面前点头哈腰——这不幸的家伙是听错了！——施特劳斯为此对他非常生气。当然，施特劳斯断言，这一定是个愚钝的家伙，因为他竟没有在第 90 篇①中发觉他那些关于莱辛的简单言论是出自于肺腑的热情之言。我现在丝毫不怀疑这种热情；相反，施特劳斯对莱辛的这种热情在我看来，总是有点可疑之处；我在盖尔维努斯那里发现了对莱辛的同样热情，这种热情还被提升到了白热化的地步；是的，总体来说，没有一个德国的大作家在德国的小作家那里像莱辛那样受欢迎；然而他们不该为此而受到感激：因为他们称赞莱辛的，实际上都是些什么呀？首先是他的多面性：他是批评家和诗人，考古学家和哲学家，戏剧顾问和神学家。其次是这种“作家与其人的统一，心智的统一”。这后一点使每一个伟大的作家，有时甚至使一个小作家，与众不同。归根结底，狭隘的头脑甚至惊人地同狭隘的感情协调一致。至于前 183
者，那种多面性，则本身完全不是表扬，尤其是在莱辛的情况中，它只是一种贫困。更应该说，这正是那些热衷于莱辛的人了不起的地方：他们竟然不看一眼驱使他一生奔走从而达到这种“多面性”的那种消耗性的贫困；他们没有感觉到，这样一个人就像一团火焰，太快就被烧尽；他们对于以下事实也毫无愤怒之感：所有他的环境，尤其是所有他的有学问的同时代人最卑鄙的狭隘和拙劣使这样一个发着灼热而体贴光芒的人变得暗淡，折磨他，窒息他，以至那种被赞美的多面性本是应该产生出深深的同情的。“同情一下，”歌德冲我们喊道，“这个非同寻常的人吧，他生活在一个如此可怜的时代，他总是不断产生争议。”你们，我的善良市侩们，可以问心无愧地想一想这位莱辛吗？他正是由于你们的愚蠢，在同你们可笑的蠢蛋与偶像的斗争中，在你们的剧场、你们的学者、你们的神学家的弊端中死去的，连一次都没敢冒险去做他来到世界上想做的永恒飞行。你们在想起为了使自己的目光摆脱你们荒诞的幼稚可笑而向耶稣会士乞求帮助的温克尔曼②时感觉到什么吗？他的可耻的

① 指的是施特劳斯《新旧信仰》中的篇章。
② 约翰·约阿西姆·温克尔曼（1717—1768），考古学家、艺术史家。

宗教改信①玷污的不是他自己，而是你们。你们竟然可以说出席勒的名字而不脸红吗？看一看他的画像吧！那闪闪发光的眼睛，轻蔑地朝你们扫视，得了致命疾病似的绯红面颊，这不对你们说明些什么吗？你们把他当成了这样一件美好神圣的玩具，它是被你们摧毁的。如果把歌德的友谊从瘦弱的、鞠躬尽瘁的生命中取走，那么你们就会加速它的毁灭！你们没有协助过你们伟大天才的毕生事业，而你们却要从中得出一个信条，认为不再有人会被帮助？可是在每个人那里，你们都变成了歌德在他的
184 《钟之歌》跋②中所称呼的那种“麻木不仁世界的阻力”，对于每个人来说，你们都变成了恼火的麻木不仁者，或者妒忌的小气鬼，或者恶毒的自私自利者：尽管有你们在，他们还是创造出他们的作品，他们把进攻矛头对准了你们；由于你们，他们过早地倒下了，工作未完成，在斗争中被压断了脊梁，或者变得麻木不仁。现在你们可以煞有介事地赞美这样的人了！而且用的是这样一些溢美之词，让人一听就明白，你们实际上想的是什么人，因此这些话“如此热烈地发自肺腑”，以至于谁要是没有注意到，这实际上是在对谁表示敬意，那他就实在是太迟钝了。“真的，我们需要一位莱辛，”歌德喊道，“要是幼虎突起的肌肉到处充满不安的力量，目露凶光前去捕食，那就让所有那些虚荣的老师们和整个审美的天国见鬼去吧！”

5

我的朋友通过那种喀迈拉的鬼魅形象而受到有关施特劳斯式的莱辛、有关施特劳斯本人的启蒙，不再读下去，这是多么聪明啊！可我们自己却继续阅读，甚至渴望从新信仰的看门人那里得到进入**音乐**圣殿的许可。老师打开门，陪着我们走，向我们做解释，举出一些名字——最后我们不信任地停住脚步，望着他：如果我们的情况不妙，那么我们那位梦中的可怜朋友会怎样呢？施特劳斯所谈论的那些音乐家，在我们看来，他在谈论他们的时候是说错了名字，我们相信，即使不是谈论可笑的幽灵，

---

① 有的人声称温克尔曼改信天主教只是为了更便于接触到罗马的古代艺术收藏。
② 歌德为纪念席勒而为席勒的诗歌《钟之歌》所写的跋诗。

也是在谈论别人。如果他，比如，以我们在他对莱辛的赞美中觉得很可疑的那种热情把海顿的名字挂在嘴上，表现得像是一种海顿秘仪祭礼的守护祭司和司铎，却又把海顿比作一碗“名副其实的汤”，把贝多芬比作
“甜点”（也就是说，涉及的是四重奏音乐）（第 362 页），那么我们只有 185
一件事是有把握的：**他的**甜点贝多芬不是**我们的**贝多芬，他的汤海顿不是**我们的**海顿。此外，这位老师认为我们的乐团太好而不适合于演奏他的海顿，主张只有最朴实的业余爱好者才能最适合于那种音乐——又一明证，证明他是在谈论另一位艺术家、另一件艺术品，也许是在谈论里尔的家庭音乐。

可是，谁会是那位施特劳斯的甜点贝多芬呢？据说他创作了九部交响乐，其中田园交响曲是“最缺乏才气的一部”；据我们所知，每次在作第三交响曲的时候，他都迫不及待地“放荡不羁和寻求冒险”，从中我们几乎可以猜出一种半马半骑士的双重身份。就某一个“英雄交响曲”而言，那位肯陶洛斯①受到严重折磨，因为他没有成功地表达出，“这涉及的是空旷原野上的斗争还是人内心深处的斗争”。在田园曲中，据说有一场“狂风暴雨”，对于这场暴雨来说，打断一场乡村舞蹈是“太微不足道”了；正如那种精明而正确的说法所说，由于那种“对陪衬的琐碎理由的任意牵扯”，这部交响曲是“最缺乏才气的一部”——甚至似乎有一个粗俗的词浮现在这位古典老师的面前，但是正如他自己所说，他在这里宁愿“以恰如其分的谦虚”来表达。可是不，他，我们的老师，这一下可错了，他在这里真的太谦虚了。如果不是施特劳斯本人，这位似乎是认识这位甜点贝多芬的唯一的人，究竟谁又会教给我们听甜点贝多芬的事情呢？此外，现在马上就有一个以恰如其分的**不谦虚**谈论的有力判断接踵而来，而且正是关于第九交响曲的：这种交响曲只会为那些“把巴洛克当作完美，把不拘形式当作崇高”（第 359 页）的人所喜爱。当
然，像盖尔维努斯这样一位严格的批评家曾对它表示欢迎，也就是说， 186
把它当作一种盖尔维努斯信条的证明：他，施特劳斯，远远没有在如此

① 希腊神话中的半人半马怪物。

“有问题的产品”中寻找**他的**贝多芬的功绩。“可惜啊!”我们的老师带着一声深情的叹息喊道。“人们在贝多芬那里必定由于这样的限制而兴味索然，不再欣然给予赞美。”因为我们的老师是美惠女神的宠儿；美惠女神告诉他，她们只是同贝多芬走了一段路，然后他就见不到她们了。“这是一种缺点，”他喊道；“可是人们应该相信，这也会呈现为一种优点吗?”“谁艰难地、气喘吁吁地滚动音乐的理念，谁就似乎将会滚动更沉重的理念，成为更强大者”（第355、356页）。这是一个自白，而且不仅是关于贝多芬，也是一个关于自己的“经典散文写作者”的自白：他，这位著名的作者，美惠女神抓住他不放：从轻松的玩笑——即施特劳斯式的玩笑——到高度认真——即施特劳斯式的认真——她们坚定地站在他一边。他，这位古典写作艺术家，轻松地、嬉戏地推动他的重负，而贝多芬却要气喘吁吁地滚动。他似乎只是在用他的重物来玩耍，这是一个长处；可是，我们应该相信这也可能呈现为一种缺点吗?——可是最多也只是在那些把巴洛克当作完美、把不拘形式当作崇高的人那里——不是吗?你这位美惠女神的嬉闹的宠儿!

我们不嫉妒任何人在他小房间的宁静中或者在一个专门适应于他的新天国里努力获得实现的修身养心；可是在一切可能的修身养心中，施特劳斯的是最了不起的修身养心：因为他靠着献祭品的小火修身养心，他不动声色地往火中扔进去德意志民族最崇高的作品，为的是要用它们的蒸汽来熏制他的偶像。让我们想象一下，碰巧英雄交响曲、田园曲、
187 第九交响曲都落入我们那位美惠女神的祭司之手；通过清除如此“有问题的产品”而保持大师形象的完美，就取决于他了——谁会怀疑他不会把它们烧毁掉呢?而事实上，我们时代的施特劳斯们就是这样干的：关于一位艺术家，他们想知道的不过是他适合于为他们的家庭服务，他们只熟悉熏制和烧毁的对立。这毕竟应该由他们自便：诡异之处只在于审美舆论如此虚弱、如此不可靠、如此易受误导，以至它毫无异议地满足于最寒酸之市侩的这样一种炫耀，甚至到了面对一个没有审美情趣的二三流教师在对贝多芬进行评头论足的场面，竟然毫无滑稽感觉的地步。至于莫扎特，亚里士多德关于柏拉图所说的话，在这里也同样适用：“**不足取的人甚**

至都不可以赞美他。”可是在这里，无论在公众那里，还是在那位老师那里，廉耻都已丧失殆尽：人们不仅允许他公开在日耳曼天才最伟大、最纯粹的作品面前画十字，好像他看见了什么淫乱的、亵渎神灵的东西，而且还欣然于他坦率的自白和认罪，尤其是因为他坦白的并非他自己所犯之罪，而是伟大人物所犯之罪。啊，但愿我们的老师真的始终是对的！他的毕恭毕敬的读者有时候在一阵心血来潮的怀疑感之中想道。可是他自己却站在那里，笑吟吟的，信心十足，侃侃而谈，又诅咒又祝福，向自己脱帽表示敬意，随时都能够说出德拉福特公爵夫人对斯达尔夫人①所说的话：“我得承认，我亲爱的朋友，我认为除了我以外，没有人总是有理。”

6

想到一具尸体，这对于一条蛆虫来说是一个美好的念头，而想到一 188
条蛆虫，这对于每一个活人来说，则是一个可怕的念头。蛆虫们梦想它们的天国在一个肥胖的体内，哲学教授们则梦想在翻腾叔本华的内脏中寻求他们的天国，而只要有啮齿目动物，也就会有啮齿目动物的天国。以此，我们就回答了我们的第一个问题，即新的信仰者是如何想象他的天堂的。施特劳斯式的市侩像一条蛆虫一样栖身于我们伟大诗人、音乐家的作品中，它靠摧毁而活着，靠狼吞虎咽而赞美，靠消化而朝拜。

可是现在，我们的第二个问题是这样的：新的信仰给予其信仰者的勇气可以够着多远的地步？如果勇气和不谦虚是一回事，那么这问题甚至就已经得到了回答：因为这时候，施特劳斯一点也不缺乏一种真正的、合适的马穆鲁克②式勇气，至少施特劳斯在上述一个有关贝多芬的段落中谈到的那种恰如其分的谦虚只是一种修辞学的，而非道德的措辞。施特劳斯充分分享了每个胜利的英雄都相信自己有资格具有的洒脱；所有鲜花都只为他这位胜利者而绽放，他赞美太阳，因为它正好在合适的时候照上了**他的**窗台。他甚至在他的赞美中也不放过古老而令人敬畏的宇宙，好像它必然通过这种赞美才被神圣化的，从现在起只可以围绕施特劳斯

① 斯达尔夫人（1766—1817），法国作家，代表作为《论德意志》（1810）。尼采所引德拉福特公爵夫人对斯达尔夫人所说的话出处不详。

② 指 1250—1517 年统治埃及的军人集团中的一员，原为奴隶。

这个中心单子振荡。他善于教导我们说，宇宙虽然是一部有着铁齿轮的机器，在那里沉重地锤击、隆隆地运转，可是“它不仅是无情的轮子在运转，而且也冒出缓解摩擦的油”（第365页）。这宇宙即使很喜欢为施特劳斯所赞美，它也不会偏偏因为这位爱好比喻的老师未能为他的赞美
189 发明出更好的比喻而感谢他。可是人们管一部机器在锤击和运转中滴下来的油叫什么呢？对于工人来说，当他的手脚被机器卡住，即使知道这油是朝他涌出的，这又能安慰他什么呢？让我们相信，这个比喻很失败，于是另一个程序吸引了我们的注意，施特劳斯试图用这个程序来搞清楚他对宇宙真正怀有什么样的情绪，在这个程序中，葛丽卿①的问题挂到了他的嘴边：“他爱我——他不爱我——他爱我？”② 如果说施特劳斯现在连一片片的花瓣也不摘，连裙子的纽扣也不数，那么他所做的也同样有损害，尽管也许多了一点勇气。施特劳斯想要搞明白，他对“一切”的感觉是否已经麻痹和坏死，他扎了扎自己：因为他知道，万一四肢麻痹或坏死，你用针扎它们是不会有疼痛的。当然他实际上没有扎自己，而是选择了一个更残暴的程序，他如是描绘这个程序说：“我们打开叔本华的书，他便不失时机地扇我们这观念的耳光。”（第143页）因为一个观念，甚至施特劳斯最美妙的宇宙观念，也没有一张脸，而只有有观念的人才有，所以这程序就由下列几个行为构成：施特劳斯打——乃至于**开**叔本华的书，接下来叔本华就抓住这个机会扇施特劳斯的耳光。现在施特劳斯做出“宗教的”“反应”，也就是说，他重新痛打叔本华，谴责他谈论荒诞、亵渎、卑鄙无耻，甚至断定叔本华头脑有点不正常。殴打的结果是：“我们要求对我们的宇宙拥有像古老风格的虔诚者对其上帝所怀有的那同一种虔诚”——或者更简短：“他爱我！”我们这位美惠女神的宠儿，他使生活对他自己变得沉重，可是他像一个马穆鲁克一样勇敢，既不怕魔鬼，也不怕叔本华。如果这样的程序经常有的话，他需要多少“缓解摩擦的油”啊！

190 另一方面，我们很理解施特劳斯对这位让人痒痒、刺得人疼痛、出

① 歌德名著《浮士德》中的一位纯情女子。

② 引自歌德《浮士德》，第1部，第12场。

手打人的叔本华怀着如何的感激之情；因此我们甚至对他向叔本华做出的下列明确的亲善表示也没有进一步感到惊讶："叔本华的著作我们只需要翻一翻，尽管不仅翻一翻，而且好好研究这些著作会有别的好处，等等。"（第 141 页）这位市侩小头目究竟是在对谁说这话呢？是我们恰恰可以向其证明他从来没有研究过叔本华的那个人，是叔本华一定关于他有过截然相反之词的那个人："这是一个不值得翻阅，更不值得研究的作者。"显然叔本华卡在他的喉咙里：他清清嗓子，想要把他弄出来。可是，为了让杯子里充满天真的溢美之词，施特劳斯还随意抬出老康德来：他将其 1755 年的《自然通史与天体理论》称为"一部对我来说永远不会显得比他后来的《纯粹理性批判》更少价值的著作。后一部著作值得赞叹的是洞察的深度，前一部著作值得赞叹的是涉猎的广度：如果我们在后一部著作中碰到了那位自认为尤其需要确保对尽管有限的知识之占有的老人，那么在前一部著作中朝我们走来的则是那个有着精神发现者和精神征服者全部勇气的人"。施特劳斯关于康德的这种判断在我看来，越来越不如关于叔本华的那种判断那样谦虚了：如果我们在后一种的判断中碰到了那位自认为尤其需要确保对一种尽管有限的判断之表达的小头目，那么在前一种判断中朝我们走来的则是甚至以无知的全部勇气向康德倾倒出溢美香精的著名散文写作者。正是这令人难以相信的事实，即施特劳斯完全不懂得从康德的理性批判中为他自己的现代观念全书获取些什么，以及他到处只向最粗陋的现实主义说讨好的话，属于这种新福音的显著特征，这种新福音此外也不过只是自称为持续的历史与自然研 191
究所艰难取得的结果，从而甚至否认了哲学因素。对于这位市侩小头目及其"我们"来说，康德哲学是不存在的。他想象不出基本的唯心主义二律背反和所有科学与理性最相对的意义。或者，正是理性应该对他说，通过理性来识别万物的自在是多么不可能。可是这是真的：对于某种年龄的人来说，理解康德是不可能的，尤其是当你像施特劳斯那样在年纪轻轻的时候就理解了或误以为理解了"精神巨擘"黑格尔，甚至此外还得研究施特劳斯所谓"几乎拥有太多洞察力的"施莱尔马赫。如果我对施特劳斯说，他甚至现在还"不折不扣地依赖"黑格尔和施莱尔马赫；

他的宇宙学说、对两年一轮①事物的观察方式和他在德国现实状况面前的卑躬屈膝，尤其是他那无耻的市侩乐观主义，应该说是出自某些早先青年时代的印象、习惯和病理现象，那么，施特劳斯听起来会觉得很奇怪。谁一旦得了黑格尔病、施莱尔马赫病，谁就绝不会完全被治愈。

在那自白书中的一个段落里，那种不可救药的乐观主义真正像过节一般欢喜雀跃（第142～143页）。“如果世界是一件最好不存在的事物，”施特劳斯说，“那么好，甚至构成这世界一部分的哲学家的思想也是一种最好不要思考的思想。悲观主义哲学家没有注意到，尤其是他，如何把他自己的宣称世界不好的思想也宣布为不好；可是，如果一种宣称世界不好的思想是一种不好的思想，那么世界就更应该说是好的了。乐观主义也许通常把它的事情看得太轻易了，与此相反，叔本华对痛苦和邪恶
192 在世界上所起强大作用的证明是完全合适的；但是每一种真正的哲学都必然是乐观主义的，因为要不然它就自我剥夺了存在的权利。”如果这种对叔本华的反驳不是施特劳斯有一次在另一个段落中称为“更高领域响亮欢呼声中的反驳”的那种东西，那么我就完全不理解他曾经针对一个对手所使用的这种戏剧性说法。乐观主义在这里是故意一下子把它的事情搞得很轻松。可是这正是做得很巧妙的艺术品，好像根本不是要反驳叔本华，而是如此嬉戏着继续向前推动重负，以至三位美惠女神随时都从戏耍的乐观主义者身上得到乐趣。通过这行为要显示出来的，正是这一点，即根本没有必要把悲观主义者当真：毫无根据的诡辩恰恰有理由宣告，在叔本华哲学一类“不健康、无益处的哲学”上，不可以滥用依据，最多也只可以浪费一点言辞和玩笑。在这样的段落，叔本华的郑重声明被理解为，在叔本华看来，乐观主义在绝不是那些扁平的脑门子里面只有话匣子的人毫无思想的夸夸其谈的地方，不仅被当作一种荒唐的，而且也被当作一种**真正声名狼藉的思维方式**，当作一种对人类无名痛苦的尖刻嘲讽。如果市侩像施特劳斯那样将其系统化，那么他也使它变成

① 这里尼采用的是拉丁语 sub specie biennii，直译是“以两年的方式”，是他戏谑地改变了一句著名拉丁语短语 sub specie aeternitatis（以永恒的方式），用以讽刺施特劳斯的观察方式。

了声名狼藉的思维方式，也就是说，变成了一种“我”或“我们”的最麻木不仁的舒适准则，并激起愤怒。

比如，谁能读到下列心理表白，而不会因为它显然是那种声名狼藉的舒适理论的分枝而愤怒呢?“贝多芬说，他绝不会作《费加罗》或《唐璜》那样的曲子。**生活并没有朝他微笑，以至于他会把它看成如此轻松愉快，** 193
并对人类的弱点如此满不在乎。”（第 360 页）可是，若要引用声名狼藉的那种观念之庸俗的强有力例证，那么在这里做如此暗示便足矣：施特劳斯只懂得宣称基督教最初几百年里十分认真的全部否定冲动和禁欲的神圣化方向，是由于之前过于放纵各种淫乐，因而造成厌恶和身体不适：

波斯人称之为 *bidamag buden*，

德国人说“事后的良心谴责”。①

施特劳斯自己如此引用，不知羞耻。可是我们却要回避一会儿，以便克服我们的厌恶。

7

事实上，我们的市侩小头目说话很有勇气，甚至极其大胆，在他可以相信通过这样一种勇气而使他高贵的“我们”赏心悦目的地方，他到处都是这样。于是，古代隐士和圣人的禁欲和自我否定就一下子被当作一种“事后的良心谴责”的形式，耶稣会被描写为在我们的时代几乎无法逃脱疯人院的狂热者，耶稣复活的故事会被称为一种“世界史上的欺骗”——所有这一切，我们想要有一次让我们自己喜欢，以便据此来研究我们的“古典市侩”施特劳斯能够拥有的那种独特的勇气。

首先让我们听一听他的自白：“把世人最不愿意听的事情告诉给世人，这当然是一项不受欢迎、吃力不讨好的工作。世人喜欢像大人物一样，办事落落大方，收进来，花出去，只要还有钱可以花：可是如果现在一个人总计各个款项，很快就把结算表放在世人面前，那么他们就会把他看成一个是非精。而我的性情和精神气质就一向驱使我这么做。”你 194
也许会把这样一种性情和精神气质说成有勇气的，然而这种勇气是不是

① 引自歌德《东西合集》。

一种自然的、原始的勇气，或者更应该说，是一种学来的、人为的勇气，这仍然值得怀疑；也许施特劳斯只是恰好习惯了当职业的是非精，然后他才培养自己具有一种职业的勇气。市侩所固有的怯懦与之相得益彰，这一点尤其体现在需要勇气来说出的那些话的毫无结论之中：雷声大，雨点小，空气仍是不爽。他没有诉诸攻击性的行动，而只是诉诸攻击性的言辞，可他选择的言辞尽可能带有侮辱性，并且他还以粗野的、大声叫嚷的表达方式消耗掉他身上积聚起来的全部充满能量和力量的东西；在渐渐没话了以后，他就比从来不说话的人更加怯懦。是的，甚至行为的映像，即伦理学，也显示他是一个说话的巨人，他避免任何必然要从言论进一步走向十分认真实施的机会。他以值得赞美的坦率宣告，他不再是一个基督徒，可是他不想要打扰任何一种方式的满足；他似乎觉得，建立另一个团体就是要推翻一个团体，这是有矛盾的——实际上一点也不矛盾。他以某种原始的惬意将自己裹在我们的毛猿系谱学家多毛的外衣里面，把达尔文称赞为人类最伟大的行善者——可是我们羞愧地看到，他的伦理学是完全脱离了“我们如何理解世界”这样的问题而建立起来的。这里有一个显示天然勇气的机会：因为在这里，他一定是把背转向了他的“我们”，大胆从 *bellum omnium contra omnes*① 和更强大者的特权中得出生命的道德法则，但是如此道德法则必然起源于精神上的大无畏意识，就如霍布斯的意识那样，起源于一种完全与众不同的、了不起的
195 真理之爱，而不是起源于始终只是以有力的出击姿态朝教士、奇迹和“世界史上的欺骗”爆发出来的真理之爱。因为有了一种纯粹的、认真贯彻的达尔文主义的伦理学，市侩就会反对自己，而在所有这样的出击姿态中，市侩都是为了自己的。

“一切道德行为，”施特劳斯说，“都是个人根据种类观念的一种自决。”若翻译成明白易懂的话，意思就是：作为人活着吧！而不要作为猿猴或海豹活着。可惜，这种命令式是完全没有必要的、无力的，因为在人类概念之下，形形色色的人被套在一起，比如巴塔哥尼亚人②和老师施

① 拉丁文：所有人对所有人的战争。
② 南美洲东南部地区的人。

特劳斯，因为没有人敢于以同样的权利说，作为巴塔哥尼亚人活着吧！以及，作为施特劳斯老师活着吧！可是如果有人提出要求：作为天才活着吧！也就是说作为人类的理想表达方式，无论碰巧这是巴塔哥尼亚人还是施特劳斯老师，那么我们就得遭受有天才癖好的怪人—愚人的纠缠不休，利希腾贝格已经抱怨了这样的人在德国像雨后春笋般的出现，他们以疯狂的叫嚷要求我们好好听一听有关他们最新信仰的自白。施特劳斯还不曾知道，绝没有一个概念使人类更好、更讲道德，宣讲道德之容易和建立道德之难在程度上是一样的；他的任务更应该是从他的达尔文主义前提出发，认真解释和推导出事实上现存的人类之善的现象，诸如慈悲、爱、自我否定：而他却宁愿一下蹦到命令式里，逃避了**解释**的任务。在这一蹦当中，他甚至一下子轻松愉快地超越了达尔文的基本命题。“任何时刻都不要忘记，”施特劳斯说，“你是人，而不仅仅是自然生命； 196
任何时刻都不要忘记，所有其他人都同样是人，也就是说，尽管有个体的多样性，却都和你一样，像你一样，有着同样的需要和要求——这就是所有道德的典范。”（第 238 页）可是，这种命令式是从哪里喊出来的呢？它怎么可能是人所固有的呢？因为按照达尔文的说法，人根本就是自然生命，按照完全不同的法则发展到人的高度，正是由于他任何时刻都忘记了其他同类生命同样是合法的，正是由于他在这中间把自己看作更强大者，造成了其他天生弱小类型的灭亡。尽管施特劳斯必然设想，绝没有两个生命体完全相同，人类从动物阶段到文化市侩高度的整个发展靠的是个体的多样性法则，可是他毫不费劲地就宣告了相反的事情：“你就做得好像没有什么个体的多样性吧！”施特劳斯—达尔文式的伦理学到哪里去了？尤其是，勇气到哪里去了？

我们马上就得到一个新的证据，证明那种勇气在怎样的界限上转向了反面。因为施特劳斯继续说：“任何时刻也不要忘记，你和你在自己身上、自己周围所观察到的一切不是没有关系的碎片，不是由原子和偶然事件构成的原始混沌，而是一切都按照永恒法则，来自所有生命、所有理性、所有善的同一个起源——这便是宗教的典范。”可是，从那“一个起源”同时也流出了所有的毁灭、所有的非理性、所有的恶，其名称在施特劳斯那里就叫做宇宙。这个宇宙具有一种如此互相矛盾、如此互相抵消的特点，它又怎么会值得受到一种宗教的尊敬，并像施特劳斯所表达的那样（第 365 页），被以"上帝"之名来相称呼呢？"我们的上帝不
197 是从外面把我们抱在他怀里的（相反，在这里人们期待一种当然十分神奇地从里面抱到怀里的拥抱!），而是他在我们内心里为我们开启了安慰的源泉。他向我们表明，虽然偶然性会是一种非理性的世界统治者，但是必然性，也就是说世界上的因的链条，是理性本身（一种欺诈，只不过'我们'没有注意到，因为它是在黑格尔的这种对'现实的即合理的'这一信条的推崇中，即在**对成功的崇拜**中培育起来的）。""他教我们认识到，要求唯一的自然法则在实施中有一个例外，也就是要求摧毁一切。"相反，老师先生，一位诚实的自然研究者相信世界无条件的合乎规律性，可是丝毫不表示关于这种法则的伦理价值或理性价值：若有这样一种表示，他就会认识到这是一种自以为不受限制的理性把人等同于神的做法。可是，正是在诚实的自然研究者无可奈何的这一点上，施特劳斯做出了——为了用他的羽毛来装饰我们①——"宗教的""反应"，做起了故意在科学上不诚实的事情。他不加考虑地设想，一切发生的事情都有**最高的**理性价值，也就是说，是绝对理性地、有目的地安排好的；其次，这一切事情包含着永恒之善的启示。于是他需要一种完完全全的"宇宙正论"②，而现在他在只喜欢神正论的人面前处于劣势，那样的人可以把人类的整个生存理解为一种惩罚行为或改过自新状态。在这一点上，在这样的尴尬中，施特劳斯甚至做了一个曾经有过的最枯燥无味、最无生气的形而上学假设，归根结底只是莱辛一句话的无意识戏仿。"莱辛的那另一句话（第 219 页上说）：如果上帝右手拿着全部真理，左手拿着始终生
198 气勃勃地追求真理的唯一欲望，尽管是在持续谬误的条件下，让他选择，那么，他就会谦恭地扑向上帝的左手，为自己请求得到左手里的东西——莱辛的这句话一向被人们看作他留给我们的最美好的东西。人们

---

① 施特劳斯的德文是 Strauss，意思是鸵鸟，很容易让人联想到羽毛。

② 这个词（Kosmodicee）是根据神正论（Theodicee）一词造出来的。神正论本是莱布尼茨造出来的，意思是"表彰上帝的公正之学"。

在其中发现了他孜孜不倦的研究兴致和工作兴致的天才表达。这话也因此而始终给我留下了十分特别的印象，因为我在他主观意义的背后还听得出从无限遥远的距离外传来一种客观意义。其中究竟有没有对叔本华关于上帝的粗鄙言论——他认为上帝被误导，除了降临这个悲惨世界，没有做什么更好的事情——的最佳回答呢？因为如果造物主自己也有莱辛的想法，更喜欢搏斗，而不喜欢平静地拥有呢？"那么真的有一位以对真理的追求保留了**持续谬误**的上帝了，他也许甚至谦恭地扑向施特劳斯的左手，以便对他说：你拿上全部真理吧！如果曾经有一位上帝和一个人被误导，可正是这位施特劳斯式的上帝有误解和犯错误的业余爱好，正是这个施特劳斯式的人必须为这种业余爱好受到惩罚——在这里，人们无疑听到"一种意义从无限遥远的距离外传来"，在这里，流淌着施特劳斯缓解摩擦的万灵油，在这里，人们预感到所有生成、所有自然法则的合理性！真的？那么，不是更应该说，我们的世界，如利希腾贝格有一次所表达的那样①，是尚不能正确理解事物的一种低级生命体的作品，也就是说，一种尝试？一种仍在加工处理的试验品？然而，施特劳斯自己这时候必然会承认，我们的世界根本就**不**是理性的舞台，而是谬误的舞台，所有的合乎规律性不含有任何安慰性的东西，因为所有法则都是由一个谬误的而且是出于消遣而谬误的上帝所赋予的。这真是一种赏心悦目的奇观，看着施特劳斯这位形而上学建筑大师建起高耸入云的空中楼阁。可是这奇观是为谁而上演的呢？是为了高贵而舒适的"我们"，为 199
的是不要坏了他们的情绪：也许他们在世界机器一成不变的、无情的齿轮运转中变得恐惧起来，颤抖着请求他们的领袖来帮忙。因此施特劳斯注入"缓解摩擦的油"，因此他用绳子牵来了出于激情而谬误的上帝，因此他扮演了令人十分惊讶的形而上学建筑师的角色。他做这一切是因为那些高贵而舒适的人很害怕，他自己也很害怕——这正是他勇气的尽头，甚至面对他的"我们"也是如此。因为他不敢老老实实对他们说：我把你们从一位有帮助的、仁慈的上帝解放出来，"宇宙"只是一个一成不变

---

① 参见利希腾贝格《杂文集》(1867)，第1卷，90页。

的齿轮组合，留神不要让它的齿轮把你们碾碎了！他不敢这样：所以就得有女巫出场了，也就是形而上学。可是市侩更喜欢施特劳斯的形而上学，而不喜欢基督教的形而上学，更同情关于一个谬误的上帝的观念，而不同情关于一个创造奇迹的上帝的观念。因为他自己，即市侩，也谬误，只是还从来未创造过奇迹。

就是出于这样的理由，市侩痛恨天才，因为正是这一点被认为有资格创造奇迹；因此认识到为什么施特劳斯在唯一的一个段落里一下子自称为专为天才辩护，尤其是为精神的贵族本性辩护的帅辩护士，这是很有启发性的。可是，为什么呢？出于恐惧，而且是出于对社会民主党人的恐惧。他提到了俾斯麦、毛奇①，“他们的伟大，比起其在明显的外部事实方面的显现来，要更加不可否认。因为甚至最无礼、最粗鲁的人在那些伙伴中间也迁就一下，抬头仰视，以便至少看一眼那些高大形象的膝盖部分”。老师先生，你也许想要给予那些社会民主党人一种如何挨人
200 踢的指导？踢人的好意到处都可以碰到，你可以确保，被踢的人在这个程序中可以看到那高大形象的“膝盖部分”。“甚至在艺术和科学领域，”施特劳斯继续说，“也从来不乏建筑巨子，他们让大批打工仔有事可做。”好——可是，一旦打工仔自己搞起建筑来，怎么办呢？这种情况是有的，老师先生，你是知道的——那时候巨子们就不得不笑了。

事实上，这种厚颜无耻和虚弱的结合、大胆言辞和怯懦迁就的结合，这种关于用什么样的话如何一下子给市侩留下深刻印象、用什么样的话可以抚慰市侩的精心琢磨，这种表面上的力量和性格而实际上没有力量和性格，这种以优越感和经验老练的伪装出现的贫乏智慧——这一切就是我在这本书中所憎恨的东西。如果我想象年轻人能忍受这本书，甚至重视它，那么我就会悲痛地断绝我对他们未来的任何希望。这样一种贫乏的、无望的、真正可鄙的市侩作风的自白，应该是对施特劳斯所谈论的那成千上万“我们”的表达，这“我们”又会是随后一代人的父亲！这对于那种想要帮助未来一代实现当下所无的事物——一种真正的德意

① 赫尔穆特·毛奇（1800—1891），德国陆军元帅、军事家。

志文化——的人来说，是可怕的前提。对于这样一个人来说，好像地面上覆盖了一层灰土，日月无光；每一棵枯朽的树木，每一片荒芜的田野都在朝他呼喊：不毛之地！荒无人烟！这里不再有春天！他的心情一定像青年歌德看了一眼《自然体系》① 阴沉沉的无神论黑夜之后的心情一样：他觉得那本书那么灰色、那么黑暗、那么死气沉沉，以至他努力忍受住它在眼前的事实，在它面前就像见了鬼一样毛骨悚然。

8

我们已经足够了解了新信仰者的天堂和勇气，现在可以向我们提出 *201*
最后一个问题了：他是如何写他的书的？他的宗教文献属于哪一个种类？

谁能够严谨地、毫无偏见地回答这个问题，那么以下事实，即施特劳斯的这个德国市侩袖珍神谕②竟然已经有了六个印次的需求，就成了他最值得深思的问题，尤其是当他还听说以下情况的时候：它在知识界，甚至德国的大学，也是作为这样一种袖珍神谕而受到欢迎的。听说学生将它欢呼为强者必读书，而教授并不反驳：人们不时想要在其中真正发现一本**学者的宗教书**。施特劳斯甚至暗示，这本自白书不**仅仅**是为学者和有文化的人提供一种信息的；可是在这里让我们坚持这样的事实：它首先是针对这些人的，而且尤其是针对学者的，以便将生活之镜举在他们面前，让他们看看自己是怎么生活的。因为这是艺术品：那位老师假装好像他勾画了新的世界观察的理想，而现在，赞美之声又从每一张嘴里回到他那里，因为每个人会认为，正是他如此观察世界和生活，正是在他身上，施特劳斯能够看到，他要求于将来的东西已经完成。由此也部分宣告了那本书的杰出成就：正如书中所说，我们就这样生活，我们就这样幸福地悠闲自在！学者冲着他喊，很高兴别人为此而快活。他是否关于个别事情，如达尔文或死刑，碰巧和这位老师的想法不一样，他

---

① 启蒙运动时期《百科全书》的撰稿人和哲学家霍尔巴赫（1723—1789）的无神论著作。

② 尼采在这里把施特劳斯的书比作西班牙耶稣会士巴尔萨撒·格拉西安（1601—1658）最著名的著作《神谕手册与精明之道》（1647）。这是一本实用格言集，叔本华对其十分欣赏，将其译成德文。

感觉相当无所谓，因为他如此肯定地感觉到，总的来说，他呼吸的是他
202 自己的空气，听到的是**他**的声音和**他**的需求的回声。无论这种一致性会多么触痛每一个真正的德国文化之友，他也一定会毫不退让地严肃解释这样一个事实，甚至毫不退缩地公开做出他的解释。

我们确实都了解我们时代特有的从事科学的方式，我们了解它是因为我们体验这种方式，所以就几乎没有人提出问题，问甚至在这样的前提下，即在到处都有最佳才能和最真诚的意愿要为文化发挥作用的情况下，如此从事科学会为文化产生些什么。确实，在科学人员（完全不算他们现在的形态）的本质中有一种真正的悖论：他们表现得像福星高照、自命不凡的游手好闲者，好像生存不是一件不可救药、令人忧虑的事情，而是一种牢靠的永久性财富。他似乎可以将生命浪费在问题上，对这些问题的回答只对那种已确保得到永生的人才可能是重要的。周围是悬崖峭壁在瞪着他，这位时间不多的继承人，每走一步都会使他想起：为什么？去哪里？从哪里来？可是他的灵魂在完成数花丝或击碎路边石头的任务时焕发红光，他竭尽全力地以他的参与、乐趣、能量和渴望致力于这项工作。这种悖论，即科学人员，最近在德国陷于匆忙之中，好像科学是一家工厂，每一分钟的耽误都会给自己带来惩罚。现在他像第四等级的奴隶一样努力工作，他的学习不再是一种学习，而是一种需要，他不东张西望，以精疲力竭的工人所特有的那种没精打采或那种讨厌的困乏，做完所有的工作，同样也经历生活所包含的所有忧虑。

203 **这也是他对文化的态度**。他表现得好像生活对他来说只是 *otium*①，但 *sine dignitate*②：甚至在梦中，他也不把桎梏扔掉，就像一个奴隶甚至在摆脱了困境以后还梦见自己匆匆忙忙做事，梦见自己挨打。我们的学者几乎在任何情况下都不比想要扩大一小块继承的地产，孜孜不倦地从早到夜努力耕地、犁地、吆喝牲口的农夫占任何优势。现在，帕斯卡实际上认为，人类如此迫切地从事他们的业务和科学，只是为了以此逃避每一种孤独、每一种真正的清闲强加于他们的最重要问题，即关于为什

---

① 拉丁文：闲暇。
② 拉丁文：没有尊严。

么、从哪里来、到哪里去的问题。很奇怪，我们的学者竟没有想到最近的问题：为什么他们的工作、他们的匆忙、他们的痛苦陶醉是有用的。绝不可能是为了挣得一片面包或谋一个荣誉职位吧？不，真的不。可是，你们以穷鬼和饿鬼的方式操劳，你们甚至贪得无厌地、毫无选择地从科学的餐桌上疯抢食品，好像你们快要饿死了。可是，如果你们作为科学人员同科学打交道，就像工人同他们的贫困和生活困境向他们提出的任务打交道一样，那么，一种这样的文化，它被断定正是由于这样一种不安、紧张、来回奔跑，甚至活蹦乱跳的科学性而在等待它的诞生和拯救的时刻，它会变成什么呢？甚至没有人把时间留给它，可是，如果科学没有把时间留给文化，那么，**一般来说**，科学应该怎么办？所以请你们至少在这里回答我们：全部科学如果不是导向文化，那么它又是从哪里来、到哪里去、为什么？那么也许是导向野蛮吧！如果我们可以想象，像施特劳斯的书这样肤浅的书籍满足了学者阶层现在的文化程度，那么，我们就看到，学者阶层已经在这个方向上得到了惊人的进展。因为正是 204
在学者阶层中，我们发现了那种讨厌的困乏和那种附带的、以没精打采方式对哲学和文化，尤其是对一切同生存有关的认真态度的容忍。人们会想起学者阶层的聚会，当专业谈话沉寂下来的时候，你在这种聚会上也只会见到疲乏、不惜一切代价的消遣欲望、一种破碎的记忆、断断续续的生活经验。如果你听到施特劳斯谈论生活问题，无论是婚姻问题、战争问题还是死刑问题，他都会因为缺乏一切现实经验、缺乏一切对人的真正洞察而让我们震惊：一切判断都一味地充满书本气，甚至从根本上讲是根据报纸上来的；文学性的回忆取代了现实想法和现实洞察力的地位，一种假装的适中表达方式和早熟表达方式使我们缺乏智慧和思想的成熟。这一切是多么精确地符合大城市里到处喧嚷的德国科学高尚地位的精神啊！这种精神一定多么富有同情感地同那种精神交谈：因为正是在那些地方通常没有文化，正是在那些地方，甚至一种新文化的萌芽也成为不可能；这里从事的各种科学的准备工作是如此喧闹，在那里，最受喜爱的学科大批受到攻击，花出了最重大的代价。人们在这里不得不打着什么样的灯笼寻找内在地专注于、一心一意献身于天才的人啊！

这些人有足够的勇气和力量传唤已逃出我们时代的魔鬼。从外部看，这些地方的文化当然很辉煌，它们那些给人深刻印象的机构，就像有着巨型大炮和战争工具的军械库：我们看见准备工作的进行和一种孜孜不倦
205 的勤奋，就好像上天会遭受强攻，真理会被从最深的井里汲出来一样，可是在战争中，最大的机器可能最不好用。同样，真正的文化在其斗争中会撇开那些地方，以最佳的本能感觉出，那里对它来说没有希望，有很多要害怕的东西。因为有学问的工人阶层，其发炎的眼睛和愚钝的思维器官所能发现的唯一文化形式，正是施特劳斯宣告了其福音书的**市侩文化**。

如果我们看一眼那种将有学问的工人阶层和市侩文化联系起来的趣味相投的主要原因，那么我们甚至就会找到引我们走向被承认为经典**作家**的施特劳斯，从而走向我们最后一个主题的道路。

首先，那种文化脸上流露出满意的表情，不愿意现在的德国教育状况有本质性的改变；尤其是它真正相信所有德国教育机构，尤其是文科中学和大学的独特性，它不停地向外国推荐这些机构，一刻也不怀疑，德国人通过这样的机构，已成为世界上最有教养、最有判断力的民族。市侩文化相信自己，因而也相信供它使用的方法和手段。可是第二，它将关于文化问题和趣味问题的最高判断放到了学者手里，把自己看作关于艺术、文学、哲学的日益增长的学者观点之纲；它关心的是，必须让学者表达他们的观点，然后将这些东西混合、稀释、系统化地作为药水灌输给德意志民族。在这个圈子之外发展起来的东西，被长期带着一种将信将疑的态度听一听，或根本不听，注意到，或根本不注意，直到最
206 后有一天，有一种声音从那传统的趣味可靠性所在的庙堂里传出，不管这声音是由谁发出的，只要他严格保持学者的族类性格就行：从现在起，舆论又多了一种观点，以上百次的回声重复着那个人的声音。可是在现实中，这些庙堂里和那些个人所有的审美可靠性问题是如此不可靠，而且不可靠到了这样的地步：除非你证明了相反的情况，不然你就不会相信一个学者没有趣味、没有思想、审美能力低下。而只有很少人能证明相反的情况。究竟有多少人在参加了现代科学气喘吁吁、你追我赶的赛跑以后，仍能保持奋斗的文化人那种大胆而平静的目光——如果他们有

这种目光的话，那种甚至把这种赛跑判定为野蛮因素的目光？因此，这些少数人不得不在今后生活在一种矛盾之中：也就是说，他们能对一个无数人的一致信仰说些什么呢？这些人把舆论统统变成了他们的保护人，并在这个信仰中互相支持，互相提携。如果这样的一个个人宣称反对施特劳斯，许多人决定支持他，而由他们率领的大众相互之间已经学会连续六次渴望得到这位老师的市侩安眠药水，这又有什么帮助呢？

如果我们就此毫不犹豫地认为，施特劳斯的自白书在舆论上取胜，并作为胜利者受到欢迎，那么，其作者也许就会让我们注意到，在公开的报纸上，对他的书所进行的各种各样评论都莫衷一是，最缺少一种绝对有利的文字，而他自己则不得不在后记里面抗议偶尔出现的那几个舞 207
文弄墨的英雄特别敌对的口气和太过于放肆、过于挑衅性的做派。他将朝我们喊道："如果每一个新闻工作者还是把我看作失去了法律保护的人，随心所欲地苛待于我，那么怎么会有关于我的书的舆论呢！"一旦你在施特劳斯书中区别出两个方面，即神学方面和作家方面，那么，这种矛盾是很容易消除的：只是就作家方面而言，那本书涉及了德意志文化。由于其神学色彩，那本书处于我们的德意志文化之外，并引起各种宗教派别的反感，甚至归根结底引起每一个个别的德国人的反感，因为德国人天生就是属于某一神学教派的人，只是为了能对任何其他信仰持异议才发明出他们那种可笑的私人信仰。可是，你们只要听一下这些神学教派的人一旦需要谈起**作家**施特劳斯的时候是怎么谈论施特劳斯的就好了；神学的不和谐音立即就消失了，众口一词：他可仍然是一个**经典作家**呀！每一个人，甚至最愤愤然的正统派，也当面对这位作家说最好听的，有时甚至只不过是一句关于他那几乎是莱辛式的论证或关于他美学观点之精细、优美、有效的话。看来，作为书本，施特劳斯的产品完全符合一本书的理想。那些神学上的对手尽管喊得最响，但在这个情况里只是广大公众的一小部分，甚至针对他们来说，施特劳斯这样说也是有道理的："相对我成千上万的读者而言，几十个公开谴责我的人只是极少数，他们将很难证明，他们忠实地转达了前者的意思。如果在一件这样的事情里，通常不同意者发言，同意者满足于默默地赞同，那么这就顺了我们大家

208 所熟悉事物的自然。”所以，且不说施特劳斯会时不时激起神学教派的不快，关于**作家**施特劳斯的看法是一致的，甚至在狂热的反对者那里也是这样，尽管在那些反对者听来，他的声音就像是来自深渊的野兽声音一般。因此，施特劳斯在神学教派的文学雇工那里受到的对待证明和我们的论点毫不矛盾：市侩文化在这本书中获得了巨大成功。

应该承认，有教养的市侩在坦率方面平均比施特劳斯低一个等级，或者至少在公开表态时更为克制：可是，对他来说，别人的这种坦率格外令人满意；在家里或者在他的同类人中间，他甚至喧闹着鼓掌欢呼，只是在文字上他承认，施特劳斯所说的一切如何说到他的心里去了。因为正如我们已经知道的那样，我们有教养的市侩有点怯懦，甚至在怀有最强烈的同情时也是如此：正是施特劳斯在怯懦方面比人低一等级这一点把他变成了领袖，而从另一方面讲，**他的**勇气也是有很明确界限的。如果他跨过了**这个界限**，比如就像叔本华几乎每句话里都要跨越的那样，那么，他就不再会像一个头目一样走在市侩们的前面，人们现在跟在他后面匆匆跑进去，人们也会同样匆匆地逃跑。谁不想把这种尽管不精明却无论如何算是聪明的克制和这种平庸的勇气称为一种亚里士多德式的美德，谁就当然做错了：因为那种勇气不是在两个错误的中间，而是在一个美德和一个错误之间——**所有的**市侩品性就在这中间，在美德和错误之间。

9

“他可仍然是一个经典作家呀！”那么我们就来看一看吧。

209 也许现在我们会被允许马上就谈论文体学家、语言艺术家施特劳斯，可是首先让我们权衡一下，他是否有能力作为作家来建造他的房子，他是否真的懂得书本的建筑学。由此可以确定，他是不是一个地道的、有思想的、有经验的书本制造人；如果我们不得不回答“不”，那么，做一名“经典散文写作者”的要求在他那里仍然是他的名声的最后避难所。当然，没有第一种能力，这最后一种能力也就不足以把他提升到经典作家的行列，而最多也只是提升到经典即兴作者或文体能手的行列，可是这些人在整个表达方式的技巧方面、在结构的设定方面还是流露出笨手笨脚的样子和外行的拘谨眼光。于是我们要问，施特劳斯是否具有艺术力量描述一个整体，*totum ponere*①？

通常，从初稿就可以识别作者是否看到了整体，而且根据这被看到的东西，是否已发现了一般途径和正确的衡量方法。如果这个最重要的问题解决了，甚至大楼已经按出色的比例建起来了，那么剩下足可以让你去做的事情就是：有多少较小的错误要纠正，有多少空白要填补。有些地方到现在为止有一个临时隔断或毛坯地板大概就足够了，到处是灰尘和瓦砾，无论你朝哪里看，你都察觉到一些急需的东西和需要做的事情；房子作为整体来说，始终无法居住、阴森可怕：所有的墙壁都没有粉刷，风呼啸着从敞开的窗户里刮进来。现在仍需要做的伟大而勤劳的工作是否由施特劳斯来做，同我们毫无关系，我们只是要问，他究竟有没有按很好的比例，而且处处都将其作为整体来建造大楼呢？众所周知的是与此相反，学者的方式是将各个部分汇编成一本书。他们相信，这些部分相互之间有关系，这样就混淆了逻辑关系和艺术关系。无论如何， 210
施特劳斯那本书的几个部分所描绘的四个主要问题的关系是不合逻辑的："我们还是基督徒吗？我们还有宗教吗？我们如何理解世界？我们如何料理我们的生活？"而且并不是因为第三个问题同第二个问题没关系，第四个问题同第三个问题没关系，所有后三个问题同第一个问题没关系，才不合逻辑的。比如，提出第三个问题的自然研究者恰恰因为默默放过了第二个问题而显示出他未受玷污的真理意识。而第四部分的主题，即婚姻、共和政体、死刑，则会由于和第三部分中的达尔文理论的混合而变得混乱不堪、模糊不清，这一点施特劳斯自己也明白，尽管他事实上没有进一步考虑这些理论。可是，"我们还是基督徒吗？"这个问题很快就破坏了哲学观察的自由，以令人不快的方式给它染上了神学色彩；此外，他在这中间完全忘记了，大部分人类至今还相信佛教，而不信基督教。你怎么可以一听到"旧信仰"的话，就毫不犹豫地只想到基督教呢？从这里可以看出，施特劳斯从来就没有终止过他的基督教神学家身份，因

① 拉丁文：构造整体。

此从来没有学会成为哲学家，于是他又一次让我们惊讶了：他竟然不能区分信仰和知识，不断将他所谓的“新信仰”和现代科学相提并论。或者新信仰只是语言惯用法的一种讽刺性运用？当我们看到他在有些地方让新信仰和现代科学无害地互相替代的时候，我们就明白事情似乎就是这样的了。比如，他在第 11 页上问道，“好些人类事物中不可避免的模糊和不足”是在哪一边，是在旧信仰一边，还是在现代科学一边？而且，
211 他要按照导论的预示给出现代世界观察借以自我支撑的证明：可是所有这些证明他都借用自科学，他甚至在这里也表现得像一位知识者，而不像信仰者。

所以，归根结底，新宗教不是一种新信仰，而是恰好和现代科学相吻合，因此就根本不是宗教。如果施特劳斯断言仍然有宗教，那么其理由就稍稍远离了现代科学。施特劳斯那本书中只有最小的部分，也就是说，总共只有分散的几页涉及施特劳斯可以有资格称为信仰的东西：也就是那种对宇宙的感情，施特劳斯所要求的那种对宇宙的虔诚正是老式的虔诚者对其上帝所抱有的同一种东西。至少在这几页上，一切都不是按科学方法进行的；可是，但愿一切进行得更加有力一点、自然一点、严厉一点，尤其是更笃信一点！我们的作者最引人注目的地方，是他通过怎么样人为的程序才感觉到他终究还有信仰、有宗教：通过针刺棒打，就如我们看见的那样。它因此变得很可怜，衰弱不堪，这刺激出来的信仰：看着它我们浑身颤抖。

如果说施特劳斯在导论的预示中已经许诺要进行一种对比，看这种新信仰是否也有老式信仰在旧信仰者身上所产生的那种功效，那么，他最终自己也感觉到，他许诺得太多了。因为这最后一个关于是否有同样功效、关于好坏比较的问题最终被他完全是附带地、羞答答然而很匆忙地在几页纸上（第 366 页及随后几页）打发了，甚至用了一张应急的王牌：“不懂自助者无助，以我们的观点看是尚未成熟”（第 366 页）。相反，古代的斯多葛主义者是以多大的信念相信宇宙，相信宇宙的合理性
212 啊！如此来观察，那么，施特劳斯所提出的关于他信仰的原创性要求究竟会受到什么样的评价呢？可是，正如已经说过的那样，新还是旧，原

创还是模仿，都会是无所谓的，只要一切进行得有力、健康、自然。施特劳斯自己也尽可能经常地将这种蒸馏出来的应急信仰置之不顾，为的是用知识来让我们和他自己得到补偿，把他新学到的自然科学知识心安理得地呈献给他的“我们”。当他谈论信仰的时候，他是如此羞答答的，当援引最现代人类的最伟大造福者达尔文的时候，他的嘴巴就变得滔滔不绝：这时候，他不仅要求对这位新弥赛亚的信仰，而且要求对他自己这位新使徒的信仰。比如，有一次他在谈论最错综复杂的自然科学主题时，以真正古代的自豪宣称：“人们会说我在那里谈论我所不理解的事物，好，可是又会有其他人来，他们理解这些事物，而且也已经理解了我。”于是就好像那著名的“我们”应该有义务不仅相信宇宙，而且也相信自然研究者施特劳斯；在这种情况下，我们就会只是希望，为了让自己感觉到这后一种信仰，就不必再有像涉及前一个信仰时的那种痛苦而残酷的程序了。或者，在这里，也许信仰的对象而不是信仰者被掐一下或扎一下就足以使信仰者产生作为“新信仰”的标志那种“宗教反应”了吧？那我们会为那些“我们”的宗教性赢得怎样的功劳啊！

也就是说，要不然就几乎应该害怕，现代人将扬长而去，并不特别关心使徒的宗教信仰附属品，就像他们事实上没有万物合理性的定律而发展至今一样。整个现代的自然、历史研究同施特劳斯的宇宙信仰没有
关系，现代市侩不需要这种信仰，施特劳斯在“我们如何料理我们的生 213
活”那一部分中所做的关于他生活的描写正说明了这一点。他因此有资格怀疑他的尊贵的读者不得不求助于的那辆“车”是否符合所有要求。它肯定不符合要求，因为现代人如果不坐在这辆施特劳斯的车①上，会前进得更快——或者说得更正确些，他早在这辆施特劳斯的车存在以前，就已经前进得更快了。如果施特劳斯谈论并以其名义说话的那些著名的、“不可忽视的少数人”非常看重言行一致，那么他们必然对造车人施特劳斯很不满意，就像我们不满意于逻辑学家一样。

可是，还是让我们抛开逻辑学家的问题吧：也许从艺术角度看，整

① “施特劳斯的车”在原文中是Straussen-Wagen，在词形上和Strassen-Wagen（街车）相近，尼采在这里是在玩弄文字游戏。

本书还有一种杜撰得很好的形式，符合美的法则，尽管它不符合一种运转良好的思想模式。在我们已经认识到他表现得不像是有科学头脑的、有条有理的、系统化的学者之后，我们在这里首先就要谈论施特劳斯是不是一个好作家的问题。

也许他只是给自己定下了任务，不要把人从“旧信仰”那里轰走，而是通过对一种习惯于新世界观的生活的优雅而色彩丰富的描绘，来吸引人。恰恰是如果他把学者和有教养者看作他最接近的读者，他就必然会出于经验而知道，人们虽然可以通过科学证明的重炮将他们击毙，但绝不可能迫使他们投降，然而，这些人却会格外快地屈服于衣着单薄的诱惑艺术。而施特劳斯自己也把他的书称为“衣着单薄的”，而且是“有意”衣着单薄的；他的公开赞美者感觉到它是“衣着单薄的”，也将它描绘为“衣着单薄的”。比如，这些赞美者中有一个人，而且一个真正的普
214 通人，将这些感觉改头换面表达如下：“娓娓道来，不急不慢，在批评旧信仰的地方几乎轻松自如地运用论证艺术，就像在诱骗性地准备好要提出的新信仰并将其既呈献给平庸趣味者又呈献给刻意苛求趣味者的地方一样。安排这样一种五花八门、各不相同的材料，既涉及一切，又不导致冗长，这是颇费心计的；尤其是从一种内容到另一种内容的过渡配置得很有艺术，更不用说那种对不愉快的事情置之不顾或缄口不谈的技巧。”这样一种阿谀奉承者的意思，就像这里出现的那样，不仅就一个人作为作者所**能**做的事情而言是准确的，而且就一个人所**要**做的事情而言也格外准确。可是，施特劳斯所要做的事情最清楚不过地将他所强调的对伏尔泰魅力不无有害之赏识透露给我们，在这种赏识中，他刚好能学会他的阿谀奉承者所谈论的那种“衣着单薄的”艺术——当然前提是，那种优点是可以教授的，而且还要有一位老师能成为舞蹈家。

比如在读到施特劳斯关于伏尔泰的下列话（《伏尔泰》[1]，第219页）时，谁不会在这里有他私下的想法呢？“伏尔泰作为哲学家固然不是独创性的，而主要是英国研究的加工者。可是在这方面，他完全表明自己是

---

① 指施特劳斯发表的演讲集《伏尔泰：六次演讲》（1870）。

随心所欲地处理材料的大师，他懂得以无可比拟的技巧从各个方面、各种可能的角度展示这些材料，而且也懂得不用在方法上很严格就满足对缜密的要求。”所有负面的特征都符合实际情况，没有人会断言，施特劳斯作为哲学家是独创性的，或者他在方法上很严格，可是问题会是：我们是否也让他被看作“随心所欲地处理材料的大师”，给他安上“无可比拟的技巧”。关于文字“故意以衣着单薄”的自白让人猜想到，它至少目的在于一种无可比拟的技巧。

我们建筑师的梦想不是建造一座庙堂，不是建造一座住宅，而是一 215
座处于各种园艺之中的花园洋房。是的，几乎显得甚至对宇宙的那种神秘感也主要是作为产生审美效果的手段来考虑的，几乎是作为在最秀美、最理性的平台上对一个非理性因素如大海的一种眺望。最初几个部分的进程，即经历有着波纹起伏的巴洛克装饰的幽暗神学墓穴的进程又不过是一种审美手段，通过对照而突出以“我们如何理解世界”为标题的那一部分的纯粹、明晰和合乎理性：因为经历了幽暗、看到了非理性的辽阔无垠之后，我们马上就踏入有着顶光的大厅；它毫不夸张地、明亮地接待我们，墙上有着天体图和数字，厅里摆满科学仪器，柜子里放着骷髅、猴子标本和解剖制剂。可是从这里，我们才真正愉快地漫步走入我们花园洋房住户真正的悠闲舒适之中；我们发现住户正和妻小们在一起看报，谈论日常的政治话题，我们听见他们有很长一段时间谈论婚姻和普选权、死刑、工人罢工，在我们看来，再没有比这更加如数家珍般地谈论舆论的了。最终，我们还对这里住户的古典趣味感到很信服：在图书馆和音乐室的短暂逗留给了我们期待的信息：书架上是最好的书，乐谱架上是最有名的音乐作品；人们甚至给我们演奏了几曲，如果这是海顿的音乐，那么海顿无论如何也不会因为听起来像里尔的家庭音乐而负有过错。在这期间，主人有机会宣称他完全赞同莱辛，也赞同歌德，但是只到《浮士德》的第二部为止。最终，我们的花园洋房主人自我夸奖，
并认为，谁对此不喜欢，谁就是无可救药，谁也就尚未成熟到可以接受 216
主人的观点；接着他还把他的车提供给我们，但是却彬彬有礼地提出保留条件：他不想要他的车符合所有要求；而他路上的石头也是新堆起来

的，我们会把肠子都颠出来的。接着我们的伊壁鸠鲁式花园之神就以他赞扬伏尔泰有的那种无可比拟的技巧向我们告辞了。

谁现在还能怀疑这种无可比拟的技巧呢？随心所欲地处理材料的大师已得到公认，衣着单薄的园艺家脱颖而出；我们始终听见经典作家的声音：作为作家我绝不要当市侩，绝不！绝不！而一定要当伏尔泰，德国的伏尔泰！最好还要当法国的莱辛！

我们透露一个秘密：我们的老师并不总是知道他更想当什么，伏尔泰还是莱辛，可是却不惜一切代价要当一个市侩，若可能的话，那就莱辛**和伏尔泰**两者都当——那些白纸黑字就应验了："他完全没有个性，而当他想要有个性的时候，他就始终不得不想象一个出来。"

10

如果我们正确理解了自白者施特劳斯，那么他就是一个真正的市侩，有着狭隘的、干巴巴的灵魂，有着学者的平庸需求；尽管如此，却没有人比作家大卫·施特劳斯对于被称为市侩更感到生气的了。如果有人说他恶作剧、鲁莽、恶毒、极其大胆，那会对他很合适；可是他最高的幸福是和莱辛或伏尔泰相提并论，因为这两人肯定不是市侩。在对这样一种幸福的追求中，他更经常地摇摆于两种选择之间：是赶上莱辛那种大
217 胆的辩证法狂热，还是以伏尔泰的方式表现得像是自然朴素、思想自由的老人更合适。当他坐下来写作的时候，他总是摆出一副面孔，就好像是要让人给他作画，而且一会儿是一副莱辛的面孔，一会儿是一副伏尔泰的面孔。如果我们读一读他对伏尔泰阐述方式的赞扬（《伏尔泰》，第217页），那么他就似乎坚决地规劝现代人好好反思，为什么他们不早知道现代的伏尔泰提供给他们的东西。"甚至他的优点也到处都一样，"他说，"单纯质朴、清澈透明、生动活泼、妩媚动人。热烈之处和重点应有尽有；夸夸其谈和装腔作势违背伏尔泰的真正本性；而在另一方面，如果偶尔的恶作剧和激情使他的表达方式变得很粗鄙，那么责任不在于文体学家，而在于文体学家其人。"因此，施特劳斯似乎很知道**文风纯朴**多么事关重大，这始终是天才的标志：只有作为天才，才有特权表现得简单、自然、天真无邪。所以，当一位作者选择一种简单风格的时候，这

并不是最卑微的野心的流露：因为尽管有些人注意到这样一位作者想要被当成什么人，但是有些人也喜欢就把他当成什么人。而天才的作者不仅以表达方式的朴实和确切做自我表白：他以超强力量摆弄着素材，甚至遇到在素材上有危险、有困难的时候也是这样。没有人以僵硬的步伐走在不熟悉的、布满深渊的道路上，可是天才敏捷地、以大胆或小心的跳跃奔跑在这样一条小路上，嘲笑那种小心翼翼、战战兢兢的亦步亦趋。

施特劳斯自己知道，他奔跑着经过的问题是很严重、很可怕的，而且上千年的智者也将其看成如此，尽管这样，他还是把他的书叫做**衣着单薄**。当天才的老师从我们身边翩翩而过，“有意衣着单薄”，甚至比他 *218*
的卢梭——关于卢梭他知道告诉我们说，他下身裸露，上身掩饰起来，而歌德则下身掩饰，上身裸露——穿着还要单薄的时候，人们不再预感到所有这些恐惧，不再预感到人们要不然在遇到生存价值问题和人的义务问题时自然而然陷入的那种思考的严峻。看来，完全天真无邪的天才是一丝不挂的，也许“衣着单薄”一词完全只是裸露的一种婉转说法。看到过真理女神的少数人甚至宣称，她就是裸露的：也许在那些没有看见过她却相信那些少数人的人眼里，裸露或者衣着单薄便是真理的明证，至少也是真理的标志。在这里，作者野心的长处就值得怀疑了。有人看到了裸露的东西：嘿，莫非这就是真理！他对自己说，并拿出比他平时更一本正经的架势。而如果作者迫使他的读者郑重其事地把他看作随便哪一位穿着更严实的作者，那么他便因此而赢得了很多。这便是成为“经典作家”之路：施特劳斯自己告诉我们，“人们向他表示了自愿的尊敬，把他看作一种经典散文写作者”，于是他就到达了他的道路的终点。天才施特劳斯作为“经典作家”穿着衣着单薄的女神们的衣服在街上四处乱跑，而市侩施特劳斯，让我们用这位天才的一个原始说法，则无论如何应该“被命令走开”或“被一去不返地撵走”。

可是，嗨，尽管有所有勒令离开的命令和所有的驱赶，市侩还是回来了，而且经常回来！啊，那张脸，堆起了伏尔泰式的、莱辛式的皱纹，时不时又弹回到以前真正的原形中！啊，天才的假面具经常掉下来，这位老师的目光从来没有比他设法追随天才的跳跃、以天才的炯炯目光扫 *219*

视时更怒火中烧，他的运动从来没有比那时候更僵硬。正是由于他在我们的寒冷地带衣着如此单薄，他就使自己比别人更经常、更严重地遭受感冒的危险；其他人这时候也都注意到这一切，这一点会真正很痛苦，但是如果他真的想要得救，那就得公开把以下诊断告诉他。曾经有一个施特劳斯，一位正直、严厉、穿着一板一眼的学者，他像德国每一个认真、坚决地为真理服务并懂得在他自己实力范围内执掌权力的人那样，如此地同情我们。现在在舆论中以施特劳斯而闻名的那个人变成了另一个人：他变成了这另一个人，也许神学家们有责任；够了，他现在摆弄天才假面具，就像他以前认真地逼我们认真、逼我们同情一样可恨或可笑。"如果我不为此而高兴，在具有毫不留情的摧毁性批判天赋的同时又赋予我对艺术刻画的无害愉悦，这甚至会是对**我的天才**的忘恩负义。"当他最近对我们做如此宣告的时候，也许以下事实令他感到惊讶：尽管有这种自白，但是仍然有人做出相反的宣告。首先，他从来没有艺术刻画的天赋，其次，被他称为"无害"的愉悦至少是无害的，因为它渐渐破坏并最终摧毁一种归根结底具有力度和深度的学者艺术家天性，**也就是说，真正的施特劳斯式天才**。虽然在一阵无限诚实的心血来潮中，施特劳斯甚至补充说，他心中始终装着默尔克①，这位默尔克冲他喊道："你绝不要再玩那样的儿戏了，别人也会那样做!"但这是纯粹施特劳斯式天
220 才的声音：这声音甚至对他说，他的最新的、无害地衣着单薄的现代市侩的经书多么有价值或多么没有价值。其他人也会那样做！许多人还能做得更好！而最能这样做的人，比施特劳斯更有天赋、精神上更丰富的人，始终只会——玩儿戏。

我相信，你大概理解了我多么高度评价作家施特劳斯：也就是说，像一个扮演天真无邪之天才与经典作家的演员。利希腾贝格有一次说："因为没有一个诚实的人在表达方式上矫揉造作、工于心计，所以应该推荐简单的写作方式。"② 因此，简单方式早就不是作家本分的明证了。我希望，作家施特劳斯会更诚实，那时候，他会写得更好，而名气更小。

---

① 默尔克（1741—1791），德国作家、批评家。

② 引自利希腾贝格《杂文集》（1867），第1卷，306页。

或者——如果他要彻底当演员的话——那我就希望他会是一个好演员，更好地模仿天真无邪的天才和经典作家那种经典的、天才的写作方式。那么剩下要说的就是：施特劳斯是一个糟糕的演员，甚至是一个十分卑鄙无耻的文体学家。

11

因为在德国很难成为一个平凡的、尚过得去的作家，而成为一个好
作家几乎不可能，所以关于施特劳斯是一个糟糕的作家的谴责当然也就
弱化了。这里缺乏一种天然的土壤，缺乏艺术上对口头演讲的重视、探
讨和培训。因为所有这一切还没有把所有公开表达的意见，如沙龙谈话、
布道、议会演讲这些词所表达的意思那样，变成一种民族风格，甚至一
般地变成对一种风格的需求，而一切言论在德国还没有脱离最天真的语
言实验，所以作家没有统一的标准，却又有某种权利，自行同语言较量： 221
那么这就是叔本华最强调地描述过的那种“当今”德语的极端荒废必然
会带来的结果。“如果这情况如此继续下去，”他有一次说，“人们在 1900
年将不再真正理解德国经典作家，因为人们除了高抬‘当今’之流氓切
口以外将不再懂得任何别的语言——‘当今’的基本特征就是无能。”①
事实上，德国的语言裁判和语法学家现在已经在最新的刊物上让人听到
了如此的言论：我们的经典作家不再能为我们的文体树立榜样，因为他
们有大量我们已经丢失了的词汇、措辞、词组：因此就应该收集现代著
名文人在词句使用上的语言艺术品，让人模仿，比如就像桑德斯②短小精
悍的袖珍语病词典实际上所采用的方式那样。在这本书里，讨厌的文体
巨怪古茨科③作为经典作家出现：似乎我们一般就得习惯于一帮全新的、
令人惊讶的“经典作家”，其中第一位，或者至少一流者之一，便是大
卫·施特劳斯，我们只能像曾经描述过他的那样来描述他：也就是将他
描述为一个卑鄙无耻的文体学家。

现在，这位有教养的市侩如何理解经典作家和样板作家——即只有

---

① 引自叔本华《手稿遗作选》(J. 弗劳恩施达特编，1864)，60～61 页。

② 丹尼尔·桑德斯（1819—1897)，德国犹太人，词典编纂者。

③ 古茨科（1811—1878)，德国小说家、剧作家。

在拒绝一种艺术上真正严格的文化风格时才显示其力量，并通过始终不渝地拒绝达到一种意见上的相似性的人，而这种相似性看起来几乎又像是一种风格的统一——是最能说明那种有教养市侩的伪文化的了。在允许每个人用语言进行的实验中，个别的作者怎么可能发现一种有普遍感
222 应的语气呢？在这里，什么才真正有普遍感应呢？尤其是一种消极的品质：缺乏所有有失体统的东西——**可是一切真正有生产性的东西都是有失体统的**。——因为现在德国人每天阅读的东西，大部分是在包括附属期刊在内的报纸版面中：这些刊物的德语在同样的措辞、同样的词汇一点一滴不停的滴落中，印入了德国人的耳朵，因为德国人通常把几个小时用在这样的阅读中，在这几个小时中，他的疲惫不堪的精神反正已到了连对抵制都不感兴趣的地步，所以他的语言听力渐渐习惯了这种日常的德语，必要时还会因听不到它而痛苦地惦念。可是，从那些报纸制造者的整个工作来看，他们已经最彻底地习惯于这些报纸上的花言巧语：他们在真正意义上丧失了所有味觉，他们的舌头最多能以一种享受感察觉到完全的错误百出和随心所欲。由此就出现了那种众口一词的大合唱，融入到新发明的文理不通之中，尽管有那种普遍的懒散和病态：由于给语言的雇佣劳动者造成难以相信的无聊，语言就遭到报复，错误百出到了肆无忌惮的地步。我想起曾读过贝托尔特·奥尔巴赫①“对德国人民”的呼吁，在其中，每一个措辞都不是德国用法，很古怪，都是杜撰出来的，而作为整体，这呼吁书就像是用国际句法毫无灵魂地把单词拼凑在一起。至于爱德华·德弗里安②用以纪念门德尔松的那种草率的德语就不用说了。所以，语法错误——这是值得注意的事情——在我们的市侩看来不是有失体统的，而是日常德语草木不生的荒漠上的一剂诱人的兴奋剂。可是**真正**有生产性的东西在他看来仍然是有失体统的。最现代的样板作家，其完全颠三倒四、异想天开、漏洞百出的句法，其可笑的新逻辑至上主义，可不是被容忍的问题，而是被看作功绩、看作吸引力：可

① 贝托尔特·奥尔巴赫（1812—1882），德国小说家。

② 爱德华·德弗里安（1801—1877），德国演员、导演、演出经理，莎士比亚戏剧德文翻译家，《德国戏剧艺术史》的作者。

是不幸啊，个性丰富的文体学家，他如此认真、如此坚持不懈地把日常 223
用语当作叔本华所说的“当今写作在最后一夜里孵化出来的怪兽”① 加以回避。如果将平庸的话、废话、软弱无力的话、卑鄙的话当作法则，把病句、错误百出的话当作迷人的例外，那么，有力的话、非同寻常的话、漂亮的话就有了坏名声，以至于在德国，那种有良好教养的旅行者的历史就不断重复，这种旅行者来到驼背的国家，他在那里到处都因为他所谓的畸形和没有拱起的背部而遭到最可耻的嘲讽，直到最后，有一个神甫关心他，对人民如是说：你们最好对这可怜的陌生人表示悲痛，并感恩地给女神们献上一个祭品，因为她们以这样壮观的肉山装饰你们。

如果现在有人想要制定出今日德语日常文体的有用语法，探究可以作为非书面、非口头，然而被遵循的指令支配每个人书桌的规则，那么他就会碰到关于文体和修辞的奇异想法，这些想法也许还是来自于一些关于往昔学校生活的回忆和从前拉丁文文体的强制性练习，也许来自于法国作家写的读物，其令人难以置信的粗鲁，每一个受过严格教育的法国人都有权嘲笑。关于这种几乎每个德国人都在其影响下生活写作的奇异想法，似乎还没有一个地道的德国人思考过。

于是我们就碰上了这样的要求：时不时就得有象征和比喻，可是比喻必须是新的。而对于贫乏的写作者头脑来说，新和现代是相同的，它绞尽脑汁从铁路、电报、蒸汽机、交易所中提取他的比喻，并感到非常骄傲地认为：这些象征必然是新的，因为它们是现代的。在施特劳斯的
自白书里，我们甚至发现现代比喻真正得到了认可：他用一页半篇幅关 224
于现代街道改建的长篇象征来打发我们，在前面几页，他把世界比作有轮子、夯杵用具、大锤、“缓解摩擦的油”的机器。第 362 页：一顿以香槟酒开始的饭局。——第 325 页：作为冷水疗养院的康德。——第 265 页：“瑞士联邦宪法同英国宪法的关系就像小河上的磨房同蒸汽机的关系，像一支华尔兹舞曲或一首歌同赋格曲或交响乐的关系。”——第 258 页：“在每一次申诉的时候，司法程序必须得到遵守。在个人和人性之间

① 引自叔本华《手稿遗作选》(J. 弗劳恩施达特编，1864)，60～61 页。

的中级法院是民族。”——第141页：“如果我们希望知道，在一个我们似乎觉得已经死亡的有机体里是否还有生命，我们往往通过强烈的甚至痛苦的刺激，比如针扎，来对它进行测试。”——第138页：“人类灵魂中的宗教领域就像美洲的红种印第安人的领域。”——第137页：“修道院里的虔诚里手。”——第90页：“用整数记下所有以前账目的总数。”——第176页：“达尔文的理论就像是一条才测绘好的铁路——那里插的小旗欢快地迎风飘扬。”用这种方法，也就是说十分现代的方法，施特劳斯满足于这样的市侩要求：必须时不时有一个新的比喻出现。

十分广泛的还有另一个修辞方面的要求，即教育性的内容要用长句子，而且用广泛的抽象概念来展开；与此相反，劝说性的内容更应该用简短的小句子，采用一连串排比的表达方式。在施特劳斯书中第132页，有一个教育性、学术性内容的典型句子，抻长成完全施莱尔马赫式的虚无缥缈，以真正乌龟式的灵巧慢慢走来：“在以前的宗教阶段，出现了不是一个这样的‘从哪里来’，而是多个‘从哪里来’，不是一位神，而是
225 许多神，这是从以下宗教推导得出的：在人的心中唤起不折不扣依赖感的各种自然力或生命的内在联系，一开始仍然以其完全的多样性对人发生作用，人还没有意识到，就上述事物之间不折不扣的依赖性而言，任何一种区别，因而甚至包括那种依赖性的‘从哪里来’或者上述关系中的依赖性所源于的那种生命体，都不可能只是一个。”另一种类型的例子是短小句子加上装腔作势之生动，这种生动让一些读者如此激动，以至他们说起施特劳斯就必然将他和莱辛相提并论。这样的例子出现在第8页上：“我打算在下面涉及的东西，我很清楚，无数人都很了解，有些人甚至一清二楚。一些人也已经说起。我该对此沉默吗？我认为不。我们甚至全都互相补充。如果另一个人更了解许多东西，那么我也许就知道一些；有些东西我和其他人了解得不一样，看法也不一样。所以毫不犹豫地说，把色彩都拿出来吧，让人辨认一下，是真是假。”在这种无拘无束的急行军和那种抬尸体行列的缓慢行进之间，通常当然就是施特劳斯的风格居中，可是在两种罪恶之间并不总是美德，而十分经常性的却只是虚弱、麻木不仁、无能。事实上，当我仔细搜索施特劳斯那本书，寻

找较精细、较风趣的特征和用语，并特意给我自己划定一个范畴，以便尽管在这位自白者身上没有发现任何值得赞扬的地方，却至少能时不时对作家施特劳斯赞扬点什么的时候，我变得非常失望。我找了又找，我的范畴始终是空的。与此相反，另一个范畴却是满的，标志是：语法错误、混乱的象征、含混不清的缩略语、庸俗无聊的用语、矫揉造作的格调，如此这般，以至于我事后只敢宣告从我收集的过多例子中挑选出来的很少一点点。也许，我正是成功地将在现代德国人那里产生出对伟大 226
而有魅力的文体学家施特劳斯信仰的那种东西归在了这个范畴下：正是表达方式的离奇，让人在全书干巴巴的荒漠与尘埃中尽管不舒服，却痛感富有刺激性的惊喜：我们注意到——至少在这里，且利用一下施特劳斯的比喻——我们还没有死，对这样的刺激还有反应。因为书的所有剩余部分都显示出缺乏一切有失体统的东西——应该叫做有生产性的东西——这种缺乏现在被算作这位经典散文写作者的正面特色。极端的无味和干巴，一种真正节食造成的无味，在有教养的大众那里引起了不自然的感觉，好像这就是健康的标志，以至于在这里用《关于雄辩术的对话》作者①所说的话来表达很合适：“*illam ipsam quam iactant sanitatem non firmitate sed ieiunio consequuntur.*”② 他们之所以同仇敌忾地对待所有的 *firmitas*③，是因为这种同仇敌忾证实了一种完全不同于他们自己的健康，他们试图怀疑坚强、精悍敦实、火暴的运动力、肌肉动作的丰盈和轻柔。他们合谋颠倒事物的名与实，在未来我们看到虚弱的地方谈论健康，在真正的健康朝我们走来的地方谈论病态和过度紧张。于是大卫·施特劳斯也被看作“经典作家”。但愿这种无味至少是一种严格合乎逻辑的无味：可是，这些“弱者”丢失的，正是思想上的简单和精悍，语言在他们手下被碾成了不合逻辑的一团乱麻。你只要试着把这种施特劳斯的文体翻译成拉丁文的文体就行：你要对康德做这样的事情则还可以忍受，对叔本华做这样的事简直很舒服、很刺激。之所以这在施特劳

---

① 指塔西陀（55？—120？），罗马历史学家。
② 拉丁文：甚至他们夸示的健康，也不是靠坚强，而是靠斋戒得来的。
③ 拉丁文：坚强。

斯的德语那里完全不行的原因大概不是因为这种德语比他们的更是德语，
227 而是因为他的德语含糊不清、不合逻辑，而他们的德语则充满简单和高尚。而且，谁知道古人怎么学习说话写字，现代人如何不努力，谁就会感觉到叔本华曾经说过的那样一种真正的轻松。当时叔本华不得不把这样一本德语书搁置一边，以便能重新转向其他的古今语言。“因为在这些语言那里，”他说，“在我面前的是某种以规则固定下来的语言，有着十分确定的、经过可靠观察的语法和正字法，我可以完全专注于思维，可是在德语中，我每一刻都受到唐突的书写者的打扰，这种书写者想要贯彻他自己语法上、正字法上的怪念头和大量的突发奇想：在这中间，放肆狂妄的愚昧让我恶心。看到一种拥有优美、古老、经典文字的语言在受无知者和毛驴的糟蹋，实在是一种真正的痛苦。”

这是叔本华神圣的愤怒在向你们呼吁，你们不可以说，你们没有受到过警告。可是，那些不想要听从警告，绝对不想要失去对经典作家施特劳斯信仰的人，还有最后的指导可以推荐给他们，就是模仿他。你们还是试一试吧，毕竟是责任自负嘛。你们将不得不为此而付出你们文风甚至生命的代价。印度智者甚至会在你们身上实现：“啃啮牛角没有好处，劳命伤牙，得不到精髓。”① ——

12

最后，我们要把答应过的文体测试汇编呈送给我们的经典散文写作
228 者；也许叔本华会给它加上一个完全通用的标题：“当今流氓切口的新证据。”因为如果下列话可以对大卫·施特劳斯是一种安慰的话，那么对他说出来也许就是安慰：现在所有人都像他一样写作，一部分人还要更加糟糕；而在盲人中间，每个独眼龙都是国王。真的，如果我们给予他一只眼，我们就已经给予他许多了，可是我们这样做是因为施特劳斯不像所有德语破坏者中的那些最卑鄙者那样写作，那些黑格尔信徒及其畸形的后代。施特劳斯至少想要重新从这沼泽地里出来，而且已经部分地出来了，但是远没有踏在坚实的大地上；人们留意到，他年轻时曾结结巴

① 引自叔本华《手稿遗作选》(J. 弗劳恩施达特编，1864)，60～61页。

巴地学舌黑格尔的话：当时他身上有什么东西脱臼，有某一块肌肉拉伤了；当时他的耳朵像一个在鼓声中长大的男孩的耳朵，变麻木了，不再能品味得出艺术上抑扬顿挫的音响规则，按照出色的榜样在严格的训练当中培养的作家就生活在这种法则的支配之下。因此，作为文体学家，他失去了他最好的家产，被判处终身坐在报刊文体那荒芜危险的流沙上——如果他不想要重新下到黑格尔的淤泥当中的话。尽管如此，他还是成功地让自己在现代出名了几个小时，也许再过几个小时，人们就知道他曾经是一个名人。可是这时候黑夜降临了，和黑夜一起降临的是遗忘，而正当我们把他文体上的罪孽写进黑名单的时候，曙光开始焕发出它的容光。因为谁对德语犯下罪过，谁就亵渎了我们全部德意志的神秘性：唯独德语通过整个民族和习俗的混合与变化，就像通过一种形而上的魔法一样，拯救了自己，并通过拯救自己，也拯救了德意志精神。唯独它，也为未来确保了这种精神，万一它自己没有在声名狼藉的现代之手下毁灭的话。“可是，*Di meliora*①！走开，厚脸皮，走开！这就是德 229
语，人们用它来做自我表白，伟大的诗人用它来歌唱，伟大的思想家用它来写作。把爪子拿回去吧！”② ——

让我们马上举出施特劳斯那本书第一页上的一个句子作为例子：“**在力的增长中——罗马天主教认识到一个要求，要专制地把它的整个教俗力量在被宣布为不容置疑的教皇的手中集中起来。**”在这件过于宽大的衣服下面隐藏着根本互不相配的、不可能同时并存的句子；某人可以用某种方式认识到一个要求，要把他的力量集中起来，或者放到一个独裁者的手中，可是他不可能在另一个人的手中专制地将它集中起来。③ 如果天主教被告知，它专制地把它的力量集中起来，那么它就是和一个专制者相提并论了。可是在这里，显然应该是不容置疑的教皇被用来和专制者相提并论，只是由于思路不清，由于缺乏语感，“专制地”这个状语才用

---

① 拉丁文：望诸神保佑。

② 引自叔本华《附录与补遗》(1851)，第 2 卷“论写作与风格”，第 283 节。

③ 在德语中，“在（某人）手中”（in der Hand）是第三格，表示在某人手中自己掌握着，和另一个人不发生关系。可这里涉及的是两者之间的关系，若要表示某物从一人那里到了另一人手中，那就要用第四格 in die Hand。

错了地方。可是为了感受那错误用语的荒诞，我建议用下列简化措辞把这句话说一遍：先生把缰绳在他马车夫的手中集中起来。——第4页：**“一种教条主义—宗教差别一方面在等级特征背后，另一方面在民主特征背后，以旧的红衣主教会议统治和专注于教会会议宪法的努力之间的对立为基础。”**再没有比这更笨拙的表达方式了：首先，我们知道了一种统治和某些努力之间的对立；其次，一种教条主义—宗教差别以这种对立
230 为基础，这种需要基础的差别一方面在一种等级特征背后，另一方面在一种民主特征背后。谜：什么东西在两件东西背后以第三件东西为基础呢？——第18页：**“而白天，尽管被叙述者明白无误地框定在夜与晨之间”**等等。我恳求你将此话翻译成拉丁文，以便认清你是如何无耻地糟蹋语言的。框定的白天！被一个叙述者！明确无误地！而且是被框定在什么东西之间！——第19页：**“错误而矛盾的报告，错误的见解和判断，在《圣经》里是无从谈起的。”**极其马虎的表达！你混淆了 in der Bibel（在《圣经》里）和 bei der Bibel（在读《圣经》时），前者的位置必须在 kann 的前面，后者必须在 kann 的后面。① 我的意思是说：你是想要说，《圣经》里错误而矛盾的报告，错误的见解和判断，是无从谈起的（Von irrigen und widersprenchenden Berichten，von falschen Meinungen und Urtheilen in der Bibel kann keine Rede sein）；为什么无从谈起呢？因为谈的就是《圣经》呀——于是就应该是：“在读《圣经》时是无从谈起的。”为了不让 in der Bibel 和 bei der Bibel 相互跟随，你就决定写流氓切口，混淆介词。你在第20页上犯了同样的罪过：**“以前的片段合并而成的汇编。”**你意思是说：“汇编中放入了以前的片段或在汇编中以前的片段被合并。”② 在同一页上，你用学生用语来谈论一首**“被置于一种尴尬处境**

① 为了让读者更好地理解这句话，这里且把德语原文引出：Von irrigen und widersprenchenden Berichten，von falschen Meinungen und Urtheilen kann in der Bibel keine Rede sein. 尼采在后面批评了这句话的逻辑错误。

② 这里涉及德语语法中动词和介词搭配时，介词所要求的格。hineinarbeiten 是一个表示方向的动词，和它搭配的介词 in 应该要求第四格，而 zusammenarbeiten 是不表示方向的动词，和它搭配的介词 in 应该要求第三格。而施特劳斯在用后一个动词的时候，和它搭配的介词 in 却要求了第四格。

的教育诗，首先是再三被曲解（missdeutet）”（用 missgedeutet 更好），**“然后遭到敌视和否定”**，第 24 页上甚至谈论**“人们试图借以缓和其坚硬性的尖锐性”**！我就处于那种尴尬处境，不知道有某种坚硬的东西，对于其坚硬性人们可以借尖锐的东西来缓和；当然，施特劳斯甚至说起（第 367 页）一种**“通过剧烈颠簸而被缓和的尖锐性”**。——第 35 页：**“撒穆** 231
尔·赫尔曼·赖马鲁斯①**对德法两个民族来说很典型地同伏尔泰相对峙。”**一个人始终只可以对一个民族来说很典型地，而不可以对两个民族来说很典型地同另一个人相对峙。对语言所犯下的可耻暴行，为的是省略一句句子，或蒙混过去。——第 46 页：**“施莱尔马赫死后才没几年，就——”**当然词序是不会给这样敷衍了事的无赖带来什么麻烦的；“施莱尔马赫死后”这几个字的位置错了，因为尽管它们应该在 an 的前面，但是，在 an 之后对于你那好听鼓声的耳朵来说完全是无所谓的，就像在后面应该说 bis 的地方说了 dass 一样。② ——第 13 页：**“即使有今日基督教借以放光的所有各种明暗色调差别，在我们这里大概也只能涉及最极端、最超然的问题：我们是否还能信仰它呢？”**③ 涉及什么的问题一是回答时可以说：um 什么、什么，二是用一句带 ob wir uns 等的句子；混淆两种结构形式的做法让人看到了那个浮皮潦草的家伙。他想要说的更应该是：“在我们这里大概只是最极端的问题才涉及我们是否还能信仰它”（kann es sich bei uns etwa nur bei der äussersten darumh andeln，ob wir uns noch zu ihr bekennen），可是德语的介词好像只是为了每一个都用得惊世骇俗才用在那里的。比如在第 358 页上，这位“经典作家”为了给我们这种惊世骇俗的感觉混淆了“一本书论及某事”（ein Buch handelt von etwas）和“涉及某事”（es handelt sich um etwas）这两个用语，现在我们得听一听这样

---

① 撒穆尔·赫尔曼·赖马鲁斯即赫尔曼·撒穆尔·赖马鲁斯（1694—1768），启蒙时期的哲学家和文学家。

② 这里涉及德语的语法，为了使读者更好理解尼采的指责，且把德语原文引出：Nun stand es aber nur wenige Jahre an nach Schleiermachers Tode，dass——

③ 这句话的德语原文是：auch von allen den verschiedenen Schattirungen，in denen das heutige Christenthem schillert，kann es sich bei uns nur etwa um die äusserste，abgeklärteste handeln，ob wir uns yu ihr noch zu bekennen vermögen.

一句话：**“此外始终不确定的是，论及的是外部的还是内部的英勇精神，**
232 **是开阔场地上的搏斗还是人类内心深处的斗争。”**① ——第343页：**“对于我们神经质地过于受刺激的、尤其在其音乐爱好中这种病态显而揭露的时代来说。”**② 可耻地混淆了“显而易见”（zu Tage liegen）和“揭露”（an den Tage legen）。这样的语言改进者应该一律像小学生那样受到惩罚。——第70页：**“我们在这里看见了徒弟借以努力上升而达到他们被杀死的师傅又复活的念头之生产的思想过程。”**什么样的画面啊！一个真正的通烟囱工人的想象！经过一个过程努力上升而达到一种生产！——如果说第72页上这位言辞的大英雄施特劳斯把耶稣复活的历史说成是“世界史的骗局”，那么我们在这里就要用语法学家的观点问他，他到底是指责谁炮制了这“世界史的骗局”，也就是说，一个目的在于欺骗别人而个人获利的骗局。谁撒谎、谁欺骗了？因为没有一个在此间寻求自己好处的主体做主语，我们就完全无法想象一个“骗局”。因为施特劳斯根本无法给予我们有关这个问题的回答——假如他害怕糟蹋他的上帝，也就是说，把这位出于高贵激情而犯错误的上帝糟蹋为这种骗子——那我们首先就停留在这样的立场上，把这种说法既当作毫无韵味，又当作毫无趣味的。——在同一页上还有：**“他的学问像风中飘零的树叶一样被吹散、散落，但愿这些树叶不是像由粗糙而结实的装订那样，由对他的复活的迷狂信仰汇集到一起，并因此而被接受。”**谁谈论风中的树叶，谁就误导了读者的想象，因为他后来把它理解为书页，可以通过装订工作汇
233 集起来。谨慎小心的作家所害怕的，莫过于在一个比喻中让读者产生怀疑或误导他们：因为比喻应该使某事更清楚一点；可是，如果比喻本身表达得不清楚，而且误导，那么它就使事情比没有比喻更模糊。可是，我们的“经典作家”并不谨慎小心：他大胆地谈论**“我们的源泉之手”**（第76页），谈论**“缺乏源泉的任何依据”**（第77页），谈论**“一种需要**

---

① 这句话的德语原文是：dabei wird es unbestimmt beleiben，ob es sich von äusserem oder innerem Heldenthum，von Kämpfen auf offenem Felde oder in den Tiefen der Menschenbrust handelt.

② 这句话的德语原文是：für unsere nervös überreizte Zeit，die namentlich in ihren musikalischen Neigungen diese Krankheit zu Tage legen.

之手”(第 215 页)。——第 73 页:**“对耶稣复活的信仰对他本人来说也值得了。”**谁爱好在如此不平凡的事情上把话说得如此俗气、商人气,谁就是给人暗示,他一生读的都是一些十分糟糕的书。施特劳斯文体到处都证明了他读的是些糟糕的读物。也许他读了太多他神学对手的著作。可是,你从哪里学会用比如施特劳斯在第 105 页上用来助兴的如此小市民的比喻来纠缠古老的犹太人和基督教的上帝呢?在那一页上,那**“古老的犹太人和基督教的上帝身下,椅子被抽走”**;或者在第 105 页上,**“古老的人格神几乎面对房荒”**;或者在第 115 页上,同样的神被放进了**“立遗嘱者自留养老的小房间”**,**“顺便说一下,他在其中仍然住得很体面,忙忙碌碌”**。——第 111 页:**“伴随着灵验的祈祷,人格神的本质属性再次失去了意义。”**可是你们这些乱涂乱写的家伙,在你们乱涂乱写之前先想一想吧!我的意思是说,如果用墨水针对应该是一种属性的祈祷而潦草地添加上一种“失去意义的属性”,那么,墨水也会羞愧得变红的。——可是,在第 134 页上是什么东西啊!**“随着理性对自然的把握,人类现在自己保留了早先时代赋予其诸神的一些愿望中的属性——我只** 234
想以最迅速地测量体积的能力作为例子。”谁给我们编造了这样的故事!好嘛,早先时代的人类还赋予诸神以属性;“愿望中的属性”就已经很可疑了!施特劳斯的意思差不多是这样的,人类认为,诸神真的拥有人类希望拥有但却没有的一切,所以一位神就拥有符合人类愿望的属性,于是大概就是“愿望中的属性”了。可是,按照施特劳斯的教导,人类自己保留了一些这样的“愿望中的属性”——一种摸不透的事情,就像在第 135 页上描绘的一样摸不透:**“必须附加这样的愿望,给予这种在最短的道路上的依赖性以一种对人类有利的转变。”**——依赖性——转变——最短的道路,一种附加的愿望——可怜啊,那种想要真正看见这样一种事情的人!这是盲人图画书里的一个场景。你必须触摸。——一个新的例子,第 222 页:**“这种运动的上升中的、随着其上升本身对个别的没落有着决定性意义的方向。”**还有一句更厉害的,第 120 页:**“最终的康德式转变感觉到自己,像我们发现的那样,有必要达到这样的目的:使它的道路越过一种未来生活的田野走得更远一点。”**谁不是骡子,谁在这种云里雾里就连路也找不到。感觉自己有必要的转变！对没落有着决定性意义的方向！在最短的道路上有利的转变，使它的道路越过一块田野走得更远一点的转变！越过哪一块田野？越过未来生活的田野！所有的地形都见鬼去：要有光！要有光！这个迷宫中的阿里阿德涅之线[1]在哪里？
235 不，所以没有人可以允许自己以“完全长成畸形的宗教、道德气质”（第50页）写作，如果是最著名的散文写作者，那一个人就更不可以这样了。我的意思是说，一个年长者必须知道，语言是一种祖先流传下来又留给后人的传家宝，人们应该像敬畏神圣、无价、不容侵犯的东西一样敬畏它。如果你们的耳朵有问题，那就问一问，查一下词典，使用好的语法教材，可不敢一天到晚造孽啊！比如，施特劳斯说：**“一种将自我和人性弃置一边的疯狂，必然是任何一个明事理者的努力。”**（第136页）[2] 这个结构是错的，如果粗制滥造者的畸形耳朵没有注意到这一点，那我就要冲他的耳朵大喝一声：你“要么将某人的东西弃置一边”（thut entweder etwas von jemandem ab），要么“让某人放弃一件事物”（man thut Jemanden einer Sache ab）；所以施特劳斯应该说：“ein Wahn，dessen sich und die Menschheit abzuthunden”，或者“von sich und der Menschheit abzuthun”。可是他写下的东西却是流氓切口。如果这样一位文体学上的厚脸皮完全在新构成或变形的老词语中翻来覆去转圈子，如果谈论**“社会民主的平等意识”**（第279页）就好像是塞巴斯提安·弗兰克[3]，或者就好像是模仿汉斯·萨克斯[4]的一个措辞，第259页：**“各民族都是符合上帝愿望的，也就是说，是合乎自然的形式，在这样的形式中，人类以这种形式实现自己的生存，没有一个明智者放弃这种形式，没有一个正派者可以摆脱这种形式”**；——第252页：**“人类按照一种法则具有了种族**

---

① 阿里阿德涅是希腊神话中命令建造迷宫的克里特王弥诺斯之女，她用小线团帮助英雄忒修斯逃出迷宫。

② 这句话的德语原文是：ein Wahn，den sich und der Menschheit abzuthun，das Bestreben jedes zur Einsicht Gekommenen sein müsste.

③ 塞巴斯提安·弗兰克，15、16世纪时的德国作家，被称为“德国现代历史之父”。

④ 汉斯·萨克斯（1494—1576），德国诗人、工匠歌手。

的特色”；第 282 页：“**驾驭反抗**”；那么我们必然会有什么想法呢？施特劳斯没有察觉到，为什么这样一块古代的小布片，其风格到了现代便满 236
是破绽，如此显眼。因为每个人都察觉到这样的措辞和这样的小布片是偷来的。可时不时地，我们的缝补匠也很有创造性，用一个新词来装饰一下：在第 221 页上他谈论一种“**发展中的、拼搏到底力争上游的生活**”①。可是，ausringen 不是用于描述洗衣妇，就是谈论拼搏到最后死去的英雄；含有“发展”意思的 ausringen 是施特劳斯式德语，就像第 223 页：“**裹起、解开的所有阶段和状态**”，真是裹在襁褓中的婴儿德语！——第 252 页：把“im Anschluss”（紧接着）说成是“in Anschliessung”。——第 137 页：“**在中世纪基督徒的日常活动中，宗教因素更经常得多地、更持续不断得多地出现在交谈中。**”② viel ununterbrochener（更持续不断得多），一个堪称典范的比较级，也就是说，如果施特劳斯确实是一位散文的典范作家的话：当然他也使用了不合适的“**更加完美**”（第 223、214 页）。可是，“zur Ansprache kommen!”这究竟是从哪里来的，您这位放肆的语言艺术家？因为我在这里完全没有办法，想不出一个类似的句子，就是格林兄弟碰到这样的 Ansprache 也要三缄其口的。您的意思大概是这样的：“宗教因素更经常地表现出来。”③ 也就是说，你出于骇人听闻的无知，再一次混淆了介词；将 ansprechen 同 aussprechen 相混淆，这本身就带有这样一种卑鄙下流的印记：如果你不想听，我就把它公开说出来。——第 220 页：“**因为我听得出来，在他主观意思背后还响着一种有无限射程的客观意思。**”正如已经说过的那样，您的听力很糟糕，或者很奇特：您听到“响着意思”，而且还是在另一种思的“背后”响，这样被听到的意思应该是有“无限射程”的了！这不是胡说八
道，就是一种内行的炮手式比喻。——第 183 页：“**理论的外部框架就这** 237

---

① 这句话的德语原文是：sich entwickelnden aus-und emporringenden Leben. 其中的 ausringen 一词也有“拼命拧干”的意思。

② 这句话的德语原文是：im täglichen Treiben des mittelalterlichen Christen kam das religiöse Element viel häufiger und ununterbrochener zur Ansprache.

③ 这里的“表现”，尼采用的是 aussprechen 一词。这词也有“公开说出来”的意思。

样给出了；甚至在同样范围内决定运动的弹簧，有一些也已经装入。”再一次，这不是胡说八道，就是一种内行的、我们无法接近的室内用品制造商式的比喻。可是，一个只有框架和装了弹簧的床垫值多少钱？而在床垫范围内决定运动的又是什么样的弹簧啊！如果施特劳斯以形象向我们出示他的理论，我们就怀疑他的理论，我们会不得不用施特劳斯自己说得这么漂亮的话来谈论他的理论：**“要达到真正的生活能力，它还缺乏重要的环节。”**（第 175 页）那么把环节拿过来吧！框架和弹簧已经在那里了，外皮和肌肉已经准备好了；当然眼下只有这些东西，要达到真正的生活能力还缺乏许多东西，或者**“更不夺人之美地”**用施特劳斯的话来说：**“当人们无视中间阶段和中间状态直接同两个价值如此不同的形象互相碰撞的时候”**，还缺乏许多东西。——第 5 页：**“可是你可以没有地位，但不可以躺在地上。”**我们很理解你，你这位衣着单薄的老师！因为谁不站也不躺，谁就飞，也许飘，飞舞，或者飘舞。可是，如果可以猜想，表达某种不同于你那种反复无常的东西取决于你的话，那么我就要替你选出另一个比喻；这时候，这也表达了某种不同的东西。——第 5 页：**“老树上变得显然枯萎的枝杈”**；什么样一种变得显然枯萎的文体啊！——第 6 页：**“他简直无法像需要做的那样，拒绝对一位不容置疑的
238 教皇表示他的赞赏。”**① 这里一定是不惜一切代价地混淆了第三格和第四格：这在小男孩那里是一个错误，在典范的散文作家那里就是一个罪行了。——第 8 页：我们发现**“民族生活中理想因素的一种新组合的新构成”**。如果我们想象，这样一种同义反复的胡说八道一旦真的从墨水瓶里跑到了纸上，那么你也非得让人把它印出来吗？这样的东西在校对时没有看出来，是允许的吗？居然印了六次都没有校对出来！顺便说一下第 9 页：如果你要引用席勒的话，那就更精确一些，不能仅仅是差不多！应有的尊敬命令你那样做。所以应该是：“不害怕某人的厌恶”（ohne Jemandes Abgunst zu fürchten）。——第 16 页：**“因为，它很快变成了门闩，变成了城墙，整个向前迈进的理性洪流，整个批判的攻城武器，都**

① 这句话的德语原文是：der könne auch einem unfehlbaren Papste，als von jenem Bedürfniss gefordert，seine Anerkennung nicht versagen. 供参考。

带着充满激情的反感，瞄准它而去。”在这里，我们应该考虑一下先变成门闩，然后变成城墙，最后“攻城武器带着充满激情的反感”或者甚至“洪流”带着充满激情的反感直冲它而去的那种东西。先生，您说话就像一个远离这个世界的人！攻城武器是由人来瞄准的，自己不能瞄准，而且只有用它来瞄准的人，而不是攻城武器本身，可以有充满激情的反感，尽管很少有人像你唠唠叨叨企图让人相信的那样，刚好对一堵墙有这样一种反感。——第 266 页：“**因此，这样一类的废话任何时候都构建了受欢迎的民主陈词滥调的儿戏场地。**”脑子想不清楚！废话构建不了儿戏场地！而只能在这样一块场地上玩儿戏。施特劳斯也许是要说：“因此，这样一类观点甚至任何时候都建构了受欢迎的民主废话和民主陈词滥调的儿戏场地。”——第 320 页：“**一种绷着敏感而丰富琴弦的内在诗人气质，** 239
对于这种气质来说，在其诗歌和自然研究领域、社交和国务等广泛活动中，回到一种高贵的爱的温和的炉火旁边，始终是一种永恒的需求。”我努力想象一种竖琴般绷着琴弦然后又有广泛活动的气质，也就是说，一种疾驰的气质，像一匹黑马一样大步奔驰，最终又回到安静的炉火旁边。如果我认为这种疾驰的、回到炉火边的甚至同政治打交道的气质竖琴真正是原创性的，那么，“那种绷着敏感琴弦的诗人气质”本身就如此没有原创性、如此陈旧，甚至如此不被认可了，我说得不对吗？在这样一种平庸荒唐者的有才气的新词那里，我们认出了那位“经典散文写作者”。——第 74 页：“**但愿我们想要睁开眼睛，诚实地向自己承认这样睁开眼睛找见的东西。**”在这种冠冕堂皇、郑重其事然而不知所云的说法中，给人留下深刻印象的不过是“找见的东西”和“诚实地”一词搭配在一起：谁找见了什么，不拿出来，不承认“找见的东西”，这是不诚实的。施特劳斯做了相反的事情，认为有必要对此公开赞美和坦白。可是，究竟谁指责他了呢？正如一个斯巴达人曾经问过的那样。——第 43 页：“**只有在一个信条中，当然是基督教教义学中心人物的人才把绳拽得更紧。**”不清楚他究竟做了什么：他究竟什么时候拽绳子？也许这些绳子应该是缰绳，而那位把绳拽得更紧的人应该是个马车夫？只有这样校正，我才明白那个比喻。——第 226 页：“**在皮裙子里有一种更正确的预感。**”

毫无疑问！“**从原始猿猴分支出来的原始人活得还不够长久**”（第226页）
到知道他将取得施特劳斯理论那样的成果的地步。可是现在我们知道是
240 到什么样的地步：“**将要而且必然走向旌旗欢乐地迎风飘扬的地方。是
的，欢乐地，而且是一种最纯洁、最崇高意义上的精神欢乐。**”（第176
页）施特劳斯如此孩子般地自娱于他的理论，以至于甚至“旌旗”都变
得欢乐起来，尤其是甚至“最纯洁、最崇高意义上的精神欢乐”。而现在
是越来越欢乐！突然我们看到“**三位大师，其中的后来者站到了前行者
的肩上**”（第361页），一件由海顿、莫扎特、贝多芬给我们上演的真正
的马术艺术品；我们看到贝多芬就像一匹马一样“**奔放不羁**”（第356
页）；一条“**新钉马掌的街道**”（第367页）呈现在我们面前（而我们至
今都只听说过新钉了马掌的马），还有“**一张劫掠凶杀的茂盛温床**”（第
287页）也是同样情况；尽管有这样一些显而易见的奇迹，“**奇迹**”还是
被“**宣告死亡**”（第176页）。突然彗星出现，可是施特劳斯安慰我们：
“**在彗星的小国寡民那里谈不上居民**”（第164页）。真正的安慰话，因为
要不然，你在小国寡民那里，竟然发誓说没有居民，那就是不应该的了。
在这期间又有一场新的表演：施特劳斯自己“**高攀**”在一种“**对人类情
感的民族感情上**”（第258页），而另一个人则“**朝越来越放肆的民主这
边下滑**”（第264页）。朝这边下滑（herunter）！甚至不是朝那边下滑
（hinunter）！我们的语言大师就是这样命令我们的。他真正绝对错误地说
道：“**一个优秀的贵族属于有机结构。**”（第269页）在一个更高的领域，
对于我们不可思议地运动着可疑的现象，比如“**从精神上使人类脱离自
241 然的运作**”（第201页），或者“**对脆弱行为的驳斥**”（第210页）；第241
页上的危险表演：“**生存竞争在动物王国被充分放开。**”——第359页上
“**一种人类的器乐之声**”甚至令人惊奇地“**赶来帮忙**”，可是一扇门被打
开，从门里奇迹“**被一去不返地扔了出去**”——第123页上，“**死亡的表
面现象看到了整个人类是怎么毁灭的**”；这“表面现象”还从来没有一直
看到语言驯兽人施特劳斯那里：既然我们在他的语言西洋镜里有了经历，
还要赞美他呢。甚至所谓“**我们对宇宙的感情在受到伤害时做出宗教反
应**”，我们也是首先从他那里知道的，我们回想起了相应的程序。我们已

经知道，“至少看一眼那些高大形象的膝盖部分”有什么样的魅力，因此，尽管受局限，看不到全景，却还是察觉到这位“经典散文写作者”，我们就非常高兴。老实说：我们所见到的，不过是泥足，表面上看来像是健康肉色的东西，不过是抹上去的涂料。当然，当人们在市侩文化中看见一个活生生的上帝的地方谈论涂了颜色的偶像时，德国的市侩文化是要恼羞成怒的。然而，敢于推翻那些偶像的人简直难以退缩，尽管面对所有的那种恼羞成怒，却还是要对它说，它甚至不懂得区别生与死、纯与不纯、原创与模仿、上帝与偶像，它对现实和真实的东西失去了健康的、阳刚的本能。它甚至理应遭到毁灭：现在它的威势已经下降，现在它的皇袍已经掉落；而如果皇袍掉落，君主也就必然下台了。——

我的自白到此就要结束了。这是一个个人的自白；这样一个个人甚 242
至在他的声音到处都能为人听到的时候，他又能拿整个世界怎么样呢？为了最后还用一根纯粹的、宝贵的施特劳斯羽毛装饰你们，我要说，他的判断只会**“有太多的主观真理，却毫无客观的证明力”**——不是吗，我的好朋友？毕竟在情绪上得到安慰吧！至少暂时做你们的“有太多……却毫无……”就够了。暂时！也就是说，在始终合时宜的、而且现在空前合时宜且必须做——说真话——的事情仍被看作不合时宜之事的这段时间内。——

第二部分　论历史学对生存的利弊

前　言

245 “顺便说一下，我痛恨一切只教诲我，而不增强我的活动或不直接使我的活动充满活力的东西。”① 这是歌德说的话。我们对历史利弊的思考可以以此，而不是以一种热情表达的 *Ceterum censeo*② 来开始。也就是说，在我们的思考中，要描述为什么不生动的教诲、为什么行动萎缩的知识、为什么作为昂贵的知识过剩和奢侈的历史，必然真正引起我们的歌德式的痛恨——因为我们还缺乏最必要的东西，因为过剩的东西是必要的东西之敌。无疑，我们需要历史，可是我们需要它，不同于讲究的游手好闲者在知识花园里对它的需要，尽管这样的人会高贵地俯视我们这种可怜的、不登大雅之堂的需要和企求。也就是说，我们需要它来生存、来做事，而不是舒服地脱离生活、脱离行动，或者甚至美化自私自利的生活、美化怯懦而丑陋的行为。只有在它服务于生活的前提下，我们才愿意服务于它；可是有一种致力于历史的程度和一种对生命在其中
246 衰微、堕落的那种历史的评价：一种由于我们时代值得注意的症状而既有必要现在去了解，又有可能会很痛苦的现象。

---

① 引自歌德致席勒的信，1798 年 12 月 19 日。

② 拉丁文：然而我认为。这句拉丁文来自普鲁塔克《大卡托传》中大卡托（公元前 234—前 149）的名言：*Ceterum censeo Carthaginem esse delendam*.（然而我认为迦太基必须被摧毁。）据说他在元老院的演说都以这句话来结束。

我已经努力描述了一种经常折磨得我够苦的感觉；我对这种感觉做出报复，因为我把它透露给了公众。也许这样一种描述会促使某个人向我宣布，他也了解这种感觉，可是我的感觉不够纯粹、原始，根本没有以经验上恰如其分的可靠性和成熟性表达出来。也许一两个人做出这样的反应；可是大多数人将对我说，这是一种颠倒的、不自然的、令人厌恶的、绝对不可允许的感觉；甚至说，以这样一种感觉，我显示出自己不配这样一种强大的历史时代趋势，就像两代人以来，尤其在德国人中间，众所公认地应该注意到的情况那样。无论如何，由于我敢于做出关于我的感觉的自然描述，由于我给许多人提供了对刚才提到的那种时代趋势说恭维话的机会，普遍的正派作风是得到了促进而不是损害。可是我为自己赢得了对我来说比正派作风更有价值的东西——关于我们的时代受到了公开教诲，得到了正确指点。

甚至本文的思考也是不合时宜的，因为我设法把时代有资格为之骄傲的东西，即时代的历史教育理解为时代的缺陷、残缺、不足，因为我甚至相信，我们大家都得了一场耗尽体力的历史热病，至少应该认识到我们得了这样的热病。但是，如果歌德说我们在扩充我们的美德的同时，也扩充了我们的缺点①，说得有道理；如果像每个人都知道的那样，一种发育不良的美德——就如我对我们时代的历史意识的看法那样——会像一种发育不良的恶习一样败坏一个民族，那么人们就只好听我自便了。为了减轻我的责任，对以下的问题也不应该沉默：唤起我那种受折磨的 247
感觉的经验通常来自我自己，只是为了比较，才取自于别人；假如我是以往时代尤其是希腊时代的学生，那么我对我自己作为一个现在这个时代的孩子的了解就会很不合时宜。可是从我自己作为古典语言学家的职业考虑，我只可以给予自己这么多了：因为我不会知道古典语言学在我们的时代有什么样一种意义，除非是在其中发挥不合时宜的作用——也就是说，逆时代的，由此而对时代产生影响，但愿它有利于一个未来的时代。

---

① 见歌德《诗与真》(1814)，第 3 卷，第 13 章。

1

248 你看在你周围吃草的牧群：它们不知道昨天是什么，今天是什么，它们蹦蹦跳跳，吃草，休息，消化，再蹦再跳，从早到晚，一天又一天，也就是说，它们的喜怒转瞬即逝，因此既不忧郁也不厌烦。看到这些令人难以接受，因为他在动物面前夸耀自己的人性，却嫉妒地眺望着它们的幸福——因为他只想要那样，像动物一样既不厌烦也无痛苦地生活，然而却徒劳地想要那样，因为他想要那样的方式和动物想要那样的方式不一样。也许有一天人类问动物：为什么你不同我谈谈你的幸福，却只是看着我？动物也想要回答，于是说：那是因为我总是立刻就忘记了我想要说的话——可说到这里，它甚至已经忘记了这个回答，就缄口不言，以至于人类因此而惊讶不已。

可是人类也对自己不能学会遗忘、老是纠缠于过去很感惊异：不管他跑得多远、多快，链条总伴随着他奔跑。这是一个奇迹：瞬间转瞬即逝，前后都是无，却总是作为鬼魂回来，打扰后来瞬间的安宁。不断有
249 一片叶子脱离时间的旋涡，掉出来飘然而去——突然又飘回来，掉到人类怀里。这时候人类说"我记得"，并嫉妒动物。动物是立刻就遗忘，看着每个瞬间真正逝去，沉回到云里雾里和黑夜中，永远消失。所以动物**非历史地**生活着：因为它融入当下，像一个数字被除尽一样，没有留下多余的分数，它不懂得伪装，不隐瞒任何东西，任何时候都是完全以它实际情况的面目出现，因此除了诚实以外完全不可能是别的样子。人类与此相反，要扛住过去巨大的而且越来越大的重负：这重负把他压倒，或压弯了腰，这重负作为一副无形的、看不清的担子，使他行走困难，他表面上可以否认这副担子，在与其同类的交往中，他很喜欢否认这副担子，为了唤起同类们的妒忌。所以，看见吃草的牧群，或者更熟悉一些的近在咫尺的情况，看见还没有过去可以否认、在过去和未来的藩篱之间、在极度幸福的盲目之中玩耍的孩子，就使他很激动，好像他想起了失去的天堂。然而，孩子的玩耍必然受打扰：他太早地就被从遗忘中唤起。这时候他学会理解"他曾经是"这句话，这就是内心斗争、痛苦、厌烦用以来到人类跟前的口令，它提醒人类，人类的生存归根结底是什

么——一种永不完成的过去时。如果说死亡最终带来了期盼的遗忘，那么它也同时吞没了现在和生存，从而将印记打在了这样的知识上：生存只是一种不间断的曾经，一种靠自我否定、自我消耗、自相矛盾而活着的东西。

如果一种幸福，如果一种对某种意义上的新幸福的追求，是那种把活人留住在生活中、迫使其生活的东西，那么也许就没有哲学家会像犬儒主义者那样有道理了：因为动物的幸福就像完美的犬儒主义者的幸福 250
一样，是犬儒主义有道理的活生生证明。最小的幸福，只要不间断地存在，让人幸福，那么不用比较，它就比只是作为插曲，几乎只是作为一时念头，作为突发奇想来到纯然的乏味、欲望、遗憾中间的最大幸福更是幸福。可是，在最小的幸福和最大的幸福那里，幸福成其为幸福的方法始终是一样的：遗忘的能力，或者说得更有学问一些，在一定期限中非历史地感受的能力。谁不能坐在瞬间的门槛上，遗忘过去的一切，谁不能像一个胜利女神一样毫不眩晕、毫无畏惧地站在一点上，谁就绝不会知道幸福是什么，更糟糕的是：他绝不会做让别人幸福的事情。你们想象一下最极端的例子，一个人，他完全不具备遗忘的能力，他被判处到处都见到一种生成：一个这样的人不再相信他自己的存在，不再相信自己，看见一切都各自流入移动的点中，自我消失在这生成流当中，他将像赫拉克利特真正的学生那样最终几乎不再敢于举起手指。① 遗忘属于一切行为：就像不仅光明，而且黑暗都属于一切有机物的生命。一个想要彻底地只是历史地感受的人，和被迫放弃睡眠的人，或者和只靠反刍、一再重复的反刍生活的动物很相似。也就是说：有可能像动物显示的那样，没有记忆而生活，甚至幸福地生活；但是完全不可能根本没有遗忘而生活。或者，把我的话题说得更简单一点就是：**有一种程度，失眠、反刍、历史意识到了这种程度，活生生的东西就要受到伤害，最终毁灭，无论这是一个人，一个民族，还是一种文化。**

为了确定这种程度，然后通过它来确定过去若不该变成现在的掘墓 251

---

① 暗指诡辩家克拉底鲁。根据亚里士多德的说法，克拉底鲁得出结论，由于真理既不可能被知道，也不可能被说出来，所以他根本就不说话，而是只动手指。

人则必须被遗忘到什么程度的界限，我们必须精确地知道，一个人、一个民族、一种文化的**可塑性**到底有多大，我的意思是说，那种有独特个性地成长起来，改造、吞并过去和陌生事物，治愈伤口，补偿失物，以自身仿造受损形式的能力。有些人如此缺乏这种能力，以至于他们遇到唯一的一次经历，遇到唯一的一种疼痛，尤其往往是遇到唯一的一次小小的不公，有如开了一道很小的血口子就不可治愈地流血而死；另一方面，有这样的人，最怪诞、最可怕的人身事故甚至自己的恶行都无伤其毫毛，以至于就在这些经历中间或紧随其后，他们将此变成了还过得去的幸福，变成了一种心安理得。一个人最内在的本性越是有强大的根基，他就将越多地占有过去或索取过去；如果我们想象最强有力、最非同寻常的本性，那么从以下的特点我们就可以辨认出这种本性：对它来说，完全不会有限制历史意识泛滥和发挥有害作用的界限，一切过去的东西，自己的和最陌生的过去事物，它都会拽到自己身边，汲取到自己体内，好像变成了血液。这样一种本性制服不了的东西，它懂得遗忘；那里不再有任何东西，视野完全关闭了，没有任何东西让人想起在视野的那一边还有人、激情、学说、目的。这是一条普遍法则：每一个活生生的事物只有在视野范围内才能变得健康、强壮、硕果累累；如果它不能够围绕自己划出一个视野，又太自我中心地把自己的目光圈定在另一视野的范围内，那么它就会衰弱地久病不起，或者过快、过早地死亡。欢乐、
252 问心无愧、快乐的行为、对未来者的信任——这一切，在个人那里如同在大众那里一样，取决于有一条线将一目了然的、明亮的东西和搞不清的、黑暗的东西相区别；取决于人们同样出色地懂得及时忘却、及时记忆；取决于人们以强有力的本能感觉出来什么时候需要历史地、什么时候需要非历史地感受。这正是读者被邀请来思考的原则：**非历史因素和历史因素对于一个人、一个民族、一种文化的健康都同样是必要的。**

在这里，每个人都会提出这样一种看法：一个人的历史知识和历史感会非常有限，他的视野就像一个阿尔卑斯山谷居民的视野一样狭窄，伴随着每一个判断，都会有一种不公，而对于每一个经验，他都会误以为自己是该经验的第一位体验者——尽管遭遇所有的不公和谬误，他却

不可战胜地处于健康和硬朗的状态中，取悦于每一双眼睛；而紧挨着他
的远远更加公正、更有学问的人却体弱多病、弱不禁风，因为他的视线
总是不安地重新移动，因为他无法摆脱他的更加柔软得多的公正和真理
之网而重新回到粗犷的意愿与渴望中。相形之下，我们看到了动物，它
完全是非历史的，几乎居住在点状的视野范围内，几乎是生活在某种幸
福中，至少也是没有厌烦与伪装而生活；所以我们将必须把有某种程度
非历史感的能力看作更重要、更原始的能力，因为在这种能力中，有着
一般来说正确的东西、健康的东西、伟大的东西、真正人性的东西赖以
生长的基础。非历史因素像一种笼罩的氛围，生命只在这种氛围中产生，
又随着这种氛围的消失而重新消失。这是真的：只有通过人类在思考、 *253*
反思、比较、分析、综合中限定那种非历史因素；只有通过在笼罩于周
围的霾云中产生出一道明亮的闪电之光，也就是说，通过将过去用于生
存、将发生的事重新变成历史的力量，人类才成其为人类。可是在过量
的历史中，人类就再次止步，而没有那种非历史的外壳，人类绝不会起
步，也不敢起步。人类不用事先进入到那种非历史的云雾层中去就能够
做的行为在哪里可以找到呢？或者把那些比喻放到一边，通过以下例子
来说明：我们想象一个男人，一种强烈的激情，对一个女人或对一种伟
大思想的激情，将他抛来抛去，拽着他往前走；对他来说，他的世界发
生了什么样的变化啊！往回看，他感到自己什么也看不见，朝旁边听，
他听到了陌生的东西，就像是一种毫无意义的沉闷声音；他一般察觉到
的东西，他以前还从来没有如此察觉过；可以感到如此接近、如此鲜艳、
如此响亮、如此明亮，就好像他同时用所有感官来把握它。所有的价值
评估都改变了、贬值了；如此多的东西他不再能加以评价，因为他几乎
不再能感觉到这些东西。他自问是否早就是个说陌生话、发表陌生看法
的傻瓜；他惊奇地发现，他的记忆力不懈地转了一圈，却太虚弱、太疲
倦而无法一下子从这个圈子里跳出来。这是世界最不公正的状态狭隘，
对过去忘恩负义，对危险视而不见，对警告充耳不闻，黑夜与遗忘的死
海中的一个活跃的小旋涡：可是这种状态——非历史的、彻底反历史
的——却不仅是不公正行为的温床，而且更是任何公正行为的温床；不

254 事先在这样一种非历史的状态中渴望、争取他们努力追求的对象，就没有一个艺术家能完成他的绘画，没有一个统帅能取得他的胜利，没有一个民族能实现他们的自由。按照歌德的说法，行动者总是没有良心①，因此他也同样无知，他忘记了大多数事情，只为做一件事，他对他身后的东西是不公正的，他只知道一种权利，就是对现在应该生成之物的权利。所以，每个行动者都爱自己的行为，无限超过了这些行为值得被爱的程度：最佳行为发生在这样一种爱的洋溢中，以至于在任何情况下，它们对于这种爱来说都是没有价值的，尽管它们的价值是另外一回事，大到了无法计算的地步。

如果一个人能够在许多例子中嗅出并随后呼吸到这种任何伟大历史事件都在其中发生的非历史氛围的空气，那么，一个这样的人也许就能作为认识者而自我提升到一种**超历史的**立场，就如尼布尔②有一次将其描述为历史思考的可能结果那样。“明白而细致理解的话，”他说，“历史至少对一件事情来说是有用的：人们知道，甚至我们人类中的最高大者也不知道，他们的眼睛如何碰巧接受了他们的视觉形式，接受了他们强行要求每个人都接受的视觉形式，强行是因为他们意识的强烈程度格外大。谁没有完全确定这一点，并在许多情况中知道和理解这一点，谁就会在以特定形式表现出最高激情的强有力人物的出现中受到奴役。”这样一种观点可以叫做超历史的，因为一个采取这样观点的人会由于认识到所有事物发生的一个条件，即行动者心灵中的那种盲目和不公，而完全感觉不到还有什么诱惑，要继续活下去，要参与历史工作；他自己将被治愈，从现在起不再过于认真地对待历史：但愿他学会借助于每一个人、每一次经验，无论是在希腊人中间还是在土耳其人中间，无论是在公元1世
255 纪还是在19世纪的一个时刻，给他自己回答怎样生活和为什么生活的问题。谁问他的朋友们是否最后一二十年还希望一直活下去，谁就很容易察觉到，他们中间哪个人受过那种超历史观点的预备教育：虽然也许他们全都会回答“不！”但是他们将对那个“不”提出不同的依据。其中有

---

① 见歌德《箴言和沉思》，第251节。

② 巴托尔德·格奥尔格·尼布尔（1776—1831），德国历史学家。

几个也许回答说，他们很自慰，“不过今后二十年会更好”。这就是大卫·休谟讽刺地说起过的那些人：

And from the dregs of life hope to receive,

What the first sprightly running could not give. ①

我们要把他们称为历史人；投向过去的眼光把他们逼向未来，激励起他们的勇气，更长时间地同生命较量，点燃起正义即将到来、幸福就在他们迈步前往的那座山背后的希望。这些历史人相信，在一个**过程**中的生存的意义将越来越显现出来，他们回头看，只是要以对以前过程的思考来理解现在，学会更强烈地渴望未来；他们完全不知道，尽管有他们的全部历史，他们是如何非历史地思考和行动的，甚至就算他们致力于历史，他们也无论如何不是服务于纯粹的知识，而是为生活服务。

可是，前面我们听到过第一个回答的那个问题也可以用另一种方式来回答。也就是说，再一次用一个“不”来回答，然而是用一个提出不同依据的“不”。用这种超历史人的“不”，这种超历史人不在过程中看见幸福，对于这种人来说，世界更应该说在每一个个别的瞬间都是完成了的，都达到了它的终点。过去的十年教不了的东西，新的十年有什么不能教啊！

而这种教育的意义究竟是幸福还是心灰意冷，是美德还是忏悔，在 256
这个问题上，超历史人相互之间意见并不统一；可是，和所有思考过去的历史方法不同，他们在以下原则上完全一致：过去和现在完全是一样的，也就是说，就全部多样性而言，过去和现在是典型一致的，作为永恒典型的无处不在，过去和现在是一幅静止的绘画，有着不变的价值和永远相同的意义。正如上百种不同语言符合人类同样典型的固定需要，以至于一个理解这种需要的人不能从所有语言中学到任何新的东西：超历史的思想家从内部来领悟各民族和个人的全部历史，富有见解地猜想出不同象形文字的原始意义，渐渐地甚至变得疲倦不堪地避开不断新奔

---

① 英文：从生命残渣中希望获得/最初雀跃之无法给予者。这两句诗休谟虽然（1711—1776）在《关于自然宗教的对话》（1779）第十部分中引用过，但实际上出自约翰·德莱顿的剧本《奥伦泽伯》（1675）第4幕第1场。

流而来的书写符号：因为他怎么会在无尽地泛滥的事件之中不感到饱和，不感到餍足，甚至恶心呢！以至于最大胆的人最终也许准备像贾科莫·莱奥帕尔迪①那样对自己内心说：

活着的东西无一值得
你的感情冲动，大地亦不值得
一声叹息。
痛苦和无聊是我们的存在，
世界是粪便——绝非其他。
你要镇静。②

我们且让超历史人去恶心，去显示他们的智慧吧：今天我们更愿意由衷地为我们没有智慧而感到高兴，作为行动者、前进者，作为过程的尊重者，快快活活地过上一天。但愿我们对历史的评价只是一种西方的偏见；但愿我们至少在这种偏见的范围内前进，而不是止步不前！但愿
257 我们越来越明白这一点，为了**生存**的目的而致力于历史！然后我们很愿意对超历史人承认，他们比我们具备更多的智慧；也就是说，在我们可以肯定比他们更拥有生命的前提下，我们愿意这么承认：因为我们的无智慧在任何情况下都比他们的智慧更加拥有未来。为了对这种生命与智慧对立的想法不留下任何怀疑，我要借助于自古以来证明有用的方法，直接提出几个论点。

一种被彻底认知并溶化到知识现象中去的历史现象对于已经认知它的人来说，是已经死了：因为他在其中认识到妄想、不公、盲目的激情，以及一般来讲关于那个现象的整个世俗的、被黑暗围绕的视野，同时，他在这个过程中也认识到他自己的历史威力。这种威力现在对他这个知识者来说已经变得无力了：也许对他这个生存者来说还不是无力的。

被看作纯粹知识而变得绝对的历史就会是一种生命的终结和对人性的结算。历史修养只是作为强大的新生命流，比方说，一种生成中的文化的结果，也就是说，只有到了它受到一种更高力量的支配和指引而不

---

① 贾科莫·莱奥帕尔迪（1798—1837），意大利诗人、学者、哲学家。
② 引自莱奥帕尔迪的诗《致自己》。尼采在这里引用的是德文译文。

是它自己支配和指引的时候，才是有益的、预示未来的东西。

历史在它为生存服务的范围内而言，是为一种非历史的力量服务的，因此，它在这种从属地位上就不可能也不应该成为数学那样的纯粹科学知识。可是，生存一般来说在多大程度上需要历史的服务，这个问题是涉及一个人、一个民族、一种文化的最高问题和最高忧虑之一。因为到了某种过剩程度的历史就使生命破碎、蜕化，最后，通过这种蜕化，历史本身也蜕化了。

2

可是，生存需要历史的服务这一点，必须像以后将要证明的原 258
则——过多的历史对生存者有害——一样清清楚楚地来理解。从三方面来看，历史是属于生存者的：它属于作为行动者和努力争取者的生存者，属于作为捍卫者和尊重者的生存者，属于作为痛苦者和解放需求者的生存者。与这三种关系相适应的有三种历史，在允许的范围内这三种历史是这样区分的：一种**纪念碑式的历史，一种崇古的历史，一种批评式的历史**。

历史尤其属于进行伟大斗争的，需要榜样、导师、安慰者却又在自己的伙伴中、在当下无法找到此类人的行动者和强大者。因此历史属于席勒们：因为我们的时代如此糟糕——歌德说——以至于诗人在周围的人类生活中不再碰得到合适的人。① 比如，考虑到行动者，波利比奥斯②把政治史称为对一个国家的政府的真正准备，称为一位最优秀的教师，作为这样的教师，它通过对别人事故的回忆，告诫我们要顽强地承受运气中的变数。③ 谁学会以这样的方法来认识历史的意义，谁看到好奇的旅行者或者非常认真的细节研究者在伟大过去的金字塔上爬来爬去，必然会感到非常恼火。他在发现那种让他目瞪口呆、让他进一步努力的刺激的地方不希望碰到渴望消遣或刺激，就像漫步在大量收藏绘画珍品的画廊上一样的游手好闲者。行动者为了不在懦弱而无望的游手好闲者中间，在表面上行动、实际上只是激动和烦躁的伙伴中间感到沮丧和恶心，他

---

① 歌德与爱克曼的谈话，1827年7月21日。

② 波利比奥斯（公元前203？—前123?），古希腊历史学家。

③ 见波利比奥斯《历史》，I. I. 2。

259 看了看身后，中断了他前往目的地的行程，就为了能深吸一口气。可是
他的目的地是任何一种幸福，也许不是他自己的，往往是一个民族的幸
福或者全体人类的幸福；他心灰意冷，落荒而逃，把历史用作抵挡心灰
意冷的手段。除了荣誉以外，多半是没有什么报酬在向他招手，也就是
说，对历史殿堂里一个荣誉地位的候补资格，在那里他自己可以重新成
为后来者的教师、安慰者、告诫者。因为他的戒律是：能一旦扩充“人”
的概念、使它充实得更美满的东西，必须常备在手，使它永远保持这样
的能力。个人斗争中最伟大的瞬间形成了一根链条；在这些瞬间中，人
性的山脉经历几千年而绵延不绝；对我来说，如此一个早已逝去之瞬间
的最高尚事物仍然栩栩如生、光彩照人，仍然伟大——这就是在一种**纪
念碑式**历史的要求中表达出来的相信人性的基本思想。可是，正是这种
伟大应该永恒的要求点燃了最可怕的斗争。因为所有其他还活着的东西
都喊“不!”纪念碑式的历史不应该产生——这是反对的呼声。充斥世界
各个角落的麻木不仁的习惯、渺小卑微的东西像沉重的大气层黑压压地
围绕着所有的伟大，扑向伟大走向不朽必然要走的道路，阻挡着、欺骗
着、蒸煮着让人窒息。可是这条道路经过人的大脑！要是通过恐惧、短
命的动物大脑，那么它们都总是一再以同样的需要出现，努力使自己暂
时免于腐朽。因为它们首先只想要一件事：不惜任何代价活着。它们中
间谁愿意猜想纪念碑式历史那种困难的火炬赛跑，然而伟大只有通过这
种赛跑才能继续生存！可总是一再有那么几个人醒过来，他们在涉及过
260 去的伟大时，在精神振奋地进行思考时，总是感觉如此幸福，就好像人
类生活是一件美好事物，好像知道以下事情就是这苦涩植物上最美好的
果实一样。以前曾经有一个人骄傲而强健地，另一个人深沉地，第三个
人同情地、乐于助人地经历过这种生存——可是都留下了同一个教训：
不重视生存的人生活得最美。如果平庸的人如此忧郁地以认真和渴望来
看待这段时间，那么那些走在通往不朽和纪念碑式历史之路上的人就会
对此发出威严崇高的笑声，或者至少做出一种崇高的嘲讽；他们经常是
带着讽刺跨入坟墓——因为他们有什么样的东西可以埋葬啊！不过是些
始终被他们当作废渣、垃圾、虚荣、动物性，在早就受到他们的蔑视以

后而加以压制的东西。可是，有一样东西将活着，即他们最独特本性的专著，一件作品，一个行为，一种罕见的恍然大悟，一种创造：它将活着，因为后世不能没有它。而在这个最美化的形式中，荣誉，诚如叔本华所说，是比我们的一小口最可口的自恋更可口的东西①，这就是相信所有时代的伟大都是有关联、有连续性的，这就是对世代更替和短暂性的一种抗议。

那么，对过去的纪念碑式的思考，致力于以前时代的经典和珍品，对现代人来说有什么好处呢？现代人从中推断出，曾经有过的伟大在任何情况下都是**有可能的**；他大胆地走他的道路，因为在较弱的时刻袭上他心头的怀疑，即怀疑他是否也许是在向往不可能的事情，已遭到了排斥。假如我们设想某人相信，需要不超过一百个有创造性的、以一种新精神接受教育并发挥作用的人来结束正好现在在德国变得时髦的教养，
那么注意到文艺复兴的文化显眼地突出在这样一个百人小组的肩上，这 261
必然会多么增强他的信念啊！

然而——要以同样的例子立刻再学一点新东西——那样的比喻会是多么没有明显界限、多么飘忽不定、多么不精确！如果那种比喻要产生强有力的效果，那么在这中间有多少不同会被忽视！过去的个性必然会多么强制性地被迫成为一种普遍形式，为适应一致性而被磨去了所有的棱角！归根结底，甚至曾经有可能的东西也只有在毕达哥拉斯学派对以下事情的相信有道理的时候，才有可能第二次出现：在天体的相同星座位置上，也在地球上，而且直至个体和微不足道的东西，同样的事情都必然一再重复：以至于如果星星相互之间处于某种位置，那么一个斯多葛主义者和一个伊壁鸠鲁主义者就会一再联合起来谋杀凯撒，而在另一个位置上，哥伦布就将一再地发现美洲。只是如果大地每次都是在五幕之后重新开始它的戏剧演出，如果可以肯定，同样的题材纠结、同样的机械降神、同样的灾难隔了一定的间歇又重新回来，那么强大者就可以渴望纪念碑式的历史充满偶像的**真实性**，也就是说，有他的精确建构的

① 见叔本华《附录和补遗》，第 1 卷“关于世俗智慧的格言”，第 3 章。

特点和独一无二性的事实：也许到这时候，天文学家又都变回到占星术家去了。到那时候，纪念碑式的历史不可能需要那种充分的真实性了：它总是使不一样的东西相接近，使其一般化，最终等而视之，它总是弱化动机和理由的多样性，以牺牲**因**的代价，而把**果**说成是纪念碑式的，也就是说，典范的，值得模仿的，以至于，因为这种历史尽可能撇开原因，你就可以几乎毫不夸张地称之为一个“自在之果”集，而不是记录
262 了在所有时代都将产生效果的事件。在民间节日，在宗教或战争纪念日庆祝、纪念的东西，实际上就是这样一种“自在之果”，它就是不让野心家睡觉的东西，是像一块护身符一样挂在企业家心上的东西，但它不是真正历史的因果关系，得到充分公认的是，它只会证明，在未来和偶然的骰子游戏中，绝不可能再次出现完全一样的东西。

只要历史书写的灵魂在强大者从该书写中得出的**推动力**里，只要过去不得不被描写成值得模仿的、可模仿的、有可能再次出现的，那么它在任何情况下都有危险被做一点挪动，被重新做一点美化的解释，因而也就接近随意的虚构；甚至有一些时代完全不能区分一个纪念碑式的过去和一个神秘的虚构：因为从一个世界得出的推动力和从另一个世界得出的推动力完全一样。于是，如果对过去的纪念碑式的思考**支配**了其他的思考方式，我的意思是说，支配了崇古的思考方式和批评式的思考方式，那么过去本身也受其**害**：历史的整个伟大部分就被遗忘、受蔑视，像一条滔滔不绝的灰色洪流滚滚而去，只有个别装饰性的事实作为小岛突起在外；在这些变得尤其显眼的罕见之人身上，让人看到了一些非自然的、非同小可的东西，几乎就像是毕达哥拉斯的学生想要在他们老师身上看出来的金臀。① 纪念碑式的历史通过类推法进行欺骗：它以有诱惑力的相似性引诱大胆者变得肆无忌惮，引诱有激情者走向狂热，你就想象一下吧，要是这种历史在天才的利己主义者和狂热恶棍的手里、头脑里，那么，王国就要被摧毁，诸侯就要被谋杀，战争和革命就要被煽动
263 起来，历史的“自在之果”，也就是说，没有充分原因的结果的数量就会

---

① 参见第欧根尼·拉尔修《著名哲学家的生平》，VIII. 11。

重新增加。无论纪念碑式的历史会在强大者和行动者——不管他们是好是坏——中间造成多少对损害的记忆：这种记忆只有在无力者、消极者抓住它、利用它的时候才会产生作用。

让我们举出最简单、最经常的例子。如果我们想象无艺术气质的人和弱艺术气质的人通过纪念碑式的艺术史而武装起来，有了防御能力，那么他们的枪口现在要对准谁呢？对准他们的宿敌，对准强大的艺术英才，也就是对准那些能够学会真正独自从历史中走出来，也就是说，进入到生活中去，并把学到的东西变成更高的实践的人。可对于这些人来说，道路是不通的；对于这些人来说，天空是昏暗的，如果他们像偶像崇拜者一样真正热心地围着一座关于某个伟大过去的纪念碑，却对这纪念碑一知半解地跳舞，好像想要说："你们看，这就是真正的、实实在在的艺术：让你们去关心生成中的、愿望中的东西吧！"显然，这一帮跳舞者甚至拥有"审美能力"的特权：因为创造者在袖手旁观、不助一臂之力的人面前总是处于弱势；正如任何时候，政治闲谈者总是比统治的政治家更聪明、更公正、更深思熟虑。可是，如果你想要把全民公决和数字上的多数转而应用到文化领域，并要求艺术家几乎是站在审美懒汉的法庭上做自我辩护，那么你可以事先发一个誓，说他将受到宣判：不是尽管，而是恰恰**因为**，他的法官们郑重其事地宣告了纪念碑式艺术——按照既定的解释，也就是在任何时候都"产生效果"的艺术——的规范，而法官们认为，对于所有人来说他还够不上纪念碑，因为现代艺术第一缺乏历史的需求，第二缺乏对历史的爱好，第三缺乏历史的权威。另一 264
方面，他们的本能告诉他们，艺术有可能被艺术打死：纪念碑式的艺术绝不会再产生，在这方面有用的正是纪念碑式的权威从过去得到的东西。所以他们是艺术鉴赏家，就因为他们想要彻底消灭艺术，他们表现得像是医生，而实际上，目的在于掺入毒药；所以他们培养他们的舌头和味觉，以便用他们挑剔的口味来解释为什么他们总是顽固地拒绝所有那些提供给他们的文化营养食品，因为他们不想让伟大产生。他们的手段是说："你们看，伟大已经在那里了！"实际上，这种已经在那里的伟大就像正在产生的东西一样，同他们毫不相干：他们的生命可以作证。纪念碑式的历史是化装舞会的服装，穿着这服装，他们对同时代的强大者、伟大者的仇恨就冒充为对过去时代的强大者、伟大者的已经餍足的赞美；穿着这服装，他们伪装起来，把那种历史思考方式的真正意义颠倒了过来；无论他们是否清楚知道这一点，他们的行事方式就好像他们的箴言是：让死人埋葬活人。

现有的三种历史中，任何一种都在一个领域中、一种气候里是正确的：在任何其他领域和气候条件下，他们都会长成造成遍地荒野的杂草。如果要实现伟大的人一般需要过去，那么他就借助于纪念碑式的历史抓住过去；谁与此相反，喜欢对习以为常的东西和受尊敬的古老东西坚持不懈，谁就作为崇古的历史学家来从事历史；只有那种现代的需求造成其内心压抑，不惜任何代价要摆脱这种包袱的人才有批评式，也就是说，评判式历史的需求。从对植物的无忧无虑的移植中产生出一些灾害：一
265 帆风顺的批评家，没有虔敬的古董商，没有伟大者能力的伟大识别者，就是这样一些迅速长成杂草、异化于自己天然的耕作层、因而已经变种的植物。

3

因此，历史其次是属于维护者和尊敬者的，属于带着忠诚和爱回顾他所来自的地方，他曾经所在的地方；通过这种虔诚，他几乎是对他的生存致谢。在小心照料自古以来存在的东西时，他想要为他的后来者维护他自己赖以降临世界的条件——于是他为生存服务。拥有祖先的家用器具，使这样一颗灵魂中的观念发生了改变：因为更应该说，心灵被这些器具占有了。渺小、有限、破烂、陈旧的东西是通过以下方法保留自己的价值和不可侵犯性的：崇古之人的维护者、尊敬者灵魂移入了这些事物，在其中准备好一个家园。他的城市的历史在他那里变成了他自己的历史；他理解城墙、带塔楼的城门、参议会规定、民间节日就像是他年轻时候画了彩色图画的日记，甚至在这一切当中找回了他的力量、他的勤奋、他的乐趣、他的判断、他的愚蠢、他的顽皮。他对自己说，在这里现在可以生存；因为现在可以生存，所以在这里将来也可以生存，因为我们都很坚忍不拔，不会一夜之间就折断了。于是，随着这个“我

们”，他朝过去的、令人惊异的个人生活看过去，感觉自己就是家族、宗族、城市的精神。有时候，他甚至越过遥远的、遮蔽中的、令人眼花缭乱的几个世纪，问候他民族的灵魂，有如问候他自己的灵魂；一种大彻大悟和预感，一种对几乎消失踪迹的嗅觉，一种本能上对哪怕是已被人用标题规定了的过去的正确解读，一种对两次书写的羊皮纸甚至多次书 266
写的羊皮纸内容的迅速理解——这就是他的天赋和美德。以这些天赋和美德，歌德站在了埃尔温·冯·施太因巴赫[①]的纪念碑前；在他感情的暴风雨中，伸展在他们之间的云山雾罩的历史面纱被揭去：他看到德意志作品第一次重新“产生坚强、粗犷的德意志灵魂的影响”。这样一种意识和特征引导着文艺复兴时期的意大利人，在他们的诗人中重新唤醒了古代的意大利天才，如雅各布·布克哈特[②]所说，发出一种“古代拨弦琴演奏的宽广美妙的琴声”[③]。但是，那种崇古的历史崇敬意识在它把一种简单而又动人的快感和满足感传播到一个人或一个民族在其中生活的那种简朴、粗糙甚至困苦状态中去的地方是有最高价值的；正如尼布尔真诚而坦率地承认自己快乐地生活在沼泽地和荒野上有历史的自由农民中间而不惦念艺术那样。历史如何更好地为生存服务，而不是也把处于不太有利地位的种族、居民也联系到他们的家乡和家乡的风俗上，让他们定居下来，不让他们为了寻求更好的东西而在陌生的地方游荡，不让他们为争夺更好的东西而争斗呢？有时候，将个人几乎固定在这些伙伴和环境上、固定在这种麻烦的习惯上、固定在光秃秃的山脊上的东西看上去就像固执和不解——可是这是最有益、最有利于全体的不解；正如清楚了解冒险地移居国外——有时候甚至是一大帮人一起移居——的欲望造成的可怕效果的人，或者看见附近一个丧失对自己过去的忠诚、献身于

---

① 埃尔温·冯·施太因巴赫（1244？—1318），斯特拉斯堡大教堂的主要建筑师，正文内接下来所说的纪念碑即指这个教堂。歌德的文章《论德意志建筑艺术》引起了尼采在这里的思考。

② 雅各布·布克哈特（1818—1897），瑞士历史学家，《意大利文艺复兴时期的文化》的作者，是尼采在巴塞尔大学时年长的同事。

③ 雅各布·布克哈特《意大利文艺复兴时期的文化》（第 2 版，1869），第 3 卷，第 10 章。

一种孜孜不倦的世界主义选择和越来越求新的民族之状况的人，这些人当中的每一个都知道这一切。相反的感觉，树在自己根上的舒服感，那
267 种不是完全任意地、偶然地了解自己，而是作为继承人、花朵、果实从一种过去生长出来，并因此而使自己的存在得到辩解，甚至变得合情合理的幸福感——这就是人们现在带着偏爱描述为真正历史感的东西。

这当然不是人类最能将过去溶化为纯粹知识的状况；所以我们在这里也察觉到我们在纪念碑式的历史那里已经察觉到的东西：只要历史为生存服务，被生存欲望所支配，那么过去本身也受损害。且以比较自由的比喻来说明：树比自己所能见到的更多地感觉到自己的根，可是这种感觉是按照可见到的树枝的大小和力度来衡量根的大小的。如果树在这个问题上感觉有误，那么它关于自己周围的整个树林会在感觉上有什么样的失误啊！它关于树林所知的多少，取决于树林是阻碍还是促进它的知——绝不是其他。一个人、一个城市行政区、一个民族的崇古意识始终有着最受限制的视野；绝大多数东西它根本没有注意到，它所看到的少量东西，它也只是挨得太近地去看，太孤立地去看；它无法去衡量这些东西，因此把一切都看作同样重要，因此把每一件个别事物看得太重要。这时候，对于过去的事物就没有价值区别，没有在事物之间真正公平的比例；而是始终只有事物和崇古的、回头看的个人或民族之间的衡量方法和比例。

在这里始终有一种危险近在咫尺：一般来讲还会进入视野的一切古老和过去的东西最终都简单地被当作同样令人崇敬的东西来接受，可是，一切不以敬畏来迎合这种古老东西的事物，也就是说，新的生成中的事物，就遭到排斥和敌视。所以，希腊人甚至除了自由伟大的风格以外，也容忍他们造型艺术的僧侣风格，他们后来还不仅容忍尖鼻子和冷笑，
268 而且将其变成了一种优雅风度。如果一个民族的感觉变得这样麻木不仁起来，如果历史如此为过去的生存服务，以至于埋葬了进一步的生存，而且恰恰是更高的生存，如果历史意识不再保存生命，而是把它变成了木乃伊，那么树就会以非自然方式从上到下直至根部逐渐死亡——通常到了最后，根本身也死去了。崇古的历史甚至就在现在的新生命不再赋

予其生气和热情的瞬间变了种。现在虔诚枯萎了，学者的习惯没有它而继续存在，自私地、自鸣得意地围绕自我中心旋转。然后我们大概就会瞥见一场令人生厌的盲目收集狂的表演，把一切曾经存在过的东西聚拢在一起。人类把自己封在腐烂的臭味里；人类通过崇古的方式，甚至成功地使一种更有意义的气质、一种更高贵的需求降低为一种不知满足的新欲望，真正对古老事物和一切事物的欲望；人类经常陷得如此之深，以至最终满足于任何食物，甚至吃起目录学垃圾上的灰尘来。

可是，即使那种堕落没有发生，即使崇古的历史没有丧失它能扎根于其上而独自裨益生存的那种基础，那也总会遗留下足够的危险，尤其是如果它变得太强有力，压倒了思考过去的其他方法的话。它只懂得**维持**生存，而不是产生生存；所以它始终低估生成中的东西，因为它对生成中的东西没有猜测的本能——就像比如纪念碑式的历史拥有这种本能那样。于是，崇古的历史阻碍了针对新事物的有力决心，它使行动者瘫痪，而行动者作为行动者，总是会也必然会伤害并违背虔诚。某些东西已经陈旧这一事实现在产生出这样的要求：这些东西必然是不朽的；因
为如果一个人复核一下这样一个古代——一种父辈们的古老习俗、一种 269
宗教信仰、一种继承的政治特权——在其存在期间所经历的一切，复核一下个人和世世代代的虔诚和敬仰的总量是多少，那么，用一种现代来替代这样一个古代，用生成和现在的一来同一大堆数量的虔诚和敬仰相对抗，就显得放肆甚至丧尽天良了。

这里已经变得很清楚了，人类是多么有必要在思考过去的纪念碑式的方式和崇古的方式之外，还往往充分需要一个**第三种**方式，**批评式的方式**，而且这又是为生存服务的。人类必须有力量，时不时用它来摧毁和溶解过去，以便能够生存：人类是通过把它拽到法庭面前，认真细致地审问它，最终批判它的方法来达到这一点的。可是，任何过去都值得批判——因为人类事物就是这样：在其中，人性的威力和弱点总是很有影响。这里坐在法庭上的不是公正；在这里宣判的更不是仁慈，而只是生存，那种幽暗的、不满足地自我渴望的推动力。它的判决是永不仁慈、永不公正的，因为它从来不是从知识的源泉流出来的；可是在大多数情

况下，如果公正自己说出判决，那么这判决最终也会是同一个样子的。“因为所发生的一切**理当**毁灭；所以什么也不发生更好。”① 要能够生存并忘记在多大程度上生存和为人不公正是一回事，这是需要花大力气的。路德自己有一次认为，世界只是由于上帝的一次遗忘才产生的；因为如果上帝想到“重炮”，他就不会创造出世界来了。可是有时候，这需要遗
270 忘的同样的生存要求暂时消灭这种遗忘；这时候就会很清楚，某一事物的存在，比如某个特权、某个阶层、某个王朝的存在是多么不公正，这种事物多么理应遭到毁灭。这时候，它的过去就受到批评式的思考，这时候，人们就拿着刀子去抓住它的根部，这时候，人们就残酷地跨越所有的虔诚，扬长而去。这始终是一个危险的，尤其对于生存来说，危险的过程：通过判决和消灭一个过去这样的方法来为生存服务的人或时代始终是危险的人和时代，也始终是遭受危险的人和时代。因为现在的我们是前辈的结果，所以我们也是他们误入歧途、激情、谬误甚至犯罪的结果；完全从这根链条上挣脱是不可能的。如果我们批判那种误入歧途，并认为我们自己没有误入歧途，那么我们是这种误入歧途产物的事实却没有排除。在最好的情况下，我们也是造成了继承的、祖传的本性和我们知识之间的矛盾，也许甚至造成一种新的严格管教同自古以来就吸收的、固有的东西之间的斗争，我们培植了一种新的习惯、一种新的本能、一种第二天性，以至于第一天性枯萎了。这是一种尝试，试着给自己一个自己想要从中源出的后天的过去，同人们实际源出的过去相对立——这始终是一种危险的尝试，因为发现对过去之否定的界限是如此之难，因为第二天性通常弱于第一天性。认识善而不行善是太经常的事了，因为我们也认识更好的事而不能做它。可是时不时仍然会有胜利，甚至对于斗争者、对于利用批评式历史为生存服务的人来说有一种安慰：也就是说，知道甚至那种第一天性曾经在某个时候也是一种第二天性，任何胜利的第二天性都变成了一种第一天性。——

4

271 这就是历史能为生存提供的服务。每个人、每个民族根据自己的目

---

① 引自歌德《浮士德》，第1部，1339～1341行。

标、能力、急需，都需要某种对过去的知识，有时是纪念碑式的历史，有时是崇古的历史，有时是批评式的历史：可是，并不像一帮纯粹的、只是对生存袖手旁观的思想家，并不像渴求知识、只通过知识就可以满足、目的就在于增加知识的个人，而是始终只是为了生存的目的，也就是说，也处于这种目的的支配和引导之下。这就是一个时代、一种文化、一个民族同历史的自然关系——由饥饿所造成，由需要的强弱程度来调节，受到内在可塑力的限制——任何时代对过去知识的渴望都是要为未来和当下服务，不是要削弱当下，不是要使充满活力的未来失去根基：一切都像真理一样简单，也立即就说服了起初在这方面不让历史证据引导自己的人。

现在很快地来看一下我们的时代吧！我们吓坏了，逃了回来：所有的清楚明了到哪里去了？那种生存与历史间关系的所有自然纯粹到哪里去了？这些问题现在多么混乱、多么夸张、多么不安地在我们眼前汹涌奔腾！过错在我们这些思考者身上吗？要不然生存和历史的星座位置真的由于一颗十分敌对的星星来到它们之间而发生了改变？如果别人说我们看错了，那我们就要说我们认为看见的东西。无论如何，这是这样的一颗星星，一颗介于两者之间的明亮而美好的星星，星座位置真的改变了——**由于科学知识，由于历史应该是科学知识这样的要求。**现在不再 272
仅仅是生存支配并抑制关于过去的知识：而且所有界桩都被拆毁，曾经存在过的一切都向人类冲过去。整个眼光的回望，一直推延到有生成之际，也就是说，进入无限。还没有一代人看到这无法一目了然的景象，像现在关于普遍生成的科学知识即历史所展示的那种样子：然而，历史当然是以其格言的危险的大胆来显示这景象的：*fiat veritas pereat vita*①。

让我们给自己描绘一下由此在现代人心灵中引起的精神过程吧。历史知识总是重新奔流不息，源源不断，陌生的、无关的事物拥挤不堪，记忆敞开所有的大门，却仍然开得不够大，天性尽了最大努力来接受、安排、尊重这些陌生的客人，然而这些客人却自相残杀，似乎有必要战

① 拉丁文：让真理普及，让生存毁灭。

胜、克服这一切，以便不至于由于它们的残杀而自取灭亡。这样一种混乱而又急风暴雨般的、战斗式的家庭生活早已司空见惯，这渐渐变成了一种第二天性，尽管这第二天性大大弱于、大大不安于、彻底不健康于第一天性。现代人最终在体内携带着大量无法消化的知识积石，这时候这些石头偶尔也在体内有序地咕咚作响，就像在童话里说的那样。① 这种咕咚作响流露出这种现代人最具个性的特征：一种不适应外部的显著的内部对立，一种不适应内部的显著的外部对立，一种古代人所不知道的对立。知识被超量接受，不是出于饥渴，甚至和需求相悖。这样的知识
273 现在不再充当改造外部世界的动因，而是藏在某个混乱的内部世界里，现代人以罕见的自豪描绘为他特有的“内在性”的世界。这时候，你也许会说，你有了内容，只是还缺少形式；可是，在一切活生生的东西那里，这是一种完全不得体的对立。我们的现代教养因此就根本不是活生生的东西，因为它没有那种对立就无法让人理解，也就是说：它根本不是真正的教养，而只是一种关于教养的知识，它始终停留在关于教养的思想、关于教养的情感上，从中得不出关于教养的决断。与此相反，真正是动机的东西，作为行为而外向的东西，这时候往往不过意味着一个无关紧要的习俗、一种可怜的模仿，甚至一个粗野的鬼脸。这时候在内部，也许感觉安息了，就像刚刚吞下一只小兔子、宁静地一动不动地躺在阳光底下、除了特别必要外避免有任何动作的一条蛇一样。内在过程，这就是现在的问题之所在，这就是真正的“教养”。每一个从一旁经过的人都只有这一个愿望：这样一种教养不要因为不消化而毁掉。你就想象一下，比如，一个希腊人从这样一种教养旁边经过，他会发现，对于现代人来说，“有教养”和“有历史教养”似乎属于一个整体，就好像是一回事，只有词语数量的差别。如果现在说出一个原则，一个人可以很有教养，但是完全没有历史教养，那么人们会认为自己完全听错了，直摇脑袋。一个不太遥远的过去的那个著名小民族，我指的就是希腊人，他们在力量最强大的时期捍卫了一种非历史意识；如果一个合乎时代精神

---

① 参见格林童话《狼与七只小山羊》。

的人由于魔法的力量而不得不回到那个世界去，他大概就会认为希腊人很“没有教养”，当然，这时候在这样一种反应中，现代教养如此小心掩盖起来的秘密就会在公众的笑声中被揭露：因为我们现代人没有任何东西是来自我们自己的；只有通过充满、塞满陌生的时代、习俗、艺术、274 哲学、宗教、知识，我们才会变成某种值得注意的东西，也就是说，变成会行走的百科全书，作为这样的百科全书，也许一个流落到我们时代的古代希腊人还会同我们搭腔呢。可是，在百科全书那里，人们发现所有的价值只在于内在的东西中，在于内容中，不在于外在的或封皮和外壳之类的东西中；所以整个现代教养从根本上讲是内在的，装订工人在外面印上诸如此类的东西：给外在的野蛮人读的内在教养手册。如果一个粗野的民族只是从自己出发，按照自己粗野的需要成长起来的话，那么甚至这种内在和外在的对立使外在的东西比它实际上应该是的样子更野蛮。因为天性还剩下什么手段来征服过于丰富的、不由得产生的东西呢？只有那一个手段，就是尽可能轻易地接受这种东西，以便迅速地将它消灭掉，将它重新驱逐出去。由此产生了一种习惯，不再认真对待现实事物；由此产生了“懦弱个性”，其结果是现实的东西、存在的东西只留下微不足道的印象；只要记忆力一再受到刺激，只要始终有值得知道的、可以规规矩矩地放到记忆力的小箱子里去的新事物涌流过来，那么最终人们在外表上就变得越来越马虎，越来越懒散，扩大了内容和形式之间令人忧虑的裂隙，直至对野蛮麻木不仁。一个民族的文化作为那种野蛮的对立面，依我看，曾经有几分道理地被描写为一个民族全部生存表现的艺术风格的统一；这种描写不可以误解为好像问题就在于野蛮和**美的**风格之间的对立；人们将一种文化归于一个民族，这民族应该在全部现实中都是某种活生生地统一的东西，而不是凄惨地分解为内部与外部、内容与形式。谁想要追求和促进一个民族的文化，谁就会追求和促 275 进这种更高的统一，参与消除现代的受教养状况，以有利于一种真正的教养，他敢于考虑如何恢复一个民族受历史干扰的健康，考虑这个民族如何找回自己的本能，从而也找回自己的诚实。

我只是要直截了当地谈论我们现在的德国人，我们比另一个民族更遭受那种个性懦弱之苦，更遭受内容、形式的矛盾之苦。形式通常被我们德国人看成一种习俗，看作乔装打扮和伪装，因此即使不被憎恨，在任何情况下也不会被热爱；更正确地说，我们特别害怕习俗这个词，也特别害怕习俗这个东西。在这种恐惧中，德国人离开了法国人的学校：因为他想要变得更自然，因而也更德国化。可是，他似乎在这个“因而”中估算错了：从习俗的学校中跑出来之后，他可以随心所欲地到他想去的地方去，在半遗忘状态中实际上战战兢兢地、随意地模仿他以前认真地、往往快乐地模仿的东西。于是，参照以前时代来估算，人们甚至在今天也仍然生活在一种懒散的、不正确的法国习俗中：就像我们所有的衣食住行与消遣所表明的那样。当人们相信正在逃回到自然去的时候，人们只是选择了放任自我，选择了舒适，选择了尽可能少量的自我克制。人们从一个德国的城市走过——同外国城市的民族特征相比，所有的习俗都以负面形式出现，一切都毫无色彩、破败陈旧、拙劣仿照、粗枝大叶，每个人做事都随自己心愿，但不是随一种强有力的、富有思想的愿望，而是按照首先是趋之若鹜的匆忙、其次是对舒适的普遍追求所规定
276 的法则。一套不需要绞尽脑汁来发明、穿戴不用花时间的服装，也就是说，一套从外国人那里借用来的、尽可能马虎地模仿的服装，在德国人那里立即被当作对德国服装的一种贡献。形式感直接遭到他们的讽刺和否认——因为人们实在是有**内容感**：他们可是著名的内在性民族啊！

可是，现在这种内在性也有一种著名的危险：被认为在外表上完全看不见的内容本身有一天会碰巧消失了；从外表上，人们既注意不到它的消失，也注意不到它以前的在场。可是，如果你想象德意志民族毕竟尽可能远离了这样的危险：那么外国人指责我们的内心太弱、太无序，无法朝外发挥作用，给自己一个形式，也总还是有几分道理的。与此同时，这种内心可以在罕见的程度上证明自己十分敏感、认真、强大、真挚、善良，也许甚至比其他民族的内心更丰富：可是作为整体，它始终是弱的，因为所有美丽的纤维没有打成一个牢牢的结。因此，可以见到的行为不是这种内心的总体行为和自我表白，而只是某根纤维表面上想要被看作是整体的一种孱弱的或粗略的尝试。因此对德国人完全不可以

按照一个行为来加以判断，作为个人，德国人在这个行为之后也还是充分藏匿的。众所周知，你必须按照其思想感情来衡量德国人，德国人现在在书中表达了其思想感情。但愿不要恰恰是这些书尤其在最近引起一种怀疑，怀疑是否那著名的内在性真的仍然端坐于其别人难于进入的小小神殿里；这会是一种可怕的想法：有一天它会消失，只留下外在性，那种高傲而笨拙的、恭顺而懒散的外在性作为德国人的标志。几乎就像人们无法看见的那种内在性经过伪造、上色、全身涂抹以后坐在那里变 277
成了女演员——如果不是更糟的话——的情况一样可怕，就像比如站在一旁静静观察的格里尔帕策似乎从自己剧场里的戏剧经验出发而想象的那样。“我们以抽象概念来感觉，”他说，“我们几乎不再知道我们同时代人中间的感情是如何表达的；我们让感情按其现在不再有的方式进行跳跃。莎士比亚毁了我们所有的现代人。”①

这是一种个别的、也许太快就解释成一般的例子：可是如果个别例子太经常地强加于观察者，那么他的合理的一般化会多么可怕；“我们德国人以抽象概念来感觉”，“我们大家都被历史毁了”，这样的说法听起来会多么绝望——一种从根上摧毁对未来民族文化的任何希望的说法：因为任何那样一种希望都出自对德意志感觉的纯粹性和直接性的信念，出自对完好无损的内在性的信念；如果信念和希望之源浑浊不清，如果内在性学会进行跳跃、跳舞、涂脂抹粉，以抽象概念和计算来表达自己，甚至渐渐地消失，那么还有什么可以希望，还有什么可以相信的呢！在一个对自己统一的内在性不再有把握，瓦解成有着畸形的、被误导的内在性的有教养者和有着难以进入的内在性的无教养者的民族里面，具有创造性的伟大人物该怎么忍受得了！如果失去了民族感觉的统一，如果此外他恰好是在自称为民族中有教养者、将民族艺术精神归于自己的那一部分人中间知道了那种感觉是伪造的、上了色彩的，他该怎么忍受得了！也许个人的判断和鉴赏力时不时地甚至变得更加细腻和升华——那 278
也补偿不了他：几乎只是不得不对一个宗派说话，已不再有必要在他自

① 不严格地引自格里尔帕策《全集》(1872)，第 9 卷，187 页。

己的民族中间，这使他很痛苦。也许他现在更喜欢掩埋他自己的宝贝，因为他感到恶心，一方面他的心充满对所有人的同情，另一方面却在苛求下受到一个宗派的保护。民族的本能不再迎着他走来；渴望着朝它张开双臂毫无用处。除了将他的强烈仇恨转向那种禁令，转向在他民族的所谓教养中建立起来的限制，以便至少作为法官来判决对他这个活生生的人和生命见证人来说是毁灭和耻辱的东西，他还剩下什么呢？于是他用对自己命运的深刻洞察力来换取创造者和救助者的神圣乐趣，停止做一个孤独的求知者，停止做一个知识过多的智者。这是最痛苦的场景，谁只要看到它，谁就会在这里认识到一种神圣的强制力量：他对自己说，这里必须得到帮助，一个民族天性和灵魂中的那种更高统一必须重新产生，内外间的裂隙必须在需要的锤击下重新消失。他该采取什么样的手段呢？除了他那深刻的认识，他还有什么办法呢？通过说出这一点，将其传播开去，用满满的双手播撒，他希望培养一种需求：有一天从强烈的需求中将产生出强烈的行动。所以我毫不怀疑，从哪里我可以找到那种急需、那种需求、那种认识的例子：所以，这里应该有我的明确见证：我们争取，而且比对政治上的重新统一更热烈争取的，正是那种最高意义上的**德意志统一，在消灭了形式和内容、内在性和习俗的对立之后的德意志精神和生存的统一**。——

5

279 在我看来，一个时代对于历史的过度饱和从五个方面敌对于、有害于生存：由于这样一种过度，前面谈论的那种内外对照就产生了，由此又造成个性弱化；由于这种过度，一个时代陷入幻觉，好像它比任何其他时代都更高程度地拥有最罕见的美德、拥有公正；由于这种过度，民族的本能会受到干扰，个人和整体一样受到阻碍，不能成熟起来；由于这种过度，任何时候都有害的对老年人的信赖被培养起来，也就是相信自己是末代子孙和模仿者；由于这种过度，一个时代陷入了关于自己的危险的讽刺情绪，由此而发展出更危险的犬儒主义情绪，可是，在这种情绪中，这个时代对于一种机智的利己主义实践来说，变得越来越成熟起来，而经过这样的实践，生命力就会瘫痪，最终会被摧毁。

现在回到我们第一个命题：现代人遭受一种懦弱个性之苦。就像皇帝时代的罗马人针对臣服于他的世界变得非罗马化，就像他消失在涌入的外国人当中，在诸神、习俗、艺术的世界性狂欢节中堕落一样，在不断让自己的历史艺术家准备一场世界展览会庆典的现代人那里，情况也是如此；他变成了享乐的、游手好闲的旁观者，被移植到一种甚至伟大的战争、伟大的革命也不能有片刻工夫稍加改变的状态中。战争还没有结束，它已经几十万次地被移植到白纸黑字中，它就作为最新的刺激手段被放到了贪恋历史的大嘴跟前。几乎不可能有一个强有力的、浑厚的 280 声音通过最有力地拨弄琴弦而产生出来：声音刚一减弱，马上就已经在历史中轻柔地挥发，无力地消失了。从道德角度来说，你们不再成功地抓住崇高，你们的行为是突然一击，而不是滚滚的雷轰。即使最伟大、最令人惊异的事物得以完成，它还是要无声无息地走在黄泉路上。因为如果你们立刻用历史的帐篷顶子遮盖起你们的行为，艺术也还是要逃走的。一个人本该在长期动荡中紧紧抓住无法理解的东西，将其当作崇高之物。在这种情况下想要立刻加以理解、估计、领悟的人，可以被称为明智的，不过只是在席勒谈论明智者的理解力那种含义上的明智①：他看不见孩子看得见的一些东西，他听不见孩子听得见的一些东西。这些正是最重要的东西：因为他不理解这一点，所以他的理解比孩子还要幼稚，比天真汉还要天真——尽管他羊皮纸一样的容貌上有许多精明的小皱纹以及他的手指有着精到的训练，可以抚平缠绕在一起的东西。这就是说：他毁掉了、丧失了自己的本能，当他的理解力犹豫不决，他的道路从沙漠中穿过的时候，他不再能信赖这“神圣的动物”，把缰绳松开了。于是，个人变得胆怯，没有把握，不再可以相信自己：他陷入自我，陷入内心，也就是说，只是在这里，陷入了一大堆不向外发挥作用的乱七八糟的知识，一大堆不会变成生活的乱七八糟的教导。如果我们朝外部看一下，我们就会注意到，本能如何受到历史的驱逐，已经把人几乎变成了纯粹的抽象物和影子。没有人敢在这个问题上冒失去自身的风险，人

① 见席勒的诗《信仰之词》。

们只是戴上面具，充当有教养的人，充当学者，充当诗人，充当政治家。如果他们动用这样的面具是因为他们相信，他们的意思就是这样的，不只是做一个恶作剧——于是他们统统贴上了“认真”二字——那么他们
281 就会突然只剩下破布和彩色的补丁留在手里。因此，我们不应该再让自己被欺骗；因此，我们应该严词斥责他们：“脱掉你们的衣服，要不然就成为你们表面显示的那种人。”每一个生性认真的人都不应该再成为堂吉诃德，因为他有更好的事情要做，而不是纠缠于这样一种臆想的现实。可是，无论如何他必须清晰地看过去，对每一个面具喊道：“站住！谁在那儿?”把假面具扯到他们的脖子根上。奇怪！我们本应该想到，历史尤其是鼓励人们**诚实**的——甚至是做一个诚实的傻瓜；这曾经始终是它的效果，只是现在不再是了！历史修养和中产阶级的普遍服装同时占了上风。一方面，从来没有人如此响亮地谈论过“自由个性”，另一方面，我们一次也没见到过有个性的人，更不用说有自由个性的人了，而见到的只是纯粹谨小慎微地蒙面的普遍人。个人退回到内心里，外表上我们不再注意任何个人的东西；这时候我们可以怀疑，究竟是否可能有没有果的因。要不然，是不是必须有一个太监种族来充当历史的世界大后宫的守护者？当然，在他们脸上充分流露出纯粹的客观性。可是，似乎其任务就是，守护历史，只让产生历史，却不允许产生事件！确保不让有个性的人通过他们而变“自由”，也就是说在言行上对自己诚实，对他人诚实。只有通过这样的诚实，现代人的困境、内心痛苦才会暴露出来，然后艺术和宗教才能作为真正的帮手取代小心翼翼地躲藏起来的习俗和化装舞会，以便共同培养一种适合真正需要的文化，这种文化不会像现在的一般教养那样只教人自我欺骗地对待这种需要，从而成为活生生的谎言。

282 在一个遭受一般教养之苦的时代，所有学科中最诚实的一门，真正的裸露女神——哲学不得不陷入怎样一种非自然的、人为的、任何情况下都不足取的状况中啊！她在这样一个被迫的外部千篇一律的世界里始终是孤独散步者的深奥独白、个人的偶然捕获物、隐藏的陋室秘密、有学问的老年人和小孩之间的无害闲谈。没有人可以冒险去遵循自在的哲学法则，没有人以一种简单的男人的忠诚哲学地生活，这种忠诚迫使一

个古代人无论在何处、无论做什么，只要他曾经许诺忠诚于斯多葛学派，就表现得像一个斯多葛主义者。所有现代的哲学思维都是政治性的、警察一般的，被政府、教会、学术机构、习俗、人的懦弱限制在有学问的外表上：它停留在“但愿”的叹息或“曾经有过”的认识上。哲学如果想要不仅仅是一种没有效果的内心受压抑的知识，那么它就没有道理局限在历史修养的范围内；如果现代人大胆果断一点，即使怀有敌意，也不要全让主观性占了上风，这样他就会把哲学赶走；于是他满足于羞愧地遮盖起哲学的裸露。是啊，人们哲学地思考、写作、印刷、说话、教导——在这样的范围内，几乎一切都是允许的，只有在行动中，在所谓的生活中，情况不一样：在那里始终只有一件事是允许的，所有其他事情干脆就是不可能的，所以就想要历史修养。“那还是人吗?”这时候我们自己问自己，“要不然也许只是思想机器、写作机器、说话机器?”

歌德有一次谈论莎士比亚说：“没有人比他更蔑视有形的服装了；他很了解内在的人类服装，在这里，所有人都是一样的。人们说他描写罗马人很出色；我认为不；他们纯粹是彻头彻尾的英国人，可是当然他们是人，完完全全的人，甚至罗马的宽大长袍对他们也很合适。”[①] 现在，283
我的问题是，是否有可能把我们现在的文人、公众人物、官员、政治家展现为罗马人呢？这根本不行，因为他们不是人，只是有肉身的纲要，几乎就是具体的抽象。如果他们应该有特色和自己的风格，那么所有这一切隐藏得如此之深，以至于根本无法脱颖而出：如果他们应该是人，那么他们就只是对于“肾脏检查者”来说才是人。对于任何其他人来说，他们都是别的东西，不是人，不是神，不是动物，而是历史的教养构成物，彻底的教养、比喻、没有有据可查内容的形式，可惜只是糟糕的形式，而且是单一形式。但愿我的原则可以这样来理解和衡量：**历史只被坚强的个性所承受，懦弱的个性则被它完全消灭**。这是因为它在感情和感觉还没有强大到足以拿过去同自己相比的地方，把它们搞得不知所措。这是因为这样的一种人：他们不再敢于相信自己，而是不由自主地在历

---

① 引自歌德文章《说不尽的莎士比亚》，第1节。

史那里为他们的感觉寻求指点："我在这里该如何感觉？"他们渐渐由于畏惧而变成了演员，扮演一个角色，通常甚至是许多角色，因此每个角色都如此糟糕，如此平淡。渐渐地，人和他的历史领域之间的一致性就丧失了；我们看见莽撞的小青年同罗马人打交道，就像这是他们自己一样的人那样：他们在希腊诗人的残余物中间搜寻挖掘，好像这些尸体已经躺在那里等他们来做尸体解剖；好像这是些不值钱的东西，无论他们自己的文学尸体①会是什么样子。如果我们想象一个人喜欢德谟克利特，那么这样的问题就会始终挂在我的嘴边：为什么不是赫拉克利特？或者斐洛②？或者培根？或者笛卡儿？或者随便哪一个？然后：为什么恰好是一位哲学家？为什么不是一位诗人、一位演说家？以及：为什么专门是一位希腊人？为什么不是一位英国人、一位土耳其人？究竟是不是过去
284 还不够伟大到可以去发现让你们自己显得如此可笑地随心所欲的东西？可是，正如我已经说到过的那样，这是一个太监的种族；对于太监来说，一个女人像别的女人一样，就只是女人，地地道道的女人，永远的难以接近者——因此，只要历史本身被完全"客观地"保留下来，即被那样一些从来不能自己创造历史的人保留下来，那么你们做什么是无所谓的。由于永恒女性的东西从来不会拽你们向上，所以你们就把它向下往你们这边拽，并且作为中性的东西，你们认为历史也是中性物。③ 可是，为了不至于让你们认为，我真的把历史比作永恒女性的东西，我更要明确说

---

① 这里的"尸体"一词，尼采在原文中用的是 corpora，既有"尸体"的意思，又有"汇编"的意思，一语双关。

② 斐洛·尤迪厄斯（公元前20？—公元50？），基督教神学先驱，犹太哲学、阿拉伯哲学、基督教哲学的奠基人。

③ "永恒女性的东西"的德语原文是中性词 das Ewig-Weibliche，典出歌德《浮士德》第二部最后两句："Das Ewig-Weibliche/Zieht uns hinan."意思是："永恒女性的东西/拽我们向上。"尼采接下来说自己把历史看作"永恒男性的东西"（das Ewig-Männliche），又是在玩弄文字游戏。因为"历史"（die Geschichte）一词在德语中是阴性词，也就是说，是女性的，可是，无论"永恒女性的东西"，还是"永恒男性的东西"，都是中性的。为了讽刺历史被"客观地"保存下来，即历史是中性的之类的观点，尼采在这段话最后用了一个复数词"永恒客观的东西"（die Ewig-Objectiven）。尼采是用文字游戏来讽刺那些自称客观、中性地对待历史的"太监的种族"，不过是在玩弄文字游戏而已。

明，恰好相反，我把历史看作永恒男性的东西，只是历史是男性的东西还是女性的东西，这对于地地道道有“历史修养”的人来说必然是相当无所谓的。可是，它本身既不是男性，也不是女性，甚至不是兼而有之，而始终只是中性，或者说得更有修养一点，只是永恒客观的东西。

如果个性首先以被描述的方式那样消失为永恒的无主观性，或者像人们所说的，客观性，那么就没有任何东西再有可能对它发生影响；管它作为行为、作为诗、作为音乐有什么好东西、合适的东西发生呢！有教养的空心人立即把眼睛越过作品而打听作者的历史。如果这位作者已经创作了一些东西，那么他就必然马上可以解释以前的过程及其可能有的进一步发展过程，他马上就会被放在其他人旁边进行比较，就他的题材选择、处理等问题进行解剖，撕碎，再英明地重新把它们合到一起，从整体上给予告诫和指点。管它有什么最惊人的事情发生呢！一帮历史上中性的人总是准备好从更远的地方来通观作者。片刻之间就响起了回声：可是始终作为“批评”，而不久以前批评家还不让自己梦想有这种事情发生的可能性。它到哪里都达不到效果，而总是一再变成一种“批 285
评”；而批评本身也不造成任何效果，而只是一再遭受批评。在这中间，人们取得一致意见，把许多批评看作效果，把少量批评看作失败。可是归根结底，即使是在这样的“效果”里，一切都仍然是老样子：人们虽然有一段时间喋喋不休地谈论某种新东西，可是随后又谈论另一种新东西，而其间做的，却是人们都已经做过的事情。我们批评家的历史修养根本不再允许达到真正理解的效果，也就是说，一种对生存和行动的效果：在最黑的书写文字上，他们立刻按上了吸墨水纸，在最优美的图画上，他们用画笔抹上了粗大的道道，你还得把这看作是纠错：一切就此完结。可是，他们的批评之笔从来没有停止过疾书，因为他们已经丧失了支配这笔的能力，更是被它牵着鼻子走，而不是指引着它。正是在这种批评思如泉涌的无度中，在自我支配的匮乏中，在罗马人所谓的 *impotentia*① 中，流露出现代个性的弱点。

---

① 拉丁文：放纵无度。

6

且让我们不去管这些弱点吧。我们还是转向现代人大受赞美的长处吧，尽管带着很尴尬的问题：现代人是否有资格由于他著名的历史“客观性”而自称为有长处，也就是说，**公正**，而且是比其他时代的人更高程度的公正。那种客观性在一种上升的需求和对公正的要求中有其源泉，这是真的吗？或者作为整个其他原因的效果只是造成了这样的外表，好像公正是这种效果的真正原因？也许它误导人们对现代人的美德形成一
286 种因为太过于吹捧而有害的偏见呢？——苏格拉底把想象自己有一种美德而实际上没有，看成一种接近疯狂的疾病：这样一种想象肯定比想象遭受失误、遭受罪恶之苦的完全不同的幻想更危险。因为通过后一种幻想，变得更好也许仍然是可能的；可是前一种想象却使人类或一个时代日益糟糕，也就是说——在这种情况下，是更不公正。

真的，没有人比那种具有公正本能和有力量做到公正的人更高程度地要求得到我们的尊敬。因为在他们身上，集中、隐藏着最高、最罕见的美德，就像在一个深不可测的大海，它可以从各个方向接受风暴，吞噬风暴。受权主持法庭的正义者之手在举起天平的时候不再颤抖；他无情地针对自己一次次加码，当天平上的秤盘上下浮动时，他的眼睛没有变得模糊不清；当他宣告判决的时候，他的声音听起来既不严厉，也不沮丧。如果他是一个冷漠的知识魔鬼，那么他就会在自己周围散布一种我们会不得不害怕和敬畏的超人般可怕威严的冰冷气氛。可是他是人类，却设法从轻率的怀疑上升到严格的确定性，从耐心的温和上升到命令式的“你必须”，从罕见的慷慨美德上升到最罕见的公正；他现在像那魔鬼，可是却没有从一开始就是不同于一个可怜人的其他东西；尤其是，他不得不真正在每一瞬间都为他自己的人性赎罪，悲剧性地受一种不可能的美德的煎熬——这一切将他置于一个孤独的高度，作为人类**最值得尊敬的**榜样；因为他想要真理，可真理不是仅仅作为没有结果的冷漠知识，而是作为进行整顿、惩罚的法官，不是作为利己主义的个人财产，
287 而是作为神圣的权利，要搬掉所有利己主义财富的界石，一句话，真理作为末日审判，而绝对不是作为个别猎人捕捉到的猎物及其喜悦。只是

在真诚者有绝对的公正愿望的范围内，到处如此没有头脑地赞美的对真理的追求，却有某种伟大的东西，而在比较麻木不仁的眼睛前，大量最不一样的欲望，如好奇、害怕无聊、妒忌、虚荣、消遣欲、和真理毫无关系的欲望，同那种扎根于公正的对真理的追求汇流到一起了。所以，虽然世界似乎充满这样一些“为真理服务”的人；而且公正的美德如此很少在场，更少受到承认，几乎始终招来致命的仇恨，可是，成群结队表面上有美德的人却任何时候都备受尊敬、堂而皇之地迎面而来。事实上很少有人为真理服务，因为只有很少人有想要为人公正的纯粹意愿，而在这很少人中间，却最少有人有力量能做到公正。只有意愿为人公正是远远不够的，最可怕的痛苦恰恰来自这种缺乏关于人的判断力的公正欲望；因此，一般的福利会只需要尽可能广泛地撒播判断力的种子，以便狂热的信仰者始终区别于法官，当法官的盲目欲望始终区别于可以做判断的有意识力量。可是到哪儿去找一种培养判断力的手段呢？——因此，当听到有人谈起真理和公正时，无论是狂热的信仰者还是法官在对他们说话，人们都会永远保持一种犹豫不决的摇摆姿态。所以，如果他们总是以特别的好意欢迎那些既不拥有做出判断的意愿，也不拥有做出判断的力量，却给自己确定任务去追求“纯粹的、毫无结果的”知识，或者说得更明确一点，追求一无所获的真理的“真理的服务者”，你应该原谅他们。有很多无关紧要的真理；有一些问题，你对它们做出正确判 288
断，并不需要你做出自我克制，更不用说自我牺牲。在这样一些无关紧要、没有什么危险的领域，一个人大概就会成功地变成一个冷漠的知识魔鬼。真的！尤其在有利的时代，当整个学者研究者队伍被变成了这样的魔鬼时——可惜，一个这样的时代毕竟还是有可能要忍受缺少严格、伟大的公正，简单说，忍受缺少所谓真理欲望之最高贵核心的匮乏。

现在，让我们把现代的历史研究高手置于眼前：他是他时代最公正的人吗？真的，他在他自己身上培养了这样一种细腻敏感的感觉，所以没有任何人性的东西远离于他；最不一样的时代和个人在他的七弦琴上立即就回响起类似的音调：他变成了一个回响的被动态，通过其鸣响又作用于其他同样的被动态上，到最后，一个时代的全部空气都充满这样一种乱七八糟呼呼作响的轻柔而相似的回声。可是，在我看来，人们只听见了每一种原始的历史主调中的弦外之音：原始主调中激烈的、强有力的东西在音域单薄尖利的琴弦之音当中是再也不可能猜出来的。尽管原始音调通常唤起行动、需求、恐惧，但是它却催我们入睡，使我们成为柔弱的享乐者；就好像我们安排英雄交响乐用两支笛子来演奏，并决定让它为梦幻中的鸦片吸食者所用。由此我们现在可以测算出现代人关于更高更纯公正的最高要求在这种高手那里是什么样的情况了；这种美德从来没有让人喜欢的东西，不知道任何刺激性的热血沸腾，是很冷酷、很可怕的。按照它来衡量，慷慨，是一些罕见历史学家之特点的慷慨，在美德的阶梯上处于多么低下的地位啊！可是，很多人对此只是容忍，
289 只是承认为无法一次性否定掉的东西，只是编排和适度的善意美化，聪明地想象没有经验的人会将一般没有生硬的强调、没有仇恨的表达方式的情况下叙述历史看作公正的美德。可是，只有占优势的力量可以做出判断，弱者必须容忍，除非它想要假装强者，把法官席上的公正变成女演员。现在就剩下一种极其糟糕的历史学家了，他们有能干、严格、诚实的性格——可是却有狭隘的头脑；在这里，为人公正的良好意愿就像法官的激情一样信手拈来。可是，所有法官的判词都是错的，就跟通常的陪审团的判词是错的一样，差不多是出自同样的理由。有众多的历史天才是多么不可能啊！在这里且不考虑乔装打扮的利己主义者和结党营私者，他们要鬼把戏，却拿出一副十分客观的面孔来。同样不考虑十分欠思考的人，他们作为历史学家写作，天真地相信，正是他们自己的时代所具有的大众观点都是有道理的；按照这个时代的标准来写作一般也就等于是为人公正了；这是一种任何一种宗教都活在其中的信仰，而在宗教问题的情况中，关于这种信仰就没有什么可进一步说的了。那些天真的历史学家称“客观性”是拿当时的大众舆论来衡量过去的观点和行为：在这里，他们发现了所有真理的准则；其工作就是以过去来适应时兴的平庸。与此相反，他们称任何历史书写都是“主观的”，历史书写都不把那些大众观点当作准则。

那么，在对于“客观性”一词的最高解释中是否会出现一种幻觉呢？

这时候人们对这个词的理解是历史学家的一种状态，他在这种状态中如此纯粹地看一个事件的所有动因和结果，竟然对他的主题不起任何作用：人们指的是那种审美现象，那种同个人利益相脱离的状态，处于暴风雨 290
场景中的画家在电闪雷鸣中或者在汹涌澎湃的大海上，带着这样一种状态，观看着他内在的图像；人们指的是完全沉浸于物之中的状态。然而这是一种错误看法，认为展示如此这般情绪的人心中事物的图像再现了事物的经验本质。或者应该说，在那样的时刻，事物几乎是通过它们自己纯粹被动状态的活动把自己呈现出来、描摹出来、拍照出来的？

这会是一个神话，而且还是一个糟糕的神话：此外，人们也许会忘记，那个瞬间正是艺术家内心最有力、最主动的生产瞬间，一个最高方式的结构瞬间，其结果就将变成一幅艺术真实的，而非历史真实的绘画。以这样的方式客观地思考历史是戏剧家隐蔽的工作；也就是说，一个接一个地思考一切，把个别的编织到整体中去。处处都以此为前提：如果事物中没有计划的统一性，那就得将这种统一性放入到事物中去。于是，人类在过去之上编织了一张网，制服了它，他的艺术欲望——但不是他的真理欲望、他的公正欲望——如此表达出来。客观性和公正相互之间没有任何关系。可以想象一种历史书写，它本身没有一点平庸的经验性真理，却可以要求最高程度的客观性评价。是的，格里尔帕策敢于澄清说："究竟何为历史？不过是人类精神接受**它自己捉摸不透的事件**的方式；它将——上帝知道是不是——属于同一整体的东西联系在一起；以可理解的东西取代不可理解的东西；把它的外向合目的性观念强加于一个差不多只知道内向合目的性的整体；再加上想象有上千个小的因在起作用的偶然事件。每个人也同样有各自的必然性，所以上百万个方向成 291
曲线和直线相互平行推进，相互穿梭、促进、阻拦、前进、后退，从而相互接受了偶然性，而且使证明所发生事物的一种彻底的、包罗万象的必然性成为不可能，更不用说自然事件的影响。"① 可是，正是这样一种必然性，应该作为那种对事物客观观察的成果，被揭示出来！这是一个

---

① 尼采在这里把分别在格里尔帕策《全集》第 9 卷第 129 页和第 40 页上的两段话放在一起来引用。

假设，如果这个假设作为信条从历史学家的嘴里说出来，那么它也就只能设想奇特的形象；然而，席勒在谈到历史学家的时候，却十分清楚这种设想的真正主观性：“一个现象在另一个现象之后开始摆脱盲目的偶然性、没有法则的自由，作为一个合适的成员，跻身于一个和谐整体——**然而只存在于它的想象之中**——的行列中。”[1] 可是，对一个著名的历史专家[2]如此笃信地引入的、艺术地盘旋于同义反复和不合情理之间的看法，即“这无异于一切人类行为和活动都听命于小心谨慎的、往往避开注意的、然而强有力的、不可阻挡的事物进程”，我们应该持什么观点呢？在这样一种说法中，我们既感觉到谜一般的真实，也同样感觉到不是谜一般的非真实；就像歌德的园艺工人格言所说：“自然可以听任自己被推进，但不是强制。”[3] 或者如斯威夫特[4]讲到的定期集市货摊上的铭文所说：“这里可以看见世界上最大的大象，除了它自己以外。”可是究竟哪一个是人类行为、活动与事物进程之间的对立呢？我尤其注意到，那样的历史学家，就像我们引用了他一种说法的那个，一旦他们变得一般化，然后显示出他们在黑暗中的虚弱感，他们就不再进行教导。在其他学科
292 中，一般性是最重要的东西，因为它包含了法则：可是，假如我们所引用的说法想要成为法则，那么我们就可以反驳说，那样的话，历史书写者的工作不就浪费了吗？因为那样的说法在扣除了我们说过的那些黑暗的、溶解不了的其他东西以后，仍然还真实的东西——是众所周知的，甚至是琐碎的；因为它将以最小规模的经验出现在每个人的眼前。因此，使所有的民族厌烦，多年辛勤工作致力于此，却不过是像在自然科学中那样，在已经可以从现成的大量实验中推导出法则以后，仍然一个接一个地大量进行实验：顺便说一下，按照泽尔纳[5]的说法，现在的自然科学

---

① 引自席勒就职耶拿大学历史学教授时的就职演讲《何为通史以及学习通史的目的》。

② 指利奥波德·冯·兰克。下面的引文出处不详。

③ 歌德致席勒的信，1798年2月21日。

④ 约拿但·斯威夫特（1667—1745），英国作家，《格列弗游记》的作者。下面的引文出处不详。

⑤ 约翰·卡尔·弗里德里希·泽尔纳（1834—1882），德国物理学家。

遭受着多么毫无意义的多余实验之苦啊！如果一部戏剧的价值只在于结局中的思想和主题思想，那么戏剧本身就会是一条离目标尽可能遥远的、蜿蜒曲折的、艰苦卓绝的道路；所以我希望，历史不可以按一般观念理解它的意义，就像理解某种花朵和果实那样，而是应该理解为，它的价值恰恰就是有修养地改写、拔高一个著名的、也许很平常的主题，一个日常旋律，将其提升为包罗万象的象征，因此让人在原始主题中预感到整整一个有深邃思想、力量和美的世界。

可是，属于这个世界的，尤其有一种伟大的艺术潜力、一种创造性的凌空飘荡、一种喜好沉浸在经验资料中的状态、一种在现有典型基础上的继续虚构——客观性当然属于这个世界，只是作为正面的特点。可是，很经常的情况下，客观性不过是一句空话。矫揉造作的宁静取代了艺术家眼睛中那种内在闪光、外部没有动静的神秘宁静；就像激情和道德力量的缺失经常装扮成思考时的刺骨冷漠。在某些情况中，陈腐的观念，只是通过其无聊才给人留下宁静、无动于衷印象的人皆有之的智慧， 293
敢于走出来充当那样一种艺术状态：主体在其中沉默寡言，变得毫不引人注目。这时候，一切根本不激发感情的东西被寻找出来，最干巴的用语偏偏很合适。人们甚至想象，那样一种人，即一个过去的瞬间同他**毫不相干**的人，也有资格来描述这个瞬间。古典语文学家和希腊人相互之间经常就是这样的关系：他们相互之间毫不相干——这时候，人们大概也管这个叫做“客观性”吧！在恰恰最高尚、非凡的东西应该被描写的地方，那种故意用来炫耀的不参与状态，那种煞费苦心找出来的、平淡乏味地说明理由的艺术简直令人讨厌——尤其是在历史学家的**虚荣**走向这种表现客观的冷漠的时候。顺便说一下，遇到这样的作者，人们应该更接近于原则地说明其判断的理由，以便每个人拥有的虚荣恰好和他缺乏的理解力一样多。不，你们至少要诚实一点嘛！你们不要去追求应该真正叫做客观性的艺术力量的表面，如果你们不被授予公正者的可怕的圣职，你们就不要去追求公正的表面。好像任何时代的任务都和曾经存在的一切相反，必然是公正的！时代和世代甚至从来没有资格做一切以前时代和世代的判官，而是始终只有个人，而且是最罕见的个人才会有一次碰巧遇上这样一个令人讨厌的使命。谁强迫你们判断了？那么——只要测试一下你们自己，看你们如果想要公正的话是否能够做到公正！你们作为判官必须站得比需要做出判断的东西更高，尽管你们只是后来者；最后到宴席上的客人应该有资格得到最后的坐席。而你们想要得到为首的席位？那你们至少要做最高尚、最伟大的事情；也许这时候，即使你们到得最晚，人们也会真正给你们让位。

294 **你们只有在现在的最高力量基础上才可以解释过去**：只有最大程度地动用你们最高贵的品性，你们才可以猜得出来过去值得知道、值得保留的伟大东西。以己之长度古人之长嘛！要不然，你们就把过去的东西下降到你们自己的水平。如果一种历史书写不是出自于最罕见人物的头脑，你们就不要相信它；可是你们将总是会注意到，如果历史书写不得不说出一般性的东西，或者再一次说出十分著名的东西，那么历史书写者就有什么样的品质：真正的历史学家必然有本事把十分著名的东西彻底改变成从未听说过的东西，并且如此简单、深刻地宣告一般性的东西，以至人们忽视了深刻性中包含的简单性，简单性中包含的深刻性。一个人不可能同时是一个伟大的历史学家、一个艺术家、一个平庸之辈。另一方面，你不应该因为推手推车搬运、堆筛沙子的工人肯定不可能成为伟大的历史学家而轻视他们；你更不应该将他们同历史学家相混淆，而是应该将他们理解为服务于主人的必要伙计和辅助工，就像法国人通常以大于德国人可能有的天真谈论梯也尔①先生的历史学家们那样。这些工人应该逐渐变成伟大的学者，但是却因此而不可能再成为主人。一个伟大的学者和一个大庸人——更容易相互协调一致。

于是，有经验的人和有优越感的人书写历史。谁不比大家经历一些更伟大、更高尚的东西，谁也就不懂得解释过去的伟大高尚事物。关于过去的判词始终是一种神谕般的判词：你们只是作为未来的营造师，作为现在的认知者来理解它的。人们现在尤其是这样来解释德尔斐神庙之所以有特别深入广泛的效果的：德尔斐神庙的祭司是对过去的精确认识

---

① 路易·阿道夫·梯也尔（1797—1877），法兰西第三共和国总统（1871—1893），历史学家。

者。人们现在适合于知道，只有营造未来的人才有资格评判过去。为了
向前看，你们就给自己定下一个远大目标吧，同时控制使你们的现在变 295
得荒芜，使一切宁静、一切和平成长和成熟变得几乎不可能的那种旺盛的分析欲望。用广大的希望在你们周围筑起藩篱吧！一种满怀希望地追求的藩篱。在你们心中形成一幅图画吧！未来应该和这幅图画相一致。忘记这样的错误看法吧！别以为你们是模仿者。当你们思考那种未来生活的时候，你们有足够的东西来虚构和发明；但是，在考虑历史的时候，不要打听历史向你们说明了“如何”、“何以”之类的东西。另一方面，如果你们让自己生活在伟人的历史中，那么你们就将从历史了解到要求你们成熟起来的最高命令，逃离这样一种时代的让人麻痹的教育禁令：这种时代认为，你们的好处在于不让自己成熟起来，这样就可以统治和利用你们这些不成熟的人。如果你们想要读传记，那么不要去读老一套的“某某先生及其时代”的那种，而要去读扉页上必然写着“一位反对其时代的斗士”的那种。让你们的灵魂饱餐普鲁塔克①吧！要敢于在相信他的英雄们的同时相信你们自己。有一百个这样以非现代方式教育起来的，也就是说，成熟起来的、习惯于英雄事迹的人，现在这个时代的全部嘈杂的伪教育就可以永远沉默了。——

7

历史意识如果**无限地**支配一切并得出它所有的结论，那它就连根拔起了未来，因为它摧毁幻想，剥夺了现存事物赖以在其中独自生存的氛围。因此，历史公正甚至在真正行使，在真正意义上行使的时候，也只是一种可怕的美德，因为它始终破坏活生生的东西，让它掉进陷阱：它
的判决始终是毁灭。如果在历史欲望的背后没有营造欲望在起作用，如 296
果不摧毁和腾空，以便一个已经在希望中活生生的未来在清除干净的地面上建起它的家园，如果只有公正独自支配一切，那么创造本能就会变得软弱无力、垂头丧气。比如一个应该转换成历史知识、在纯粹公正支配之下的宗教，一个应该彻底用科学方法来认识的宗教，在这条道路的

① 普鲁塔克（46？—120？），古希腊传记作家。

终点，同时也就被消灭了。理由在于，在对历史进行复核的时候，每次都有那么多错误、粗略、不人道、荒诞、暴力的东西暴露出来；一切想要生存的东西只能在其中独自生存的那种虔诚的幻觉气氛必然会消失。然而只有在爱中，只有笼罩在爱的幻觉之中，也就是说，只有在对完美和恰当的无条件信仰中，人类才进行创造。每一个人，你若是强迫他不再无条件地爱，你就截断了他的力量之根：他必然变得枯萎，也就是说，变得不诚实。在这样的效果中，艺术和历史相反：只有历史容忍自己被改造成艺术品，也就是说，纯粹的艺术形象，它也许才能保持或者甚至唤醒本能。可是，这样的一种历史书写会彻底同我们时代的分析特征和非艺术特征相矛盾，甚至有伪造之感。可是，只进行摧毁而不受一种内在营造欲望所指引的历史长此以往就会使它的工具自命不凡和不自然：因为这样的人摧毁幻想，“摧毁自己和他人心中幻想的人，会受到大自然这最严厉暴君的惩罚”①。尽管一个人大概可以很长一段时间完全无害地、毫无疑虑地忙于历史，好像这是一项工作，和任何其他工作一样；尤其是现代神学似乎纯粹无害地同历史打交道，现在它几乎不想注意到，它在这样做的时候，似乎是十分违心地在为伏尔泰的 *écraser*② 服务。不要
297 让人猜想在这背后有新的强有力的营造本能；因为我们不得不让成问题的新教联盟被看作一个新宗教的母腹，让法学家霍尔岑多夫（更加大成问题的新教《圣经》的出版人和序言作者）被看作约旦河畔的约翰。有一段时间，也许那弥漫在老一代人头脑里的黑格尔哲学差不多就是以这样的方式有助于促进那种无害的：人们将“基督教观念”区别于其形形色色不完美的“表面形式”，并唠唠叨叨地使自己相信，“观念的嗜好”差不多就是始终以越来越纯粹的形式显现，最终甚至作为某种意义上最纯粹、最透明甚至几乎不可见的形式出现在当前 *theologus liberalis*

---

① 引自歌德《论自然》残篇。尼采显然是从哈特曼《无意识者的哲学》中转引的，因为引文中包含了哈特曼对歌德原文的更改。

② 法文：抹去。伏尔泰喜欢在他的每封亲笔信上用“Erasez I'infame”作为结束语，意思是抹去臭名昭著的东西。对伏尔泰来说，这个臭名昭著的东西就是宗教的偏执和狂热。

*vulgaris*①的头脑里。可是，如果我们听到这些最纯粹的基督教谈论以前不纯粹的基督教，那么不参与其中的听众就会有这样的印象：谈的根本不是基督教，而是——我们应该想到什么？如果我们发现基督教被“本世纪最伟大的神学家”说成是允许自己“在所有真正的宗教中以及在其他一些仅仅有可能的宗教中被感觉到的”宗教，如果“真正的教会”应该是那种变成“流动的大众，没有轮廓，任何部分都是一会儿在这里，一会儿在那里，一切都宁静地相互混杂”的宗教——再问一遍，我们应该想到什么？

我们可以从基督教那里了解到的东西，即，它在一种历史化处理的效果之下变得自命不凡和不自然，直到最后一种完全历史的——也就是说，公正的——处理将基督教化解成关于基督教的纯粹知识，进而消灭之，这是我们在一切有生命的东西那里都可以加以研究的：如果有生命的东西被彻底解剖，活在痛苦和病态之中，如果人们开始对它进行历史的解剖，它就停止生存。有些人相信德国音乐的一种革命性的、改革的 298
疗效：当莫扎特、贝多芬这样的人现在已经被浇注了一大堆乱七八糟大有学问的传记细节，并且被迫以历史批评的拷问系统来对上千个纠缠不休的问题做出回答时，这些人就对此感觉愤怒，认为这是对我们文化中最活生生的东西犯下的一种不公正行为。因为人们在应该学会生活、忘记所有问题的地方将好奇心对准无数生平与著作的细小枝节，探索知识问题，那么，那些完全还没有穷尽其活生生效果的东西不就被不合时宜地弃置一旁，或者至少失去了活力吗？你们只要让一些这样的现代传记作家思考一下基督教的诞生地或者路德宗教改革的诞生地就行了；他们平庸的实用主义好奇心也许刚够使任何精神的 *actio in distans*② 成为不可能：正像最瘦弱的动物吞下了橡子就能阻碍硕大无比的橡树诞生一样。一切活生生的东西都需要在自己周围有一种气氛，一种神秘的云山雾罩；如果你揭去了它这层面纱，如果你判决一个宗教、一门艺术、一个天才像没有大气层的星球一样运转，那么你就不会再对迅速变枯萎、变艰难、

---

① 拉丁文：大众的自由神学家。
② 拉丁文：远距离行为。

变荒芜感到惊讶了。这就是如《工匠歌手》中的汉斯·萨克斯所说的"没有某些幻想便绝不得成功"① 的所有伟大事物的方式。

可是，甚至每一个民族，甚至每一个想要**成熟**起来的人，都需要这样一种笼罩的幻想，这样一种防护的、面纱一般的云雾；然而现在人们一般都憎恨那样的"成熟起来"，因为人们看重历史甚于看重生存。人们甚至对这样的问题洋洋得意，即现在"科学开始统治生存"：很可能人们将实现这一点，可是那样一种被统治的生存肯定没有很多价值，因为它比起从前不是被知识而是被本能和强大幻觉所统治的生存来远远不是**生
299 存**，远远确保不了未来的生存。然而它也完全不应该如已经说过的那样，是完善起来、成熟起来的人的时代，是和谐个性的时代，而是尽可能有用的共同工作的时代。也就是说，人们只应该被培养来适应时代的目的，以便尽可能早地参与其间；他们在成熟以前，应该在公用事业工厂工作，是的，这样他们就完全不再成熟起来——因为这是一种回收劳动市场大量劳动力的奢侈。你让一些鸟的眼睛瞎掉，为的是让它们唱歌唱得更美：我不相信，现在的人比他们的祖父唱得更美，可是我知道，我们早就让他们的眼睛瞎掉了。然而，那种手段，我们运用的那种使他们瞎眼的卑鄙手段，是**太明亮、太突然、太变化无常的光芒**。年轻人被鞭策着走过整整几千年，丝毫不懂得一场战争、一次外交行动、一项贸易政策的小伙子被认为可以引导掌握政治史。可是，就像年轻人奔走于历史中一样，我们现代人奔走于艺术珍藏室，我们听音乐会。我们确实感觉这东西听起来不同于那东西，这东西有不同于那东西的效果：越来越失去这种惊异感，不再对任何东西有过分的惊奇，最终使自己对一切都很满意——这大概就是人们所谓的历史意识、历史修养。直言不讳地说：大量涌入的东西数量上如此之大，令人惊异的、野蛮的、暴力的东西"集聚成丑陋的一团"，如此过于强大地袭击年轻的灵魂，以至于年轻的灵魂只知道以一种故意的麻木不仁来自救了。在以一种比较精细、比较强烈的意识做基础的地方，大概也会出现另一种感觉：恶心。年轻人变得如此无家

---

① 瓦格纳的歌剧《纽伦堡的工匠歌手》，第3幕，第1场。

可归，怀疑一切习俗和观念。现在他知道了：所有时代都是不一样的， 300
这不取决于你怎么样。在沉重的麻木不仁中，他让一个又一个的看法在自己跟前经过，领悟了荷尔德林在阅读第欧根尼·拉尔修①时对希腊哲学家的生平学说所说的话、所抱有的情绪："我在这里还再次体验到有时候我已经碰到过的事情，也就是说，人类思想和体制中那种擦肩而过、交替出现的东西，在我看来几乎比我们通常称为唯一现实的命运更悲惨。"②不，这样一种泛滥的、令人麻痹的、暴力的历史化对于年轻人来说肯定是不必要的，就如古代所展示的那样；甚至处于最高程度的危险之中，就如现代所展示的那样。可是，现在让我们真正看一下研究历史的学生，一种过早的、几乎在童年时代就已经显而易见的自命不凡态度的继承者。现在他拥有了自己的工作"方法"、正确的把握、模仿师傅方式的装腔作势口气；过去的一个完全孤立的小小篇章变成了他的洞察力和学来的方法的牺牲品；他已经生产了，用更骄傲的话来说就是，"创造了"，他通过行为成为真理的仆人和历史的世界范围的主人。如果说他作为男孩已经"成熟"，那么他现在就已经过于成熟了：你只要摇晃他，智慧啪地一声就会掉进你的怀里；可是这种智慧已经腐烂，任何一只苹果都有它的蛀虫。你们相信我：如果人们在成熟以前就应该在科学的工厂里工作，派上用场，那么科学很快就会被毁了，完全就像过早在这个工厂里使用的奴隶一样。我很抱歉，不得不使用奴隶主和雇主语言上的行话来说明这样一种本身应该摆脱功利、摆脱生存需求来思考的关系：可是当你想要描写最年轻一代的学者时，"工厂、劳动市场、供货、派上用场"这类
话禁不住——就像利己主义的所有助动词③一样——跑到嘴边来。纯粹的 301
中庸变得越来越中庸，经济学意义上的科学变得越来越有用。最新的学者原本只有在一点上是聪明的，当然在这一点上比过去所有的人都要聪明，只是在所有其他方面都无限不同于——谨慎小心地说——所有老派

① 第欧根尼·拉尔修（活动时期在3世纪），希腊作家，因其希腊哲学史著作而闻名。

② 荷尔德林致艾萨克·冯·辛克莱的信，1798年12月24日。

③ 即德语中在ich（我）后面最常用的助动词，如与动词的过去分词搭配在一起构成动词现在完成式的bin、habe。

的学者。尽管如此，他们要求为自己获得荣誉和利益，有如国家和舆论有义务要把新币看成和旧币有一样的价值。短工们相互之间签订了一个劳动合同，颁布天才为多余的——因为每个短工都被改打上天才的印记：大概以后的一个时代将从他们的建筑物看出来，这些建筑物是搬运到一块儿的，不是建造起来的。对于那些不倦地把“劳动分工！各就各位！”这种现代的参战并做出牺牲的号召挂在嘴上的人，有一天可以清楚而坦率地说：如果你们想要尽可能快地促进科学，你们也将尽可能快地消灭科学；有如你们人为地迫使母鸡过快地下蛋，就毁了母鸡。最近几十年里科学得到了惊人的快速推进，这很好；可是你们看一眼让母鸡精疲力竭的学者。说真的，这不是一些“和谐的”人，他们只是能空前地咯咯叫唤，因为他们更经常地下蛋：当然，蛋是越下越小（尽管书是越写越厚）。作为最终的自然结果，出现了普遍受欢迎的科学“大众化”（包括“女性化”和“幼稚化”在内），也就是说，臭名昭著地量“乌合之众”的体，裁科学的衣：此处我们是努力用一种裁缝式的德语来说明一种裁缝式的工作。歌德在其中看到一种对科学的滥用，他要求科学只应该通
302 过一种**提高的实践**对外部世界产生作用。① 此外，老一代的学者完全有理由认为，这样一种滥用是很棘手、很麻烦的：而比较年轻的学者则同样完全有理由感觉它轻而易举，因为他们本身，除了一个实在很小的知识角落，就完全是一帮乌合之众，心中想着乌合之众的需求。他们只需要有一天舒舒服服坐下来，成功地打开他们那种乌合之众需求加好奇心的小小研究领域。对于这种舒舒服服的行为，人们事后美其名曰“学者对其人民大众的谦虚屈尊”：而从根本上讲，学者只要不是学者而是乌合之众，他就只是下降到自我中。为你们自己创造出“人民”的概念吧：你们把它想得如何高贵、如何崇高都不过分。如果你们很重视人民，那么你们也就会对他们慈悲为怀，就会很小心地不把你们的历史硝酸当作生命水和清凉饮料提供给他们。可是，你们归根结底是轻视他们，因为你们可以对他们的未来没有真正的、建立在可靠基础上的尊重，你们表现

① 参见歌德《箴言和沉思》，第693、694节。

得像是实用的悲观主义者，我的意思是说，像是受毁灭的预感所引导，从而对别人的，甚至对自己的幸福变得漠不关心、变得很轻率的人。但愿大地仍然承载**我们**！如果它不再承载我们，那么应该也没有问题——他们这样感觉，他们过的是一种**讽喻式的**生活。

8

这个时代往往如此可闻其声地、如此没完没了地爆发出关于其历史修养的最毫不在意的欢呼，当我仍然把一种**讽喻式的自我意识**，一种飘然而过的、感觉不该在这里欢呼的预感，一种对于一切有关历史知识的庆祝也许很快就会过去所感到的恐惧，归于这样一个时代时，虽然会显得令人诧异，却并不充满矛盾。关于个别的个性，歌德以他关于牛顿的 *303* 特征描写给我们提出了一个相似的谜：他在牛顿行为的根本上（或者说得更正确一点：其行为的高处），发现"一种关于其自己过错的忧郁预感"，几乎是作为个别时刻很明显的表达方式，表达出一种做出冷静判断的意识，这种意识获得了关于他内在必然天性的某种讽喻式概观。于是我们正是在更伟大、更高度发展的历史人身上发现了一种被削弱为普遍怀疑的意识，即意识到，相信一个民族的教育必然像现在的样子那样，是历史教育，这是多大的荒谬和迷信；可是，恰恰是最强大的民族，而且是在行为和事业中强大的民族，不一样地生活，不一样地培养他们的年轻人。可是，那种荒诞、那种迷信适合于我们——心存疑虑的异议如是说——适合于我们这些晚辈、我们这些强大而又快乐的种族褪了色的末代小苗，赫西俄德①的预言就是针对我们的，他说人类有一天会一生下来就是花白头发，宙斯只要一看见这样的征兆，就会马上灭绝这一代人。历史修养实际上就是一种天生的花白头发，那些从儿童时代起就带着这种标记的人大概必然获得一种本能的信念，相信**人类的老年**：可是，现在适合于老年的是一种老年的工作，即回头看、复核、结清账目、通过回忆或者说历史修养而在已经存在过的东西中寻求安慰。可是人类是一种坚韧顽强的事物，它不要让它的——前进与后退——步伐按照千年甚

① 赫西俄德（生活在约公元前 8 世纪），古希腊诗人。

至几十万年的长度来衡量，也就是说，它**完全不**要被看作由无限小的原
304 子小点，即个别的人所组成的整体。几千年的时间（或者换一种说法：34个一个接一个的60年人生构成的时间段）究竟想要说些什么，以便在这样一个时代之初还可以谈论“青年时代”，在最后已经可以谈论“人类的老年”了呢！这是相信一种已经在变苍老的人类，不是更应该说，在这样一种令人麻痹的信念之中，存在着误解吗？即误解了一种从中世纪遗传下来的基督教神学想象，也就是关于即将来临的世界末日、关于人们恐惧地期待的审判的思想。那种想象难道通过强化的历史判官需求而更换了服装，好像我们的时代，一切可能的时代中的最后一个，甚至有权举行那个审判过去一切事物的末日审判？基督教信仰不是期待人类进行这种末日审判，而是期待“人子”[1] 来进行。从前，这种既对人类又对个人喊出的 *memento mori*[2] 是一根不断折磨人的倒刺，几乎是中世纪知识和良心的顶点。现代与之相对应喊出的词 *memento vivere*[3]，坦率说，听起来仍然差不多是怯生生的，不是放声大喊，几乎有着某种不诚实的东西在里面。因为人类仍然牢牢地坐在 *memento mori* 上，通过他们普遍的历史需求而流露出这一点：知识尽管最有力地拍击翅膀，却不能挣脱牢笼，飞入自由空间，只剩下一种深深的无望感，采取那种历史的色彩，现在让所有的高等教育和教养都染上了这种色彩的阴影。一种在人生的所有时刻中把最后的时刻看作最重要时刻的宗教，一种从根本上预言世俗生活的终结，并判决所有活人生活在悲剧的第五幕的宗教，肯定唤起最深刻、最高贵的力量，可是它敌视所有新的培育、大胆的尝试、自由的向往，它抗拒任何前往未知世界的飞行，因为它在那里没有爱、没有希望：它让生成中的东西只是违背意愿地进行，为的是在适当的时候把生成的东西作为生存的误导者，作为关于生存价值的谎言者驱赶到一边，
305 或者牺牲掉。佛罗伦萨人在萨伏那洛拉[4]劝人忏悔的布道的印象中，举行

---

[1] 即耶稣基督。

[2] 拉丁文：记得你必然会死。

[3] 拉丁文：记得你是活着的。

[4] 吉洛拉莫·萨伏那洛拉（1452—1498），意大利基督教宣教士、改革家和殉教士。

那种著名的绘画、手稿、镜子、假面具的牺牲之火仪式时所做的事情，基督教想要对任何被刺激去继续争取、拥有 *memento vivere* 作为座右铭的文化去做；如果不可能直截了当而不拐弯抹角地，也就是说，以优势，来做到这一点，那么它就是同历史修养相结合，通常甚至是在历史修养的不知不觉之中同其相结合，现在从历史修养出发发表言论，耸耸肩拒绝一切生成的东西，并在这方面散布太晚的迟到者和无创造能力者，也就是天生的花白头发者的感觉。关于一切发生之事毫无价值、关于世界已成熟到可以进行末日审判的痛苦而深刻的认真思考挥发成怀疑意识，即认为知道一切发生过的事情无论如何总是好的，因为已经太晚，不可能再做什么更好的事情。所以，历史意识就使它的仆人变得被动、老追溯过去；几乎出于瞬间的遗忘，也就是在那种意识中间间歇的时候，发着历史高烧的患者才会变得主动起来，以便等主动行为一过去，就解剖他的行为，通过对进一步效果的分析思考来阻止他的行为，并最终把它剥皮，让它变成“历史”。在这个意义上，我们仍然生活在中世纪，历史始终是一种伪装的神学：就如不懂科学的外行对科学阶层怀有的敬畏一样，这是一种从神职人员那里继承来的敬畏。从前人们给予教会的东西，现在人们给予科学，尽管少得可怜：可是人们给予了，这一点教会从前就做到了，不是现代精神首先做到的，更应该说，现代精神除了它其他的出色特点以外，众所周知地有某种吝啬的东西，在慷慨的高尚美德方面是一个外行。

也许，这种评论是不让人喜欢的，也许，从中世纪的 *memento mori* 306
中、从基督徒心中对世俗生存所有未来的时代怀有的无望中过多地推导出历史也同样是不让人喜欢的。可是人们毕竟应该以更好的解释来取代我也是心怀疑虑地提出来的这个解释；因为历史修养的起源——以及它同一个“新时代”、一种“现代意识”的精神之间十分极端的内在矛盾——这种起源本身**必须**被历史地重新认识，历史**必须**解决历史本身的问题，知识**必须**用它的蛰针刺向自己——这三个**必须**是“新时代”精神的要求，如果在这个时代里真的有某种新的、强大的、预示未来生活的、原始的东西的话。或者，如果我们德国人——且不考虑罗曼语各民族——在所有较高级的文化事务中始终不得不只是“晚辈”，就因为我们只**能**是“晚辈”，正如威廉·瓦克纳格尔[1]曾经说过这样一些耐人寻味的话：“我们德意志人是一个晚辈的民族，尽管我们有更高的知识，甚至有自己的信仰，我们却始终只是旧世界的继承人；就连那些怀着敌意不想接受这一点的人，也除了汲取基督教精神以外，还不断汲取不朽的古典文化的精神，如果一个人成功地在围绕内在人的生存空间里排除这两种因素，那么就剩不下许多东西仍然可以用以维持精神生活了。”[2] 可是，即使我们在这种当古代晚辈的使命中很愿意自我安慰，即使我们只是决心真正坚定地认真看待、看重这个使命，并在这种坚定中认识到我们典型的、唯一的特权——我们也仍然会认为有必要问，**当沉沦中的古代的**
307 **学生**是否永远必然是我们的目的：某个时候也许我们可以逐步把我们的目标定得高一点、远一点，某个时候我们应该可以赞扬自己如此富有成果地、如此出色地——也通过我们包罗万象的历史——在我们身上仿制了亚历山大—罗马文化精神，以便现在作为最贵重的酬劳，可以向我们提出更非同寻常的使命，争取回到这个亚历山大世界的背后，并超越这个世界，寻求我们对古希腊原始世界中伟大、自然、人性因素的大胆观察的典范。**可是，我们在那里也发现了一种根本上非历史修养的现实，这是一种尽管是非历史的却仍然丰富而生动活泼，或者正因为是非历史的而更生动活泼的修养。**如果我们德意志人本身不过是晚辈——那我们也完全不可能因为将这样一种修养看作一种适合于我们的遗产而成为比晚辈更伟大、更骄傲的事物。

因此，我们只应该这样说，而且别无其他可说，即，甚至我们是模仿者这种经常让人很难堪的想法，只要给人以好的印象，也可以既为个人也为一个民族确保伟大的效果和一种对未来充满希望的渴望，前提是我们仍然把自己理解为令人惊异的古典力量的晚辈，并在其中看到我们的荣誉和对我们的激励。也就是说，不是像强大种族苍白瘦弱的末代子孙，这种人只能作为那个种族的古玩商人和掘墓人战战兢兢地苟延残喘。

---

① 威廉·瓦克纳格尔（1806—1869），瑞士巴塞尔大学日耳曼学教授。

② 引自瓦克纳格尔《德国文学史文集》（小字体版，1873），第2卷。

但是这样的末代子孙过着一种讽喻式的生活，毁灭紧跟着他们一瘸一拐的生活进程；当他们津津乐道于过去时，却在毁灭面前毛骨悚然，因为他们就是活着的记忆，可是他们那种思想在没有继承人的情况下是没有意义的。于是不祥的预感包围了他们，这种预感认为，他们的生存是一种错误，因为不可能有任何未来的生存来认可它。

可是，如果我们可以想象这种古代的末代子孙突然用无耻来换取那种讽喻式的痛苦谦虚；如果我们想象一下他们如何以刺耳的声音宣告： 308
本种族正当盛世，因为现在它才有了关于自己的知识，才对自己清楚起来——那么，我们就会看到一个场景，其中就像比喻一样，某种很著名哲学的谜一般的意义为德意志教养揭开了谜底。我相信，本世纪没有德意志教养的危险波动或变化不因为黑格尔哲学至今都汹涌澎湃的巨大影响而变得更危险。说真的，相信自己是时代的末代子孙，这种信念是要使人麻痹、使人扫兴的：可是有一天，当这样一种信念来了一个底朝天，把这种末代子孙崇拜为一切以前发生之事的意义和目的时，当他的认知的苦闷被等同于世界史的完成时，这就必然显得很可怕、很具有摧毁性了。这样一种思考方式使德国人习惯于谈论“世界进程”，习惯于把自己的时代辩解为这种世界进程的必然结果；这样一种思考方式将历史作为唯一靠得住的东西取代了艺术和宗教等其他精神力量，因为历史是“自我实现的观念”，因为历史是“民族精神的辩证法”，是“末日审判”。

人们讽刺地把这种对历史的黑格尔式的理解称为上帝在大地上的漫步，可是这上帝从他一方面而言却是首先由历史制造出来的。① 然而，这上帝本身在黑格尔的脑壳里变得透明、变得可以理解，已经登上了其在辩证法上有可能的全部生成阶段，直至那种自我启示，所以对于黑格尔来说，世界进程的顶点和终点同他自己在柏林的生存恰好相合。他甚至不得不说，一切在他之后来到的事物实际上都应该只是认定为世界史回旋曲的音乐结尾，说得更诚实一点，认定为多余。他没有那样说：作为 309
替代，他在由他彻底发酵起来的几代人中间培养了那种对“历史权力”

---

① 对黑格尔式历史态度的这种讽刺性概括直接取自格里尔帕策《全集》，第 9 卷，157 页。

的敬佩，这种力量实际上将所有瞬间都变成了对成功的赤裸裸的赞美，并导致对事实的偶像崇拜：对于这样的崇拜，人们普遍练熟了那句完全神话学上的，而且也是真正德国式的措辞“考虑事实”。可是，谁首先学会在“历史权力”面前点头哈腰，谁最终就会像中国人一样对任何权力点头称“是”，不管这是一个政府、一种舆论或一种数字上的多数；谁就会完全按照任何一种“权力”牵动绳子的节奏来运动四肢。如果任何成功都包含一种理性的必然性，如果任何事件都是逻辑因素或“观念”的胜利——那么就赶紧跪下，跪倒在整个“成功”阶梯前！什么！不再有任何占统治地位的神话？什么！宗教已经灭绝？你们只要看一下历史权力的宗教吧，注意一下观念神话的祭司和他们磨破的膝盖吧！甚至所有的美德不都是这种新的信仰的结果吗？或者，当历史人让自己被吹制成客观的镜子时，这难道不是无私吗？由于在任何暴力中崇拜自在之暴力而放弃天上人间所有暴力，这难道不是慷慨吗？手中始终拿着天平，仔细观察，看哪一边更强、更重，这难道不是公正吗？这样的一种历史思考是什么样一种教人诚实正派的学校啊！客观地看待一切，不对任何东西生气，不喜欢任何东西，包容一切，这会如何使人温和柔韧啊！甚至当一个在这样的学校培养起来的人有一天公开发怒、生气的时候，人们也会很高兴，因为人们知道，这只是为了要达到艺术效果，这虽然是 *ira*① 和 *studium*②，却完全是 *sine ira et studio*③。

310 我心中对于这样一种神话美德情结怀有什么样一种陈旧的观念啊！可是，这些观念即使有人笑话也应该有一天说出来。我会如是说：历史总是让人铭记“曾经有过……”，道德则总是让人铭记“你们不应该……”或“你们本不该……”。于是历史就变成一种汇编，把事实上的不道德行为汇编在一起。把历史同时看作这种事实上不道德行为的判官的人一定犯了何等严重的错误啊！比如，一位拉斐尔④不得不在三十六岁

① 拉丁文：愤怒。

② 拉丁文：热忱。

③ 拉丁文：无愤怒、无热忱。塔西陀将他自己写历史的方式描写为 *sine ira et studio*，即“无愤怒、无热忱”，意思是要冷静、客观地看待历史。

④ 指的就是意大利文艺复兴时期绘画大师和建筑师拉斐尔（1483—1520）。

时死去，这是违背道德的：这样一个人本不应该死。如果你们现在要作为事实问题的辩护士，以有助于历史，那么你们就会说：拉斐尔表达了他心中想到的一切，如果他活得更长一点，他也始终只能创造出同样的美，而不是新的美，等等。所以你们是魔鬼的鼓吹者，而且就因为你们把成功，也就是，事实，变成了你们的偶像：而事实始终是无知的，任何时候总是更像一头牛犊，而不像一位神。此外，作为历史的辩护士，你们相互之间把无知提示给对方吧！因为只是由于你们不知道像拉斐尔这样一种 *natura naturans*① 是什么，所以你们就是听说曾经有过这样一个人，将来不会再有，也不会感到激动。关于歌德，最近有人想要教导我们，说他八十二岁活到了头：可是我很愿意用满满整车的高度现代化的新生活经历来换取几年“活到头的”歌德，以便还可以参与像歌德和爱克曼所进行的那种谈话，并用这样的方法始终受到保护，免受所有合乎时宜之教导的当下罗马军团士兵的侵扰。和这样的死人相比，实在是很少活着的人有资格活着！许多人活着，只有那少数人不再活着，这不过是一个残酷的真理，也就是说，一种不可改正的愚昧，相对于关于“本不该如此”的道德教训，这是一种笨拙的“情况就是如此”的意思。是的，相对于道德教训而言！让人去谈论他愿意谈论的美德，谈论公正、 311
慷慨、勇气，谈论人的智慧和同情吧！——因为他反叛那种盲目的事实权力，反叛现实的专横，听命于不是那种历史沉浮法则的法则，所以他就处处是品行端正的。他始终迎着历史的浪涛游泳，无论他同自己的激情作斗争，将其视为最接近于他生存的愚蠢事实因素，还是一方面他受到诚实的约束，另一方面谎言围绕他编织起闪亮之网。如果历史一般来说不过是激情和谬误的世界体系，那么人类就得像歌德劝人读《少年维特之烦恼》那样来读历史，就好像它喊道：“做一个人，不要追随我!”幸好历史也保留了对**反历史**的——也就是说，反对盲目的现实权力的——伟大战士的记忆，并因为它恰恰强调那些不关心“实际如此”却以得意的自豪遵循一条“应该如此”原则的人是真正的历史人物而将自

① 拉丁文：基本的创造力。在斯宾诺莎那里，这个术语就是指上帝，因为上帝作为万物之因，相对于被创造的自然，是进行创造的自然，也就是基本的创造力。

已钉在了耻辱柱上。不是将他们的种族拖到坟墓里去，而是创立一个新的种族——这驱使他们不断向前：如果他们自己作为末代子孙而出生——那就有一种使人忘记这一点的生活方式——未来的种族将只把他们看作头生子。

9

也许我们的时代是这样一个头生子？——事实上，它的历史意识的强烈程度如此之大，以一种如此普遍、简直无限的方式表现出来，以至于未来时代至少将在这一点上称颂它的头生子身份——也就是说，在有
312 从文化意义上理解的**未来时代**的情况下。可是，恰恰在这个问题上，仍然有一种强烈的怀疑。紧挨着现代人的骄傲，是他对他自己的**讽刺**，是他关于他不得不生活在一种历史化的、几乎晚间的情绪中的意识，是他关于不可能再为将来挽救出任何青年时代的希望和力量的恐惧。人们时不时走得更远，变得**玩世不恭**起来，根据犬儒规则来为历史进程辩护，甚至为真正服务于现代人日常用途的整个世界发展进程辩护。这种犬儒规则就是：未来的事情必然和现在进行的事情一样，人类必然成为和现在人类一样的这种样子而不是其他样子，对于这种必然，没有人可以反对。无法在讽刺中经受住的人，就逃入那样一种犬儒主义的舒适感当中；此外，最近十年又把它最美的发明之一作为礼物送给他，一个充分圆满地描述犬儒主义的短语：它称他那种合时宜的、毫无疑虑的生活方式为“个性为世界进程而充分献身”①。个性和世界进程！跳蚤类的世界进程和个性吧！如果人们不必永远只听所有夸张中的夸张，即世界、世界、世界这个词，那么每个人就只应该老老实实地谈论人、人、人！什么古希腊罗马人的继承人？什么基督教的继承人？一切对于那些犬儒主义者来说，似乎什么也不是；可是世界进程的继承人！世界进程的顶点和目标！现代人这知识树上最成熟的果子身上所表达出来的一般生成之谜的意义

① 引自哈特曼《无意识者的哲学》。在随后几页中，尼采经常引用该书（往往没有具体章节页码）。因此，除非有明确注明的以外，本节所有未注明出处的引文应出自哈特曼之手。爱德华·冯·哈特曼（1842—1906），德国唯心主义哲学家，主张宇宙的本体是“无意识”。

和解答！——我将此称为一种膨胀的兴高采烈；凭这个标志，可以识别所有时代的头生子，即使他们来得最后也没关系。历史思考还从来没有飞得这么远过，甚至在梦中也没有；因为现在的人类史只是动植物史的继续；甚至在大海的最深处，历史的普遍主义者也仍然会发现自己的痕
迹，也就是，活的黏液；惊奇地注视着人类已经走过的非凡道路，就像 313
注视一个奇迹，在更令人惊讶的奇迹面前，在能够对这条道路视而不见的现代人面前，头晕目眩。他居高临下，对世界进程的金字塔感到骄傲：当他在那上面放下他知识的顶尖之石时，他似乎对周围在倾听着的自然喊道："我们达到了目的，我们就是目的，我们是完成的自然。"

19 世纪过于骄傲的欧洲人，你在发狂！你的知识没有完成自然，而只是杀死了你自己。只要用你能力的深度来衡量一下你知识的高度就行了。当然，你是顺着知识的阳光向上往天上爬，可是也是向下往混沌中爬。你的行进方式，也就是作为认识者爬行，是你的命运；大地和地面向后退去，成为对你来说不确定的东西；你的生存不再有支撑，只有蜘蛛丝，对你知识的每一次新把握，都会把这些蜘蛛丝撕得粉碎。——然而，在有可能说快乐话的地方，就不要再对此说什么当真的话吧！

疯狂而不假思索地粉碎、撕裂一切基础，将其溶解为一种始终流动、流散的生成，不倦地分解并将由于现代人而已生成的一切历史化，这只宇宙大网接头上的十字大蜘蛛——这也许会让道德家、艺术家、虔诚者甚至政治家疲于奔命、忧心忡忡；今天它应该让我们高兴一下，因为我们在一位**哲学滑稽模仿作家**的耀眼魔镜中看到了这一切，在这位作家的头脑中，时代超越自身而走向讽刺意识，而且显然"到了卑鄙无耻的地步"（以歌德的方式来说）。黑格尔有一次教导我们，"凡精神有猛烈动作之时，我们哲学家也都参与其间"①。我们的时代猛然走向自我讽刺，瞧！
爱德华·冯·哈特曼也参与其间，写出了他著名的无意识哲学——或者 314
说得更清楚一点——他的无意识讽刺的哲学。我们很少读过一种比哈特曼的哲学更有意思的发明、更加哲学化的恶作剧；谁要是通过他而没有

① 引自黑格尔《历史哲学讲演集》（1837）导言。

搞清楚生成，甚至内心得到洗涤，谁的时机就真正成熟了，可以面对曾经有过的状态。世界进程的起点和终点，从第一阵意识到被掷回到无，加上我们一代为世界进程精确规定的使命，一切都出自如此智慧地发明出来的无意识者的灵感之泉，在启示录的光芒中闪耀，一切都模仿得如此具有欺骗性、如此实在、如此认真，就好像这是真正认真的哲学，而不只是开玩笑的哲学。——一个这样的整体把它的创造者说成是所有时代第一流的哲学滑稽模仿作家之一，那就让我们在他的祭坛上，为他，为这位真正的万灵药的发明者，献祭一绺卷发——不妨借用一下施莱尔马赫①的溢美之词。因为有什么良药会比哈特曼对全部世界史的滑稽模仿更能治愈过多的历史修养呢？

如果我们想要实事求是地说出哈特曼用无意识讽刺的烟雾缭绕之鼎告诉我们的是什么，那么我们就应该说：他告诉我们，我们的时代必定完全像有一天人类真正对这种生存感到厌烦时的那种样子。这是我们由衷地相信的事情。那种惊人的时代僵化，僵化成骨头以后令人不安地发出格格的声响——就如大卫·施特劳斯给我们描绘的那样，他天真地把它说成是最美的真实性——这在哈特曼那里不仅从背后，*ex causis efficientibus*②，而且从前面，*ex causa finali*③ 得到辩解；这位爱开玩笑的人让光芒从世界末日出发照耀我们的时代，在那里他发现，我们的时代很好，也就是说，对于那种想要尽可能严重地患上无法消化生存的消化
315 不良症、不能希望世界末日足够迅速到来的人来说很好。虽然哈特曼把人类现在正在接近的时代称为“成年期”，可是，按照他的描述，这是幸运的状态，在这种状态中，仍然有完全“纯粹的中庸”，艺术是那种“对于柏林的交易所经纪人来说差不多就是晚间的闹剧”的东西；在这种状态中，“天才不再是时代的需要，因为这意味着把珍珠扔到母猪跟前，甚至因为时代已超越应该有天才的阶段，进展到一个更重要的阶段”。也就

① 弗里德里希·丹尼尔·恩斯特·施莱尔马赫（1768—1834），德国神学家，现代新教神学的创建者。

② 拉丁文：从有效因的角度。

③ 拉丁文：从最终因的角度。

是说，进展到这样一种社会发展阶段，在这个阶段中，每个工人“在允许他有足够的空闲来进行他的智力培训的工作时间中，体验一种舒适的生存”。最爱开玩笑的人，你说出了现在人类的渴望：可是你同样知道，作为那种达到纯粹中庸的智力培训的结果，在这种人类成熟期的最后将有什么在等着你——恶心。显然很可怜，然而还将可怜得多，“基督之敌显然越来越扩展自己”——可是事情**必然**是这样，**必然**成为这样，因为我们正想做这一切——以达到对一切生存物的恶心。“因此，作为老爷葡萄种植园里的工人，在世界进程中精力充沛地向前进，因为这进程就是唯一通往拯救的道路!”

老爷的葡萄种植园！进程！拯救！谁在这里看不出、听不出只认识“生成”一词的历史修养如何有意装扮成滑稽模仿的畸形模样，如何通过举在面前的滑稽可笑的假面具说出最戏弄自己的话来！上面这最后一句对葡萄种植园工人的玩笑呼唤究竟要求他们些什么呢？在什么样的工作中他们应该精力充沛地径直向前而去？或者换一种方式来问：有历史修养的人，也就是，在生成之流中游泳、溺死的狂热相信进程的现代人此外还有什么好做，来收获那种恶心，亦即那种葡萄种植园的美味葡萄呢？——除了继续像他已经生活过的那样生活，继续爱他曾经爱过的东 316
西，继续恨他曾经恨过的东西，继续读他曾经读过的报纸，他没有任何事情好做，对他来说只有一种罪过——过不同于他曾经有过的生活。然而，他曾经如何生活的呢？上面印着大写字体句子的那著名的一页以过分突现的清晰度告诉了我们，由于这些句子，整个合乎时宜的有教养的渣滓陷入了盲目的狂喜和狂喜的躁动之中，因为他们相信在这些句子中读到了关于他们自己的辩解，而且是启示录意义上的辩解。因为这位无意识的滑稽模仿作家要求每一个个人“为了自己的目标、为了世界的拯救而将个性完全献给世界进程”。或者说得更响亮更明白一点：“对生存意志的肯定被宣告为暂时唯一正确的东西；因为只有完全献身于生存及其痛苦，而不是怯懦的个人克制和退却，才可以为世界进程做出一点成就”；“争取个人的意志否定同样是愚蠢和无用的，甚至比自杀更愚蠢”；“有思想的读者甚至不用进一步的暗示就将懂得一种建立在这些原则基础之上的实践哲学是如何形成的，懂得这样一种哲学所能包含的不是同生存的矛盾，而是同生存的充分调和”。

有思想的读者将理解这一点：人们可能是误解了哈特曼！人们误解了他，这是多么有趣，有趣到了无法用语言表达！现在的德国人应该是很机智的吧？一个诚实的英国人①感觉到他们缺乏知觉的敏锐，甚至敢于说：“In the German mind there does seem to be something splay, something blunt-edged, unhandy and infelicitous.”② ——是否那位伟大的德意志滑稽模仿作家会加以反驳呢？虽然按照他的解释，我们正在接近“人类有意识创造其历史的那种理想状态”：可是我们显然离人类有意识地阅读哈特曼著作的那种也许更理想的状态还相当遥远。如果这样的事情真
317 的发生，那么就没有人会不是嘴上笑嘻嘻地就让“世界进程”一词从嘴巴里跑出来；因为这时候人们会想起这样的时代，在其中，人们以那种“德国人头脑”的全部诚实，甚至如歌德所说，以“猫头鹰的异常严肃”来倾听、吸收、争论、崇拜、传播哈特曼的滑稽模仿福音，并加以神圣化。可是世界必须向前，那种理想状态不可能是梦想来的，它必须是斗争来的，争取来的，只有欢乐的道路才通向拯救，从那种误解的猫头鹰的严肃中拯救出来。人们聪明地抵制世界进程的所有虚构甚至人类历史的时候将要到来，这时候，人们一般不再思考大众，而是重新思考在混乱的生成之河上建起一种桥梁的个人。这种个人绝不继续一个进程，而是永恒地、同时地生活，由于允许这样一种合力作用的历史，他们有如天才共和国那样生活，叔本华曾说起过的这种天才共和国③；一个巨人越过寂寞的时间间隔向另一个巨人呼唤，不受他们中间故意让人麻痹的爬行侏儒的打扰，继续进行崇高的精神对话。历史的使命是在他们中间做调停人，从而一再为伟大的产生提供机会和力量。不，人类的目标不在终点，而只在他们最高的样本中。

---

① 指瓦尔特·白哲特（1826—1877），英国经济学家和新闻工作者。尼采在《作为教育者的叔本华》第3节中引用了他的《物理学与政治学》（1869）。

② 英文：在德国人头脑中似乎确实有某种笨拙的东西，某种不锋利、不灵巧、不恰当的东西。

③ 参见叔本华《手稿遗作》（1970），阿尔图尔·许伯舍编，第3卷，188页。

与此相反，我们这位有趣的家伙以那种值得赞美的辩证法——这种辩证法如此纯粹，就像它的赞美者如此值得赞美一样——说：“将一段无限长的过去归于世界进程，是和发展的观念不相一致的，因为这时候任何一种可以想象的发展都必然已经被经历过：其实情况并非如此。”（哦，无赖！）“我们同样不能给予进程一个无限长的未来；两者都把发展的观 318
念提升到一个目标上”（哦，还是无赖！）“并且把世界进程等同于达那伊得斯姐妹①汲水。然而，逻辑对非逻辑的完全胜利”（哦，无赖中的无赖！）“必然和世界进程在时间上的终结，和世界末日，同时发生。”不，你这个聪明而爱开玩笑的人，只要非逻辑还像今天一样占统治地位，只要在普遍赞同之下人们还像你一样谈论“世界进程”，那么世界末日就还很遥远，因为在这个地球上还太快活，还有某些幻觉很活跃，比如你的同时代人关于你的幻觉。我们的时机还不成熟，不能被掷回到你的无，因为我们相信，如果人们开始理解你，你这个不被理解的无意识者，那么这里甚至会更有意思。可是，如果恶心仍然凶猛地到来，就像你向你的读者预言的那样，如果你关于你的现在和未来的描写是正确的——而且没有人蔑视这两者，像你那样带着恶心蔑视这两者——那么我就很愿意以你建议的形式和多数人一起投票同意你的世界应该在下星期六晚上十二点整毁灭，我们的命令最后将宣布：从明天起将不再有时间，不再有报纸出版。可是，也许结果没有发生，我们徒劳地发布命令。不过，现在无论如何不缺乏时间来进行一场漂亮的实验。我们拿一个天平，在一个秤盘里放上哈特曼的无意识，在另一个秤盘里放上哈特曼的世界进程。有一些人相信，这两个秤盘称起来一样重，因为各个秤盘里都可能放着一句同样糟糕的名言，和一个同样巧妙的玩笑。——如果哈特曼的玩笑一旦被领悟，那么就没有人再需要哈特曼的“世界进程”一词，除了作为玩笑而已。事实上，早就该是以整个讽刺恶意的大军前去反对历 319
史意识的肆无忌惮，反对以存在和生存为代价而过分津津乐道于进程，反对轻率地让所有前景退后的时候了。人们总是在背后称赞这位无意识

① 达那伊得斯姐妹是古希腊神话中阿耳戈斯国王达那俄斯的50个女儿，其中49人都听命于父亲，犯了杀夫之罪，被罚在地狱里永远以筛子汲水。

哲学的作者，说他首先成功地敏锐感觉到“世界进程”观念的可笑，并通过特别认真的描述而让人更敏锐地产生同感。为什么有“世界”，为什么有“人类”，暂时跟我们毫无关系，除非我们想要开个玩笑，因为小小人虫的胆大妄为现在是大地舞台上最风趣、最快活的东西；可是，为什么你作为个人在这里，这是我问你的话，如果没有人能告诉你这一点，那你就设法几乎是按照经验来为你生存的意义辩护吧！因为你把一个目的、一个目标、一个“为了”放在自己面前，一个高尚而高贵的“为了”。如果你为它而毁灭——我不知道还有比为了伟大和不可能的事情，作为 *animae magnae prodigus*① 而毁灭更好的生活目的。如果与此相反，关于绝对生成，关于一切观念、类型、方式的流变性，关于人和动物之间缺乏基本差别的学说——我认为符合实情但是却很可怕的学说——在现在流行的教导狂热中再经过一代人而被抛入到人民大众中间，那么，即使人民大众由于自私自利的小事和不幸，由于僵化和私心而毁灭，也没有人会感到惊讶，也就是说，先是瓦解，不再是人民大众，然后，取而代之的也许就是个人利己主义体系，结成兄弟来达到掠夺性地剥削非兄弟的目的的结盟关系，以及功利主义卑鄙行径的类似创造将出现在未来的舞台上。人们只要着手去为这些创造做准备工作就行了，写**群众**观
320 点的历史，从这种历史中寻求可以由这些群众的需求中推导出来的法则，也就是说，寻求社会下层黏土层、陶土层的运动法则。在我看来，群众似乎只有在三个方面值得看一眼：首先是作为伟大人物的模糊不清的副本，制作在糟糕的纸张上，用的是用旧的底版；其次是作为对伟人的抵制；最后是作为伟人的工具。此外就交给魔鬼和统计学吧！统计学怎么证明历史上有法则呢？法则？是的，统计学证明，群众是多么平凡，多么令人恶心地统一：你应该把愚昧、模仿、爱、饥饿等万有引力称为法则吗？好吧，我们愿意承认这一点，不过以下的原则也因此而得到确立：就历史上有法则而言，这些法则是一文不值的，历史是一文不值的。然而，正是那种把巨大的群众欲望当作历史上重要的、主要的东西，把所

① 拉丁文：一个有伟大精神的高尚之人。

有伟人只是看作其最清晰的表现，几乎是看作潮水上显而易见地生成中的小水泡的历史，现在普遍受到尊重。因此，群众从自身产生出伟大，混乱从自身产生出秩序；最后，当然就要向生产的群众唱起赞美诗来了。这时候，较长时间推动这种群众，曾是人们所说的“一种历史力量”的一切就被说成是“伟大的”。可是，那不是意味着真正地故意混淆质与量吗？如果愚钝的群众发现某种思想，比如宗教思想，很合适，顽强地捍卫它，把它拖着往前走了好几个世纪：那么这时候，而且恰恰在这时候，这种思想的发现者和创建者才应该是伟大的。那是为什么！最高贵和最高尚的东西根本对群众不起作用；基督教的历史成就，它的历史力量、坚忍不拔和经久不衰，很幸运，这一切都证明不了它的创立者的伟大， *321*
而归根结底却会针对他证明相反的事情：不过在他和那种历史成就之间，有一个非常世俗、幽暗的层面，一个激情、谬误、对权力荣誉之渴望的层面，一个不断发挥作用的 *imperium romanum*① 之威力的层面，一个基督教从中得到使其有可能在这个世界上延续并几乎生生不息的世俗趣味和一小块土地的层面。伟大不应该取决于成就，狄摩西尼②很伟大，尽管他没有成就。基督教最纯粹、最真诚的追随者总是宁可质疑其世俗成就，其所谓的“历史力量”，并加以限制，而不是促进，因为他们习惯于置身“世”外，不关心“基督教观念的进程”；因此他们通常在历史上默默无闻，无人提起。用基督教的方式说就是：所以魔鬼是世界的摄政王，主宰成功和进步；他是所有历史力量中真正的力量，这样的情况会实质上继续下去——尽管有一段时间对于听惯了成就崇拜和历史力量崇拜的耳朵来说也许听起来很痛苦。因为在这个问题上，他们恰恰是在给事物新的名字，甚至给魔鬼也改名字。这肯定是有大危险的时刻：人类似乎接近于发现，个人、团体、群众的利己主义在任何时代都是历史运动的杠杆；可是同时，人们丝毫没有因为这个发现而不安，相反，他们发布命令，利己主义应该是我们的上帝。有了这个新的信仰，他们准备以最明

---

① 拉丁文：罗马帝国。

② 狄摩西尼（公元前 384—前 322），古希腊雄辩家、民主派政治家，反对马其顿入侵希腊，发表《斥腓力》等演说，后失败，服毒自杀。

确的企图将未来历史建立在利己主义基础之上：只是这应该是一种聪明的利己主义，一种这样的利己主义，它自愿承担一些限制以认识不聪明的利己主义。在这样的学习中，人们认识到，国家应该在要建立的利己
322 主义世界体系中得到一个十分特别的使命：它应该成为所有聪明的利己主义的保护人，以便以针对不聪明的利己主义的可怕发作而采用的军事、政治暴力来保护它们。为了同样的目的，历史——而且作为动物史和人类史——也被小心地调和到因为不聪明而很危险的人民大众和工人阶级中，因为人们知道，一点点历史修养就能够打破粗野、迟钝的本能和欲望，或者将其引上有教养的利己主义的轨道。总之，人类现在——用爱德华·冯·哈特曼的话来说——“考虑一种从容不迫地看未来，实际上在尘世家园中很舒服的设施”。同一个作家把这样一个时期称为“人类的成年期”，以此嘲笑现在所谓的“成年男人”，好像这个词的意思只应该理解为清醒的自私自利者；尽管他同样预言在这样一个成年期之后有一个相应的老年期，但是他显然只是以此来发泄他对我们同时代老年人的讽刺：因为他谈论他们成熟的宁静，他们以这种宁静“来通观他们过去生活经历的整个暴风雨般的巨大痛苦，来理解他们以前假定的努力目标的虚荣性”。不，与一个那样诡计多端、有历史修养的利己主义的成年期相适应的，是一个以令人讨厌的贪欲不顾体面地留恋生命的老年期，然后是最后一幕，在这一幕中

> 终结着这段古怪的多事的历史的最后一场，
> 是孩提时代的再现，全然的遗忘，
> 没有牙齿，没有眼睛，没有口味，没有一切。①

我们生存与文化的危险现在是否来自这种丑陋、无牙齿、无趣味的老人，是否来自哈特曼的那种所谓的“成年男人”：与这两者相反，我们要用牙齿牢牢咬住我们**青年人**的权利，不倦地在我们的青年时代捍卫未
323 来，反对那种莽撞的未来图像描绘者。可是，在这样的斗争中，我们也不得不有一种特别糟糕的察觉：**人们故意促进、鼓励并——利用现时代**

① 引自莎士比亚《皆大欢喜》，第2幕，第7场。

深受其苦的历史意识的放纵。

可是，人们利用它来对付青年人，为的是训练他们达到人们到处都追求的利己主义的成年期；人们利用它，为的是通过美化，也就是说，通过魔幻般的科学光芒来照亮那种成年男性和非男性的利己主义，从而打破青年人的天然反感。是的，人们知道，历史通过某种优势能做到什么；人们是太精确地知道这一点了，即根除青年人最强有力的本能——激昂、执拗、忘我、爱，降低他们正义感的热度，以迅速完成、迅速见效、迅速见成果的相反渴望来压制和遏制慢慢成熟起来的渴望，使感觉的诚实和大胆染上怀疑的病态；历史甚至本身就能骗取青年人最美好的特权，骗取他们以过于充分的信念为自己培养起一种伟大思想并让自己向一种更伟大的思想发展的力量。历史有某种程度上的过分就可能造成所有这一切，我们已经看到了这一点，而且原因就在于历史通过推延视野—前景，通过消除周围气氛而不再允许人类**非历史地**感受和行事。这时候，人从视野的无限中抽身出来回到自我，进入最小的利己主义区域，不得不在其中腐败、干枯：也许他成就了小聪明，但绝不是大智慧。他很好说话，精打细算，与事实无争，没有情绪冲动，眼睛会说话，懂得在陌生人的优缺点中发现自己的长处以及自己一伙人的长处；他忘记了多余的羞耻，于是一步步变成了哈特曼式的“成年男人”和 324
“老年人”。可是，他**应该**这样变，这正是现在如此玩世不恭地要求的“个性为世界进程而充分献身”的意义——为了他的目标，即世界的拯救，正如无赖爱德华·冯·哈特曼向我们保证的那样。现在，那种哈特曼式的“成年男人”和“老年人”的意志和目标几乎不可能恰好就是世界的拯救，但是，如果世界被从这些成年男人和老年人手中拯救出来，那么它无疑是得到了更多的拯救。因为这时候，青年人的王国将会来临。——

10

到了这里，想着青年人，我就大喊：陆地！陆地！在黑暗而陌生的大海上进行这激情的探索之旅和迷失方向的航行已经够了，太够了！现在终于看到海岸线了：不管它是什么，必须在它这里登陆，最糟糕的救生港湾也比回去在无望的、可疑的无限中颠簸强。让我们首先抓住陆地；我们以后会找到好的港湾，让后来者更好接近。

这样的航行很危险，也很令人兴奋。我们现在离当初看我们的船漂浮出去的那种宁静观察有多远！在探究历史的危险中，我们感觉最强烈地遭受所有这些危险；我们自己就炫耀那种由于历史的过度而降临到新时代人头上的痛苦的痕迹，这篇论文就是要表明它在其批评的过度中，在其人性的不成熟中，在从讽刺到犬儒主义、从骄傲到怀疑的经常性过渡中的那种现代品性，那种懦弱个性的品性，这是我不愿意回避的。可是我信赖给人以灵感的力量，它替代一位天才为我驾驭交通工具；我信
325 赖青年人，他们迫使我参与**抗议现代人青年时期的历史教育**，而抗议者要求人首先学会生活，人需要历史仅仅是**为所学会的生活服务**，这是对我做出了正确引导。人们必须年轻，才能理解这样的抗议，当然，在现在未老先衰的青年人那里，人们几乎不可能年轻到足以感觉到这里被抗议的究竟是什么。我要求助于一个例子。在德国，差不多一个多世纪以前，在一些青年人当中，一种天然本能被唤起，对人们称之为诗的东西发生了兴趣。你也许以为，以前直到那时候的世世代代都根本没有谈论过对他们内心来说很陌生、很不自然的艺术吧？可事实上正好相反：他们拼命思考、评论、争论“诗”，用的是言辞、言辞，还是言辞。那种正在出现的一个词的复活并不同时也是那种生造言辞者的死亡，在某种意义上，他们现在仍然活着；因为尽管如吉本①所说，一个世界的沉沦只需要时间，不过是许多时间，所以，在德国这个“按部就班的国家”，一个错误概念的灭绝也只需要时间，但是却是更加多得多的时间。毕竟，现在知道诗是什么的人也许比起上百年前要多出上百个人；也许一百年以后又多出一百人，他们在这期间也弄明白文化是什么了，并了解到德国人至今没有文化，尽管他们很喜欢谈论文化并为此而骄傲。对于他们来说，德国人如此普遍地对自己的“教养”感到惬意是很难以置信的，而且不足取，正如对于我们来说，戈特舍德②曾经被人们承认的经典性或者

① 爱德华·吉本（1737—1794），英国历史学家。
② 约翰·克利斯托弗·戈特舍德（1700—1766），德国文学理论家、作家。

拉姆勒[1]被人们当作德意志的品达[2]，都同样难以置信，而且不足取。他们也许会判断说，这种教养只是一种关于教养的知识，而且是一种十分错误、十分肤浅的知识。说错误和肤浅是因为人们容忍生存和知识的矛 326
盾，是因为人们根本没有看到真正有文化民族的教养的特征：文化只可能从生存中生长出来，绽放鲜花；而文化在德国人那里就像一朵纸做的插花，或者浇灌的糖汁，因此总是不得不带着骗人的意味，毫无结果。然而，德国的青年人教育就是直接从这种错误而毫无结果的概念出发的；它的真正纯粹而高尚地想象的目标完全不是自由的有教养者，而是学者，是科学界人士，而且是尽可能早地能派上用场的科学界人士，这种人置身于生活之外，以便能真正清楚地认识生活；它的真正按照经验的平凡眼光看待的结果是有历史和审美修养的市侩，是关于国家、教会、艺术的早熟而新式的空谈家，是对成千上万种细微感觉的感受力，是不知餍足的胃口，但是却又不知道何为非常之饥渴。一种有如此目标和结果的教育是一种反自然的教育，这只有尚未完成这种教育的人才能感觉到，这只有青年人的本能才能感觉到，因为他们还有自然的本能，这种本能只有通过那种教育才会被人为地、强行地破坏掉。可是另一方面，谁想要破坏这种教育，谁就必须帮助青年人表达出来，必须用观念的光芒事先照亮他们无意识的反抗，并将这种反抗变成一种有意识的、大声说出的意识。那么他如何来达到这样一个令人惊异的目标呢？——

尤其是通过破坏一种迷信，即对那种教育程序**必然性**的深信不疑。可是人们会认为，除了我们现在非常讨厌的现实以外，根本没有其他的可能性。只要让一个人就在这一方面检查一下中高等教育事业的文献就行：检查者将恼火而惊讶地发现，尽管有各种各样的建议，尽管有各种强烈的异议，可是教育的总体意图却被想象成多么千篇一律，而至今的 327
成果，那种“有教养的人”，如他现在被理解的那样，则被多么毫无疑虑地认定为任何进一步教育的必然的理性基础。可是，那种单调的规则大概是这样的意思：青年人不得不以一种关于教养的知识，而不是以一种

① 卡尔·威廉·拉姆勒（1725—1798），德国诗人、翻译家。
② 品达（公元前518？—前438?），古希腊诗人。

关于生存的知识，更不是以生存和体验本身开始。而且这种关于教养的知识被作为历史知识注入到或搅拌到青年人脑海中；也就是说，他的头脑被塞满了大量从过去时代、过去民族的非常间接的知识中，而不是从对生活的直接观察中得出的概念。他那种要亲自体验些什么，要感觉自己身上生长出一个协调而又活生生的自我经验体系的渴望——一种这样的渴望被麻痹了，几乎是被生动的借口灌醉了，好像用很少几年就有可能让自己积累起过去时代，而且恰恰是最伟大时代的至高无上的、最值得注意的经验。完全是这同样的荒唐方法把我们年轻的造型艺术家引入到艺术家的斗室和画廊里，而不是大师的工作室，尤其是独一无二的大师——大自然的独一无二的工作室里。是的，就好像人们作为在过去的历史中匆匆而过的漫步者就能看出它的手法和技巧，就能看出它真正的生存效益！是的，就好像生存本身不是一门必须从基础开始不断学习、不讲情面地进行训练的手艺，而可以让外行、空谈家纷纷出笼似的！——

柏拉图认为必须让他的（在完美国家中的）新社会的第一代在一种有力的**必要的谎言**帮助下受教育；孩子们应该学会相信，他们全都在地
328 下梦幻般地生活了很长一段时间了，在那里他们由自然之大师傅揉搓成型。① 反对这样的过去是不可能的！抵制神的工作是不可能的！这应该看作是颠扑不破的自然法则：谁天生是哲学家，谁就有金子在体内；谁天生是看守，谁就只有银子在体内；谁天生是工人，谁就有铁铜合金在体内。柏拉图宣称，由于不可能将这些金属混合起来，所以也不应该有可能推翻、搞乱等级秩序；相信这种秩序的 *aeterna veritas*② 是新教育，因而也是新国家的基础。——所以现代德国人现在也相信他那种教育、他那种文化的 *aeterna veritas*，可是，一旦以一种**必要的真理**来对抗必要的谎言，这种信念就会失去意义，就像柏拉图的理想国会失去意义一样。这必要的真理就是：德国人没有文化，因为他在其教育的基础上不可能有文化。他想要没有根和茎的花，所以他要它也是徒然。这是简单的真

① 见柏拉图《理想国》，III. 414b。
② 拉丁文：永恒真理。

理，一种令人不舒服的、蛮不讲理的真理，一种真正必要的真理。

可是，**我们的第一代人**不得不接受这种必要的真理的教育；他们肯定深受其苦，因为他们不得不通过它来教育自己，而且教育自己来反对自己，教育自己走出旧的、最初的天性和习惯，走向一种新的天性和习惯，以至于他们可以用古西班牙语对自己说：*Defienda me Dios de my.*[1] 也就是说，摆脱已经养成的天性。他们不得不一点一滴地品尝那种真理，就像品尝一种苦涩的猛药，这一代中的任何个人都必须克制自己，自己做出判断，作为一种关于整整一个时代的一般判断，他更容易忍受的是什么我们没有教养，而且我们已经腐朽，无法生存，无法正确地、简单地看和听，无法幸运地理解近在咫尺的东西和自然的东西，至今还没有某种文化的基础，因为我们自己都不相信自己有真正的文化。支离破碎 329
地，总的来说，机械地拆成了内在的一半和外在的一半，布满概念，就像播撒了龙牙，产生出概念之龙，而且患了词语病，不相信自己任何还没有打上词语烙印的感觉：作为这样一家没有生气然而却非常活跃的概念—词语工厂，我也许还有对我自己说 *cogito*，*ergo sum*[2] 而不是 *vivo*，*ergo cogito*[3] 的权利吧。我得到保障的是空洞的“存在”，而不是那种充实的、绿色的“生存”；我的原始感觉只向我保证，我是一个思想实体，而不是一个生命实体；我不是动物，可最多是个思想体。首先给我生命，然后我也要从中给你们创造出一种文化！——这第一代的每一位个人都如此喊道，所有这些个人都凭这呼唤互相辨认。谁将送给他们这生命呢？

不是上帝，也不是人，只是他们自己的**青年期**：给这青年期解除枷锁，你们就会用它来解放生命。因为生命只是藏在监狱里，它没有枯萎、没有死亡——问你们自己吧！

可是它病了，这被解除枷锁的生命，它必须得到治疗。它患了许多疾病，不仅是由于对枷锁的记忆而受苦——这里尤其同我们有关的是，

---

① 古西班牙文：上帝保护我不受我自己的伤害。
② 拉丁文：我思，故我在。法国哲学家笛卡儿（1596—1650）的名言。
③ 拉丁文：我生，故我思。

它患了**历史病**。过度的历史损坏了生命的可塑能力，它不再懂得像利用一种营养丰富的食品那样利用过去。这种病是可怕的。尽管如此！如果青年人没有自然的千里眼天赋，那么就不会有人知道这是一种病，不会有人知道，健康的乐园已经失去。然而，这同样的青年人也以这同一个自然的治疗本能猜到如何来重新获得这本能；他知道治疗历史病、治疗历史过度的创伤药水和良药：这些药叫什么名字？

330 那么，你不要感到惊讶，这是些毒药的名字：这些历史病的专用药叫做——**非历史和超历史**。带着这些名字，我们再回到我们思考的初始，回到它的宁静中。

“非历史”一词我用来表示能够遗忘并将自己局限于有限视野内的艺术和能力；“超历史”我指的是将目光从生成引开，转移到给予生存以永恒性和同义性的东西上，转移到**艺术**和**宗教**上的力量。**科学**——因为正是科学才会谈论毒药——在上述能力和力量中看到了相反的力量和能力；因为它只把对万物的思考看作真正的、正确的思考，也就是说，看作科学的思考，科学的思考到处都看到生成的、历史的东西，哪儿也看不到存在的、永恒的东西；它既生活在一种同艺术与宗教的永恒化力量的内在对立中，又同样憎恨遗忘，即知识的死亡，也同样尝试消除所有周围视野的局限，并将人投入到已认识之生成的无边无际的光波之海上。

但愿人能在那里生活！有如城市在地震中倒塌、荒芜，人只是颤抖着草率地在火山喷发形成的地面上建起自己的房子，生命在科学引起的**概念地震**剥夺了人类所有可靠性和安宁的基础，剥夺了人类对持久和永恒的信念的时候，便自我瓦解，变得虚弱和垂头丧气。究竟是应该生命统治知识、统治科学，还是应该知识统治生命呢？两种力量里哪一种是有决定性的更高力量呢？没有人会怀疑，生命是更高的力量，是统治的
331 力量，因为摧毁生命的知识也会一起自我毁灭。知识以生命为先决条件，知识对保持生命的兴趣和任何生存物对自己的继续存在所抱有的兴趣是一样的。所以科学需要一种更高的管理和监督；一种**生命的健康学说**居于紧挨着科学的地位；这种健康学说的一条原则将是：非历史和超历史是针对生命遭历史的窒息的专用药，是针对历史病的专用药。也许我们

这些历史病人也不得不遭受这种专用药之苦。可是，我们遭受这些专用药之苦，这并不证明我们所选治疗方法的不正确。

在这里我认识到那种**青年人**、那第一代斗士和杀死蟒蛇者的使命，他们接近一种更幸运、更美好的教养和人性，并没有拥有这未来的幸运和美好，不过是有一种预感而已。这种青年人将同时遭受那种疾病和那种专用药之苦：尽管如此，他们仍然相信可以比他们的前辈，现在的有教养的“成年男人”和“老年人”宣扬一种更牢靠的健康，尤其是一种更自然的天性。可是，他们的使命是要动摇那种现在所拥有的关于“健康”和“教养”的概念，引起对如此狂妄的概念巨兽的嘲讽和憎恨；他们自己更牢靠健康的可靠标志恰恰应该是：他们，也就是这些青年人，本身不可能将来自现在流通的词语、概念硬币的任何概念、任何党派格言用于表示他们的本质，而只是相信在他们身上运动着的一种拼搏的、排外的、分割的力量，相信在任何好时光中一种越来越提升的生命感。人们可以争辩说，这种青年人已经有教养了——可是这对哪样的青年人会是一种责备呢？人们也许在背后议论他们的粗鲁和没有节制——可是他们还没有老成到、智慧到很谦虚的地步；他们尤其不需要假装成熟的 332
教养，并为之辩护，他们享受青年人的所有安慰和优先权，尤其是勇敢的、不假思索的诚实的优先权和希望所给予人的激动人心的安慰。

关于这些满怀希望的人，我知道，他们全都就近来理解普遍性，并以他们最个别的经验为自己把这些普遍性转化成针对个人的学说；其他人也许暂时只看到盖了盖子的碗，碗里很可能是空的；直到他们有一天惊讶地亲眼看到，碗里已经装满了东西；抨击、要求、生存欲望、激情都装进了这些一般性当中，挤得满满的，很快就盖不住盖子了。我一面提请这些怀疑者去注意揭示一切的时间，一面在结论中转向那个希望者的社会，为的是用比喻来告诉他们，对他们的治疗、将他们从历史病中拯救出来是什么样的过程，从而也告诉他们，他们自己的历史是怎么回事，直到他们重新获得健康的时候，足以重新从事历史，在三种意义上，即纪念碑式的、崇古的、批评式的意义上来利用生存统治下的过去。在那个时候，他们将比现在的“有教养者”更无知；因为他们会遗忘许多东西，那些有教养者尤其想要知道的事物，他们连看一眼的兴趣都没有；从那些有教养者的视野来看，他们的特征恰恰是他们的“无教养”，是他们对许多有名的东西，甚至对有些好东西无所谓的态度，拒之于千里之外。然而，在他们治疗过程的终点，他们又重新成为**人**，不再是一堆似人非人的聚合体——这有点儿名堂！还有希望！你们不是为此很开心吗，你们这些希望者？

333 那么，我们如何达到那个目标呢？你们将会问道。就在你们走向那个目标之初，德尔斐之神①朝你们喊出了他的格言：“认识你自己。”这是一个很难的格言：因为正如赫拉克利特所说，那一位神是“不隐瞒、不宣告，而只指路”②。那么他给你们指示了什么方向呢？

有几个世纪，希腊人处于我们身处的相同危险之中，即由于陌生事物、往昔事物的泛滥，由于“历史”而毁灭的危险。希腊人从来没有生活在清高孤傲中：他们的“教养”在长时间中更应该说是一种由外国的、闪米特的、巴比伦的、吕底亚的、埃及的形式和概念组成的混乱，他们的宗教是一场真正的整个东方的神之争：差不多就像“德意志教养”和宗教是一种所有外国和远古时代自相冲突的混乱一样。尽管如此，希腊文化由于那阿波罗的格言，仍然不是聚合体。希腊人渐渐学会了**把那种混乱组织起来**，因为按照那种德尔斐的教导，他们回过来想起了自己，也就是说，想起了他们纯粹的需求，让表面的需求消亡。于是他们重新把握了自己；他们不再是整个东方堆积起来的继承者和追随者；他们在同自己做了艰巨的斗争之后，通过实用地解释那种格言，自己变成了所继承财富的最幸运的丰富者和增加者，变成了所有未来有高度文化之民族的头生子和榜样。

这是对我们当中每一个个人的一种比喻：他必须通过回想自己纯粹的需求而把自身的混乱组织起来。他的诚实，他的卓越的、真实的性格，必然有一天起来反对总是被重复、被再三学习、被模仿的东西；这时候

---

① 指阿波罗。

② 赫拉克利特残篇 99（狄尔斯-克兰茨《前苏格拉底哲学家残篇》，第6版，柏林，1951）。

他开始明白，文化除了是**生存的装饰**，也就是说，归根结底始终只是伪装和掩盖以外，还可以是某种别的东西，因为所有装饰品都藏匿起被装 334
饰的东西。希腊的文化观念——和罗马的文化观念相反——就是这样揭示给他的，那种文化作为一种新的、改良了的体格的观念，没有内外之分，没有伪装和因袭，那种文化作为一种生存、思考、显现、意愿之间的统一的观念。于是他从他自己的经验中得知，希腊人借以取得对所有其他文化的胜利的，是更高的道德天性的力量；真实性的任何增加必然也是一种准备中的对**真正的**教养的促进：也许这种真实性也会偶尔严重损害当时受尊敬的有教养人群，也许它甚至会促使一种完全装饰性文化的没落。

第三部分　作为教育者的叔本华

1

337 有人问一位见多识广，接触过许多国家、民族和一些大陆的旅行者，他到处都一再发现的，是人的哪个特征？他说：他们都有一种懒惰习气。有些人认为，如果他说他们都很怯懦，也许更正确和准确。他们躲藏在习俗和舆论背后。实际上，每个人都很清楚，作为独一无二者，他只能在这个世界上存在一次，不会再有这样罕见的偶然性第二次将他那样放射奇光异彩的多样性集于一身：他知道这一点，但是就像掩藏愧疚之心一样将其掩藏起来——为什么？出于对邻人的惧怕。邻人是要求习俗的，并以习俗掩盖自己。可是，迫使个人惧怕邻人，按群体的方式思维和行事，并且不喜欢自己的，是什么呢？在一些罕见的情况中是羞愧。在大多数情况下是懒散和惰性，总之，是那位旅行者谈到的那种懒惰习气。他说得对：人们的懒惰甚于他们的怯懦，他们恰恰最害怕让他们背负起无条件的诚实和裸露的艰巨性。只有艺术家们憎恨这样以借用的方式和掩盖起来的观点懒散地出现，他们揭示出秘密，揭示出每个人的愧疚之
338 心，揭示出每个人都是一次性奇迹的法则，他们敢于向我们展示人类如何直至每一个肌肉运动都是他自己，是独一无二的他自己；而且，他处于这种独一无二性的严格一贯性中很美，很值得一看，像自然的每一件作品一样新颖、难以置信，丝毫不让人感到无聊。如果说伟大的思想家蔑视人类，那么他是蔑视他们的懒惰：因为这种懒惰，他们就显得像是

工厂制品，显得无关紧要，不值得交往，也不值得教诲。不想属于群众的人只需要停止让自己懒散；服从自己的良心，良心对他喊道：“成为你自己！你现在所做、所想、所渴望的一切都不是你自己。”

每一个青年人白天黑夜都听到这呼唤，在那里颤抖；因为想到真正的解放，他们就预感到他们自古以来就决定了的幸福限度：只要他们处于一连串的看法和恐惧中，就绝不可能得到幸福。而没有这种解放，生存会变得多么没有安慰、多么没有意义啊！自然中没有比避开自己的守护神、左顾右盼、瞻前顾后的人更无聊、更讨厌的创造物了。你最终根本无法把握这样一个人，因为他完全是外表，没有芯子，是一件金玉其外、败絮其中、气鼓囊囊的大袍子，是一个打扮起来的幽灵，不可能引起恐惧，当然也不可能引起同情。如果说懒人是在消磨时间说得不错的话，那么真正不得不担心的就是，一个将自己的拯救寄托于舆论，也就是说，寄托于私人惰性①的时代，才是真正在消磨时间：我的意思是说，它会从真正的生存之解放的历史中被抹去。后来的一代又一代人多么不愿意关心那个不是活生生的人，而是制造舆论的表面之人占统治地位的时代留下的遗产啊！因此，我们的时代也许对于某个遥远的后代来说是 339
最黑暗、最无名——因为最没有人性——的历史阶段。我走在我们城市的新街道上，想到一个世纪以后在制造舆论的一代人建造的所有这些可怕的房屋中，将会如何一无所剩，然后就连这些房屋建造者的看法也将如何被改变。与此相反，所有那些没有感觉自己是这个时代公民的人会多么充满希望；因为如果他们是这个时代的公民，那么他们就会一起参与消磨时间，连同他们的时代一起灭亡——而他们更是要时代复活，以便他们自己在这种生活中继续生存。

可是，尽管未来不让我们抱有任何希望——我们的奇异生存正是在这种现在中最强烈地鼓励我们按照自己的标准和法则生活，我们还是无法解释为什么我们恰恰生活在今天，而我们的产生却用了无限的时间；为什么我们只有昙花一现的时间，却应该用它来说明为什么、为了什么

① 暗指伯纳德·德·曼德维尔（1670？—1733，英国哲学家、讽刺作家）《蜜蜂的寓言》一书的副标题“私人恶行，公共利益”。

目的我们产生在现在。我们不得不在自己面前就我们的生存进行辩解；随后我们还要充当这种生存的真正舵手，不允许将我们的存在等同于一个毫无思想的偶然事件。人们不得不有点大胆、有点危险地接受它，尤其是人们在任何情况下都总是要失去它的。为什么依附于这块土地，依附于这营生，为什么倾听邻人说的话？使自己受约束于在几百里以外已经没有约束力的观点，这是多么目光狭窄。东方和西方是某人在我们眼前画的粉笔画，为的是愚弄我们的畏惧心理。青年人说，我要试着实现自由；可是，碰巧两个民族互相仇视、互相打仗，或者在两块大陆之间
340 横亘着一片汪洋，或者在青年人周围有一种几千年前不存在的宗教正被宣讲，这就阻止了青年人这样去做。青年人对自己说，你并不是这一切。没有人能为你建起必然是你借以跨越生存之河的桥梁，除你自己之外没有人。虽然有无数道路、桥梁、半人半神的英雄想要载你过河；可是要你以自己为代价；你会把自己典当出去，失去自我。世界上有一条唯一的道路，除你之外没有人能走；它通向哪里？不要问，只管走下去。是谁说出了这样的原则："一个人不知道其道路会把他引向何处，他任何时候也绝不会比此时的他更高明"①？

可是我们如何重新发现我们自己？人怎么能够认识自己？他是一种黑暗的、掩盖起来的事物；如果说兔子有七张皮，那么人可以撕去的皮是它的七十倍，而且仍然不能说："这就是真正的你，这不再是皮了。"此外，如此去深入发掘自己，走捷径强行爬下自己本质的深井，是一个痛苦而危险的开端。他这么做多么容易伤害自己，以至没有医生能治得了他。此外，如果已经有了关于我们本质的一切证明，那么，我们的友谊和敌对，我们的眼神和握手，我们的记性和忘性，我们的书籍和书写，还有什么必要？可是，有这样的手段是为了举行最重要的询问。青年人带着这样的问题回顾生存：你至今真正爱好的是什么？是什么提升了你的灵魂？是什么支配了你的灵魂，同时又使它高兴？请把这一系列受尊

① 语出英国17世纪政治家、军事家奥列维·克伦威尔（1599—1658），在美国作家拉尔夫·瓦尔多·爱默生（1803—1882）的《圆》一文中被引用。尼采通过他自己收藏的G.法布利克斯的德文译本（1858）阅读爱默生的文章，并十分认真地加以研究。

敬的东西放在你面前，也许它们通过它们的本质和结果，为你产生出一种法则，你真正自我的基本法则。请把这些东西比较一下，看一看它们是如何相互补充、扩展、超越、美化的，它们如何建构起一个阶梯，让你在上面爬向自我，直至今日；因为你真正的本质并不深藏于你自己，而是不可估量地高于你，或者至少高于你通常看作你的自我的那个东西。 341
你的真正的教育者和塑造者向你透露了你的本质的真正原始意义和基本材料是什么，是某种根本不可教育、不可塑造的东西，而且无论如何也是难以接近、备受束缚、陷于瘫痪：你的教育者只能是你的解放者。这就是一切教养的秘密：它不给予人工的四肢、蜡做成的鼻子、戴眼镜的眼睛——更应该说，能给予这些东西的只是教育的假象。然而它是解放，是对所有会损害嫩芽的杂草、瓦砾、害虫的清除，是光与温暖的流泻，是夜间淅沥的甘雨，是在自然倾向于慈爱与慈悲为怀的地方对自然的模仿和朝拜，是在防止自然的残酷无情进攻并将其转化为善意时，在掩盖自然的继母态度及其可悲地缺乏理解的表现时对自然的完善。

当然，也有找到自我、从腾云驾雾的麻醉状态中清醒过来的方法，可是我不知道有比意识到自己的教育者和塑造者更好的方法。所以，今天我要记住一位我为之自豪的教育者和严师阿尔图尔·叔本华——以便以后再想念其他人。

2

如果我要描写，当我第一次把目光投向叔本华的著作时这对于我意味着什么的话，那么我就可以稍微谈论一下一个想象，这个想象在我青年时代比任何其他观念都更加经常、更加迫切地出现在我的脑海里。以前，当我真正随心所欲地尽情向往时，我心想，我的自我教育的可怕努 342
力和义务会由于命运，由于我及时找到一位充当教育者的哲学家而削弱，一位人们相信他胜过相信自己，从而可以毫不犹豫地倾听其声音的真正哲学家。这时候，我会自问：他教育你所依据的基本原则是什么？我自己捉摸他会对我们时代流行的两个教育原则说些什么。其中一个原则要求教育者很快认识到他学生的固有优点，然后引导所有的作用力、精力、阳光有助于那一种美德真正成熟起来，结出硕果。与此相反，另一个原则要求教育者培养、呵护所有现成的力量，使相互之间成为一种和谐的关系。可是，你就应该因此而强行迫使十分喜欢金匠工艺的人去喜欢音乐吗？你应该认为班沃努托·切利尼①的父亲一再迫使他的儿子吹“可爱的小号”，也就是说，去做他儿子称为“该死的吹哨”的事情②是正确的吗？遇到如此有本事、如此确切表现出来的天才，这样认为是不正确的；所以，那个关于和谐培养的原则也许只应该适用于比较弱的人？这些人虽然有一窝子的需求和爱好，但是它们无论总体来说还是个别来说，都不要求有什么重大意义。可是，我们究竟到哪里去发现同一个人身上的和谐整体和多种声音的齐鸣呢？除了在切利尼这样的人身上以外，我们到哪里去赞美和谐？在这样的人身上，知识、渴望、爱憎等一切都奔向一个中心、一个根本力量，正是这活跃的中心以超强的统治力和强制力建立起前后、上下运动的和谐体系。那么，也许两个原则根本就不是对
343 立面了？也许一个只是说，人应该有一个中心，另一个说，人也应该有一个外围？我所梦想的那位教育哲学家大概不仅会发现那种中心力量，而且也懂得防止它对其他力量造成摧毁性的影响。我认为，他的教育任务更应该是将整个人改造成活生生地运动的太阳行星体系，并认识其更高的力学法则。

在这期间，我还是没找到这位哲学家，我尝试了这样那样的方法；我发现，和希腊罗马人相比，我们现代人显得多么不幸，甚至只是在认真严格地理解教育使命方面也是如此。心中怀着这样一种需求，你可以跑遍德国，尤其是跑遍所有大学，也找不到你找的东西；在这里，低得多、简单得多的愿望也始终实现不了。比如，想要在德国人中间把自己真正造就成演说家，或者想要上一个作家学校的人，他是在哪里也找不到大师和学校的；这里人们似乎还没有想到，演说和写作是没有最细心的指导和最辛勤的训练期就不可能掌握的艺术。可是，没有什么比我们同时代人一半由于吝啬，一半由于没脑子而对教育者和教师的无所求更清楚、更令人羞愧地显示出他们对自己的扬扬得意之感。甚至在我们最

---

① 班沃努托·切利尼（1500—1571），意大利雕塑家、金匠。

② 参见班沃努托·切利尼《自传》，第1卷，第2章。

高贵、最有教养的人们那里，在家庭教师的名下，一切都是多么不足；经常被称作文科中学的，是什么样的一锅大杂烩，尽是乖戾家伙和陈旧设备，竟然还有好评；同将一个人教育成人的艰难任务相比，有什么样的最高学府、大学，有什么样的领袖、什么样的机构能使我们满意！甚至德国学者用以向科学进军的那种备受赞赏的方法也特别表明，他们在 344
这问题上更多考虑的是科学而不是人性；他们就像一伙迷失者，被培养献身于科学，以便再把新的一代代人也拉过来做出这种牺牲。同科学打交道如果没有更高教育原则的引导和限制，而是按照“越多越好”的基本原则越来越不受限制，肯定对于学者是有害的，就像放任主义的经济原则对于所有民族的道德是有害的一样。谁还知道对人性不应该被牺牲掉或干枯掉的学者的教育是一个最困难的问题——如果你注意到由于不假思索地过早献身于科学而被压弯了腰、以驼背闻名的无数实例，你就会亲眼看到这种困难了。可是，对于所有高等教育的缺乏，还有一个更重要的证据，更重要，更危险，尤其是更普遍得多。如果现在马上就很清楚，为什么现在不能教育出一个演说家、一个作家——因为没有合适他们的教育家——如果几乎同样很清楚，为什么现在学者必然被扭曲、必然变得乖戾——因为据说是科学，也就是说，一种没有人性的抽象教育了他——那么，人们最终会问他，对于我们所有这些学者、无学识者、位高者、卑贱者来说，我们同时代人中的道德榜样和名流，这个时代中所有创造性道德的显而易见的典范究竟在哪里？所有关于任何时代任何发展得更高尚的社会关心的道德问题的思考究竟到哪里去了？不再有名流，不再有那种思考；人们事实上是在消耗继承来的道德资本，我们的前辈积累了这些资本，而我们却不懂得增加，只懂得浪费这些资本；人们在我们的社会里要不就是根本不谈这样的事情，要不就是处于一种必 345
然引起反感的自然主义的不老练、无经验状态。于是，我们的学校和教师就干脆撇开道德教育，或者满足于形式：美德只是一个不再能引起师生任何思考的词，一个人们嘲笑的过了时的词——如果人们不笑，那就糟了，因为这时候人们就会说起假话来。

要说明这种意志薄弱和所有道德力量的低潮状态是很困难棘手的；

可是，没有一个考虑胜利的基督教对我们古代世界道德影响的人也可以忽视失败中的基督教的反作用，也就是说，忽视它在我们时代越来越有可能的命运。基督教由于其高度的理想而如此超越古代的道德体系与和谐支配一切的质朴，以至人们对这种质朴变得迟钝和厌恶；可是然后，当人们虽然还承认更好更高的东西，却不再能做到的时候，尽管人们很想要，却无法再回到善和崇高那里，也就是说，回到古代的那种美德那里。在基督教和古代之间，在怯懦的、骗人的基督教道德和同样怯懦的、有偏见的古代化之间的这种摇摆中，生活着现代人，处境很糟糕：现代人继承来的对自然事物的恐惧和这种自然事物的新魅力，在某个地方拥有一个立足点的渴望，他的在好和更好之间徘徊的知识的软弱无能，所有这一切都在现代人灵魂中产生一种不安，一种混乱，注定这样的灵魂一无成就，郁郁不乐。人们绝对不再需要道德教育家，发现这样的教育家是绝对不可能的；在遇到大瘟疫，最需要医生的时代，医生同时也受
346 到最大的威胁。因为现代人的医生究竟在哪里？这种自己如此健康地站稳脚跟，从而可以抓住另一个人，牵引着他的手的医生。我们时代素质最好的个人都有某种迟钝和幽暗的东西，一种对在他们心中进行的伪装和诚实之间斗争的永久性烦恼，一种私下里对自己的不安——因此他们不能既当别人的指路人，又当别人的管教者。

所以，如果我想象，我要发现一位真正的作为教育者的哲学家，在时间允许的情况下，他能使一个人超越那样的不足，并且重新**简单**而又**诚实**地在思想中和生活中教人最深刻意义上的不合时宜，那么这真的是很奢侈的愿望；因为人们现在变得如此多种多样，如此复杂，以至他们一想到要发表谈话、提出看法并照此办理的时候，就必然变得不诚实。

就是在这样的困境、需求和愿望中，我认识了叔本华。

我属于叔本华的这样一类读者：他们在读了他的第一页之后，便确切地知道，他们将通读全书，并将倾听他说过的每一句话。我立刻就对他产生了信任，我现在对他的信任仍然一如九年以前。当时我茅塞顿开，好像他是专门为我而写的：我这样的说法是为了让人对我当时的情况一目了然，但却是很不谦虚、很愚蠢的。因此，我在他那里从未发现过一

处悖谬，尽管时不时有一个小小的错误；因为除了不可信的断言以外，还有什么是悖谬呢？这些断言之不可信是由于作者自己做断言时并不真正相信这些断言，是由于他想要用这些断言来引人注目，来诱惑人，简直就是想要光彩照人。叔本华从来不想要光彩照人，因为他为自己而写，而且没有人愿意受欺骗，一个甚至以“不欺人亦不自欺”为自己法则的哲学家是最不愿意受欺骗的！甚至差不多是伴随任何聊天而来的、作家 347
们几乎无意识地模仿的讨人喜欢的社交性欺骗也不行；来自演说家讲台的较有意识的欺骗和人为的修辞手段就更不行了。相反，叔本华同自己说话：或者说，你实在要想象一位听者的话，那你就想象一个正在接受父亲教导的儿子吧。这是在一个怀着爱心来听讲的听者面前所做的正直、严厉、好心的表述。我们没有这样的作家。说话者刚一发出他的声音时，他那强有力的舒适感就包围了我们；我们感觉就好像进入了乔木林①，我们深深地呼吸，一下子又感觉很舒服了。我们感觉这里有一种总是让人精神振作的空气；这里有某种无法模仿的无拘无束和自然大方，那些以自身为家，而且在一个很富有的家中做主的人就有这样的无拘无束和自然大方：和这样一些作家相反——这些作家一旦显示出一些才智，就自己最为沾沾自喜，他们的表演因此就带有了某种心神不宁、违背自然的东西。当叔本华说话的时候，我们将同样很少想到天生有着不灵巧的僵硬四肢，胸部狭窄，因而笨拙而不知所措地、矫揉造作地走来的学者；而另一方面，叔本华那种粗犷的、有点像熊一样的心灵与其说教人感觉缺乏，不如说教人鄙弃，优秀法国作家的那种灵活和宫廷式的优雅，没有人会在他那里发现德国作家如此为之自豪的那种模仿来的、几乎像是表面上涂了银光的假法国风格。叔本华的表达方法时不时让我有一点想起了歌德，可是此外，就根本不会让我想起一个德国的榜样。因为他懂得简单地说出思想深刻的东西，懂得不靠修辞而说出令人感动的东西，懂得不靠迂腐而说出严格合乎科学的东西：他能从哪一个德国人那里学

---

① 这里提到乔木林，可能和尼采喜欢施蒂夫特（Adalbert Stifter，1805—1868）的小说《乔木林》有某种联系。

348 到这一点呢？他还避免莱辛[1]的那种钻牛角尖的、过于激动人心的——请允许我说——相当非德国化的风格：这是一个巨大功绩，因为莱辛在散文表述方面是德国人当中最有诱惑力的一位作者。为了马上就能说出关于他的表述方法的最高之处，我将他的以下这句话同他联系在一起：“一位哲学家必须非常诚实，才能不利用任何诗的或修辞的辅助手段。”说诚实是有点价值，甚至是一种美德，这在舆论的时代当然属于被禁止的私人观点。因此，如果我重复说他很诚实，甚至作为作家也很诚实，那么我就不是在称赞叔本华，而是在描述他的特点；诚实的作家如此之少，以至于人们真的应该不信任所有那些写作的人。我只知道还有一位作家，在诚实方面我把他放在和叔本华同等的地位上，甚至更高，这就是蒙田。由于这样一个人曾经写作过，在这个世界上生活的乐趣真的就增加了。至少，自从结识这颗最自由、最强有力的心灵以来，我就是这样认为的，以至我不得不说他关于普鲁塔克所说的话：“我刚看他一眼，我就长出了一条腿或一只翅膀。”[2] 如果有人设置这样的使命，让我在大地上自由自在，那我是会求助于他的。——

除了诚实以外，叔本华和蒙田还有第二个共同的特点：一种现实的悦人之悦。*Aliis laetus, sibi sapiens.*[3] 因为有两种非常不同的喜悦。真正的思想家总是悦人，令人精神振作，无论他是在表达他的严肃认真，还是在表达他的痛苦，也无论他是在表达他的常人之卓见，还是在表达他的神圣之宽容；不是面孔铁板，两手颤抖，眼睛东张西望，而是确定无疑、干脆，带着勇气和力量，也许有点彬彬有礼和冷酷无情，但终究
349 是作为一个胜利者；看到胜利之神在他制服的所有怪兽旁边，这是最让

---

① 哥特霍尔特·埃弗莱姆·莱辛（1729—1781），德国戏剧家、批评家。

② 玛丽·鲍姆加特纳（Marie Baumgartner）1875年4月7日写信给尼采，指出尼采在这一段话中对蒙田的理解有误：不是蒙田自己长出了一条腿或一只翅膀，而是普鲁塔克包含着如此无穷无尽的精美财富，以至于即使碰巧匆忙从他那里获得什么的人也必然拥有好东西。尼采在同一天回信说：“蒙田的那段话有点让人难堪，因为，德文翻译和我在‘叔本华’里引用的那一段完全不一样；即使它像我的理解一样错了，那也是完全不一样的错误……非常感谢发现我谬误的女子；我的法语就是很糟糕，在我将蒙田理想化以前，我至少应该正确理解他。”

③ 拉丁文：悦人而慧己。

人打心底里喜悦的事情。与此相反，人们有时在平庸的作家和冷漠的思想家那里碰到的喜悦让我们这样的人在阅读中很凄惨，比如就像我在大卫·施特劳斯的喜悦中所感觉到的那样。人们有这样一些喜悦的同时代人，真是感到大为羞耻，因为他们使这个时代和我们这个时代的人们在后代面前丢脸。这样的乐天派根本看不见他们假装作为思想家而看到并制服的痛苦和怪兽；因此，他们的喜悦引起了烦恼，因为这种喜悦是骗人的：它要误导人相信，这里争取到了一场胜利。因为归根结底，只有在有胜利的地方才有喜悦；这适用于真正思想家的著作，同样也适用于任何艺术品。让其内容始终如生存问题一样可怕、一样严肃吧：著作和作品只有在半瓶子醋思想家和半瓶子醋艺术家将其雾气般的不足散布在它们之上时，才会产生令人沮丧、令人痛苦的效果；而人类除了身处那些胜利者之一的近旁，便不可能分享到更快乐、更好的事情，那些胜利者则因为思考了最深刻的事物，恰恰不得不热爱最活生生的事物，作为智者而在最终倾心于美的事物。他们实事求是地说话，他们不结结巴巴，也不鹦鹉学舌；他们实事求是地行动、生活，不是那么完全像是戴了假面具似的，而人们在其他情况下通常就是这样生活的。所以，在他们近旁，我们实事求是地感觉有一次是很有人性的、很自然的了，我们就想如歌德那样喊道："一个生命体是如何的一件美妙绝伦的事物啊！它多么精确地符合自己的状况，多么真实，多么是当下存在着的啊！"①

我描述的只是叔本华给我造成的几乎是生理方面的最初印象，这是一个自然生长物最内在力量的魔幻般的外泄，倾注到另一个随着最初、最轻微的接触而来的自然生长物上；如果我事后分析那种印象，我就会
发现它混合了三种元素，包括关于他的诚实的印象、关于他的喜悦的印 350
象、关于他的坚忍不拔的印象。他是诚实的，因为他对自己说话写作，为自己说话写作；他是喜悦的，因为他通过思考战胜了最困难的事物；他是坚忍不拔的，因为他不得不如此。他的力量像是无风情况下的火焰笔直地、轻快地上窜，坚定不移，不哆嗦，也不惶恐。每次没等我们注

① 这是一段引自歌德《意大利游记》中 1786 年 10 月 9 日日记的不十分精确的引文。

意到他在找路的时候，他已经找到了他的路；他就像受重力定律驱使般地跑来，如此强劲，如此利落，如此不可阻挡。而谁若是感觉到需要在我们现在这种四不像的人性中有朝一日找到一种完整的、一致的、围着自己转的、不拘束的、不受束缚的自然本性，谁就能理解我发现叔本华时的惊喜：我预感到自己在他身上找见了我长久以来一直在寻觅的那位教育家和哲学家。然而他只是作为书本而出现，这是一个巨大的缺陷。我格外努力地透过书本去看、去想象我要读其伟大圣书的那位活生生的人，他预言只有愿意并能够做到不仅仅当他的读者的人才可以变成他的继承人：也就是说，他的儿子们和弟子们。

3

我喜欢一个哲学家，正是因为他能够树立一个榜样。无疑，他能通过榜样来牵动所有各民族追随自己；几乎就是印度哲学史的印度历史证明了这一点。可是，榜样必须通过有形的生活，而不仅仅是通过书本来树立，也就是说，像希腊哲学家教导的那样，通过表情、姿态、衣食、礼仪，而不是通过说或干脆就是写来树立。在德国，我们多么缺乏这种
351 无畏的有形性，让人来见识一下一种哲学生活；在这里，当精神早就显得已被解放的情况下，身体才十分缓慢地解放自己；如果认为这种争取来的无限性——归根结底是创造性的自我限制——不用从早到晚通过每一眼、每一步得以有新的证明，那么这就不过是一种妄想。康德坚持留在大学，屈服于当局，保留了宗教信仰的外表，容忍同事和学生：于是，很自然地，他的榜样首先造就了大学教授和教授哲学。叔本华不和学者阶层多啰嗦，自成一统，竭力独立于国家和社会——这便是他树立的榜样，他提供的样本——我们在这里且从最外表的事情说起。许多种程度不同的哲学生活之解放在德国人中间还鲜为人知，但是不可能始终不为人所知。我们的艺术家更大胆、更诚实地生活；我们在面前看到的最有力的榜样，理查德·瓦格纳的榜样，显示了天才若是想要揭示活在他心中的更高秩序和真理，他就不可以害怕进入到和现存形式与现存秩序最敌对的矛盾中去。然而，我们的教授们谈论得如此之多的“真理”不过显现为一种不用担心其无序和出格的比较平庸的存在：一种舒适自在的

创造物，它一而再、再而三地向所有现存的权力做出保证，没有人会因为它的缘故而遇上任何麻烦，它不过就是“纯粹的知识”嘛。因此，我倒愿意说，德国的哲学越来越疏于当好“纯粹的知识”了，而这正是叔本华其人树立的榜样。

可是，他成长为这样一个人类榜样，完全是一个奇迹，而不是什么小事情，因为他几乎里里外外都被最巨大的危险团团围住，任何较弱小的生物都会被其压扁、碾碎。在我看来，有一种强烈的现象表明，叔本 *352*
华其人将会毁灭，以便在最好的情况下，将“纯粹的知识”作为剩余物留下来，可是这也只是在最好的情况下；最有可能是人与知识俱损。

一位当代的英国人①描述了在同寻常事物相关联的社会中生活的非同寻常之人的最一般危险，也就是：“这样的奇特人物一开始会变得卑躬屈膝，然后变得忧郁，然后得病，最后一命呜呼。一个雪莱本不可能生活在英国，一个雪莱的种族本来是不可能的。”② 我们的荷尔德林、克莱斯特③——别无他人——沉沦于他们的这种非同寻常，忍受不了所谓德国教养的气氛；只有像贝多芬、歌德、叔本华、瓦格纳这样铜像般的人物才能立场坚定。可是，即使在他们那里，许多特征和许多皱纹都显示出最令人疲乏的斗争和忙乱所造成的影响：他们的呼吸变得更沉重，他们的声音也许太粗暴。那位只是从总体上观察歌德并与之谈话的熟练外交家④对他的朋友们说：*Voilà un homme，qui a eu de grands chagrins*！⑤ ——歌德将其译成德文如下：das istaucheiner，dersich's hat sauerwerdenlassen！（这也是一个历尽艰辛的人！）“如果我们的面部表情，”他补充说，“不抹去强忍住的痛苦和所从事的活动留下的痕迹，那么，如果从我们和我们的努力当中剩余下来的一切都带着这同样的痕迹，也就没有什么好奇怪的了。”这就是歌德，我们的有教养的庸人指着他就像指着最幸福的

---

① 指瓦尔特·白哲特（1826—1877）。

② 引自瓦尔特·白哲特《民族的起源：关于自然选种和遗传对政治集体的形成之影响的思考》，167 页，莱比锡，1874。

③ 海因利希·冯·克莱斯特（1777—1811），德国作家。

④ 指的是拿破仑一世。

⑤ 法文：这就是一个有过巨大忧愁的人。

德国人，为的是要证明如下命题：在他们中间一定有可能很幸福——而私下里的想法则是：如果他在他们中间感到不幸和孤独，那就不应该原谅任何人。因此他们甚至十分残酷地提出了下列原则并做出实用的解释：在任何孤独中，总是有一种隐蔽的罪责。现在，甚至可怜的叔本华也在
353 心头有这样一种隐蔽的罪责，也就是说，他比他的同事代人更高地评价他自己的哲学；他对此感到很是不快，他正是通过歌德的情况知道，为了拯救他的哲学之存在，他必须不惜一切代价来捍卫他自己的哲学，不允许他的同时代人无视他的哲学；因为有一种宗教裁判所的书报检查，而按照歌德的看法，德国人发展了这种书报检查；也就是说：绝对的沉默。以这样的方法至少已经取得了这么多的成就，以至于他的主要著作第一版的绝大部分都已不得不被捣烂成了纸浆。他面临的威胁是，他的伟大业绩由于遭到无视而简直就会跟没有做出过一样，这使他陷入了难以抑制的可怕不安之中；连仅有的重要支持者都没有出现过。看见他追逐着任何一点成名的机会，这使我们很悲哀；现在真的有人阅读他的东西了（*legor et legar*①），关于这个问题表达出的过于吵闹的最终胜利的喜悦有着某种痛苦而动人的东西。正是他显示出的所有那些让人看不到哲学家尊严的特征，让人见识到了那个为自己最贵重财物担忧的痛苦之人；于是，忧虑折磨着他，担心着失去他的小笔财产，担心着也许无法再维持他对哲学的真正古典式的纯粹态度；于是，他经常渴望有信任他人、同情他人的人，却总是求之不得，总是以一种忧郁的目光看着他的忠实的小狗，退了回来。他完全是隐士；没有一个真正情趣相投的朋友来安慰他——在一人和无人之间，有如始终在有和无②之间，横亘着一个无限。有真正朋友的人，不知道真正的孤独是什么，即使他把自己周围的整个世界都当成敌人也无妨。——啊，我好好注意到了，你们不知道什么是孤独。在有强大的社会、政府、宗教、舆论的地方，简言之，在

① 拉丁文：有人阅读和将有人阅读。

② 这里“有和无”的德文原文是 ichts und nichts，其中 ichts 的意思是“有某种东西”，前面加一个字母 n，即构成 nichts 表示相反的意思“一无所有”。译者在此将这两个相对应的词译成“有”和“无”。

有一种暴政的地方，孤独的哲学家总是遭到憎恨；因为哲学为人类开放 354
了一个暴政无法侵入的避难所，开放了内心世界的洞穴，心胸中的迷宫，而这就触怒了暴君们。孤独者藏身于那里，可那里也潜伏着孤独者的最大危险。这些将其自由放入内心深处的人也不得不生活在外部世界，成为有形的，让人看见自己；他们由于出身、居留、教育、祖国、巧合、他人的强求而处于无数人际关系中；同样，他们也首先需要有无数看法，就因为这些看法很普遍，任何不做否定的表情都被视为一种同意，任何不进行摧毁的手势都被解释为赞同。这些孤独者和精神上的自由者，他们知道——他们不断在某些问题上显得与他们的想法不同，尽管他们只要求真理和诚实，但是在他们周围却有一张误解之网；而他们的强烈渴望却无法不让重重迷雾笼罩在他们的举动之上，迷雾中包括了各种谬见、顺应、半推半就、好心的隐瞒、谬误的解释。这就在他们的额头上积聚起一块忧郁之云：因为比起对死亡的厌恶，这些人更讨厌表面的显现即必然性这样的事实；对于这个问题的这样一种持久的怨恨使他们像火山一样具有威胁性。他们时不时为他们强行的自匿、为他们被迫的克制而自我报复。他们神情可怕地从他们的洞穴里出来；然后他们的言行就是炸弹的爆炸，很可能他们毁于自己之手。叔本华曾如此危险地生活着。正是这样的孤独者需要爱，需要志同道合者，在这些志同道合者面前，孤独者可以像在自己面前一样坦荡、一样简单，忙于隐瞒和伪装的慌乱也会停止。把这些志同道合者打发走吧，你们正在造成一种不断增长的
危险；海因里希·冯·克莱斯特就死于这种不为人所爱，对于非同寻常 355
之人，这是最可怕的特效药，这样就把他们深深地驱赶到自我之中，以至于他们的每次复出都变成了一场火山爆发。然而总是有一位半神能容忍得了在如此可怕的条件之下生活，在胜利中生活；如果你们愿意听他的孤独的歌曲，那么就听贝多芬的音乐吧。

这便是叔本华在其阴影下成长起来的第一个危险：孤独。第二个危险叫做：对真理的绝望。这个危险陪伴着每一个从康德哲学出发的思想家，前提是：他是一个在痛苦和渴望中的有力而完整的人，不只是一架嗒嗒嗒响的思想机器和计算器。可是，我们大家现在都很清楚，正是这

个前提，有着如何令人羞愧的情况；我甚至觉得，一般来说，似乎只是在极少数人那里康德才不断产生有效的影响，起着改造内在气质的作用。虽然，据说，就像你到处都可以读到的那样，自从这位安静的学者有所作为以来，所有精神领域都爆发了一场革命，但是我却无法相信这一点。因为我在人们那里看不清楚这一点，除非他们在任何一整个领域会发生革命以前，自己首先不得不革命化。可是，康德一开始发挥普遍影响，我们就会觉察到这种以具有腐蚀性、破坏性作用的怀疑主义和相对主义形式出现的影响；只有在那些无法忍受怀疑的最积极、最高贵的人那里，才会有那种对所有真理感到的震撼和绝望来取代它的地位，就像，比如，海因利希·冯·克莱斯特因为康德哲学的影响所体验到的情况那样。"不久以前，"他有一次以他那种动人的方式写道，"我熟悉了康德哲学——我现在得告诉你我从中得出的一个想法，因为我不用害怕这个想法会像震撼我那样深刻而痛苦地震撼你。——我们无法断定，我们称之为真理
356 的东西是否真的是真理，还是在我们看来它似乎是真理。如果是后面的情况，那么我们在这世界上收集的真理，在我们死后就什么也不是了，获取财富的所有努力都是徒然，它也随我们一起进入了坟墓。——如果这种尖利的想法没有刺伤你的心，那就不要笑话另一个感觉在其最神圣的内心受到它伤害的人吧。我的唯一目标，我的最高目标，陨落了，我不再有目标。"① 是啊，人们什么时候会再像这样有克莱斯特式的自然感受，他们什么时候才能学会重新以他们"最神圣的内心"来衡量一种哲学的意义呢？然而这首先是必要的，以便评价在康德之后，恰恰是叔本华对我们可能意味着什么——也就是说向导，他引导我们从怀疑主义闷闷不乐的洞穴或因挑剔而断念的洞穴中走出来，登上悲剧思考的高峰，我们头顶上夜空中的繁星无限，他自己是第一个走这条道路的人。这就是他的伟大之处，他面对作为整体的生命形象，以便将它解释为整体；而最机敏的头脑也不会摆脱这样的错误：认为如果你细致入微地研究了画画用的颜料和画布，你就会更接近于这样的解释。也许调查结果是，

① 这段话，尼采引自克莱斯特于1801年3月22日致威廉米纳·冯·粲格的一封信，有删节。

这是一块十分错综复杂地纺织出来的画布，上面的颜料从化学上讲是无
法解释的。为了理解绘画，你不得不猜测画家——叔本华懂得这一点。
然而现在一大堆五花八门的知识都在于理解那画布和颜料，而不是绘画；
你甚至可以说，只有眼睛牢牢盯住生命和生存之普遍画像的人才会没有
特别损害地利用各门知识，因为没有这样一种规范性的总体画像，它们
就是无头线索，会使我们的生活经历更混乱、更像迷宫一般。如已经说
过的那样，这就是叔本华的伟大之处：他探究绘画，就像哈姆雷特对鬼 357
魂紧追不舍一样，而不是像学者那样放弃，也不会像桀骜不驯的辩证法
家的命运那样被抽象的经院哲学耗尽精力。要认识到，所有半瓶子醋的
哲学家的研究之所以富有魅力，是因为他们为建构伟大哲学而立即进入
到允许有学术上的赞成和反对，允许有冥思苦想、怀疑、反驳的地方；
他们因此而逃避了任何伟大哲学的要求。伟大哲学作为整体始终只说：
这是一切生命的图像，从中学会你自己生命的意义吧！而反之则是：只
读解你自己的生命，由此而理解普遍生命的象形文字吧！就是叔本华的
哲学也总是首先要个别地，仅仅由个人自己来做出解释，以便获得对自
己的苦难和需求、对自己的局限的洞见，以便了解解决的办法和慰藉手
段：也就是说，牺牲自我，服从最高贵的目的，尤其是服从公正和仁慈
的目的。他教我们把对人类幸福的真正促进和表面上的促进区分开来，
富有、尊贵、博学如何无法解除个人对他自己生存的毫无价值所感到的
烦恼，对这些宝贵之物的谋求如何只有通过高尚的、让人神圣化的总体
目标才有意义：去获取力量，以便借助于力量来促进自然界的生长过程，
并当一小会儿其愚蠢和笨拙的纠正者。虽然最初只是为自己，然而最终
是通过自己而为大家。当然，这是一种深刻而由衷地导致断念的谋求：
因为在个别和普遍性上，究竟还有什么、还有多少可以被改进的呀！

如果我们恰恰把这些话用到叔本华头上，那么我们就会接触到最独
特的第三种危险。他生活于这种危险中，而这种危险也隐藏于他的本质
的整体结构和骨骼中。任何人通常都会在自己身上发现一种局限，无论
是他天赋上的局限，还是道德意愿的局限，这种局限使他充满渴望和忧 358
郁；正如他出于罪感而渴慕圣人，他作为有灵性的生物，深深怀着对自

身天才的渴望。这里就是一切真正的文化之根；如果我将此理解为人类渴望作为圣徒和天才而**再生**，那么我就知道人们不必先当佛教徒才可以理解这样的神话。当我们在学者圈或者在所谓有教养的人那里发现了没有那种渴望的天赋时，这种天赋让我们感到厌恶和恶心；因为我们预感到，这样的人及其全部智慧不是促进而是阻碍了一种生成中的文化和天才的产生，亦即所有文化的目标。这是一种僵化的状态，在价值上等同于那种按习惯办事的、冷漠而自豪的循规蹈矩，它也离真正的神圣最远，避之唯恐不及。叔本华的天性中现在包含着一种罕见的、有着最高危险的两重性。很少有思想家在以下程度上无比确切地感觉到，有天才在他们身上活动；叔本华的天才向他预兆了至高无上——没有什么比他的犁铧在近代人类的土地上划下了更深的犁沟。所以他知道他的人生的这一半已经得到满足和充实，没有欲望，也毫不怀疑欲望的力量，他作为胜利的完成者，伟大而尊贵地从事他的职业。在另一半中，活跃着一种凶猛的渴望；当我们听说他以痛苦的目光从特拉普苦修会的伟大创立者朗塞①的画像前转过身去，说“这是神恩的事情”时②，我们理解这种渴望。因为天才更深深渴望神圣，由于从他的瞭望台上看出去，他比别人看得更远、更清晰，他向下看到认识与存在的和解，向内看到了和平与被否定的意志之王国，向远处则朝向了印度人谈论的彼岸。可是，奇迹
359 恰恰就在这里：叔本华的天性如果没有遭到这种渴望的破坏，也没有变得僵化，那么它必然是多么难以理解地完整和不可摧毁啊！无论这意味着什么，每个人都将按照他在何种程度上是什么、有几分是来理解，而要理解整体及其全部难点，我们中间没有一个人能做到。

你越思量刚才描写的三种危险，你就会越感到惊讶，叔本华是如何精神抖擞地捍卫自己不受其伤害，他又是如何安然无恙、昂首阔步地从那搏斗中走出来的。虽然带着许多伤疤和裂着口子的伤痕；并且处于一种也许显得有点太酸涩、有时甚至太好斗的情绪中。他自己的理想甚至

① 朗塞（1624—1700），法国天主教教士，特拉普苦修会的创立者，1664年成为特拉普隐修院院长。

② W.格温纳尔在《耳闻目睹的叔本华》（1862）第108页上叙述了这一轶事。

超越于最伟大的人之上。叔本华尽管有那些伤疤和瑕疵，但是他可以是一种楷模，这是肯定的。你甚至会说：他人生中不完美的、太人性的东西，恰恰在最有人性的意义上将我们引导到他旁边，因为我们将他视为受苦者和难友，而不仅仅是在拒人于门外、高高在上的天才。

威胁叔本华的那三种素质上的危险也威胁我们所有人。每一个人都在自己身上带有一种创造性的唯一性，作为他人生的核心；如果他意识到这种唯一性，在他周围就出现一种异样的光辉，非同寻常之人的光辉。这对大多数人来说是某种难以忍受的东西：因为如已经说过的那样，大多数人都很懒，因为在那种唯一性上挂着一根劳累和重负的链条。毫无疑问，对于非同寻常之人来说，他感到这链条让他很沉重，生活几乎丧失了人们年轻时代渴望从它那里得到的一切，欢乐、安全、轻松、荣誉；孤独化的命运是同胞们送给他的礼物；他可以愿意生活在哪里就生活在哪里，但那里立刻就会是沙漠和洞穴。现在但愿他留神，不要被奴役，不要受压抑，不要变得忧郁。因此，但愿他适应勇敢的优秀斗士的形象，叔本华本人也是其中的形象之一。可是，甚至威胁叔本华的第二个危险 360
也不十分少见。时不时有一个天生具备敏锐目光的人，他的思想喜欢走辩证法的双向路；如果他不小心听任他的天赋自由发展，那么他多么容易作为一个人而死去，几乎只是在“纯粹的知识”中过着幽灵的生活；或者他变得习惯于在万物中搜寻正与反，竟然怀疑其真理来，于是不得不缺乏勇气和信任地活着，在没有多少希望的状况中，在预期的绝望中否定、怀疑、不知所措、心怀不满：“连狗都不愿意再如此生活下去！”①第三种危险是道德领域或精神领域里的僵化；人扯断了连接他和他的理想之间的纽带；他停止在这个那个领域获得的成果，不再继续耕耘，他在文化意义上变得很脆弱或无用。他的人生的唯一性变成了不可分、不可交流的原子，变成了冰冷的石头。于是一个人会因为这种唯一性，就像因为对这种唯一性的恐惧一样，而沉沦，会因为他自己和他自己的自暴自弃，因为渴望和僵化，而沉沦：活着一般就意味着存在于危险之中。

① 引自歌德《浮士德》，第1部，第1场。

除了叔本华无论生活在哪个世纪都会遭受的他整个素质上的这些危险之外——还有一些危险是出自他自己的**时代**而来到他跟前的；要理解叔本华天性中的典范性和教育者因素，那么素质上构成的危险和时代构成的危险之间的这种区别是根本性的。让我们想象一下盯在生存上的哲学家眼睛，他要重新确定生存的价值。因为为尺度、钱币、万物的重量充当立法者是所有伟大思想家的固有工作。如果他首先看到的人性恰恰是一个脆弱的、被虫子咬坏的水果，那么这一定对他多么不利啊！为了
361 公正对待整个生存，他还要给当前时代的毫无价值补偿多少东西啊！如果对以前的、国外的民族历史进行研究是有价值的话，那么对哲学家来说，这样做就最有价值，哲学家要对整个人类命运发表一种公正的评价，也就是说，不仅是关于一般的命运，而且尤其是关于可能降临于个别人或整个民族的最高命运。可是现在当下的一切都是纠缠不休的，它产生效果，决定性地影响了眼睛，哪怕哲学家不愿意这样；它在总体结算中总是被不由自主地估价过高。因此，哲学家大概就会从他的时代同其他时代的差异中来评价他的时代，而且使用这样的方法：他自身超越当下，甚至在他做出的生活描绘中也超越当下，也就是说，使它变得不引人注目，几乎是用颜色覆盖起来。这是一项棘手的甚至几乎完成不了的使命。古希腊哲学家关于生存价值的判断比现代判断表明了如此多得多的东西，因为他们在自己面前和周围有着丰富完美的生活本身，因为在他们那里不像在我们这里，思想家的感情在向往自由、美、生活之重要意义的愿望和追问“生存究竟有何价值”之求真欲望之间的分裂之中搞得混乱不堪。对于所有时代来说，知道恩培多克勒①在希腊文化最强有力、最感情奔放的生活乐趣中关于生存说了些什么，始终是很重要的；他的判断举足轻重，尤其是他还没有受到同一个伟大时代任何一位其他伟大哲学家独一无二的相反判断的反驳。他讲得再清楚不过了，但是归根结底——也就是当我们伸长耳朵听的时候，他们全都讲的是同一件事。如已经说过的那样，一个现代思想家将始终为一个未了心愿而痛

---

① 恩培多克勒（公元前490—前430），古希腊哲学家。

苦：他将首先要求人们向他再次展示生活，展示真正的、鲜红的、健康的生命①，然后他对此宣告判决。至少就自身而言，在他可以相信自己能 362
做一个公正的法官之前，他将认为很有必要先做一个活生生的人。为什么恰恰近代哲学家属于最强有力的生命促进者、生命意志促进者，为什么他们从他们自己虚弱的时代中渴望一种文化，渴望一种被美化的自然界，这就是原因。然而这种渴望也是他们的**危险**：在他们身上有一场生命改良者与哲学家，即生活法官，之间的斗争。无论胜利青睐于何方，这是一种将在自身中包含一种失败的胜利。那么叔本华又如何避免了这种危险呢？

如果每一个伟人恰恰也都最喜欢被视为其时代之子，而且无论如何都比所有较渺小之人更强烈、更敏感地为其时代的缺陷而痛苦，那么这样一位伟人**反对**其时代的斗争，从表面上看，却只是一场反对自己的毫无意义而又有毁灭性的斗争。但这只不过是表面上；因为他在其时代中同阻碍他成其为伟大的东西作斗争，这在他那里只是意味着：自由而完整地成为他自己。由此得出的结论的是，他的敌意归根结底恰恰是针对那种他虽然有之却并非其真正自我的东西，也就是说，针对不可混杂之物和永不相容之物的杂乱无章的不纯并存，针对合时宜之物被人为地焊接到不合时宜之物上，而所谓的时代之子最终证明自己只是时代的**继子**。叔本华就是这样从青少年时代起就迎着时代这个爱虚荣、不配受尊重的伪母亲而去，通过像是把她从自己身边赶走的方式，纯净了、治愈了自己的人生，重新发现自己处于属于他自己的健康和纯粹之中。因此，叔本华的著作可以被用作时代的镜子；而如果镜子中一切合时宜的东西只是像让人变形的疾病一样显现为消瘦、苍白，显现为深陷的眼睛和疲惫的神情，显现为那种继子流露的痛苦，那么这无疑不在于镜子的过错。
渴望强有力的天性，渴望健康质朴的人性，在他那里就是渴望他自己； 363
而他一战胜自己身上的他的时代，他就必然以惊讶的目光看到了他自己身上的天才。他的人生秘密现在向他揭示出来，他的时代这位继母想要向他隐瞒这种天才的意图受挫，美化的自然界王国被发现。当他现在把

① “生命”和“生活”在德语里是同一个词 das Leben，包含了中文中的这两层意思，翻译时根据上下文和不同的修饰语略作区分。

他毫无畏惧的目光转向“生存①究竟有何价值”这一问题时，他不必再对一个混乱而苍白的时代及其虚伪而暧昧的生活做出判决了。他很清楚，在这个世界上可以找到、可以实现比这样一种合时宜的生活更高、更纯净的东西；任何仅仅按照这种丑陋的形象来认识和评价生存的人，都是极度冤枉了生存。不，天才本身现在受到召唤，以便听一听，天才这最高的生存之果究竟是否能为生存辩护；庄严而有创造性的人类应该回答以下问题：“**你**究竟是否从心底里肯定这种生存？这对你来说足够了吗？你愿意做它的代言人、它的拯救者吗？因为只需要从你嘴里说出一个真正的‘是’字——受到如此严厉指控的生存就可自由了。”——他将做出什么回答？——恩培多克勒的回答。

4

如果这最后的暗示也许暂时仍不好理解，那么对我来说，现在取决于某种很可理解的东西，也就是说，说明我们大家如何能通过叔本华而教育自己**反对**我们的时代——因为我们拥有通过他来真正**认识**这个时代的有利条件。也就是说，如果这是有利条件的话！至少几个世纪以后这是不会再有可能的了。我觉得这样一个念头很有意思：不久有一天人们厌倦了读书，而且作家们也将如此；有一天学者想起来了，就立了遗嘱，
364 规定他的尸体应该在他的书中间，尤其在他自己的著作中间火化。而当树林变得越来越贫乏的时候，难道不会有一天到了把图书馆当作木材、干草、灌木来处理的地步？然而如果说大多数书都诞生于头脑的烟雾缭绕之中，那么它们还应该重新变成烟雾。如果它们自身没有火，那么火就应该为此而惩罚它们。于是有可能在一个以后的世纪看来，恰恰我们的时代还是一个 *saeculum obsurum*②；因为人们会最辛勤、最长久地用它的产物来加热炉子。因此，我们仍然能够认识我们的时代，这是多么幸运！因为如果研究自己的时代有任何意义的话，那么尽可能彻底地研究它，乃至于对它绝对不留下任何怀疑，无论如何就是一种幸运：叔本华

① 前面尼采提到的同一个问题中，“生存”的德文原文是 das Dasein，而这里的“生存”，尼采用的原文是 das Leben，它也含有“生活”、“生命”的意思。

② 拉丁文：黑暗世纪。

给予我们的，恰恰是这种幸运。

当然，如果这种研究的结果是，像这个时代这样如此高傲、如此充满希望的东西还根本没有存在过，那么这种幸运还要大上百倍。现在在地球的某个角落，比如在德国，暂时还有天真的人，他们准备相信这样的东西，甚至到了十分认真地谈论几年以来世界已经得到匡正①；谈论那种也许对生存怀有重大阴暗疑虑的人已经遭到“事实”的反驳。因为事情是这样的：新德意志帝国的建立是对所有“悲观主义”哲学思维的决定性、毁灭性打击——这应该是确定无疑的。——谁现在恰恰想要回答“哲学家作为教育者必然在我们的时代意味着什么”这一问题，谁就不得不回应那种广为传播尤其在大学里颇受关注的观点，而且是这样回应：对我们时代的这样一种令人恶心的、偶像崇拜式的谄媚竟然会由所谓有思想的、值得尊敬的人说出口并且说了又说，是一种奇耻大辱——它证明，人们完全不再料想得到，哲学的认真离开报纸的认真有多远。这样 365
的人已经不仅丧失了最后一点点哲学信念，而且也丧失了最后一点点宗教信念，取而代之的绝不是乐观主义，而是新闻写作，是当前的、日报上的正反面精神。任何相信生存问题已被一个政治事件挪到一边去或干脆解决了的哲学都是一种开玩笑的哲学、一种假哲学。自从有世界存在以来，常有国家建立；这是一种老生常谈。一场政治革新如何就会足以把人类一劳永逸地变成快乐的地球居民呢？可是，如果有人真正从心底里相信这是可能的，那么他尽管自报家门：因为他真的很配像柏林的哈尔姆斯②、波恩的尤尔根·迈耶③、慕尼黑的卡里尔④那样，在一所德国大学里当一名哲学教授。

可是，我们在这里遇到了近来所有人都在宣讲的那种准则的结果。那种准则认为，国家是人类的最高目标；对于一个男人来说，没有比为国家服务更高的义务了。我们从中看出的倒退，不是倒退到异教信仰中，

---

① 指 1871 年德意志帝国建立以来所发生的变化。

② 克劳斯·哈尔姆斯（1778—1855），柏林的教授。

③ 尤尔根·迈耶（1829—1897），自 1868 年起在波恩任哲学教授。

④ 菲利普·莫里茨·卡里尔（1817—1895），自 1853 年起在慕尼黑任哲学教授。

而是倒退到愚蠢中。也许，这样一个在国家公务中看到了自己最高义务的男人，甚至真的不知道还有更高的义务；因此说天外有天，男人和义务之外还有更多的男人和义务——而这些义务中至少我认为高于国家公务的一种义务要求摧毁任何形式的愚蠢，也包括上述愚蠢。因此，我在这里讨论一种男人，讨论哲学家，他们的目的论稍稍超越于一个国家的繁荣兴盛之上，我和他们讨论的，甚至也只是关于一个又相当独立于国家繁荣兴盛的世界的问题，即文化的问题。杂乱地构成人类集体的许多环节中，有一些是金子做成的，另一些是铜锌合金①做成的。

366 那么，哲学家是如何看待我们时代的文化的呢？当然十分不同于那些津津乐道于他们国家的哲学教授们。当他想到普遍的匆忙和越来越增加的没落速度，想到所有宁静和质朴的终止时，他几乎感觉好像发觉了文化彻底灭绝的征兆。宗教的水域退潮，留下了沼泽和池塘；各民族以最敌对的方式互相分裂，恨不得互相残杀。没有任何尺度并以最盲目的自由放任主义从事的各门学科粉碎、瓦解了所有的坚定信念；有教养的阶层和国家为一种极为卑鄙的货币经济所吸引。世界从来没有如此世俗，从来没有如此缺乏爱与善。有学问的阶层不再是所有这种世俗化动荡不安中的灯塔或避难所；他们自己变得日益不安、日益缺乏思想和爱。包括现在的艺术和科学在内的一切都在为未来的野蛮服务。有教养的人蜕变为教养的最大敌人，因为他要用谎言来否认普遍病症的存在，阻碍医生治疗。当人们谈到他们的弱点、反对他们有害的谎言实质时，他们就很恼火，这些软弱可怜的无赖。他们太愿意让人相信他们对于所有的世纪来说都是无价的，他们一举一动都带着做作的兴高采烈。他们假装幸福的方式有时有某种动人的东西，因为他们的幸福如此令人完全无法理解。人们甚至不愿意提出汤豪塞问彼特罗尔夫那样的问题：“你这个最可怜的人究竟享受过什么?”② 因为，啊，我们自己知道得更清楚，而且知

---

① 铜锌合金可以用来制作假金饰品。

② 这本来是瓦格纳歌剧《汤豪塞和瓦特堡的各场比赛》第2幕中汤豪塞问彼特罗尔夫的一句话，但是尼采引用时，把原文中的 wohl 变成了 denn。这两个词用在这个德语句子中的意思差不多，都是强调语气。

道得不一样。现在是冬天，我们住在高山上，危险而又困乏。人和欢乐都很短暂，悄悄降临我们白雪皑皑的山上的阳光很苍白。这时响起音乐，一个老人在转动着手摇风琴，跳舞者在转动身子——看到这一切，使漫游者感到震撼：一切都如此荒芜、如此封闭、如此没有色彩、如此没有 367
希望，而现在这一切中间却有了欢乐的声音，下意识的、喧闹的欢乐！可是，傍晚的雾气已悄然降临，音乐消退，只有漫游者的脚步声嘎嘎作响；在他目光所到之处，他只看到自然凄凉而冷酷无情的面孔。

可是，如果说只突出现代生活画面中线条的柔弱和色彩的暗淡无光是只看一面，那么另一面也不会更令人愉快，而只会格外令人不安。那里无疑有各种力量，非凡的力量，然而这些力量是野蛮的、原始的、完完全全冷酷无情的。人们带着对它们的不安期待就像看着魔厨里的酿魔汤的大锅：任何时刻都会发光、闪电，预示可怕的幻象。自从一个世纪以来，我们已经为纯属根本性的动荡做好了准备；如果现在有人试图以所谓民族国家的组织力量来反对这种趋向于崩溃或爆炸的至深现代倾向，那么这种国家不过是长期增加了普遍的不安全和威胁。即使个别人表现得好像对所有这些忧虑一无所知，我们也不会糊涂：他们的不安表明，他们多么清楚地知道这一切；他们急匆匆地、一心一意地想着自己，从来还没有人像这样想过自己；他们只为自己过日子而建设、而种植，对幸福的狩猎绝不会大于追求眼前的利益，因为也许到了后天整个狩猎期就已经结束了。我们生活在原子时代，原子论的混沌时代。中世纪的时候，敌对力量被教会大致罗织到一起，并且有点被教会行使的强大压力互相同化了。当纽带被扯断，压力减少的时候，它们就互相反叛。宗教改革宣告许多事情为不相干之事，宣告为不应该由宗教思想决定的领域；这是它借以买得自己生存的代价，就像在更加大大具有宗教 368
倾向的古代面前，基督教以相似的代价来维护自己的存在一样。由此出发，这种区分蔓延开来，范围越来越广。现在世上的一切几乎都只是由最粗俗、最邪恶的力量，由买卖人的利己主义及军事独裁者所决定。在军事独裁者手中，国家像买卖人的利己主义一样，无疑尝试着从自己出发来重新组织一切，尝试着成为所有那些敌对力量的纽带和压力，也就是说，它希望人们会同它一起来进行它曾和教会一起进行过的偶像崇拜。有了什么样的成果呢？我们将会体验的；无论如何，我们甚至现在都仍然处于中世纪的浮冰洪流中；冰融化了，但是却在危险的剧烈运动中。冰块层叠，所有的河岸都被淹没、受到危害。革命完全不可避免，而且将是原子论的革命，可是人类社会最小的不可分元素是什么呢？

毫无疑问，在这样的时期临近时，人性的东西几乎比崩溃和翻天覆地的旋涡本身发生期间处于更大的危险之中；恐慌不安的期待和对每一分钟的贪婪利用引起灵魂各种各样的怯懦和自私自利的本能，而真正的困境，尤其是一种巨大困境带有的普遍性，往往使人们得到改进，使人感到温暖。谁在我们时代的这些危险之中将会为**人性**、为各种各样种族逐渐积累起来的不可侵犯的圣殿之宝尽守护者的职责和骑士的职责呢？当所有人都在自己身上只感觉到自私自利的蛆虫和卑躬屈膝的恐惧，并且因此而从人类形象下降到动物水平或干脆下降到机械水平时，谁来树立**人类形象**呢？

369 我们近代相继树立的人类形象有三种，凡人还将长期从这些形象的外表上获取神化他们自己生命的动力：这就是卢梭之人、歌德之人，最终还有叔本华之人。其中第一种形象容易冲动，无疑有着最大众化的效果。第二种形象只为少数人而构成，也就是说，为高贵的沉思者而构成，而且为众人所误解。第三种形象要求最积极的人成为它的观察者：只有这种人才会毫发无损地观察它；因为它使沉思者疲惫，并吓退了大众。从第一种形象产生出一种力量，这种力量敦促过并仍然在敦促激烈的革命；因为在所有的社会主义震撼和地震之中，总是有卢梭之人，他的举动像埃特纳火山底下的老堤丰①。人类受到傲慢的社会阶层、无情的财富的压迫，几乎被压扁；惨遭教士和坏的教育之毒手；由于可笑的习俗而为自己感到羞愧，于是在自己的困境中祈求“神圣的自然”，突然感觉

---

① 在希腊神话中，这是一个有着一百个龙头和蛇足的巨怪，在与奥林匹斯山诸神的搏斗中，宙斯把埃特纳火山压在他身上，从而人们把火山爆发解释为由于巨怪在山底下的运动。

到，自然就像某位伊壁鸠鲁之神，和他相距如此遥远。① 人类的祷告抵达不了自然那里；人类如此深陷于非自然状态的混乱之中。他嘲讽地抛掉身上所有五光十色的首饰，这些首饰不久前在他看来似乎恰恰是他最有人性的东西，即他的艺术和学问，他的高雅生活的优越之处；他用拳头砸向围在他四周的墙壁，他在围墙内的朦胧中已然如此堕落，他喊叫着渴望得到光明、日照、森林、山崖。当他喊叫"唯自然为善，唯自然的人具有人性"时，他鄙视自己，渴望超越自我：在这样一种情绪中，灵魂准备做出可怕的决定，但是也从灵魂深处呼唤出最高贵、最罕见的东西。

歌德之人不是如此具有威胁性的力量，甚至在某种意义上，正是卢梭之人成为其牺牲品的那种危险激情的纠正措施和镇静剂。歌德自己在 370
青年时代以其全部爱心倾心于善良自然的福音；他的浮士德是卢梭之人最高、最大胆的写照，至少可以展示出浮士德对生活的热切贪恋、他的不满和渴望、他同心中的魔鬼所打的交道。可是现在你请看一下，从这聚集起来的全部云雾中产生了什么——肯定不是闪电！而这里显现的正是人的新形象，歌德之人的新形象。你会认为，浮士德作为不知满足的叛逆者和解放者，作为出自好意的否定力量，作为真正的、几乎宗教性的恶魔般的颠覆天才，被引导经历到处受困扰的生活，相对于他的完全非恶魔的同伴，尽管他无法摆脱这个同伴，却不得不同时利用和蔑视他的怀疑主义的恶意和否定——就像任何叛逆者和解放者的悲剧命运一样。可是，如果你期待这样的事情，那你就错了；歌德之人在这里背离了卢梭之人，因为他憎恨任何暴力，憎恨任何跳跃——可是也就是说，憎恨任何行为，于是浮士德几乎从世界解放者变成了只是世界旅游者。所有的生命王国和自然王国，所有的往昔、艺术、神话，所有的学科，都看见这不知满足的看客从自己身边飞过，最深的渴望被激发起来又得到平

---

① 卢梭对自然十分推崇，呼吁"回归自然"。尼采在这里暗示卢梭所持的基本观点，而这里所说的"伊壁鸠鲁之神"是指希腊哲学家伊壁鸠鲁（公元前 341—前 270）关于神所持有的观点。伊壁鸠鲁认为，诸神生活在纯粹自我享受的状态中，既不关心世界，也不关心生活在世界中的人，因而任何一位神都离人类十分遥远。

息，甚至海伦也没有更长久地把他留住——而现在，他的冷嘲热讽的同伴所期待的时刻必定来临。在地球的某个地方，飞行结束了，翅膀掉落下来，靡非斯特·菲勒斯[1]就在跟前。当一个德国人停止做浮士德的时候，那就再没有比他成为一个市侩、落入魔鬼之手更大的危险了——只有上天的力量可以把他从中解救出来。如我说过的那样，歌德之人是高
371 贵的沉思者，他只是由于以下原因而未受折磨：他把曾经存在过并且仍然存在的一切伟大而值得纪念的东西弄到一起作为他的营养，以此为生，尽管这是一种从欲望到欲望的生活；他不是积极的人：更应该说，如果他在某个地方适应了积极者的现存秩序，那你就可以肯定，从中——比如，在歌德自己对戏剧所显示出的全部热情中——产生不了什么正当的东西，尤其没有“秩序”会被推翻。歌德之人是一种接受别人并容易相处的人员——但是我已经说过，他遭遇可能堕落为市侩的危险，就像卢梭之人很容易变成喀提林[2]式的阴谋家。如果卢梭之人再多一点肌肉之力和天然野性，那么他的全部美德会更了不起。歌德似乎知道，歌德之人的危险和弱点在哪里，他用亚尔诺对威廉·麦斯特说的话来表明这一点：“你闷闷不乐，很不愉快，这很好；万一你真正恶狠狠起来，那就更好。”[3]

因此，老实说：我们必须真正恶狠狠一次，才能使事情变得更好。叔本华之人的形象会鼓励我们做到这一点。**叔本华之人自愿承担诚实带来的痛苦**，这种痛苦有助于他克服自己的任性，准备完全改变、颠倒他的本性，生命的真正意义就是要导致这种完全的改变和颠倒。这种诚实

---

① 靡非斯特·菲勒斯是歌德作品《浮士德》中的魔鬼，他和浮士德订约，满足浮士德的一切要求，他帮助浮士德实现对知识、爱情、权力、美、社会理想等的追求，其中也包括让古希腊的美女海伦复活与浮士德结合，当最后浮士德在努力实现社会理想的时候，他忍不住说出了：“你真美啊，请停留一下！”按照他和魔鬼的约定，一旦他感到满足，他的灵魂就归魔鬼所有，于是他倒地死去。但是上帝派天使把浮士德的灵魂从魔鬼手中解救了出来，他的灵魂被引向天堂。

② 喀提林（公元前108？—前62），罗马共和国贵族，因竞选执政官失败而策动武装政变，遭执政官西塞罗镇压，在率部反抗时战死。

③ 引自歌德小说《威廉·麦斯特的学习时代》，第8部。作品中，主人公威廉·麦斯特在学习过程中受到亚尔诺少校的指点，去读莎士比亚而深深为其作品所吸引。

地说出真话的做法在其他人看来似乎是恶意的流露，因为他们把保存他们模棱两可的态度和荒唐可笑的念头看作一种人类义务，并认为谁要想把他们的八音盒[①]搞坏，谁就必定很是恶毒。他们受到诱惑，向这样一个人喊出浮士德对靡非斯特·菲勒斯说的话："于是你用冷酷的魔拳，对抗生生不息的造福之力。"[②] 想要以叔本华的方式生活的人，也许会更像一个靡非斯特·菲勒斯，而不像一个浮士德——也就是说，对于弱视的现 372 代人的眼睛来说就是这样，这种眼睛总是在否定中看到恶的标志。但是，有一种否定和摧毁的方式恰恰是那种对神圣化和拯救的强烈渴望所带来的结果，叔本华作为这种方式的第一位哲学教师而来到我们这些去神圣化的、真正世俗化的人中间。一切可以被否定的生存都应该被否定，诚实意味着相信一种根本无法被否定的、本身很真实无欺的生存。因此，诚实的人把他活动的意义感受为一种可以用另一种更高生活的法则来解释的、从最深刻理解角度上来肯定的形而上意义：尽管他所做的一切多么像是对这种生活法则的一种破坏和践踏。于是，他的行为不得不变成一种持续的痛苦，可是他知道连埃克哈特大师[③]也知道的事情："最迅速地载你们到完美境界的兽类是痛苦。"[④] 我会认为，任何人在自己灵魂面前设定这样一条生活路线，都必然会感觉自己心扉开放，心中升起一股强烈的愿望，要做这样一种叔本华之人：也就是说，完全为了自己及其个人利益，以少有的镇静，以充满势不可当之熊熊烈火的认识，以远离所谓科学之人的冷漠和蔑视之中性态度，超越于阴郁不快的思虑之上，始终把自己作为所认识之真理的第一牺牲品，深深地充满着这样的意识，即从这样的真理性中必然产生出怎样的痛苦。无疑，他将以他的勇气毁掉他的世俗幸福，他甚至必然敌对于他所爱的人、他从中产生的机构，他可以不关爱人和事物，尽管他也遭受着他们受到的伤害，他将被误解，长期被视为他所厌恶的权力之盟友，尽管他竭尽全力争取公正，但他还

① 说出真话会很刺耳，当然不如八音盒那么动听、优雅。

② 引自歌德《浮士德》，第 1 部，第 3 场。

③ 埃克哈特·冯·荷海姆（1260—1327?），一般称为埃克哈特大师，德国神秘主义神学家、多明我会修士，曾在施特拉斯堡和科隆任神学教授，认为"存在即神性"。

④ 语出埃克哈特大师《著作集》(1857)，弗兰茨·普菲弗编，第 1 卷，492 页。

373 是会由于他的洞察力所使用的人性尺度而必然变得不公正：不过他可以用他的伟大导师叔本华曾经使用过的话来劝说自己、安慰自己："幸福生活是不可能的：人能获得的最高生活是一种**英雄的生活经历**。有如此生活经历的人，是那种以任何方式、在任何事情中都为了对大家有某种好处而同过大的困难作斗争并最终取得胜利的人，但是他们却没有从中得到什么好处，甚至完全没有得到好处。然后，他就像戈齐《变成了牡鹿的国王》[①] 中的王子，变成了石头，但是以高贵的姿势、崇高的神情矗立在那里。关于他的记忆活在人间，被当作一位英雄来纪念；他的意志在整个人生中被辛苦和劳作、被无所成就和世界的忘恩负义所改变，在涅槃中灭亡。"[②] 一种如此英雄的生活经历，加上在其中实现的改变，至少符合那些对此说话最多之人的贫乏概念，他们欢庆节日以纪念伟人，他们以为伟人之伟大就像他们之渺小一样，就像是由于一件礼物，自己感到高兴，或者由于一种机械作用，盲目服从于这种强制，以至于没有得到礼物或者没有感到强制的人有同样的权利变得渺小，就像另外那些人变得伟大一样。但是，得到礼物或者受到强制——这是些人们要用以逃避内心规劝的轻蔑之词，是对听从这种规劝之人，即那种伟人的诽谤；恰恰是那种伟人至少让自己被大家赠予礼物或强制——他像每一个渺小之人一样清楚如何能把生活过得轻松，他能在上面舒展身子的床是多么柔软，如果他对己对人都循规蹈矩地按照习惯办事的话；因为人类的全部秩序就在于不断分散人们的注意，使人**感觉**不到生活。为什么人要如
374 此强烈地感觉相反的东西，即生活本身，也就是说，受生活的煎熬？因为人觉察到，他自己会上当受骗，有一种协议存在，要让他从自己的洞穴里偷偷溜走。这时候他挺起身子，竖起耳朵，下定决心："我要继续做我自己！"这是一个可怕的决定，只是他渐渐才明白了这一点。因为他现在不得不嘴上带着一连串非同寻常的问题下潜到生存的深处：我为什么

---

① 卡洛·戈齐（1720—1806），意大利诗人、散文家、剧作家。剧作《变成了牡鹿的国王》是其1762年的作品。

② 引自叔本华《附录与补遗》中的《关于生命意志的肯定和否定之学说的补遗》一文。

活着？我应该从生活中接受什么样的教训？我是如何变成我现在这个样子的，我为什么因为我现在这个样子而饱受煎熬？他很是痛苦，并看到没有人如此痛苦，相反，他的同胞们的手却如何充满激情地伸向政治剧场展示的非凡事件，或者他们如何戴着上百个面具，作为小伙子、男人、白发老头、父亲、市民、教士、官员、商人，神气活现地走来，孜孜不倦地关心他们的共同喜剧，而完全不关心他们自己。对于“你为什么而生活”的问题，他们都会自豪地迅速做出回答——“为了**成为**好市民，或者好教师，或者好政治家”——然而**他们**却**是**某种不可能成为其他东西的东西，可为什么他们偏偏就是这东西呢？啊，为什么不是更好的东西呢？那些把自己的一生只是理解为种族、国家、科学演化中的一点，因而想要完全属于生成史、属于历史的人，没有理解生存告诉给他们的教训，不得不把它再学一遍。这种永恒的生成是一种骗人的木偶戏，在观看中，人忘记了自己，这是一种使个人随风飘散的真正消遣，是了不起的孩子——时间在我们面前并和我们一起进行的没完没了的愚蠢游戏。那种真实性的英雄主义在于有一天不再做它的玩具。在生成中，万物皆空，皆有欺骗性，皆浅薄，皆该受到我们的蔑视；人应该解开的谜，他只能在存在中解开，在此般存在中而非那般存在即不朽中解开。现在他 375
开始检验，他和生成、和存在纠缠得有多深——一个巨大的任务出现在他的灵魂面前：摧毁一切生成，把事物中一切虚伪的东西暴露到光天化日之下。他也要认识一切，只是他要不同于歌德之人，不要为了一种高贵的优柔寡断，以保存自己，津津乐道于事务的多样性；他自己就是给他自己的第一牺牲品。英雄蔑视自己的顺境与逆境，蔑视自己的德与不德，一般也蔑视用自己的尺度来衡量万物，他不再对自己抱任何希望，他要将万物看透，直看到这种没有希望的根基。他的力量在于忘却自我；如果他想起自己，他就量出自己的崇高目标和自己之间的距离，感觉好像看到自己身后和身下是一堆不足挂齿的废渣。古老的思想家全力寻求幸福和真理——按照自然之恶的准则，一个人绝不会找到他不得不寻找的东西。但是，在万物中寻求不真实，并自愿与不幸为伍的人，也许还有一种失望的奇迹在等着他：某种难以言表的东西正在靠近他，幸福和真理只是其偶像崇拜式的仿制品，大地失去了其引力，大地上的事件和政权变得虚无缥缈，如同仲夏夜之梦般的美景展现在他周围。对于观看者来说，就好像他刚开始醒来，就好像正消失的梦乡仍留下云雾缭绕在他周围。甚至这些也会在某个时候消散，然后就是白天了。——

5

然而我已经承诺要按照我的经验把叔本华描绘成**教育者**，因此，如
376 果我以不完美的表达方式来描绘一位理想之人是远远不够的，这位理想之人几乎就是作为其柏拉图式的理念在叔本华身上、在其周围，起着支配的作用。最艰难的任务仍然存在：要说出应该如何从这种理想出发，获得一种新的责任范围，人们如何能够通过一种定期的活动同如此充满激情的目标联系起来，简单说，就是要证明那种理想的**教育**作用。否则，人们就会认为这不过是令人高兴、令人陶醉的感觉，让我们得到些许的满足，紧接着就格外无情地丢弃我们，让我们的心情糟糕透顶。毫无疑问的是，我们就是这样**开始**和这种理想，和这种明与暗、陶醉与恶心的鲜明对照打交道；在这里有一种和理想一样古老的经验重复着。但是我们不应该长时间在门口待着，我们应该马上越过开始阶段。所以必须明确认真地问这样的问题：如此靠近那无限崇高的目标，让它一边把我们往上提升，一边教育我们，这难道是可能的吗？——从而歌德的伟大名言不会在我们身上实现："人生于有限的境遇中；他能够看清简单、靠近、确定的目标，习惯于利用手头马上可用的手段；但是他一来到远处，他就既不知道他要什么，也不知道他该做什么，他是否被大量事物所分心，抑或是否被这些事物的高度和威严搞昏了头脑，完全是一回事。他总是被不幸地推动着去争取他无法通过有规则的主动性与之相关联的东西。"① 这似乎完全有理由对叔本华之人提出异议：其高度和威严只能使我们头脑发昏，从而将我们重新排除在行为者的团体之外；相互关联的
377 义务，生命的流动，都完了。也许一个人习惯于最终在不快中分裂，按双重标准生活，也就是说，自己处于矛盾之中，处处都无把握，因此日

① 引自歌德《威廉·麦斯特的学习时代》，第6部"一个美的心灵的自述"。

益衰弱，日益没有成果；而另一个人甚至基本上放弃参与行动，几乎不去留意别人的行动。如果一个人感觉什么都太难，如果他不能**完成**义务，那么危险就始终很大；个性较强的人可能因此而被摧毁，个性较弱、数量较多的人则陷入悠闲的怠惰之中，最终甚至由于怠惰而失去悠闲。

由于这些异议，我现在同样要承认，正是在这个问题上，我们的工作几乎还没有开始，按照我的经验，我只确切地看到并了解一件事情：从那种理想的形象出发，用一根可完成义务的链条来束缚你我是可能的，我们当中有些人已经感受到这根链条的分量了。但是，为了能毫无顾虑地表达我想用以概括那种新义务范围的公式，我需要做以下的预先思考。

比较深邃的人在任何时候都会恰恰因为他们受生活的煎熬，无力清除蛰于自身的痛苦蛰刺，并形而上学地理解自己的生存而同情动物，甚至看见毫无疑义的痛苦会激起无比愤怒。因此，地球上不止一个地方出现了这样的猜测：在这些动物的身体里藏着有罪之人的灵魂；那种初一看令人愤怒的无意义痛苦在永恒的正义面前变成纯粹的意义，即惩罚和赔偿。真的，像这样作为动物生活在饥饿和欲望之中，却对这种生活无忧无虑，这是一种重罚；想象不出有比食肉动物更艰难的命运了，它们
极其痛苦地在旷野中被四处追杀，很少得到满足，即使有所满足，满足 378
也会在和其他动物你死我活的搏斗中或者由于暴饮暴食、吃得过饱而变成痛苦。所以，盲目地、疯狂地、绝对地留恋生命，远远不知道，也不知道为什么，人们受到如此惩罚，却还带着一种愚昧，即成为动物的可怕欲望，渴望这种惩罚，就像渴望一种幸福一样；如果整个自然都奔人而去，它是以此暗示，人对于把它从动物生活的苦难中拯救出来是多么必要；在人身上，生存最终在自己面前举起了一面镜子，镜面上出现的生活不再是无意义的，而是处于其形而上的意义之中的。可是考虑一下吧：动物止于何处，人类始于何处！自然所情有独钟的人类！只要有人像期盼幸福一样期盼生命，他的目光就还没有超越动物的地平线，他只不过是以更多的意识，要求动物以盲目冲动追求的东西。然而我们大家一生的绝大部分时间都是这样过来的：我们通常没有超越动物性，我们自己就是似乎在毫无疑义地受苦的动物。

不过有些时刻我们是**明白这一切**的：这时候，拨开云雾，我们看到，我们连同整个自然都奔人而去，就好像奔向一种高踞于我们之上的东西。在那种突然间的明白之中，我们毛骨悚然地朝我们周围和身后看去：那里奔跑着有教养的食肉动物，我们就在它们中间。人在苍茫大地荒野上的巨大动静，他们建立城市和国家，他们进行战争，他们无休止地聚散，他们胡乱相遇、互相学习，他们互施计谋、互相践踏，他们在困苦中嚎叫，在胜利中欢呼雀跃——一切都是动物性的延续：好像人是被故意恢复到原状，被骗走了其形而上的天资，甚至好像自然在如此长久地对人
379 企盼和领会之后，现在在人面前被吓退，更愿意回到本能的无意识中去。啊，自然需要知识，而它又害怕它真正需要的知识；于是火焰不安地前后闪烁，像是很害怕自己，就先抓住上千个事物，却没有抓住究竟为什么自然需要知识。在个别时刻，我们大家都知道，我们生活中最详尽的安排如何只是为了避开我们真正的任务才做出的；我们如何愿意在某个地方藏起我们的脑袋，好像我们有上千只眼睛的良心就不会在那里看到我们；我们如何匆匆把我们的心献给了国家、赚钱、交际或者科学，仅仅是为了不再拥有我们的心；我们如何甚至比生活所需更热烈、更疯狂地醉心于繁重的日常工作，因为在我们看来，更有必要不诉诸理智。匆忙是普遍的，因为每个人都在逃避自我；羞答答地藏匿起这种匆忙也是普遍的，因为人们要显得满足，想要迷惑目光比较尖锐的旁观者，让他们看不到人们的不幸；还有，对铿锵新词的需要也是普遍的，系上这样叮当作响的铃铛，生活就会获得某种喧嚷的节日气氛。每个人都知道这样一种不寻常的状况，突然有不快的记忆产生，这时候我们努力用强烈的姿态和声音打消这样的记忆。但是，一般生活的姿态和声音让人猜到，我们大家永远处于这样一种状态中，害怕记忆和沉思默想。如此经常让我们心烦的是什么东西？是哪只蚊子让我们不得安睡？它幽灵般纠缠我们，生活的每一刻都要对我们说些什么，但是我们不要听这幽灵的声音。我们安静独处的时候，我们害怕有些窃窃私语会传进我们的耳朵，于是我们憎恨安静，用交际麻醉自己。

380 如说过的那样，这一切我们间或都明白，对于所有虚构性的恐惧和

匆忙，对于我们生活的全部梦幻状态惊讶不已，这种状态似乎害怕醒来，越接近醒来，就越梦得更加生动、更加不安。但是我们同时感到，我们如何太过于衰弱，不能长时间忍受那种最深刻沉思的时刻；我们如何不是整个自然为拯救自己而向其奔去的人类：我们把头冒出水面一点儿，并觉察到我们深深沉入的是哪一条河，就已经可以了。甚至这一点也不是我们靠自己的力量做成功的，即在转瞬即逝的一刻中冒出水面和清醒，我们必须被提升起来——那么谁是提升我们的人呢？

这是那种真实的人，那种不再是动物的人，是**哲学家、艺术家和圣人**；在他们出现的时候，并通过他们的出现，从来不跳跃的自然做了唯一的一次跳跃，而且是欢乐的跳跃，因为它第一次感觉自己到了目的地，也就是到了它明白自己不需要再有目的地、明白自己把生命和生成的游戏玩得太昂贵了的地方。它在明白了这些的时候变容，傍晚时分一种淡淡的倦怠，人们称之为“美”的东西，停留在它的脸上。它现在用这种变容的神情说出来的东西，便是关于生存的伟大**启蒙**，能祝愿尘世之人的最高愿望就是持续用开放的耳朵参与这种启蒙。如果一个人思考一下比如叔本华一生中必然已经听到的一切，那么他也许会在事后对自己说：“啊，你的聋耳朵，你的笨脑袋，你的闪烁不定的智力，你的衰弱的心脏，啊，我称之为‘我的’的一切！我多么鄙视这一切！不能飞，却只能扑扑振翅！朝上看而上不去！认识通往哲学家那种无可比拟的自由目 381
光之路，而且差不多踏上了这条路，然而走不了几步，便踉踉跄跄地退了回去！只要有一天时间那种最伟大的愿望得以实现，那人们会多么乐意将余生贡献出来作为交换啊！像一个思想家那样登高，走入阿尔卑斯山那清纯凛冽的空气中，走向不再有云雾缭绕、不再朦胧不清的地方，那里万物的基本状态粗糙、生硬地显现出来，然而却有着必要的清晰明了！只要一想到这一点，心灵就变得无限孤独；但是，如果心灵的愿望实现，目光就像一道光线一样明亮地一下子投射到万物之上，羞耻、恐惧、欲望都会消失——该用哪一个词来形容它的状态，那种没有兴奋状态的、谜一般的新躁动，这时候它带着那种躁动，像叔本华的心灵一样，不是作为夜晚，而是作为炽热的、红彤彤的、洒满人间的光芒，铺陈在生存的巨大象形文字上，遍布在变成了石头的生成教义上。另一方面，感到餍足了哲学家特有的确定性和极乐，要去感觉非哲学家、无望的渴望者的整个不确定性和不幸，这是什么样的命运啊！知道自己是树上因老是处于阴影中而永远不会成熟的果子，却又看到自己面前近在咫尺而无法受用的阳光，这是什么样的命运啊！”

这样的折磨足以使如此无才之辈变得嫉妒和恶毒，如果他能嫉妒和恶毒的话；但是也许他最终将使他的心灵转向，不在虚荣的渴望之中受煎熬，现在他将**发现**一个新的义务范围。

在这里，我已经形成了对以下问题的回答：是否有可能通过有规则的主动性同叔本华之人的伟大理想联系起来？这一点尤其是肯定的：那
382 些新义务不是一个孤独者的义务，有这些义务的人属于一个强大的团体，这个团体不是被外部的形式和法则拼凑到一块儿的，而是被一种基本思想凝聚在一起的。这是**文化**的基本思想，就此而言，文化只会给我们每一个人提出一项任务：**在我们之中和我们之外，促进哲学家、艺术家、圣人的产生，从而致力于自然的完成**。因为，正如自然需要哲学家，自然也需要艺术家，为的是一个形而上的目的，也就是说为了它自己对自己的启蒙，以此最终作为纯粹的、完成了的形象呈现在它面前，但是它在自己生成的不安中永远无法清楚地看到这形象——也就是说，实现他的自我认识。正是歌德用傲慢而深刻的话让人注意到，自然的所有尝试只有在艺术家最终猜到它结结巴巴话语的意思，在半路上碰到它，说出它真正要用它的尝试来做什么的时候，才是有价值的。他曾宣告：“我过去经常说，而且还将经常重复说，人和世界行为的终极原因是戏剧诗。因为除此之外，这东西毫无用处。”① 自然最终需要的是圣人，圣人身上融入了整个自我，圣人的苦难生活不再或几乎不再是个别地，而是作为在活生生的万物中最深刻的认同感、同情感、同一感而被感受到：自然需要圣人，圣人正面临变形的奇迹，生成的游戏从来没有想到过这样的奇迹，那种最终的、最高的人的生成，整个自然都朝它拥过去、赶过去，

---

① 引自歌德于1785年3月3日致夏洛蒂·冯·施坦恩的信。

为了实现它自己对自己的拯救。毫无疑问，我们大家都同圣人相亲近、相关联，就像我们同哲学家、艺术家相亲近一样；有些时刻，就好像是最明亮的至爱之火的火花，在其光芒之中我们不再理解“自我”一词；在我们人生的彼岸，有在那些时刻变成一种此岸的东西，因此我们从心 383
底里渴望在此和彼之间的桥梁。然而在我们通常的状态中，我们无力对救人于水火之人的产生做出贡献，因此我们**恨**处于这种状态中的自己，这种恨就是叔本华不得不再次教我们时代的那种悲观主义之根，但是那种悲观主义是和对文化的渴望同样古老的东西。是它的根，而不是它的花；它的最底层，可以这么说，而不是它的山墙；它的道路的开始，而不是它的终点：因为在某个时候，我们都还不得不学会恨别的东西，恨更为普遍的东西，而在这种我们也将爱我们现在无法爱之物的拔高状态中，我们不再恨我们的个性，及其可怜的局限性，其变数和不安。只有在我们在现在或未来的诞生中，自己被接纳到哲学家、艺术家、圣人的最高团体中的时候，我们才会被告知我们爱与恨的新目标——在这期间，我们有了我们的任务和我们的义务范围，我们的爱与恨。因为我们知道，文化是什么东西。为了适用于叔本华之人，文化要求我们准备和促进他的一再产生，以便我们认识不利于其产生的因素，将它们清除出去——简言之，通过阻止我们自己成为这样的叔本华之人，我们不倦地同一切扼杀我们存在的最高完成的东西作斗争。——

6

有时候，承认一件事比看清一件事更难；这正是大多数人在考虑以下这句话的时候所遇到的难题：“人类应该不断致力于个别伟人的产 384
生——舍此别无他责。”人们多么愿意把可以从对动植物世界任何物种的观察中获得的教训运用到社会和社会目的上：单就观察而言，要看个别的、更高级的样本，要看更加非同寻常、更加强有力、更加复杂、更加多产的样本——人们多么愿意这么做啊，只要经谆谆教导出来的关于社会目的的想象不提供顽强的抗拒就行！本来很容易理解的是，一个物种发展到它的极限，朝更高的物种过渡，其进化的目标不在于大量样本及其健康，或者在于时间排序上最后的样本，而在于时不时在有利条件下产生的表面分散、偶然的生存物；应该同样容易理解的是这样的要求：人类因为能意识到他们的目的，他们必须寻找、创造有利的条件，以便那种伟大的救人于水火之人得以产生。然而，我不知道为什么，一切都与之相左：一会儿据说那最终目的被发现在于所有人或大多数人的幸福，一会儿据说它被发现在于大政治团体的发展。一个人如此迅速地做出决定，比方说，为一个国家牺牲他的生命，如果不是一个国家，而是一个个人要求这种牺牲，他就会行事如此缓慢、如此充满疑虑。一个人为了他人而存在似乎是一种无稽之谈。"更要为了所有其他人，或至少尽可能多的人!"哦，伪君子！好像让数字决定价值和意义问题就更合乎理智了！因为问题是这样的：你的生命，个别人的生命，如何获得最高的价值、最深刻的意义？生命如何能尽可能少地被浪费掉？无疑，只有通过
385 你为最少有、最有价值的样本的利益而活着，而不是为大多数人的利益，也就是说，个别来看，最无价值的样本的利益。在一个年轻人心中栽培的，恰恰应该是这样的观念：把自己看成大自然的失败之作，但同时又把自己看成这位艺术家最伟大、最奇异意图的见证。他应该对自己说，它做得很糟糕，但是我愿通过为它效劳来对它的伟大意图表示尊重，从而它能做得更好。

有了这样的打算，他便站在了**文化**圈内；因为文化是每一个个人的自我认识和自我不满的孩子。每一个信仰文化的人都会因此而说出："我看到在我上面有比我更高、更人性的东西，你们大家都来帮助我够着这东西吧，就像我愿意帮助每一个有同样认识、也有同样苦恼的人一样：从而感觉自己充满无尽知识与爱，充满无尽体验与能力的那种人最终会重新产生，作为万物的裁判和价值尺度，以其全部完整性融合于自然。"把某人置于这种毫不气馁的自我认识状态中是很难的，因为拿爱来教人是不可能的：因为单单在爱中，心灵就不仅会对自己有歧视和蔑视的眼光，而且会有欲望越过自己去看人、看世界，以全力寻找仍隐藏于某处的更高自我。因此，只有将自己的心依附于某个伟人的人，才会收到**文化的第一奉献**；这种奉献的标志是没有懊恼的自我羞愧，是对自己的狭隘和干瘪的憎恨，对一再超越我们这种沉闷和枯燥乏味的天才的同情，

是对所有生成中、斗争中的东西的预感，是心底的信念，即认为几乎到处都会遭遇困境中的自然，自然如何奔人类而去，如何痛苦地感到它毁了这件作品，但是它如何仍然到处成功地产生出最奇异的征兆、特征和形式，以至于我们一起生活的人们就像雕塑家宝贵的半成品堆了一地， 386
那里所有的东西都在朝我们呼喊：来啊，帮帮忙，做完它，把属于一个整体的东西整合起来，我们无比渴望成为整体。

这种内心状态的总和，我称之为文化的第一奉献；但是我现在的责任是描写**第二**奉献的效果，我很知道，在这里我的任务更困难。因为现在应该建立起从对内部事件到对外部事件的评判的桥梁，目光应该朝外看，在运动中的大世界里去重新发现那种对文化的渴望，就像它从最初的经验中所认识的文化渴望那样，个人应该把自己的拼搏和渴望用作他现在用来解读人类奋斗的字母表。但是就是在这里他也不可以停留，从这个阶段他必须向上攀向更高处，文化要求他不仅有那种内心体验，不仅有对围绕他的外部世界的评判，而且最终在事实上有行为，也就是说，为文化而进行的斗争，并敌对于影响、习惯、法律以及他在其中无法重新认识他的目标的机构：于是天才产生了。

能跻身于第二阶段的人首先注意到，**对于那种目标，所知者如何少而又少**，相比之下，文化努力是如何普遍，在文化服务中被消耗的大量人力是如何难以形容之多。人们惊讶地自问：那样一种知也许完全没有必要？即使大多数人定错了他们自己努力的目标，自然也会实现它的目标吗？习惯于看重自然无意识的合目的性的人也许不难于回答："是啊，就是这样！你们让人们思考他们的最终目的，谈论他们想要谈论的东西，但是他们在自己神秘的渴望中很了解正确的道路。"① 为了能在这里反驳， 387
人们必须经历过一些事情；然而真正相信那种文化目标即相信文化必须唯独促进真**人**产生的人，现在比较了一下，看到尽管有文化的浪费与奢华，那种人的产生现在仍然和延续到人类世界的动物苦难没有多大区别：他将认为必须用有意识的意欲来最终取代那种"神秘的渴望"。这尤其出

① 暗示歌德《浮士德》，第1部，328～329行。

于第二个原因，也就是说，因为把那种不清楚自己目标的本能，那种受赞美的神秘渴望用于完全不同的目的，并引导到绝不会实现那种最高目标即产生天才的道路上去，是不可能的。因为有一种**被滥用和雇用的文化**——你只要看看自己周围！正是现在最积极地促进文化的权力在一边这样做的时候一边有着私下的意图，并非带着纯粹而无私的信念同文化打交道。

其中首先是**牟利者的自私自利**，它需要文化的同谋，并为此而反过来帮助文化作为答谢，但是当然，同时想要规定目标和标准。正是从这一观点得出了受欢迎的原理和演绎推理，大概意思是说：尽可能多的知识和教育，因此就有尽可能多的需求，因此就有尽可能多的生产，因此就有尽可能多的收益和幸福——这就是有诱惑力的公式。教育会被其支持者定义为判断力的培养，人们借以在需求及需求的满足中变得完全符合时代精神，但是同时人也借以最佳地掌控所有手段和方法，以尽可能容易地赚到钱。尽可能多地教育流通的人，就像人们管货币叫做流通的
388 那样，这就是目的；按照这样的观点，一个民族拥有这种流通的人越多，就越幸福。因此现代教育机构的目的完全应该是尽每个人的本性促进其变得通用，教育每个人，使他从自己特有的知识和学问中获得最大可能的幸福和利益。这里所要求的是，个人必须在这种一般教育的帮助下能够精确地做出自我评价，以便知道他对生活有何要求；最后的断言是，在“智慧和财产”之间、“财富和文化”之间有一种天然而又必然的联系，而且，这种联系是一种**道德的**必然性。这里有一种对任何教育的憎恨，教育使人孤独，教育确立超越金钱和收益的目标，教育需要很长时间；人们通常会把这种比较认真的教育诋毁为“较精细的利己主义”、“不道德的文化伊壁鸠鲁主义”。当然，按照适用于这里的道德，恰恰相反的东西受到赞扬，也就是说，一种快捷的教育，为的是很快成为赚钱的人，而且是一种如此全面的教育，为的是能成为赚很多钱的人。一个人被允许拥有多少文化，是和一般职业和世界交往的利益相一致的，但是要求于他的也是那么多。总之：“人对大地上的幸福有必然要求，因此教育也是必要的，但是也只是为了实现那样的要求！”

其次是**国家的自私自利**，国家同样指望尽可能传播和推广文化，它手中掌握着最有效的工具来满足自己的愿望。要是国家知道自己强大到足以不仅取掉枷锁，而且及时套上枷锁，要是国家的基础可靠而又宽广，足以承载整个教育的穹隆，那么教育在本国公民中的推广便只会在同其他国家的竞争中对它自己有利。现在人们到处谈论“文化国家”，人们看 389
到它被赋予了这样的任务：尽可能广泛地释放出一代人的精神力量，使其能为现存的机构服务并裨益于现存的机构。但也仅此而已；就如一条林中小溪被堤坝和铁栅栏阻挡，部分偏离方向，用由此产生的较小力量来推磨——而若用其全部力量，则对磨有害而无益了。那种释放同时更大大地将人束缚起来。人们只要回想一下，国家的自私自利把基督教变成了什么样子。基督教无疑是那种文化渴望，尤其是对一再重新产生圣徒的渴望的最纯粹启示之一；但是，由于用了上百种方法来推动国家权力之磨，基督教渐渐地病得不轻，变得虚伪、善于欺骗，直至蜕变成与其原初的目的相违背。甚至其最新的事件，德国宗教改革，假如没有从国家间的战火中窃取新的力量和火焰，它也不过是突如其来地闪烁一下便熄灭了。

第三，文化受所有这样一种人的推动：他们意识到一种**丑陋的或者无聊的内容**，想要用所谓的“**美丽形式**”来加以掩盖。人们通常从外表来判断内在，在这样的前提下，用外表、言辞、姿态、华丽、彬彬有礼的东西，会使观察者必然对内容得出错误的结论。有时我似乎感到，现代人相互间感到很无聊已到了无限的程度，他们最终发现必须借助于各种艺术来使自己变得有趣。在这种情况下，他们就让他们的艺术家把他们当作辛辣的腌制食品端上桌；他们浑身浇满了整个东西方的调味品，毫无疑问！他们现在当然就非常有趣地散发着整个东方和西方的味道。 390
现在他们已经准备好满足任何口味；每个人都会受到款待，无论他喜欢散发着香味还是臭味的东西，喜欢精致还是粗淡，喜欢希腊味还是中国味，喜欢悲剧还是戏剧化的污言秽语。这些现代人想要不惜一切代价变得有趣和有兴趣，给他们做大师傅的人中的最著名者，如所周知，在法国人那里，最糟糕者则在德国人那里。归根结底，这更让后者比前者感到安慰；如果法国人正是因为我们缺乏趣味和优雅而嘲笑我们，如果法国人在个别德国人要求优雅和风度的时候感觉想起了印度人，那些要让自己鼻子里穿个环，然后嚷着要文身的人，那么我们就最不想要责备法国人了。

——在这里不妨离题一下。自从和法国进行的上一次战争以来，德国已有不少事情发生了变化，很清楚，人们也把关于德国文化的一些新愿望一起带回了家。那场战争对于许多人来说，是第一次来到世界上比较高雅的地方；如果胜利者没有不屑于从战败者那里学到一点文化，那么他没有偏见的态度会显得多么体面！尤其是工艺美术总是一再被引向和更有文化的邻国的竞争，德国家庭的布置要和法国家庭的布置相似，甚至德国的语言，通过一个按照法国模式建立的学院，要学会“健康的趣味”，摆脱据说是歌德对其产生的可疑影响——正如柏林的杜布瓦-雷蒙院士①最近做出的判断那样。我们的剧院早就十分安静、十分正派地致力于同一个目标，甚至儒雅的德国学者也已经发明出来——现在要期待
391 的是，至今不要服从那种儒雅之法的一切，德国音乐、悲剧、哲学，都要作为非德国的东西悄悄消失。——可是，说真的，如果德国人把他仍然没有、现在必须努力追求的文化只是理解为生活借以被美化的各种艺术和装点，包括舞蹈大师、室内装饰大师的全部发明创造，如果他在语言上也只是想要关心学术上受认可的规则和某种一般的彬彬有礼，那么对德国文化就会连一根手指都触动不了。而最近那场战争和同法国人的个人比较却几乎没有提出更高的要求，我倒反而经常心生疑虑，好像德国人现在要强行摆脱其奇异的天赋，即其天性中固有的沉重感和深沉感，加之于他的那种古老的责任。他更喜欢耍猴、变戏法，更愿意学习可以让生活变得有消遣性的格调和艺术。这样做无非把德国人当成蜡制品，乃至于有一天也能把儒雅浇注到他身上，可是要辱骂德国精神，莫过于此。如果很不幸，大部分德国人真的想要被那样浇注成型，那么就要反过来经常说一说，直到尽人皆知：那种古老的德国特性虽然强硬、酸涩、

---

① 杜布瓦-雷蒙院士（1818—1896），德国科学家，不可知论的倡导者。

充满抗拒，但是作为宝贵的材料，它只为最伟大的雕塑家所用，因为只有他们才配用它，然而在你们身上，却已经完全不再有这种东西了。相反，你们身上有的东西，是一种柔软的、糊状的物质；因而它造就了你们想要的东西，形成了儒雅的傀儡和有趣的偶像——在这里理查德·瓦格纳的话仍然有道理："德国人要表现出彬彬有礼的时候，笨手笨脚；可是遇上大火时，却很崇高，胜过所有人。"① 儒雅之人完全有理由小心提防这场德国大火，要不然有一天它就会把他们消耗殆尽，再加上他们所 392
有的傀儡和蜡制的偶像。——当然，你现在可以从其他方面更深入地溯源在德国剧增的那种爱好"美丽形式"的倾向：它源于那种匆忙、那种对一分一秒的紧张把握，源于过早把一切都从枝头摘下的那种迫不及待，源于在人脸上留下一道道痕迹，并几乎将他们所做的一切都文在身上的那种竞赛和角逐。好像有一种饮料在他们身上发生效应，不再让他们平静地呼吸，他们在不正派的焦虑中，作为深受三 M——即瞬间（Moment）、舆论（Meinungen）、时装（Moden）——折磨的奴隶很快跑开，以致无尊严和不得体无疑太痛苦地跃入眼帘，现在一种欺骗性的儒雅又变得必要了，可以用以将无尊严的迫不及待这种病态遮盖起来。因为对美丽形式的时髦追求就是这样同当下之人的丑陋内容关联在一起的：前者是要隐藏，后者是要被隐藏。被教化的意思是：不让别人注意到自己多么卑鄙低下，多么凶猛地争夺，多么贪得无厌地积累，多么自私自利地无耻享受。有很多次，当我向某人讲明不存在一种德国文化的时候，就会遭到反驳："可是这种不存在是十分自然的，因为德国人至今都太穷、太简朴了。你只要让我们的同胞富有起来、自信起来，他们也就有文化了！"虽然信仰总还是会让人有福，但是**这种**信仰不会让我有福，因为我感觉，人们相信其未来的那种德国文化——一种财富、抛光、礼仪伪装的文化——正是我所相信的德国文化的敌对面。无疑，不得不生活在德国人中间的人，深受其臭名昭著的生活、思想灰色之苦，深受不拘形式、忧郁沉闷、麻木不仁之苦，深受较敏感交往中的粗鲁之苦，更有

① 引自瓦格纳《论指挥》，见《诗文集》（1871—1873），第 8 卷，387 页。

393 甚者，深受忌妒和性格中的某种躲闪和不洁之苦；他为德国人对虚假和不纯、对拙劣模仿、对将优秀的外国事物转变成糟糕的本地事物的根深蒂固兴趣而感到痛苦，感到受了伤害。可是现在，一方面添加了那种狂热的不安、那种对成就和利润的追求、那种对瞬间的高估，作为最痛苦的体验，另一方面，想到所有这些病痛和弱点基本上无法治愈，而是始终只能用“具有有趣形式的文化”此类的话将其掩饰起来，真令人无比愤怒。而且这是在一个产生了**叔本华**和**瓦格纳**的民族那里！据说还会经常产生咧！要不然我们是在最绝望地欺骗自己？那些被提到名字的人也许根本不会提供担保说，他们那样的能力真的仍然存在于德国精神和意识之中吧？他们自己难道是例外，就好像他们是以前被认为的那些德国特征的最后枝蔓和派送者？我知道我在这里毫无办法，因此就回到一般性思考的路径上，焦虑的疑惑经常要把我从这条路径上引开。文化虽然为其推动、其产生天才的目标却不为承认的所有那些力量，还没有一一列举；有三种已经列举了：牟利者的自私自利，国家的自私自利，所有有理由伪装起来、借助形式深藏不露的人的自私自利。我现在提出第四种：**知识的自私自利**，及其仆人——**学者**的固有本性。

知识同智慧的关系就好像德行和神圣的关系：它冷漠、枯燥，它没有爱，对深深的不满足和渴望之感一无所知。它对自己有用，就如它对其仆人有害一样，因为它把自己的特性转化到了仆人身上，从而几乎僵
394 化了他们的人性。只要文化在本质上被理解为对知识的促进，它就冷漠地和遭受痛苦的伟大之人擦肩而过，因为知识到处只看到认识能力的问题，痛苦原本在知识世界的范围内是某种无所适从、无法理解的东西，因而至多也不过是又一个问题而已。

但是，如果人们只习惯于把任何经验都转化成一种辩证的问答游戏、一种纯粹和大脑有关的事情，那么令人吃惊的是，人在这样一种活动中，转瞬之间就会变得干瘪，顷刻之间就会只剩下骨头架子格格乱响了。每个人都知道、都看到了这一点：年轻人如何竟然可能不被这样的僵尸人吓晕过去，而一再盲目而毫无选择、毫无分寸地献身于知识呢？这不可能源于所谓的“求真欲望”，因为怎么会有一种专门追求冷漠、纯粹、毫

无结果之知识的欲望呢！更应该说，知识之仆人身上真正的驱动力对于没有偏见的明眼人来说是再好理解不过的了。应该建议，由于学者习惯于放肆地触摸、肢解世界上的一切，甚至最受尊敬的东西，所以也来检查、解剖一下学者。如果我要说出我之所想，那么我的话就是这样的：学者是由各种各样动力和魅力纠集在一起的网状物构成的，他完全是一种不纯的金属。首先有一种越来越升高的强烈好奇，即对在知识领域中冒险的追求，相对于陈旧无聊事物的崭新罕见事物的持续诱惑力。此外还有某种辩证的追踪和赌博的欲望，有如猎人一样在思想的狡猾狐狸般的路径上狩猎的兴致，以至于真正被追寻的不是真理，而是追寻本身，主要的乐趣在于巧妙地悄悄接近、兜捕、艺术地猎杀。现在还要加上求 395
矛盾的欲望，个人相对于所有其他人，要求感受到自我，并被其他人所感受；斗争变成了乐趣，目标是个人的胜利，为真理而斗争不过是一个借口而已。然后，欲望在很大程度上和学者混合在一起，去发现**某些**“真理”，也就是说，出自于对某些统治者、种姓、舆论、教会、政府的臣服，因为他感到，使“真理”站在他们一边，对他自己有利。以下特征虽然不是很有规律，但是足够经常地在学者身上凸显出来。首先，高度评价单纯和简单感，如果单纯和简单感在需要用些心智的伪装中比笨拙生硬更重要的话。事实上，在心智和灵巧十分明显的地方，你就可以处处多长一个心眼，对性格的率直有所怀疑。另一方面，那种单纯几乎没有什么价值，甚至对于知识来说也只是很少才有结果，因为它眷恋熟悉的东西，通常只说出简单事物中的真理或不置可否的真理；因为在这里，说出真理比不说出真理更适合于惰性的特点。因为一切新的东西都使观念的改变成为必要，所以在任何还可以的情况下，单纯总是尊重老的见解，批评新事物的宣告者缺乏 *sensus recti*①。它无疑抵制哥白尼的学说，因为在这里它有表面现象和习惯支持自己。在学者中一点不少见的对哲学的憎恨尤其是对一长串连锁推理和论据人为性的憎恨。每一代学者确实归根结底都对**被许可的**洞察力有一种无意识的尺度；超越于此之

① 拉丁文：对正当事物的思考能力。

上的东西就受到质疑，几乎被用作怀疑单纯的理由。——其次是同对远
处事物和普遍事物的严重近视相关联的对近处事物的敏锐洞察力。他的
396 视野通常很小，眼睛必须密切地盯住对象。如果学者想要从刚进行了详
细研究的一点到另一点去，他就把整个视觉器官移向那一点。他把一幅
画全部拆成小片，就像一个用观剧望远镜看舞台的人，一会儿看见一个
脑袋，一会儿看见一件衣服，却从来没有看见整体。他从来看不见那些
个别的小片联在一起，而只是推断它们的相互关系；因此他对所有普遍
性事物没有强烈的印象。比如，他因为无法综观一篇文章的全部，就按
照几个段落或几个句子或几个错误来对其做出判断；他会受诱惑做出断
言：一幅油画就是一堆乱七八糟的污渍。——第三是其对事物的好恶中
体现出来的平庸低俗本性。有了这样的特性，他尤其在历史学中交了好
运，因为他按照他了解的动机追溯到了往昔之人的动机。鼹鼠最熟悉鼹
鼠洞。他避免所有人为的、无所顾忌的假设；如果他坚持不懈，他就会
发掘出过去的平庸动机，因为他感觉自己属于同一类平庸之徒。当然，
正因为此，他通常才无法理解和珍视罕见的、伟大的、非同寻常的东西，
也就是说，重要的、根本的东西。——第四是感情贫乏和乏味。这使他
甚至能够做活体解剖。他感觉不到和有些知识相伴的痛苦，因此在别人
感到心悸的领域，他却毫不畏惧。他很冷漠，也许因此就容易显得残酷。
他也被认为鲁莽，可是他像不知眩晕的骡子一样不鲁莽。——第五是缺
乏自尊甚至谦虚。虽然被可怜的一小隅所吸引，但他们却对牺牲、对浪
费毫无感觉，他们往往似乎从心底里知道，他们不是飞行动物，而是爬
397 行动物。有这样的特性，他们甚至显得很动人。——第六是对他们教师
和领袖的忠诚。他们真诚地想要帮助这些人，他们一定知道，用真理可
以最好地帮助这些人。因为他们心存感激之情，因为他们只是通过这些
人，才得以进入尊贵的科学殿堂，这要靠他们自己是绝对进入不了的。
现在那些作为教师懂得开辟一个连弱智者也能有所成就之领域的人迅速
成为名人，立即就有大批人趋之若鹜。当然，这些忠诚者和感激者中的
每一个人同时也是大师的不幸，因为他们都模仿他，而他的缺陷恰恰也
显得过于巨大、过于夸张，因为这些缺陷在如此渺小的个人身上凸显出

来，而大师的美德却相反，也就是说，以同样的比例缩小以后在同样的个别人身上呈现出来。——第七是习惯性地继续奔走在学者被驱使着奔走的道路上，也就是在一旦采纳的习惯基础上之不假思索的真理感。属于这类性质的便是资料收集者、解释者、索引编制者、标本；他们在一个领域里学来学去，找来找去，只是因为他们从来没想到过还有别的领域。他们的努力有着重力的某种大愚蠢：因此他们把许多事都办成了。——第八是逃离乏味。虽然真正的思想家不过选择了悠闲而已，平庸的学者却逃离悠闲，因为他不懂得如何着手去悠闲。他的安慰在书里，也就是说，他倾听别人如何思考，让自己用这种方法得到消遣，度过漫长的一天。他尤其选择了书，这在某种程度上激发了他的个人兴趣，使他通过好恶而能产生一些冲动：也就是说，使他自己思考，使他有自己的立场，有自己的政治观点、美学观点或者仅仅是语法方面的观点的书籍。如果他有一门完全属于自己的知识的话，那么他绝不缺少消遣的手 *398*
段，不缺少用来驱赶乏味的蝇拍。——第九是为了糊口，说到底，也就是尽人皆知的“饥肠辘辘”①。真理如果能够发工资，能够直接把人提升到更高的地位，或者至少能够赢得那些有面包和荣誉可以发放之人的宠幸，那么就为真理服务。不过也只是为**这种**真理服务而已，因此就要在许多人为之服务的有用真理和无用真理之间划一条界线：后者只有极少数人去追求，在这些人那里，就不能说是 *ingenii largitor venter*②。第十是尊敬学者同行，害怕受到学者同行的不尊重，这是比前一个动机更稀罕，却更高尚的动机，不过仍然屡见不鲜。所有行会成员都十分嫉妒地互相监视，从而如此多的东西——面包、职位、荣誉——所取决于的真理，实际上是以真理发现者的名字来命名的。一个人严格地对另一个人表示他对其所发现之真理的尊敬，如同严格地付关税一般，为的是他自己有一天发现一个真理时，可以将这笔关税要回来。谎言、谬误被轰隆一声炸掉，从而共同获利者的数量不会变得太大；可是时不时真正的真理也被炸掉，从而至少在一个短时间内为顽固的、满不在乎的谬误留下

---

① 引自歌德翻译的狄德罗《拉摩的侄儿》的译文。

② 拉丁文：肚子是才华的给予者，或者说，肚子造就了才华。

了空间，因为任何地方，甚至这里，都不缺少“道德白痴”，这也叫做恶作剧。——第十一是出自虚荣的学者，这是较罕见的一个种类。他也许想要一个完全属于自己的领域，因此选择了对珍奇文物的研究，尤其是在这些研究会使不寻常开支、旅行、考古发掘、在不同国家的无数关系成为必要的情况下。他通常满足于这样的荣耀：自己作为珍奇文物被吃惊地注视，而不想借助于他的博学研究来挣他的面包。——第十二是出
399 于游戏冲动的学者。他的乐趣在于寻找知识中的小结，将其解开；这样做他可以不用太费劲，不至于失去游戏之感。因此，他不深入下去，而是经常察觉到糊口的学者在努力爬行姿态中的眼睛从来看不见的东西。——如果我最终将正义冲动作为第十三条，称之为学者的动机，那么你就会反驳我说，这种高尚的甚至可以形而上学地来理解的冲动完全太难于和别的冲动相区分，对于人眼来说，实际上是不可理解、分辨不清的；因此我附加上最后的数字，虔诚地希望学者中的这种冲动会比表面情况更常见、更有影响。因为正义的星星之火降临一位学者的心灵，足以将其人生拼搏红彤彤地点燃起来，在令其净化中将其耗尽，乃至于他不再有安宁，被永远从平庸学者做日常工作的那种不冷不热或冷淡情绪中驱赶出来。

如果你想象所有这些因素，或者其中若干因素，或者其中个别因素，被有力地混合在一起，经过胡乱摇晃：于是就产生了真理的仆役。很奇特的是，一种实际上外在于人、超越于人之上的事物，即一种纯粹的、无结果的因而也无冲动的知识，在这里如何因大量十分人性的小冲动、小小冲动被灌注到一起形成一种化合物而受益，其结果，即学者，以那种超越现世、高尚、彻底纯净的事物的观点来看，则如何显得如此神圣，以至于其产生所必需的那大量冲动及其混合完全被忘却了。然而有一些时刻人们不得不想到并记住这一点，也就是学者的文化意义受到质疑之时。因为懂得观察的人注意到，学者天生就是**没有成果的**——这是他的
400 产生所造成的结果——他对有成果的人怀有某种天生的憎恨，因此天才和学者任何时候都争斗不息。因为后者想要杀死、肢解、理解自然，前者则想要通过新的活生生的自然扩大自然，因此就有思想态度和活动的

冲突。完全幸福的时代不需要学者，不认识学者，完全病态愠怒的时代则把学者珍视为最高、最尊贵的人，给予他最高地位。

我们现在这个时代在健康和疾病方面是怎么一种状况，但愿有足够可以当医生的人知道这一点！无疑，现在甚至在许多事物中，对学者的评价仍然太高，因此尤其在所有有关生成中的天才的问题上产生了有害的效果。学者对天才的困境冷酷无情，他用尖锐冷漠的声音说话，凌驾于他之上，好像对某种神奇而荒诞的东西一样，飞快地耸一耸肩，他对此既没有时间也没有兴趣。他甚至连文化的目标是什么也不知道。——

可是，通过所有这些思考我们究竟领悟了什么呢？凡是现在文化似乎受到最强烈促进的地方，到处都不知道那样的目标。无论国家如何大声强调它对文化的贡献，它促进文化不过是为了促进自己，它理解的目标不过是它自己的繁荣、它自己的存在。获利者在不断渴望听课和受教育的时候，所想要的归根结底是获利。当需要形式的人把为文化实际付出的劳动归于自己，比如，误以为全部艺术都属于他们，必须为他们的需要服务的时候，有一点是再清楚不过的了：他们通过肯定文化来肯定自己，他们因此也没有从误区中走出来。关于学者已经谈得够多了。因此，尽管所有四种力量热心地一起思考如何借助文化来裨益**自己**，但是
如果它们的这种兴趣不因此而被激发起来的话，它们就会虚弱无力、心 401
不在焉。所以，天才产生的条件在现代**并未得到改善**，而对本真之人的憎恶却增长了，乃至于苏格拉底不可能活在我们中间，总之是绝不可能活到七十岁的。

现在，我提请大家注意我在第 3 节中做过的阐释：我们整个现代世界何以看起来完全不牢靠、不耐久，以至于人们无法预言其文化概念的永久存在。人们甚至不得不认为也许下一个千年将谈论一些新思想，我们每一个当代人都会对此感到毛骨悚然。**相信文化的形而上意义**，也根本不会如此可怕：也许不过是人们能够从中为教育和学习得出的一些结论。

这当然要求一种全然非同寻常的思考超越目前的教育机构，面向完全陌生、另类的机构，也许第二代或者第三代人将认为它是必要的。因

为，一方面现在那些较高明的教育者之努力造就的不是学者，就是国家官员、牟利者、知识庸人，最终往往就是这一切的混合产品；另一方面那些尚待发明的机构当然会有一个较为艰难的任务——尽管不是自身较为艰难，因为它总而言之会是较为自然因而也较为轻松的任务；比如，有什么事情比现在违背自然，把一个青年训练成学者这样的事情更为艰难的吗？但是，对于人们来说，困难在于改变思想方法和为自己设定一
402 个新目标；用一种新的主导思想替换植根于中世纪、实际上也满脑子想着中世纪的学者将其作为完善教育目标的当今教育体制之主导思想，将需要巨大的辛劳。现在已经是看清楚这些矛盾的时候了，因为必须有某一代人开始斗争，从而其后的一代人可以在斗争中获得胜利。现在，理解了新的文化主导思想的个人已经被置于十字路口；沿着一条路走，他会受到其时代的欢迎，将不乏花环和酬报，强大的党派将支持他，在他前后都站有同样多的有同样思想倾向的人，如果前列者喊口令，就会在整个队伍中回响。在这里，第一义务叫做“列队作战”，第二义务就是把不愿列队的所有人都当作敌人对待。另一条路将他介绍给较为罕见的漫游伙伴，这条路更艰难、更曲折、更陡峭。走前一条路的人嘲笑他，因为他在那里举步维艰，更经常遭遇危险，他们试图把他吸引到自己这里来。一旦两条道路相交，他就受到粗暴对待，被抛弃掉或者胆怯地走到一边，被隔离开来。对于两条道路上这些不同种类的漫游者来说，一种文化机构意味着什么呢？在第一条道路上涌向自己目标的那个巨大人群，将此理解为设施和法律，凭借这些设施和法律，他们自己被置于秩序之中，向前推进，通过这些设施和法律，所有倔强、孤独的人，所有寻求更高、更远目标的人，都被革出教门。对于那个较小的人群来说，一种机构当然会有一个完全不同的目标要去实现；他们自己想借助一个牢靠机构的保护，来防止被前一个人群冲走、驱散，防止他们的个人被过早
403 消耗殆尽，或者背弃自己的伟大使命。这些个人应该完成自己的事业——这就是他们同舟共济的意义；而所有参与这个机构的人，都应该努力通过不断精炼和相互关怀，在其内部和周围为天才的诞生和事业的成熟做好准备。不少的人，包括其天赋在二三流之列的人，都被指派做

这样的协助工作，而且唯有听命于这样的指派，他们才产生出致力于一种义务、有目标有意义地生活的感觉。而现在，正是这些天赋为那时髦“文化”之诱人声音所诱惑，误入歧途，疏离了自己的本能；这种诱惑瞄准他们的自私冲动，他们的软弱和虚荣，正是针对他们，时代精神以谄媚般的热心肠小声说道：“跟我来，别往那里去！因为你们在那里只是侍者、帮手、工具，在更高的人物面前相形见绌，你们生性如此，从不快乐，被绳索拽着，被链子拴着，被当作奴隶，甚至当作自动机器：在我这里，你们享受，被当作主人，你们的自由人格、你们的天赋可以放射出自己的独特光彩，你们自己应该站在最前列，大批随从将簇拥着你们，公众舆论的呼声会比从天才的寒冷高空上屈尊给出的高贵的赞许更使你们愉悦。”如此诱惑真是所向无敌，而实际上在这里起决定作用的几乎不是才子之罕见与威力，而是某种基本的英雄情趣和一种与天才的内在关联、共生的程度所造成的影响。因为**有**一些人，当他们看到天才在艰难地拼搏并处在毁灭自己的危险中，或者当天才的作品被国家之鼠目寸光的自私、牟利者之肤浅、学者之乏味的自以为是弃之如敝履的时候，他们就将此困境感同**身**受。因此我也希望，有一些这样的人，他们能懂得我借展示叔本华的命运想要说的话，以及按照我的见解，叔本华作为教 404
育者真正应该通过**教育**而达到的目的。

7

但是，为了有朝一日摆脱有关遥远未来和有可能对教育事业进行彻底变革的所有思考，**现在**人们必须对一位未来哲学家有些什么祝愿呢？必要时，又要使他得到些什么呢？以便他能够喘得过气来，并在最有利的情况下成为叔本华那样的人。这当然不轻松，但至少有可能实现。为了使他对同时代人的影响具有更大可能性，此外还可以想出什么点子来呢？而又有哪些障碍必须清楚，从而他的榜样能充分发挥作用，从而哲学家能重新教育哲学家？在这里，我们的思考迷失在实用性和不雅的东西之中。

自然总是要裨益于大家，但是它并不懂得为此目的找到最佳、最妙的手段和时机，这就是它的巨大痛苦，因此，它郁郁不乐。它想通过产生哲学家和艺术家的方法来使生存对于人类来说是可解释的和有意义的，这在它自己那需要救赎的渴望中是肯定的；但是，它通常靠哲学家和艺术家所达到的效果却是多么不确定、多么虚弱无力！它竟能产生某种效果，会是多么稀罕！尤其是在哲学家的问题上，它是十分尴尬的，因为它无法用他来裨益于大家；它的手段似乎只是初步的尝试、偶然的想法，以至于它的打算无数次地失败，而大多数哲学家也没有裨益于大家。自然的行事方式看上去像是浪费，然而这不是滥施罪恶的淫乐，而是对初
405 出茅庐者的挥霍；可以设想，假如自然是一个人，那么它绝不会摆脱对自己及其笨拙的恼火。自然将哲学家像一枝箭一样射入人群，它并无目的，只是希望箭一直挂在某个地方。可是，它无数次打错了算盘，悻悻在心。它在文化领域也像种植和播种时一样浪费。它以普通而笨拙的方式来实现自己的目的：在这样做的时候，它牺牲太多太多的能量。艺术家和其艺术的鉴赏者、爱好者之间的关系就像是一门重炮和一群麻雀的关系。为了推走一堆雪而引发一场大雪崩，为了击中一个人鼻子上的苍蝇而杀死这个人，这都是愚钝之举。艺术家和哲学家便是自然手段不合目的性的明证，尽管他们拿出了自然目的之智慧的最佳证明。他们总是本该击中所有人，却只是击中了少数人——而且就是这被击中的少数人，也没有遭遇到哲学家和艺术家用来发射其炮弹的那种强力。不得不如此不同地评价作为因的艺术和作为果的艺术，真是悲哀：作为因，它如此非同小可，作为果，它却如此靠不住，如此余音缭绕！艺术家按照自然意志为了制作自己的作品，造福于他人，这是无可怀疑的；尽管如此他却知道，在这些其他人中永远不会有一个人像他本人那样理解和喜爱这些作品。因此，按照自然的笨拙支配，那种高级的独一无二的喜爱和理解是必要的，从而可以让一种较低的级别产生；较伟大、较高贵之物被用作产生较渺小、较低俗之物的手段。自然的经济运营不聪明，它的付出比收获大得多；它必然有一天会毁掉自己的所有财富。如果自然的持
406 家规则是，少开销再加百倍的利润；如果，比如，只有少量艺术家，而且还是能力较差的艺术家，但是却有大量接受者，而且恰恰是这些人属于比艺术家本身更强有力的一类人，乃至于艺术作品的果相对于其因而

言，会是一种百倍强化的反响，那么，自然的安排本来是可以更合理的。或者，人们至少不应该期待，因和果会势均力敌；只是对于这种期待，自然实在是太不能望其项背了！有时候，艺术家，尤其是哲学家，作为遁世者或者作为零散滞后的漫游者，看上去像是**偶然**来到其时代。大家只要真正由衷地感受一下叔本华的伟大是多么彻底，而且体现在一切方面——可他产生的效果却多么渺小、多么荒唐，就足以说明问题！对于这个时代的一个诚实之人而言，再也没有什么比看明白以下的事情更令人羞愧的了：原来叔本华在这个时代显得多么偶然，而至今又都是由于哪些正反势力，才使他的影响变得如此萎缩的。起初，有很长一段时间，形成对我们当今文学时代之持久嘲讽的是，他由于缺乏读者而处于不利地位，然后，有读者来了，可他的最初一批公共见证人又无济于事。当然，在我看来，更多是由于所有现代人对书籍的麻木不仁，他们根本不愿再把读书当回事儿；渐渐地，又来了一种新的危险，它出自以下的种种尝试：要使叔本华适应贫乏的时代，或者干脆把他当作奇异而诱人的调味品，好比是涂抹一种形而上的胡椒。于是，他虽然渐渐地成了名人，而且我相信，现在他的知名度已经超过黑格尔，但是，他还是一个遁世者，至今影响寥寥！而真正的文学对手和诋毁者是最难于得到迄今为止阻止这种影响的荣耀的，首先是因为很少有人能坚持读他们的东西，其次是因为他们把坚持读下去的人直接引向了叔本华；因为即使一个赶驴 407
人大肆吹嘘自己的驴而贬低马，这能挡得住别人选择跨上一匹骏马吗？

现在，认识到了当今时代本性中之非理性的人，将必然盘算着如何在这里做些补救；但是，他的任务将是让自由思想家和深深为我们时代而痛苦的人了解叔本华，把这些人聚集起来，并通过他们产生一股潮流，凭借这股潮流之力即可克服这种本性在利用哲学家方面通常显示、甚至在今天也再次显示的笨拙。这些人将看清楚，正是这样一些阻力，在阻止一种伟大哲学的影响，妨碍一位伟大哲学家的产生；因此，他们可以把自己的目标规定为：为叔本华或者说哲学天才之再生做好准备。然而，从一开始就抵制其学说之影响和传播，最终甚至要用尽一切手段阻碍哲学家之再生的东西，质言之，即是现今人性之乖戾。因此，所有成长中的伟大人物都必然花费令人难以置信的大力气，自救于这种乖戾之中。他们现在进入的世界，笼罩在荒唐的念头之中；说实话，不仅宗教教义，而且诸如“进步”、“普及教育”、“民族意识”、“现代国家”、“文化斗争”之类的荒唐概念，都需要是这个样子。你甚至可以说，所有概括性用语现在都带有一种人为的、非自然的装饰，因此，更清醒的后辈将指责我们时代已昏庸、畸形到了极点，尽管我们还如此洋洋自得于我们的“健康”。叔本华说，古代器皿之美源于它们以如此天真的方式表达出它们实
408 实在在是什么，实实在在成就什么。① 这同样适用于古人的所有其他器具。这时候你会感到，如果是自然来生产花瓶、陶罐、灯、桌椅、头盔、盾牌、盔甲等，它们也会显出是这个样子。反之，现在注意到几乎每个人都在如何从事艺术，从事国家、宗教、教育等事务——出于好意且不说我们的“器皿”——的人，发现人类在措辞上有某种野蛮的任意性和夸张，而恰恰是如此奇异的概念和如此怪异的需求在其时代盛行这一点，最妨碍天才的成长。这便是当他要驾犁时，那股看不见也说不清楚是什么道理却又如此经常地将他的手压下去的重力——以至于连他最高级的作品，也由于强行拔高自己而必然在一定程度上带有这种强行手段留下的痕迹。

如果我现在搜集条件，一位天生的哲学家在最幸运的情况下，藉此条件至少不会被上述的流行乖戾碾碎，那我就会发觉一些特别的东西，其中一部分恰恰就是叔本华本人赖以成长起来的条件，至少一般而言如此。当然也不乏相反的条件：在他那虚荣的、附庸风雅的母亲身上，时代的那种乖戾就是以一种可怕的方式走近他。但是，他父亲的那种高傲、自由的共和党人性格几乎是把他从母亲那里救了出来，给予他一个哲学家所需要的首要品质：不屈不挠的硬汉气概。这位父亲既不是官员也不是学者，他与这个年轻人多次一起到外国游历——所有这一切对于一个不是要认识书本而是要认识人、不是要学习仰慕政府而是要学习仰慕真理的人来说，是如此之多的恩惠。他及时对国民的狭隘性感到麻木不仁

① 参见叔本华《附录与补遗》，第2卷，第191节。

或者太过于尖刻；他生活在英国、法国和意大利，就像生活在自己家乡一样，并对西班牙精神怀有不小的好感。整体而言，他不把碰巧出生在德国人中间看作一种荣耀；我甚至不知道，他在新的政治形势中是否会有不同的想法。众所周知，他在国家问题上认为，国家的唯一目的就是保护国民免受外来势力、内部势力、保护者势力的伤害；如果有人除了保护的目的之外还给他编造出别的什么目的，这就很容易将真正的目的置于危险之中——因此，让所有所谓自由派害怕的是，他把自己的财产遗赠给1848年为秩序而战死的普鲁士士兵的遗孀们。如果有人懂得对国家及其义务不以为然，那么很可能从现在起，这就越来越成为精神优越性的标志；因为身上有 *furor philosophicus*① 的人，将完全不再有时间用于 *furor politicus*②，并明智地避免每天读报或者干脆为一个政党效劳，尽管他在祖国真正有难时会毫不犹豫地准备战斗。所有这样的国家都在组织结构上很糟糕：在那里除了政治家还有其他人必须为政治操心，这些人毁于这许多政治家之手也是理所当然的了。 409

叔本华由于没有一开始就被确定要当学者，并教育成为学者，而是实际上有一段时间在一家商行做事，尽管很不愿意，但无论如何，他在整个青年时代呼吸着一个大商行更为自由的空气，所以，他分享到了另一个大好处。一个学者绝不可能成为哲学家，因为就连康德也做不到这一点。康德尽管有其天才的固有冲动，却直到最后也仍然处在一种形成状态中。谁在这里认为我说这番话对康德有失公正，他就是不知道何为哲学家，即不仅是一位伟大的思想家，也是一个真正的人；那么究竟何时一个学者会成其为真正的人呢？谁让概念、见解、往昔、书本跻身于他自己和事物之间，也就是说，谁在最广泛的意义上生于历史之中，那么他就绝不是首次看见事物，绝不是自身即如此首次为人所见之事物；然而，在哲学家这里，二者合而为一，因为他接受的大多数教诲是不得不从自身得到的，因为他自己给自己充当整个世界的映像和缩影。若是一个人借助他人意见来审视自己，此乃何等的奇迹！即使他在自己身上 410

① 拉丁文：哲学激情。
② 拉丁文：政治激情。

看到的无非是——他人意见，也罢！而学者就是这样存在、生活、观看的。叔本华却相反，他的幸运简直无法描述，他不仅在自己身上，也在自身之外，在歌德身上，近距离地看到了天才：通过这双重反映，他彻底接受了有关所有学者目标和学者文化的教诲，变得富有智慧。依靠这种经验，他知道任何艺术文化期待的自由强健之人必然是何模样；有了这样的洞见，他还会剩下很多兴致，以现代人博学或者虚伪的方式，来致力于所谓的“艺术”吗？但他所看到的东西更高，一幅可怕的超验法庭场景，在其中，一切现实生活，甚至最高最完善的生活，都被掂估分量，被认定太轻：他将圣人视为生存的法官。完全无法确定的是，叔本华究竟有多早就肯定看到了生活的这一画面，而且完全像他后来在所有著作中试图临摹的那样；我们可以证明，他作为年轻人已经看到过，我们也愿意相信，他作为孩子亦看到过这非凡景象。他后来从生活和书本中、从一切科学王国中获得的一切，对他来说几乎只是色彩和表现手段；甚至康德哲学也被他首先引申为非同寻常的修辞工具，他相信使用这个
411 工具便可以更清楚地表达出那幅画面：就像佛教神话和基督教神话偶尔也服务于他的相同目的一样。对他来说，只有**一个**任务，完成任务的手段却有千千万：**一种**意义，无数可以表达它的象形文字。

他真的能够按照他的座右铭 *vitam impendere vero*① 献身于这样一项任务，而且任何生活的匮乏与吝啬也击不倒他，这属于其生存的极佳状况——众所周知，他恰恰为此而以何等了得的方式感谢他的父亲——而在德国，理论家通常以其性格的纯粹为代价来实施其学术使命，作为一个“谨小慎微的骗子”，沽名钓誉，小心翼翼而又低三下四，谄媚有影响、有地位的人。很遗憾，在叔本华对无数学者的冒犯中，没有什么比他不像他们这一事实更冒犯他们的了。

8

我们时代的哲学天才在产生中尽管会遇到有害的反作用，却是能够产生的，这种产生至少需要以下一些条件：自由的男子汉性格、早期人

① 拉丁文：将生命献给真理。

类知识、无学究式教育、无爱国主义紧箍咒、无谋生压力、与国家无瓜葛——简言之，自由，还是自由，希腊哲学家们赖以成长起来的那种神奇而危险的因素。谁想要像尼布尔①指责柏拉图那样，说我们时代的哲学天才是坏公民，那就尽管说去，只要他自己是个好公民就行：这样，他就有道理，柏拉图也有道理。另一个人会把那种伟大的自由解释成为自行其是：他也有道理，因为他自己要那种自由派不了正当用场，而万一 412
他自己向往那种自由，那他当然会十分自行其是。那种自由实际上是一种重罪，只有以伟大的行为来赎罪。真的，每个普通的大地之子都有权利看着这样一位受宠之人而愤愤然：但愿有神灵保护他，免得他如此受宠，也就是说，免得他如此可怕地承担义务。他甚至会立即毁于他的自由和孤独，会变成蠢材，变成因无聊而恶毒的蠢材。

从刚才的讨论中，某个父亲也许能学到某种东西，以便多少应用于他儿子的私人教育；尽管不能真正期待父亲们正好都只想要有当哲学家的儿子。也许，父亲们在一切时代通常都反对其儿子当哲学家，反对那最大的乖戾；众所周知，苏格拉底在父亲们对其“诱惑青年”而爆发的怒火中当了牺牲品，而柏拉图正是出于这样的理由将建立一个全新国家视为必要之举，为的是使哲学家的产生不由父亲们的非理性所左右。看起来几乎像是柏拉图真的有所成就了。因为现代国家当前把促进哲学算作**自己的**任务，任何时候都试图让一批拥有“自由”的人高兴，我们将这种“自由”理解为哲学家之诞生的最基本条件。但是，柏拉图在历史上有过一种奇怪的不幸：一旦产生与其建议基本相符的产物，仔细一看，却总是一个被掉包来的怪胎，一个丑陋的怪婴；与其梦想的“神祇之子”统治相比，中世纪的神父之国就是这样。虽然现代国家最不想要做的事情恰恰就是把哲学家变成统治者——谢天谢地！每个基督徒都会补充 413
说——但是，即使是对国家所理解之哲学的那种促进，也必定有一天要看看它是不是**在柏拉图意义上**来理解这种促进，我的意思是：如此认真而坦率地来理解，就好像它的最高意图便是制造新的柏拉图。如果哲学

① 贝托尔特·格奥尔格·尼布尔（1776—1831），历史学家、政治家，曾任普鲁士海外贸易部长。

家通常都是偶然出现在自己的时代里的——国家现在真的会给自己设定任务，有意识地将这种偶然性转化为必然性，而且在此也对自然天成起到辅助作用吗？

遗憾的是，经验教给我们一种更佳——或者更糟的东西：经验告诉我们，就自然天成的伟大哲学家而言，没有什么比国家豢养的糟糕哲学家更阻碍其产生和繁衍的了。一个尴尬的话题，不是吗？——众所周知，叔本华在关于大学哲学的著名论文①中首先关注的就是这个话题。我将回到这个话题上：因为你不得不迫使人们认真对待它，也就是说，让它推动人们去行动，而且我认为，不隐含如此敦促行动之含义的任何一个词都是徒然写在纸上的；再一次说明叔本华那些永远有效的命题，而且通过直接比照最接近于我们的同时代人来这样做，总而言之是很好的，因为一个好心人会认为，自从叔本华发出强烈指控以来，德国的一切都在好转。尽管这一点不足挂齿，可是就连这一点，他的著作也未达到目的。

更精确地来看，国家如我所说为善待哲学而赠予某些人的那种“自由”，已经根本不是什么自由，而是用以养活在位之人的一种职位。因此，对哲学的促进仅仅在于，现在至少有一批人，国家使其通过把哲学
414 变成其谋生手段而得以靠其哲学**生活**；另一方面，希腊的古代智者不由国家方面发放薪水，至多有一天像芝诺②那样，得到的尊敬是一顶金冠和凯拉米科斯③的一块墓碑。你指出一个如何能靠真理生活的途径，是否就对真理有所补益，我一般不知道说什么好，因为在这里一切都取决于你向他指出这个途径的人是什么类型，好与不好。我能十分清晰地想象一个人会以何种程度的自豪和自尊对自己的同胞说：你们关照我吧！因为我有更好的事情要做，也就是关照你们。在柏拉图和叔本华那里，意向与意向表达如此超凡脱俗，是不会让人感到惊讶的；因此，恰恰是他们甚至能当上大学哲学家，就像柏拉图曾短暂地当上宫廷哲学家而并没有降低哲学的尊严那样。但是，康德就像我们学者们通常的情况那样谨小

① 指叔本华的文章《论大学哲学》，见《附录与补遗》，第1卷。
② 芝诺（公元前495？—前430?），古希腊哲学家和数学家。
③ 凯拉米科斯，古希腊雅典重要的古代墓地所在地。

慎微、低声下气，他对国家的态度谈不上伟大，以至于如果有一天大学哲学受到指控，他无论如何都无法为之辩护。但是，如果有能够为哲学辩护的人——就像叔本华和柏拉图那样——那么，我害怕的只有一点：他们将永远没有机会这样做，因为从来没有一个国家会敢于善待这样的人，把那些职位给他们。这究竟为了什么呢？因为任何国家都害怕他们，而总是仅仅善待它不害怕的哲学家。因为诸如国家尤其害怕哲学之类的事情是有的，而恰恰在这种情况属实的时候，国家会试图把格外多的哲学家拉到自己一边，他们给国家以假象，就好像它有哲学站在自己这一边似的——因为它有这些有哲学家头衔却完全不令人畏惧的人站在自己这一边。但是，如果出现一个人确实打算手持真理之刀攻击一切，甚至攻击国家，那么，国家由于首先肯定的是自己的实存，就有权开除这样 415
一个人，把他当敌人对待；同样，它将排斥一种想高踞于它之上、做它的裁判者的宗教，把它当敌人对待。因此，如果某人受得了当国家委托的哲学家，那么，他必定也受得了被国家如此看待，就好像他已经放弃追踪真理到一切隐匿处似的。至少，只要他受到惠顾和雇用，他就必须在真理之上还承认某种更高的东西，即国家。而且不仅是国家，还有国家为了自己的昌盛所要求的一切，比如宗教、社会秩序、军队体制的一定形式——所有这些事物都被写上 *Noli me tangere*①。难道有过一个大学哲学家，曾经阐明了他的义务和局限的整个范畴吗？我不知道有过。如果有一个人做过这件事，并且依然是一个国家官员，那么，他至少是真理的一个坏朋友；如果它从未做过这件事——现在我应当认为，即便是这样他也不是真理的朋友。

这就是普遍的疑虑。但作为这样一种疑虑，当然对于如其现在所是的人们来说是最微弱和最无所谓的疑虑。对于大多数人而言，耸耸肩膀并且说："就好像在这个地球上曾经有过某种伟大的和纯粹的东西能够驻留和坚持，并不对人的卑鄙做出让步似的！你们宁可希望国家迫害哲学家，也不希望国家给他发薪和雇用他吗？"这就够了。不是现在就要回答

① 拉丁文：别碰我！语出《圣经·约翰福音》(20：17)："不要摸我。"

最后这个问题，我只是补充说，哲学对国家的这种让步在当前毕竟走得很远。首先，国家挑选他的哲学仆人，它的机构需要多少就选多少；因此，它装出一副能够在好哲学家和坏哲学家之间做出区分的样子，更有甚者，它预设总是必定有足够的**好**哲学家，以便把所有的教席分配给他
416 们。不仅是关于好，而且关于好哲学家的必要数目，它现在都是权威。其次，它迫使它所选择的哲学家们在一个规定的地点、在规定的人们中间居留，从事规定的活动；他们应当给每一个对此有兴趣的学生授课，而且是每天授课，按照固定的钟点。问题是，真正说来一个哲学家能够以良知承认每天都有他所教的东西吗？而且是面对每一个想听的人教这种东西？对于他只可以与最亲近的朋友毫无风险地谈论的事物，他并不必须面对不认识的听众来谈论吗？而在根本上，他并不利用自己最美好的自由来追随自己的天才，在这天才呼唤的时候到这天才呼唤的地方去吗？——这是由于，他有义务在规定的钟点公开地思维事先规定的东西。而且这是面对年轻人！这样一种思维岂不一开始就仿佛是被阉割了！如果他不知哪一天感到：我今天想不出任何东西，我没有任何聪明的念头，那又会是怎样——尽管如此他却必须装样子，显得在思维。

但是，人们将指责，他根本不应当是思想家，而至多是随后思维和有所思维的人，但尤其是一切过去的思想家的博学鉴赏家；关于这些思想家，他总是能够讲出某种他的学生不知道的东西。——这恰恰就是哲学对国家的第三种极其危险的让步，如果它向国家承诺首先并且主要作为博学出现的话。特别是作为哲学史的知识。而对于纯粹地、怀着爱、像诗人那样观看事物并且不能足够深地置身于其中的天才来说，在无数外来的和颠倒的意见中翻掘，差不多就是最令人讨厌和最不适宜的工作
417 了。关于过去的博学的历史学绝不是一个真正的哲学家的工作，无论在印度还是在希腊都不是；而一个哲学教授如果从事诸如此类的工作，就必须忍受人们关于他至多说他是一个能干的语言文献学家、古董鉴赏家、语言行家、历史学家，但绝不说他是一个哲学家。前者也如已经说明的那样，只是至多，因为在大学哲学家所做的大多数博学工作中，一个语

言文献学家有这样的感觉，即它们做得很差，没有科学的严格性，大多具有一种可憎的无聊。比如，谁使希腊哲学的历史又摆脱了里特尔[1]、布兰蒂斯[2]和策勒[3]的那些博学的但并不过分科学的、遗憾的是过于无聊的作品笼罩在这上面的令人昏昏欲睡的云雾呢？至少，我宁可读第欧根尼也不读策勒，因为在前者那里至少活跃着古代哲学的精神，而在后者那里却既没有古代哲学的精神，也没有任何别的精神。而最终在所有的世界里，我们的青年与哲学的历史有什么相干？他们应当因种种意见的杂乱而丧失拥有意见的勇气吗？他们应当被教会欢呼着赞成，就像我们如此出色地完成的那样？也许他们应当干脆学会憎恨和轻视哲学？如果人们知道，大学生们会由于他们的哲学考试而折磨自己，以便除了人类精神的最伟大的和最难以理解的念头之外，还把最愚蠢的和最尖刻的念头压挤进贫乏的大脑，人们就差不多要想到最后一种情况了。对一种哲学的唯一可能的批评，是要证明某种东西，即试图看一看人们能否按照这样的哲学来生活，这种批评大学里从来不教：教的永远是言词对言词的批评。试想一个年轻的大脑，没有通过生活而来的诸多经验，其中横七竖八地保存着 50 个作为语录的体系和 50 个对它们的批判——这是怎样一种旷野，怎样一种荒芜，对哲学教育的怎样一种嘲弄！事实上，也要 418
承认这根本不是为哲学而教育，而是为一种哲学考试而教育：其成就是众所周知的和常见的，被考试者，啊，被过分地考试者！——以一声短促的叹息承认："谢天谢地，幸亏我不是一个哲学家，而是基督徒和我的国家的公民！"

如果这声短促的叹息正是国家的意图，而且"哲学教育"只是使人离开哲学，那将怎样呢？人们扪心自问。——但如果应当是这样，那就只有一点是可怕的：最终有一天青年们将发现，哲学在这里真正说来是为了什么被滥用的。最高的东西，即哲学天才的产生，无非是一种借口？目标也许恰恰是妨碍哲学天才的产生？意义被翻转成了反面意义？如今

---

① 海因利希·里特尔（1791—1869），哥廷根的哲学教授，著名哲学史家。
② 克利斯蒂安·布兰蒂斯（1790—1867），波恩大学教授，希腊哲学史家。
③ 爱德华·策勒（1814—1908），海德堡的哲学教授，著名希腊哲学史家。

在这种情况下——国家的聪明和教授们的聪明的整个复合体是多么不幸啊！

而这样，某种东西应当已经变得众所周知了吗？我不知道。无论如何，大学哲学受到普遍的蔑视和怀疑。这种蔑视和怀疑部分地与此相联系，即现在恰恰是贫乏的一代统治着讲台；而叔本华，假如他现在要写他关于大学哲学的论文，就不再需要一根大棒，而是用一根灯心草管取胜了。这正是他击打其拼命歪着的脑袋的那些假思想家的继承人和后裔，他们显得像婴儿和侏儒一般，让人想起印度的格言："根据他们的行为人们生出来，愚蠢、迟钝、麻木、畸形。"那些父亲们理应有这样的后裔，就像格言所说的那样，根据他们的"行为"。因此毫无疑问，大学里的小伙子很快将不用应付自己的大学教给的哲学，大学外的成年人现在已经
419 不再应付哲学了。人们只需想一想自己的大学生时代，比如对我来说，学院哲学家是完全无关紧要的人，在我看来是些从其他科学的结果中搅合出某种东西、在余暇时间看报纸和听音乐会的人；除此之外他们甚至被他们的学院同事以一种彬彬有礼地伪装起来的蔑视来对待。人们相信他们所知甚少并且绝不缺乏一种掩饰性的措辞，以便掩盖这种知识贫乏。因此，他们偏爱待在一个眼睛明亮的人无法长时间忍受的这样一些朦胧的地方。一个人指责自然科学：没有一门自然科学能够向我完全解释最简单的生成，因此，对于所有的自然科学我有什么可重视的？另一个人谈到历史：对于拥有理念的人来说，历史没有说出什么新东西。——简而言之，他们总是找到理由，说明为什么一无所知比有所学习更为哲学。但是，如果他们着手学习，那么，他们此时的隐秘冲动就是逃避科学，在科学的某个漏洞和不明之处建立一个隐晦的王国。这样，他们只是还在**这样的**意义上先行于科学，就像野兽先行于在其后面来临的猎人似的。最近，他们满足于这样的主张，即他们真正说来只是科学的边防哨和监督人罢了；为此，尤其是康德的学说对他们有用，他们努力使康德的学说成为很快就没有一个人再关心的一种温和的怀疑主义。只是偶尔还有他们中的某一位好不容易决定搞一种小小的形而上学，带着常见的结果，亦即头晕、头痛和流鼻血。在他们如此经常地遭遇到这种云雾之游的失

败之后，在真知识的某一位粗暴、倔强的信徒一再抓住他们的头发把他们拖倒在地之后，他们的脸上就现出了常见的忸怩和说谎受罚的表情。 420
他们完全失去了欢乐的自信，以至于没有一个人哪怕有片刻时间是为了他的哲学而活着的。过去，他们中的一些人相信能够发明新宗教或者用他们的体系来取代旧宗教；现在，他们的这样一种自负逐渐消失了，他们大多是一些虔诚的、冷静的和暧昧的人，绝不像卢克莱修①那样勇敢，对加给人的压力感到愤怒。人们在他们那里就连逻辑思维也学不到，他们在对自己的力量的自然估价中中止了通常流行的辩论训练。毫无疑问，人们现在在具体科学方面更有逻辑了，更谨慎了，更谦虚了，更富有创造才能了，简而言之，在这里比在所谓的哲学家那里更哲学了，以至于每个人都将赞同不偏不倚的英国人白哲特，他关于现在的体系制造者们说道："谁不是差不多事先就确信，他们的前提包含着真理和谬误的一种奇妙的混合，因而不值得费力气去思索结论？这些体系的完善封闭也许吸引年轻人，给没有经验的人造成印象，但训练有素的人们却不被它所迷惑。他们时刻准备善意地接受暗示和猜测，最微小的真理对他们来说也是受欢迎的——但是，一部全是演绎哲学的巨著却将引起怀疑。无数未经证明的抽象原则被乐天的人们匆忙地收集到一起，在书中和理论中被小心地拉长，以便用它们来解释整个世界。但是，世界并不关心这些抽象，这毫不奇怪，因为这些抽象相互之间是自相矛盾的。"② 如果在过去，哲学家，尤其是在德国，陷入了如此之深的反思，以至于他处在用脑袋不断撞击每一根梁木的危险之中，那么现在，就像斯威夫特关于拉普塔人所讲述的那样③，给他们配了一整批拍手，为的是有机会时给其眼睛或者别的什么地方以轻轻的一击。有时，这些打击可能有点太重，那 421
么，离开大地的人就忘记了自己，并又击打自己——这是始终导致他们丢脸的某种东西。你没有看到梁木嘛④，你这小混蛋！在这种情况下拍手

① 卢克莱修（约公元前 99—前 55），罗马哲学诗人。

② 引自白哲特《物理学与政治学》。尼采在引文中颠倒了原文的句子序列，但无伤大意。

③ 见斯威夫特《格列弗游记》(1726)，第 3 部分，第 2 章。

④ 参见《圣经·马太福音》，7∶13。

就说——而实际上哲学家常常看到梁木，并且又变得温和。这些拍手就是自然科学和历史学；逐渐地，这些拍手镇住了长时间被混同于哲学的这种德意志梦幻思维经济①，以至于那些思维经营者都完全乐意于放弃独立行走的尝试。但是，如果他们想出乎意料地抱着那些拍手或者给他们系上小襻带，以便牵着自己行走，那么，那些拍手就立刻尽可能可怕地嗒嗒作响——仿佛他们想说："出错的只是，这样一个思维经营者玷污着我们的自然科学或者历史学！让他们滚开吧！"在这里，他们又摇晃回去，回到他们的不安全和一筹莫展：他们绝对想在两手之间拥有少许自然科学，比如，像赫尔巴特②派那样拥有经验性的心理学，他们绝对也想拥有少许历史学——这样，他们至少就能够公开地这样做，就好像他们在从事科学工作似的，尽管他们在暗地里希望一切哲学和一切科学都见鬼去。

虽然我已承认过，这群拙劣的哲学家是可笑的——而谁会不承认这一点呢？——但是究竟在什么程度上他们也是**有害的**呢？简要回答如下：**由于他们使哲学成为一件可笑的事情**。只要国家承认的假思想家依然存在，一种真正的哲学的任何出色效果就将落空或至少被阻碍，而且无非是通过那个伟大事业的代表们所招致的对可笑事情的诅咒，但这诅咒所击中的却是事业本身。因此，我们把这称为文化的一种要求，即不再给予哲学以国家的和科学院的承认，在根本上使国家和科学院免除在真哲
422 学和假哲学之间做出区分这个对他们来说难以完成的任务。让哲学家们至少野生野长吧，让他们受聘和被编入公民职业种类的任何前景都落空，不再通过发薪来刺激他们，更有甚者：迫害他们，不乐意地看待他们——你们会经历奇迹！这时，他们将彼此逃避，在这里和那里寻找一种庇护，这些可怜的虚假人；在这里开辟一个教区，在那里开辟一座学校，这个躲进一家报纸的编辑部，那个为高等女子学校写教科书，他们中最有理性的抓起了犁，而最虚荣的去了宫廷。突然一切都成空，鸟巢飞空了；因为从拙劣的哲学家们那里解放出来，是件很容易的事情，人

① 即做梦，不进行思维。

② 约翰·弗里德里希·赫尔巴特（1776—1841），哥廷根大学哲学教授，经验心理学的创始人。

们只需要有一天不惠顾他们。而这在任何情况下都比公开地由国家来庇护某种哲学更值得建议，**无论这种哲学是什么样的哲学**。

国家从不关心真理，而是只关心对它有用的真理，更精确一点说，在根本上关心一切对它有用的东西，无论这是真理、半真理，还是谬误。因此，国家与哲学的结盟，唯有在哲学能够承诺无条件地对国家有用，亦即把国家的利益置于真理之上的时候，才有一种意义。当然，对于国家来说，也让真理为自己效劳和服役，这是某种极妙的事情；只不过他自己清楚地知道，从不效劳、从不服役，这属于**真理的本质**。这样一来，它在自己拥有的东西中就只有虚假的“真理”，一个戴着假面具的人；遗憾的是，这个人也不能向它提供它对真正的真理如此渴望的东西：它自己的有效许诺和神圣许诺。如果一个中世纪的诸侯想被教皇加冕，但却不能从教皇那里获得成功，他就会任命一个敌对教皇，这个敌对教皇将向他表示这种效劳。这直到某种程度上都会是可行的；但是，如果现代 423
国家任命一种敌对哲学，想让它把自己合法化，这是不可行的：因为现代国家一如既往地有哲学反对自己，而且现在比过去更甚。我万分真诚地相信，根本不关心哲学，根本不从哲学渴望任何东西，只要可能就让哲学作为某种无所谓的东西自生自灭，这对现代国家来说更有用。如果不是停留在这种无所谓之中，哲学对它来说就是危险的和攻击性的，即使它迫害哲学。——既然除了通过大学来教育顺从的和有用的国家公民以外，国家对大学不可能有别的兴趣，那么，国家就不应当对这种顺从、这种有用由于它要求年轻的人们通过哲学中的考试而被质疑心怀忧虑：虽然就懒散的和无能力的人来说，它也许是一个正确的手段，为的是吓退他们不去学习哲学，因为人们使他们成为考试的幽灵。但是，这种收获并不能抵偿同一种被迫的工作在莽撞的和不安的年轻人那里造成的损害；他们接触了一些禁书，开始批判自己的老师，最终甚至注意到大学哲学和那种考试的目的——更不用说年轻的神学家在这个时候可能陷入的疑虑，由于这种疑虑他们开始在德国灭绝，就像北山羊在蒂罗尔州灭绝一样。——我清楚地知道，国家对这整个沉思可能做出什么样的指责，只要还有鲜艳翠绿的黑格尔花在一切土地上生长：但是在这场收获遭遇到冰雹，在人们当时从它那里得到的一切承诺没有得到满足、所有的谷仓依然空空如也之后——此时，人们宁可不再指责任何东西，而是转身离开哲学。现在，人们有了权势；当时，在黑格尔的时代，人们想有哲学——这就是一个巨大的差别。国家不再需要哲学的认可，由此，哲学
424 对于国家来说成为多余的了。如果国家不再维持哲学的教席，或者如我为下一个时代预设的那样，只是还在表面上马马虎虎地维持它们，那么，国家就在这里有了自己的利益——但我觉得更为重要的是，就连大学也在这一点上看到了自己的好处。至少我应当想到，一个真正科学的园地必定由此发现得到了资助，如果它从与一种半科学和四分之一科学的互联性中解放出来的话。除此之外，大学受人尊敬极为罕见，以至于不得不在原则上期望排除被学者们自己轻视的那些学科。因为非学者们有很好的理由对大学有某种普遍的轻视；他们指责大学，说大学是胆怯的，小的大学惧怕大的大学，而大的大学则惧怕公共舆论；它们在更高的文化的一切事物上都裹足不前，而是迟缓地和落后地在后面瘸行；可敬的科学的真正基本方向根本不再被遵守。比如，人们比以往任何时候都更热心地推进语言研究，但却并不认为对自己来说在书写和演说方面的严格教育是必要的。印度的古代打开了自己的大门，它的鉴赏家们与印度人的不朽作品、与他们的哲学家的关系，几乎无异于一个动物与竖琴的关系：尽管叔本华把认识印度哲学视为我们这个世纪超过其他世纪所拥有的最大的优势之一。① 经典的古代变成了一个任意的古代，不再起经典和典范的作用；就像他的追随者们证明的那样，这些追随者们已经真的不是典范的人了。弗里德里希·奥古斯特·沃尔夫②的精神向何处去？关于他，弗朗茨·帕索夫③可以说，他显得是一个真正爱国主义的、真正人道的精神，这种精神在任何情况下都有力量把一个地区置于骚动和烈火之中——这种精神向何处去呢？与此相反，新闻记者的精神越来越多地

① 参见叔本华《作为意志和表象的世界》第一版序。

② 弗里德里希·奥古斯特·沃尔夫（1759—1824），德国学者，现代古典语文学的创建者。

③ 弗朗茨·帕索夫（1786—1833），德国古典学者，希腊文词典编纂者。

涌向大学，而且屡见不鲜地以哲学的名义；一个圆滑的经过粉饰的报告，浮士德和智者拿但挂在嘴边，我们的令人厌恶的文汇报的语言和观点，最近乃至于还有关于我们神圣的德意志音乐的闲话，甚至设立关于席勒和歌德的讲席的要求——这样一些征兆表明，大学精神开始与时代精神混同。于是我觉得，如果在大学之外产生一个法庭，它也在大学所促进的教养方面监督和校正这些机构，那就具有极高的价值；而一旦哲学从大学分离出来，并由此摆脱一切不值得的考虑和遮掩，它就根本不可能是什么别的东西，而只能是这样一个法庭：无需国家的权力，无需薪水和荣誉，它将知道履行自己的职责，既没有时代精神也没有对这种精神的畏惧——简单说来，就像叔本华那样活着，作为包围着他的文化的裁判者。这样，哲学家也能够利用大学，如果他并不与它结合在一起，而是毋宁说从某个威严的远处俯瞰它的话。 *425*

但最后——一个国家的实存、对大学的促进对我们有什么价值，如果事情首先在于哲学在尘世的实存的话！或者——为了关于我的意思根本不留下任何怀疑——如果如此难以名状地关心一个哲学家在尘世的产生甚于关心一个国家或者一所大学继续存在的话。在对公共舆论的奴性和自由的危险日益增长时，哲学的尊严能够以同样的程度提高自己；它曾在衰落着的罗马共和国的地震下和在帝制时代中处在最高的位置上，那时它的名字和历史的名字曾成为 *ingrata principibus momona*①。布鲁图斯对哲学的尊严的证明更甚于柏拉图；正是在这样一些时代，伦理学不再说些陈词滥调。如果哲学现在不怎么受尊重，人们就只是应当问，为什么现在没有伟大的统帅和政治家信奉哲学——只是因为在他寻找哲学的时代里，一个内容贫乏的鬼魂以哲学的名义迎向了他，即那种学者的讲台智慧和讲台谨慎，简而言之，因为哲学及时地变成了一件可笑的事情。但是，哲学应当对他来说是一件可怕的事情；而那些负有使命寻找权势的人们应当知道，历史事物的那些源泉在哲学之中流淌。一个美国人会告诉他们，一个来到这个地球上的伟大思想家，作为巨大的力量 *426*

---

① 拉丁文：令统治者不快的名字。

的新中心应当意味着什么。“你们要留神，”爱默生说，“如果伟大的上帝让一位思想家来到我们的星球的话。在这种情况下，一切都处在危险之中。这就像是在一座大城市里发生了一场火灾，在那里没有一个人知道，究竟什么还是安全的，以及它将在哪里结束。此时在科学中没有任何东西不可能在明天经历一场逆转，此时不再有任何文学上的威望还配享所谓永恒的声誉；在这一时刻，对人来说珍爱贵重的一切东西，都仅仅是由上升到你们的精神视野、并且就像一棵树托着自己的苹果那样造成当前的事物秩序的那些理念承担才是值得珍爱贵重的。**一个新程度的文化会迅速地使人类努力的整个体系经历一种彻底的变革。**”① 现在，如果这样一些思想家是危险的，那当然就清楚了，为什么我们学院里的思想家是不危险的，因为他们的思想是如此和睦地在传统的东西中生长的，就像是一棵树托着它的苹果：他们不吓人，他们不做彻底的改造；关于他们的全部追求，可以说第欧根尼在人们赞扬一个哲学家时从自己那方面所指责的话：“既然它如此之久地从事哲学却还不曾使任何人**苦恼**，他究
427 竟能有什么伟大的东西？”是啊，大学哲学的墓志铭上应该写道：“它不曾使任何人苦恼。”然而，这当然与其说是一个真理女神的夸赞，倒不如说是一个老太婆的夸赞，如果那个女神仅仅作为老太婆所认识的人，本身很少是男人，因而恰如其分地根本不再被有权势的男人们所考虑，那当然也不奇怪。

但是，如果我们的时代是这样的，那么，哲学的尊严就受到凌辱了：看起来，他本身变成了某种可笑的或者无所谓的东西：以至于他的一切真正的友人都有义务针对这种混淆做出见证，至少要指出这么多，即唯有哲学的那些虚假的仆人和虚假的享有崇高荣誉者才是可笑的和无所谓的。更好的则是，他们自己通过行动证明，对真理的爱是某种可怕的和强劲的东西。

各种东西叔本华都证明了——并且将日复一日地做出更多的证明。

---

① 有删节地引自爱默生的文章《圆》。

第四部分　理查德·瓦格纳在拜洛伊特

1

一个事件若要成其为伟大，必须同时具备两个条件：事件完成者的伟大意识和事件经历者的伟大意识。事件本身无所谓伟大，哪怕是整个星座消失，各民族毁灭，幅员辽阔的国家创建，雷霆万钧、损失惨重的战争爆发：历史的微风轻轻吹过凡此种种事件，犹如吹起阵阵游絮。然而，碰巧也有这样的情况：一个强有力的人朝坚硬的石头打了一下，不起任何效果；只起了一阵短促的尖锐回响，然后一切都过去了。历史甚至不知道如何报道这样一些事情。这样，每一个看到一个事件逼近的人，都会隐隐约约产生这样的忧虑：经历这个事件的人们是否担当得起。人们在大小事情上采取行动时，总是指望、意在于这种客观行为和主观感受之间的吻合；而想要给予的人，必然力求找到满足其给予感的接受者。正因为如此，一个本身很伟大的人，其个别行为如果是短暂、平淡、徒劳的，也就没有什么伟大；因为就在他做出行为的那一刻，他总之是肯定没有深刻的洞见，看到恰恰在现在这个时候做出这个行为是必要的：他没有足够精确的针对性，没有足够确切地认清和选择时机，偶然性成为支配他的主人，而伟大和看清必要性的眼光是密不可分的。 431 432

因此，我们很乐意把关于现在在拜洛伊特发生的事情是否发生得正是时候、是否必然等疑虑，留给那些对瓦格纳的眼光有疑虑的人，他们不相信瓦格纳对必然事物的眼光本身。对我们这些更加深信不疑的人来说，似乎他一定既相信自己行为的伟大，也相信亲历其行为之人的伟大感。他所相信的所有那些人，不论多少，都应当为此而骄傲——因为他们不是所有的人，他所相信的不是整个时代，甚至也不是当下形态中的整个德意志民族，这是他自己在1872年5月22日的那次奠基仪式演说中对我们说的，尽管恰恰在这个问题上反驳他会对他是一种安慰，但是我们中间没有一个人可以这样做。“我只拥有，”他当时说，“你们，我的特殊艺术之友，我的最个性化作品创作之友，来使我的构思寻求到同情者：我只能恳求你们来帮助我的作品，能把这样的作品完美无缺地、不受歪曲地展示给那些对我的艺术表现出真正倾慕的人，尽管迄今为止它还只能被不完美地、受歪曲地展示给他们。”①

毫无疑问，在拜洛伊特就连观众也是值得一看的。一位一个世纪又一个世纪地比较令人惊奇之文化活动的智慧观察者，在那里会有很多东西可看；他必然会感觉到，他在这里突然处于温暖的水域，就像一个在湖中游泳，游近一股温泉水流的人那样：这股水流一定来自别处更深的湖底，他自言道，它周围的水不能解释它的来源，它周围的水无论如何只来自较浅的地方。所有庆祝拜洛伊特节的人都像这样被感受为不合时
433 宜的人：他们的家园不在这一时代，而在别处，他们的解释和他们的辩
解，也只有在别处才找得到。我变得越来越清楚，“有教养者”只要完全是当前时代的果实，就只有用滑稽模仿作品的形式才能让他领悟瓦格纳所做、所想的一切——正如瓦格纳所做所想的一切都被滑稽模仿过一样；他只想让拜洛伊特事件也只是被我们那些说俏皮话的报刊记者用很没魔力的灯笼来照亮。而若是仅止于滑稽模仿作品，那便是万幸了！在滑稽模仿作品中，散发出一种异化和敌对的精神，这种精神会寻觅，偶尔也已经寻觅到完全不同的手段和方法。对立面之间这种非同寻常的尖锐会同样被那位文化观察者看在眼里。个人在平常人生过程中竟能产生全新的东西，这会激怒所有那些坚信一切发展之渐进性，如同坚信一种道德法则的人：他们自己慢悠悠不算，还要求别人也慢慢来——而现在他们

① 瓦格纳在拜洛伊特戏剧节奠基仪式上发言中的一段话。

看到一个非常快捷的人，不知道他是怎样做到快捷的，就很生他的气。像拜洛伊特计划这样的事情，没有预兆，没有过渡，没有中介；除瓦格纳之外，没有人知道通往目标的漫长之路，没有人知道目标本身是什么。这是艺术王国里的第一次环球航行：航行中发现的，似乎不仅是一种新艺术，而且是艺术本身。迄今为止的所有现代艺术，作为隐士艺术、颓废艺术或者作为奢侈艺术，都由此而贬值了一半；甚至我们现代人自希腊人以来对一种真艺术所拥有的比较不可靠的、糟糕地拼凑在一起的那些回忆，如果现在不能以一种新的理解来放射光芒，那也就可以歇着去了。对于许多事物来说，现在是死亡的时候了；这种新艺术是一位先知，它不仅仅看到了艺术的末日已近。它那告诫之手从滑稽模仿作品引起的
笑声沉寂下来之时起，就必定让我们现在的全部教养感到阴森恐怖：那 434
就至少让它再高兴、欢笑片刻吧！

另一方面，我们这些重新复活之艺术的门徒，将有时间和意愿做认真的事情，做深刻的、神圣的、认真的事情！至今的教育对艺术所发出的言论和噪音——我们现在不得不感觉它们就是无耻的强行灌输；一切都约束我们，让我们沉默，让我们保持五年的毕达哥拉斯式沉默。[①] 我们中间有谁没有在现代教育令人恶心的偶像崇拜上玷污过双手和情感！谁不需要清除污垢的水，谁听不见告诫自己的声音：沉默并且保持清洁！沉默并且保持清洁！只有作为听从这个声音的人，我们才分享到我们不得不用来看一眼拜洛伊特事件的那种伟大目光，而只有在这种目光中，才有那个事件的**伟大未来**。

1872 年 5 月里的那一天，基石在阴暗天空下的倾盆大雨中被安放在拜洛伊特的山丘上之后，瓦格纳和我们中间的几个人驱车回城里；他一言不发，其间长久地以一种一言难以表白的目光审视其内心世界。这一天，他开始了他的第六十年的人生：迄今的一切都是对这一时刻的准备。大家知道，人在非常危险的时刻或者干脆说在其人生的一个重要决定中，通过一种无限加快的内心审视，把一切经历都集中起来，以最罕见的敏

① 参见第欧根尼·拉尔修《著名哲学家的生平》，VII. 10。其中有关于强加于毕达哥拉斯学生的长时间沉默的描写。

锐，对最近者和最远者都加以重新认识。当亚历山大大帝让从一个酒坛中饮出亚洲和欧洲时，这一时刻他会看到什么？但是，那一天瓦格纳在内心中看到了什么——他如何成为现在这个样子，他将会成为什么样子——这些，我们近在瓦格纳身边的人能在一定程度上看到，而只有从瓦格纳的这种眼光出发，我们才能理解瓦格纳的伟大行为本身——**为的**
435 **是以这种理解来担保其伟大行为的多产**。

2

如果某人可以做得最好而且也最喜欢做的事情没有以其生活的整体形态重新显现，那就会很离奇；更应该说，在具有突出能力的人那里，生活必然不仅像在任何人那里那样成为性格的反映，而且尤其成为理智及其最个性化能力的反映。叙事诗人的生活自身就会带有某种史诗的东西——顺便说一句，歌德的情况就是这样，德国人很不公正地习惯于首先把他看作抒情诗人——剧作家的人生将走戏剧性的道路。

从支配瓦格纳内心的激情有了自我意识并概括了他的整个天性的那一刻起，戏剧性的东西在他的发展中就绝不可低估。从这时候，探索的东西、浮想联翩的东西、枝蔓丛生的东西被弃置一边，而且在最错综复杂的道路和变化中，在其计划经常采取的冒险轨迹中，存在着唯一的内在法制，一种意志，从这意志出发，就可以解释其计划，尽管这些解释经常会听起来很离奇。但是在瓦格纳的人生中有一个前戏剧性的部分，即他的童年和青年时代，这是你绕不开的谜。他**本人**似乎也一无所知，而人们在回顾中现在也许可以把某些东西理解为他是预先知道的，这些东西首先表现为一些特征的并列，这些特征与其说必然激起希望，不如说必然激起顾虑：一个不安的、易受刺激的幽灵，一种领悟上百事物时
436 的神经质匆忙，一种对几乎病态的高度紧张情绪的狂热爱好，一种从最充满情感的性情宁静时刻到暴力与喧嚣的突然转变。没有严格的祖传家教的艺术训练来限制他：绘画、诗艺、戏剧、音乐作为学术教育和学术未来如此接近地向他走来；目光肤浅的人会认为，他天生是搞业余爱好的。他在小小世界的魅力中长大，这小小世界不属于你会有幸希望一个艺术家将其当作家园的那种。对精神领域的事物不断尝新的危险乐趣向

他逼近，让他在学究云集之城如鱼得水的庞杂知识所引起的自负同样向他逼近；情感很容易被激发起来，却未得到彻底满足；少年的眼光无论转向哪里，都看到自己周围有一种奇异地早熟然而很活跃的东西，色彩鲜艳的戏剧与这东西处于可笑的对立之中，征服心灵的音乐之声与这东西处于不可理解的对立之中。现在，比较研究的专家一般会注意到，恰恰是现代人，如果他有很高的天赋，那么他在青少年时代拥有天真、自我的朴实无华等特性会如何罕见，他拥有这些特性的可能性会如何之小；更应该说，在歌德和瓦格纳那样罕见的情况里，天真确实是做到了，但却是作为成年人，而不是在青少年的年纪里做到这种天真的。尤其是天生模仿力特别强的艺术家，必然遭到现代生活之虚弱多面性的侵蚀，就像患上了严重的儿科疾病；他作为青少年，与他真正的自我相比，将会看上去更像一位老者。十分严格的青年人原型，即《尼伯龙根的指环》①中的齐格弗里特，只能由一个男人来产生，而且是一个很迟才发现自己青年时代的男人。正如瓦格纳的青年时代姗姗来迟一样，他的成熟期也来得晚，以至于他至少在这方面是一种先行天性的对立面。

一旦他精神上、道德上的成熟期来临，他的生活戏剧也就开场了。437
现在他的模样多么截然不同！他的本性似乎被可怕地简化了，被拆解成两种冲动或领域。在最底下，一种强烈的意志掀起惊涛骇浪，几乎从所有通道、洞穴、沟壑中涌现出来，追求权力。只有一种全然纯粹而自由的力量才能为这种意志指出一条通向善与助人为乐之路；如果与一种狭隘的精神相结合，这样一种意志就会以其无限专横的渴求造成灾难；而无论如何，必须很快找到一条进入开阔空间的道路，清新空气和明媚阳光会迎上前来。拼命努力争取，却又一再看到毫无成就的事实，这是很让人恼火的；条件不够充分，可能有时在于环境，在于命运的不可改变，而不在于缺乏力量：但是，不能放弃努力追求的人，尽管是条件不够充分，也似乎会很痛苦，因而容易激动，变得不公正。也许他就在别人身

① 瓦格纳的四部曲歌剧，包括《莱茵黄金》、《女武神》、《齐格弗里特》和《众神的黄昏》。为其上演，瓦格纳设计并建造了在巴伐利亚的拜洛伊特音乐节剧场。该剧的第一场演出成为拜洛伊特音乐节的开幕演出。

上寻找自己失败的理由，甚至可能以强烈的仇恨认为整个世界都有罪过；也许他还固执地走入歧路、秘径，或者使用暴力：于是，就会发生这样的事情，在至善之路上，好人变得粗野。甚至在只追求独善其身的人们中间，在隐士和修士们中间，也有这样一些变得粗野、十足病态、因失败而一蹶不振的虚弱之人。对瓦格纳说话的是一种充满爱心、充满善与甜美、循循善诱的精神，它憎恨暴力行为和自我毁灭，不愿看到任何人受束缚。它降临瓦格纳身上，用安慰的双翼裹住他，向他指路。我们现在来看一眼瓦格纳天性的另一个方面，但是，我们应当如何描述它呢？

438 艺术家创造的形象并非他本人，但是，他明显以最深沉之爱所依恋的一系列形象，却说出了有关艺术家本人的某种东西。现在，请想一下黎恩济①、漂泊的荷兰人和森塔②、汤豪塞和伊丽莎白③、罗恩格林和伊尔莎④、特里斯坦和马克⑤、汉斯·萨克斯⑥、沃坦和布伦希尔德⑦：一股道德上越来越高贵、越来越高大的潜流纽带串联起所有这些形象，它越流越净化，越流越清澈——在这里，我们尽管有羞答答的保留，却直面瓦格纳自己心灵中最内在的发展。在哪个艺术家身上可以看到类似的东西，看到它具有类似的伟大呢？席勒笔下的诸位形象，从强盗直到华伦斯坦和退尔⑧，都奔走于这样一条越来越高贵的道路上，同样说出了有关其创作者发展的某种东西，但是瓦格纳的尺度更大，道路更长。一切都参与了这种净化，并将其表达出来，其中不仅有神话，而且有音乐；在《尼伯龙根的指环》中，我发现了据我所知最合乎道德的音乐，比如布伦希尔德被齐格弗里特唤醒的那一段；在这里，瓦格纳上升到一种情绪高度和情绪的神圣性，使我们必然想到阿尔卑斯山灼眼的冰雪山峰：

---

① 黎恩济，瓦格纳同名歌剧中的主人公。

② 漂泊的荷兰人和森塔，瓦格纳歌剧《漂泊的荷兰人》中的一对恋人。

③ 汤豪塞和伊丽莎白，瓦格纳歌剧《汤豪塞》中的主要人物。

④ 罗恩格林和伊尔莎，瓦格纳歌剧《罗恩格林》中的一对恋人。

⑤ 特里斯坦和马克，瓦格纳歌剧《特里斯坦和伊瑟尔德》中的男主人公及其叔父。

⑥ 汉斯·萨克斯，瓦格纳歌剧《纽伦堡的工匠歌手》中的主人公。

⑦ 沃坦和布伦希尔德，瓦格纳歌剧《尼伯龙根的指环》中的众神之王和重要人物之一。

⑧ 强盗、华伦斯坦和退尔都是席勒作品中的人物。

自然高高耸立于此，如此纯净、孤独、自闭、断念、为爱之光所萦绕；云层和风暴，甚至崇高本身，均置身其下。由该处反观汤豪塞和荷兰人，我们便感受到瓦格纳其人之成长过程：他如何在神秘与不安中开始，如何狂热地寻求满足、追求权力和令人陶醉的享受，往往厌恶地逃逸回来，如何想要甩掉身上的负担，渴望着忘却、否定、弃绝——全部水流一会儿注入这个山谷，一会儿注入那个山谷，扎入到最幽暗的深沟中——在扎入到这种半地下去而进入的黑夜里，有一颗星星高高地出现在他头顶上，闪烁着伤心之光，他按自己对它的认识来称呼它：**忠诚，无私的忠诚！**为什么在他看来，忠诚发出的光比一切更明亮、更纯粹？忠诚这个词对于他的整个存在来说，包含着什么秘密？因为在他思考和创作的每 439
一样东西里，他都勾勒出忠诚的图像和问题，在他的作品中，有一个几乎完整的系列，包含着各种各样可能有的忠诚，其中有最美好的、很少预见得到的那些忠诚：兄弟对姐妹的忠诚，朋友对朋友的忠诚，仆人对主人的忠诚，伊丽莎白对汤豪塞的忠诚，森塔对荷兰人的忠诚，伊尔莎对罗恩格林的忠诚，伊瑟尔德、库尔维纳尔①和马可对特里斯坦的忠诚，布伦希尔德对沃坦内心深处之愿的忠诚——这不过是那个系列的开始。这是瓦格纳自身体验到的最奇特的原始经验，他敬之有如宗教奥秘：他用忠诚一词来表达这种经验，不厌其烦地在出自自身的上百个造型中置入这种经验，并充满感激之情，赋予这种经验以他所拥有和能够拥有的最美妙的东西——那种对其存在的一个境界始终忠诚于另一个境界的奇妙体验和认识，以无拘束的、最无私的爱维护忠诚，这是一个有创造性的、无辜的、更光明的境界对幽暗的、狂放的、暴君式的境界的忠诚。

3

在两种最内在力量的相互关系中，在一种力量向另一种力量的付出中，有着巨大的必然性，他就是通过这种必然性得以保持其完整自我的；同时也是在他看到诱惑他不忠的可能性及其可怕危险一再向他紧逼过来

① 伊瑟尔德和库尔维纳尔，前者为瓦格纳歌剧《特里斯坦和伊瑟尔德》中的女主人公，后者为该剧男主人公特里斯坦的随从。

时，他唯一无力控制而不得不观察和接受的东西。这里流淌着一股成长
者的痛苦泉源：不确定性。他的每一种本能都做出了无可估量的努力，
所有在生存中获得乐趣的才华都想要独立行事，得到自我满足；它们越
是大量参与，骚乱就越大，它们的交汇就越充满敌意。此外，偶然性和
生活刺激着他去获得权力、荣光、最火爆的喜悦，而更经常地折磨他的，
440 是必须生活下去的无情的必然性；到处都是枷锁和陷阱。怎么可能保持
忠诚、保持完好无损？——这常常使他感到十分疑惑，然后就像一位艺
术家的疑惑那样，在艺术形象中表达出来：伊丽莎白只能为汤豪塞而痛
苦、祈祷、死去，她以她的忠诚解救了这个不安而无节制的人，但不是
为了此生。在每个被抛入现代世界的艺术家的生活道路上都有危险和绝
望。他会获得各种各样的荣誉和权力，平安和满足经常光顾他门前，但
始终只是以现代人所了解的、在诚实艺术家看来必然成为令人窒息的雾
霭的那种形式出现。他的危险恰恰在于这种诱惑，也在于对这种诱惑的
拒绝，在于对获得乐趣和名声的现代方式的厌恶，在于以现代人方式对
一切自私的惬意感爆发的怒火。请想象一下他身居官位——就像瓦格纳
不得不担任市剧院和宫廷剧院管弦乐队指挥的职位一样；我们感觉到，
最认真的艺术家如何想要在现代机构几乎是以原则上的草率建立起来并
要求草率的地方厉行认真态度；他如何部分成功，整体上总是失败；他
如何开始感觉到厌恶，想要逃遁；他如何找不到他可以逃遁的去处，不
得不一再回到我们文化中的吉普赛人和遭受驱逐的人那里，作为他们当
中的一员。如果他摆脱掉一种境遇，他很少能使自己得到一种更好的境
遇，有时他还陷于非同寻常的匮乏中。于是瓦格纳变换城市、伙伴、国
家，你几乎搞不明白，他是处于什么样的无理要求和环境之下才容忍了
一段时间。他至今为止的一大半人生总是笼罩在一种沉重的气氛中；他
似乎希望不再进入到一般性中去，而只是从今天到明天具体过日子，所
441 以虽然他不绝望，但也没有信仰。他的心情经常就像一个黑夜中的漫游
者，背负着重负，筋疲力竭，然而通宵激动不已；突然的死亡当时在他
眼前似乎也不是什么可怕的东西，而是富有魅力的迷人幽灵。重负、道
路、黑夜，全都一下子消失了！——这听起来很诱人。他上百次怀着那

种气短的希望重新投身到生活中，将所有幽灵留在身后。但是，在他的行事方式中，几乎总是有一种无度，表明他并不深深地、坚定地相信那种希望，而只是以此来自我陶醉。由于他的渴望和他通常能力不足以或无力满足这种渴望而形成的反差，他犹如受到针刺的折磨一样，被不断的缺憾刺激起来，一旦匮乏突然缓解，他的想象就沉醉于放纵之中。生活变得越来越像乱麻一团；而他这位戏剧家发现的手段和出路也变得越来越大胆，越来越充满杜撰，尽管这纯粹是戏剧上的应急措施，是骗人于一时、只为一时而杜撰出来搬上舞台的题材。它们闪电般迅速地被信手拈来，又同样迅速地被耗尽。完全近距离地观察，不含爱意，则瓦格纳的生活本身带有很多喜剧成分，而且是出自一部荒诞得出奇的喜剧，这让人想起叔本华的一种见解。① 由此而来的感觉，即承认整个生命历程中有一种荒诞的尊严缺失，如何必然对于比任何一位同行更能够独自在崇高和超崇高中自由呼吸的艺术家产生影响——这是值得思想家深思的。

在这样一种只有通过最精确的描述才能引起应有程度怜悯、恐惧、惊异的活动中间，发挥出一种**学习的天赋**，这甚至在德国人这个真正的 442
好学民族那里都是十分非同寻常的；在这种天赋中又生发出一种新的危险，甚至比一种显得无根基、不稳定，为不安的疯狂所左右之生活的危险更大。瓦格纳从一个摸索中的新手成为全能的音乐舞台大师，在任何技术创新中都成为一个发明者和推进者。没有人再对他为所有大型演出艺术树立了最高榜样这一点有何争议。可是他仍然有多得多的作为，为了成为这成为那，他像任何人一样，少不了要学会最高深的文化。他是如何做的呀！看一看这样的事情倒是蛮有趣的。这一切从四面八方长入到他身上、他心中，建构越大、越沉重，条理化、主导化的思想之弓就绷得越紧，而发现科学之路和技能之路很少会让一个人感到如此困难，他不得不经常即兴构筑这样的道路。简单戏剧的革新者、真正人类社会中之艺术地位的发现者、以往人生思考的诗意解释者、哲学家、历史学

① 参见石冲白所译叔本华《作为意志和表象的世界》，441～442 页：“任何个别人的生活，如果是整个地一般地去看，并且只注重一些最重要的轮廓，那当然总是一个悲剧；但是细察个别情况则又有喜剧的性质。”

家、美学家与批评家瓦格纳，这位语言大师、神话学家与神话诗人，他第一次让一个指环包含了美妙、古老而非同寻常的形象，并在其上镌刻了他的精神之神秘符号——他得积累和包含多么丰富的知识才能成为所有这一切啊！然而他的行为意志既没有因为这一切而感到压力过重，也没有因为个别的、最有魅力的东西而被吸引到别处去。为了衡量这样一种态度有多么非同寻常，我们就把歌德当作相反的例证。歌德作为求学者和博学者，显得像是一个有很多支流的河流体系，但是它却没有将其全部力量带到大海，而是至少在流到入海口的时候把同样多的力量留在了、

443 分散在了中途和弯道上。说真的，围绕像歌德那样更加悦己悦人的天性，是某种温情脉脉的、高贵而富丽堂皇的东西，而瓦格纳那种狂澜奔腾般的势头也许会让人受到惊吓。可是谁愿意害怕就害怕去吧，我们其他人则想要通过可以亲眼见识到一位甚至在现代文化问题上也“没有学会恐惧”① 的英雄而变得格外勇敢。

他同样没有学会通过历史和哲学使自己平静下来，也没有学会让它们的效果中那种魔术般的镇定作用和劝阻行为的作用对他发生影响。无论是创造性的艺术家还是奋斗的艺术家都不会因为学习和教育而改变他的生涯。一旦创造力在他身上占了上风，历史就在他手中变成了激动人心的声调；这时候，在和历史的关系中他一下子不同于任何一位学者，更确切地说，他的这种关系类似于希腊人与其神话的关系，也就是与某种人们赖以进行塑造和虚构之物的关系，人们对它怀着爱和某种羞怯的虔诚，然而又拥有创造者的主权。而正因为历史对他来说比任何一场梦都更加易变和可变，所以他就可以把所有时代的典型特征虚构成个别事件，从而达到历史学家从来达不到的描述真实。哪里还有像在罗恩格林身上的情况那样，骑士的中世纪活灵活现地变成了一个形象？工匠歌手们会不会在未来的所有时代都讲述德国天性，甚至不止是讲述；他们会不会更应该说是那种始终要求宗教改革而不要求革命的天性的最成熟果实之一呢？而这种天性即使在其具有广泛基础的惬意中也不忘最高贵的

① 瓦格纳歌剧《齐格弗里特》中的一句台词。

不惬意，那种革新行为的不惬意。

瓦格纳正是一再被他在历史与哲学方面的努力驱赶着走向这种不惬意的：在它们那里，他不仅发现了武器和甲胄，而且尤其在这里感觉到鼓舞人心的气息正从所有伟大武士、所有伟大受苦受难者和思想者的坟 444
墓里吹送过来。你不可能比使用历史和哲学的方法更被整个现代清晰地衬托出来。前者如其通常被理解的那样，似乎现在有这样的任务：让气喘吁吁地拼命奔向自己目标的现代人喘一口气，从而在瞬间似乎有马儿被松了套的感觉。个体的蒙田在宗教改革精神的激情中意味着什么？一种自身的宁静，一种平和的自为存在和放松——他的最佳读者莎士比亚无疑就是这样感觉他的——这就是现在对现代精神而言的历史。如果德国人一个世纪以来特别致力于历史研究，那么这就说明，他们在当代世界的运行中是阻力、延缓力和安抚力：也许有些人会将其变成对他们的赞美。但是总体而言，当一个民族的精神奋斗主要涉及过去，这就是一个危险的标志，一个萎缩、旧病复发、年老体衰的标志，以至于他们会以最危险的方式染上任何向四周蔓延的狂热，比如政治狂热。在现代精神的历史中，我们的学者描绘了这样一种相对于所有宗教改革运动与革命运动的虚弱状态，他们没有给自己设立最自豪的任务，而是确保一种特有的宁静之福。当然，从他们身旁走过了更自由、更有男性气魄的每一步——尽管绝不是从历史本身的身旁走过！历史本身有完全不同的力量，恰恰就如瓦格纳这样的人所感觉到的那样：只是它必须首先在一种更为认真、更为严格得多的意义上，发自一种强大的心灵，一般而言不再像至今总有的情况那样乐观地被书写出来，也就是说，不同于德国学者至今所做的那样。在他们的全部所作所为中，有某种美化、卑躬屈膝、 445
心满意足的东西，他们对事物运行感到满意。如果其中一个人让你注意到，他感到满意恰恰只是因为事情还有可能变得更糟糕，那就已经可以了：他们中间大多数人都不由自主地相信，事情的结果很好。如果历史并非一再是一种乔装打扮的基督教神正论，如果它是以更多的公正和热烈同情写出来的，那么它就会真正对现在为它设定的目的毫无用处：充当针对一切革命因素与革新因素的鸦片制剂。哲学也是类似情况：

大多数人除了对事物有个大概——非常大概——的了解，以便顺应事物以外，不想从哲学中学到任何东西。其缓解力和安抚力甚至受到其最高贵代表的如此强调，以至于好静者和懒惰者必然认为，他们追寻的和哲学追寻的是同样的东西。相反，在我看来，事物在何等程度上拥有一种不可改变的本性和形态，是所有哲学最重要的问题：以便一旦这个问题得到回答，就毫无顾忌地勇敢冲上去**改善世界上被认为可变的那个方面**。真正的哲学家自己也教这一点，凭借的是这样的事实：他们致力于改善人类十分可变的判断力而没有将他们的智慧保留给自己；甚至真正哲学的真正门徒也教这一点，他们像瓦格纳一样，懂得恰恰从这些哲学中为他们的意愿汲取高扬的坚决果断和不屈不挠，但不是麻醉剂。瓦格纳在他最精力充沛、最英勇无畏的地方，最是一位哲学家。而正是作为哲学家，他不仅毫无畏惧地穿越各种哲学体系之火，而且穿越知识和学问之烟雾，而仍然忠实于他的更高自我。这自我要求他
446 参与**他的多面天性的总体活动**，吩咐他去受苦和学习，以便能够从事那些活动。

4

自从希腊人以来的文化发展史，如果你考虑实际上真正走过的道路，完全不算停滞、倒退、迟疑、缓行，那就是够短的了。世界的希腊化以及使之成为可能的希腊文化的东方化——亚历山大大帝的双重任务——仍然是最终的大事件。一种外来文化是否可以得到传播？这个老问题始终还是现代人费尽心机想要解决的问题。那两个因素相互间定期产生的对立作用是尤其规定了至今历史进程的东西。比如，基督教在这里似乎是东方古代文化的一部分，从头至尾都由有过分彻底性的人来加以思考和和处理。希腊文化随着其影响的式微，其力量却重新加大了；我们经历的现象如此令人惊讶，以至于如果你不能跨越巨大的时间段而将其同希腊的类似现象相联系，它们就会变得虚无缥缈地难以解释。因此在康德和埃利亚学派①之

① 埃利亚学派，公元前5世纪在意大利南部的埃利亚形成的前苏格拉底哲学学派，包括巴门尼德（公元前515—前450?）、埃利亚的芝诺（公元前490?—前430?）等哲学家。

间，在叔本华和恩培多克勒①之间，在埃斯库罗斯和理查德·瓦格纳之间，有这样一些接近之处和亲缘关系，以至于人们几乎很明确地被提醒所有时间概念的相对性：几乎就好像有些事物是一个整体，时间只是云朵，使我们的眼睛难以看到这种整体性。精确知识构成的历史尤其也突出了这样的印象，好像我们现在就处于最靠近亚历山大时期希腊世界的地方，好像历史的钟摆重新朝它的起摆点摆回去，迷失在谜一般的远方。 447
我们现在世界的图像毫无新意：了解历史的人必然会越来越感觉到好像正在重新认出一张脸上从前的熟悉特征。希腊文化精神无穷无尽地散布在我们现代世界：一方面，各种各样的力量互相拥挤，人们互相提供现代知识和能力作为交换手段，而另一方面，希腊文化的图像则以苍白的面目朦朦胧胧地、幽灵般地出现在十分遥远的地方。至今被充分东方化了的大地重新又渴望希腊化；想要在这里帮上一把的人当然就必须有速度和飞毛腿，去收集最花样繁多、最遥远的知识点，去发现最偏僻的天赋之洲，去穿越并统治整片辽阔的原野。因此现在需要一系列**反亚历山大**的因素，具有拽紧和捆绑的最强大力量，能拽住最远的丝，保护蛛网不被大风刮破。不是像亚历山大所做的那样快刀斩乱麻地解开希腊文化之结，从而使麻须乱舞，飞向世界各地，而是**在将结解开之后再将结打起来**——这是现在的使命。在瓦格纳身上，我认出了这样一种反亚历山大的因素：他祛除又锁定个别、羸弱、漫不经心的东西。如果允许用医学用语的话，可以说他有一种**收敛**之功效：就此而言，他是真正的文化大腕之一。他驾驭艺术、宗教、各民族史，然而是一个博学者、一个只从事收集和整理工作的人的对立面：因为他是一个将收集到一起的东西塑造成形并赋予灵魂的人，一个**简化世界的人**。如果你将其天才为其设 448
定的这个最一般的使命同现在人们听到瓦格纳的名字时通常首先想到的那种狭隘得多的使命相比，你就不会误解这样一种想法。人们期待他进行一场戏剧改革。假定他改革成功，那么究竟会因此而为那更高的遥远使命做些什么呢？

---

① 恩培多克勒（公元前493—前433），古希腊哲学家、诗人、医生。

当然，现代人会因此而改变、而改革。在我们当代世界里，一件事如此必然地依附于另一件事，以至于无论谁，只要拔出一颗钉子，他就会使大楼摇晃和倒塌。甚至从任何一次其他的真正改革那里，也应该期待我们在这里关于瓦格纳改革外表上夸张地说出的东西。产生最高最纯的戏剧艺术效果，却不在社会风气和国家中、在教育和交往中到处都有所更新，这是根本不可能的。爱与公正，在某一点上，在这里也就是说在艺术领域，变得强势起来，必然按照其内在需要的法则传播开来，不可能回到其从前在虫茧内静止不动的状态。为了理解在何种程度上我们的艺术和生活的关系是这种生活之退化的标志，在何种程度上我们的剧场对于那些建造、造访剧场的人来说是一种耻辱，你必须充分改变观念，并能够一下子将司空见惯的日常生活看作十分非同寻常、错综复杂的东西。判断上少有的模糊不清，糟糕地掩饰起来的对赏心悦目、对不惜一切代价之消遣的追逐，学术思考，表演者一方带有艺术真诚的做戏和表演，老板一方强烈的发财欲望，一个只考虑人民对其有用还是有危险、沉醉于看戏听音乐却忘记了义务的社会之贫乏与漠然——这一切共同构
449 成了我们今日艺术状况的沉闷腐朽空气。但是，如果人们像我们那些有教养的人那样习惯于这一点，那么人们一定会误以为这空气对他的健康很有必要，一旦被强行剥夺掉这种空气，哪怕就一小会儿，就会感觉很不好。实际上人们只有一种手段可以让自己马上相信，我们的戏剧设施是多么平庸，而且平庸得多么奇怪、多么错综复杂：只有拿以前希腊戏剧的现实加以对照！假定我们对希腊人一无所知，那么我们的状况也许就会完全不好对付，我们就会把首先由瓦格纳以宏大方式提出的这种异议当作乌有之乡居民的梦想。也许可以说，不管人们是什么样的，这样一种艺术对他们来说是足够了，也是他们应该得到的——他们从来不曾有过其他的样子！——他们无疑有过其他的样子，甚至现在有些人，至今的设施对他们来说是不够的——拜洛伊特的事实就已经证明了这一点。在这里你们发现有所准备、有所奉献的观众，他们大受感动，处于高度幸福之中，感觉恰恰在其中他们的整个天性都被调动起来，以增强更加高远的向往；在这里你们发现艺术家最忘我的牺牲精神，万剧之剧，一

部本身是常胜艺术行为丰富性典范之作的常胜创作者。能在现在遭遇这样一种现象，不是似乎就像魔幻一般吗？那些可以在这里一同参与、一同见识的人不是必然被改变、被更新，以进一步在生活的其他领域中进行改变和更新吗？在荒漠般广袤的大海之后不是有一个港湾被发现吗？这里伸展在水域上的不是宁静吗？——从这里压倒一切的跌宕、孤独情绪中回到完全不一样的平庸生活中的人，不是必然会像伊瑟尔德那样不断自问吗？“我是怎么忍受的？我还要怎么忍受？”① 而如果他无法将他的 450
幸与不幸自私地藏匿于自身，那么他将从此抓住任何机会，在行为中见证一切。他会问：那些为当今设施而受苦的人在哪里？我们可以和其一起反击当今文化界咄咄逼人之蔓延扩张的那些天然同盟者在哪里？因为我们暂时只有**一个**敌人——暂时！——就是“拜洛伊特”一词为其标明了最大失败之一的那些文化人——他们没有提供帮助，愤怒地加以反对，或者显示出一种更有效果的听觉迟钝，这种听觉迟钝现在变成了最有优势之反对者的惯用武器。可是我们由此而知道，他们未能通过敌意和阴险而破坏瓦格纳的天性本身，阻碍他的工作，还有一点：他们透露出自己很虚弱，至今有权者的抵抗将不再经受得住许多进攻。那些想要征服和取胜的人机会来了，最大的王国敞开着大门，在有财产的地方，谁当财产的主人成了问题。于是，比如教育体系被认为已经腐朽，到处都有悄悄离开这种体系的个人。但愿那些现在事实上已经对这种体系十分不满的人被激发出公开的愤怒和声明！但愿他们不再有沮丧的郁闷！我知道：如果你恰恰要从我们总体教育体系的收益中减去这些人的默默贡献，那么这就会是你可以用以使该体系弱化的最敏感的放血。比如，在学者中，只有那些传染上政治癫狂的人和各种蹩脚文人才待在旧政治体制下。现在从对暴力与不公的依赖中、从对国家与社会的依赖中汲取力量，并 451
由此而有条件使国家和社会变得越来越恶毒、越来越无所顾忌的丑恶机制若没有这种依赖便是虚弱困乏之物：你只要真正蔑视它，它就会轰然倒塌。在人们中间为公正和爱而斗争的人最不必害怕它，因为他的真正

① 瓦格纳歌剧《特里斯坦和伊瑟尔德》中的台词。

敌人只有在他结束眼下对该敌之前卫即当今文化的斗争时，才会站在他的面前。

对于我们来说，拜洛伊特意味着斗争之日的晨祭。再没有比认为我们只对艺术感兴趣更冤枉我们的了，好像艺术起了一种药物和麻醉剂的作用，人们借助这种作用就可以从一切其他虚弱状态中解脱出来。我们从拜洛伊特的那种悲剧艺术品的形象中恰恰看到了个人同把这些个人当作显然无法战胜的必然性来抗拒的一切的斗争，同权力、法律、传统、盟约以及整个万物秩序的斗争。个人完全不可能比在为公正和爱而进行的殊死斗争中使自己成熟并牺牲生活得更加美好。神秘的悲剧之眼用以注视我们的目光绝非使人筋疲力竭、四肢动弹不了的魔术。尽管它注视我们多久就要求我们安静多久——因为艺术不是为斗争本身而存在的，而是为了斗争之前和斗争期间的休息，为了人们回顾性、前瞻性地理解象征因素以及一场让人清醒的梦带着轻微疲劳的感觉接近我们的那些时刻。白天和斗争马上到来，神圣的阴影消散，艺术重新远离我们；但是艺术的慰藉却从拂晓起笼罩在人的头上。要不然个人就到处都看到令他不满的事情，看到他的能力不足和没有能耐：如果他不是事先被奉献给
452 某种超个人的东西，他该以什么样的勇气去斗争啊！个人现有的最大痛苦，即所有人都没有共识，最终理解的不确定性和能力的不均衡，这一切使个人需要艺术。只要我们周围的一切在遭受痛苦和为自己造成痛苦，我们就不可能幸福；只要人类事务的进程由暴力、欺骗和不公来决定，我们就不可能合乎道德；只要整个人类不在竞争中为智慧拼搏，以最智慧的方式把个人引入生活和知识，我们甚至不可能有智慧。如果我们不能在斗争中、追求中、沉沦中认识到某种崇高的、有意义的东西，不从悲剧中学会对巨大激情起伏及其牺牲品拥有兴趣，那我们如何会在这三重的不满感中忍受得了？艺术当然不是直接行动的教师与教育者，艺术在这种意义上从来不是教育者与顾问；悲剧英雄追求的对象并非当然就是值得追求的自在之物。只要我们感觉自己沉湎于艺术的魅力中，我们对万物的评价就会改变：我们在艺术魅力支配下，当悲剧英雄宁愿选择死亡而不是离弃死亡时，我们竟然也赞同他们，将此视为值得追求的东

西——这对于现实生活来说，就很少会有同样的价值和同样的动力，因此艺术正是休息者的活动。艺术展示的斗争是现实的生活斗争的简单化，它的问题是无限错综复杂的人类行为与意愿的缩影。然而恰恰在其中有着艺术的伟大和必不可少之处，它产生了一个更简单世界、一个更简短人生谜底的**假象**。为生活而受苦的人，没有人能缺少这种假象，正如没有人能缺少睡眠。对生活法则的认识越困难，我们就越热烈地渴望那种 453
简单化的假象，尽管只有片刻的工夫，对万物的一般认识和个人的精神道德能力之间的剑拔弩张关系也会变得越紧张。**为了弩不至于张到折断的地步**，所以艺术才存在。

个人应该献身于超个人的东西——悲剧所要求的就是这一点；他应该忘却死亡和时间给个体造成的可怕惊恐：因为在他人生经历的最短瞬间、最小原子中，他会面对某种充分抵消一切斗争、一切困境的神圣事物——也就是说，**有悲剧观念**。而如果整个人类有一天不得不死亡——谁会怀疑这一点！——那么作为最高使命，所有未来时代的目标，即融合成为整一的共同体，便如此向人类提了出来，以至于它作为一个整体，以一种悲剧观念去面对它即将面临的沉沦；在这种最高使命中，包含着人的全部完美化；从对这项使命的最终拒绝中产生出最可能令一个人类之友感到心灵沮丧的图像。我就是这样感觉的！对于人性的未来来说，只有一种希望、一种保障，它在于**悲剧观念不死**。如果人类有一天完全失去了它，那就必然会有无比痛苦的叫喊响彻大地；另一方面，再幸福不过的乐趣莫如知我们所知——犹如悲剧观念重新降生于世一般。因为这种乐趣是一种充分超个人的、普遍的乐趣，是人类对真正人性因素有保障的相互关联和继续的欢呼。——

5

瓦格纳将现在的生活和过去挪到了知识的光线之下，这光线很强， 454
足以让你看到非同寻常的距离之外，因此他是世界的简化者；因为世界的简化始终在于认识者的目光重新驾驭一种十分巨大而荒芜的表面混乱，将以前互不相容地分开的东西合而为一。瓦格纳这样做是通过在两个显得陌生而冷漠、有如处于各自领域的事物之间找到一种关系：在**音乐和**

生活之间，同样，在**音乐和戏剧**之间。不是说他发明或首先创造了这些关系，它们存在并且原本就躺在每个人的脚跟前，正如大问题总是像宝石，上千人从它上面跨过去，直到最后才有一个人把它捡起来。瓦格纳自问，在当代人的生活中，恰恰是这样一种艺术，比如音乐艺术，以一种无可比拟的力量再生，这意味着什么？完全没有必要为了在此看到一个问题而轻视这种生活；不，如果你考虑这种生活所特有的巨大权力，并将一个有力地奋发向上、为**有意识的自由**和**思想独立**而斗争的人生之图像呈现于自己的灵魂之前——此时音乐才在这个世界上真正显现为谜。你可不要说：这一个时代音乐不**可能**再生！可是，究竟音乐的存在是什么呢？一个偶然事件？当然，甚至个别的伟大艺术家也是一个偶然事件，但是这样一支伟大艺术家队伍的现象，就如当代音乐史所表明的那样，亦如仅仅还有一次，在古希腊时期有过的同样情况那样，值得深思，在这里不是偶然性，而是必然性占上风。这种必然性正是瓦格纳做出了回答的那个问题。

455　他首先认识到有一种紧急状态蔓延开来，就如现在文明将各个民族联系起来一样：在这里，**语言**到处都患了疾病，这种巨大疾病的压力成为整个人类发展的负担。由于语言不得不持续登上梯子上它可以够到的最后几根横木，为的是尽可能远离它原本能够十分朴实地适应的强烈感情冲动，领悟感情的对立面，即思想的王国，所以语言的力量被这种在当代文明之短暂时期中的过分伸展搞得筋疲力尽，以至于它现在恰恰不能再享受它赖以单独存在的东西，为的是让受苦人互相理解最简单的生活必需。人类不再能借助语言来表达自己所处的困境，也就是说，真实地倾诉衷肠：在这种有黑暗感的状态中，语言到处都变成了一种自为的暴力，它用幽灵般的双臂抓住人类，将其推向其原本不想去的地方；一旦人类寻求达成互相理解，并联合起来共同工作，一般概念甚至词语的抑扬顿挫就能让人疯狂起来，而由于这样无法沟通，人类集体精神的创造物重新佩戴了互不理解的标志，因为它们不适应现实需求，而只适应那些专制词语概念的空泛性，于是人类在他们所有的痛苦之上又增加了**习俗**造成的痛苦，也就是说，没有在感情上而只在词语和行为上取得一致所造成的痛苦。任何艺术都会在沉沦中达到某一点，在这一点上，其病态蔓延的手段和形式成功地控制了艺术家的年轻心灵，将其变成它们的奴隶，语言也一样，你在它的沉沦中成为词语的奴隶；在这种强制之下，没有人再能够自我表白、天真地说话，很少人能够在同一种教育的 456
斗争中维护自己的个性，这种教育相信，证明它胜利的，不在于它在教育上迎合清晰的感觉和清晰的需求，而在于将个体织入“清晰的概念”之网中，并教会其正确的思维：好像如果不事先成功地将某人变成一个有正确感觉的人，那么把他变成有正确思维推断能力的人，也会有某种价值。现在，当我们德国大师的音乐回响在如此受到伤害的人类心灵中时，真正回响的究竟是什么呢？正是这种**正确感觉**，所有习俗、所有用艺术表现的人与人之间的陌生化效果与互不理解状态的敌人。这种音乐是回归自然，同时又是自然的净化与改造；因为在最深情之人的心灵中产生了对那种回归的迫切需要，**在他们的艺术中响起了转化成为爱的自然之声**。①

让我们将此视为瓦格纳对“音乐在我们时代意味着什么”这一问题的一个回答，他还有第二个回答。音乐与生活的关系不仅是一种语言对另一种语言的关系，也是完美的音响世界对整个视觉世界的关系。但是，当代人的存在在被视为作用于眼球的现象并与以前的生活现象相比较的情况下，显示出一种不可名状的贫乏与衰竭，尽管有着不可名状的色彩斑斓，但只有最肤浅的目光才会为此而感到欣喜。如果你再看得仔细一点，并分析这种激烈变化的色彩游戏所造成的印象，那么从整体上看，这不就像从早先文化中借来的无数小宝石、小碎片的光亮与闪烁吗？在这里不是一切都是不适当的奢华、模仿动作、自以为是的外表吗？都是给赤身裸体者和受冻者受用的一件用五颜六色碎片做成的衣服吗？都是 457
期望苦难者跳的一场虚假欢乐舞蹈吗？都是深受伤害者所炫耀的十分自负的表情吗？而在这中间，只是被运动与旋转的速度所掩盖和隐瞒的——是苍白无力、痛心的不睦、辛勤中的无聊、不坦诚的困境！现代

① 参见瓦格纳《歌剧与戏剧》，见《文集》，第 4 卷，122～123 页。

人的形象完全变成了假象；他所呈现的形象让你看不见他，将他完全藏匿起来。一个民族，比如法国人、意大利人，所保留的独创性艺术活动残余被应用到这种藏匿游戏艺术中。在现在人们要求“形式”的任何地方，在社会中，在谈话中，在作家的表述中，在国家的相互交往中，人们不自觉地将“形式”理解为一种令人高兴的外表，即形式作为一种必然形态之真正概念的对立面，这种形态和“令人高兴”、“令人不快”无关，因为它就是必然的，而不是任意的。然而甚至在不明确要求这种形式的文明民族中间，你也会同样很少拥有那种必然形态，只是在争取那种令人高兴之外表的过程中没有那么幸运，尽管至少会同样热心。因为外表在这里那里**有多么令人高兴**，以及为什么现代人努力显示外表必然令每一个人高兴，各人对此感受的程度是和他自身作为现代人的程度相一致的。“只有划桨的奴隶互相了解，”塔索说，“而我们只是彬彬有礼地**误解**他人，乃至于他们反过来误解我们。”①

在这个形式的、期待错觉的世界上，现在出现了充满音乐的灵魂——为达到什么目的？他们按照伟大的自由节奏运动，高贵而真诚，
458 以超人的激情，放射出强大而宁静的音乐之火的红光，这熊熊大火从他们内心深处喷涌出来——这一切是为达到什么目的呢？

通过这些灵魂，音乐渴望其体态匀称的姐妹——**体操**，如同渴望其在有形王国中的必然造型：在这样的寻求和渴望中，音乐变成了关于整个当下之欺骗性视觉表面世界的判官。这是瓦格纳关于音乐对这个时代可以有何意义这个问题的第二个回答。你们帮助我，他对能听见的人喊道，你们帮助我发现那样一种文化吧，我的音乐将这种文化预言为重新发现的真实感觉之语言；反思一下吧，音乐的灵魂现在要为自己塑造一个躯体，它通过你们大家在运动中、在行为中、在习惯与习俗中寻求其通往可见性的道路！现在就有理解这种呼唤的人，而且这种人会越来越多；他们也第一次重新领悟了将国家建立在音乐基础上是什么意思——某种古希腊人不仅领悟而且也要求自己的东西，而同样的充分理解将像

① 歌德戏剧《托夸多·塔索》第5幕第5场中的一句台词，其中“误解”一词的强调为尼采所加。

大多数人现在谴责教会那样无条件地谴责现在的国家。通向一个如此崭新然而并非任何时候都闻所未闻之目标的道路导致自我承认，我们教育中最耻辱的缺陷及其无法使人脱离野蛮状态的根本原因在于何处：我们的教育没有那种动态的、具有造型力量的音乐之魂，它的要求和机构是一个时代的产物，在这个时代中，我们在多种意义上如此信赖的那种音乐根本还没有诞生。我们的教育是当下最落后的体制，落后就落后在唯一的新生教育暴力方面，这是现代人胜过——或者有可能胜过——以前几个世纪之人的方面，假如他们不再愿意在片刻时间的鞭笞下如此轻率 459
地继续生活在当下！因为他们直到现在还没有让音乐之魂投宿到自己心中，所以他们也还没有感觉到体操一词的希腊意义和瓦格纳意义；这又是之所以他们的造型艺术家只要他们像现在仍一如既往的那样要放弃将音乐当作一个进入崭新视觉世界的引路人便注定无望的原因：无论有多大才能，也总会过早或过晚，总之是不合时宜，因为这是多余和无效的，甚至连以前时代的完美者和最高者，当代造型艺术家的范本，也是多余的，几乎无效的，几乎不能将一石置于另一石之上。如果他们在自己的内心体验中看不到面前的新形象，而始终只是背后的旧形象，那么他们就是为历史服务，而不是为生活服务，在他们谢世之前就已经死去。但是现在在自身中独自感受到硕果累累之真正生活的人，能让自己仅片刻工夫就被任何致力于形象、形式、风格的东西诱骗到继续有结果的希望那里吗？他超越了这种类型的所有虚荣；他很少想到在其理想的听觉世界之外发现造型奇迹，同样也不期待我们衰竭、褪色的语言还会出大作家。因为不听任何无用的敷衍搪塞，他忍住了，没有把深深不满的目光投向我们现代人：如果他的心没有足够温暖到有同情心的地步，那就让他充满愤怒和仇恨吧！甚至恶意与讽刺也比他按照我们艺术之友的方式让自己沉浸在一种骗子的惬意和一种宁静的醉酒之中要更好！然而，即使他不仅仅会否认和讽刺，即使他能爱、同情、共建，他也不得不首先否认是要以此为其乐于助人的灵魂开辟道路。如果音乐有一天使许多人具有虔诚之心，将他们变成受其最高意图托付的人，那就必须结束和一 460
种如此神圣的艺术所进行的整个沉湎于酒色的交往；我们的艺术消遣、

剧院、博物馆、音乐会经理处所立足的基础，就是那种“艺术之友”，应该禁止；被寄予厚望的国家认可应该变成不认可；恰恰赋予驯兽般培养艺术之友的做法以独特价值的公众判断应该以一种更好的判断取而代之。在此期间，**艺术的死敌**甚至必然被我们看作真正的、有用的盟友，因为他宣称自己与之敌对的东西，正如“艺术之友”对艺术所理解的那样，就只是艺术：他甚至不了解其他东西！让他至少给这位艺术之友复核一下对金钱的疯狂挥霍，这种挥霍就在于其剧院和公共纪念碑的建造，其“著名”歌唱家和演员的任用，其毫无成果的艺术学校和美术馆的维护：完全不算在每一个家庭里，在臆想“艺术兴趣”的教育中，所抛弃掉的一切努力、时间与金钱。在那里没有饥与饱，而始终只有一种以饥饱假象所做的萎靡游戏被想出来进行毫无价值的表演，来误导别人对其做出的判断；或者更糟糕的是：如果艺术在这里被相对认真地对待，那么人们就会要求它产生出一种饥饿和渴望，并发现它的使命就在于这种人为产生的激动。就好像人们害怕自身由于恶心和麻木而毁灭，于是人们呼吁所有的恶魔，让自己像猎物一样被这些追猎者驱赶：人们渴望痛苦、愤怒、仇恨、狂热、突如其来的惊骇、透不过气来的紧张，就把艺术家请来充当驱赶魔鬼的巫师。艺术现在在我们有教养之人的心灵家园中是
461 一种全然杜撰的或者一种可耻的、羞辱的需求，不是一种虚无，就是一种恶毒的东西。艺术家，更好、更罕见的艺术家，犹如困在一场令人麻木的梦中，看不到这一切，他犹豫不决地用没有把握的声音重复幽灵般悦耳的话语，他以为听到了这从十分遥远之处传来的话语，可实际上听得不够真切；完全现代类型的艺术家则相反，他一路走来，十分蔑视他更高贵同事的梦幻探索与言论，他用绳索牵着一大群狂吠的恶犬，这便是拴在一起的激情与可憎之事，一旦需要，就会放开它们，让它们扑向现代人：现代人甚至宁愿被追猎、伤害、撕成碎片，而不愿意非得安静地独处。独处！——这种想法震撼了现代心灵，这是**其**恐惧和对鬼魂的敬畏。

当我在人口众多的城市里看着成千上万人如何带着阴郁、匆忙的表情从身边走过的时候，我就一再对自己说：他们的心情一定很糟糕。然而，对于所有这些人来说，艺术仅仅是为了让他们的心情变得更糟糕而

存在的，让他们变得更阴郁、更麻木不仁，或者更匆忙、更贪婪。因为**错误的感觉**像驯马师一样不断规驯他们，完全不允许他们对自己承认自己的不行；如果他们想要说话，习俗就对他们小声说起了悄悄话，他们听了以后就忘记了原本想要说的话；如果他们想要互相理解，他们的理解力就好像中了咒语，变得麻木不仁，以至于他们把自己的不幸称为幸运，并且完全是故意地互相结合起来成为自己的不幸。于是他们被彻底变形，降格为由错误的感觉任意摆布的奴隶。

6

我只想用两个例子来表明，我们时代的感觉是如何被颠倒的，以及 *462*
这个时代如何没有意识到这种颠倒。从前人们以真正的高贵态度俯视那些做金钱交易的人，尽管人们也很需要这样的人；人们对自己承认，任何社会都必然有其内脏。现在这样的人作为现代人当中最贪婪的部分，成了现代人灵魂中的统治力量。从前人们只是警告不要太认真看待日子、瞬间，建议要以 *nil admirari*① 来对待，劝人关心永恒的事物；现在在现代灵魂中只剩下一种认真，它针对的是报纸或电报带来的消息。利用瞬间，而且为了从瞬间得到好处，尽可能快地评判瞬间吧！——人们可以相信，当下的人甚至只剩下一种美德了，即心思的当下性。可惜，实际上这更是一种肮脏而不知餍足之贪婪和一种人皆有之的四处窥探之好奇心的无处不在。究竟**心思**现在是否**在当下**——我们要将对这个问题的研究留给未来的裁判者，他们有一天将会让现代人过一过他们的筛子。然而，这个时代是平庸的，这一点人们现在就能看到，因为它推崇以前的高贵时代所蔑视的东西；但是如果它现在仍将以往的全部宝贵智慧和艺术占为己有，并穿着最华丽的服装走来，那它就会显示出一种对其平庸的可怕自我意识，这种自我意识在于：它不需要那件华丽外衣来保暖，而只需要自欺欺人。伪装和藏匿的需求对它来说，显得比不冻僵的需求更迫切。于是现在的学者和哲学家不用印度人和希腊人的智慧使自己在

① 拉丁文：平常心态。语出贺拉斯《书信集》，I. VI. 1：“平常心态也许是能使一个人快活并常乐的唯一之物。”

463 内心里变得智慧和平静：他们的工作应该仅仅是为了使当下获得一个有智慧的好名声，很有欺骗性。动物史的研究者努力把现在国与国之间、人与人之间交往中的暴力、狡诈、复仇欲的兽性发作说成是不容改变的自然法则。历史学家热衷于以谨小慎微的勤奋来证明以下命题：每个时代都有自己的权利、自己的条件——为我们时代要经历的未来诉讼程序做好像法庭辩护主导思想那样的准备。国家学说、民族学说、经济学说、商贸学说、法制学说——他们现在都有那种**准备中的辩护**性；甚至好像精神仍在从事的唯一事情，就是为当下辩护和辩解，而不会在效益机器和权力机器的运转中自我消耗掉。

面对哪位起诉人？人们惊诧地这样问道。

面对自己的愧疚良知。

而在这里，现代艺术的使命也一下子变得清晰起来了：痴或醉！催眠或令人陶醉！用这样那样的方法把良知变成无知吧！帮助现代灵魂摆脱愧疚感，而不是帮助它回到无辜吧！至少有那么一些瞬间这样做吧！通过人在自己内心里被置于不得不沉默、不得不倾听的状态而为人对自己做出辩护吧！——很少人一旦真正感觉到艺术这种令人感到耻辱的使命、这种可怕的耻辱，灵魂会充溢、并不断充溢着悲叹与同情，但是也充溢着一种优势的新渴望。想要解放艺术、再生其不受玷污之神圣性的人，必然自己先从现代灵魂中解放出来；只有作为一个无辜者，他才可
464 以发现艺术的无辜，他有两件非同小可的事情要完成：净化与神圣化。如果他胜利了，如果他以其解放了的艺术、出自解放了的灵魂对人说话，那么他就会陷入最大的危险、最可怕的斗争；人们宁愿撕碎他和他的艺术，而不会承认，他们如何由于羞愧而不得不对他和他的艺术怕得要死。很可能，艺术的拯救，亦即现代唯一可以期望的光明，仍然是一些孤独灵魂的事情，而许多人不断坚持注视其上下窜动、冒着浓烟的艺术之火：他们甚至不**要**光，而要眼花缭乱，他们甚至**憎恨**光——照耀在自己身上。

于是他们避开新的光明放送者，但是他为他从中诞生的爱所迫而追踪他们，想要强迫他们。"你们应该穿越我的奥秘，"他对他们喊道，"你们需要他们的净化和震惊。为了你们的拯救而冒此风险吧，不要去管微

明微暗中那点自然和生活，你们似乎只知道这点东西；我引领你们进入一个同样真实的王国，当你们走出我的洞穴，回到你们的白昼中去时，你们自己应该说，哪一种生活更真实，白昼真正在哪里，洞穴在哪里。自然越到内部越丰富、越强大、越其乐无穷、越可怕，按照你们通常的生活方式，你们不了解它。学会自己重新成为自然吧，然后和自然一起并在自然中让你们自己被我的爱与火之魔法转变吧。”

这是如此对人类说话的**瓦格纳艺术**之声。我们这些可悲时代的孩子可以首先听到其声音，这一点表明，恰恰我们这个时代必然多么值得同情，而且总体上表明，真正的音乐是一段命运和一部原始法则；因为音乐的声响完全不可能恰恰在现在出自空洞的、无意义的偶然，一个偶然的瓦格纳会被抛入其他因素而为这些因素的超暴力所碾碎。但是，在现 465
实瓦格纳的成长之上，有一种美化与辩解的必然性。他的艺术，从其形成来观察，是最富丽堂皇的景观，尽管那种成长也会如此痛苦，因为处处都流露出理性、法则和目的。观察者在这种景观造成的欢乐中，甚至将赞美这种痛苦的成长，并饶有兴致地思考，对于先天决定的天性天赋来说，何以任何东西都变成福禄，尽管天性天赋也要经过艰难的训练；何以任何危险性都使天性天赋更勇敢，任何胜利都使其更特别；何以天性天赋以毒药和不幸为生，却因此而变得健康强壮。周围世界的嘲弄和异议是对它的刺激与鞭笞；如果它迷路了，那么它就带着从谬误与徒劳中获取的最奇异之战利品回家；如果它睡觉，那么“它只是睡出了新的力量”①。它自己锻炼身体，使身体精力充沛；它越是长久地生活，越不消耗生命；它像一种轻松愉快的激情支配着人类，让人类恰恰在其疲足困于沙丘之中、伤于岩石之上时展翅飞行。它只是能够通报，每个人都会参与它的工作，它不吝啬它的馈赠。如果遭到拒绝，它就更丰富地馈赠；如果遭到受赠者之糟蹋，它甚至送出它拥有的最贵重之珍品，而且——根据最老与最新的经验，还没有过受赠者完全配得上那种馈赠。由此，音乐通过其向现象世界说话的先天决定的天性，便是天底下最神秘莫测

---

① 引自《纽伦堡的工匠歌手》第3幕中汉斯·萨克斯的独白。

的事物，一个力与善在其中结伴而居的深渊，一座自我与非我之间的桥梁。谁能明确说出它到底为什么目的而存在的呢？尽管甚至它成长方式的合目的性也是可以让人猜到的。可是，人们可以出自最快乐的预感发问：大为小而存在，最大天赋的存在有利于最小天赋，最高美德和神圣
466 的存在是为了虚弱者的缘故吗？真正的音乐必然是因为人们**最不配享有它而最需要它**才响起的吗？你只要专心致志于这种可能性之天大奇迹，那么，如果你由此而回顾一生，你就会看到这一生多么光彩照人，而此前它又会显得多么阴暗，多么笼罩在雾霭之中啊！——

7

别无其他可能：面对着瓦格纳那样一类人的观察者必然不由自主地时不时被抛回到自身，抛回到自己的渺小和脆弱。他会自问：你该如何看待这类人？你究竟为何而存在？——也许他这时候回答不了，他瞠目结舌地在自己的天性面前一动不动。那就让他满足于体验到了这一切；让他在**感觉自己异化于自己天性**的事实中听到关于那个问题的答案。因为正是以这样的感觉，他分享了瓦格纳最强有力的生命表现，其力量的核心，其天性的那种魔幻**感染力**与克己为人，这种天性可以将心里话告诉别人，就像它把别的事物告诉自己一样，在付出和采纳中拥有其伟大。当观察者被瓦格纳奔放四溢的天性所战胜时，他对这种天性之力量本身颇感兴趣，于是他几乎就是**以其人之道还治其人之身**地变得强大起来；而任何仔细检讨自己的人都知道，甚至观察也包含着一种秘密的敌视，一种直面的敌视。如果他的艺术让我们体验一颗漫游之灵魂所经历的一
467 切，分享其他灵魂及其命运，学会用许多眼睛看世界，那么在我们体验他自身以后，就也能够出自这样的疏离与冷僻而看到他自身。这时候，我们非常确切地感觉到：在瓦格纳身上，世上一切可见之物都要深化、内化为可听之物，并寻找自己失去的灵魂；在瓦格纳身上，世上一切可听之物也同样要作为现象而向外、向上显现为眼睛可见之物，似乎是要赢得肉体性。他的艺术总是引着他走双重道路，从一个作为广播剧的世界出来，进入一个作为舞台剧而关系神秘莫测的世界，以及相反情况，他总是被迫——连同观察者一起——将可见的激动转化回到灵魂和原始

生命中去，另一方面又将最隐蔽的复杂内心世界看作现象，将其包裹在身体的外表之中。这一切便是**酒神颂戏剧家**的本质，如果完整地来看这个概念，那它就同时包含演员、诗人、音乐家三个方面：正如这个概念必然会从瓦格纳之前的酒神颂戏剧家唯一完美的现象中，从埃斯库罗斯及其古希腊艺术同行中，推断出来。如果你尝试从内在的顾忌或瑕疵中推导出最伟大的发展，如果，比如说，歌德将作诗看作是画家失败后的一种出路，如果你谈论席勒的戏剧能像谈论一种经移植的大众脱口秀，如果瓦格纳自己也试图如此将德国人对音乐的促进解释为，他们在丧失了一种自然旋律之声音天赋的那种富有诱惑力的原动力以后，不得不多少以其宗教改革家看待基督教的那种极严肃的态度来看待音乐——如果你要以同样的方式将瓦格纳的发展同这样一种内在的顾忌联系起来，那么你也许就可以认为在他身上有一种演员的原始天赋，这种天赋必然拒绝满足于最近、最平庸的道路，在将所有艺术培养成伟大的演员叙事过 468
程中找到其出路和拯救。但是，这时候你也必然同样可以说，最强有力的音乐天性在不得不对牛弹琴的绝望中，强行打开了走向其他艺术的通道，以便最终以百倍的清晰倾诉衷肠，硬是为自己赢得理解，最大众化的理解。但是，无论你如何想象原始戏剧家的发展，他都是有其成熟与尽善尽美的、毫无顾忌与瑕疵的构成物：只能同时以各种艺术方式思考的真正自由艺术家，表面分离的各领域之间的中间人和调解人，艺术能力统一性、整体性的再造者，这种统一性、整体性完全不可能猜测、推断出来，而只能通过行为展现出来。可是，如果这个行为在某人面前突然做出来，那么它就会像最可怕、最富有魅力的魔法师一样征服这个人：他一下子站在一种消除理性反抗、让人们至今在其中生活的一切其他事物都显得非理性和不可理解的权力面前。我们不知所措，游荡于谜一般的烈性元素之中，不再理解我们自己，不再认识最熟悉的人；我们手中不再有尺度，一切法定的东西，一切僵化的东西，都开始运动，每一件事物都放射出新的光彩，用新的字符向我们娓娓道来——为了在这种混合着狂欢与恐惧的情况下能决定如何作为，并对戏剧家说：“如果一个人凭其智慧而有可能成其为一切，并能模仿所有事物，当他来到我们的国家时，我们就要将他尊为某种神圣、神奇之物，将油膏涂于其首，用羊毛装饰其头顶，但是尝试鼓动他去另一个国家”①，你就得成为柏拉图。
469 也许，生活在柏拉图之国中的一个人能够而且不得不下决心做上述那样的事情：我们所有不在该国，而是完全在别的国家生活的其他人都渴望并要求魔法师到我们这里来，尽管我们害怕他——恰恰是为了让我们的国家以及恶毒理性及其体现之权力有一天以遭到否定的形式出现。一种没有模仿艺术家也没问题的人类状态，人类之团体、道德、生活秩序、整体设施的状态，也许并非完全不可能，可是恰恰是这个“也许”，属于现有最大胆的“也许”之列，分量完全和“很难”一样重②；只有能在预期中产生并感觉到一切行将降临者的降临时刻，然后不得不——而且可以——像浮士德一样成为盲人的人，才会随便来谈论这个问题：因为这样的盲目**我们**自己没有权利得到，而比如柏拉图，在向理想希腊投去他眼睛的那个唯一的一瞥之后，便有权利对现实希腊视而不见。我们其他人之所以更需要艺术，恰恰是因为我们变得**直面现实**了，而我们恰恰需要全才戏剧家，以便他至少可以把我们从直面现实者现在在自己和自己肩负的使命之间所感到的可怕紧张中拯救出来几个小时。我们和他一起登上感觉的顶峰，只有在那里，我们才以为重新回到了自由天性和自由王国之中；在那里，犹如在巨大的空中映像中，我们把在拼搏、胜利、失败中的我们自己和我们的同类看做崇高和富有意义的东西，我们兴致勃勃于激情的节奏与激情的牺牲品，我们在英雄每跨出的强有力的步伐中听到了沉闷的死亡回声，并在其附近理解了生活的最高魅力——于是，
470 在变形为悲剧人之后，我们在很少受到安慰的情绪中，带着新的安全感回归生命，就好像我们现在从最大的危险、放荡不羁、心醉神迷中找到了回归有限和家园之路，前往我们能绝对友好地、无论如何都比从前更

① 引自柏拉图《理想国》，III. 398a。

② 德语中的“也许”这个词是 vielleicht，由 viel（多，很）和 leicht（轻，容易）两个词组成，尼采在这里暗示的是“很容易”的意思，接着又生造了一个词 Vielschwer，由 viel 和 schwer（重，难）两个词组成，尼采取其“很难”的意思，使两者形成对照。尼采在这里玩了一个文字游戏，兼顾了“轻”、“重”、“难”、“易”几方面的意思，要说明的是那样一种状态几乎不可能。

出色地交往的地方。因为在这里显得重大、紧迫、朝一个目标奔去的一切，同尽管只是在梦中、却是我们自己跑过的道路相比，奇异地仅仅像是那种我们恐惧地意识到的全面经历中的个别片段；我们甚至会陷于危险之中，会被诱惑对生活过于满不在乎，之所以如此，是因为我们以如此非同寻常的认真态度来理解艺术中的生活：暗示一下，瓦格纳关于他自己的生活和命运就说过这样的话。① 因为尽管对于只能体验而不能创造这种酒神颂戏剧家之艺术的我们来说，梦几乎会被看得比清醒的、现实的事物更真实。但是创造者首先就得如何评价这种矛盾啊！他自己站在那里，在白天、生活需求、社会、国家的所有嘈杂呼唤与纠缠不休中间——作为什么东西？也许，好像他就是昏昏沉沉受折磨的昏睡者当中，纯粹的臆想者、痛苦者当中，唯一的清醒者，唯一有真实、现实意识的人；有时候，他无疑甚至感觉像是被长久的失眠所纠缠，像是不得不和梦游者及幽灵般认真行事的家伙一起度过其通宵不眠、头脑清醒的一生，以至于在别人看来司空见惯的东西，在他那里就显得阴森可怕，他感觉自己受到诱惑，用纵情的嘲弄来对待这种现象造成的印象。可是，这种感觉多么奇特地交叉起来，这时候，恰好结合到他那惊人傲慢的清醒明白中的，是一种完全不同的冲动，是从高处深入到下面去的渴望，是对大地、对共享之幸福的活生生企盼——然后，他回想起他作为孤独的创造者所惦记的一切，好像他会马上像一位降临大地的神一样，“用灼热的双臂”② 把一切虚弱的、人性的、失去的东西“举到天上”，以便最终找 471
到爱，而不是朝拜，并在爱中甚至完全克制自己的爱！然而，正是在这里假设的交叉，是酒神颂戏剧家灵魂中事实上的奇迹：如果他的天性在某个地方也可以用概念来理解，那么就必然是在这个地方。因为当他在这种交叉感觉中充满期望的时候，当那种可怕而纵情地对世界感到的诧异和惊奇同强烈的渴望结合起来，作为施爱者接近这同一个世界的时候，这便是他的艺术的生殖时刻。无论他投向大地和生命的是什么样的目光，都始终是“汲水”、聚拢云雾、在周围贮存起雷雨云的阳光。他的目光既

① 参见瓦格纳《论国家与宗教》，见《文集》，第 8 卷，7～9 页。

② 不严格地引自歌德的诗《神与印度神庙的舞伎》。

明亮深邃又仁爱无私地低垂下去，而他现在用他目光的这种双重光亮度为自己照亮的一切，以可怕的速度驱使自然爆发出其所有的力量，昭示其最隐秘的秘密，而且是借助于**羞涩**。说他以那种目光令自然惊讶，说他赤裸裸地看到了自然，这不止是一幅图画，因为自然现在羞涩地逃入了它的对立面。至今不可见的、内在的东西躲进了可见事物的领域，成为现象；至今仅仅可见的事物逃入了发出声响者的幽暗大海：**于是，自然通过想要躲藏起来而揭示了其对立面的本质**。在有疯狂节奏而又翩翩然的舞蹈中，以陶醉的姿态，原始戏剧家谈论着他身上、自然中现在发生的事情：他舞蹈动作中体现的酒神颂是令人震惊的理解，纵情的明察秋毫，同样也是爱的亲近，欢乐的自我克制。词语陶醉地追随这一系列
472 节奏，同词语相结合的旋律响起；另一方面，旋律又将其火花进一步抛入图像与概念的王国。一个梦中幻象，像又不像自然及其追求者的图像，飘然而来，浓缩成更加人性的形象，按照一种完全英雄主义的、纵情的意欲，一种充满幸福的沉沦和不再意欲这样的程序扩展开去——于是悲剧诞生了，于是他最美妙的智慧，悲剧观念的智慧，被赠予生命，于是最终产生出凡人中最伟大的魔法师和恩主——酒神颂戏剧家。

8

瓦格纳实际上的生活，也就是说，酒神颂戏剧家的逐渐显现，同时也是一场同自我的持续斗争。同进行反抗的世界的斗争之所以对他来说变得如此严重、如此可怕，只是因为他听到这个“世界”，这个诱人的女对手，从他自己嘴里对他说话，因为他在自己心里藏匿了一个进行反抗的强大恶魔。他生活中的**主导思想**认为，剧场可以产生无可比拟的效果，所有艺术中最了不起的效果，当这种思想在他心中出现时，他就将他的本性扯入了最激烈的骚动。关于他进一步的渴望和行为，并没有因此而立即产生一个明确的、轻易的决定；这种思想起初几乎只是以一种诱惑者的形象出现的，作为那种不可捉摸的、不知餍足地渴望**权力与光辉**的个人意志的表现。效果，无可比拟的效果——如何达到？对象是谁？——这是从现在起盘旋在他头脑中、心中的无休止的问题和追问。他要没有任何艺术家先例地取胜与征服，并且尽可能一下子就达到他梦

寐以求的那种暴君的无限权力。他用嫉妒而深入窥探的目光衡量一切有 473
成果的东西，更是观察必然会受影响的人。通过像阅读自己心中最熟悉的文字一样阅读灵魂的戏剧家之魔法师眼光，他探究观众和听众，尽管他经常在理解时变得不安起来，但是他仍然伸手去抓取征服他们的手段。这种手段他信手拈来；对他产生强烈效果的东西，他是想要的，也能做到；他在每一个阶段上都很理解自己的榜样，就好像他自己也能造就他们，他毫不怀疑他能做他喜欢做的事情。在这一点上，也许他是一个比歌德还要“自行其是”的人。歌德这样说起自己：“我总是心想便会事成；人们会给我戴上一顶王冠，我就会认为这是不言而喻的。”① 瓦格纳的能力，他的“品位”，同样还有他的意图——所有这一切在所有时候都如此互相匹配，就像锁中的钥匙——它们一起**变**大、**变**自由——可当时它们不是这样的。虚弱但是高贵却又自私寂寞的感觉，那种这个或那个远离大众、受过文学美学教育的艺术之友所拥有的感觉，同他有何相干！但是，由大众在戏剧歌唱的个别高潮中掀起的那些强劲灵魂风暴，那种突然传播开去的情绪的陶醉，完全诚实无私——这是他自己经验与感觉的回声，这时候他身上浸透着一种对最高权力与效果的热烈向往！于是他终究把**大歌剧**②理解为能够表达他主导思想的手段；他的渴望催他向往大歌剧，他的眺望对准了大歌剧的故乡③。他生命中一段较长的时间，连同他的计划、学习、逗留地、熟人关系所经历的大胆改变，也只有用这
种渴望和贫困、不安分、激情中很天真的德国艺术家必然面对的外部抵 474
制才解释得清楚。如何统治这个领域，另一个艺术家懂得更清楚；而现在，因为大家渐渐知道，迈耶贝尔④懂得以什么样人为编织的全部艺术的

① 这是对歌德《我的生活片段》中一段话的改写。这段话出自《歌德全集》(1857)，第27卷，507页。

② 大歌剧是19世纪上半叶流行于法国的一种严肃歌剧。它通常是四或五幕的大型歌剧，反映历史性内容，追求奢华的舞台效果，在剧中穿插华丽的芭蕾舞场面，不用干念宣叙调，采用大合唱和大乐队等宏大场面。最重要的代表作是迈耶贝尔的《新教徒》、《非洲女郎》等。

③ 即巴黎。瓦格纳于1839—1842年住在那里。

④ 贾科莫·迈耶贝尔（1791—1864），德国作曲家，作为大歌剧的创始者在巴黎获得最大成功。

影响之网来准备并获取他的每一个伟大胜利，对歌剧本身中的一系列“效果”是如何小心谨慎地加以权衡，所以我们也将理解，当瓦格纳睁开眼看到这种强行制造观众效应的几乎必不可少的“艺术手段”是怎么回事，他会恼羞成怒到何种程度。我怀疑，历史上是否还有一位伟大的艺术家，是以如此巨大的错误起家的，而且如此毫无顾虑、如此真诚坦率地参与一种艺术最令人反感的形式。可是他这样做的方式却很伟大，因此惊人地富有成果。因为他懂得，现代的成功、现代的观众和整个现代的艺术谎言，无不由已认识到的错误引发之绝望所造成。通过成为“效果”的批评者，他被一种自己受到净化的感觉所震颤。这就好像从现在起，音乐精神用一种全新的心灵魔法对他说话。好像久病之后重新露面，他几乎不再相信手和眼睛，缓缓地在路上爬行；于是，他感觉有了一种惊人的发现：他仍然是音乐家，仍然是艺术家，甚至是现在才成其为这样一类人。

瓦格纳的成长中每一个新阶段的特征是，他的天性的两股基本力量越来越紧密地联合起来：两者相互间的畏惧减轻了，从此以后更高的自我不再居高临下地为其粗暴的、更为世俗的兄弟服务，它**爱**它，不得不为它服务。在成长的目标中，最柔和、最纯粹的因素也包含在最强大的因素中，强烈的欲望一如既往地走自己的路程，只不过走在另一条道路
475 上，前往更高的自我当作家园的地方；另一方面，更高的自我下降到大地上，在一切世俗事物中认出了自己的映像。如果可能以这种方式谈论那种成长的最终目标与出路，并始终让人清楚明了，那就甚至可以找到形象化措辞，用以描绘那种成长中的一个长时间的中间阶段；但是我怀疑前者，因此也不试着去做后者。这个中间阶段是用两个词组将其历史地同早期和后期阶段区分开来的：瓦格纳成为**社会革命者**，瓦格纳认识到至今的唯一艺术家是**创作的人民**①。在那种巨大的绝望和救赎之后出现在新形象中，并比以往任何时候都更强有力的主导思想引导他走向这两个方面。效果，从剧院出发的无比效果！——可是对谁产生效果？一想

① “创作的人民”的德语原文是das dichtende Volk，Volk有“人民”、“民族”的意思，dichtende在这里做定语，有“创作的”等意思。

起他至今要对谁产生影响，他就感到战栗。从自己的经验出发，他理解了艺术与艺术家所处的整个可耻地位：一个没有灵魂或者铁石心肠的社会，自称良性社会而实则为邪恶社会，是如何把艺术和艺术家看成自己的奴仆，看成对**表面需求**的满足。现代艺术是奢华：他对此的理解，同他的另一种理解是一样的，即艺术的成败取决于一个奢华社会的正当性。正如这样的社会通过最铁石心肠地、最聪明地使用其权力，会使最无权者，使人民，更加臣服，更加卑贱，更少大众化，用他们来造就现代“工人”，它甚至从人民那里抽取了人民在最深重的强制下为自己产生的、在其中人民作为真正的唯一的艺术家好心地袒露自己灵魂的最伟大而又最纯粹的东西，抽取他们的神话、他们的曲调形式、他们的舞蹈、他们的语言创造，以便从中提炼出治疗艺术生存中的衰竭与无聊的淫药——
现代艺术。[1] 这个社会如何诞生，它会如何从表面对立的权力领域汲取新 476
的力量，再如堕落到伪善与折中主义中去的基督教，它又如何让自己被用来防备人民，被用作保护这个社会及其财产的防御设施，而科学和学问则又如何过于随机应变地参与到这种劳役之中，所有这一切，瓦格纳都一个时代一个时代地密切关注，只是在其观察结束时，他恶心地、愤怒地跳了起来：他是出于对人民的同情而成为革命者的。从这时候起，他热爱人民，想念人民，就像他想念他的艺术一样，因为——啊！——只有在人民那里，只有在消失的、几乎不再感觉得到的、人为超脱的人民那里，他现在看到了唯一的观众和听众，他们像他梦想的那样，能配得上、能适应他艺术作品的力量。于是，他的思考集中在这样的问题上：人民如何诞生？人民如何复活？

他始终只找到一个答案——如果众多的人像他一样忍受同样的苦难，那么这就是人民，他对自己说。[2] 而在同样的苦难会导致同样的追求和渴望的地方，也必然会有人追求同样方式的满足，在这种满足中找到同样的快乐。他四处寻找在苦难中最令他自己深深感到安慰与振作的东西，寻找最充满感情地对待他的苦难的东西，他十分高兴地确切意识到，这

---

① 参见瓦格纳《未来艺术》，见《文集》，第 3 卷，61 页。

② 参见上书，59 页。

只能是神话与音乐，那种他作为人民之苦难的产物与语言来加以认识的神话，那种有着虽然神秘却很相似的起源的音乐。他将他的灵魂沐浴在这两种元素中将其治愈，他最强烈地需要它们——从这点出发，他可以追溯他的苦难如何同人民当初诞生时的苦难相关联，如果将有**许多瓦格纳**的话，人民必然如何复活。只要神话和音乐不成为我们现代社会的牺
477 牲品，它们将在这个社会中如何生存呢？它们分享了相似的命运，这是它们神秘地休戚相关的关系之见证：神话深深地遭到贬抑、丑化，蜕变为"童话"，蜕变为失去活力的人民中令妇女儿童开心的玩物，彻底消除掉了人民美好而庄严神圣的男性天性；音乐在穷人和纯朴者中间，在孤独者中间保存下来，德国音乐家没有成功地有幸适应艺术的奢华经营，他自己变成了怪诞而性格内向的童话，充满最动人的声音和符号，变成一个无助的询问者，变成某种完全中了魔法、需要拯救的东西。在这里，艺术家清楚地听到了单独向他发出的命令——把神话送回到男性气质中，使音乐从着魔状态中清醒过来，使其变成言说：他感觉自己的**戏剧**力量一下子解放出来，为他对神话和音乐之间一个尚未发现的中间王国的统治奠定基础。他将他所认识的一切强大有力、富有效果、令人振奋的东西结合在他的新艺术作品中，然后以他入木三分的大**问题**将艺术作品呈现于人们面前："你们这些像我一样忍受同样苦难、有同样需求的人在哪里？我作为人民而期盼的众多人在哪里？我要借助于这样的标志来认出你们：你们应该同我一起共同享有同样的幸运、同样的安慰，你们的痛苦应该通过你们的快乐显示给我！"于是他以汤豪塞和罗恩格林来发问，于是他四处寻找他的同类；孤独者渴望着众多人。

可是他的心情变得怎样呢？没有人给出一个答案，没有人听懂这个问题。并非人们完全保持沉默，相反，人们回答了上千个他根本没有提出来的问题，人们唧唧喳喳地谈论新的艺术作品，好像它们原本是为了要被谈论得破碎不堪才被创作出来的。整个写作与闲聊的审美快感像发
478 烧一样在德国人中间爆发出来，人们以在德国学者那里一点不比在德国报纸撰稿人那里少见的寡廉鲜耻来回估量、摆弄艺术作品和艺术家的人格。瓦格纳尝试通过文章来促进对他的问题的理解：新的困惑迷茫，新

的哼哼唧唧——一个写作与思考的音乐家在当时对全世界来说，是不合适的；这时候人们喊叫，这是一位想要用挖空心思想出来的概念改造艺术的理论家，用石头砸死他！——瓦格纳晕了；他的问题不被理解，他的苦难别人感觉不到，他的艺术品就像对牛弹琴，他的——人民像一个幻象；他踉踉跄跄，步履摇晃不稳。所有事物完全颠覆的可能性突然出现在他的目光前，他不再害怕这种可能性：也许在颠覆与毁灭的彼岸，会建立起一个新的希望，甚至也许毫无希望——而无论如何，“无”总比令人厌恶的“些许”强。不久他成了政治难民，处于一无所有之中。

到现在，就在他内外命运的这个可怕转折点上，伟大人物的一段人生才开始，最高级别大师的光辉如同流金的光彩照耀在这段人生之上！到现在，酒神颂戏剧艺术的天才才从自己身上脱下了最终的外壳！他孑然一人，时间对他来说，显得毫无疑义。① 他不再抱有希望，于是他的世界眼光再次降到低处，现在一直降到地面上：在那里，他看到了万物本质中的痛苦，从这时候起，他变得几乎更加没有个性，更加默默地接受他那部分痛苦。对最高权力的渴望，早先状况的遗传，完全转入艺术创造之中；他借助他的艺术只是同自己说话，不再同公众或者人民说话，竭力争取给予艺术以最大的清晰度和适合这样一种富有影响力之对话的能力。这甚至在先前时期的艺术品中还是不一样的，在其中他也顾及立 479
竿见影的效果，但是他的考虑是柔情脉脉而高贵的，那种艺术品是用来作为问题，以引出即刻的回答的；瓦格纳多么经常地想要让那些他询问的人容易理解他——以便迎合他们和他们在被询问时表现出来的不够老成，顺应较老的艺术形式和艺术表达方式；在他不得不害怕，以他自己最擅长的语言无法令人信服、无法让人理解的地方，他尝试说服别人，并以一种半陌生的、但是对其听众较熟悉的语言通报他的问题。现在不再有促使他有这样一种考虑的任何东西，他现在只是想要一件事情：自己明白自己的话，思考发展进程中的世界的本质，用声音来探讨哲学。他心中剩下的**故意的**东西目的在于最终的**洞察**。谁配知道他当时心中所

① 参见瓦格纳《闭幕报告》，见《文集》，第 6 卷，369 页。

想的、他在他灵魂中最神圣的幽暗中同自己进行的对话中所谈论的东西——并非许多人都配知道的，那就让谁听、看、体验《特里斯坦和伊瑟尔德》，一切艺术中真正的 *opus metaphysicum*①，一部垂死者的破碎目光落在其上的作品，有其对黑夜与死亡之谜的不知餍足的甜美渴望，远离作为邪恶、欺骗、分离因子在阴森恐怖的、幽灵似的晨曦与清晰中发光的生命：这里有一种形式极其严格的戏剧，以其纯朴的宏伟而令人倾倒，而恰恰因此而和它所诉说的谜，和活生生身体上的死亡，和二重性中的单一性相匹配。不过仍有比此作品更令人惊异者：艺术家自身。他此后能在短短的时间内创作出一幅有着不同色彩的世界图像《纽伦堡的工匠歌手》，甚至在两部作品中只是休养生息、消除疲劳，为的是迅速而从容不迫地把在两部作品前就已起草并动笔的四部头庞大建筑——他的
480 历经二十年的思考和创作，他的拜洛伊特艺术品《尼伯龙根的指环》——堆砌到底！会对《特里斯坦》与《工匠歌手》的亲近关系感到惊异的人，没有在一个要点上理解所有真正伟大的德国人的生活与天性：他不知道，仅仅出于何种理由，路德、贝多芬、瓦格纳那种地道而独一无二的**德意志欢快**才能成熟起来，这是其他民族根本理解不了而眼下德国人自身也似乎已经丢失的东西——那种纯朴、爱的深邃目光、思考中的思想和狡黠的混合物，金光灿灿而又充分发酵，瓦格纳将其作为可口饮料斟给所有那些深受生活之苦、却几乎用康复者的微笑来面对它的人饮用。而当他自己那样更为和解地看世界，更少生气和厌恶，在悲痛与爱中放弃权力而不是被权力吓退的时候；当他那样默默地推进他最伟大的作品，完成一个又一个乐谱的时候②，有一些让他感兴趣的事情发生了：**朋友们**来告诉他许多人在阴间的一场运动——这远不是奔走相告的“人民”，而或许是胚胎，一个在遥远将来完成的、真正的人类社会的最初生命源泉；暂时只是一种保证，要让他的伟大作品有一天被放入忠诚的人手中保护起来，他们得看守并且有资格看守这份留给后世的最美好之遗产；在朋友们的爱中，色彩在他生活中的白天变得更明亮、更温馨；

---

① 拉丁文：形而上学作品。

② 参见瓦格纳《闭幕报告》，见《文集》，第6卷，378页。

他最崇高的关注，是要差不多在傍晚前带着他的作品赶到目的地，为它找到一个落脚之处，这种关注已经不再为他所独有。而这时候，发生了一件事情，这件事情只能象征性地为他所理解，它对他来说，意味着一种新的安慰，一种快乐的象征。一场德国人的大战①让他朝上看，这同样 481
的德国人，他知道他们已如此深深地堕落，如此脱离他在自己身上以及在历史上其他伟大德国人身上以最强烈意识探讨并认识到的那种崇高德国意识——他看到，这些处于十分非凡地位上的德国人显示出两种真正的美德——纯朴的勇敢与深思熟虑，而且他开始内心喜悦地相信，他也许不是最后一个德国人，相信有一天还会有一种比少数朋友奉献的绵薄之力更为强大的力量来长期帮助他的作品，在这段时期中，作品应该作为未来的艺术品，面向着预先为它规定的未来。也许，他越是试图特别增强立竿见影的希望，他的这种相信就越不可能长期不受到怀疑：他觉得有一种强大的推动力，让他感觉念念不忘一个尚未完成的高尚**义务**。

如果他将作品只是作为沉默的谱子交付给后世，那么他的作品就没有完成，没有进行到底。他不得不公开指出并表明最难以猜测、最是保留给他去做的事情，那种适用于他演唱、适用于他表演的新风格，以便提供没有别人能提供的样板，从而建立一种**风格传统**，它不是镌刻在纸上的符号里，而是铭写在对人类心灵产生的效果中。这对他来说格外成为最一丝不苟的义务，因为在这期间他的其他作品恰恰在演唱的风格方面遭遇了最令人难以忍受、最荒诞的命运：它们很有名，受到赞美，遭到——糟蹋，似乎没有人表示愤慨。因为听起来也许很不寻常：尽管在他对其同时代人最有洞见的评价中，他越来越彻底地放弃了他在他们那里的成功，也放弃了权力观念，“成功”和“权力”却来到他身边；至少全世界都对他谈论这一点。他一再最坚决地揭露完全被误解的东西，甚 482
至那种“成功”让他感到的羞辱，却丝毫于事无补；人们如此不习惯于看到一个艺术家严格区分自己的不同效果，以至于人们甚至不真正相信

① 指普法战争（1870—1871）。

他最严肃的抗议。在他领悟到我们今天的戏剧事业和戏剧成就同今日之人的性格间的关系以后，他的灵魂就不再和这种戏剧有任何关系了；他不再对审美幻想和欢欣鼓舞的群众的欢呼感兴趣，甚至看到他的艺术如此毫无区分地进入到不知餍足的百无聊赖与消遣欲的巨大深渊中去，也必然不令他生气。无论这里的任何效果都必然如何平淡和缺乏思想，无论这里的问题实际上更是填饱饕餮之徒的肚子，而不是喂养一个饥饿者，他都尤其从一个有规律的现象来推断出结论：到处，甚至在演出者与演唱者方面，都按照令人反感的歌剧风格处方书，像接受任何其他舞台音乐一样接受他的艺术。多亏了有教养的乐队指挥，人们甚至把他的作品直接裁剪、斧正为歌剧，正如歌唱家所相信的那样，在细心地去精神化之后，他就可以对付这些作品；而如果人们想要真正做得很好，那就以笨拙和假惺惺的心神不宁来接受瓦格纳的规定，差不多就好像人们要像在《工匠歌手》第二幕中所规定的那样，以表演得很做作的芭蕾舞演员描绘纽伦堡大街上夜间的人民暴动——而在所有这一切当中，人们似乎都真诚地行事，没有私下的恶意。瓦格纳通过行为和样板至少指出演出的朴实无华的正确性和完整性，并将个别歌唱家引入到全新的演唱风格
483 中，他这种舍己为人的尝试一再为占主导地位的疏忽大意和习惯的泥浆所冲垮；此外，它们还迫使他总是致力于整个本质使他恶心的那种戏剧。甚至歌德也失去了出席其《伊菲革涅亚》① 演出的兴趣。“我十分痛苦，”他解释说，“如果我不得不和这些不以应有面目出现的幽灵纠缠的话。”②这期间，在这种变得让他很反感的戏剧上所取得的“成就”越来越增加；最终事情发展到这样的地步：恰恰是那些大剧院，几乎大多是靠瓦格纳艺术畸变为歌剧艺术而给它们带来的丰厚进项生活的。甚至不少瓦格纳的朋友也被剧院观众这种高涨的激情搞得不知所措：他不得不忍受最令他苦涩难言的事情——忍受者！——并看着他的朋友在他独一无二地崇

---

① 德国诗人歌德笔下的一部戏剧，全名叫《伊菲革涅亚在陶里斯》（1779），取材于古希腊神话传说，但是与古希腊诗人欧里庇得斯的同名剧本不同，它更强调了人道主义精神。

② 歌德与爱克曼的谈话，1827年4月1日。

高的思想恰恰被拦腰砍断和遭到否定的地方，为“成就”和“胜利”而陶醉。几乎就好像一个在许多方面很认真而沉重的民族不想让它最认真的艺术家身上的基本轻率凋零掉，好像德国人天性中一切平庸的、疏忽大意的、笨拙的、恶毒的东西恰恰因此而必然在他身上释放出来。——所以，当德意志战争期间一股了不起的、比较自由的情感思潮侵入的时候，瓦格纳想起了忠诚所要求他的义务，至少要拯救他最伟大的作品，使其免于这种被误解的成就和辱骂，并以他最独特的节奏使其为所有时代树立榜样：于是他发明了**拜洛伊特思维**。作为那种情感思潮的结果，他相信，在他想要将其最宝贵的财产托付给他们的那些人那边，他甚至看到一种更高的义务感正在觉醒——从这种义务的两重性产生出这样的事件，它就像奇特的灿烂阳光，伸展在最近和即将到来的年代 484
上：为了裨益于一个遥远的、只是有可能然而无法证明的未来而想象出来，对于当下和当下的人来说，不过是一个谜或骇人听闻的事情；对于少数可以帮助他的人来说，是一种开胃小菜，一种最高级的前经验，通过这种前经验，他们懂得愉快地、令人愉快地、富有成果地超越他们那段人生时光；对于瓦格纳自己来说，是一种充满劳累、忧虑、思索、悲伤的昏暗，一种充满敌对因素的新怒火，可是，一切都为这颗**无私的忠诚**之星所普照，一切都在此光芒中变成难以用语言表述的幸福！

不言而喻的是：悲剧气息笼罩着这种人生。任何能从自己灵魂有所感受的人，任何对生活目标的可悲欺骗性造成的压力、对意图受到的歪曲和违背、对通过爱而实现的弃权和净化都已司空见惯的人，必然在瓦格纳现在在艺术作品中向我们展示的东西中感觉到对这位伟人自己的英雄人生的一种梦幻般回忆。从十分遥远的地方，将传给我们一种感觉，好像齐格弗里特在叙述他的事迹：在怀念中最动人心弦的幸福里，织入了晚夏时分深切的悲哀，而整个自然静谧地躺卧在金色的晚霞中。——

9

思考**何为艺术家瓦格纳**，思考着从这场诉说一种真正变得自由的

"能与可"① 的戏剧旁边走过：这是任何思考过**瓦格纳其人如何成长**并为之而痛苦过的人急需的东西，用以治疗和休养生息。如果艺术一般而言
485 只是告诉别人你经历的事情，如果任何艺术品因不能让人理解自己而同自己相矛盾，那么瓦格纳作为艺术家的伟大，就必然恰恰在于他的天性中那种着了魔一般的**健谈**，就好像是用所有语言来谈论自己，以最高的清晰度让人认识内在的、最具个人特色的经验；他在艺术史中的出现，在人类习惯于将艺术的个体化看做一种规律以后，有如天性本身之中完整的总体艺术能力的火山般爆发。人们会因此而犹豫不决，不知该给他哪个名字为好，该叫他诗人，还是雕塑家，抑或音乐家？每个词都不得不按其概念的极为扩展的意义来理解，要不然就得为他创造出一个新词。

瓦格纳身上的**诗人因素**是这样显示的：他是通过可见可感的事情，而不是通过概念来思考的，也就是说，他是用神话方式思考的，就如人民总是那样思考一样。神话不像一种矫揉造作之文化的孩子所误认为的那样，是以一种思想为基础的，而是它本身就是一种思维方式；它诉说一种关于世界的想象，但是按照事件、行为、痛苦发生的先后次序。《尼伯龙根的指环》是一个没有思想概念形式的庞大思想体系。也许一个哲学家可以在旁边添上一些与之完全相适应、全然没有形象与情节、仅仅用概念向我们说话的东西，这时的情况就会是在两个不同类型的领域里描绘同一个事物：一个提供给人民，一个提供给人民的对立面，理论之人。因而瓦格纳不是对理论之人说话；因为理论之人对诗人因素、对神话的理解恰恰和一个聋子对音乐的理解一样多，也就是说，两者碰到了一个似乎对他们毫无意义的举动。从互相矛盾的领域之一，你是看不到
486 另一个领域的里面的：只要你在诗人的魔法掌控之中，你就和诗人一起思考，好像你只是一个有感觉、有视觉、有听觉的存在物；你得出的结论，是你看到的事件之间的纽带，因而是事实上而非逻辑上的因果关系。

---

① 这里的"一种真正变得自由的'能与可'"在德文原文中是 eines wahrhaft frei gewordenen Könnens und Dürfens，其中的 Können 表示"能、能够"，Dürfen 表示"被允许、可以"等。想做而没有能力做，能做而不可以做，这都是不自由的。尼采在这里说这种"能与可""变得自由"了，意思是指在瓦格纳人生的这场戏剧中，他是随心所欲的。

如果瓦格纳创作的这种神话戏剧的英雄与神现在也被用言词描述得一清二楚，那么马上就会遇到一种危险，这样的**言词语言**在我们身上唤醒理论之人，因而将我们置于另一个非神话的领域，以至于我们最终通过言词不是更清楚地理解在我们面前发生的事情，而是根本什么也不理解。瓦格纳因此逼迫语言回到一种原始状态中去，在这种原始状态中，语言几乎尚未用概念思考，它本身还只是诗、形象和感觉；瓦格纳从事这种十分惊人之使命的大无畏精神表明，作为一个不得不追随的人，他如何受到诗人精神的强行引领，他的幽灵般的引领者又要去向何方。这些戏剧中的每一句话都必须能咏唱，应该在神与英雄那里朗朗上口：这是瓦格纳向他的语言想象提出的特别要求。任何其他人都必然会气馁，因为我们的语言似乎已经太古老、太荒芜而无法要求从它那里得到瓦格纳所要求的东西，然而他对岩石的敲打引出了一大股清泉。因为瓦格纳更热爱这种语言，更多地要求于它，所以正是他，甚至比其他德国人都更多地为它的蜕化和弱化，因而为形式上形形色色的缺失和残缺不全，为我们句子搭配中笨拙的小品词类，为无法咏唱的助动词，而痛苦：这一切确实都是通过罪和堕落进入到语言中来的东西。另一方面，他十分
自豪地感觉到这种语言甚至现在都存在的原始性与不可穷尽性，感觉到 487
其根基上富于音响的力量，在其中，他预感到一种不同于罗曼语族那些最高派生的人为修辞语言的趋向于音乐、趋向于真正音乐的倾向与预备阶段。① 瓦格纳的创作中有一种对德语的兴趣，一种同德语打交道时的真诚与坦率，这是除歌德以外，没有德国人会有同感的东西。表述上的亲缘性，大胆的简练性，权威性与有节奏的多样性，强变化的有意义词汇的显著丰富性，句子构建的简化性，感情起伏、富于预感的语言中的一种几乎唯一的创造性，一种有时无异于纯粹喷薄而出的通俗性和格言性——这样的特点应该列举出来，然而就是在这时候，最强有力、最值得赞美的东西也总是会被忘记。连续阅读《特里斯坦和伊瑟尔德》与《纽伦堡的工匠歌手》这样两部诗篇的人，将在言词语言方面如同在音乐

① 见瓦格纳《歌剧与戏剧》，载《文集》，第 4 卷，263 页以下。

方面一样，感受到一种相似的惊讶与疑惑，即在何种程度上有可能创造性地把握两个在形式、色彩、搭配上，而不是在灵魂上如此不同的世界。这是瓦格纳天赋中最强有力的东西，某种——只有伟大的大师才能成功的东西：为每一部作品铸造一种新的语言，甚至给予新的内心世界一个新的身体，一个新的声音。在一种如此极其罕见的力量表现出来的地方，对个别放纵因素、奇异因素或者更常见之表达含糊与思想朦胧的责难始终只是小题大做、毫无结果。此外，对于那些迄今为止最大声责难的人来说，归根结底，与其说是语言，不如说是灵魂，即整个受苦与感觉方式，是有伤风化和闻所未闻的。我们要等待，直到这些人本身有了另一
488 个灵魂，这时候，这些人本身也将说另一种语言：而这时候，我似乎感觉到，德语从整体上讲，将比它现在的状态更好。

但是，思考诗人、语言雕塑家瓦格纳的人，尤其不应该忘记，没有一部瓦格纳戏剧肯定是要用来阅读的，也就是说，可以用向语言戏剧提出的要求来纠缠它。语言戏剧是要仅仅通过概念和言词来对感情产生作用；有这样的意图，它就是在修辞学的管辖之下。但是，生命中的激情是很少善于辞令的：在语言戏剧中，它不得不这样，以便以某种方式来诉说。但是，如果一个民族的语言已经处于衰败与破旧状态之中，那么语言戏剧家就禁不住对语言和思想非同寻常地加以重新着彩和改造；他想要将语言提升到可以让上升的感情重新有声地表达出来的高度，却因此陷入完全不被理解的危险。他同样试图通过庄严的座右铭和崇高的念头向激情诉说某种崇高的东西，并由此而重新陷入另一种危险：他显得不真实和做作。因为现实的生命激情不用警句说话，而诗的激情在本质上和这种现实相区别的时候，是很容易唤起对其诚实的不信任的。另一方面，瓦格纳作为认识到语言戏剧内在缺陷的第一人，通过言语、表情和音乐而以三倍的清晰表现每一个戏剧事件；而音乐则将戏剧中所扮演角色自己内心中的基本冲动直接传达到听众的灵魂，这时候听众在这同样角色的表情里注意到那些内心事件的第一可见性，在言词语言中又觉察到这同样角色的苍白的次要显现，它已转化成更有意识的意欲。所有这些效果都是同时发生的，完全没有互相干扰，它们迫使一部此种戏剧

的演出对象达到一种全新理解和共同体验，就好像他们的感官一下子变 489
得更加精神化，他们的精神变得更加感性；好像一切想要从人类身上跑
出去、一切渴望知识的东西此时都自由而极乐地处于认识的欢腾之中。
因为瓦格纳戏剧的每一个事件都以最让人理解的方式向观众诉说自己，
而且被音乐自内而外地照亮，光芒四射，所以其创作者可以用不着语言
戏剧诗人为给予其事件以光与热而必须使用的一切手段。整个戏剧之家
可以更简单，建筑师的节奏感可以再次敢于现身雄伟的总体建筑布局中；
因为现在没有语言戏剧诗人力求让其作品实现惊讶感和强烈兴趣感，以
便这些感觉然后再上升为愉快赞叹而依据的任何理由，来达到建筑风格
上那种故意的复杂性和纷乱的多样性。理想主义好高骛远的印象不是用
窍门来产生的。语言从一种修辞广度退回到一种感情话语的完美性和力
量之中；尽管表演艺术家谈论他在戏剧中的行为和感觉，比以前要少得
多，但是，这时候，语言戏剧家对所谓非戏剧因素的恐惧至今将其远远
拒之于舞台之外的内心事件，迫使听众进入共同的激情经历，而伴随的
表情语言则只需在最柔和的转调中自我表白。现在，一般而言，唱出的
激情比说出的激情在时间上要长一点；音乐差不多是将感觉伸展出去：
由此而得出普遍性的结论，即兼为歌手的表演艺术家必然消除语言戏剧 490
上演中为之痛苦的那种动作上的太大而非造型的激动。他发现自己被引
向一种表情的高贵化，当音乐将他的感觉沐浴在更纯粹的以太中，从而
使其更接近于美的时候，就更是如此。

瓦格纳向演员和歌手规定的特别使命将在整整几代人中间激发起相互的竞争，以最终在最具肉体特征的可见性和尽善尽美中描绘每一个瓦格纳英雄的形象：正如这种完美的肉体性已经在戏剧的音乐中预先设定的那样。跟随这个向导，造型艺术家的眼睛最终将看到一个崭新视觉世界之奇迹，在他之前，只有《尼伯龙根的指环》之类作品的创作者第一次看到过这样的奇迹：作为像埃斯库罗斯一样为一种未来艺术指明道路的最高级别的**雕塑家**。如果雕塑家的艺术将其效果和一种瓦格纳音乐最纯粹、最阳光的快乐效果相比较的话，难道不会因嫉妒而被唤醒巨大的天赋吗？所以听到音乐的人会产生一种情绪，好像几乎所有早先的音乐

都说着一种表面化的、有偏见的、不自由的语言，好像人们至今都会想要同它在那些不配得到认真对待的人面前玩一场游戏，或者好像应该同它在那些甚至不配玩游戏的人面前一起得到指点和说明。通过这种早先的音乐，我们在瓦格纳音乐中始终感觉到的那种快乐只是在短短几个小时中闯入到我们心中：似乎有一些罕见的忘怀时刻突然降临到它那里，这时候它单独和自己说话，目光朝上，就像拉斐尔的西西里亚①，不看向它要求消遣、娱乐或博学的听众。

关于**音乐家**瓦格纳可以一般而论地说，他把一种语言给了自然中至
491 今不愿意诉说的一切：他不相信必定有某种沉默无声的东西。他潜入到朝霞中、树林中、烟雾中、深谷中、夜晚恐惧中、月光中及高山之巅，从它们那里觉察到一种隐秘的渴望：它们也要发出声音。当哲学家说，这是一种在有生命与无生命的自然中渴望生存的意志，音乐家就会补充说，而这种意志要的是，在各个阶段上都发出声音的生存。

在瓦格纳之前，音乐在整体上有狭隘的界限；它涉及人类的永久状态，涉及希腊人称之为伦理的东西，从贝多芬才开始在人的内心中发现激情的语言、热情愿望的语言、戏剧事件的语言。从前，一种情绪，冷静的或轻松愉快的或虔诚的或准备忏悔的状态，会借助声音让人认识到自己，人们会通过形式上某种引人注目的相似性，通过这种相似性的较长持续，迫使听众阐释这种音乐，最终处于同样的情绪中。各种情绪和状态的所有这些图像需要个别的形式，其他形式则由于习俗在这些个别形式中变得习以为常。要让听众进入一种情绪，但是又不想让听众由于这种情绪持续太长时间而变得很无聊的音乐家，会很谨慎地决定时间的长度。当你先后勾画对立情绪的图像并发现对照的魅力时，你就前进了一步；当同样的乐曲，比如说，通过男性主题和女性主题的冲突而在自身中容纳伦理的矛盾，那你就又前进了一步。这一切仍是音乐的粗糙的

---

① 指文艺复兴时期的伟大艺术家拉斐尔于1516—1517年间的作品《圣西西里亚的陶醉》。圣西西里亚是音乐家和教堂音乐的守护神。她是一个年轻的女孩。画中，她在圣保罗、圣约翰、圣奥古斯丁、抹大拉的玛利亚等人陪伴下，正在聆听一个天使唱诗班的歌声。

原始阶段。对激情的恐惧造就了一条法则，对无聊的恐惧造就了另一条法则；感情的全部深化与放纵被感受为“不道德的”。但是，在伦理的艺术上百遍重复地描述同样的日常状态和情绪以后，尽管有其大师最奇异 492
的创造性，它还是最终陷入了衰竭。贝多芬首先让音乐说一种新的语言，至今被禁止的激情语言：可是，因为他的艺术是从伦理艺术的法则和习俗中发展出来的，不得不尝试着，仿佛要在那种艺术面前为自己辩护，所以他作为艺术家的成长本身有一种固有的困难和模糊性。一个内心的戏剧事件——因为任何激情都有一个戏剧性过程——想要挤进一种新的形式，可是传统的情调音乐模式加以抵制，几乎以道德的面孔反对非道德的出现。有时候，就好像贝多芬给自己提出了矛盾的使命，让激情以伦理的手段表达出来。但是，对于贝多芬最伟大、最后的那些作品来说，这样的想法是不够的。为了再现激情画出的巨大弧线，他真的发现了一种新的手段：他从激情的飞行轨迹中取出个别几点，十分确切地标明，以便随后让听众从它们出发**猜出**整个线条。从表面看，新形式显得像是几个乐曲的汇编，其中每一个个别的乐曲都描绘了一个持续状态，但实际上是描绘了激情的戏剧性过程中的一个片刻。听众会认为，听的是古老的情调音乐，只是个别部分相互间的关系变得让他难以理解，它按照对立法则不再能说得清楚。甚至在音乐家那里出现了一种对艺术整体构造要求的蔑视；他们作品中各部分的次序变得很随意。宏大激情形式的发明由于误解而回溯到有着随意内容的单一乐章上，各部分之间的相互 493
张力完全停止发挥作用。因此按照贝多芬的看法，交响乐是一种如此奇异地模糊不清的构造物，尤其是当它在个别地方仍结结巴巴地说着贝多芬的激情语言的时候。手段不符合目的，而听众一般不清楚整体目的，因为目的在创作者的脑袋里也从来不清楚。可是，要求人们说话要确切、要说得最最清楚，恰恰是这样的要求，在一种作品类型越是高级、越是复杂、越是讲究的时候，它就越是有必要。

因此，瓦格纳全部拼搏的目的在于找到为**清晰性**服务的全部手段①；

---

① 参见瓦格纳《给我朋友们的一个通告》，见《文集》，第 4 卷，367～368 页。

为此，他尤其需要从以前的静态音乐的所有偏见与要求中解放出来，让他的音乐，即感觉与激情的发声过程，清清楚楚地诉说衷肠。如果我们看一眼他已经成就的东西，我们就会感觉好像他在音乐领域做了室外群像雕塑的发明者在雕塑领域做的相同之事。按照瓦格纳的音乐来衡量，所有以前的音乐都显得僵化或谨小慎微，好像你不可以从各个方面来看它，它很怕羞。瓦格纳最坚定、最确切地把握了任何程度、任何色彩的感情；他把最温柔、最怪僻、最野性的感情冲动抓到手中，不怕失去它，就像抓着某种坚硬牢靠的东西，尽管要不然每个人都会在他手中看到一只无懈可击的蝴蝶。他的音乐从来都不是不确定的、情绪化的；它借以言说的一切，人或自然，都有一种严格个体化的激情；在他那里，风暴和烈火采纳了一种个人意志的强制性暴力。在所有发声的个体及其激情经历的斗争之上，在对立面的整个旋涡之上，极其镇定地飘过一种十分
494 强有力的交响乐智慧，它不断从交战中分娩出和睦：瓦格纳的音乐作为整体，是世界的映像，就如那位伟大的以弗所哲学家①所理解的那样，是不和从自身中产生出来的和谐，是正义和敌意的统一。我赞赏这样的可能性，即从直奔不同方向而去的大多数激情中估算出一种总体激情所走的重大线路：这样的事情有可能，我看到这一点已经被一部瓦格纳戏剧的每一幕所证明，每一幕都一个接一个地讲述着不同个人的个别故事和一部所有个人的总体故事。我们从开始就感觉到，我们面前有冲突中的个别水流，但是在所有这些水流之上，有一条大河，强有力地朝一个坚定不移的方向奔流：这条大河首先不安地奔流，越过隐蔽的悬崖峭壁，洪水有时似乎互相撕裂，想要奔向不同的方向。我们渐渐注意到，内在的总体运动变得更加强大，更加令人神往；震颤的不安转变成广泛、可怕运动中的安宁，朝着一个仍然不熟悉的目标而去；最后，极为宽广的大河以其对深渊和恶浪滔天的兴致，突然下泻，进入无底之境。瓦格纳遇到十倍于此的困难之时，绝不比他能以立法者的兴致掌管大事的时候，更是真正的瓦格纳了。驯服狂热的、对抗的大众，使其达成简单的和谐，通

① 指希腊哲学家赫拉克利特（公元前540—前480）。

过令人眼花缭乱的多种多样的要求和渴望，贯彻一个意志——这是他天生的使命，在贯彻这些使命时，他感受到他的自由。在此过程中，他从来没有喘不过气来，从来没有气喘吁吁地才到达目的地。他同样不间断地力争承担起最重大的立法，而别人却致力于减轻他们的负担；如果他不能摆弄生活与艺术中最困难的问题，它们就给他压力。你只要考虑一 495
下唱出的旋律和非唱之言说的旋律之间的关系——瓦格纳是如何处理热情言说之人的音调、音量和节拍的呀，这种言说之人作为自然范本，他是必须将其变成艺术的——然后你再考虑一下这样一种歌咏中的激情对音乐的整个交响乐关系的适应，以便认识困难被克服的奇迹；他在这里、在大小事情中的创造性，他的精神和他的勤勉无所不在，已到了这样一种地步，以至于人们看一眼一个瓦格纳的总谱就会相信，在他之前是根本谈不上真正的工作和努力的。似乎关于艺术中所包含的辛劳，他也会说，戏剧家真正的美德在于自我放弃，但是他也许会反驳：只有一种辛劳，那些尚未变得自由之人的辛劳；美德和善是容易的。

回想一个更著名的典型人物，我们可以看到，从整体来看，瓦格纳作为艺术家，身上有着某种狄摩西尼的东西：对事件以及对把握力度的极端认真，从而他每次都抓得住事件；他当即伸手过去，牢牢抓紧，就好像它是铜铸的一样。像德摩斯梯尼那样，他藏起他的艺术，或者通过强迫思考事件而使艺术被遗忘；然而，像德摩斯梯尼一样，他是跟在整整一队了不起的艺术精灵后面的最后、最高的显现，因而比队列前面的那些有更多的东西要隐藏；他的艺术作为再现的、重新发现的自然，有自然的效果。他身上没有所有以前那些偶尔也以其艺术从事一种游戏、炫耀其高超本事的音乐家所拥有的任何富于辞藻的东西。在瓦格纳艺术作品演出的时候，人们既不想有趣的事情，也不想轻松愉快的事情，甚至不想瓦格纳，也根本不想艺术：人们只感受到**必要的事情**。为了最终 496
在队列中，在创作的每一时刻，都愉快而自由地做必要的事情，艺术家必须要达到意志上何种程度的严厉性和稳定性，必须要有何种自我克制，这是绝对推算不出来的：如果我们在个别情况中感觉到，在这种艺术的火一般的灵魂渴望有一天没有任何束缚地在自由和荒野中漫游的时候，他的音乐如何以做决断时的某种残酷无情屈从于像命运一样不容通融的戏剧进程，这就够了。

10

对自己拥有这种强制力的艺术家，即使自己不愿意，也让所有其他的艺术家臣服于自己。另一方面，仅仅对他而言，那些臣服者，他的朋友和追随者，不会构成危险和限制；而较无足轻重的人物因为试图依靠朋友，所以往往由于朋友而失去他们的自由。看到瓦格纳如何整整一生都避开任何形态的党派，可是在他的艺术的每一个阶段后面又如何有一个追随者的圈子联合在一起，显然是要把他固定在这个阶段上，这是十分神奇的。他总是从他们中间穿行而过，不让自己受到束缚。而且，他的道路太长，无法让个人如此轻易地从一开始就能与他同行；而且如此非同寻常、如此陡峭，以至于连最忠诚的人有一天也会精疲力竭。几乎在瓦格纳的整个人生中，他的朋友都喜欢并想要把他教条化；他的敌人也是这样，尽管是由于其他原因。只要他的艺术个性的纯度在确定性上低一个等级，那么他就会早得多地成为左右当代艺术状况和音乐状况的
497 有决定权的主人——现在他终于也成为这样的人，但是，是在更加高得多的意义上：在某个艺术领域发生的一切，无意中看到自己被置于自己的艺术和艺术个性的法官席前。他征服了最有反感的人：不再有不在内心里听从他，不认为他的音乐比自己的和其余的音乐加在一起都更值得听的天才音乐家了。有些一定要有些什么价值的人简直是同这种征服他们的内在魅力拼搏，以谨小慎微的勤奋，着迷于以前的大师们的圈子，宁愿要他们的“自立”建立在舒伯特、亨德尔而不是瓦格纳的基础上。徒然！通过同自己较好的良心斗争，他们作为艺术家本身变得更加渺小，更加心胸狭窄；他们由于不得不容忍糟糕的同盟者和朋友而败坏了自己的个性：在所有这些献身之后，他们却碰到这样的事情，也许是在梦中，他们的耳朵在偷偷倾听瓦格纳的声音。这些对手很值得怜悯：他们相信自己在迷失的时候失去了许多，而在这中间他们是搞错了。

现在，很明显，瓦格纳对音乐家从现在起是否按瓦格纳方式作曲，对他们究竟是否作曲，不是很感兴趣；他甚至尽他所能来摧毁那种招灾

惹祸的信念，即现在必然又有一派作曲家来亲近他。因为他对音乐家有直接影响，所以他试图教会他们大型演唱的艺术；他似乎感到，艺术发展中的一个时机已经到来，在其中，成为一个优秀的表演大师和音乐实践大师的良好意愿，比不惜任何代价去“创造”的欲望要值得珍视得多。因为在现在已经达到的艺术阶段上，这种创造因为人们如此出色地复制，并通过日常使用消耗了天才的手段和诀窍，从而得到了灾难性的后果，把他效果中真正了不起的东西肤浅化了。甚至艺术中的好东西，如果是 498
出自对最佳事物的模仿，那也是多余的、有害的。瓦格纳的目的和手段是相辅相成的：要感觉到这一点，除了需要有艺术家的真诚以外，不需要有任何别的东西，而从他那里留意到手段，却将其运用到完全不同的较小目的上，这就是不真诚。

因此，如果瓦格纳拒绝继续在一帮按瓦格纳方式作曲的音乐家中间生活，那么他就格外紧迫地向所有才子提出了一个新任务，同他一起找到戏剧演唱风格的法则。最强烈的需求驱使他为他的艺术创立一种**风格的传统**，通过这种传统，他的作品能以纯粹的形态从一个时代继续生存到另一个时代，直到其创造者为其预定的那个**未来**。

瓦格纳拥有一种不知满足的欲望，要诉说涉及那种风格创立，从而也涉及其艺术延续的一切。他的作品，借用叔本华的话来说，作为其生存的一种神圣储备和真正的果实，要用来成为人类的财富，要把它存放起来，留给更具有判断力的后代。这对他来说，变成了先于**所有其他目的**的目的，为此他戴上了荆冠①，这荆冠会在以后变成桂冠。他的努力如此坚决地集中在保护他的作品上，就像最后形态中的昆虫的努力一样集中在保护它的卵以及事先为后代做准备上，而它却从未经历过后代的生存：它将卵储备在它肯定知道这卵以后将获得生命和食物的地方，颇感欣慰地死去。②

---

① 《圣经·新约》中的《马太福音》、《马可福音》、《约翰福音》都提到荆冠的事。比如，《马太福音》第 27 章第 28—29 节说，巡抚的兵“给他脱了衣服，穿上一件朱红色袍子，用荆棘编做冠冕，戴在他头上……”

② 参见叔本华《附录与补遗》，第 2 卷，第 60 节。

这个先于所有其他目的的目的驱使他始终有新的创造；他越是清楚地感觉在同最不愿意倾听的、最讨厌的时代拼搏，他就总是越多地从他
499 魔鬼般健谈的源泉中汲取新的创造。可是渐渐地，甚至这个时代也开始对他不倦的尝试、他的柔韧的推进让步了，并朝他竖起了耳朵。无论何时，远处出现了以实例说明他思想的或大或小的机会，瓦格纳都做好了准备：他让他的思想融入每一次的情况中，再让它走出匮乏的舞台形象，构成言说。无论何时，有一颗算得上易受感动的灵魂向他开启，他就将他的种子播入其中。他在冷漠的观察者耸肩表示无可奈何的地方建立起希望；他上百次地欺骗自己，以便有一次保留住反对那种观察者的权利。正如智者同活生生的人打交道，归根结底，仅限于他通过他们可以扩大他的知识宝藏这样的范围，情况几乎就好像他不再能同他的那些同时代人打交道似的，除非通过这些交道，他能促进自己艺术的永恒化：人们爱他，跟爱这种永恒化没什么区别，他同样只感觉到一种针对他的恨，即那种要拆除通向其艺术未来的桥梁的恨。瓦格纳为自己教育的学生，他对其说话、向其示范一种姿态的音乐家和演员，他所指挥的乐团，他认真的所作所为在其中得到见证的城市，半羞涩、半爱慕地参与他计划的王侯与夫人们，他暂时属于的形形色色的欧洲国家，他是其艺术的判官和令其艺术感到愧疚的人：一切都渐渐变成了他的思想的回声，变成了他那不知餍足之努力的回声，他努力争取一种未来的多产。如果这种回声也经常扭曲地、困惑地回到他这里，那么最终也必然会有一种强大的回声适应他百倍强大地朝世界喊出的巨大声音的优势；而不久后就不
500 再可能不听到他，不再可能错误地理解他。这回声现在已经在使现代人的艺术场所颤动。无论何时，当其精神气息吹入到这些花园里的时候，花园里被风刮得掉的、枝桠枯萎的一切都动了起来；到处都有一种疑惑，在以比这种颤动更雄辩的方式说话：不再有人会说，何处总是会有瓦格纳的影响突然意外地爆发出来。他完全没有能力将艺术的好处与任何一种其他的好处和祸害区分开来看：无论在哪里现代精神有了危险，他就总是会也在哪里以最刨根问底的猜疑目光感觉到艺术的危险。他在想象中拆毁了我们的文明之厦，不放过任何腐朽的东西、任何草率制造的东

西：如果他在这期间碰上了防风墙，尤其是碰到了更为坚固的墙基，那么他立刻就会想到用此来为他的艺术做成碉堡和防护屋顶。他像一个逃亡者一样生活，可是这个逃往者不是致力于保护自己，而是致力于保护一个秘密；像一个不幸的女人，她要救她肚子里孩子的生命，而不是救她自己：他像齐格林德一样“为了爱”① 而生活。

因为在一个世界里到处流浪、无家可归，却又不得不对这个世界说话，不得不有求于它；蔑视它，却又不能没有这个被蔑视者，这当然是一种充满形形色色痛苦和羞耻的生活——这是未来艺术家的真正困境；作为未来艺术家，他不可能像哲学家一样，在一个阴暗的角落里独自追求知识：因为他需要人类灵魂作为未来的中介，需要公共设施作为这种未来的保障，作为现在和今后之间的桥梁。他的艺术不应该靠文字记载之船运载，就如哲学家能做到的那样：艺术要有**能者**而不是字母与音符作为传播手段。在瓦格纳的整个人生历程中，响彻了恐惧的声音，惧怕 501
接近不了这样的能者，惧怕拿不出他应该给他们做出的榜样，反而被强行限制在文字的勾画上，惧怕不是在人眼前做出行为，而是向读书人，也就是说，向总体上算不上艺术家的人，说明最苍白的一点点行为。

瓦格纳作为**作家**，显示了一个勇敢的人所受的压力，他的右手被打断了，他就用左手格斗：他写作时始终是一个痛苦的人，因为他由于一种暂时无法克服的必然性而被剥夺了用自己的方法，以常胜的光辉榜样的形式来正当倾诉的权利。他的文字全然不规范、不严谨，然而规范存在于作品之中。这是这样的一些尝试，即设法理解驱使他创作的本能，并试图做到好像在眼前看到了他自己。只有他成功地把其本能变成了知识，他才希望相反的过程出现在他读者的灵魂中：他是带着这样的指望来写作的。如果会出现这样的情况，在这里尝试了某种不可能的事情，那么瓦格纳就只会和所有那些思考艺术问题的人拥有同样的命运；他比

① 齐格林德原本是古斯堪的纳维亚神话中主神沃坦的女儿。瓦格纳著名歌剧系列《尼伯龙根的指环》第二部《女武神》讲述了齐格林德的故事。剧中，女武神布伦希尔德让齐格林德要“为了爱而生活”，将自己从沃坦的怒火中拯救出来，不是为了自己，而是为了肚子里的孩子，即后来的大英雄齐格弗里特。

他们中间大多数人更有优势的是，在他身上有最强大的总体艺术本能。我不知道还有哪些美学文章，像瓦格纳的文章那样有启迪性；关于艺术品的诞生一般而言可以知道的东西，也就是可以从他的文章里知道的东西。这是十分伟大的人之一，他在这里作为证人出现，而且在长年中使他的见证越来越得到改善，越来越无拘束，越来越清楚明白，越来越摆脱不确定性；尽管他作为认识者绊了个跟头，但他却擦出了火花。某些文章，如《贝多芬》、《论指挥》、《论演员与歌手》、《国家与宗教》，使任
502 何反驳的念头都沉寂下来，迫使自己安静地在内心里凝神旁观，就像开启宝贵的圣骨龛时的情况那样。其他文章，尤其是那些早年的文章，包括《歌剧与戏剧》，令人激动与不安：这是文章中轻重缓急搭配不当，因而使这些散文体的文章处于混乱之中。它们的论证有各种各样缺陷，行文因情感跳跃而受阻，绝没有因此而变得更为流畅；一种作者方面的不情愿像阴影一样笼罩在它们之上，就好像艺术家为概念的论证而感到羞愧。一种他所特有的、难以描述的权威性威严的表达方法，也许使没有完全得到信任的人最大限度地感到心情沉重：我感觉好像瓦格纳经常像**在敌人面前说话**似的——因为所有这些文章都是用口语体而不是用书写体写成的，如果你听到它们——在他不会对其有亲近感，因而在其面前显得很排斥、很不动声色的敌人面前——被很好地朗诵出来，你会发现它们更清楚明白得多。但是，他感情中那种席卷而来的激情也时常会荡涤这些故意留下的坑坑洼洼；这时候，那些人为的、累赘的、因无关紧要的话而臃肿不堪的复合句就会消失，他会在句子中，在整页整页的文字中，妙语连珠地说出德国散文中最美的东西。但是，甚至假设他在其文章的这些部分是对朋友说话，而且他对手的幽灵此时也不再站在他的椅子旁，瓦格纳作为作家与之打交道的所有朋友和敌人也都有某种共同的东西，他们都彻底使这种东西和瓦格纳作为艺术家为之创作的人民相脱离。他们在自己教育的典雅化和成果匮乏中是彻底**脱离人民**的，而想要被他们理解的人则不得不以脱离人民的方式来说话：正如我们最好的
503 散文作家就是如此所为的，瓦格纳亦然。在何种压力下如此所为，大家不妨猜一猜。但是，他为之做出任何牺牲的那种有预见性的慈母般本能

的威力将他自己拽回到学者和有教养者的影响范围中，他原本是作为创造者已经向他们道过永别了。他屈服于教化的语言及其倾诉的所有法则，尽管他是感觉到这种诉说之极度不足的第一人。

因为，如果有某种东西使他的艺术不同于现代的所有艺术，那么它就是这样的：它不再说一个社会等级的教化语言，尤其不再知道有教养者和无教养者之间的对立。从而它处于所有文艺复兴文化的对立地位上。文艺复兴至今都将我们现代人笼罩在它的光芒和阴影中。由于瓦格纳的艺术时不时把我们从文艺复兴的光影中带出来，我们才终究能够通览文艺复兴的同一性：在这里我们感觉歌德和列奥巴尔迪①似乎是意大利语文学家、诗人们②的最后两位伟大的后继者，浮士德则是对最脱离人民的谜语的描述，现代以渴望生活的理论之人的形象为自己提出了这种谜语；甚至歌德的歌也是模仿民歌，而不是民歌模仿他的歌，而且歌德知道，他为什么如此认真地让一个追随者细心琢磨这样的想法："我的东西不可能成为通俗的；有如此想法并如此追求的人错矣。"③

归根结底有一种艺术，如此太阳般明亮、温暖，要以其光芒照亮精神上的卑微者和贫困者，同样也要融化学者的傲慢：这必然是被体验到的，靠猜测是猜不到的。但是，在每一个现在体验到它的人的精神上，它必然翻转所有关于教育和文化的概念；对他来说，遮挡在一种未来前面的帷幕似乎将被揭开，在这种未来里，不再有不被所有人心共享的最 504
高财富与幸福。至今附着在"共享"一词上的恶名④就此可以休矣。

如果敢于这样来预感到未来，那么我们就会有意识地洞察到我们现在那种可怕的社会不安定，不会看不到一种即使不是在遥远的未来，似乎也是在现在完全没有根基的艺术的危害，它宁愿让我们看到它的花枝招展，而不是它赖以成长起来的基础。我们如何拯救这没有家园的艺术，使它能存活到那个未来呢？我们如何阻挡这似乎到处都不可避免的革命

---

① 列奥巴尔迪（1798—1837），意大利诗人、随笔作家、哲学家、语文学家。

② 指彼特拉克（1304—1374）一类文艺复兴时期的意大利学者诗人。

③ 歌德于1828年10月11日与爱克曼谈话时所言。

④ 这里的"共享"一词，在德语原文中是gemein，这个词同时还有"下流的、卑鄙的、平庸的"等意思。

洪流，以便这种对一个更好未来、一个更自由人类的幸福期待和保证，不至于连同奉献于毁灭、该当毁灭的一切，统统都被冲刷掉呢？

如此自问和担忧的人，便是参与到了瓦格纳的忧虑之中：他将和瓦格纳一起感到自己被驱使着去寻觅那些现存的权力①，那些权力有着在遇有地震、颠覆时成为人类最宝贵财富守护神的善意。唯有在这个意义上，瓦格纳才会通过他的文章询问有教养的人，他们是否愿意将他的遗产，他的艺术的宝贵指环，珍藏在他们的宝库之中；甚至瓦格纳怀着政治目的给予德意志精神的那种极度信任，在我看来，似乎也源于这样的情况，他相信那个宗教改革的民族有那种为“将革命之大海拦蓄于静静流淌的人性之河的河床”② 而必需的力量、宽厚和胆识：我差不多愿意认为，他是想要通过他的《皇帝进行曲》③ 的象征意义表达这一点，而非别的东西。

然而，总而言之，创造性艺术家乐于帮衬的欲望太大，他的博爱视
505 野太广，以至于他的目光不应该停留在民族活动的藩篱处。他的思想像每一个善良伟大的德国人的思想一样，是**超德意志的**，他的艺术的语言不是对各民族说话，而是对人说话。

不过是对未来之人说话。

这是他特有的信念，他的痛苦，他的荣誉。过去任何时代的艺术家都没有从自己的天才那里接受过如此奇特的嫁妆，除了他以外，没有人不得不和欢欣鼓舞的情绪递送过来的每一种甘甜饮料一起喝下这滴最苦涩的苦酒。这不像人们会相信的那样，是被误解、被虐待、在其时代几乎昙花一现的艺术家，似乎他为了正当防卫才为自己造就那样的信念：在同时代人眼里的成功与失败都不可能消除也不可能建立那种信念。他不属于这一代人，无论这一代人如何赞美或抵制他——这是他本能的判断；而是否将会有一代人属于他，这对于不会相信这一点的人来说，也是不可能得到证明的。但是，这种不相信的人大概会提出这样的问题：

① 暗指巴伐利亚国王路德维希二世等当权者。
② 这是对瓦格纳为自己全集第3、第4卷写的导言中一段话的不完整引用。
③ 《皇帝进行曲》是瓦格纳于1871年所作，以庆祝帝国建立的。

瓦格纳也许会在一代人中重新认出他的“人民”，也就是所有那些感觉到一种共同的困境、想要通过一种共同的艺术从这种困境中解脱出来的人的总体，那么这一代人会是什么样子的呢？当然，席勒更相信，更充满希望。他没有问，如果预言未来的艺术家之本能做出了正确的估计，那么这个未来将会是什么样子；相反，他**要求**艺术家：

大胆地振翅高翔
凌驾于时代进程！
遥现未来世纪之
拂晓在汝宝鉴中！①

11

愿清醒的理性使我们不至于相信，人类在将来某一天会找到最终的理想秩序；这时候，幸运必然以始终相同的光芒，如同热带地区的太阳，烧灼到如此有秩序的人头上：瓦格纳和这样一种信念毫无关系，他不是乌托邦主义者。如果他不能缺少对未来的信念，那么这也就不过是意味着，他在现在的人身上察觉到不属于人性中不可改变的性格和骨架的那些素质，那些素质是可变的，甚至短暂的，而恰恰是**因为这些素质**，艺术不得不在它们中间无家可归，他自己也不得不成为另一个时代预先派出的使者。既没有黄金时代，也没有晴朗无云的天空，让后代享有，他的本能指引他面对他们，而他们的粗略特征，就像可能从有何种满足来推断出有何种需求那样，可以从瓦格纳艺术的密码中猜出来。超人类的善与正义也不会像一道一动不动的彩虹一样，架在这未来的原野上。也许那一代人总体上甚至显得比现在这一代人更坏——因为在坏的方面如同在好的方面一样，那一代人都将**更加直言不讳**；甚至会有可能他的灵魂一旦以浑厚而自由的声音自我表白，就会以相似的方式使我们的灵魂震惊和惊慌，有如某种至今隐蔽的邪恶自然精灵的声音突然响亮起来时的情况那样。或者像这样一些命题响在我们的耳边：激情比斯多葛主义和伪善好；诚实，甚至邪恶中的诚实，也比自己迷失在传统道德中好； 506

① 引自席勒诗歌《艺术家》最后一节第 9～12 行。

自由人既可能是好的，又可能是坏的，但是不自由的人是自然的一个耻
507 辱，得不到天地的慰藉；最终，要变得自由的每一个人不得不通过自己，才变得自由，自由不会作为一种神奇赠品掉到任何人的怀里。无论这一切听起来会多么刺耳，多么阴森可怕，可这是来自**真正需要艺术**并能从艺术那里期待真正满足的那个未来世界的声音；这是在人性中重新产生的自然的语言，这恰恰是我从前称之为正确感觉的东西，它对立于现在占优势的错误感觉。

可是现在，只是对于自然，而不是对于非自然和错误感觉来说，才有真正的满足与拯救。非自然一旦意识到自己，它剩下可做的，就是渴望成为无，而自然则相反，它渴望通过爱而改变：非自然要的是**不**存在，而自然要的是**别样的**存在。让领会了这一点的人现在在灵魂的整体安宁中一一审视瓦格纳艺术的朴素主题吧，以便他可以自问，是否自然或者非自然靠这些主题来追求自己的那些我们刚才已经说明的目标。

无家可归的绝望者通过一个宁愿死也不愿对他不忠的女人那种令人同情的爱而找到从自己痛苦中解脱的方法：《漂泊的荷兰人》① 的主题。——恋爱中的女人弃绝自己的全部幸福，在一种从情爱到博爱的美妙转变中，变成圣人，拯救了被爱者的灵魂：《汤豪塞》的主题。——最美妙、最高尚的东西热切地下凡到人间，不想被问及“从何而来?”当这个不祥之问还是被问出来的时候，它在痛苦的压力下回到它更高的生活中：《罗恩格林》的主题。——女人的爱恋之魂，还有人民都同样乐意接受令人喜悦的新天才，尽管传统的守护者将这种天才赶走，并诋毁他：
508 《工匠歌手》的主题。——两个恋人没有意识到自己相爱，相反却相信相互间受了很深的伤害和蔑视，相互请求饮下毒鸩，表面上是为了赎冒犯之罪，可实际上是出于一种无意识的渴望：他们要通过死而从所有分离和掩饰中解脱出来。他们所相信的死亡的临近，解放了他们的灵魂，引导他们进入短暂的极度幸福之中，就好像他们真的摆脱了时日、幻觉甚至生命：《特里斯坦和伊瑟尔德》的主题。

① 瓦格纳1843年的歌剧作品。

在《尼伯龙根的指环》中，悲剧英雄是一位思想上渴望权力的神，他用各种方法获取权力，他以契约束缚自己，失去了自己的自由，被纠缠到了蛰伏在权力中的咒语里。他恰恰在这样的问题上感受到不自由：他不再有手段来占有金指环——一切世俗权力的集中体现，同时，只要指环被敌人占有，它就会构成对他自己的最大危险：他害怕全部神祇的毁灭与黄昏，同样他也感到绝望，他只能面对这种毁灭，却不能抵制它。他需要自由、无畏的人，这种人没有他的建议和帮助，甚至在反对神圣秩序的斗争中，也是自愿完成不让神去做的行为：他遇不到这种人，而正当一个新的希望出现时，他又不得不服从他所受到的强制，不得不用他的手毁掉最爱，处罚对其困境的最纯粹的同情。最终他变得厌恶孕育着恶与不自由的权力，他的意志崩溃，他自己渴望从远处威胁他的毁灭。而现在才出现了以前最渴望的东西：自由、无畏的人出现了，诞生于同一切传统的对立中；他的生父们为有一个违背自然与道德的联盟将他们结合起来而受到惩罚，他们毁灭了，但是齐格弗里特活了。看到他的茁壮成长与朝气蓬勃，沃坦灵魂中的厌恶消失了，他以最慈祥的父爱与忧 509
虑追踪英雄的命运。他如何为自己铸剑，杀死蛟龙，赢得指环，逃避最狡猾的欺骗，唤醒布伦希尔德；指环上的咒语如何也不放过他，走近他，离他越来越近；他如何在不忠中忠诚，出于爱而伤害了最爱，被罪孽的阴影和雾水所包围，可是最后完全像太阳一样喷薄而出和下落，以他的火光点亮整个天空，把咒语从世界上清除出去——这一切，神——其指挥作战的长矛在同最自由之人的战斗中被折断，神在他那里失去了权力——看着他，对自己的失败充满欢乐，充满和自己的征服者同甘共苦的情绪：他的目光带着一种痛苦的永恒幸福的光芒，停留在最后的事件上，他在爱中变得自由，甚至摆脱了自己。

现在你们问一问自己，你们这几代现在活着的人！这是**为你们**创作的吗？你们有勇气用你们的手指向这整个美与善的苍穹中的星星，并说这是我们的生活，瓦格纳将其移动到了星星中间吗？

你们中间能按照自己的生活解释沃坦神像，并且自己像他一样越是向后退去便越是伟大的人在哪里？你们中间有谁知道、体验到权力之恶而要放弃权力呢？那些像布伦希尔德一样，出于爱而牺牲自己的知识，最终却从自己的生活中获取最高知识——“哀伤之爱造成的深沉痛苦使我睁开了眼睛”[1] ——的人在哪里？而以无辜的自私从自我中成长起来并朝气蓬勃的那些自由、无畏的人，你们中间的那些齐格弗里特，在哪里？

如此发问而且徒劳地发问的人将不得不寻找未来；如果他的目光在
510 某个久远的年代恰恰发现了他自己的历史可以从瓦格纳艺术的符号中读出的那种“人民”，那么他最终也就理解了**瓦格纳对于这种人民来说将是什么**：某种对我们所有人来说不可能是的东西，也就是说，不是他也许想要在我们面前显现的一种未来的预言家，而是一种过去的解释者和美化者。

① 瓦格纳写《众神的黄昏》终场的许多不同版本之一中布伦希尔德说的话，不在配乐的最终版本中，而是包含在1872年版的《尼伯龙根的指环》文本中一个场景的脚注里。

1870—1873年遗稿

杨恒达　赵蕾莲　译

关于希腊悲剧的两个公开报告

报告一
希腊音乐剧

在我们今天的戏剧中可以发现的，不只是对**希腊戏剧艺术**的回忆和认可：不，其**基本形式**植根于**希腊人**的土地上，不是处于**自然的**生长之中，就是一种**人为**吸收的结果。只是**名称**多次发生变化和调换而已：跟中世纪的音乐实际上仍有希腊音阶甚至还带有希腊名称的情况差不多，不同的只是，比如希腊人所谓的“洛克利安调式”①，在教会音乐中被称作“多利安调式”②。我们在戏剧术语领域也会碰到类似的混乱：雅典人理解为“**悲剧**”的东西，我们万不得已也会把它归到“**大歌剧**”的概念名下，至少伏尔泰在给红衣主教奎里尼的一封信中是这样做的。相反，我们悲剧中的希腊人几乎不会再认出任何同其悲剧相一致的东西；不过，他或许会想到，莎士比亚悲剧的整个结构和基本特征是从希腊人所谓的**新喜剧**中提炼出来的。而实际上，罗马戏剧，罗马式—日耳曼神秘剧和 *515*

---

① 这里的德文原文是 Lokrisch，源于古希腊地名 Lokris，是洛克利安人居住的地方，音乐中有“洛克利安调式”的说法。

② 这里的德文原文是 Dorisch，源于古希腊地名 Doris，是古希腊多利安人居住的山地，音乐中有“多利安调式”的说法。

道德剧，乃至最终莎士比亚的悲剧，都经历漫长时间从**新喜剧**发展而来：
516 正如在莎士比亚**戏剧舞台**的外在形式中，你不会把它同新阿提卡喜剧的**系谱**关系错当成别的东西一样。虽然在这里，我们不得不承认一种自然向前推进的、延续几千年的发展，但是古代那种真正的悲剧，即埃斯库罗斯和索福克勒斯的艺术品，是被任意注入到现代艺术中的。我们今天所谓的**歌剧**，亦即古典音乐剧的讽刺画，是通过直接模仿古代而产生的：这种歌剧毫无自然冲动的无意识力量，是根据一种抽象的理论形成的，它就像一个人工制作的小侏儒一样，做出我们现代音乐发展中的调皮捣蛋鬼的姿态。那些高贵的、很有知识修养的佛罗伦萨人在17世纪初就推动了歌剧的诞生。他们有着明确表明的意图，那就是恢复音乐的**那种**效果，即音乐在古代经过那么多铁证证明之后而达到的效果。怪哉！对歌剧的最初想法就已经是在追求一种效应了。通过这些实验，一种无意识的、从民间生活发展而来的艺术就会被切断根部，或者至少被搞得严重残缺不全。因此，在法国，民间戏剧被所谓的古典悲剧，也就是说，被一种纯粹在学术道路上产生的戏剧类型所排斥。据说这种戏剧类型包含悲剧的精髓，而不带任何杂质。在德国，自宗教改革运动以来，戏剧的自然根基，即狂欢节民间讽刺滑稽戏，也被埋葬了；从此以后，德国人几乎再也没有尝试过一种民族形式的新创作，相反，却按照现有的外民族模式去思考，去从事创作。博学，有意识的学问和百事通，成了现代艺术发展的根本障碍：在艺术王国中，所有的发展和生成都必然在深夜
517 进行。音乐历史教导我们，当人们以渊博的学识在理论和实践中追本溯源的时候，中世纪早期希腊音乐的进一步健康发展突然遭受到最严重的阻碍和不良影响。结果就是，欣赏品味令人难以置信地发生扭曲变化：在所谓的传统和自然的听觉的持续矛盾中，人们发展到不再是为耳朵，而是为眼睛而作曲。眼睛应当佩服作曲家们的对位技巧，眼睛应当承认音乐的表现力。怎样才能做到这一点呢？人们用文本谈论的万物色彩给音符着色，也就是说，如果提到植物、田野、葡萄种植园，就是绿色；如果提到太阳和光线，就是紫红色。这是文学音乐，适宜阅读的音乐。在这里使我们极感荒诞的事情，大概在我要讨论的领域里只会让少数人

马上明白这是一种荒诞。因为我坚持认为，我们只知道，我们所熟悉的埃斯库罗斯和索福克勒斯是歌剧词作者，是歌剧脚本作者，也就是说，我们根本不熟悉他们。因为我们虽然在音乐领域已经早就超越了适宜阅读的音乐这样一种有学问的皮影戏，但是在诗歌领域，歌词创作的矫揉造作如此独领风骚，以至于我们若要对自己说，在多大程度上我们对品达、埃斯库罗斯和索福克勒斯的评价肯定是不公平的，为何我们甚至实际上并不认识他们，还是颇费思量的。如果我们把他们称为诗人，那么我们指的却是歌词作者，但这种做法恰恰使我们丧失了对他们本质的任何认识。这种本质，只有在我们有一天置身于生龙活虎般富于想象的时刻，将**歌剧**如此理想化地引导到我们的灵魂面前，以至于古典音乐剧的直观形象让我们尽收眼底的时候，我们才能领悟。因为，尽管同所谓大歌剧的所有关系都如此扭曲，尽管大歌剧本身是消遣而不是收藏的产物，是最糟糕的蹩脚诗歌和有失体面的音乐的奴仆，尽管这里所有的一切都是谎言和无耻，但是，毕竟没有其他办法来搞清楚索福克勒斯，除非试图从这幅关于他的漫画中猜测他的原始图像，并在兴奋时刻撇开所有隐藏、扭曲之物，不予考虑。于是，我们就不得不认真研究那种幻想图像， *518*
并且根据它的各个个别部分，将它与古典传统相关联，以免我们将希腊因素过分希腊化，并为自己设想出一种在世界任何地方都没有家园的艺术品。这种危险非同小可。而直到不久前，所有的理想雕塑都必须没有颜色、古代的雕塑不允许使用颜料等看法还被认为是绝对的艺术原则。古代雕塑艺术的多色彩观念非常缓慢地在那些超级希腊人的最强烈抵制下为自己开辟道路。根据这种观念，雕塑不再赤身裸体，必然被认为是蒙上了一层彩色涂层。以同样的方式，下面的美学命题受到普遍喜爱：两种或多种艺术的结合不可能引起审美乐趣的提高，而更应该说是一种未开化的审美能力匮乏。但是，这个命题最高度地证明了糟糕的现代习惯，即我们无法作为完整的人来享受：我们似乎被那些绝对艺术撕成碎片，并且也作为碎片来享受，时而作为“耳人”，时而作为“眼人”①，等

① “耳人”（Ohrenmenschen）和“眼人”（Augenmenschen）是尼采生造出来的两个词，意思是人被碎片化为耳朵、眼睛等。

等。让我们比较一下，聪明的安塞尔姆·费尔巴哈①是如何把那种古典戏剧想象成总体艺术的。他说："倘若各种单一艺术遇到一种根基深厚的亲和力而最终又互相融合成一个不可分割的整体，成为一种新的艺术形式，这是不足为奇的。奥林匹斯山的比赛使分开的希腊各部落聚合成政治宗教上的统一：戏剧节演出就仿佛是各种希腊艺术的一个重新联合的节日。戏剧节演出的典范已经存在于神庙的庆祝活动中，在那里，神灵的造型出现在载歌载舞的虔诚民众面前，一片欢庆景象。像那里一样，建筑学也在这里建立起更高的诗学领域明显借以同现实相隔绝的框架和基础。
519 在背景上，我们看到画家在忙碌，看到华丽服装中展现出斑斓色彩变幻的全部魅力。诗歌艺术征服了整体的灵魂，但它又不是作为个别诗歌形式在起作用，有如神庙祭礼中的颂歌那样。对于希腊戏剧如此至关重要的报信人②的那些报告，或者情节中人物自身的那些报告，把我们带回到史诗中。抒情诗在充满激情的情景中、在合唱中有其不同层次，而且按照其所有层次差别，从感叹词中直接爆发的情感、从最含情脉脉的歌中之花起，直到颂歌和酒神颂。在朗诵、演唱、长笛演奏和舞步中，全部工作还没有完全结束。因为，如果诗歌构成戏剧最内在的基本元素，那么，以这种对它来说崭新的形式与它对抗的，便是造型艺术。"③ 费尔巴哈的话就引用到这里。可以肯定的是，我们面对这样一个艺术品时才不得不学习，必须怎样作为完整的人来欣赏：尽管应该担心的是，人们即使被置于这样一个艺术品面前，也会为自己将它纯粹肢解成碎片，为的是要把握它。我甚至认为，我们当中谁要是突然置身于一个雅典的节日演出中，谁就会首先有这样的印象，认为它是一场完全陌生的、野蛮的演出，而这种印象是有很多原因的。在光天化日之下，没有夜晚和灯光的所有神秘作用，他会在最刺眼的现实中看见一个非常开阔的空间挤满了人：所有目光都投向底下一群举止神奇、戴着面具的男人和几个超人

---

① 安塞尔姆·费尔巴哈（1829—1880），德国画家。

② 这里的"报信人"在德语原文中是 Angelo 和 Exangelo 两个词，分别指来自家乡和外来的报信人。

③ 不完整地引自安塞尔姆·费尔巴哈《梵蒂冈的阿波罗》（1833），323～324页。

般巨大的傀儡，在一个狭长的舞台空间里以最缓慢的节奏踱来踱去。之所以不得不叫这些家伙为傀儡，是因为我们还能管他们叫什么呢？他们足蹬高跷一样的厚底靴站着，脸前面是超过头顶的、画着重彩的硕大面具，胸部、躯干部、胳膊和腿部都塞满填充物，塞到不自然的程度，他们几乎动弹不得，被带长拖裙的袍子和超大头饰的重负压得直不起腰来。 520
这些人物就是在这样的情况下还不得不从张大的嘴窟窿里最大声地说话和唱歌，好让两万多人的观众听明白自己在说唱些什么：真是只有马拉松斗士才配有的英雄之举。当我们听说这些演员歌唱家中的个人不得不在十小时的紧张演出中说出大约 1 600 个诗行，其中至少有六个大小唱段时，就更佩服得五体投地了，而这又是在雅典，在一帮无情地感觉得到每个过重的发音、每个不正确的重音的观众面前，按照莱辛的说法，雅典的下层民众都有细致入微的评判能力。我们在这里不得不设想，这需要何等的精力集中和练习，何等旷日持久的准备，在把握艺术任务时需要何等的认真和热情，简言之，需要何等理想的演员队伍啊！在这里，为最高贵的公民提出了使命；在这里，即使是在失败的情况下，一个马拉松斗士也会虽败犹荣；在这里，演员感觉到他在戏装中描绘出一种超出常人状态的升华，他的内心里也有一种振奋，在这种振奋中，埃斯库罗斯那激情澎湃、凝重的话语肯定使他觉得是一种自然的语言。

听众也和演员一样庄重，但他们是在洗耳恭听，他们头上也笼罩着一种非同寻常的、盼望已久的节日气氛。驱使这些男人们前往剧院的并非对无聊的忐忑不安的逃避，而是不顾一切地至少在几个小时内摆脱自己及其可怜境地的愿望。希腊人从其司空见惯的、让人消遣解闷的公共场合中，从市场、街道、法院大厅的日常生活中逃出来，进入到戏剧情节中那种令人心情宁静、吸引人聚精会神的隆重气氛中。与传统的德国人不一样，一旦传统的德国人撕开自己内在生存的圈子，他就渴望消遣，而且他在法庭辩论中找到了真正有趣的消遣，这种辩论也因此而为其戏 521
剧决定了形式和氛围。另一方面，在伟大的酒神节来观看悲剧的雅典人，其灵魂中还有些悲剧赖以诞生的要素。那是强烈迸发出来的春天的冲动，是复杂情感的一阵风暴和咆哮，正如所有质朴的民族和整个自然界在春天的脚步临近时所了解的那样。众所周知，我们的狂欢节民间讽刺滑稽戏和戴假面具互相调侃原本也是这种春天的节庆，只是由于教会的原因，这些春天的节庆被提前了一些年代。在这里，一切都是最强烈的直觉：古希腊那些庞大的酒神节日游行队伍与中世纪圣约翰内斯舞蹈病患者和圣维托斯舞蹈病患者①很相似，这些舞蹈病患者人数最大量地聚在一起，而且人数越来越多地舞着、唱着、蹦跳着从一个城市行进到另一个城市。也许今天的医学会把这种现象当作中世纪的一种民间流行病来谈论；我们只想断言，古典戏剧正是从这样的民间流行病开始繁荣起来的，现代艺术的不幸在于，它**不是**源于这种神秘的源泉。在刚开始有戏剧的时候，举止狂热的人群化装成萨提儿②和西勒诺斯③，脸上涂抹着炭黑、铅丹和其他植物汁液，头戴花环，漫游过田野和森林，这绝不是恶作剧和任意的放纵：春天那全能的、如此突然显示的作用在这里也把生命力提高到如此过量的程度，以至于心醉神迷的状况、幻觉和相信自己已陶醉的念头全方位地迸发出来，情趣相投的人们成群结队地行进在大地上，而这就是戏剧的摇篮。因为戏剧并不是这样开始的：有人把自己的脸蒙起来，好蒙骗其他人。不，更应该说，戏剧是通过人达到忘我的地步，并相信自己变形和着魔而产生的。在“忘我”的状态中，还需要一步才能达到
522 狂喜：我们不再返回我们自身，而是成为另一种人，结果我们自己做出着魔者的姿态。因此，看戏时会在人们的内心深处引起深深的震惊：大地在震颤摇晃，认为个体不可分解和一成不变的想法也在动摇。酒神的痴迷者完全不同于《仲夏夜之梦》中的织工采特尔④，他们相信自己会变形，戏剧诗人像他们一样，相信自己人物形象的真实性。不相信这一点的人，虽然可能还属于挥舞酒神手杖的人之列，即半瓶子醋，却不属于

---

① 圣约翰内斯舞蹈病和圣维托斯舞蹈病实际上是一回事，出现在14世纪欧洲的黑死病时期，体现为一种失控的舞蹈癫狂。详细解释见本卷《悲剧的诞生》第1节注释。

② 希腊神话中的森林之神。详细说明见本卷《悲剧的诞生》第4节注释。

③ 希腊神话中酒神狄奥尼索斯的教育者与陪伴者。

④ 莎士比亚喜剧《仲夏夜之梦》中的一个人物，在莎士比亚原作中名叫波顿(Bottom)，德国作家奥古斯丁·施莱格尔在将作品译成德语时，将其译成了采特尔(Zettel)。尼采在本文中用了Zettel这个名字。这个人物在剧中被要求扮演一部喜剧中的人物皮拉摩斯，他就说：“顶好再那么声明一下，咱扮着皮拉摩斯，实在是织工波顿……”

狄奥尼索斯的真正侍者之列，即酒神的女信徒们。

酒神这种自然生活的某些内容在阿提卡戏剧繁荣时期仍留在听众的灵魂中。这不是长期预定了每晚戏票的观众，懒洋洋而又疲惫不堪，带着疲于奔命感走进剧场，希望被唤起激情。与这种是我们当今戏剧事业之束缚的观众不同，雅典的观众坐到剧场的台阶上时，仍有着清晨的清新而兴高采烈的感觉。简单的事情在他看来还不是太简单。其美学方面的博学在于对以往快乐戏剧时代的回忆，他对其民族的戏剧天才的信任是没有止境的。但最重要的是，他如此难得细细品尝悲剧之饮品，以至于他每次都像第一次饮用那样来享用它。在这个意义上，我要引用现在在世的最著名建筑学家①的话，他对天顶画和穹顶画发表了他的看法。他说："对艺术品来说，再也没有什么比由平庸而直接接触他人、由人的惯常视线所产生的入迷更有益处的了。人喜欢舒舒服服地看世界，这种习惯使视神经如此麻木不仁，以至于视神经就像躲在面纱后面一样来认识颜色和形式的魅力与关系。"② 为非凡地享用戏剧要求某种类似的东西，肯定是会被许可的； 523
以有点不寻常的态度和感觉去观看绘画和戏剧，有益于绘画和戏剧，尽管并不是因此而要劝人接过古罗马站在剧场里的风俗习惯。

到此为止，我们仅仅注意到演员和听众。现在，让我们再想想诗人，而且，我这里用的是"诗人"这个词最广义的含义，正如希腊人对这个词的理解一样。没错，希腊悲剧家仅仅作为歌剧脚本作者对新艺术发挥不可估量的作用；可假如这是真的，那么，我深信，真正地、完整地具体想象一下一个有着阿提卡的演员、观众、诗人的埃斯库罗斯三部曲，肯定会对我们产生简直是震撼的效果，因为它会向我们揭示完美和谐中的艺术之人，与之形成对照的是，我们伟大的诗人却仿佛想作为善始却不能善终的雕塑作品出现。

这个使命在古希腊已经要多难有多难地摆在了戏剧家面前：我们的

---

① 指德国建筑师、艺术批评家、建筑学教授哥特弗利特·山姆珀尔（1803—1879）。

② 引自哥特弗利特·山姆珀尔《技术与构造艺术风格，或实用美学。技术人员、艺术家、艺术之友手册》第一卷《纺织艺术自我观察以及和建筑艺术的关系》（美因河上的法兰克福，1860），75 页。

舞台诗人在选材、选择演员数量及无数事物方面享有的那种自由，在阿提卡艺术评论家看来，似乎就是放纵。整个希腊艺术奉行这样的高傲原则：只有最艰巨的任务才是自由人的任务。所以，一件雕塑艺术品的权威和声誉完全取决于加工难度和所用材料的硬度。特别困难的是有限的演员数量、歌队的使用、局限的神话范围，尤其是那五项运动选手技能①，也就是说，必须在歌队席和导演事务中作为诗人和音乐家，最终作为演员，具有创作性才能，由于这些困难，戏剧成名之路绝不会成为康
524 庄大道。始终成为我们今天戏剧家救命稻草的是，他们为自己的戏剧所选素材的新颖性以及由此产生的趣味性。他们和意大利即兴创作的作家想法一样。这些意大利作家讲述一个新的故事，一直讲到高潮和最扣人心弦的程度，然后他们坚信，再也不会有人在戏剧结束前离开剧场。通过有趣内容的吸引、刺激而使观众坚持看到终场，这对希腊悲剧家来说是闻所未闻的事情。他们的名作的题材是家喻户晓的，而且，观众从小就通过叙事或者诗歌形式熟知其内容。关于俄瑞斯忒斯和俄狄浦斯的英雄业绩就已经足以引起观众真正的同情了。可是，为激发观众的同情能使用的手法该是多么有限、多么狭窄啊！在此，人们首先要考虑到歌队，这对古代诗人和法国悲剧家都很重要。法国悲剧家是高贵的人，他们在舞台背景的两侧都有座位，并且在一定程度上把舞台变成了王公的接待大厅。正如法国的悲剧家为了讨好这种独特的、不参加演出却又参加演出的“歌队”，不可以改变舞台装饰，舞台上的语言和姿态都以“歌队”来定调一样：古代的歌队也为每部戏剧的整个剧情要求情节的开放性，即作为悲剧行为场所的余地。这是个大胆的要求：因为悲剧行为及其准备工作通常恰恰不是在大街上进行的，而最好是在隐蔽处酝酿发展。而要求一切都开放，一切都在光天化日之下，一切都有歌队在场——这是残酷的。并非有人会出于美学的吹毛求疵而随便什么时候把它作为要求提出来，更应该说，在戏剧发展的漫长过程中达到了这个阶段，而人们抓住它是凭着这样的直觉：在这里，应该为勤勉的天才解决一个难题。

① 五项运动选手技能本是古代奥林匹克竞赛的一部分，包括跳远、掷标枪、扔铁饼、短跑、角斗五项技能。尼采在这里是借用这个术语来说明戏剧家需要有多种能力。

众所周知，悲剧从其起源来说不过是一个大合唱：这个历史的认识实际 525
上却给那个奇异的问题提供了一把钥匙。古典悲剧的主要作用和整体作用在最佳时期仍建立在歌队的基础上：歌队是必须首先应该考虑而不得漠视的因素。戏剧大约从埃斯库罗斯到欧里庇得斯期间保持良好状态的那个阶段，是恰恰为了勾画出整体色彩而使歌队大体上遭到遏制的阶段。还有一步之差，舞台场景就统治了歌队席，侨居地就统治了本邦本土；舞台人物的雄辩及其独唱就会凸显出来，压倒直至当时都有效的歌队音乐的总体印象。这一步是迈出了，其同时代人亚里士多德把它记述在其令人十分困惑的、根本没有涉及埃斯库罗斯戏剧活动的著名定义中。

在构思戏剧创作时，第一个想法必然是想出一群男人或女人，他们与情节中的人物密切相关；然后必须找出诱因，使得抒情的、音乐的大众情绪能够迸发出来。在某种程度上，诗人从歌队出发去寻找舞台人物，并伴随歌队一起去寻找雅典的观众；而我们，仅仅有戏剧脚本的我们，是从舞台出发去寻找歌队的。歌队的意义无法用比喻来穷尽。如果说施莱格尔把歌队称作“理想观众”，那么这只是要说诗人以歌队理解事件的方式，同时在做出暗示：观众应该如何按照他的愿望去理解事件。可这样仅仅正确强调了一个方面，尤其重要的是，英雄的扮演者通过歌队就像通过一个传声筒一样，把他的情感以一种放大的方式排山倒海地朝观众大声喊叫。尽管人物众多，但是，他没有在音乐上代表整体，而是只
代表一个非同寻常的、具有超常肺活量的个体。顺便在这里指出一下， 526
在希腊人的齐唱歌队音乐中存在着那种伦理思想：这种音乐构成了基督教音乐发展的最强烈的对立面。在基督教音乐发展中，和声，即真正的“多”的象征，在长时期中如此占优势地位，以至于旋律完全被窒息，必须得到重新发现。正是歌队规定了悲剧中表明的诗人想象的界限，带有庄严行板的宗教歌舞限制了诗人通常很自负的发明创造才能；而英国的悲剧没有这样的限制，它以其富于想象的现实主义做出更猛烈、更纵情、但归根结底更悲哀的姿态，差不多就像贝多芬的快板。歌队有好些抒情而充满激情地传递信息的好机会，这原本是旧戏剧体系中最重要的一个命题。可这在最短的萨迦片段中已经轻而易举地得到了实现，因此就完

全没有以所有错综复杂、尔虞我诈、精雕细琢的人为组合的东西，总之，所有恰恰构成现代悲剧性的东西。在古典音乐剧中，不存在任何人们必须想到的内容，甚至神话中个别英雄的狡黠也在剧中有其质朴诚实的特点。戏剧行为从来没有转变成对弈行为，甚至在欧里庇得斯那里也没有，然而对弈的特点却成了所谓新喜剧的基本特征。所以，古人的个别戏剧，从其简单结构来看，就像我们悲剧中**独一无二的**一幕，通常像第五幕，急转直下地走向灾难。法国古典悲剧因为只是把其范本，即希腊音乐剧，仅仅当作歌剧脚本，而且由于引入歌队而陷入尴尬境地，所以它不得不吸收一个全新的要素，仅仅为了填满贺拉斯所规定的五幕戏：这个压舱
527 物——没有它，那种艺术形式就不敢出海——就是阴谋诡计，即考验智力和用在只激发归根结底非悲剧性**小小**激情的游戏场所的一道谜语题。这样一来，其特点就明显接近了阿提卡新喜剧。与法国古典悲剧相比，旧悲剧缺乏情节和紧张的气氛：人们甚至可以说，其早期发展阶段完全没有注意动作（δρᾶμα），而是注意哀婉动人（παυοζ）。当对白出现时，情节才加入其中，而所有纯粹的、当真的举动就是在戏剧全盛时期也没有被放到公开的场景中。悲剧原本不同于一首客观抒情诗的地方是，它是置身于特定神话人物状态中、并穿着这些人物的服装唱出的歌。首先，一个由装扮成萨提儿们和西勒诺斯们的男人们组成的酒神歌队必须自身让观众明白，是什么使歌队陷入如此的激动之中：它暗示出狄奥尼索斯的奋斗与苦难故事中观众很快就能理解的一个特征。后来，为了双重目的引入了神性：一个目的是作为个人，他可以讲述自己就身在其中的冒险经历，还可以激发其随从最活跃地参与；另一个目的是，狄奥尼索斯在激情澎湃的合唱中，在某种程度上成了活生生的形象，成了神话的雕塑：实际上，古代演员有点儿莫扎特作品中的石客①的味道。一位当代音乐作家②对此做了如下正确的评价："在我们化装的演员身上，一个自然

① 指莫扎特作品《唐·乔万尼》（或译《唐璜》）中的人物，源于西班牙民间传说。"石客"是作品副标题。

② 指捷克血统的奥地利作曲家、音乐史家奥古斯特·威廉·阿姆布罗斯（1816—1876）。

人向我们走来，朝希腊人走来的是戴着悲剧面具的人为的人，如果人们愿意，也更有英雄气概。我们很深的舞台上面经常会有百人的组合，表现为有声有色的**绘画**，尽可能生动活泼。背景墙向前靠拢的古代狭窄舞台，把少数举止大方的人物变成活生生的浅浮雕，或者神庙三角墙上栩
栩如生的大理石雕像。倘若奇迹会给帕特农神庙三角墙上那些表现雅典 528
娜和波塞冬之争的大理石雕像吹进生命的气息，那么，他们大概会说起索福克勒斯的语言来。”①

我现在回到前面暗示过的观点：希腊戏剧的重点放在受苦上，而不是动作上。现在就更容易理解，我为什么认为我们对埃斯库罗斯和索福克勒斯肯定是不公平的，我们其实并不**认识**他们。也就是说，我们没有标准来控制阿提卡观众对一部文学作品的判断，因为我们不知道或很少知道受苦，总而言之，感情生活是如何被引爆，造成感人印象的。我们面对希腊悲剧无能为力，因为，其主要作用绝大部分建立在一个我们已经丧失的要素即音乐上。格鲁克②在其《阿尔塞斯特》著名的前言中作为要求提出来的东西，完全可以看成是音乐在古典戏剧中的地位。音乐应该支持虚构，加强情感表达和境遇关注，不打断情节或以无用的点缀来干扰剧情。对于诗来说，音乐应该是完美无缺、构思得体的图画加上色彩鲜艳与一种光影的出色混合，它们的目的只是使人物鲜活起来，而不破坏轮廓。因此，音乐完全只被用作达到目的的手段，其任务是把神和英雄的受苦转变成观众最强烈的同情。现在，言语也有这同样的任务，但是，对它来说，解决这同样的难题要困难得多，或者说，只有走弯路才能解决。言语首先对概念世界发生作用，并且从概念世界出发才对感觉发生作用。是的，言语足够频繁地踏上遥远的路途，但是，远没有达
到目的。相反，音乐作为到处为人理解的真正普遍的语言直接打动人心。 529

当然，现在，人们还发现有些关于希腊音乐的观点在传播，仿佛它根本不是一种普遍为人理解的语言，而更多意味着一种在博学道路上杜

① 引自奥古斯特·威廉·阿姆布罗斯《音乐史》（维也纳，1862 年及以后），第 1 卷，188 页。

② 克里斯托弗·威尔巴特·格鲁克（1714—1787），德国音乐家。

撰的、从声音学说抽象出来的、我们完全陌生的声音世界。人们时不时地，比如有错误看法认为在希腊音乐中，大三度音是一种不和谐音。人们必须完全摆脱这种想法，并且始终告诫自己，希腊人的音乐比中世纪音乐更接近我们的情感得多。我们从古老乐曲中保留下来的东西以其轮廓鲜明的节奏篇章完全使我们回忆起我们的民歌，而整个古典诗艺和音乐都是从民歌发展而来的。其中虽然也有纯粹的器乐，但是其中只有娴熟的技巧在起作用。真正的希腊人在器乐中总是感觉到一些神秘的东西，一些来自亚洲异乡的即兴产物。真正的希腊音乐完全是声乐，言语语言和声音语言的自然纽带尚未被撕碎，而且这种关系到了这样的程度，诗人必然也是其诗歌的作曲者。希腊人完全是通过歌唱来认识一首歌的，但是，他们在倾听时也感觉到了言语和声音最内在的统一。而我们这些人在现代艺术的坏习惯和各种艺术门类各自为政的分散状态影响下成长起来，我们几乎不能把文本和音乐放在一起欣赏。我们恰恰习惯于对其各自欣赏，阅读时欣赏文本——所以，当我们看人朗诵一首诗、演一场戏时，我们不相信自己的判断，而渴望有书本——倾听时欣赏音乐。只要音乐美妙悦耳，那么，哪怕是最荒诞的文本我们也觉得可以容忍：这种东西在希腊人看来简直是野蛮透顶。

530 古典音乐除了刚才强调的诗和音乐之间的姐妹关系外，还有两方面是很有特点的：其和声的简单质朴，甚至匮乏；节奏表达手段的丰富性。我已经暗示过，歌队合唱只是在声部数量上和独唱有区别，而且只允许伴奏乐器具有很有限的多声部，即我们所认为的和声。首当其冲的要求是，人们**理解**所唱之歌的内容。如果人们真正理解品达和埃斯库罗斯那种比喻大胆、思维跳跃的合唱歌曲，那么，这是以下列因素为前提的：惊人的朗诵技巧，同时要有非常个性化的清晰发音和抑扬顿挫。另一方面，舞蹈动作，亦即舞蹈艺术，作为外部表达手段，前来帮助最严格地与文本平行互动的音乐节奏和乐段结构。在宽阔的歌队席像阿拉贝斯克①

---

① 指一种原先出自伊斯兰艺术的装饰，在绘画中以缠绕交错的线条为特点；在音乐中以轻快的旋律为特点；在芭蕾舞中指一种舞姿，两手张开，一腿直立，另一腿与之成直角向后伸。

一样呈现在观众眼前的歌队队员，人们在其演化中感受到在一定程度上变得可见的音乐。一方面，音乐提高了诗的效果；另一方面，舞蹈艺术解释了音乐。这样就同时为诗人作家和作曲家提出了一个任务：成为一个富有创造性的芭蕾舞大师。

在此，还要对音乐在戏剧中的界限说一句话，今天不探讨这些引发古典音乐剧瓦解过程的界限作为古典音乐剧的致命弱点有什么更深层次的意义。因为，我想在我的下一个报告中谈论古典悲剧的衰落以及由此而引发的问题。这里只谈事实大概就够了：并非所有诗歌创作都可以被演唱，有时像在我们的配乐诗朗诵中那样，是在器乐伴奏下说出来的。
但是，我们不得不始终把那种“说”想象成半宣叙调，以至于它特有的 531
吼叫声没有把二元并重的因素带到音乐剧中；更应该说，在语言中，音乐的决定性影响甚至变得强大起来。人们在天主教堂里用以朗诵福音、使徒书及一些祈祷的所谓日课语气中听到了这种宣叙调语气的余音。“诵读的神父在标点符号的应用和句子的结尾处做出了一定的嗓音变化，以此确保诵读的清晰程度，同时避免单调。但是，在做弥撒的重要时刻，神父的嗓音提高，主祷文、弥撒序祷、祈神赐福等都成了吟诵。”① 总之，在天主教大弥撒仪式中，有许多东西使人想起古典音乐剧，只是在希腊，一切都阳光明媚得多，尤其是，美好得多，在这方面也更少内心世界，没有基督教会那种神秘而无尽的象征意义。

最尊敬的来宾，在此我要结束我的报告。我在前面把古典音乐剧的作者和五项运动选手进行了比较，另一幅图像会使我们更走近这样一个音乐剧五项运动选手对于整个古老艺术的意义。埃斯库罗斯对古典服装史有举足轻重的意义，因为他采纳了自由的褶裥，显出主要服装的精巧、豪华、优美，而在他以前，希腊人在其服装上还处于野蛮状态，不知道什么是自由的褶裥。希腊音乐剧对于整个古老艺术来说，就是自由的褶裥：它克服了各个艺术门类所有的不自由和所有的孤立，在其共同的献祭典礼上，人们歌颂美丽和勇敢。有约束，然而优美；多种

① 比较奥古斯特·威廉·阿姆布罗斯《音乐史》（维也纳，1862 年及以后），第 1 卷，290 页上的说法。

多样①，然而统一；多种艺术被最充分地调动起来，然而是**一件**艺术
品——这就是古典音乐剧。但是，倘若谁观看时想到了现在艺术革新者
532 的理想，那么，谁就不得不同时对自己说，那种未来艺术品绝不是耀眼
然而迷惑人的海市蜃楼：我们希望于未来的，曾经就是现实——在两千
多年前的过去。

报告二
苏格拉底和悲剧

533 希腊悲剧的灭亡，不同于全部早期姐妹艺术类型：它终结得惨烈，而所有那些早期姐妹艺术则最为美好地死去。因为如果说儿孙美满、不用挣扎着告别人生，符合理想的自然状态，那么以前那些艺术类型的终结便是向我们展示了这样一个理想世界；它们亡故、消遁，而比它们更美好的后生们已经强有力地昂起了头。与此相反，随着希腊音乐剧之死，产生出一种巨大的、处处都深刻感觉到的虚无；人们自言道，诗本身消失了，人们在冷嘲热讽中把消瘦而形容枯槁的拙劣模仿者打发到地狱去，好让他们在那里靠前主人的残羹剩汤生活。就像阿里斯托芬所表达的那样，人们感到一种对最后一个伟大亡者的热切渴望，一如有人突然感觉非常想吃酸菜。可是，当现在真有一种将悲剧尊为其先驱与主人的新艺术类型繁荣起来的时候，人们会惊愕地发现，它尽管带有其母亲的特征，可是这些特征却只是他的母亲在其长期的垂死挣扎中表现出来的那一些。这种悲剧的垂死挣扎名叫欧里庇得斯，大家知道，那种后期的艺术类型便是阿提卡新喜剧。在它那里，蜕变的悲剧形式仍继续存在，作为其极其艰难、极其沉重之死的纪念碑。——

534 人们了解欧里庇得斯在阿提卡新喜剧的作家们那里享有的特别敬仰。

① 这里尼采在德文中用的是 Mannichfaltigkeit 一词，其中包含的 faltig，就含有“褶裥的”之意。总之，尼采是想用“褶裥”的意象来说明古典音乐剧的五彩纷呈又独具特色。

最著名的喜剧作家之一菲莱蒙[1]解释说，为了马上在阴间看见欧里庇得斯，他宁愿被绞死，只要他真能确信死者还有生命和理性的话。但是，欧里庇得斯同米南德[2]和菲莱蒙有什么共同之处，以及对于他们俩产生过什么如此具有榜样力的作用，都可以这样概括成一种最简单的说法：他们把**观众**带到了舞台上。在欧里庇得斯以前，舞台上站着有英雄气概的人物，人们立刻就可以察觉到，他们在最古老的希腊悲剧中神或半神的出身。观众在他们身上看到希腊人理想的过去，并且由此看到在好高骛远的瞬间存活于其灵魂深处之一切的现实。观众，即日常现实生活中的人，随着欧里庇得斯挤到舞台上。以前只是照出轮廓分明的显著特征的镜子变得更真实可靠，因而也就更粗俗了。华美的服装在一定程度上变得更加透明，面具成了半面具，日常生活的各种形式明显出现。那种真正典型的希腊人图像——奥德修形象，被埃斯库罗斯提升到了具有了不起的、狡黠而高贵的普罗米修斯性格的高度；而在新诗人的笔下，他沦为好心肠而又狡黠的家奴角色，正如他如此经常地作为大胆的、诡计多端的家伙处于全剧中心。阿里斯托芬的《蛙》中的欧里庇得斯自以为很有功劳的事情，即他通过水疗法让悲剧艺术瘦身，减少了它的笨重，这尤其适用于那些英雄形象。从总体上看，观众在欧里庇得斯的舞台上看到、听到的是自己的替身，但是，身上包裹着雄辩术的华丽外衣。作为观念的存在退隐到言语中，逃离了思想。但是恰恰在这里，我们触及了欧里庇得斯的革新熠熠生辉、引人注目的一个方面：民众在他那里学会了说话。他自己在和埃斯库罗斯的竞赛中还自夸这一点，现在民众通过 535
他懂得了：

根据艺术法则去看作品，
逐行逐行细思量，
察，思，观，解，听，
热爱，缓缓接近
怀疑，否定，反复斟酌。

---

① 菲莱蒙（约公元前368—前264），古希腊雅典的新喜剧诗人。

② 米南德（公元前341—前290），古希腊最著名的新喜剧诗人。

新喜剧的话匣子被欧里庇得斯打开了；而在他以前，人们还不知道，该怎样在舞台上体面地谈论日常生活。以前都是半神在悲剧中，醉酒的萨提儿或半神在旧喜剧中，充当语法学家；现在，欧里庇得斯全部政治希望所寄托的市民中等阶层有机会说话了。

我描绘房屋和庭院，我们在此
　　　　　　　　生活，
我任人评判，因为是每个
　　　　　　　　行家
评判了我的艺术。

所以他自夸道：

我把思想和概念借给艺术，
独自把同样的智慧灌输给周围那些人，
使得这里每个人现在都进行哲学思考，
从未如此聪明地料理房屋、庭院、田野、牲畜。
人人都不断地研究与思考：
为什么？为什么目的？谁？在哪里？怎样？什么？
这个去了哪里？谁拿走了我的那个东西？

这是做了如此准备的开明大众，新喜剧就是从这样的大众里产生的，
536 是那种饶有兴趣于顽皮地徘徊的戏剧对弈。欧里庇得斯在一定程度上成了这种新喜剧的歌队教师，只是这回要教的是**观众**的歌队。观众一旦能按照欧里庇得斯的风格演唱，负债累累的小伙子、漫不经心而善良的老者、科策布①式的妓女、普罗米修斯式的家奴的戏剧就开始了。然而作为歌队教师，欧里庇得斯不断得到赞扬；要不是知道悲剧诗人已经和悲剧一样死去了，人们甚至宁愿为了更多地向他学习而被杀死。随着悲剧的死亡，希腊人也不再相信自己的不朽，而这种相信，不仅是相信一种理想的过去，而且也是相信一种理想的未来。著名的墓志铭②中有一句“老耄之年则轻狂乖戾”，这句话也适合老耄的希腊人。时机与机智是其最高

① 奥古斯特·冯·科策布（1761—1819），德国剧作家。
② 指歌德写的《墓志铭》一诗。

神灵；第五等级，奴隶等级，至少从思想角度来看，开始走向统治。

当人们这样回顾时，很容易尝试对所谓民众引诱者欧里庇得斯说出不公正的愤怒指责，大概会用埃斯库罗斯式的话得出结论：“哪种恶事**不是**从他笔下写出来的呢？”但是，无论人们从他那里引申出什么样的恶劣影响，这一点是始终可以坚持的：欧里庇得斯是在凭借最佳良知和良心行事，并且以非常了不起的方式把他的全部生命都奉献给一种理想。古代马拉松时代的英雄精神又一次以他与他自以为知之的极大邪恶进行斗争的方式，以他作为个人用其才华与生命的力量来抵制邪恶的方式，显现出来。人们甚至可以说，在半神被欧里庇得斯驱逐出悲剧之后，在他那里诗人成了半神。可是，他自以为知之的、他与之英勇斗争的那种极大邪恶，就是音乐剧的衰败。欧里庇得斯在哪儿发现了音乐剧的衰败呢？
在比他年长的同时代人埃斯库罗斯和索福克勒斯的悲剧中。这是非常奇 537
怪的。莫非是他搞错了吗？他不是对埃斯库罗斯和索福克勒斯有过不公正吗？或许恰好他对所谓衰败的反对便是悲剧终结的开端呢？所有这些问题一时间在我们耳边响起。

欧里庇得斯是个孤独的思想者，根本不符合当时多数大众的口味，他作为闷闷不乐的怪人，在这样的大众那里引起疑虑。快乐和大众一样不让他喜欢，而因为在那个时代的悲剧诗人看来，正是大众造成快乐，所以人们就理解，为什么他在有生之年如此可怜地仅仅赢得一次悲剧的胜利之誉。是什么驱使这位才华横溢的诗人如此逆普遍潮流而动呢？是什么使他偏离埃斯库罗斯、索福克勒斯等人所走过的、照耀着大众宠爱之阳光的阳关大道呢？原因只有一个，那恰恰就是，相信了音乐剧的衰败。可他是在剧场观众席上产生这种想法的。他长期以来极其敏锐地观察到，悲剧和雅典观众之间产生了一道怎样的鸿沟。在诗人心目中意味着最崇高和最厚重的情感根本没有引起观众的共鸣，而是被看成无所谓的事。某些诗人根本没有强调的因素却以非常突然的效果打动了民众。认真思考过诗人意图和剧场效果之间的不一致后，他逐渐总结出一个艺术形式，其主要法则是：“万物必皆理智，从而万物皆可被理解。”现在，每一个个人都被请到了这个理性主义美学的法官席前：首当其冲的是神话，还有主要人物、戏剧结构、歌队音乐，最后也是最重要的就是语言。
与索福克勒斯的悲剧相比，我们在欧里庇得斯那里经常不得不感觉到的
创作缺陷和退步就是那种猛烈批判过程的结果，那种大胆智力的结果。
538 现在，人们可以说，在这里有一个批评家如何能成为诗人的例子。只是
在“批评家”这个词上，我们不应该听凭那种懦弱而又多嘴之人的印象
来确定，这些人在艺术问题上根本不再让我们今天的观众发话。欧里庇
得斯试图比被他评价的诗人们做得更好：谁要是不雷厉风行、说到做到，
谁就没有什么权利要求公开发表批评言论。我要在这里或者能在这里只
举一个那种创造性批评的例子，尽管实际上有必要指出在欧里庇得斯戏
剧所有区别问题上的观点。任何东西都不可能比欧里庇得斯戏剧中的**开
场白**更违背我们的舞台技巧了。个别亮相者，无论是神，还是神人，在
作品开头自报家门，讲述情节的来龙去脉，这会让一个现代戏剧诗人将
其称为一种对悬念效果的不可原谅的故意放弃。人们肯定知道将要发生
的一切，谁会愿意一直等到结局呢？欧里庇得斯的思考截然不同。在他
看来，悲剧的效果绝不在于史诗般的悬念，不在于现在和随后将发生之
事的迷人的不确定性，而在于那些恢弘壮阔的激情场面，在那些场面中，
酒神赞歌的音乐基本特征又重新响起。然而，最强烈地妨碍人们津津有
味地欣赏这些激情场面的，是听众感到若有所失的部分，是编造来历上
的一个漏洞；只要听众还得揣摩这个那个人物、这个那个情节意味着什
么，那么，听众便仍然不可能完全专心致志于主要人物的痛苦和行为，
悲剧的怜悯就是不可能的。而在埃斯库罗斯和索福克勒斯的悲剧中，通
常都做了非常艺术的安排，以至于在最初几场里，几乎是不经意地把所
539 有那些为理解所必需的线索交到观众手里；在这个特征中，真正的艺术
家气质展现出来，这种气质对必然的、套路的东西几乎是藏而不露。可
是，欧里庇得斯总还是相信他注意到，在那最初几场里，观众处于固有
的不安之中，为解开关于来历的计算难题，以至于情节展示的诗之美对
他来说就丧失殆尽。因此，他写下开场白当作一个大纲，并通过一个可
靠的人物，一位神，来朗读这个开场白。现在，他甚至可以更自由地塑
造神话，因为，他可以通过开场白消除任何关于**他的**神话塑造的怀疑。

在关于自己戏剧艺术的充分优越感中，阿里斯多芬《蛙》中的欧里庇得斯责备埃斯库罗斯：

这样我将马上说到你的开场白
以便如此批评悲剧第一部分，
首先是批评他，这位大才子！
他谈论事实状况颇为杂乱无章！

但是，适用于开场白的，也同样适用于十分声名狼藉的 *deus ex machina*①：他起草了未来的大纲，就像开场白起草了过去的大纲一样。在史诗式的预见和向外看见之间②是戏剧抒情的现实与当下。

欧里庇得斯是第一个遵循有意识的美学的戏剧家。他有意寻找最容易明白的内容：他的主人公**是**真实的，就跟他们说的话一样。但他们是直言不讳的，而埃斯库罗斯和索福克勒斯的悲剧人物的性格特征比他们说的话更深刻、更丰富：其实，他们不过是结结巴巴地自说自话。欧里庇得斯用肢解人物形象的方法来同时塑造人物形象。如果索福克勒斯说埃斯库罗斯做得对，然而是无意识地做的，那么欧里庇得斯就会说埃斯库罗斯做得不对，**因为**是无意识地做的。与埃斯库罗斯相比，索福克勒斯**知道**得更多，这给他带来一点好处，但是，他多知道的内容绝对没有超越**技术**操作的层面；截止到欧里庇得斯，古代没有一个诗人能够从审 *540*
美角度真正代表自己的最佳水平。因为这就是古希腊艺术整个发展的神奇所在：概念、意识、理论还没有机会发言，而且，弟子能够向大师学习的一切都建立在技术基础上。而这也是比如托尔瓦森③给人以那种古代假象的东西：他很少思考，说和写都很糟糕；真正艺术的智慧还没有进入他的意识中。

相反，欧里庇得斯的周围有一种现代艺术家特有的、断断续续的微

---

① 拉丁文：解围之神，直译应该是“出自机械之神”。详细解释见本卷《悲剧的诞生》第 12 节脚注。

② “在史诗式的预见和向外看见之间”的德文原文是：zwischen der epschen Vorschau und Hinausschau，Vorschau（预见）和 Hinausschau（外见）。详细解释见本卷《悲剧的诞生》第 12 节脚注。

③ 贝尔特尔·托尔瓦森（1770—1844），丹麦雕刻家。

光，他的几乎非希腊的艺术特色可以最简洁地概括在**苏格拉底主义**这个概念中。欧里庇得斯的“万物欲成其美，必有意识”是苏格拉底“万物欲成其善，必有意识”的平行命题。欧里庇得斯是属于苏格拉底理性主义的诗人。

在古希腊，人们感觉苏格拉底和欧里庇得斯这两个名字是休戚相关的。在雅典，这种说法广为流传：苏格拉底帮助欧里庇得斯进行创作。我们从中可以获悉，人们是多么敏锐地在欧里庇得斯的悲剧中听出了苏格拉底主义。“美好、古老”时代的追随者习惯于一口气说出苏格拉底和欧里庇得斯的名字，把他们当作民族的破坏者。还有一个传说，说苏格拉底不看悲剧，只有当欧里庇得斯的新剧本搬上舞台时，他才出现在剧场的观众中。在著名的、对苏格拉底的整个人生观都起着决定性影响的德尔斐预言中，这两个名字在更深层意义上相邻出现。德尔斐之神①所说苏格拉底乃芸芸众生中最聪明者的话，同时也包含着这样的评判：应在智慧比赛中给予欧里庇得斯二等奖。

541 众所周知，苏格拉底最初如何对神的名言表示怀疑。为了看看神说得是否正确，苏格拉底活动于政治家、演说家、诗人和艺术家中间，以便搞清楚，他是否能找到一个比他更聪明的人。他所到之处都发现神言得到了证实：他看到同时代最著名的男人们都很自负，发现他们就连对自己的事情都没有正确意识，而只是凭着直觉去做事。“仅凭直觉”成了苏格拉底主义的流行语。理性主义在苏格拉底的生命意向中表现得再幼稚不过了。他从不怀疑整个问题的正确性。“智在于知”；“我们不知道有什么事情不可以说出来让别人信服的”。这些大概就是苏格拉底鲜为人知的使命活动的原则。这种活动必然在苏格拉底周围汇集成一片极具恶感的乌云，恰恰是因为没有人能够针对苏格拉底去攻击这个原则本身：但愿人们真的急需自己根本不拥有的东西，即苏格拉底在谈判艺术中、在雄辩术中的那种优势。从无限深化的日耳曼意识来看，那种苏格拉底主义显然是一个彻底颠倒的世界；但是，可以想象，甚至苏格拉底同时代

---

① 指太阳神阿波罗。

的那些诗人和艺术家至少也会觉得无聊和可笑，特别是当他在其毫无创造性的辩论术中提出神圣使命的严肃性和尊严的时候。逻辑学的狂热分子们就像马蜂一样让人难以忍受。而现在，人们设想到如此片面的理智背后有一个强大的意志，即外表华丽的丑陋中一种毫不动摇性格的最个人化的原始力量：人们将会理解，就连像欧里庇得斯这样的大才子也恰恰在其思想深度和严肃方面愈发不可避免地被拽向一种**有意识**艺术创作的陡峭道路上。悲剧的衰败，如欧里庇得斯相信自己看到的那样，是一 542
种苏格拉底式的幻觉效果：因为没有人能够把这个古老的艺术技巧充分地转变成概念和话语，所以苏格拉底和被诱惑的欧里庇得斯一起否认那种智慧。现在，欧里庇得斯把苏格拉底式的艺术品和那种没有得到证实的“智慧”对立起来，但是，依然包裹在对主流艺术品的无数种迎合的外壳之中。下一代人正确地认识到了，什么是外壳，什么是核心：他们剥去第一层外壳，里面原来是作为艺术苏格拉底主义之果实的戏剧性对弈——阴谋剧。

苏格拉底主义蔑视直觉，因此也蔑视艺术。它恰恰在最属于智慧自己的王国的地方否认智慧。苏格拉底本人只在一种情况下承认本能智慧的力量，而且是以非常特有的方式承认的。苏格拉底在理智没有把握的特殊情况下，通过一个神奇发出的魔鬼声音赢得了一种坚实的支撑点。这个声音来临时，总是进行**劝阻**。无意识的智慧向这个完全异常的人提高嗓音，以便时不时**阻挠性地**对抗有意识的认识。这里也表明，苏格拉底怎样真正属于一个颠倒的世界。对于所有传宗接代的自然生物来说，无意识恰恰起着创造性的和肯定的作用，而意识则做出批判和劝阻的姿态。在苏格拉底那里，本能变成了批评者，意识变成了创造者。

苏格拉底对直觉的蔑视还促使继欧里庇得斯之后的第二个天才去改良艺术，而且，这种改良是更激进的。非凡的柏拉图在这一点上也成为苏格拉底主义的牺牲品：他把迄今为止的艺术仅仅看成是对表面现象的模仿，把“高贵的、备受赞誉的”悲剧——如他所说的那样——归到通常只描绘舒适的、讨好感官本性的东西，却不描绘不舒适的同时却有用 543

的东西的谄媚艺术中。照这么说，他是故意把悲剧艺术和清洁工艺术、烹调艺术相提并论。深思熟虑的性情特征对立于一个如此多种多样、丰富多彩的艺术，对于易怒的、敏感的人来说，艺术就是导火索：这理由就足以把悲剧诗人们赶出理想国。按照柏拉图的说法，艺术家与奶妈、清洁工、理发师和面包师一样统统属于国家多余的延伸部分。柏拉图有意粗鲁地、毫无顾忌地带着一种偏见对待艺术，这是有其病理学原因的。为了直观地说明这一点，可以这样说，他只有在盛怒之下才起来反对自己的肉体，他为了迎合苏格拉底主义而践踏自己深厚的艺术气质；他酸涩地表达了这样的判断，他天性中的最深伤口尚未结疤。诗人们的真正创造性能力大多因为不是对万物本质的有意识洞察而只受到柏拉图的讽刺对待，并被他认为和算命先生、星相学家的才能差不多。诗人只有在陷入欣喜若狂的无意识状态，心中不再驻有明智时，才有创作能力。柏拉图把这些“不明智的”艺术家对立于真正艺术家、哲学家的形象，而且明确表明，他本人是唯一达到这种理想境界的人，他的理想国对话堪为可读之书。可是，柏拉图的艺术作品，即他的对话的本质就是混合一切现有形式和风格而产生出的无形式和无风格。尤其不应该指责新艺术品中柏拉图所理解的旧艺术品的基本欠缺：它不应该是对一种表面图像的模仿，也就是说，按照一般概念来看，对于柏拉图的对话来说，不会有任何对自然的名副其实的模仿。所以，他在所有的艺术门类中间，即在散文和诗、故事、抒情诗、戏剧之间飘浮不定，尽管他已突破了以前
544 那些统一的——风格的——语言形式的严格法则。苏格拉底主义在玩世不恭的作家那里更加提高了被扭曲的程度：他们仿佛试图在最斑驳陆离的风格中，在散文和诗歌形式的来回交替中，来再现苏格拉底西勒诺斯般的外在特征，他的螃蟹眼睛、凸唇和下垂的肚子。

在关于苏格拉底主义非常深入的、这里仅涉及的非艺术影响的方面，谁不会认为阿里斯托芬让歌队这样唱是很有道理的呢？请看：

祝福了，不愿意坐在苏格拉底那里
说话的人，不诅咒诗歌艺术，
不蔑视悲剧之最高境界！

将多余的勤勉用于
矫揉造作的空洞言辞
和抽象的冥思苦想，
纯属虚荣的愚蠢！

但是，能针对苏格拉底说的最深刻之言是一个梦中形象告诉他的。正如苏格拉底在监狱中对他的朋友所讲的那样，他总是梦到同样的梦境反复对他说："苏格拉底，从事音乐吧！"可苏格拉底直到最后时刻都以这样的想法安慰自己：他的哲学便是最高的音乐。终于在监狱中，他勉强同意甚至演奏那种"平庸的"音乐，以求摆脱良心上的重负。他还真把他熟知的一些散文寓言变成韵文，然而，我并不认为，他以这些韵律练习与缪斯女神取得了和解。

在苏格拉底身上体现了希腊人的那一个侧面，那种**日神的清澈**，不带有任何异样的混杂，他就像一道纯粹、透明的光束，以同样应该在希腊诞生的**科学**的先驱和先行者身份而出现。但科学和艺术是互相排斥的， 545
从这个角度来说，苏格拉底是希腊第一大丑人这一点，就意义深远，正如他的一切都具有象征意义一样。他是逻辑学之父，逻辑学最清晰地描绘了纯科学的特征。他是音乐剧的毁灭者，音乐剧本身汇集了整个古老艺术的光芒。

在一种比迄今为止所能暗示的更深层的意义上讲，他是音乐剧的毁灭者。苏格拉底主义比苏格拉底更古老，其消解艺术的影响在更早之前就很明显。其独特的诡辩要素在苏格拉底之前很长时间就已潜入了音乐剧中，并且，在其美好的躯体中起着毁灭性的作用。这种毁灭是从对白开始的。众所周知，对白并非起源于悲剧。自从有了两个演员以来，对白才得到发展，而在此之前，在主人公和歌队领唱之间的交替讲话中就有了一个类似对白的形式。然而在这里，使一方从属于另一方的诡辩**争吵**还是不可能的。可一旦两个平等的主角面对面站着，竞赛，而且是用言词和理由进行的竞赛，它就按照希腊人深层的冲动应运而生，而希腊悲剧为人喜爱的对白却总是留在远处。那种竞赛向听众心中的一个要素发出呼吁，这个要素至今都因敌视艺术、憎恨缪斯而被逐出戏剧艺术节庆大殿："恶的"厄里斯[1]。善的厄里斯自古以来就支配着所有的缪斯行为，并且在悲剧中把三个竞赛的诗人带到汇集起来准备进行评判的民众面前。可是，当法庭大厅的口水仗景象闯入悲剧时，音乐剧的本质和效
546 果中就首次产生了二元论。从现在起，就有了悲剧中的那样一些部分，在其中，怜悯面对诡辩术铿锵作响的舞刀弄枪所产生的明快喜悦而退避三舍。戏剧主人公不可以躺倒，他现在也不得不被变成**语言**英雄了。始于所谓隔行争辩对白[2]的过程延续下去，甚至侵入主要演员更长的言谈中。渐渐地，所有人物都绰绰有余地运用机敏、清晰、透明来说话，以至于我们在阅读索福克勒斯的悲剧时真的就产生出一种令人眼花缭乱的总体印象。我们觉得，所有的人物似乎不是死于悲剧因素，而是死于一种逻辑的多余添加[3]。你只要比较一下，莎士比亚的主人公们是如何以完全不同的方式进行雄辩的，某种音乐之美和内心化倾向笼罩着他们全部的思考、猜测、推论；而后来的希腊悲剧中，则弥漫着一种非常可疑的风格二元论：这里是音乐的力量，而那里是雄辩术的力量。雄辩术越来越强烈地渗透，直到它在整个戏剧的结构中发挥决定性的作用。这个过程以阴谋剧而告终：这样，那种二元论才完全得以克服，随着一个竞赛者的完全毁灭，音乐亦然。

发人深省的是，这个过程在悲剧中开始，而在**喜剧**中走向终结。产生于怜悯的深层次根源的悲剧按其本质而言是**悲观的**。生存，在悲剧中是十分可怕的东西，人在悲剧中是愚钝之辈。悲剧中的主人公并非近代美学所臆断的那样在与其命运抗争，他也并非活该受苦。悲剧的主人公更像是盲目地、被蒙着脑袋掉进其不幸之中。他依然抱着一种绝望然而高贵的姿态去站立在那个刚被认识的恐惧世界面前。这种姿态就像一根刺一样刺进我们的心灵。与此相反，雄辩术从其本质而言，是**乐观的**：

---

① 希腊神话中的不和女神。

② "隔行争辩对白"的德语原文是 Stichomythie，意思是对白双方你一句我一句地对话，每一句一般只占一行字。

③ 尼采在这里使用的德文原文是 Superfötation，本意是指生理学上的异期复孕，或植物学上的异花粉受精，也可延伸为"多余的添加"的意思。尼采用这个词，意在挖苦苏格拉底。

它相信因和果，由此而相信罪与罚、美德与幸福的必然关系。它的计算 547 题必然无休止地发酵，它否定一切它无法从概念上肢解的东西。雄辩术持续达到自己的目的，每个结论都是其欢呼雀跃的节日，明快和有意识是它能够独自呼吸的空气。当雄辩术的这个要素侵入时，二元论就像在昼夜之间、音乐和数学之间一样产生。不得不通过论证和反论证捍卫其行为的主人公处于丧失我们同情的危险之中。因为，他后来遇到的不幸恰恰只能证明他在什么地方打错了算盘。可是，因为打错算盘而引发的不幸已经更是喜剧题材了。可当对雄辩术感到的兴趣肢解悲剧时，近代喜剧就以其持续的狡黠和诡计取得了胜利。

在大量欧里庇得斯的剧本中，苏格拉底的意识及其对美德和知识、幸福和美德之间必然联系的乐观信念有这样的效果：最终，继续十分舒适地生存的前景，通常以一场婚姻作为开端。神一出现在舞台机关上，我们就发觉，是苏格拉底躲在面具的背后，试图在天平上摆平幸福和美德。每个人都知道苏格拉底的这些命题："美德即知识；只有出于无知才会犯罪；有德便是有福。"悲观的悲剧之死就在于乐观主义的这三个基本形式中。这些观点早在欧里庇得斯之前就开始致力于悲剧解体。倘若美德就是知识，那么，具有美德的主人公就必须是雄辩术大师。在伦理的、完全未开发的思维那种特别的平淡无奇和贫乏之中，经常有在伦理方面进行雄辩的主人公作为道德低下和市侩习气的通报者出现。人们必须有勇气承认这一点，必须认识到（更不用提欧里庇得斯了），索福克勒斯悲 548 剧里的最美好的人物形象，一个安提格涅，一个厄勒克特拉，一个俄狄浦斯，有时也会陷入让人无法容忍的平庸思路中；戏剧特征比语言通报更美好，更非同小可。从这个观点出发，我们对更古老的埃斯库罗斯悲剧的评价会更有利些，而埃斯库罗斯也是无意识地做出了最佳成绩。我们在莎士比亚的语言和人物塑造中可以找到这些比较强有力的支撑点。我们可以在莎翁那里发现一种伦理的智慧，面对这种智慧，苏格拉底主义就显得有些油腔滑调、圆滑世故了。

我在上一个报告中有意少谈希腊音乐剧中音乐的局限性。与这些讨论相关联，如果我把希腊音乐剧中的音乐局限性描述成其瓦解过程开始的、危险的方面，那么，这就更容易理解了。悲剧是因乐观的雄辩术和伦理学而毁灭的。这就意味着，音乐剧是因为缺乏音乐而毁灭的。侵入悲剧的苏格拉底主义阻止音乐同对白和独白融为一体，尽管音乐在埃斯库罗斯的悲剧中做出了其最成功的开端。另一方面的结果是，越来越受到限制和局限的音乐在悲剧中不再有亲切之感，而是在悲剧之外作为绝对的艺术更自由地、更大胆地发展。让一个幽灵在午餐时出现是非常可笑的。如下的情况也是很可笑的：要求悲剧音乐这样一位充满神秘色彩的、真正兴奋的缪斯在法庭和雄辩的间歇演唱。悲剧中的音乐在可笑的情感中哑然失声，仿佛它头上弥漫着闻所未闻的亵渎。它越来越不敢提
549 高嗓音；它终于感到迷乱；它歌唱不适宜的事物；它感到羞愧，完全从剧场中逃走。我们可以直言不讳地说，希腊音乐剧的繁荣和高潮时期是处于自己第一个伟大时期的埃斯库罗斯，那时他还没有受索福克勒斯的影响。整个渐进的衰败过程始于索福克勒斯，最后是欧里庇得斯疾风骤雨般地、有意识地反对埃斯库罗斯的悲剧，从而导致了悲剧的终结。

这个判断仅仅反对目前广为流传的美学，实际上，用阿里斯托芬的证据就足以证实这个判断。再没有其他天才比阿里斯托芬更和埃斯库罗斯心灵相一致的了，而相同的事情只能为相同的人所认识。

最后，只有唯一的一个问题。音乐剧当真死了，永远死了吗？日耳曼人除了“大歌剧”以外真的没有什么可以拿来与这已消失的昔日艺术品相媲美的吗？差不多就和猴子往往出现在赫拉克勒斯①旁边一样？这是我们的艺术最严肃的问题，而谁作为日耳曼人……这个问题的严肃性……②

---

① 赫拉克勒斯是希腊神话传说中最有名的英雄。

② 原稿未完成。

狄奥尼索斯世界观

1

通过诸神说出同时又隐瞒其世界观隐秘信条的希腊人，塑造了两位 553
神作为其艺术的双重源泉：阿波罗和狄奥尼索斯。这两个名字在艺术领域代表着风格的对立面，两个对立面几乎总是在相互斗争中相伴而行，只是有一天，在希腊“意志”的繁荣瞬间，似乎融合成阿提卡悲剧的艺术品。也就是说，在两种状态下，即在**梦**与**醉**中，人实现了生存的快感。在梦中，人人都成了十足的艺术家。梦境美好的外观是所有造型艺术的鼻祖。我们将会发现，梦境美好的外观也多半是诗歌的鼻祖。我们在对**形象**的直接领会中享受，所有的形式都与我们说话；不存在任何无所谓的、不必要的事情。在这个梦中现实的最高生活中，我们还有微微透过来的**外观**之感。只有当这种感觉终止的时候，病理作用才会开始。在这些作用中，梦不再使人神清气爽，梦境中有治疗作用的自然力也停止了。但是，在那个范围内，绝不只是我们内心非常明智地寻找的惬意而亲切的画面，严重的、悲伤的、忧郁的、黑暗的东西也会同样被饶有兴致地
观看，只不过在这里，外观的面纱也必然随风摆动，不让完全揭开现实 554
事物的基本形式。因此，一方面梦是个人与现实事物的游戏；另一方面，(广义的）雕塑家的艺术则是**与梦的游戏**。雕塑作为大理石块是一个非常现实的物体，但是，作为**梦幻形象**的雕塑中的现实事物却是神的活生生的人形。只要雕塑还作为想象的图像在艺术家眼前飘浮，那么，他就还

是在与现实事物游戏；当他把这幅图像转变成大理石时，他就是在与梦游戏了。

那么，**阿波罗**在哪种意义上可以被塑造成**艺术**之神呢？仅仅在他是梦幻想象之神这个意义上。他是彻头彻尾的“照耀者”：在最深的根源中，他是日神和光明之神，在熠熠生辉的光芒中展现自我。“美”是他的基本特征：永恒的青春被赋予了他。可是，梦幻世界的美丽外观也是他的王国。与无法完全理解的日常现实相对立的这些状态的更高真实性、完美性，把阿波罗提升为预言之神，但是，恰恰因此他无疑也成为艺术之神。美的外观之神同时必须成为真实认识之神。可是，梦中形象为了不在外观不仅造成迷惑而且造成欺骗的地方产生病理效果而不可以逾越的那条精细界限，在阿波罗的本质中也不可缺少：那种适度的约束、那种对更疯狂刺激的解脱、造型之神的那种智慧与宁静。他的目光一定是“明媚阳光般”宁静，即使在生气和闷闷不乐的时候，也有着美丽外观的庄严。

与此相反，狄奥尼索斯的艺术建立在与醉、迷狂进行游戏的基础上。主要有两种力量把幼稚的自然人提升到醉的忘我程度：春天的冲动和令人陶醉的琼浆玉液。它们的作用象征化为酒神的形象。在两种状况中，
555 *principium individuationis*① 被突破，主观因素在突然出现的普遍人性甚至普遍自然性之力量面前完全消失。酒神节不仅建立起人与人的纽带联系，而且使人与自然和解。大地自愿奉献它的贡品，猛兽温顺地凑上前来，虎豹牵拉着酒神那以花环装饰的车辇。在人与人之间造成贫穷、专断的所有等级界限消失了：奴隶成了自由人，贵族和出身卑微者一起演唱同样的酒神合唱。“世界大同”的福音在越来越多的人群中四处传播：人载歌载舞，将自己表现为一个更高、更理想之共同体的成员，他连走路说话都忘记了。更有甚者：他感到着了魔，他真的有了异变。就像动物会说话，大地上产出牛奶和蜂蜜一样，人身上发出了超自然的声音。他感觉自己就是神，这是以往仅仅生活在其想象力之中的事情，而现在

① 拉丁文：个体化原理。

他亲身感受到了这一点。那么，现在他认为图像和塑像是什么呢？人不再是艺术家，他变成了艺术品，他变得如此狂喜、如此振奋，就像他在梦中看见诸神的变化一样。自然的艺术力量，而不是人的艺术力量，在这里展现；一种更贵重的黏土、一块更昂贵的大理石在这里被揉捏、被雕琢：人。这个由艺术家狄奥尼索斯塑造的人和自然的关系，如同塑像和日神艺术家的关系一样。

如果现在醉是自然与人的游戏，那么，酒神艺术家的创作就是与醉的游戏。如果人们自己不了解这种状况，那它就只能用比喻的方式让人理解。这和人们做梦而同时又觉得梦是梦的情况相似。这样，酒神的侍者就必须处于醉的状态，而且，同时作为观察者埋伏在背后，严阵以待。
酒神的艺术家特征并不表现在深思与醉之间的交替，而是在它们的共存 556
之中。

这种并存标志着希腊文化的鼎盛。从起源来讲，只有阿波罗是希腊艺术之神，正是他的力量如此广泛地调节了从亚洲入侵的酒神，以至于可以产生最美好的兄弟联盟。在此，人们极容易理解希腊人本质上令人难以置信的理想主义：出自一种对亚洲人来说意味着最放肆地放纵低级欲望的自然崇拜，在一定时间内冲破所有社会约束的一种泛贺泰拉①式的动物生活，在他们那里，变成了一个救世节庆，一个基督变容节。他们本质上的所有高品位欲望都在这个狂欢的理想化形式中表现出来。

然而，希腊人陷入再大的危险，也莫过于新神暴风雨般地降临之时。德尔斐的日神智慧从未像现在这样如此光芒四射。他首先用最细的细丝对抗性地缠住了强大的对手，使得对手无法察觉，自己已经多半身陷囹圄。德尔斐的祭司们看透了新的礼拜对社会再生过程产生的深远影响，而根据其政治和宗教的观点促进这种礼拜；日神艺术家以从容不迫的自制向酒神礼拜的革命性艺术学习；最终，德尔斐礼拜秩序中的年度统治权在日神和酒神之间做出分配。因此，两位神仿佛是作为胜利者离开其比

---

① 古希腊时期重要人物的女性陪伴，都是一些受过教育、擅长歌舞、衣着华丽的漂亮女人，基本上不受当时希腊妇女所受的社会约束。在某种程度上，有点类似于日本的艺伎。

赛的：一种比赛场上的和解。倘若人们想非常清楚地看看，日神因素是怎样强有力地遏制酒神的非理性超自然因素的，那么，人们就会想到，在更古老的音乐时期，γενοσ διθυραμβικόν① 同时也是 ησυχαστικόν②。现在，日神艺术精神变得越强大，兄弟神狄奥尼索斯就会越自由地发展：
557 在日神纹丝不动、全神贯注地凝视美的同时，在斐狄亚斯③时代，另一位神在悲剧中解释了世界之谜和世界恐惧，在悲剧音乐中道出对自然的最内心想法，以及所有现象之中、之上的“意志”活动。

如果音乐也是日神艺术，那么，确切地说，只有节奏是如此，其**造型**力发展成了对日神状态的描述：日神音乐是声音的建筑学，而且只是在暗示的声音中，正如基特拉④所独具的声音。恰恰是构成酒神音乐甚至一般意义上音乐特征的那种因素被谨慎地避开了：声音那种振聋发聩的力量以及完全无与伦比的和声世界。对于这些，希腊人有着最细腻的感受，正如我们得从**音调**的严格特征中获取感受一样，尽管在希腊人那里，对一种**被渲染的**、真正响起的和声的需求比在近代世界中小得多。在和声模进⑤中，就是在其略写记号中，在所谓的旋律中，“意志”没有事先显露就完全直截了当地展现出来。每个个体都可以充当比喻，仿佛作为普遍规律中的一种个别情况；而酒神艺术家则相反，会直接明白地解释显现者的本质：他驾驭尚未成型之意志的混乱，并能在每个创造瞬间从中创造一个新世界，**但是也**创造作为现象为人所知的**旧世界**。在创造旧世界这个意义上，他是悲剧音乐家。

在酒神之醉中，在所有心灵音阶被醉人刺激激发而起的迅猛疾驰中，抑或在被释放的醉人的春之冲动中，自然以其最强大的力量来表达自己的心声：它将个体重新关联起来，让其有合而为一的感觉，以至于个体化原理（*principium individuationis*）仿佛作为意志的一种持续的弱势状
558 态而出现。意志越颓废，一切就越支离破碎为个体；个体发展得越自私

① 古希腊文：酒神颂的方式或激情的方式。
② 古希腊文：宁静的。在这里和前文连贯，指宁静的方式。
③ 斐狄亚斯（约公元前480—前430），古希腊著名雕刻家、画家和建筑师。
④ 古希腊的一种弦乐器，开始由7根弦，后来由18根弦组成。
⑤ 指和声的音型在新的高音上重复出现。

自利，越随心所欲，个体所服务的机制就越孱弱。因此，在那些状况中，仿佛意志的一种感伤特征突然产生，“造物渴念”迷失者，因最高兴致而发出的惊呼，对一种无法补偿之迷失的怀念之悲叹。茂盛葳蕤的自然同时庆祝其农神节和举办其葬礼。其祭司最奇特地混合着各种情绪，痛苦唤醒喜悦，欢呼从胸中夺走了充满痛苦的声音。这位 ολυσιοσ① 之神狄奥尼索斯把一切都从自身拯救出来，转变了一切。自然的声音和运动在其中得到体现的激动民众，其演唱及其表情在荷马的希腊世界是全新的、闻所未闻的东西；这对它来说有点东方色彩，它不得不凭借非凡的节奏力量和造型力量才克服这种色彩，而且差不多在同时，也克服了埃及的圣殿风格。这就是把强大直觉置于美之羁绊中的日神民族：它把最危险的自然力，即最狂野的野兽，束缚在桎梏之中。如果人们把希腊人酒神庆典的超凡脱俗与其他民族产生于同样来源的事物相比较，那么，人们就会最高度地赞美希腊文化的理想主义力量。类似的节日庆典在远古各地都可以得到证实，其中最著名的在巴比伦，名叫萨凯恩节。在为期五天的庆祝活动中，国家与社会的任何纽带都被撕碎了；但是，关键在于性放纵，在于无节制的贺泰拉生活方式造成的家庭解体。希腊酒神庆典则提供了与此相反的画面，欧里庇得斯在《酒神的伴侣》② 中勾画了这个画面：从中流淌出斯科帕斯③和普拉克西特列斯④将其浓缩成塑像的那种妩媚、那种音乐变容之醉。一个信使讲述道，他在中午的炎炎烈日下赶着羊群来到山顶，要见尚未见识到的东西，这正是合适的时间地点；此
时，潘⑤已睡着，此时，天空是灵光的纹丝不动的背景，此时，乃日之**中 559
天**。信使发觉在一处山地牧场上有三个女子歌队，分散开脸朝下躺着，姿态端庄，许多女人靠在枞树上：一切都在微睡。突然，彭透斯⑥的母亲

① 古希腊文：解除烦恼。
② 欧里庇得斯死后才演出的一部悲剧，获得头奖。
③ 斯科帕斯，活动时期为公元前4世纪，希腊古典时代末期雕塑家和建筑师。
④ 普拉克西特利斯，公元前4世纪雅典雕刻家，希腊最有创造性的艺术家之一。
⑤ 希腊神话中的森林之神和牧神。
⑥ 希腊神话中的忒拜王。他企图阻止人们信奉狄奥尼索斯，因此被参加酒神节游行的妇女们（其中有彭透斯的母亲）撕碎而死。

欢呼起来，睡意被驱走，所有的人都跳起来：一个高贵礼仪的典范。年轻姑娘和妇女们都让卷发散落到双肩，如果睡觉时衣带和饰带松开了，那就把鹿狍皮装整整好。人们将蛇作为佩带系在腰上，蛇则亲昵地舔着她们的面颊，几个妇女抱起小狼、小狍，给它们喂奶。一切都装饰着常春藤花环和牵牛花。用酒神手杖敲击岩石，水就喷涌而出；用棍捅向地面，就有琼浆玉液冒出。甜美的蜂蜜从树枝滴下，只要有人用指尖戳一下地面，顿时会喷溅出雪白的奶浆。——这是一个完全着了魔的世界，自然和人一起庆祝他们和解的节日。神话说，阿波罗把被撕碎的狄奥尼索斯重新拼合起来。这是阿波罗新创造的、从其亚洲式的粉身碎骨中被拯救出来的狄奥尼索斯之图像。——

2

希腊诸神尽善尽美，如荷马作品中已经向我们展示的那样，他们肯定不能被理解为困境和需求的产物，如此事物肯定不是胆小怕事之人想出来的：一种天才幻想不是为了逃避生活才胡乱投射出诸神图像的。在他们身上是一种生命的宗教在言说，而不是职责的或者禁欲的或者智慧的宗教。所有这些形象都呼吸着生存的凯旋，一种旺盛的生命感伴随着
560 对他们的狂热崇拜。他们不要求现存事物在他们身上被神圣化，无论其是善还是恶。按其他宗教的严肃性、神圣性和严格程度来衡量，希腊宗教处于被低估为一种幻想游戏的危险中——假如你想象不出最深层智慧的一种常被误读之特征的话。而通过这种特征，欧里庇得斯的诸神像突然作为无法比拟的艺术家民族的作品，而且几乎作为最高作品而出现。这是被缚的森林之神向凡人揭示的**民间**哲学：“最好的东西是不存在，次好的东西是马上就死。”这与构成那种诸神世界背景的哲学如出一辙。希腊人了解生存的恐怖和恐惧，但是，为了能生活，希腊人掩饰了这种恐惧感：按照歌德的象征，是一个十字架藏于玫瑰之中。那熠熠生辉的奥林匹斯诸神之所以能统治，只是因为决定阿喀琉斯早亡和俄狄浦斯可怕婚姻的 Μοιρα① 的黑暗统治据说被宙斯、阿波罗和赫尔墨斯等的光辉形象藏匿起来了。假

---

① 古希腊文：命运女神。

如有人除去了那个**中间世界**的艺术**外观**，那么，人们就不得不遵循林中之神亦即**酒神**陪伴者的智慧。正是出于这种**必然性**，这个民族的艺术天才才创造了这些神。因此，一种神正论绝不是一个希腊人的问题：人们会不得不向诸神苛求世人的生活条件，从而苛求其为世人状况负责。甚至诸神也服从这种 αναγκη①，这是最罕见智慧之表白。在一面使人容光焕发的镜子中见到自己实际的生存状态，并用这面镜子来保护自己抵御美杜莎②的目光——这是希腊人"意志"的天才策略，总之是为了能够活下去。因为，那个无限敏感、能如此出色地应付**痛苦**的民族，如果**同样的**痛苦不是由更高的灵光萦绕着在他们的诸神中向他们展示出来，那么他们还会有别的方法去忍受生存吗？呼唤艺术诞生的本能，作为对生存的 561
补充和完成，诱惑人继续生活下去，同样也让奥林匹斯世界产生出来：一个美的、宁静的、享乐的世界。

由于这样一种宗教的影响，生活被理解为荷马世界中本来就值得追求的东西：这些神祇的明媚阳光普照下的生活。荷马人物的**痛苦**涉及脱离当下生存，尤其涉及早逝；一旦响起哀怨之声，便总是关于"短命的阿喀琉斯"、人类的快速更替、英雄时代的消逝等老生常谈。最大的英雄也难免渴望继续生存，哪怕是以打零工为生呢！"意志"再没有比在希腊人那里那样更加开诚布公地表露过，希腊人的哀怨甚至还是希腊人的赞歌。因此，现代人渴望那个时代，他相信在其中听到自然和人之间的浑厚合唱；因此，希腊人的答案就是所有不得不为自己有意识地对意志的肯定而寻找光辉榜样之人的答案；因此，最终在追求享乐的作家笔下，"希腊之欢乐"这个概念就产生了，以至于一种无耻的二流子生活竟敢不恭不敬地用"希腊的"这个词来为自己辩护，甚至洋洋得意。

在所有这些把最高贵之物误认为最庸俗之物的看法中，希腊人遭到过于简单粗暴的对待，而且在某种程度上说，是按照毫无歧义的、近乎片面的民族（比如说罗马人）的样子塑造成的。但是，人们也应该在一个民族的世界观中猜到对艺术外观的那种一点成金的需求。实际上，我

① 古希腊文：阿南克，希腊神话中必然或命运的化身。
② 希腊神话中的蛇发女怪，被其目光触及者即化为石头。

们甚至如暗示过的那样，在这种世界观中遇上一个非同寻常的错觉，就是自然为了达到其目的而如此有规律地利用的那个错觉。真实的目的被
562 一个幻象掩盖了：我们朝幻象伸出手去，而自然却通过这种欺骗达到了目的。在希腊人的心目中，意志想要看到自己被美化成艺术品；为了美化自己，意志的创造物必须感觉自己是值得美化的。他们必须在一个更高的空间重逢，仿佛升入了理想境界，不必由这完成的观念世界来发号施令或指指点点。这是美的领域，在其中他们看到自己的镜像：奥林匹斯诸神。希腊人的意志用这个武器来同与艺术天赋相关联的才华作斗争，为了**痛苦**，也为了痛苦的智慧。悲剧就是从这种斗争中，并作为斗争**胜利**的纪念碑而诞生的。

痛苦的**醉**和**美的梦**有其不同的诸神世界：前者以其本质的万能渗透到最内在的自然观念中，它认识到可怕的生存欲望，同时也认识到所有生存物的相继死亡；它创造的诸神既善又恶，恰似巧合，通过突然出现的按部就班而让人害怕，他们没有怜悯心，对美不感兴趣。他们与真相关，接近于概念；他们很少也很难把自己浓缩成形象。注视他们，就会使人变成石头：你该怎么与他们一起生活？可是你也不必这样，这是他们的信条。

这个诸神世界，假如它不能像一个不可告人的秘密那样被完全掩盖，那么落在它身上的眼光必然被梦中那个近在咫尺的奥林匹斯世界的辉煌诞生拽开去。因此，真实性或者真实性的象征越是强烈发挥作用，诸神世界五光十色的火焰，也就是其形象的感官性，就越是升高。但是，真与美之间的斗争从未像酒神庆典侵入时那么激烈：在庆典中，自然自我显现，并以诱人外观在其面前几乎丧失威力的**声音**，极其清晰地讲述自
563 己的秘密。这个源泉来自亚洲，但是，它必须在希腊才能汇集成湍急的河流。因为，它在这里第一次发现亚洲所不能向它提供的东西：极度的敏感和对痛苦的承受能力加上最轻松的审慎和敏锐目光。阿波罗怎么拯救希腊人呢？新来者被拽入美的外观世界，拽入奥林匹斯世界：对许多最受人尊敬之神祇如宙斯和阿波罗的尊敬，有许多也奉献给了他。人们从来没有为一个外来者如此费心，因此他也是一个可怕的外来者（任何

意义上的外邦人)，强大到足以捣毁好客之家。一场大革命在所有生活方式中开始：狄奥尼索斯到处渗透，也渗透到艺术中。

视、美、外观划定了日神艺术领域的范围：这是在梦中眼睑闭合着、艺术地进行创造的眼睛美化了的世界。史诗也想要把我们置于这种梦境中：我们会睁眼不见万物，而欣赏行吟诗人试图通过概念激发我们产生的内在图像。在此，他间接取得了造型艺术的效果，而雕塑家则通过砍凿的大理石把我们引到他梦见的**活生生的**神祇面前，以至于原本作为τέλοσ① 浮现的形象对雕塑家和观众来说都变得清晰可见，而前者通过雕塑这个**中间形象**促使后者察看：史诗诗人看到同样活生生的形象，也想要把这些形象展示给别人看。但是，他不再把雕塑放置在自己和别人之间：他宁愿讲述那个形象如何通过动作、声音、言词、情节来证明自己的人生，他迫使我们从大量的果出发去追溯因，他使我们不得不寻求一种艺术结构。当我们看到这个形象或群像或图像清晰地展现在我们面前时，当他告诉我们那种他自己在其中首先产生出那些表象的梦境时，他
就达到了自己的目的。史诗对**造型艺术**创作的要求证明，抒情诗与史诗 564
是多么不同，因为，抒情诗从来都不把塑造画面当成目的。两者之间的共同点只是载体，即言词，更共同的是概念：在谈论诗的时候，我们就此没有了并列于造型艺术和音乐的范畴，而是两个完全大相径庭的艺术手段的黏合，其中一个意味着通往造型艺术之路，另一个意味着通往音乐之路，可是两者都仅仅是通往艺术创作的途径，而不是通往艺术本身。当然，从这个意义上来说，甚至绘画和雕塑也只是艺术手段：真正的艺术是图像的创造能力，创造无所谓先后。艺术的**文化意义**建立在这个特征基础上——一种普遍的人性特征。艺术家——作为通过艺术手段邀人参与艺术者，不能同时成为艺术活动的吸收器官。

日神**文化**的圣像崇拜，无论是表现在神庙、塑像还是荷马史诗中，都有**适度**之伦理要求上的崇高目标，这种要求平行于美之审美要求。作为要求提出的适度，只有当尺度这条界限被看作**可认识的**之时，才是有

① 古希腊文：最终目的。

可能的。为了能遵循其界限，人们不得不认识界限，因此才有日神的提醒：γνωθι σεαυτόν[1]。可是，日神的希腊人在其中仅仅能够看见自己，也就是说，认出自己的那面镜子，是奥林匹斯诸神世界：不过在这里，希腊人重新认出了自己最特有的本质，被裹在梦的美丽外观中。新的诸神世界（相对于一个被推翻的提坦神的世界）在适度的桎梏下活动，适度是美的适度：希腊人不得不遵循的界限是美的外观的界限。一种转向外观和适度的文化，其最内在的目的，甚至只能是为真实披上面纱：对着
565 在**其**工作中不知疲倦的研究者，同样也对极其强大的提坦神们喊出 μηδεν αγαν[2] 的警告。在普罗米修斯身上，向希腊人展示了一个过分促进人的认识能力对于促进者和被促进者都同样有害的例子。想要以其智慧经受神之考验的人，就得像赫西俄德[3]一样 μετρον εχειν σοφιησ[4]。

现在，酒神庆典的心醉神迷之声渗透到一个如此建造起来的、受人工保护的世界中，在这个声音里，自然的整个**过度**同时显现为欢乐、痛苦和认识。至今被看作界限、看作适度标准的一切在此都证明是一种艺术的外观："过度"自我揭示为真实。极其迷人的民间歌咏第一次在一种超强情感的全然陶醉中唱响，相比之下，和着 κιθάρα[5] 仅仅谨小慎微地暗示的声音宣叙式地吟唱的日神艺术家又算什么呢？早先在诗与音乐界内部按等级传播，同时远离所有世俗参与的东西，不得不凭日神天才的威力固执于简单结构等级的东西，那种音乐元素，冲破了所有的限制：过去仅仅在最简单的蜿蜒曲折中活动的节奏放开四肢，跳起酒神舞蹈：**声音**响起来，不再像过去那样幽灵般飘过，而是上千倍的群情激昂，并且有低音吹奏乐器的伴奏。这样，最神秘的事情发生了：这里诞生了和声，它在进行中让人直接理解了自然意志。现在，被人为藏匿于日神世界中的事物在酒神周围变得声音响亮起来：奥林匹斯诸神的全部微光在西勒诺斯的智慧面前黯然失色。一种在狂喜的陶醉中言说真实的艺术驱

---

① 古希腊文：认识你自己。
② 古希腊文：勿过度。
③ 赫西俄德（创作时期公元前8世纪），希腊最早的史诗诗人。
④ 古希腊文：保持智慧的适度。
⑤ 古希腊文：基特拉琴。

走了外观艺术的缪斯们；在酒神状态的忘我之中，个体带着其界限和适 566
度走向灭亡：诸神的黄昏即将来临。

最终，意志却是**一种**不利于自己日神创造而让酒神因素介入的意志，那么，这种意志的意图何在呢？

一种新的、更高的生存 μηχανη① 应运而生：**悲剧的思想**的诞生。——

3

酒神状态的出神入化及其对生存的一般限制与界限的否定，在其存在期间包含了一种**冷漠的**因素，过去所经历的一切都沉浸在这个因素中。这样，日常现实和酒神现实的世界就通过忘我的鸿沟彼此分离。但是，只要那种日常现实一重新进入意识之中，它就会以实际情况让人感到**厌恶**：一个**禁欲的**、否定意志的情绪就是那种状态的果实。在思想中，酒神因素作为一个更高的世界秩序与一个平庸、糟糕的世界秩序对立起来：希腊人想要绝对逃离这个罪孽与命运的世界。希腊人几乎不轻易相信一个死后的世界；其渴望越来越高，超越诸神。他否定生存及其色彩斑斓、熠熠生辉的诸神映像。在由陶醉中清醒过来的意识状态中，他到处都看到人类存在的恐惧和荒诞，他感到恶心。现在他明白了森林之神的智慧。这里到达了希腊人意志及其日神乐观主义基本原则能够允许的极限。

在这里，希腊人意志立即以其自然治愈力发挥作用，以便重新歪曲
那种否定情绪，它的手段就是悲剧艺术品和悲剧思想。它的意图完全不 567
能抑制甚至压制酒神状态；不可能有一种直接的强制，即使有可能，也太危险，因为在其迸发中受阻的因素于是在别处为自己开辟道路，并穿越所有的生命命脉。

首先需要把关于生存之恐惧与荒诞的那种恶心念头转变成可以借以让自己活下去的想象：这就是作为对恐惧之艺术性抑制的**崇高**和作为对荒诞所致恶心之艺术性宣泄的**可笑**。这两个彼此交织的因素结合为一件模仿醉、与醉游戏的艺术品。

---

① 古希腊文：机械、策略。

崇高与可笑是超越美的外观世界的一个步骤，因为，在这两个概念中，人们感受到一个矛盾。另一方面，它们完全不符合真实，它们是给真实蒙上面纱，面纱虽然比美更透明，但仍然还是蒙上的面纱。于是我们在它们身上遇到了一个美与真之间的**中间世界**，在这个中间世界里，狄奥尼索斯和阿波罗的联合是可能的。这个世界在与醉的游戏中自我显现，而不是在完全被醉吞噬的状态中。我们在演员身上重新认出酒神式的人，即直觉的作家、演唱家、舞蹈家，但却是作为被扮**演的**酒神式的人。他试图在崇高的战栗中或者在哄堂大笑的震荡中达到酒神式的人的典范：他超越了美，却不求真。他一直飘浮在二者中间。他并不追求美的外观，但是却追求外观；不追求真，但是却追求**可然性**（真实的象征、标志）。演员首先当然不是个别人：应该被描写的是酒神的大众，是人民，因此是酒神颂歌队。通过同醉的游戏，他自
568 己和周围的观众歌队似乎达到了醉的宣泄。从日神世界的角度看，希腊人是应该得到**治愈**和**调解**的。真正的治疗与调解之神阿波罗，他把希腊人从**睛明眼亮**的狂喜和对生存的恶心中解救出来——通过悲喜剧思想的艺术品。

新的艺术世界，崇高与可笑的世界，“可然性”的世界，建立在一个不同于以前美的外观世界的诸神观和世界观基础之上。对生存之恐惧和荒诞的认识，对被扰乱的秩序和非理性的按部就班的认识，总之，对整个自然界最巨大**痛苦**的认识，揭开了被人为遮在命运女神（Μοιρα）、复仇女神、美杜莎、戈耳工①这些形象面前的面纱：奥林匹斯诸神处于最大的危险之中。在悲喜剧艺术品中，他们通过被置于崇高与可笑的大海中而得救。他们不再只成其为“美”。他们仿佛吸入以前那种诸神秩序及其崇高。现在他们分成两组，只有少数几个作为时而崇高、时而可笑的神在中间飘浮，尤其狄奥尼索斯，自己接受了那种分裂的性格。

希腊人现在在悲剧时期如何能重新生活，这一点最好地体现在两个典型上，体现在埃斯库罗斯和索福克勒斯身上。在作为思想家的前者看

① 希腊神话中的怪物，根据赫西俄德的说法，戈耳工有三个，美杜莎是其中之一。

来，崇高大多出现于了不起的公正中。人和神在他那里具有最密切的主观共同性：对于他来说，神圣、公正、道德的东西和**幸福的**东西是统一地彼此交织在一起的。个体，无论是人还是提坦神，都按照这个天平来衡量。诸神被按照这个公正尺度重新构建出来。这样，比如民间对迷惑人、引诱人犯过失的魔鬼的信仰——那个被奥林匹斯诸神废黜的远古诸神世界之残余——由于这个魔鬼成了实施公正惩罚的宙斯手中之工具而得以纠正。同样远古的——对奥林匹斯诸神来说同样陌生的——家族厄 569
运的想法被消去所有的严厉性，因为，在埃斯库罗斯那里，没有个人犯罪的**必然性**，而且每个人都可以幸免。

埃斯库罗斯在奥林匹斯司法的崇高性中发现了崇高，而索福克勒斯则——用奇特的方式——在奥林匹斯司法滴水不漏的崇高性中看到了崇高。他在所有方面都再造民间观点。对他来说，一种不应遭受的恐怖命运就是崇高的，人类生存真正无法解开的谜是其悲剧的缪斯。痛苦在他的笔下得到美化，它被理解为神圣的东西。人性与神性之间的距离是无法估量的，因此，极度的屈从和绝望是合适的。真正的美德是σωφροσυνη①，其实是一种消极的美德。英雄的人类是没有那种美德的最高贵的人类。人类的命运显示了那种无际的鸿沟。**罪**几乎是没有的，只有关于人的价值及其界限的认识缺陷。

这个观点无论如何都比埃斯库罗斯的观点更深刻、更内在。它明显接近了酒神真理，并且不用许多象征来说出真理——尽管如此！我们在此认出日神的伦理原则被织入了酒神世界观中。在埃斯库罗斯那里，恶心化解为对世界秩序之智慧的高度恐惧，这种智慧只有在人虚弱时才**难以**辨认出来。在索福克勒斯那里，这种恐惧更大，因为，那种智慧完全是神秘莫测的。正是这种真诚的虔诚情绪不需要斗争而存在，而埃斯库罗斯的智慧不断有为神的司法辩解的任务，因此总是在新问题前停下脚步。阿波罗命令要探究“人的界限”。这种人的界限在索福克勒斯那里是可以认识的，但是，它比前狄奥尼索斯时代阿波罗对它的理解更加狭隘、 570

① 古希腊文：克己、明智。

有限。人类缺乏对自身的认识，这是索福克勒斯表现的问题，人类缺乏对诸神的认识，这是埃斯库罗斯的问题。

虔诚，生之欲望最神奇的面具！投身于一个被赋予最高道德**智慧**的完成的**梦幻世界**！逃离真实吧，以便能从远处向云雾缭绕中的真实朝拜！与现实和解吧，**因为**它像谜一样！厌恶揭开谜底，因为我们不是诸神！兴高采烈地匍匐于尘埃中，不幸中的幸福宁静！人在最高姿态中的最高自暴自弃！作为生存**之**医疗手段——生存中恐怖手段与可怕事物的美化与神化！在对生命的鄙视中快乐地生活！在意志否定中的意志之凯旋！

在这个认识阶段上，只有两条路——**圣徒**之路和**悲剧艺术家**之路：两者的共同之处在于，他们最敏锐地认识到生存的虚无，却还能够继续活下去，在其世界观中没有感觉到一丝裂痕。对继续生活的厌恶被感觉为创作手段，无论这是一种神圣的手段还是一种艺术的手段。恐怖或者荒诞是可以使人有崇高感的，因为，它仅仅**外观上**恐怖或者荒诞。使人陶醉的酒神力量仍然在这个世界观的最高尖端经受住了考验：所有的现实都化解成外观，而在这外观后面，统一的**意志之自然**显现出来，完全在智慧与真实的灵光中，为令人眼花缭乱的光辉所萦绕。**幻想，疯狂，甚嚣尘上。**

现在不难理解下面的内容：作为日神意志治理希腊世界的同一个意志接纳了自己另外一种表现形式，即酒神意志。意志这两种表现形式的
571 斗争有其特别的目的：创造一种**更高的生存可能性**，甚至在这种可能性中（通过艺术）达到一种**更高的美化**。美化的形式不再是外观艺术，而是悲剧艺术。但是，在这种美化形式中，那种外观艺术完全被吸收了。阿波罗与狄奥尼索斯互相融合。正如酒神因素渗透到日神生活中，外观作为界限也附着在这里一样，酒神悲剧艺术甚至不再是“真实”了。那种歌舞不再是直觉的自然之醉：酒神般冲动的歌队群体不再是无意识地被春天的欲望所控制的大众群体。真实现在被**象征化**了，它利用外观，因此，它可以也必须使用外观的艺术。但是，一种相对于以往艺术的巨大区别表现出来，外观的所有艺术手段现在**共同**被拉来帮忙，然后塑像

变了，三棱柱上的画面①自己滑动起来，通过这同一道背景墙，人们的眼前时而浮现神庙，时而浮现宫殿。我们同时也注意到某种**针对外观的无所谓态度**，外观在此不得不放弃其永恒的要求，其绝对的要求。外观完全不再作为**外观**被欣赏，而是作为**象征**，作为真实的标志。因此才有——本身令人讨厌的——艺术手段的融合。这个轻视外观的最明显标志就是**面具**。

酒神要求向观众提了出来：观众要把一切都想象成着了魔，观众见的事物要越来越多于象征物，场景和歌队席的整个可视世界都应该是**奇迹的王国**。然而，将观众置于相信奇迹并看到一切都着魔的情绪中的权力何在？又是谁战胜了外观的权力，使之缩小为象征的呢？

这就是**音乐**。——

4

我们称之为“感情”的东西，教人把漫步于叔本华之路上的哲学理解为无意识的表象与意志状态的复合体。而意志的追求通常表现为有兴趣或者无兴趣，并且在其中只显示量的差别。没有兴趣的种类，但是，有程度和总是无穷无尽的表象。我们不得不把兴趣理解为**一种**意志的满足，而把无兴趣理解为意志的不满足。 572

那么，感情以什么方式倾诉衷肠呢？部分（非常有限的部分）意义上，感情可以被转变成思想，即有意识的表象；这当然只适用于伴随着的表象的那部分。但是，在感情这个领域总是留下一些消解不了的残余。与可消解有关的，只有语言，也就是说，概念。于是，**“诗”**的界限就定在感情的表达能力上。

另外两种倾诉衷肠的类型完全是直觉的，没有意识，但是合目的地发挥作用。这就是**动作语言**和**音乐语言**。动作语言由普遍为人理解的象征组成，并且通过由反射引起的动作产生。这些象征是可视的，看见这些象征的眼睛立即让人获得产生出动作的以及动作所象征的状态：观看者大多感觉到他察觉其动作的那部分脸部肌肉或肢体的一种交感神经活

① 指希腊舞台上可以换布景的装置。

动。象征在此意味着一种十分不充分的逐个的映像，一种暗示符号，关于对这种符号的理解，人们不得不取得一致：只不过，在这种情况下，普遍的理解是一种**直觉**理解，也就是说，未经清晰意识的理解。

那么，那种双重人格的、感情的**动作**象征什么呢？

573 显然是**伴随的表象**，因为只有它能够通过可视的姿态，不充分地、逐个地被暗示：一个图像只能被一个图像来象征。

绘画和雕塑描绘了人的动作，也就是说，它们模仿象征，并在我们理解象征的情况下达到了效果。观赏的兴趣在于对象征的理解，尽管象征都有其外观。

与此相反，演员真正表现了象征，而不仅仅为了外观。可是，他对我们的影响并非建立在对同一象征理解的基础上：我们宁愿沉浸到被象征的感情中，而不是停留在对外观的兴趣上，停留在美的外观上。

这样，戏剧中的装饰绝不激发对外观的兴趣，相反，我们捕捉到作为象征的装饰，理解由此暗示出来的现实。我们在这里除了纯粹画出的东西外，也完全允许蜡制玩偶和真植物，以证明我们在此再现现实，并非有高度艺术性的外观。这里的使命是可然性，而不再是美。

然而，什么是美呢？“玫瑰是美的”只意味着玫瑰有一个好的外观，它有让人赏心悦目的光彩。这句话应该没有说出玫瑰的本质。它让人赏心悦目，它激发乐趣，作为外观，也就是说，意志通过它的外观光鲜而得到满足，生存乐趣因此而被提高。玫瑰——按照其外观——是其意志的忠实映像，是与从外观上符合类的规定这个形式相一致的。它越符合规定，它就越美：如果它从本质上符合那规定，那么它就是“好的”。

“一幅美的画”仅仅意味着：我们从一幅画获得的表象在这里完成了。可是，如果我们称一幅画是“好的”，那么，我们就是把自己对一幅
574 画获得的表象叫做符合画的**本质**的表象。但是，人们大多把一幅美的画理解为描绘美的事物的画：这是外行的评价。外行欣赏素材的美；所以我们应该欣赏戏剧中的造型艺术，只不过，只描写美不可能在这里成为任务：显得真，这就足够了。被描绘的客体应该尽可能感性、生动地得到理解；它应该作为真实来发挥作用：这样一个要求，恰和任何美的外

观的艺术品所要求的**相反**。——

可是，如果感情的动作象征伴随的表象，那么，哪一种象征会把**意志**的冲动**诉说**给我们呢？在这里哪一个是直觉的诉说呢？

声音的**诉说**。更确切地说，是声音象征的不同方式的兴致和无兴致——没有任何伴随的表象。

我们针对各种无兴致感受特性所能说出的一切，就是通过动作的象征语言而变得清晰的表象的画面，比如，当我们谈论突然的恐惧，谈论疼痛的“搏动、撕扯、抽搐、蜇刺、切割、咬啮、灼痒”等感觉的时候。这样，似乎可以将意志的某种“间歇的形式”表达出来，简言之——在音乐语言的象征表达力中——**节奏**。我们在声音的**力度**中重新认识到意志增强的丰裕、从兴致到无兴致的音量变化。但是，声音的真正本质蕴藏在**和声**中，而不用比喻的方式来表达。意志及其象征——和声——两者归根结底是**纯粹的逻辑**！节奏和力度在某种程度上还是在象征中显示的意志的外观，本身几乎仍带有那种类型的现象，而和声则是纯粹意志本质的象征。因此，应该以节奏和力度描述仍作为现象之个别现象的特征，**从这个方面音乐可以发展为外观的艺术**。无法解决的剩余部分，和 575
声，谈论外在于、内在于所有现象形式的意志，因而不仅是感情的象征语言，而且是**世界的象征语言**。概念在**它的**领域是完全无力的。

现在，我们理解动作语言和音乐语言对于**酒神艺术品**的意义了。在原始的民间春天酒神颂歌中，人不要作为个体，而要作为**人类**来说话。人不再是个体的人，这一点通过眼睛的象征语言，通过动作语言这样表达出来：人作为**萨提儿**，作为自然中的活物，在自然的活物中间用动作语言说话，而且是用增强的动作语言，用**舞蹈动作**来说话。但是，通过声音他说出了自然最内在的思想：意志不仅作为类的天才，比如在动作中为人所理解，而且作为生存本身的天才，在此直接为人所理解。因此，他以动作留在了类的界限之内，留在现象界的内部，但是，他以声音似乎把现象界化为其原始的一，玛雅人的世界在他的魔法面前消失了。

但是，自然人什么时候才得以有声音的象征表达力呢？什么时候动作语言不再够用呢？声音什么时候才成为音乐呢？首先是在意志的最高兴致状态和无兴致状态中，作为欢呼雀跃的意志或怕得要命的意志，总之，在**感情之醉**中，在喊叫中。喊叫比目光更加强大、更加直截了当到何等地步！但是，意志较温和的活动也有其声音象征语言：一般而言，每个动作平行于一种声音，只有感情之醉成功地把声音提升到纯粹的乐声。

人们把一种动作象征语言和声音的最密切、最经常性融合称为**语言**。
576 在言词中，万物的本质被声音及其声调、被其音响的强度和节奏所象征，伴随的表象、图像和本质的现象被嘴的动作所象征。象征可以也必须是多样的；但是它们本能地，以了不起的、明智的规律性而发展起来。一个被觉察的象征是一个**概念**：因为固着在记忆中时，声音完全是在逐渐减弱，所以，在概念中，只有伴随的表象之象征被注意到。人们"理解"自己能够描述和区别的事物。

在感情的增强中，词的本质更清晰、更感性地在声音的象征中显现出来，因此，它更多地发出声音。宣叙调似乎是一种对自然的回归，在使用中变迟钝的象征重新获得其原始力量。

按照词序，现在也就是说，通过一系列象征，可以象征性地描绘某种更了不起的新东西，在这种潜能中，节奏、力度与和声重新变得必要起来。这个更高范围现在统治着更狭小的个别词范围：选词、词的新位置变得有必要，诗就此开始。朗诵一个句子绝不等于发出词的声音序列：一个词终究只有一个十分相对的声音，因为它的本质，它的通过象征描述的内容，总是根据其位置的情况而成为另外一种内容。换言之，从句子和被句子象征的本质之间的一种更高统一中，词的个别象征不断被重新确定。一系列概念是一个思想，也可以说，这是伴随的表象的更高统一。思想是无法到达事物本质的。但是，思想作为动机、作为意志的刺激，对我们产生影响，这一点可以这样来解释：思想已经变成了针对一种意志现象，即同时针对意志的活动和现象的被觉察的象征。然而，也就是说，以声音的象征语言说出来，思想会产生更强大无比、更直截了当的效果。在被歌唱出来时——如果旋律内容是思想之意志的可理解象
577 征，思想就达到了其效果的顶点；如果情况不是这样，那么音列就影响

我们，而词序、思想则远离我们，对我们来说无关痛痒。

词究竟应该作为伴随的表象的象征还是作为原始意志活动的象征发挥重大作用呢？也就是说，应该是图像还是感情被象征呢？根据这样的差别，诗的两条道路，即史诗和抒情诗，就分道扬镳了。前者导致了造型艺术，后者走向音乐。对现象的兴趣统治了史诗，意志显现在抒情诗中。史诗脱离音乐，抒情诗继续与音乐联盟。

可是，在酒神颂歌中，酒神狂者被激发起来，将其所有象征能力提升到最高程度：从未感受到的感觉渴望表达——*individuatio*① 的毁灭，在类的甚至自然的天才中融为一体。现在，自然的本质应该自我表达了：一个新的象征世界很有必要，伴随的表象在一种增强的人类的图像中成为象征，它们被完整的身体象征语言、被舞蹈动作以最高的身体能量描绘出来。但是，意志的世界也要求一种闻所未闻的象征性表达，和声、力度、节奏的威力突然急剧增长。被分成两个世界的诗也获得了一个新领域：兼有史诗中图像的感官性和抒情诗中声音的感情之醉。为了把握所有象征力量的这种总体释放，也需要把握它所实现的相同本质增强：酒神颂歌的狄奥尼索斯侍者只被其同类所理解。因此，整个这一崭新的艺术世界在其完全陌生的、充满诱惑的神奇中，在可怕的**斗争**中间，辗转在日神的希腊人之中。

① 拉丁文：个体化过程。

悲剧思想的诞生

581 通过其众神说出同时也隐瞒了其世界观隐秘信条的希腊人，设立了阿波罗和狄奥尼索斯两位神祇作为其**艺术**的双重源泉。这两个名字在艺术领域代表着风格的对立，它们几乎总是在斗争中相伴而行，只有一次，在希腊“意志”的繁荣瞬间，两者融合为阿提卡悲剧艺术品而出现。

也就是说，人在**梦**与**醉**这两个状态下达到了生存的快感。每个人在其中都是十足艺术家的梦境之美的外观，是所有造型艺术之父，而且如我们将看到的那样，也是大部分诗歌之父。我们享受着对**形象**的直接理解，所有的形式都在与我们攀谈，没有任何不必要的和无关紧要的事。在这种梦之现实的最高生活中，我们却还朦胧感觉到梦之现实的外观；只有当这种感觉停止的时候，病理作用才开始。在这些病理作用中，梦已经不再使人感到神清气爽，其状态的自然治愈力减弱。但是，在这个范围内，绝不仅仅是我们以高度明智展示给自己的惬意、宜人的图像：人们也会怀着对外观的同样兴趣来观看严肃、悲哀、忧郁、暗淡的事物，
582 只不过，也恰恰在这里，外观的面纱肯定处于翩翩飞舞的运动中，而且不会完全掩盖现实事物的基本形式。

那么，阿波罗在怎样的意义上得以成为艺术之神呢？仅仅在他是梦的表象之神这个意义上。他，这位彻头彻尾的“照耀者”，在最深的根源中，他是日神和光明之神，他拥有美作为其要素，因而统治着美的梦境之王国。更高的生活经验，即对立于不够明了之日常现实的那些状况的

完美无瑕，把阿波罗提升为艺术之神和预言之神。但是，在阿波罗的本质中，也不可能没有梦中图像为了不在外观既迷惑又欺骗之处造成病理效果而不可逾越的那种敏感界限，那种适度的节制，那种对较狂野冲动的解除，还有造型之神的智慧与宁静。他的眼睛必然像太阳一般：尽管眼睛里流露出愠怒、不快的眼神，但它还是有着美的外观之庄严。

与此相反，狄奥尼索斯的艺术建立在与醉、迷狂进行游戏的基础上。主要有两种力量把幼稚的自然人提升到醉的忘我程度：春天的冲动和令人陶醉的琼浆玉液。它们的作用象征化为酒神的形象。在两种状况中，个体化原理（*principium individuationis*）被突破，主观因素在突然出现的普遍人性甚至普遍自然性之力量面前完全消失。酒神节不仅建立起人与人的纽带联系，而且使人与自然和解。大地自愿奉献它的贡品，猛兽温顺地凑上前来，虎豹牵拉着酒神那以花环装饰的车辇。在人与人之间造成贫穷、专断的所有等级界限消失了，奴隶成了自由人，贵族和出身卑微者一起演唱同样的酒神合唱。“世界大同”的福音在越来越多的人群 583
中四处传播：人们载歌载舞，将自己表现为一个更高、更理想之共同体的成员，连走路说话都忘记了。更有甚者：他感到着了魔，他真的有了异变。就像动物会说话，大地上产出牛奶和蜂蜜一样，人身上发出了超自然的声音。他感觉自己就是神，这是以往仅仅生活在其想象力之中的事情；而现在他亲身感受到了这一点。那么，现在他认为图像和塑像是什么呢？人不再是艺术家，他变成了艺术品，他变得如此狂喜、如此振奋，就像他在梦中看见诸神的变化一样。自然的艺术力量，而不是人的艺术力量，在这里展现；一种更贵重的黏土、一块更昂贵的大理石在这里被揉捏、被雕琢：人。

如果现在醉是自然与人的游戏，那么，酒神艺术家的创作就是与迷狂的游戏。如果人们自己不了解这种状况，那它就只能用比喻的方式让人理解。这和人们做梦而同时又觉得梦是梦的情况相似。这样，酒神的侍者就必须处于迷狂的状态，而且，同时作为观察者埋伏在背后，严阵以待。酒神艺术家的特征并不表现在深思与迷狂之间的交替，而是在它们的并存之中。

这种并存标志着希腊艺术的鼎盛。从起源来讲，只有阿波罗是独自掌权的艺术之神，正是他的力量如此广泛地调节了从亚洲入侵的酒神，以至于两者之间可以产生最美好的兄弟联盟，也就是那种并存。在此，我们最大程度地理解希腊人本质上令人难以置信的理想主义，出自一种对亚洲人来说意味着最放肆地放纵粗野、低级欲望的自然崇拜，在一定
584 时间内冲破所有人性约束的一种泛贺泰拉①式的动物生活，在他们那里，变成了一个救世节庆。

为此，日神的希腊人陷入再大的危险，也莫过于新神暴风雨般地降临之时。德尔斐的日神智慧从未像现在这样如此光芒四射。他首先用最细的细丝对抗性地缠住了强大的对手，使得对手无法察觉自己已经多半身陷囹圄。也就是说，德尔斐的祭司们看透了新的礼拜对社会再生而产生的深远影响而根据其政治和宗教的观点促进这种礼拜；日神艺术家以从容不迫的自制向酒神礼拜的革命性艺术学习；最终，德尔斐礼拜秩序中的年度统治权在日神和酒神之间做出分配。因此，两位神仿佛是作为胜利者离开其比赛并在比赛场上取得了和解。如果人们想非常清楚地看见，日神因素从此以后是怎样强有力地遏制酒神的非理性超自然因素的，那么，人们就会想到，在更古老的音乐时期，一种主要音乐类型，**平静的**类型，也用“酒神颂类”的别名来表明，酒神颂在其**最初**有关艺术的模仿中和其原型——酒神群众的欢乐颂歌相比，就如早先希腊艺术死板的埃及化神像和后来在荷马史诗中被看到的奥林匹斯诸神世界相比。可是，日神艺术精神变得越强大，兄弟神狄奥尼索斯就会越自由地放开手脚；在日神纹丝不动、全神贯注地凝视美的同时，在斐狄亚斯时代，另
585 一位神在悲剧中解释了世界之谜和世界恐惧，在悲剧音乐中道出对自然的最内心想法，以及所有现象之中、之上的意志活动。

如果音乐也是日神艺术，那么，确切地说，只有节奏是如此，其**造型**力发展成了对日神状态的描述。日神音乐是声音的建筑学，而且只是在暗示的声音中，正如基特拉所独具的声音。恰恰是构成酒神音乐甚至

---

① 古希腊时期重要人物的女性陪伴。详见《狄奥尼索斯世界观》第1节脚注。

一般意义上音乐特征的那种因素被谨慎地避开了：声音那种振聋发聩的力量以及完全无与伦比的和声世界。对于这些，希腊人有着最细腻的感受，正如我们得从**音调**的严格特征中获取感受一样：尽管在希腊人那里，对一种**被渲染的**、真正响起的和声的需求比在近代世界中小得多。在和声模进中，就是在其略写记号中，在所谓的旋律中，“意志”没有事先显露就完全直截了当地展现出来。每个个体都可以充当比喻，作为普遍规律中的一种个别情况，甚至作为思考的意志；而酒神艺术家则相反，会直接明白地解释显现者的本质：他驾驭尚未成型之意志的混乱，并能在每个创造瞬间从中创造一个新世界，**但是也**创造作为现象为人所知的**旧世界**。在创造旧世界这个意义上，他是悲剧音乐家。

在酒神之醉中，在所有心灵音阶被醉人刺激激发而起的迅猛疾驰中，抑或在被释放的醉人的春之冲动中，自然以其最强大的力量来表达自己的心声：它将个体重新关联起来，让其有合而为一的感觉；以至于个体化原理（*principium individuationis*）仿佛作为意志的一种持续的弱势状态而出现。意志越颓废，一切就越支离破碎为个体；个体发展得越自私自利，越随心所欲，个体所服务的机制就越孱弱。因此，在那些状况中， 586
仿佛意志的一种感伤特征突然产生，它意识到自己的支离破碎，渴望迷失者。因最高兴致而发出惊呼，对一种无法补偿之迷失的怀念之悲叹。茂盛葳蕤的自然同时庆祝其农神节和举办其葬礼。其祭司最奇特地混合着各种情绪，痛苦唤醒喜悦，欢呼从胸中夺走了充满痛苦的声音。这位解除烦恼（ολυσιοσ）之神狄奥尼索斯把一切都从自身拯救出来，转变了一切。**自然**的声音和运动在其中得到体现的激动民众，其演唱及其表情在荷马的希腊世界是全新的、闻所未闻的东西；这对它来说有点东方色彩，它不得不凭借非凡的节奏力量和造型力量才克服这种色彩，而且差不多在同时，也克服了埃及的圣殿风格。这就是把强大直觉置于美之羁绊中的日神民族：它把最危险的自然力，即最狂野的野兽，束缚在桎梏之中。如果人们把希腊人酒神庆典的超凡脱俗与其他民族产生于同样来源的事物相比较，那么，人们就会最高度地赞美希腊人的理想主义力量。类似的节日庆典在远古各地都可以得到证实，其中最著名的在巴比伦，名叫萨凯恩节。在为期五天的庆祝活动中，国家与社会的任何纽带都被撕碎了；但是，关键在于性放纵，在于无节制的贺泰拉生活方式造成的家庭解体。希腊酒神庆典则提供了与此相反的画面，欧里庇得斯在《酒神的伴侣》中勾画了这个画面：从中流淌出斯科帕斯和普拉克西特列斯将其浓缩成塑像的那种妩媚、那种音乐变容之醉。一个信使讲述道，他在中午的炎炎烈日下赶着羊群来到山顶：要见尚未见识到的东西，这正是合适的时间地点；此时，潘已睡着，此时，天空是灵光的纹丝不动的背景，此时，乃日之**中天**。

587 信使发觉在一处山地牧场上有三个女子歌队，分散开脸朝下躺着，姿态端庄，许多女人靠在枞树上：一切都在微睡。突然，彭透斯的母亲欢呼起来，睡意被驱走，所有的人都跳起来，高贵礼仪的一个典范：

快抛开眼帘上深深的睡意，
待字的闺女，和老少妇人，
她们先让卷发披散到肩上，
整理好蝴蝶结松开的鹿皮。
把亲昵地舔着姑娘面颊的蛇
缠绕在带花斑的羊皮上。
她们抱起狍子和野狼崽儿，
喂它们喝丰满乳房的白色乳汁，
产妇们刚分娩离开自己的婴儿，
她们头戴常春藤花环和橡树枝，
还有点缀着盛开牵牛花的绿叶。
一个女人拿起酒神手杖敲击岩石，
从中喷涌出珍珠般的泉水。
一个女人用空心棍棒捅向地面，
神灵送她喷涌而出的琼浆玉液。
可谁要渴望雪白的饮品，
谁就只要用指尖刨地面，
奶汁就会喷溅；甜美蜜汁

会泉水般从酒神手杖茎管中冒出。
倘若你是这一幕的证人，
你一定会虔诚地向神致敬。——

这是一个完全着了魔的世界，自然和人一起庆祝他们和解的节日。神话说，阿波罗把被撕碎的狄奥尼索斯重新拼合起来。这是阿波罗新创造的、从其亚洲式的粉身碎骨中被拯救出来的狄奥尼索斯之图像。——

希腊诸神尽善尽美，他们已经在荷马作品中向我们走来。他们肯定不能被理解为困境和需求的产物。如此神祇肯定不是胆小怕事之人想出来的，希腊人的目光不是为了逃避生活才深信不疑地仰望他们。在他们 588
身上是一种生命的宗教在言说，而不是职责的或者禁欲的或者智慧的宗教。所有这些形象都呼吸着生存的凯旋，一种旺盛的生命感伴随着对他们的狂热崇拜。他们没有**要求**；在他们身上，现存事物被神圣化，无论其是善还是恶。按其他宗教的严肃性、神圣性和严格程度来衡量，希腊宗教处于被低估为一种幻想游戏的危险中——假如你想象不出最深层智慧的一种常被误读之特征的话。而通过这种特征，欧里庇得斯的诸神像突然作为无法比拟的**艺术家**民族的作品，而且几乎作为最高作品而出现。

在民间流传着这样一个传说：米达斯在长期追捕狄奥尼索斯的陪伴者**西勒诺斯**，最后抓到他时，想从他那里获知，对于人类来说，什么是更好的，什么是最上乘。一开始西勒诺斯——亚里士多德如是说——根本就不愿意说；在遭受所有的折磨之后他才讥笑地张开嘴这样说："可怜的蜉蝣族啊，无常与苦难所生的孩子，你逼我说出你最好不要听到的话吗？因为在对自己痛苦的无知状态中，你们的生活流逝得最没有痛苦。一旦是人，你就根本不可能成为最优秀的。你们根本就无法分享最佳事物的本质。因此，对于你们所有人来说，无论男人还是女人，最好的东西就是根本不出生。不过还有次好的东西——在你们出生以后，尽可能地早死。"

这是被缚的森林之神向凡人揭示的**民族**哲学，这与构成那种奥林匹斯诸神世界背景的哲学如出一辙。希腊人了解生存的恐怖和恐惧，但是，

为了能**生活**，希腊人掩饰了这种恐惧感，按照歌德的象征，像是一个十
589 字架藏于玫瑰之中。那熠熠生辉的奥林匹斯诸神之所以能统治，只是因为决定阿喀琉斯早亡和俄狄浦斯可怕婚姻的**以往**可怕的诸神秩序的黑暗统治据说被宙斯、阿波罗和赫尔墨斯等的光辉形象隐匿起来了。假如有人除去了那个**中间世界**的艺术**外观**，那么，人们就不得不遵循林中之神亦即酒神陪伴者的智慧。正是出于这种**必然性**，这个民族的艺术天才才创造了这些神。因此，一种神正论绝不是一个希腊人的问题：人们会不得不向诸神苛求世人的生活条件，从而苛求其为世人状况负责。“甚至诸神也服从这位阿南克①，”这是最深智慧之表白。在一面使人容光焕发的镜子中见到自己实际的生存状态，并用这面镜子来保护自己抵御美杜莎的目光——这是希腊人意志的策略，总之是为了能够**活下去**。因为，那个无限敏感、能如此出色地应付**痛苦**的民族，如果**同样的**痛苦不是由更高的灵光萦绕着在他们的诸神中向他们展示出来，那么他们还会有别的方法去忍受生存吗？呼唤艺术诞生的本能，作为对生存的补充和完成，诱惑人继续生活下去，同样也让奥林匹斯诸神世界产生出来：一个美的、宁静的、享乐的世界。

由于这样一种宗教的影响，生活被理解为荷马世界中本来就值得追求的东西，这些神祇的明媚阳光普照下的生活。荷马人物的**痛苦**涉及脱离当下生存，尤其涉及早逝。一旦响起哀怨之声，便总是关于“短命的阿喀琉斯”、人类的快速更替、英雄时代的沉沦等老生常谈。最大的英雄
590 也难免渴望继续生存，哪怕是以打零工为生呢！意志再没有比在希腊人那里那样更加开诚布公地表露过不惜一切代价也要不知餍足地生存下去的意思，希腊人的哀怨甚至还是希腊人的赞歌。因此，现代人渴望那个时代，他误以为在其中听到自然和人之间的浑厚合唱；因此，希腊人的答案就是所有不得不为自己有意识地对意志的肯定而寻找光辉榜样之人的答案。

在所有这些把最高贵之物误认为最庸俗之物的看法中，希腊人遭到

---

① 阿南克，希腊神话中必然或命运的化身。

过于简单粗暴的对待，而且在某种程度上说，是按照毫无歧义的、近乎片面的民族（比如说罗马人）的样子塑造成的。但是，人们也应该在一个民族的**世界观**中猜到对艺术**外观**的那种一点即成艺术品的需求。实际上，我们甚至如暗示过的那样，在这种世界观中遇上一个非同寻常的**错觉**，就是自然为了达到其目的而如此有规律地利用的那个错觉。真实的目的被一个幻象掩盖了：我们朝幻象伸出手去，而自然却通过这种欺骗达到了目的。在希腊人的心目中，意志想要看到自己被美化成艺术品：为了美化自己，意志的创造物必须感觉自己是值得美化的。他们必须在一个更高的空间重逢，仿佛升入了理想境界，不必由这完成的观念世界来发号施令或指指点点。这是美的领域，在其中他们看到自己的镜像：奥林匹斯诸神。希腊人的意志用这个武器来同与艺术天赋相关联的才华作斗争，为了**痛苦**，也为了**痛苦**的智慧。**悲剧**就是从这种斗争中，并作为斗争**胜利**的纪念碑而诞生的。

痛苦的**醉**和**美的梦**有其不同的诸神世界。前者以其本质的万能渗透到最内在的自然观念中，它认识到可怕的生存欲望，同时也认识到所有 591
生存物的相继死亡；它创造的诸神既善又恶，恰似巧合，通过突然出现的按部就班而让人害怕，他们没有怜悯心，对美不感兴趣。他们与真相关，接近于概念；他们很少也很难把自己浓缩成形象。注视他们，就会使人变成石头：你该怎么与他们一起生活？**可是你也不必这样**：这是他们的信条。

落在这个诸神世界——假如它不能像一个不可告人的秘密那样被完全掩盖——的眼光必然被梦中那个近在咫尺的**奥林匹斯世界**的辉煌诞生拽开去；因此，真实性或者真实性的象征越是强烈发挥作用，诸神世界形象的感官性，其五光十色的青春火焰，也就越是升高。但是，真与美之间的斗争从未像酒神庆典侵入时那么激烈。在庆典中，自然自我显现，并以诱人**外观**在其面前几乎丧失威力的**声音**，极其清晰地讲述自己的秘密。这个源泉来自亚洲：但是，它必须在希腊才能汇集成湍急的河流。因为，它在这里第一次发现亚洲所不能向它提供的东西：极度的敏感和对**痛苦**的承受能力加上最轻松的审慎和敏锐目光。阿波罗怎么拯救希腊人呢？

新来者被拽入美的外观世界，拽入奥林匹斯世界。对许多最受人尊敬之神祇如宙斯和阿波罗的尊敬，大部分也奉献给了他。人们从来没有为一个外来者如此费心。因此他也是一个可怕的外来者——任何意义上的外邦人——强大到足以捣毁好客之家。一场大革命在所有生活方式中开始；狄奥尼索斯到处渗透，也渗透到艺术中。

592 外观是日神艺术领域，这是在梦中眼睑闭合着艺术地进行创造的眼睛美化了的世界。史诗也想要把我们置于这种梦境中：我们会睁眼不见万物，而欣赏行吟诗人试图通过概念激发我们产生的内在图像。在此，他间接取得了造型艺术的效果，而雕塑家则通过雕琢的大理石把我们引到他梦见的**活生生的**神祇面前，以至于原本作为目的浮现的形象对雕塑家和观众来说都变得清晰可见，而前者通过雕塑这个**中间形象**促使后者察看——**史诗**诗人看到同样活生生的形象，也想要把这些形象展示给别人看。但是，他不再把雕塑放置在自己和别人之间，他宁愿讲述那个形象如何通过动作、声音、言词、情节来证明自己的人生，他迫使我们从大量的果出发去追溯因，他使我们不得不寻求一种艺术结构。当我们看到这个形象或群像或图像清晰地展现在我们面前时，当他告诉我们那种他自己首先在其中首先产生出那些表象的梦境时，他就达到了自己的目的。史诗对**造型艺术**创作的要求证明，抒情诗与史诗是多么不同，因为，抒情诗从来都不把塑造画面当成目的。两者之间的共同点只是载体，即言词，更共同的是概念。在谈论诗的时候，我们就此没有了并列于造型艺术和音乐的范畴，而是两个完全大相径庭的**艺术手段**的黏合，其中一个意味着通往造型艺术之路，另一个意味着通往音乐之路。可是两者都仅仅是通往艺术创作的途径，而不是通往艺术本身。当然，从这个意义上来说，甚至绘画和雕塑也只是艺术手段；真正的艺术是图像的创造能
593 力，创造无所谓先后。艺术的**文化意义**建立在这个特征基础上——一种**普遍的人性特征**。艺术家——作为通过艺术手段邀人参与艺术者，不能同时成为所有艺术活动的吸收器官。

日神**文化**的圣像崇拜，无论是表现在神庙、塑像还是荷马史诗中，

都有**适度**之伦理要求上的崇高目标，这种要求平行于美之审美要求。作为要求提出的适度，只有当尺度这条界限被看作**可认识的**之时，才是有可能的。为了能遵循其界限，人们不得不认识界限，因此才有日神的提醒："认识你自己。"可是，日神的希腊人在其中仅仅能够看见自己，也就是说，认出自己的那面镜子，是奥林匹斯诸神世界。不过在这里，希腊人重新看见了自己最特有的本质，被限定在梦的美丽外观的范围内。宙斯的新诸神世界——相对于一个被推翻的提坦神的世界——屈从于适度的桎梏，适度是美的适度：希腊人不得不遵循的**界限**是美的**外观**的界限。一种转向外观和适度的文化，其最内在的目的，甚至只能是为**真实披上面纱**：对着从事真实性研究的不知疲倦的研究者，同样也对极其强大的提坦神们喊出"勿过度"（μηδεν αγαν）的警告。在普罗米修斯身上，向希腊人展示出，过分促进人类文化对于促进者和被促进者都同样有害。想要以其智慧经受神之考验的人，就得像赫西俄德一样保持智慧的适度（μετρον εχειν σοφιησ）。

现在，酒神庆典的心醉神迷之声渗透到一个如此建造起来的、受人工保护的世界中，在这个声音里，自然的整个**过度**同时显现为欢乐、痛苦和认识。至今被看作界限、看作适度标准的一切在此都证明是一种艺 594
术的外观："过度"自我揭示为真实。极其令人神往的**民间**歌咏第一次在一种超强情感的全然陶醉中唱响：相比之下，和着基特拉琴仅仅谨小慎微地暗示的乐声宣叙式地吟唱的日神艺术家又算什么呢？早先在诗与音乐界内部按等级传播，同时远离所有世俗参与的东西，不得不凭日神天才的威力固执于简单结构等级的东西——那种音乐元素，冲破了所有的限制。过去仅仅在最简单的蜿蜒曲折中活动的节奏放开四肢，跳起酒神舞蹈：**声音**响起来，不再像过去那样幽灵般飘过，而是上千倍的群情激昂，并且有圆润的吹奏乐器的伴奏。这样，最神秘的事情发生了：这里诞生了和声，它在进行中让人直接理解了自然意志。现在，被人为藏匿于日神世界中的事物在酒神周围变得声音响亮起来；奥林匹斯诸神的全部微光在西勒诺斯的智慧面前黯然失色。一种在狂喜的陶醉中言说真实的艺术驱走了熠熠生辉的艺术的缪斯们。在酒神状态的忘我之中，个体带着其界限和适度走向灭亡。诸神的黄昏已经来临。

最终，意志却是**一种**——不利于自己日神创造而让酒神因素介入的意志，那么，这种意志的意图何在呢？——

一种**新的、更高的生存手段**应运而生——**悲剧的思想的诞生**。

酒神状态的出神入化及其对生存的一般限制与界限的否定，在其存
595 在期间包含了一种**冷漠的**因素，过去所经历的一切都沉浸在这个因素中。这样，日常现实和酒神现实的世界就通过忘我的鸿沟彼此分离。但是，只要那种日常现实一重新进入意识之中，它就会以实际情况让人感到**厌恶**：一个禁欲的、否定意志的情绪就是那种状态的果实。在思想中，酒神因素作为一个更高的世界秩序与一个平庸、糟糕的秩序对立起来。希腊人现在想要绝对逃离这个罪孽与命运的世界：希腊人几乎不轻易相信一个死后的世界，其渴望越来越高，**超越**诸神；他否定生存及其诱惑人的诸神映像。在由陶醉中清醒过来的意识状态中，他到处都看到人类存在的恐惧和荒诞，他感到恶心。现在他明白了森林之神的智慧。

这里到达了希腊人意志及其日神乐观主义基本原则能够允许的极限。在这里，希腊人意志立即以其自然治愈力发挥作用，以便重新歪曲那种否定情绪。它的手段就是**悲剧艺术品**和**悲剧思想**。

首先需要把关于生存之恐惧与荒诞的那种恶心念头转变成可以借以让自己活下去的想象，这就是作为对恐惧之艺术性抑制的**崇高**和作为对荒诞所致恶心之艺术性宣泄的**可笑**。这两个彼此交织的因素现在出现在一部通过艺术地模仿酒神状态而打破酒神状态的艺术品中。

崇高与可笑是超越美的外观世界的一个步骤，因为，在两种感觉中，包含着矛盾感。另一方面，它们完全不符合真实：它们是**给真实蒙上面**
596 **纱**，面纱虽然比编织结实的**美**之织物更透明，但仍然还是蒙上的面纱。于是我们在它们身上遇到了一个真与美之间的**中间世界**，在这个中间世界里，狄奥尼索斯和阿波罗的联合是可能的。

这个世界在与醉的游戏中自我显现，而不是在完全被醉吞噬的状态中。我们在演员身上重新认出酒神式的人，即直觉的作家、演唱家、舞

蹈家，但却是作为被扮**演的**酒神式的人。他试图达到酒神式人的典范，不是在崇高的战栗中，就是在哄堂大笑的震荡中。他超越了美，却不求真。他一直飘浮在二者中间。——演员首先当然不是个别人，应该被描写的是酒神的大众，是人民，因此是酒神颂歌队。通过同醉的游戏，他自己和周围的观众歌队似乎达到了醉的宣泄。从日神世界的角度看，希腊人是应该得到**治愈**和**调解**的。真正的治疗与调解之神阿波罗，他把希腊人从睛**明**眼**亮**的狂喜和对生存的恶心中解救出来——通过悲喜剧思想的艺术品。

新的艺术世界，崇高与可笑的世界，“可然性”的世界，建立在一个不同于以前美的外观世界的诸神观和世界观基础之上。对生存之恐惧和荒诞的认识，对被扰乱的秩序和非理性的按部就班的认识，总之，对整个自然界最巨大**痛苦**的认识，揭开了被人为遮在复仇女神、美杜莎、命运女神这些形象面前的面纱：奥林匹斯诸神处于最大的危险之中。在悲喜剧艺术品中，**他们**通过被置于崇高与可笑的大海中而得救，他们不再只成其为“美”。他们仿佛吸入以前那种诸神秩序及其崇高。现在他们分 597
成两组，只有少数几个作为时而崇高、时而可笑的神在中间飘浮。尤其狄奥尼索斯，自己接受了那种分裂的性格。

希腊人现在在悲剧时期如何能重新**生活**，这一点最好地体现在两个典型上，体现在**埃斯库罗斯**和**索福克勒斯**身上。在作为一个思想家的前者看来，崇高大多出现于了不起的**公正**中。人和神在他那里具有最密切的主观共同性：对于他来说，神圣、公正、道德的东西和**幸福的**东西是统一地彼此交织在一起的。个体，无论是人还是提坦神，都按照这个天平来衡量。诸神被按照这个公正尺度重新构建出来。这样，比如民间对迷惑人、引诱人犯过失的魔鬼的信仰——那个被奥林匹斯诸神废黜的远古诸神秩序之残余——由于这个魔鬼被变成了实施公正审判的宙斯手中之工具而得以纠正。同样远古的——对奥林匹斯诸神来说同样陌生的——家族厄运的想法被消去所有的严厉性，因为，在埃斯库罗斯那里，没有个人犯罪的必然性，而且每个人都可以摆脱魔力，就像比如俄瑞斯忒斯所做的那样。

埃斯库罗斯在奥林匹斯司法的崇高性中发现了崇高，而索福克勒斯则——用奇特的方式——在奥林匹斯司法**滴水不漏**的崇高性中看到了崇高。他在所有方面都再造民间信仰。对他来说，一种**不**应遭受的恐怖命运就是崇高的，生存真正无法解开的司芬克斯之谜是**其**悲剧的缪斯。痛苦在他的笔下得到美化，它被看作神圣的东西。神性与人性之间的距离被认为是无法估量的；因此，它要求极度的屈从和绝望。真正的美德是
598 克己，其实是一种消极的美德。在索福克勒斯笔下登上舞台的英雄的人类是没有那种美德的最高贵的人类。人类的命运显示了那种无际的鸿沟。**罪**几乎是没有的，而只有关于人的价值和界限的认识缺陷。

这个观点无论如何都比埃斯库罗斯的观点更深刻、更内在。它明显接近了酒神真理，并且不用许多象征来说出真理——尽管如此！我们在此认出**日神**的伦理原则被织入了酒神世界观中。在埃斯库罗斯那里，恶心化解为对世界秩序之智慧的高度恐惧，作为这种智慧，它只有在人虚弱时才**难以**辨认出来。在索福克勒斯那里，这种恐惧更大，因为，这种智慧完全是神秘莫测的。正是这种真诚的**虔诚**情绪不需要斗争而存在，而埃斯库罗斯的智慧不断有为神的司法辩解的任务，因此总是心满意足地在新问题前停下脚步。阿波罗命令要探究“人的界限”。这种人的界限在索福克勒斯那里是可以认识的，但是，它比前狄奥尼索斯时代阿波罗对它的理解更加狭隘、有限。人类缺乏**对自身**的认识，这是索福克勒斯式（问题），人类缺乏**对诸神**的认识，这是埃斯库罗斯式问题。

虔诚，生之欲望最神奇的面具！投身于一个被赋予最高道德智慧的完成的**梦幻世界**！逃离真实吧，以便能从远处向**云雾缭绕**中的真实朝拜！与现实和解吧，**因为**它像谜一样！厌恶揭开谜底，因为我们不是诸神！兴高采烈地匍匐于尘埃中，不幸中的幸福宁静！人在最高姿态中的最高自暴自弃！作为生存**之**拯救手段——生存中恐怖手段与可怕事物的美化
599 与神化！在对生命的鄙视中快乐地生活！在意志否定中的意志之凯旋！

在这个认识阶段上，只有两条路——**圣徒**之路和**悲剧艺术家**之路：两者的共同之处在于，他们最敏锐地认识到生存的虚无，却还能够继续活下去，在其世界观中没有感觉到一丝裂痕。对继续生活的厌恶被感觉

为创作手段，无论这是一种神圣的手段还是一种艺术的手段。恐怖或者荒诞是可以使人有崇高感的，因为，它仅仅**外观上**恐怖或者荒诞。**使人陶醉**的酒神力量仍然在这个世界观的最高尖端经受住了考验，所有的现实都化解成外观，而在这外观后面，**统一的**意志之自然显现出来，现在完全裹在令人眼花缭乱的真实之外衣中，由智慧的灵光所萦绕。**幻想，疯狂，甚器尘上。**

现在不难理解下面的内容：作为日神意志治理希腊世界的同一个意志接纳了自己另外一种表现形式，即酒神意志。意志这两种表现形式的斗争有其特别的目的：创造一种**更高的生存可能性**，甚至在这种可能性中——通过艺术——达到一种**更高的美化**。

苏格拉底与希腊悲剧[*]

603 希腊悲剧的灭亡不同于全部早期姐妹艺术类型；它死于自杀，由于一种无法解决的冲突，因而死得悲壮，而所有那些早期姐妹艺术则寿终正寝，死得最为漂亮、安宁。因为如果说儿孙美满、不用挣扎着告别人生，符合快乐的自然状态，那么以前那些艺术类型的终结便是向我们展示了这样一种快乐的自然状态：它们慢慢消逝，在它们垂死的目光中已经站立着比它们更美好的后生们，以无所畏惧的表情不耐烦地探着脑袋。与此相反，随着希腊悲剧之死，产生出一种巨大的、处处都深刻感觉到的虚无；在提比略时代，希腊船员有一次在一个孤零零的岛上听到令人震惊的叫喊：“大神潘死了！”而现在则像一声痛苦的悲叹，在整个希腊世界都响着这样的声音：“悲剧死了！诗歌本身也随它一起消逝！去吧，你们这些消瘦而形容枯槁的后辈，去吧！去到地狱里，以便在那里你们可以饱餐一顿前主人的残羹剩汤！”

可是，当现在又有一种将悲剧尊为其先驱与主人的新艺术类型繁荣起来的时候，人们会惊愕地发现，它尽管带有其母亲的特征，可是这些
604 特征却只是它的母亲在其长期的垂死挣扎中表现出来的那一些。**欧里庇得斯**就进行了这种垂死挣扎，而大家知道，那种后期的艺术类型便是**阿**

---

* 这篇文章是由尼采《悲剧的诞生》中的部分内容组成的，按先后排列顺序包括：第 11 节全部、第 12 节第一段、第 8 节后半部分、第 9 节全部、第 10 节第一段、第 12 节从第二段开始到节末、第 13 节全部、第 14 节全部、第 15 节全部。尼采在其中只做了极个别的小改动、小添加。为了前后一致，这篇文章采用杨恒达译《悲剧的诞生》中的译文，已经在《悲剧的诞生》中出现过的注释不再在本文中出现。

提卡新喜剧。在它那里，蜕变的悲剧形态仍继续存在，作为其极其艰难、极其残酷之死的纪念碑。

在这样的相互关系中，新喜剧诗人对欧里庇得斯所感到的那种酷爱就可以理解了；所以，菲莱蒙想要被立即绞死，只是为了能寻找到阴间的欧里庇得斯，他的这种愿望不再令人感到惊讶：只要他相信，死者仍然明白事理的话。可是，如果我们想要最简略地描述，而不要求没完没了地说出欧里庇得斯和米南德、菲莱蒙所共同拥有的东西，以及对于米南德、菲莱蒙来说产生如此激动人心之榜样力量的东西，那么，这样来说就足够了，即**观众**被欧里庇得斯搬上了舞台。谁认识到欧里庇得斯以前的普罗米修斯悲剧家们是靠哪些材料来塑造其主人公的，认识到把现实的忠实面具搬上舞台的意图距离这些悲剧家有多远，谁就将清楚地看到欧里庇得斯完全偏离的意向。日常生活中的人通过欧里庇得斯而从观众席挤上舞台；以前只是照出轮廓分明的显著特征的镜子，现在显示了那种连大自然的败笔也一五一十再现出来的一丝不苟之真实。早期艺术中的那个典型希腊人奥德修斯，现在在新喜剧诗人笔下堕落成“小希腊人”的形象，这样的人从这时候起就作为好心肠而又狡黠的家奴居于戏剧兴趣的中心点。阿里斯托芬的《蛙》中的欧里庇得斯自以为很有功劳的事情，即用他的家常手段，将悲剧艺术从其奢华的臃肿中解脱出来，尤其可以从他的悲剧主人公身上感觉出来。从总体上看，观众现在在欧里庇得斯的舞台上看到、听到的是自己的替身，很高兴这位替身懂得如何 605
巧舌如簧。高兴的事还不止于此：人们甚至向欧里庇得斯学习说话，《蛙》中的欧里庇得斯甚至在同埃斯库罗斯的论战中自夸，现在如何由于他的缘故，大众学会了以艺术方式、以最机智的诡辩来进行观察、商议并得出结论。总而言之，公众语言的这种根本改变，使新喜剧成为可能。因为从那时候起，日常琐事以何种方式、用哪些至理名言才能出现在舞台上，已不再是什么奥秘了。直至那时，决定语言特点的，在悲剧中都是半神半人，在喜剧中都是醉酒的萨提儿或半人半神①，而现在欧里庇得

---

① 这里的“半人半神”（Halbgott）在与本文内容完全相同、文字也几乎完全相同的《悲剧的诞生》第 11 节中原本使用的是“半人半兽”（Halbmensch）。

斯将其全部政治希望建于其上的市民式平庸终于有表达的机会了。所以，阿里斯托芬剧中的欧里庇得斯高度赞美自己如何描述了普通的、众所周知的、日常的生活和活动，对于这样的生活和活动，每一个人都能做出判断。剧中的欧里庇得斯认为，如果现在全部大众都推究哲理，以闻所未闻的智慧掌管家园，从事司法程序等，那么，这就是他的功劳，是他灌输给大众以智慧的结果。

新喜剧现在可以面对的，就是这样一种受到调教和启蒙的大众，欧里庇得斯在某种程度上成了大众的歌队教师；只不过这一次，观众的歌队必须训练有素。歌队一变得训练有素地用欧里庇得斯的语气唱歌，就形成一种博弈般的戏剧类型，即剧中不断以狡猾和诡计多端取胜的新喜剧。而欧里庇得斯——这位歌队教师——则不断受到赞扬：要是有人不知道悲剧诗人全都已经和悲剧一样销声匿迹了的话，他甚至还会为了到欧里庇得斯那里去讨教更多东西而自杀呢！可是，连同悲剧一起，希腊人放弃了关于不朽的信念，不仅是关于理想往昔的信念，也是关于理想
606 未来的信念。著名的墓志名言“老耄之年，漫不经心而又乖戾”也适用于老耄的希腊文化。当下时刻、插科打诨、漫不经心、一时之念，这些是它的最高之神；第五等级——奴隶等级，至少从观念上讲，现在要当权了：如果现在一般来说仍然可以谈论“希腊之欢乐”的话，那么这就是奴隶之欢乐，奴隶不懂得为任何困难的事情负责，不懂得追求伟大事物，不懂得珍惜比现在更高的过去或未来之物。正是这种“希腊之欢乐”的外观，激怒了最初四个世纪基督教的思想深邃而可怕的人物：对于他们来说，如此女性般地逃离严肃和恐惧，如此怯懦地自我满足于舒适的享受，似乎不仅是可鄙的，而且也是真正反基督教的思想意识。正是由于他们的影响，经历了好几个世纪的希腊古代观点才以几乎不可征服的顽强韧性抓住了那种浅红的欢乐之色——好像从来没有一个有其悲剧的诞生、有其秘密宗教仪式、有其恩培多克勒[1]和赫拉克利特的公元前6世纪；甚至好像伟大时代的艺术品根本不存在。而对于这些艺术品——每

---

① 恩培多克勒（公元前490？—前430），希腊哲学家、政治家、诗人、宗教教师和生理学家。《悲剧的诞生》第11节中的这个地方是毕达哥拉斯。

一部作品本身——完全不应该立足于这样一种老耄的、适合于奴隶的生存乐趣和欢乐来加以解释，它们表明了有一种完全不同的世界观作为其存在的基础。

如果最终有人断言说，欧里庇得斯将观众搬上舞台是为了也使观众真正能够对戏剧做出判断，那么就会造成一种假象，好像早期的悲剧艺术没有从一种与观众的不相称中走出来：人们也许会受到诱惑，将欧里庇得斯培养一种艺术品与公众之间两相适应关系的激进意向，赞美为超越索福克勒斯的一种进步。然而，这个“公众”不过是一种说法，根本没有相应的实在意义。为什么艺术家该有义务去迎合一种只是在数量上 607
显示其强大的力量呢？如果按照其天赋和意图，艺术家感觉自己高于这些观众中的任何一个个人，那么他怎么会对所有那些能力在他之下者的集体名词，而不是对相对来说具有最高天赋的个别观众感觉到更多的尊敬呢？实际上，没有一个希腊艺术家在整个漫长的一生中比（恰好是）欧里庇得斯更放肆、更自满地对待自己的大众了：当大众跪倒在他脚下时，正是他，以高度的固执，同他自己的意向相左，而他正是用这种倾向征服了大众的。如果这位天才对大众这样的群魔还有一点点敬畏的话，那么他在屡屡失败的棒击之下未到自己人生中途便早就夭折了。出于这样的考虑，我们看到，我们说欧里庇得斯把观众搬上舞台是为了使观众真正能做出判断，这只是一种临时的说法；我们必须尝试更深入地理解他的意向。与此相反的是，众所周知，埃斯库罗斯和索福克勒斯在他们的有生之年，甚至远在他们身后，如何充分拥有大众的爱戴，也就是说，在欧里庇得斯的前辈那里，绝对谈不上艺术品和公众之间不相称的问题。是什么驱使这位富有才华、迫切地不断进行创造的艺术家，强行离开在最伟大诗人之名的阳光普照下、在大众之爱戴的万里晴空下的道路呢？是对观众的何种特殊考虑把他引向观众的？他怎么会出于对其公众的过高尊重——而蔑视其公众呢？

欧里庇得斯感觉自己——这是刚才描述的谜之谜底——无疑是高于大众而不是高于他的两位观众的诗人：他将大众搬上舞台，把那两位观 608
众尊为唯独能对他的全部艺术进行评判的法官与大师。遵循他们的指令和劝告，他把至此为止作为任何节日庆祝演出中的无形歌队出现在观众席上的整个感觉、激情、状况的世界移植到他的舞台角色的心灵里，他也遵照他们的要求为这些新角色寻找新的言词和新的语气，只有在他们的声音里，他听到了自己感觉再一次受到公众司法审判时所听到的对他创作的有效裁判，就像听到了预告胜利的勉励一般。

在这两位观众中，一位便是——欧里庇得斯自己，作为**思想家**而不是作为诗人的欧里庇得斯。关于他，我们可以说，他格外丰富的批评才华就像莱辛的情况那样，即使不是产生了，也是不断孕育了一种富有艺术创造性的附带本能。欧里庇得斯带着这样的天赋，带着他全部毫发可鉴、才思敏捷的批评思想，坐在剧场里，努力去一笔一画地像辨认变得灰暗的绘画一样，重新认识他的伟大前辈们的杰作。在这里，他现在碰到了对于埃斯库罗斯悲剧之较深奥秘有所洞悉的人来说并不出乎意料的东西：他在每一笔每一画中注意到了某种不协调的东西，某种带有欺骗性的确定性，同时还有背景的一种谜一般的深度甚至无限性。最清晰的形象仍始终拖着一条彗星的尾巴，似乎指向了不确定，指向了难以名状。同样的朦胧之光笼罩着戏剧的结构，尤其笼罩着歌队的意义。伦理问题的解决在他看来多么可疑！对神话的处理多么成问题！幸运和不幸的分摊是多么不匀称！甚至早期悲剧的语言中也有许多他认为有失体统，至少也是像谜一样的东西；尤其是他发现把简单的关系搞得太复杂，把太
609 多的比喻和令人难以置信的东西加到了简朴的人物头上。所以他不安地坐在剧场里冥思苦想，作为观众他自己承认，他不理解他的伟大前辈。可是，由于他把理解力看作一切享受和创造的真正根源，所以他不得不问一下，不得不朝四周看一下，是否有人想的跟他一样，同样也向自己承认那种不协调性。然而，许多人，也包括最出色的个人，只是不信任地冲他微笑；却没有人会对他说明，为什么他对大师们的疑虑和反对意见是正确的。就在这样一种令人痛苦的状态中，他发现了**另一位观众**，这位观众不理解悲剧，因而也就不尊重悲剧。和这个观众结盟，欧里庇得斯就会敢于从自己的孤独中走出来，开始对埃斯库罗斯和索福克勒斯的艺术品展开非同寻常的斗争——不是用论战文字，而是作为戏剧诗人，

用**他的**悲剧观反对传统的悲剧观。——

在说出这另一位观众的名字以前，我们且在这里稍待片刻，回忆一下我们以前描述过的那种关于埃斯库罗斯悲剧本质中的矛盾因素和不协调因素的印象。让我们想一想我们自己面对那种悲剧的歌队和**悲剧角色**时所感到的诧异吧！我们无法使这些悲剧和我们的习惯，同样也和传统协调一致——直至我们重新发现那种两重性本身就是希腊悲剧的起源和本质，是**日神倾向和酒神倾向**这两种互相交织的艺术本能的表达。

根据这样的认识，我们就得把希腊悲剧理解为一而再、再而三地在日神的形象世界中宣泄的酒神歌队。因而在一定程度上，悲剧同其交织在一起的那些合唱歌曲部分就是整个所谓对话的、全部舞台世界即戏剧本身的母腹。在接二连三的一些宣泄之中，悲剧的这种原始基础就放射 610
出那种戏剧幻象：这完全是梦幻现象，并且就这方面而言，具有史诗的本性；可是另一方面，作为一种酒神状态的客观化，这种幻象不表现光照假象中日神前来做出拯救，而是相反，表现个体的破碎及其与原始存在的合而为一。因此，戏剧就是酒神认识与酒神效果的日神感性化，并由此而像被鸿沟隔开一样，同史诗相分离。

希腊悲剧的**歌队**，在酒神激发的兴奋之中的全体大众的象征，在我们的这种理解中找到了充分的解释。尽管由于我们习惯于一个歌队尤其是歌剧合唱在现代舞台上的地位而完全无法理解那种希腊人的悲剧歌队如何会比“动作”本身更古老、更原始，甚至更重要——如这一点在传说中明确流传下来的那样——尽管我们同样也无法将歌队之所以只是由做仆役的下等生灵们，甚至首先只是由公羊模样的萨提儿们组成的原因，同那种传说中的高度的重要性和原始性统一起来，尽管舞台前的乐池始终是一个谜，但是我们现在已经看到，舞台连同情节，归根结底，从一开始就被认为是**幻象**，唯一的“现实”就是歌队，是从自身产生出幻象并用舞蹈、声音、言辞等全部象征手段来谈论这幻象的歌队。这歌队在它产生的幻象中看到了自己的主人和师父酒神狄奥尼索斯，因而永远是**服役者的**歌队：歌队看到酒神是如何受苦，如何美化酒神自己的，因此歌队自身并不**行动**。但是在这个在神面前完全充当仆役的地位上，歌队是**自然**的最高表达，即酒神表达，因此像自然一样，在欢欣鼓舞中谈论神谕和格言；作为**同情者**，它同时又是从世界之中心宣告真理的**智者**。
611 于是就产生了那位想象的、显得有失体统的形象，那智慧而欢欣鼓舞的萨提儿；他又是不同于神的“天真汉”，自然及其最强烈欲望的模本，甚至象征；同时又是自然智慧和自然艺术的宣告者，集音乐家、诗人、舞蹈家、能见鬼神者于一身。

按照这种认识，也根据传说，**酒神**这真正的舞台主角和幻象中心，在最最古老的悲剧时期并不真的在场，而只是被想象为在场，也就是说，悲剧原先只是“歌队”而不是“戏剧”。后来才做了这样的尝试：把神展现为实体的神，并把幻象的外形以及神化的光环表现为每一双眼睛都可见到的实在：于是，更狭窄意义上的“戏剧”就开始了。现在酒神颂歌队就有了这样的任务：把观众的情绪激发到酒神的高度，以至于当悲剧主人公出现在舞台上的时候，观众看见的绝不是戴着奇形怪状面具的人，而是一个几乎诞生于他们自己陶醉状态的幻觉形象。如果我们想象阿德墨托斯深情地想念他刚去世的妻子阿尔刻提斯，完全在她的精神形象面前受煎熬——就像有一个蒙着面、有着相似外形、走着相似步子的女人形象突然被领到他跟前；如果我们想象他突然在颤抖中感到的不安，想象他那心潮起伏中的对比，想象他那本能的确信——那么我们就会有类似于被酒神激发起来的观众借以看见神在舞台上向他们走来的那种感觉，观众同神的痛苦已经合而为一。观众不由自主地把整个魔幻地在他的灵魂面前颤抖的神的形象转到那个戴面具的人影身上，将人影的现实性差不多融化在一种幽灵般的非现实之中。这是日神的梦幻状态，在这种状态中，白天的世界蒙上了面纱，一个比它更清晰、更可理解、更感动人心，然而也更像幻影的新世界在不断变幻中崭新地诞生于我们的眼前。
612 与此相应的是，我们在悲剧中清楚地看到一种风格上的鲜明对照：语言、色彩、动作性、言语生动性作为截然分开的表达阶段分别出现在日神的歌队抒情诗和日神的舞台梦幻世界中。酒神在其中客体化的这种日神现象，不再像歌队音乐的情况那样，是“一座永恒的大海，一种交织，一种炽烈的生活”，不再是那种只被感觉到的、没有浓缩为形象的力量，兴奋中充满这种力量的酒神仆从感觉酒神就在近旁；而现在从舞台上对他说话的是史诗形象塑造的清晰性和实在性，现在酒神不再凭借力量，而是作为史诗的主人公，几乎是用荷马的语言来说话。

在希腊悲剧的日神部分中和在对白中浮到表面的一切，看上去都很简单、很透明、很美。在这个意义上，对白是希腊人的一个写照，希腊人的天性是在舞蹈中显露出来的，因为在舞蹈中，最强大的力量也只是潜在的，但是却通过动作的柔韧性和丰富性流露出来。索福克勒斯的主人公们的语言以其日神的确切性和明朗性，让我们如此惊讶，以至于我们立刻就误以为已经看到了他们最根本的实质，还带有几分诧异，不明白通往这实质的道路为何竟如此之短。可是一旦我们撇开主人公们表面上流露出来、显现出来的性格——从根本上讲，不过是投射到一面黑暗墙上的光影图像，也就是说，彻头彻尾的幻象——不谈，我们倒反而更加深入到以这种映像投射出来的神话当中去了，于是我们突然经历了同一种众所周知的光学现象相反的现象。如果我们试着猛地直视太阳，却眼花缭乱地转过身去，几乎作为治疗手段，我们眼前就会出现深色斑点：正好相反的是，索福克勒斯的主人公们那些光影幻象，即面具的日神倾 613
向，也就是看了一眼自然的内部及其可怕事物以后必然产生的倾向，几乎就是用来治疗被可怕夜晚损坏之视力的发亮斑点。只有在这个意义上，我们才可以相信正确把握了“希腊之欢乐”这一严肃而有意义的概念；而我们却在所有通往当下之路、之桥上，碰上了对这种处于无危险舒适状态中的欢乐概念的错误理解。

不幸的**俄狄浦斯**，这个希腊舞台上最痛苦的形象，被索福克勒斯理解为一个高贵的人，这个人尽管有智慧，可是却注定要犯错误，注定遭遇灾难。不过他最终又通过自己巨大的痛苦而在他周围形成一股给人以福祉的魔幻力量，这股力量的有效性超越了他的死亡。这个高贵的人不犯罪过，这便是思想深刻的诗人要对我们说的：通过俄狄浦斯的行动，任何法律、任何自然秩序甚至道德世界都会毁灭；然而正是由于这样的行动，一个更加非同寻常的魔力圈形成了，它在倾覆的旧世界的废墟上建立起一个新世界。这一点是诗人要告诉我们的，因为他同时也是宗教思想家：作为诗人，他首先让我们看到了一个奇异地纠缠在一起的法庭审理之结，法官慢慢地、一点又一点地把结解开，耗尽了他自己的心血；真正的希腊人在这种辩证地解结过程中所获得的快乐如此之大，以至于因此就有一种压倒一切的快活特色笼罩在整个作品上，到处都巧妙地使那个审理过程的可怕前提锋芒受挫。在《俄狄浦斯在科罗诺斯》中，我们就遇到了这同一种快活，不过是在无尽的神化中被拔高了而已；相对于那个遭遇了过度不幸、纯粹作为**受苦受难者**受尽伤害的老人的——是从神界降临的超尘世的快活，它展示给我们，那位悲伤的主人公如何以
614 他纯粹被动的举止实现了远远超越他生命的最高主动性，而他早先生活中那种有意识的努力只是把他引向了被动性而已。于是对于肉眼来说难分难解地缠结在一起的俄狄浦斯寓言的法庭审理之结就慢慢地解开了——于是，靠着这种辩证法的神圣对立面，我们获得了最深刻的人间快乐。如果我们在这里以这样的解释公正对待诗人，那么就有可能总是被问到：神话的内容是否因此而枯竭了？而在这里显示出来的是，诗人的整个见解不过是在我们瞥见深渊之后，有治疗作用的自然投射到我们面前的那种影像。杀父娶母的俄狄浦斯，解开斯芬克司之谜的俄狄浦斯！这神秘的三重命运告诉了我们什么？有一种古老的，尤其是在波斯流传的民间迷信，认为一个智慧的巫师只可能生于乱伦：这一点，就解谜和娶母的俄狄浦斯而言，我们立即就得这样来解释，即在现在和未来的魔力、僵硬的个体化法则，总之自然的真正魔法被先知的魔幻力量打破之处，一种违背自然的可怕事情——诸如所说的乱伦——便必然首先跑出来充当原因；因为如果不是靠成功地抗拒自然，也就是说，靠违背自然的方法，你怎么可能强迫自然泄露它的秘密呢？我认为这种认识在俄狄浦斯可怕的三重命运中已经显现出来：解开自然——那双重特性的斯芬克司——之谜的同一个人，也必然作为杀父娶母者打破最神圣的自然秩序。的确，神话似乎想要悄悄告诉我们，智慧，恰恰是酒神智慧，是一种违背自然的可怕东西；用自己的知识将自然投入毁灭深渊的人，自身必然要经历自然的解体。“智慧的利器刺向智者，智慧是对自然犯下的一
615 种罪行”，神话向我们喊出如此可怕的话语来；可是希腊诗人像一道阳

光，触摸着神话的这根崇高而可怕的曼依之柱，以至于它突然开始发出音乐——索福克勒斯的旋律！

现在我来把围绕埃斯库罗斯笔下的**普罗米修斯**发光的主动性灵光和被动性灵光加以对照。思想家埃斯库罗斯在这里要对我们说的，但他作为诗人却只是通过使用比喻方式的形象来让我们感觉的东西，青年歌德已懂得用他的普罗米修斯的大胆言词来揭示了：

我坐在这里
按照我的模样造人，
造一个像我一样的种族，
像我一样
受苦，哭泣，
享受，快活，
不尊敬你！

上升到提坦神地位的人类甚至为自己争来了自己的文化，迫使诸神同自己联合，因为人类在自己的智慧中掌握着神的存在和神力的界限。那首普罗米修斯诗歌，按照其基本思想，是对有失虔敬之行为的一首真正的赞美诗。可是，其最令人惊异的地方却是埃斯库罗斯**正义**追求的深刻特征：一方面是大胆“个人”的无尽痛苦，另一方面是神的困境，甚至一种神到黄昏的预感，这种强制这两个痛苦世界达成和解、达成形而上统一的力量——这一切最强烈地让人想起埃斯库罗斯世界观的中心点和基本原理，他的世界观看到命运女神作为永恒正义端坐于诸神和人类之上。在埃斯库罗斯用以将奥林匹斯世界置于他的正义天平上的惊人大胆方面，我们不得不提醒自己，深邃的希腊人在他们的秘密宗教仪式中有一种坚定不移的形而上学思维的基础；希腊人的全部怀疑情绪可以发 616
泄到奥林匹斯众神头上。尤其是希腊艺术家，对这样的神感觉到一种互相依赖的朦胧情感，而恰恰在埃斯库罗斯的普罗米修斯身上，有了这种情感的象征。提坦神式的艺术家在自己身上找到了顽强的信念，相信能创造人，并且至少能摧毁奥林匹斯众神，而且通过他的更高智慧来做到这一切。当然，他不得不在永恒的痛苦中为这种更高智慧遭受惩罚。伟大天才的突出“能力”，即使以永恒痛苦为代价来偿付都嫌太少，还有**艺术家**那种苦涩的自豪——这是埃斯库罗斯创作的内容和灵魂，而索福克勒斯在他的俄狄浦斯身上像奏响前奏曲一般地奏起了**圣人**的胜利之歌。然而，即使用埃斯库罗斯给予神话的那种解释，也无法测算出其形成的恐惧之可怕深度：应该说，艺术家对生成的乐趣，抗拒任何不幸的艺术创造之安于现状，只是一种明朗的云天图像，这图像倒映在黑色的悲伤之海上。普罗米修斯传说是各雅利安民族整体的原始财富及其深思和悲剧天赋的文献，甚至以下看法也不是没有可能的，即这种神话对于雅利安人来说所拥有的典型意义，和原罪神话对于闪族人来说所拥有的典型意义是相同的；两种神话之间存在着一种兄妹间的亲缘关系。那普罗米修斯神话的先决条件是一种天真的人类给予**火**的丰富价值，是将其视为任何上升之文化的真正守护神。可是，人类自由地支配火，不仅仅是借助于一种上天的馈赠，将其作为有点火作用的电光或者加热作用的日光来接受，这一点在那些遐想的远古之人看来，似乎就像是一种亵渎行为，
617 一种对神性自然的掠夺。于是，第一个哲学难题提出了人和神之间一个痛苦而无法解决的矛盾，并将它像一块岩石一般推到任何文化的门前。人类可以分享的最佳、最高事物是通过一种亵渎行为实现的，现在人类不得不再次接受其进一步的后果，也就是说，受冒犯的上天——必然——使高贵地努力向上的人类遭受的一大堆痛苦和忧虑：一种苦涩的想法，这种想法通过它给予亵渎行为的那种**尊严**，同闪族原罪神话形成了奇异的对照。在闪族的原罪神话中，好奇、谎言欺骗、容易受诱惑、贪婪，总之，一系列尤其具有女性特点的情感被视为恶的根源。雅利安观念的突出之点是那种将**主动罪愆**视为真正普罗米修斯式美德的崇高见解：同时，悲观的悲剧之伦理基础也因此而被认为是对人类之恶的**辩解**，而且既为人类之过，又为人类因过失而遭受的痛苦辩解。万物本质中的不祥——遐想的雅利安人不喜欢用过细的解释来打发这个问题——世界中心的矛盾，在雅利安人看来，显现为不同世界，比如一个神的世界和一个人的世界的混杂，在这些世界中，每一个世界都是作为合理的个体而存在的，可是作为互相挨在一起的个别世界都得为其个体化而受苦。

在个人进入一般的英勇追求中，在跨越个体化禁令、要求成为**独一无二**世界本质的尝试中，个人在自己身上遭遇了隐藏于万物之中的原始矛盾，也就是说，他亵渎和受苦。于是，亵渎被雅利安人理解为男性，罪被闪族人理解为女性，正如原始亵渎由男性所犯，原罪由女性所犯。顺便说一下，女巫歌队唱道：

女人千步行，
不必太当真；
她竭其所能， 618
男人一步成。

理解普罗米修斯传说那种最内在核心——即理解向付出巨大努力的个体显示出的亵渎之必然——的人，必然也同时感觉到这种悲观观念的非日神倾向；因为日神恰恰是要通过以下方法使个体存在安静下来：他一再以他对自我认识和适度的要求提醒人注意这一点，恰如注意最神圣的世界法则。然而，为了在这种日神倾向中使形式不至于僵化为埃及式的拘谨和冷漠，为了不至于在为个别浪涛规定路线和范围的努力中让整体的海浪运动渐渐消失，酒神的滚滚大潮时不时地一再冲毁片面的日神"意志"试图禁锢希腊精神的所有那些小圈子。这时候，那种突然涨起的酒神大潮将个体的个别小浪尖背负在自己的肩上，就像普罗米修斯的兄弟、提坦神阿特拉斯举起大地一样。这种几乎要成为所有个体的阿特拉斯之神并用宽阔的肩膀将所有的个体背负得越来越高、越来越远的提坦式欲望是普罗米修斯精神和酒神精神之间的共同之处。以这种观点看，埃斯库罗斯的普罗米修斯是一个酒神面具，而在以前提到过的那种寻求正义的深刻特征中，埃斯库罗斯则流露出从父系角度看他起源于日神这位个体化和正义界限之神、这位洞察秋毫者。而埃斯库罗斯的普罗米修斯的两重性，他同时具有的酒神天性和日神天性，可以用以下抽象的表达方式来表达——令逻辑学家欧里庇得斯感到惊讶不已："一切存在的都是合理的，又是不合理的，两者都同样有道理。"

这是你的世界！这就叫做一个世界！—— 619

这是一个无可争辩的传统：最古老形式的希腊悲剧只有酒神之痛苦

作为题材；在较长一段时间里，舞台上唯一在场的主角只有酒神。然而，可以同样肯定地说，直到欧里庇得斯为止，酒神从来没有停止过做悲剧主角，而希腊舞台上所有那些著名人物——普罗米修斯、俄狄浦斯等都只是那原始主角酒神的面具。在所有那些面具背后藏着一位神，这一点从根本上说明了那些著名人物何以有如此经常受赞美的典型“理想性”。我不知道是谁曾断言说，作为个体，所有个体都应该是可笑的，因而也是非悲剧性的：由此可以推导出，希腊人一般不**能**忍受悲剧舞台上的个体。事实上，他们似乎已如此感觉到了：一般来说，柏拉图对“理念”与“偶像”、摹本的那种区分和评价是如何深深地植根于希腊人的本性之中。可是，若用柏拉图的术语来说，大致可以这样来谈论希腊舞台上的悲剧人物形象：一个真正现实的酒神出现在多种形象中，戴着一个作战中的英雄的面具，几乎被缠到了个体意志的网中。现在显形中的神所言所行的样子，很像是一个迷失方向、追求着、痛苦着的个体：他一般以这种史诗的确定性和明晰性**出现**，这是圆梦者日神的效果，他通过那种比喻式的出现向歌队解释了他的酒神状态。然而，那位英雄实际上就是宗教神秘仪式中受苦受难的酒神，那位在自己身上体验个体化痛苦的神，关于那位神，奇异的神话告诉我们，他当初作为男孩如何被提坦神肢解，现在在这种作为扎格列欧斯的状态中又如何受到尊敬：由此表明，这种
620 肢解，真正的酒神式**痛苦**，像转化为气、水、土、石一样；我们因此就得将个体化状态视为一切痛苦的源泉和根本原因，视为某种本身应受鄙弃的东西。从这酒神的微笑中，产生出奥林匹斯众神，从酒神的眼泪中诞生了人类。在那种作为被肢解之神的状态中，酒神有着一个残酷而粗野的魔鬼和一个温文尔雅的统治者的双重天性。然而，参与祭典而达最高境界者寄希望于酒神的新生，我们现在必须富有预感地将此理解为个体化的终结：最高境界者沸腾的欢乐之歌，朝这正在到来的第三位酒神响起。只是在这种希望中，在被捣毁成个体的破碎世界的脸上有一道快乐之光：正如神话以陷入永久悲哀的得墨忒耳来说明的那样，当有人对她说，她可以**再一次**生下酒神时，她第一次**高兴**起来。在列举的观点中，我们已经凑齐了一种深邃的悲观主义世界观的所有组成部分，同时也包

括了**悲剧的秘密宗教仪式说**：对一切现存事物的统一性的基本认识；将个体化视为恶的根本原因；美与艺术是对个体化禁令应该被打破的快乐希望，是对一种再确立的统一性的预感。

将那种原始的、万能的酒神因素从悲剧中排除出去，将悲剧纯粹地重新建立在非酒神艺术、习俗、世界观的基础上——这就是现在一清二楚地向我们揭示出来的欧里庇得斯的意向。

欧里庇得斯自己在暮年时尽可能强调地提出了关于一个神话中的这种意向对他同时代人的价值和意义的问题。究竟有没有酒神倾向存在呢？我们不应该用暴力将它从希腊的土地上根除掉吗？诗人对我们说，只要 621
有可能，当然是应该的；可是狄奥尼索斯神太强大，最聪慧的对手——如《酒神的伴侣》中的彭透斯——也意外地中了酒神的魔法，然后在这种着魔状态中奔赴他的厄运。两位老人卡德摩斯和提瑞西阿斯的判断似乎也是老年诗人的判断：最聪明的个人思考也不能推翻那些古老的民间传说，不能推翻永远繁衍生息的那种对酒神的尊敬，甚至就这样一些令人惊异的力量而言，至少富于外交手腕地显示一下小心谨慎的参与，也是合适的。然而在这里，酒神对这样一种温吞水一样的参与大为不满，并把那位外交家——在这里如那位卡德摩斯——最终变成一条龙，这样的事情也始终是可能的。这一点，诗人告诉了我们，他整个漫长的一生都以英雄之力反抗酒神——为了在生命终结时以一种对他对手的颂扬和一种自杀来结束自己的生命历程，就像一个眩晕者那样，只要能摆脱可怕的、再也忍受不了的旋转，便从塔上跳下来。那种悲剧是对他的意向之可行性的一种抗议；啊，这种意向已经付诸实施！奇迹已经发生：当诗人改口的时候，他的意向已经获胜。酒神已经被赶下了悲剧的舞台，而且是通过出自欧里庇得斯之口的魔力。甚至欧里庇得斯在某种方面也只是面具：借他之口说话的不是酒神，也不是日神，而是一个完全新生的魔鬼，叫做**苏格拉底**。这是新的对立，**酒神倾向和苏格拉底倾向**的对立，希腊悲剧艺术品因这种对立而毁灭。即使现在欧里庇得斯试图通过改口来安慰我们，他也不会成功：最富丽堂皇的圣殿成了一片废墟；摧毁者的悲叹以及他承认这是所有圣殿中之最美，对我们有何用处？即使

622 受到所有时代艺术判官的处罚，欧里庇得斯被变成了一条龙——这种可怜的补偿又会令谁满意呢？

让我们现在来接近那种**苏格拉底**意向吧，欧里庇得斯就是以此来反对并战胜埃斯库罗斯悲剧的。

欧里庇得斯把戏剧仅仅建立在非酒神倾向基础上的意图，在其对最高理想的贯彻中究竟有何目的？——我们现在不得不自问这样的问题。如果戏剧不是在那种酒神倾向的朦胧之中诞生于音乐的母腹，还会剩下什么样的戏剧形式呢？只有**那种戏剧化史诗**：在这样一种日神的艺术领域里，**悲剧**效果当然是无法达到的。这里不是取决于所描述事件的内容；我甚至可以断言，歌德在他设想的《瑙西卡》中是不会有可能使那田园诗般尤物的自杀——按设想是在第五幕里完成这场自杀——具有悲剧性动人效果的；史诗—日神倾向的力量如此非同寻常，以至于这种倾向以那种对外观的乐趣和通过外观而得到的解脱来使最充满恐怖的事物在我们眼前发生魔变。戏剧化史诗的诗人像史诗诵诗人一样，不能充分地与其形象融合：他始终只是睁大眼睛观看的宁静而无动于衷的注视，看见的是自己**眼前**的形象。这种戏剧化史诗中的演员，归根结底，始终只是叙事的诵诗人；他的全部行动都笼罩在内在梦想的神圣之下，所以他绝不完全是演员。只有用这样的方法，我们才能充分理解地接近歌德的《伊菲革涅亚》，在其中我们推崇最高的戏剧史诗的诞生。

那么，欧里庇得斯的作品是如何对待这种日神戏剧理想的呢？就像柏拉图《伊安篇》中那位年轻一代诵诗人对待老一辈庄严的诵诗人那样，那位年轻一代诵诗人如是描述自己的天性：“我在朗诵哀怜事迹时，就满
623 眼是泪；在朗诵恐怖事迹时，就毛骨悚然，心也跳动。”我们在这里再也觉察不到那种对外观的史诗式沉迷状态，觉察不到真正的演员那种无动于衷的冷静，真正的演员就是发挥到最高明的状态，也完全是外观和对外观的乐趣。欧里庇得斯是心脏悸动、毛骨悚然的演员；作为苏格拉底式的思想家，他拟订计划，作为激情奔放的演员，他执行计划。无论在拟订计划还是在执行计划时，他都不是纯粹的艺术家。所以欧里庇得斯的戏剧是一种既冷又热的东西，能使你冻僵，同样也能使你烧焦；它不

可能达到史诗的日神效果，而另一方面它又尽可能摆脱酒神因素，现在干脆为了制造效果而需要不再可能属于日神倾向和酒神倾向这两种唯一的艺术本能范围的新刺激手段。这种刺激手段就是冷静的悖论式的**观念**（取代日神倾向的直观形象）和火热的**冲动**（取代酒神倾向的心醉神迷），而且是最真实逼真地来模仿的、绝对没有沐浴在艺术空气中的观念和冲动。

如果我们因此而如此充分地认识到，欧里庇得斯根本没有成功地将戏剧单单立足于日神倾向之上，他的日神倾向更应该说迷失在一种自然主义的非艺术倾向之中，那么，我们现在将可以接近**审美苏格拉底主义**的本质了，其最高法则大概是这样的："万物欲成其美，必合情理。"这是苏格拉底式"唯知情知理者有德"的平行原则。欧里庇得斯用手中的这一准则来衡量一切个别事物，并按照这一原则矫正一切：语言、人物性格、戏剧艺术结构、歌队音乐。和索福克勒斯的悲剧相比，我们往往经常地认为在欧里庇得斯身上是诗的缺陷和退步的东西，多半就是那种 624
咄咄逼人的挑剔过程，那种冒失的智性活动的产物。且让我们举出欧里庇得斯的**开场白**作为那种理性主义方法的生产性之例证吧。任何东西都不可能比欧里庇得斯戏剧中的开场白更违背我们的舞台技巧了。个别亮相者在作品开头自报家门，讲述情节的来龙去脉，这会让一个现代戏剧诗人将其称为一种对悬念效果的不可原谅的故意放弃。人们肯定知道将要发生的一切，谁会愿意一直等到这些事情真的发生呢？——因为在这里，绝没有预言的梦境同后来出现的现实之间的那种令人激动的关系。欧里庇得斯的思考完全不一样。在他看来，悲剧的效果绝不在于史诗般的悬念，不在于现在和随后将发生之事的迷人的不确定性，而在于那些雄辩、抒情的大场面，在那些场面中，主人公的激情和雄辩术膨胀为一种广袤而汹涌的洪流。一切都为激情，而不是为情节做准备：不为激情做准备的东西就被视为不足取。然而，最强烈地妨碍人们津津有味地全神贯注于这种场面的，是听众感到若有所失的部分，是编造来历上的一个漏洞；只要听众还得揣摩这个那个人物意味着什么，倾向和意图上的这个那个冲突以什么作为前提，那么，听众便仍然不可能完全专心致志于主要人物的痛苦和行为，也不可能屏息般地与之同苦共忧。埃斯库罗

斯、索福克勒斯的悲剧使用最有修养的艺术手段，以便在最初几场里几
乎是不经意地把所有那些为理解所必需的线索交到观众手里：这是真正
625 的艺术家证明必然会有的一个特征，他对**必然的**套路几乎是藏而不露，
让它作为偶然事件出现。可是，欧里庇得斯总还是相信他注意到，在那
最初的几场里，观众处于固有的不安之中，以解开关于来历的计算难题，
以至于诗之美和展示情节的激情对他来说就丧失殆尽。因此，他又在展
示情节之前设置了开场白，并将其置于一个人们可以信任的人物之口：
经常得由一位神来向观众关于悲剧的进程做出某种程度的保证，并消除
对神话之真实性的任何怀疑。这用的是类似于笛卡儿那样的方法，笛卡
儿只能通过诉诸神之诚实和不可能说谎来证明经验世界的真实性。欧里
庇得斯在其戏剧的结尾再次需要这同样的神之诚实，以便向观众证实他
的主人公的未来；这便是声名狼藉的解围之神的任务。在史诗式的预见
和向外看见之间是戏剧抒情的当下，是真正的“戏剧”。

因此，作为诗人的欧里庇得斯尤其是他自己有意识知识的回声；这
恰恰给予他希腊艺术史上一个如此重要的地位。由于他的批判性、创造
性的创作，他经常有这样的情绪，好像他应该让阿那克萨戈拉著作的开
头生动地用于戏剧，其开头几句话是这样的：“泰初混沌；然后理智来
临，创立秩序。”如果阿那克萨戈拉带着他的 Nous（理性）出现在哲学
家中间，就如第一个清醒者出现在烂醉者中间，那么，欧里庇得斯也可
以按相似的比喻来理解他同其他悲剧诗人的关系。只要万物唯一的秩序
维护者和统治者 Nous（理性）仍然被艺术创作排斥在外，那么一切就仍
然处于一种原始的混沌状态中；欧里庇得斯不得不做出如是判断，他不
得不如是这般地作为第一个“清醒者”来批判“醉”诗人。索福克勒斯
626 曾说埃斯库罗斯做得对，尽管是无意之中为之，这肯定没有欧里庇得斯
的那种意思：欧里庇得斯只会同意说，埃斯库罗斯就**因为**是无意之中创
作，所以他创作了不合理的东西。甚至神圣的柏拉图谈论诗人的创作能
力也是在其不是有意识的理智的范围内，大部分都只不过是讽刺，而且
将其等同于预言家和释梦者的才能；仿佛诗人在失去意识，不再拥有理
智以前，便没有能力写诗。欧里庇得斯着手向世人展示“非理性”诗人

的对立面，有如柏拉图曾经也做过的那样；他的审美原则“万物欲成其美，必有意识”是苏格拉底式“万物欲成其善，必有意识”的平行原则，如我说过的那样。因此，我们可以把欧里庇得斯看作审美苏格拉底主义的诗人。可是，苏格拉底是那不理解因而不重视早期悲剧的**第二位观众**；有苏格拉底作为盟友，欧里庇得斯就敢于当一种新艺术创作的宣告者。如果早期悲剧就此毁灭，那么审美苏格拉底主义就是凶杀原则。可是，因为反对酒神倾向的斗争针对早期的艺术，所以我们就在苏格拉底身上认出了酒神的对手，这位新的俄耳甫斯，他起而反抗酒神，尽管注定将被雅典法庭的酒神女祭司们撕碎，然而他还是迫使这位极其强大的神自己逃走了：这位神就像当初逃避厄多尼国王吕库耳戈斯那样，逃到大海的深处，也就是说，逃入一种渐渐席卷整个世界的秘密祭拜的神秘洪流中。

苏格拉底同欧里庇得斯有一种密切的倾向上的关系，这一点并没有为同时代的古代人所忽视；关于这种幸运察觉之最具说服力的说法，乃是在雅典流传的那种，说是苏格拉底常常帮助欧里庇得斯作诗。在应该列举出当下的大众蛊惑者的时候，两个人的名字被“古老盛世”的信徒 *627*
一口气说了出来：古老的马拉松式身心敦实干练，在身心力量不断衰退的情况下，越来越成为一种可疑解释的牺牲品，这就是取决于这两个人的影响。阿里斯托芬喜剧通常就是用这种口气——一半愤怒一半蔑视地——来谈论那两个人，让新一代的人感到惊恐，他们虽然很愿意背弃欧里庇得斯，可是他们对苏格拉底在阿里斯托芬的剧中被写成头号**诡辩家**，写成所有诡辩志向的镜子和典范感到惊诧不已：这里唯一可以提供的安慰是，把阿里斯托芬本人作为在诗的领域中无耻地撒谎的阿尔西比亚德斯钉在耻辱柱上示众。我在这里不是针对这样的攻击，为阿里斯托芬深刻的直觉辩护，我是在继续借古代的感受表明苏格拉底和欧里庇得斯的息息相关；在这种意义上，尤其应该记得，苏格拉底作为悲剧艺术的敌对者是不看悲剧的，只是当欧里庇得斯的一部新作品上演时，他才出现在观众之中。然而，最著名的是两人的名字在德尔斐神谕中紧紧排列在一起，神谕把苏格拉底称为最有智慧的人，而同时做出判断，应该把智慧竞赛中的二等奖给予欧里庇得斯。

在这个等级中，索福克勒斯名列第三；相对于埃斯库罗斯，他自夸做得正确，而且因为他**知道**何为正确。显然，正是这种**知**的神圣程度是那种将此三人共同彰显为其时代三位“知情知理者”的东西。

然而，关于对知和认识的那种新的、闻所未闻的高度评价所说的最为尖锐的话，是苏格拉底身为唯一承认自己**一无所知**的人时说出来的；
628 而他挑剔地走遍雅典，拜访了最伟大的政治家、演说家、诗人、艺术家，到处碰到的都是对知的自负。他惊讶地认识到，所有那些名人甚至对自己的职业也没有正确而确切的认识，只是出于本能从事自己的职业。“只是出于本能”：用这种说法，我们触及了苏格拉底倾向的核心和焦点。苏格拉底主义既用它来谴责现存的艺术，也同样用它来谴责现存的伦理。无论他将审视的目光投向何方，他都看到认识上的匮乏和狂妄的力量，由这种匮乏，他推断出现有状况的颠倒和不足取。由这一点出发，苏格拉底相信必须扭转乾坤：他这个个人，带着蔑视和自负的表情，作为一种截然不同类型的文化、艺术、道德的先驱者，走进一个这样的世界：对于这个世界，我们只要偶尔瞥见其一隅，便会以为我们获得了无上荣幸。这是巨大的忧虑，每次面对苏格拉底，这种忧虑就袭上我们的心头，一而再、再而三地刺激我们去认识古代这个最可疑现象的意义和目的。那个敢于作为个人否定希腊本质特征的人是谁？这种体现为荷马、品达、埃斯库罗斯，体现为斐狄亚斯，体现为伯里克利，体现为皮提亚和狄奥尼索斯，体现为最深的深渊和最高的巅峰的本质特征，无疑受到我们惊叹不已的朝拜。是哪一种魔鬼的力量竟敢把这种魔汤倾倒在尘埃里？是哪一位半神，人类中最高贵者的精灵歌队不得不对他高呼：“哀哉！哀哉！你摧毁了它，这美好的世界，用强力之拳；它倾塌，它瓦解！”

被称为“苏格拉底之守护神”的那种奇异现象向我们提供了一把打开苏格拉底本质之门的钥匙。在他的非凡理智陷入摇摆不定的特殊情况
629 下，他通过在这样的时刻发出的一种神圣之声而获得了一个坚实的支撑点。这个声音来临时，总是进行**劝阻**。本能的智慧总是只出现在这种完全异常的天性中，以便时不时**阻挠性地**对抗有意识的认识。尽管在所有

具有创造性的人那里，本能恰恰是创造、肯定之力，意识显示出批判性和劝阻性；而在苏格拉底那里，本能变成了批评者，意识变成了创造者——一种真正的畸形缺陷！而且我们在这里看见的是一种有着一切神秘气质的畸形缺陷，乃至于苏格拉底会被称为特殊的**非神秘主义者**。在他身上，逻辑本性通过一种多余的添加而被过多地开发，就像在神秘主义者身上那种本能智慧的情况一样。而另一方面，那种在苏格拉底身上出现的逻辑本能却完全不能针对自己；在这种无拘无束的汹涌奔腾中，他显示出一种自然力，我们只有在所有最巨大的本能力量那里才会在毛骨悚然的震惊中遇见这种自然力。任何人只要从柏拉图的著作中感觉到一点点苏格拉底生活志向的那种神圣质朴和自信，他就也会感觉到逻辑苏格拉底主义的巨大驱动轮如何几乎就在苏格拉底的**背后**转动着，而且这一切如何必然会通过苏格拉底而被看到，就像通过一个影子一般。而他自己预感到了这种关系，这一点表现在那种庄严隆重的态度上，他到处，甚至在法官面前，还用这种态度来提出他的神圣使命作为理由。在这点上，要从根本上反驳他，就像同意他在消解本能方面产生的影响一样，是不可能的。在这种无法解决的冲突中，当他有一天被拽到希腊的城邦公民大会面前，公民大会只提出了唯一一种形式的判决，就是放逐；人们本可以作为一个谜，作为无法归类、无法解释的事情，把他撵过边境，不会有任何的后代有理由指责雅典人做了一件卑鄙的事。可是，对 630
他宣布的是死刑，而不仅仅是放逐，这似乎是苏格拉底自己造成的，他十分清楚自己在做什么，毫无对死亡的自然恐惧：带着柏拉图所描述的他作为最后的豪饮者在拂晓时分离开酒会、开始新的一天时所带有的那种宁静前去赴死；这时候，在他的身后，在长凳上、地上，留下了和他一起喝酒、现已醉入梦乡的酒友，他们梦见了苏格拉底，这个真正的色鬼。**赴死的苏格拉底**变成了高贵希腊青年前所未见的新理想，尤其是典型的希腊小青年柏拉图，以其火热灵魂的全部热烈奉献，跪倒在这个形象面前。

现在让我们想象，苏格拉底的一只独眼巨人的巨大眼睛转向了悲剧，那只眼睛，艺术热情的妩媚疯狂从来不在其中发出炽热之光——让我们想象一下，那只眼睛如何拒绝满心喜欢地窥探酒神的深渊——它实际上一定在柏拉图所说的“崇高而备受赞美的”悲剧艺术中看到了什么吧？某种真正非理性的东西，有着似乎没有果的因，没有因的果，而且整体上如此丰富多彩，以至于必然和一种深思熟虑的气质格格不入，对于容易受刺激的、过敏的灵魂来说就会成为危险的导火索。我们知道，苏格拉底理解的唯一的诗歌艺术种类是什么，是**伊索寓言**；而且这种事情肯定是笑嘻嘻地很随和地发生的，诚实善良的盖勒特就是带着这种随和态度在蜜蜂和母鸡的寓言中称颂诗歌的：

你在我身上看到它的用处，
是对没有许多理智的人，
通过形象来说出真理。

可是对于苏格拉底来说，悲剧艺术根本不“说出真理”，除非是对
631 “没有许多理智的”人，也就是说，不对哲学家：远离悲剧艺术是有双重理由的。像柏拉图一样，他把它看作谄媚的艺术，它只描写适意的东西，不写有用的事情，因此而要求他的门徒保持节制，绝对远离这种非哲学的诱惑；他大获成功，以至于年轻的悲剧诗人柏拉图首先焚毁自己的诗作，以便能成为苏格拉底的学生。可是，在不可战胜的气质同苏格拉底的原则作斗争的地方，这种气质的力量，加上那种非凡性格的冲击力，总是大到足以促使诗歌本身进入一种直至当时尚不为人所知的新姿态中。

这样的一个例子就是刚才所说的柏拉图：他在对悲剧和艺术的谴责中，一般来说无疑没有停留在他老师的单纯挖苦背后，而一定是完全出于艺术的必然，创造出一种恰恰同为他所拒绝的现存艺术形式有着内在联系的艺术形式。柏拉图不得不对早期艺术做出的主要谴责——说它是对一种假象的模仿，因而属于一个比经验世界更低的领域——尤其不可以用来针对新的艺术品。于是我们竟然看见柏拉图努力超越现实，描绘出构成那种虚假现实之基础的理念。可是，思想家柏拉图因此而绕了一大圈，来到了他作为诗人始终熟悉的地方，而且索福克勒斯和整个早期艺术正是从这里出发隆重抗议那种谴责的。如果说悲剧吸收了早期的所有艺术种类，那么另一方面，从一种古怪的意义上讲，同样的话也适用

于柏拉图的对话，它产生于所有现存风格、形式的混合，游荡于叙事、抒情、戏剧之间，散文和诗歌之间，从而也打破了统一语言形式的严格早期法则。在这条道上，**犬儒派**作家走得更远，他们以风格上最大程度 632
的色彩斑斓，在散文和韵文之间的来回摇摆，也实现了他们通常在生活中扮演的“狂人苏格拉底”的文学形象。柏拉图对话似乎就是遭遇沉船的早期诗歌加上其所有的孩子逃命所乘坐的小船：它们挤在一个狭小的空间里，战战兢兢地屈从于舵手苏格拉底，现在驶入了一个新的世界，而这个新的世界对这一幕幻景总是百看不厌。柏拉图确实为整个后代留下了一种新艺术形式的样本，即**小说**的样本：它可以被称为无限提升的伊索寓言，在其中，诗同辩证哲学的关系就好像许多世纪中辩证哲学同神学的关系，也就是说，是为其充当婢女的关系。这是诗的新地位，柏拉图在恶魔苏格拉底的压力下逼迫诗进入了这样的地位。

在这里，**哲学观念**蔓延在艺术周围，迫使它紧紧抱住辩证法的主干。**日神**倾向变形为逻辑的公式化：就像我们必然在欧里庇得斯那里看到相似情况，看到**酒神倾向**朝自然主义情绪的转化一样。苏格拉底，这位柏拉图戏剧中的辩证法主人公，让我们想起了欧里庇得斯的主人公的类似本性，欧里庇得斯的主人公不得不用正反理由来为自己的行为辩护，于是如此经常地陷入失去我们悲剧性同情的危险。因为辩证法本质中的**乐观**因素是一目了然的，它在任何结论中都得意洋洋，只有在冷静的一目了然和有意识状态下才能呼吸：那种乐观因素一旦入侵到悲剧中，就必定渐渐覆盖酒神领域，必然驱使酒神领域实施自我毁灭——直至死亡的 633
一跃，跃入市民戏剧。人们只要想一想苏格拉底命题的结论就行了：“美德即知识；无知才有罪恶；有德者常乐。”悲剧之死就死在这乐观主义的三个基本形式中。因为现在有德的主人公必然是辩证论者；现在在美德和知识之间、信仰和道德之间，必定有一种必然的、可见的联结；现在埃斯库罗斯的超越尘世的正义之解，以其流行的解围之神，已被降低为肤浅、狂妄的“诗的正义”原则。

相对于这新的苏格拉底乐观主义的舞台世界，**歌队**和一般来说悲剧的整个音乐的酒神基础现在显得是什么样子呢？显得是某种偶然的东西，是一种对悲剧之起源的全然可无的回忆；尽管我们明白，歌队一般只能被理解为悲剧和悲剧因素的**起因**。在索福克勒斯那里，歌队的那种尴尬局面已经开始——这是一个重要的标志，表明在他那里，悲剧的酒神基础已经开始破碎。他敢于把歌队作为共事者、作为一个演员全新地使用起来，因而几乎是将它从歌队席提升到了舞台上，从而它的本质当然就被完全摧毁了，尽管亚里士多德恰好赞成对于歌队的这种见解。索福克勒斯总是通过他的实践，而且据传说，甚至通过一篇文章，来推荐那种歌队地位的变更，这种变更是走向歌队**消亡**的第一步，它在欧里庇得斯、阿伽同以及新喜剧那里经历的几个阶段以惊人的速度连续发生。乐观的辩证法用其三段论的鞭子将**音乐**赶出了悲剧，也就是说，它摧毁了悲剧
634 的本质，这只能被解释为酒神状态的一种体现和形象化，解释为音乐的有形的象征化，解释为一种酒神式陶醉的梦境。

如果我们不得不设想，也就是说，甚至有一个在苏格拉底之前就存在的反酒神倾向，这种倾向只是在他身上得到一种前所未闻的出色表达，那么我们就不必惧怕这样的问题，即苏格拉底这样的现象究竟意味着什么：这种现象，鉴于柏拉图的对话，我们无法将其理解为一种只是起消解作用的否定力量。所以，尽管苏格拉底本能的直接效果是要实现酒神悲剧的毁灭，这是无疑的，但是苏格拉底自己深刻的生活经验迫使我们提出这样的问题：在苏格拉底和艺术之间，究竟是否**必然**只存在一种对立关系，一个“艺术的苏格拉底”的诞生究竟是否本身就是某种充满矛盾的东西。

因为就艺术而言，那位专横的逻辑学家时不时感到一种缺憾、一种空虚、一种部分的责备，一种也许被疏忽的义务。他在监狱中告诉朋友说，经常有同一个梦中形象出现在他面前，始终对他说着同样的话：“苏格拉底，从事音乐吧!”他直到最后的日子都用这样的看法来安慰自己：他的哲学思辨是最高的缪斯艺术，并不真正相信一个神会提醒他那种“平庸而通俗的音乐”。最终他在监狱里勉强同意了从事他不尊重的那种音乐，以彻底减轻他良心的负担。在这样的思想态度中，他用诗写成一篇献给日神的序文，把几个伊索寓言改写成了韵文。驱使他从事这种训

练的，是某种类似于守护神告诫之声的东西，是日神让他认识到：他像一个野蛮人国王一样不理解一个高贵的神像，正处于对神灵犯下罪过的危险中——由于他的不理解。苏格拉底梦中形象的那些话是关于逻辑本
性之界限的一种思考的唯一迹象：也许——他不得不如此自问——我所 635
不理解的事情未必马上就是非理性的东西吧？也许有一个逻辑学家被驱逐出境的智慧王国吧？也许艺术甚至就是知识的一种必要的关联物和补充吧？

现在必须在上面这些充满预感的问题的意义上最终宣告，苏格拉底的影响如何直至此刻，甚至在整个未来，都像一个在傍晚阳光中越变越大的阴影，蔓延到后代身上；这种影响对于**艺术**——而且是更宽更深的形而上意义上的艺术——的创新始终是必要的，而且靠着这种影响的无限，也确保了创新的无限。

在这一点得到承认以前，在令人信服地阐明任何艺术都最内在地从属于希腊人、从属于从荷马到苏格拉底的希腊人以前，我们同这些希腊人的关系就像雅典人同苏格拉底的关系一样。几乎任何时代，任何文化阶段，都曾经十分不快地试图摆脱希腊人，因为面对希腊人，一切自我成就的、显得充分有独创性的、真正真诚地得到赞赏的东西似乎全都突然色彩全无、生气全无，缩水成为不成功的复制品，甚至成为讽刺。于是，对于那个竟敢把所有时代一切非本土的东西视为“野蛮”的狂妄小民族，打心底里就爆发出怨恨：人们自问，那些人是谁？他们尽管只具有昙花一现的历史光彩、只具有狭隘地局限到了可笑地步的公共机构、只具有可疑的道德美誉，甚至以丑行恶德为其特征，却在各民族中要求得到应归于众生之天才的尊严和特殊地位。可惜人们并没有如此幸运地
找到用以干掉这样一种存在物的毒药杯：因为一切在自身中产生出嫉妒、 636
诽谤、怨恨的毒药不足以摧毁那种自我满足的崇高。于是人们在希腊人面前感到羞愧和恐惧；除非一个人尊重高于一切的真理，并敢于承认这一条真理：希腊人作为御者掌握着我们的文化、任何的文化；而车马几乎总是材质太差，无法和它们御者的荣耀相匹配，这时候这些御者会认为，把这样的搭档赶到深渊里去倒是很好玩的，他们自己则以阿喀琉斯

的一跃与一道彩虹之美，越过深渊。

为了证明苏格拉底的这种御者地位，只要在他身上认出一种在他之前闻所未闻的生存形式的类型，即**理论之人**的类型，就足够了，认识理论之人的意义和目的是我们的最终任务。理论之人也像艺术家一样，无限满足于现存的东西，并且像艺术家一样，受到这种满足心态的保护，免受悲观主义的实用伦理学的侵害，免受悲观主义只在昏暗中发光的山猫利眼的注视。因为每次揭示真理时，艺术家总是只用出神入化的目光盯着现在真理被去蔽以后依然是遮蔽物的东西，而理论之人则喜爱并满足于遮蔽物被弃之如敝履，其最高快乐的目的就在于始终快乐的、通过特有力量实现的去蔽过程。如果知识只是为了那**一个**赤身裸体的女神，而没有别的什么事好做，那就不会有知识。因为这时候，知识信徒们心里的感受一定和那些想要挖一个洞穿越地心的人想的一样，他们当中每个人都认识到，即使尽毕生最大的努力，他也只能挖出巨大深度中极小的一部分，就这一小块地方会在他眼前被邻人所干的活儿重新覆盖起来，乃至于在第三个人看来，显然还是靠自己的力量选择一个新的地方来从
637 事他打洞的尝试为好。如果现在一个人令人信服地证明，通过这条直的路线不可能达到另一端的目标，那么谁还会愿意在旧洞里继续工作，除非他这期间是在不知满足地寻找宝石或发现自然规律。因此，最诚实的理论之人莱辛敢于直言不讳地说，在他看来，寻求真理比真理本身更重要，由此，知识的基本秘密被揭开了，这是让知识人士惊讶甚至恼火的事情。然而，现在在这种个别认识的边上，作为一种过分的诚实（如果不是过分的狂妄的话），却站立着一种深刻的**妄想**，这种妄想首先体现为苏格拉底，他坚定不移地相信，思想在因果律的引导下，可以抵达存在的最深处；思想不仅能认识存在，而且甚至能**纠正**存在。这种崇高的形而上妄想是作为知识本能而附加在知识边上的，把知识一而再、再而三地引向它的极限，到达这个极限，知识必然转化为**艺术：因为这个必然过程的目的原本就在于艺术**。

让我们现在举着这种观念的火把来看一看苏格拉底：在我们看来，他似乎是不仅能靠知识本能之手活着，而且能——更有甚者——死于知

识本能之手的第一人。因此，**赴死的苏格拉底**作为借知其所以然而免除死亡恐惧之人的形象，是知识的大门之上提醒每一个人不忘其使命的盾徽，这使命就是使存在变得可以理解，因而也显得完全合理。当然，在理由不足的情况下，**神话**最终必然会有助于达到这个目的，我甚至把神话视为知识的必然结果，乃至于目的。

谁一旦搞清楚，在苏格拉底这位把人引入知识这一秘教的引导者之后，一个又一个哲学学派如何后浪推前浪，知识如何以教化世界中最广 638
阔领域内求知贪欲的一种从未被预感到的普遍程度，并作为任何能力更胜一筹者的真正使命，驶入它从此以后再也不可能被完全赶走的大海，一张共同的思想之网如何通过这种普遍程度，甚至带着对整个太阳系法则的展望，被首先覆盖在整个地球上；谁在眼前看到这一切，再加上现在高得令人吃惊的知识金字塔，谁就不可能不在苏格拉底身上看到所谓世界史的那一个转折点和旋涡。想象一下这整个无法计算的力的总量吧！它被用于那种世界趋势，**不是**用来为认识服务，而是用于个人和各民族的实际的，也就是说，利己主义的目标，于是也许在普遍的毁灭性斗争中和持续的民族大迁徙中，本能的生活乐趣被如此削弱，以至于在自杀的习惯中，个人也许不得不感觉到最后一点责任感，就像斐济岛上的居民那样，身为儿子，把自己的父母掐死，身为朋友，把自己的朋友掐死：一种实用的悲观主义，它甚至可以出于同情形成一种恐怖的种族屠杀伦理——顺便说一下，在世界上任何地方，只要艺术没有以某种形式，尤其是作为宗教和知识出现，充当治疗和防止这种悲观主义瘟疫的手段，那么，这种悲观主义就都是存在过的，而且仍然存在着。

面对这种实用的悲观主义，苏格拉底是理论乐观主义者的原型，他如我们所描述过的那样相信万物本性的可探究性，他在这种信念中给予知识和认知以一种万灵药的效力，在谬误中包含了自在之恶。在苏格拉底式的人物看来，深究那些缘由，分清真知和外观、谬误的区 639
别，是最高贵的、甚至唯一的真正人类的职业。所以从苏格拉底开始，概念、判断、结论的必然程序被推崇为高于一切其他能力的最高级活动和最值得赞美的天赋。甚至最崇高的道德行为、同情行为、自我牺牲行为、英雄主义行为，以及日神倾向的希腊人称之为涵养的那种难以达到的内心宁静，都被苏格拉底和直至今天他所有那些志趣相投的追随者，从知识的辩证法里推导出来，因而视为可以教授的。亲身体验了苏格拉底式认识之乐趣并感觉这种乐趣如何以越来越扩大的范围试图包括整个现象界的人，将从此感觉没有任何促进生存的刺激会比完成那种征服、把网牢不可破地织好的渴望更强烈。对于一个如此心境的人来说，柏拉图的苏格拉底这时候似乎就是一种全新形式的"希腊之欢乐"和生存之福的教师，这种新形式寻求在行动中宣泄，并为了最终产生天才的目的，尤其将在对高贵青年的启发式问答教学和其他教育的影响中实现这种宣泄。

可是，现在知识受到其强大妄想的刺激，马不停蹄地直奔其极限而去，在这极限上，藏在逻辑本质中的乐观主义破灭了。因为知识之圈的圆周上有无数的点，尽管完全预见不了这个圆圈如何才能得到充分的度量，但是，高贵而有才华之人尚在其生存的中途之前，就不可避免地碰上了圆周上这样的边界点，他在那里注视着眼前的一团漆黑。当他在这里惊恐地看到，逻辑在这边界上如何绕着自己蜷曲起来，最终咬住自己
640 的尾巴时——新形式的认识，即**悲剧认识**，脱颖而出，它只是为了被忍受，需要艺术作为庇护和治疗手段。

如果我们用强化的、靠着希腊人而振奋的目光看一看围绕我们流动的那个世界的最高境界，我们就会发现，在苏格拉底身上显现的那种对不知满足的乐观主义知识的贪欲转变为悲剧式的认命和艺术需求。尽管这同样的贪欲处于其低级阶段时必然表现出对于艺术的敌对态度，尤其内在地厌恶酒神悲剧艺术，就像我已经用埃斯库罗斯悲剧和苏格拉底主义的冲突举例说明的情况那样。

现在我们在这里正情绪激动地叩响现代和未来的大门：那种"转变"将导致天才的、而且恰恰是**从事音乐的苏格拉底**的始终崭新的造型吗？覆盖在生存之上的艺术之网，无论是以宗教的名义还是以知识的名义，将被编织得越来越结实、越来越精致，还是它注定要在被称为"现代"

的躁动不安的野蛮活动和旋涡中被撕成碎片？——我们忧心忡忡地，然而不是毫无安慰地在一旁站上一小会儿吧，作为被允许充当那种非凡斗争和转折之见证人的沉思者。啊！这是这些斗争的魔力之所在：观看这些斗争的人，也不得不进行这些斗争。

论我们教育*机构的未来：六个公开报告**

引 言

643 我给我的报告所起的标题本应该像任何标题的职责那样，尽可能明确、清晰、有说服力，可是，现在我才发现，由于过于明确而显得太短，因而又变得不清晰了，以至于我必须在我尊敬的观众面前解释这个标题，从而也解释这些报告的任务，在必要的情况下还要表示道歉。如果说我已经答应谈论我们教育机构的未来，那么，我首先想到的根本不是像我们巴塞尔各学校一类机构特殊的未来和继续发展。尽管也许我的许多一般断言经常显得恰恰可以以当地教育机构为例，但我不是这样来举例的人，因此，我也同样不想承担如此做法的责任：恰恰因为我认为自己太拘谨、太缺乏经验，感觉到自己太没有牢牢扎根于本地的情况，因而无法正确评价教育比例的一种如此专门的配置，或者以几分把握勾画其未来。另一方面，我格外意识到自己是在什么地方做这些报告，是
644 在一座试图以大国较之都完全相形见绌的标准，极其了不起地促进其公

---

* 本文中尼采谈论教育问题时用的是 Bildung 一词，意思是“教育”、“文化”、“教养”等，比中文中的“教育”一词含义更丰富，指的是全面素质教育。德文中还有一个词 Erziehung 也表示教育，尼采在本文中偶尔也提到过这个词。在译文中，当两者并列时，为了表示区别，前者译成“教育”，后者译成“施教”。

** 这里实际上是五个报告，加上“须在报告前阅读的前言”才可以凑成六个。

民培养与教育的城市里。所以，如果我猜测人们为某些事情**做**得越多，为其**思考**得也越多，那么这肯定是没错的。可是恰恰这一点，必定是我和这里的听众进行精神交流的愿望甚至前提，他们认真思考过教育和培训问题，同样也愿意用行动来促进那个被正确认识的事物：只有在这样的观众面前，我才会让人明白我的意思，而不怕在这么短的时间内说那么多话——也就是说，如果他们立即猜出可能只是被暗示的东西，补充必然被隐瞒的东西；如果他们此外只是需要被提醒，而不是被教训的话。

尽管我不得不完全拒绝被看作巴塞尔学校教育问题的不合格的顾问，但是我更少想从现在有文化之民族的整个视野出发，去预言教育和教育手段不久的未来：我的眼睛在这个广袤的视野内变得失明了，正如它在太近距离内变得没有把握一样。因此，所谓**我们的**教育机构，我既不把它们理解为专门的巴塞尔教育机构，又不认为它们是无数包括所有民族在内的最广泛当下的形式，我是指我们在这里也很高兴拥有的那种**德国机构**。我们应该研究德国机构的未来，即德国公立学校、德国实用中学、德国文理中学、德国综合性大学的未来。我们在研究过程中要暂时不考虑所有比较和价值评估，尤其要避免谄媚的妄想，好像我们的状况与其他文化民族相比恰恰是普遍具有典范作用的、无与伦比不可超越的。够了，这是我们的学校，它们与我们休戚相关并非偶然，并不像一件衣服
一样披在我们身上，而是作为重要文化运动的活生生的纪念碑，在一些 645
层面上，甚至包括“原始家用器具”在内，都把我们和民族的过去联系在一起，而且在本质特征上是一份如此神圣、如此值得尊敬的遗产，以至于我只能在尽可能接近这些学校从中诞生的理想精神这个意义上去谈论我们教育机构的前途。我确信，现在为使这些教育机构“合时宜”而允许其进行的大量改变中，大部分只是其原初创建时崇高倾向的扭曲路线或偏离，而我们在这方面敢于对未来所希望的，就是德意志精神的一种如此普遍的更新、重振和净化，以至于这些机构也在某种程度上获得新生。然后，在这种新生之后，同时以新旧姿态出现，而它们现在大多仅仅要求成为“现代的”和“合时宜的”而已。

我只是在这种希望的意义上谈论我们教育机构的未来，而这是我必须从一开始就对其表明我的歉意的第二点。想当预言家是所有自负中最大的自负，以至于要想声明自己不愿当预言家，听起来就已经很可笑了。如果没有人能证明未来教育已经在某种程度上就是现在，它只是不得不在更大得多的程度上四处扩张，以便对学校和教育机构施加某些必要的影响，那么任何人都不可以让人听到自己用预言的口吻谈论我们教育的未来，以及与此有关的我们教育手段和教育方法的未来。请允许我像罗马的肠卜僧①一样，只是从现在的内脏来猜测未来：在这种情况下，要说
646 的不过是向一种现存教育倾向预言将来的胜利，尽管这种倾向眼下不受欢迎，不受尊敬，不被推广。但是，它将会如我以极大信任所设想的那样取得胜利，因为它拥有最大的、最有势力的同盟者，即**自然**。在此我们当然不可以隐瞒，我们现代教育方法的许多前提本身都有非自然特征，而且，我们当今最糟糕的弱点恰恰与这些非自然的教育方法联系在一起。感觉自己与现在彻底融为一体，并把现在看成是“理所应当”之物的人，我们既不嫉妒他相信这样的事情，也不嫉妒这个空前有教养的流行语“理所应当”。但是，站在相反立场上、已经绝望的人就再也无需战斗，只可以听命于寂寞，以便不久成为孤家寡人。但是，在这些“理所应当的人”和寂寞者中间站立着**战斗者**，即满怀希望者，作为其最高贵、最崇高的表现，我们伟大的席勒站在我们眼前，正如歌德在为席勒长诗《钟之歌》写的跋中向我们描写的席勒那样：

他的面颊炽热，红光泛起，
那种青春，对我们不离不弃，
那种勇气，早晚要战胜
冷漠世界的阻力，
那种信念，始终向上，
时而勇敢前进，时而耐心依偎，
好让善良发扬光大，普世受益，

---

① 这种僧人能根据牲畜献祭品的内脏和雷鸣闪电来预言未来。

好让高贵终于昂首阔步。

我到现在为止所说的话可以被我尊敬的听众们当作前言，而前言的任务仅在于说明我报告的标题，并且保护它，使之免遭可能的误解和无理要求。为了能在我思考的开头就立即从标题过渡到正题，改写一般的思想范围，应该从这个思想范围出发，来尝试一种对我们教育机构的评 647
判，应该在这开头之处就有一个清晰表达的主题，作为盾形徽章提醒每个到来者，他正想踏入哪家庭院，以防万一他在观察这种盾形徽章后宁愿转身离开用这种标志标明的庭院。我的论点是：

当前，两个表面对立、在作用上同样怠惰、在结果上最终汇集在一起的潮流，控制着我们原本建立在别的基础上的教育机构：一个是尽可能**拓展教育**的愿望，另一个是**减少和弱化教育**的欲望。根据第一个愿望，教育的规模应该越来越大；而在另一个倾向的意义上，人们指望教育放弃其最高的、独断专行的自负要求，在服务中从属于另一种生活形式，即国家的生活形式。倘若不是在某个时候有可能帮助两个截然相反的、真正德国的、一般而言前途无量的倾向取得胜利，也就是说，帮助教育上**缩减**和**集中**的要求以对立于尽可能的拓展，帮助教育上**强化和安于现状**的要求以对立于教育的缩减，那么，看到拓展和缩减这两个灾难性倾向会绝望到毫无希望的地步。但是，我们认识到，正如教育集中到少数人身上是自然的必然法则，即一种真理一样，拓展和缩减，这两个倾向也与同一个自然永远相同的意图背道而驰，而那另两个要求却不过想成功地创立一种虚构的文化，这就让我们有理由相信一种胜利的可能。

须在报告前阅读的前言，尽管它其实与报告无关

我有所期待的读者必须具有三个特点：一心静；二读书不慌不忙， 648
不必总是把自己及其“教养”掺杂进来；三不可最终指望将图表作为结果。我不保证拿得出给文理中学和实用中学用的表格和新课程表——我更欣赏那样一些人的极强之天性：他们能够从经验的深度出发一直到真

正的文化问题的高山上，然后，又从上面重新下降到最乏味之规章、最精细之表格的深谷，以测量整个道路——而是满足于气喘吁吁地费力爬上一座可观的高山，在那里可以为更自由的眺望而感到心旷神怡，所以在这本书里，我将绝不可能使那些喜欢表格的朋友满意。

我看到这样一个时代可能会到来：严肃的人服务于一种全新的、净化的教养，在共同的工作中，他们又成了日常教育——实现那种新教养的教育——的立法者；或许那时候他们会重新制作图表——可是，那个时代是多么遥远啊！而在此期间又肯定发生什么情况呢？或许不到那个
649 时代文理中学就灭绝了，或许甚至综合性大学也灭绝了，或者至少是上述教育机构的一个如此全面的改造，以至于这些机构的旧图表在后来人的眼里，样子就像木桩建筑物时代的残余①。

这本书是给心态平和的读者准备的，这些人还没有被卷入我们滚动向前的时代那种令人眩晕的仓促中，还没有感觉到，被时代的车轮碾得粉碎是件偶像崇拜似的快事——也就是说，这本书是为少数人写的！但是，这些人还不能习惯于根据时间的节省或浪费来估计事物的价值。这些人“还有时间”。他们还可以选择、搜寻一天的好时光及其丰富的、精力充沛的瞬间来思考我们的教育前景，而又不必感到自责。他们可能自认为以一种十分有益、值得尊敬的方式即在 *meditatio generis futuri*② 中过他们的日子。这样一种人在阅读时还没有忘记去思考，他还善于在字里行间读出秘密，他甚至变得如此精力充沛，以至于他还能思考读过的内容。或许他在把书放下良久后还在思考。而且，他并非为了写书评或者再写一本书而思考，仅仅是为了思考而思考！该受惩罚的精力挥霍者！他足够平心静气、无忧无虑，为的是与作者一起踏上一条宽阔道路。很久以后的后人才能非常清晰地看清这条路的目的地！相反，如果读者非常激动，立即跳起来付之行动，如果他想在瞬间采撷几乎几代人都不会通过斗争得到的果实，那么，我们就不得不担心，他并没有理解

---

① 木桩建筑物指河或河岸上用木桩支撑的房屋，尼采比较形象地用它来比喻外观上有点相似的图表。

② 拉丁文：对未来一代人的思考。

作者。

最后，第三个也是最重要的一个要求是，他绝对不可以按照现代人
的方式，让自己及其教养，差不多作为标尺，不断介入其中，就好像他 650
因此而拥有了衡量万物的标准。我们希望他有足够的教养，真正很少甚至轻蔑地去考虑他的教养。然后，他可以最信赖地把自己交给作者去引导，而作者恰恰从不知和不知之知出发才敢于与他交谈。他尤其想要给自己索取的不是别的，而是一种对我们当今野蛮的特点、对如此显著地将我们作为 19 世纪的野蛮人在其他野蛮人面前凸显出来的东西所爆发出来的强烈情感。

现在，他手里拿着这本书，寻找着那些被类似情感来回驱赶的人。让你们被找到吧，你们这些个别人，你们的生存我是很相信的！你们这些无私的人，你们亲身感受着德意志精神堕落的痛苦！你们这些沉思冥想的人，你们的眼睛没有能力匆匆一瞥就从一个表面溜向其他表面！你们这些思想高尚的人，亚里士多德的话是对你们的抬举，他说你们犹豫不决地、毫无作为地活过一生，除非一个大荣耀、一部伟大作品渴望你们！我号召你们。你们这回别再爬进偏远孤独而寂寞的洞穴里！你们想象一下，这本书注定是你们的传令官。如果你们自己首先身披铠甲出现在战场上，那么，按照那个喊你们回头看的传令官的意思，这是在吸引谁的兴趣呢？——

报告一

我尊敬的听众们： 651

你们打算和我一起思考的题目如此严肃，如此重要，在某种意义上如此令人不安，以至于我也和你们一样会走到随便哪个人那里：他都会承诺教授同样的问题，这同一个人也应该仍然如此年轻，甚至本身全然不可能认为，他会从自己出发，凭借自己的力量，实现足以和这个使命相适应的事情。他很有可能实实在在**听到了**某些事情，是关于我们教育机构之未来的令人不安的问题的，现在他想把这些事情再给你们讲述一

遍。很可能他曾经有过名师，这些教师也许更适合于预见未来，而且和罗马的肠卜僧相似，根据现在的内脏去预见未来。实际上你们思想上已对这种情况有所准备。我难得有一次，其实是在完全无关紧要的情况下，听到了古怪男人们进行的同样话题的一次谈话，我把其主要思想观点和理解问题的整个方式方法太牢固地印在了我的记忆中，为的是每当我思
652 考类似问题的时候，不要陷入那样的套路中去：只不过我有时没有那些人那股满怀信心的勇气，他们不仅在我耳畔令我惊讶地大胆说出被禁止谈论的事实真相，而且在当时更大胆地构建他们自己的希望。我觉得最后把这个谈话用书面形式固定下来格外有用，以便鼓励其他人也去评价如此引人注目的观点和说法。在此，出于特别的原因，我恰好可以利用这个公开做报告的机会。

也就是说，我意识到，我是在什么地方建议让那次谈话诉诸普遍的思考和考虑，亦即身处一个试图在太了不起的意义上促进其市民文化教育的城市里，该市文化教育的标准肯定会使大国感到羞愧：我猜想在人们为这些事情**做**得越多的地方，人们关于这些事情**思考**得也越多；所以，在这里这样来猜想肯定不会失策。可是，恰恰只有对于这样一些听众来说，我在复述那个谈话时才能被充分理解——这样一些即刻猜出不可言传、只可意会之意，并对必被隐瞒之意加以补充的听众；这样一些只需要被提醒，而不需要被教训的听众。

现在，尊敬的听众们，请你们听听我的无关紧要的经历，以及至今尚未列举其名的那些男人们不太无关紧要的谈话。

我们很体谅一个年轻大学生的状况，也就是说，是这样一种状况：它在当下无休止的剧烈运动中简直令人难以置信，人们必然体验过这种状况，为的是把这样一种无忧无虑的摇晃、这样一种争分夺秒得来的却
653 仿佛永恒的惬意看成是可能的事情。就在这种状况下，我和一个同龄的朋友在莱茵河畔的大学城波恩度过了一年：这一年由于没有了所有的计划和目标，没有了所有的未来打算而本身带有某种对于我现在的感受来说几乎是梦幻色彩一般的东西，而这同一年却在前后两头被清醒时期围在了里面。我们两人都保持不受干扰的状况，尽管我们马上就生活在人

数众多，归根结底有不同激励、不同追求的联谊会中。有时我们努力满足或者拒绝我们同龄人强烈的无理要求。但是甚至这种同一种反抗因素进行的游戏也在我将其置于我灵魂面前的时候始终仍然有与每个人都会在梦中体验的许多障碍相似的特征，比如你相信能飞，可是却感觉被无法解释的障碍拉回去。

我和我的朋友都有关于我们更早的清醒时期、关于我们文理中学时代的无数记忆，我必须比较详细地描述其中之一，因为它构成了一个过渡，然后我才有那无关紧要的经历。我和那个朋友在此前的夏末莱茵河旅游中，几乎在同时同地——不约而同地——想到了一个计划，以至于我们感到，恰恰是这种非同寻常的不谋而合迫使我们非把这个计划付诸实施不可。我们当时决定设立一个由很少几个伙伴组成的团体，打算为我们的文学艺术创作爱好找到一个固定的、有约束力的组织，比较直截了当的说法也就是，使我们每个人都有义务，每个月送来一份自己的作品，不管是文学作品，还是论文，抑或是一个建筑设计草图，或者音乐创作。每个人都被授权以无限的坦率批评他人的作品。所以我们认为，这样通过相互监督，既激发也控制了我们的教育冲动，而且也实现了这 654
样的效果：我们不得不对赋予我们那种灵感的时间地点保留一种感激之情，甚至庄严感。

我们很快为这种感受找到了一个合适的形式，我们互相约定，尽可能每年都在那一天找到罗兰茨艾克①附近当时我们在夏末并肩坐着陷入沉思，突然为相同的决定而感到欣喜不已的那个孤独所在。确切地说，这个约定没有被足够严格地履行；可是恰恰因为我们良心上为疏忽感到有些内疚，我们俩才在波恩学习的那一年，当我们终于长期住在莱茵河畔时，非常坚决地决定，这次不仅要满足我们的规定，而且要满足我们的感情，我们强烈的感激之情，要恰好在那一天，以庄重的方式打扰罗兰茨艾克附近的那个地方。

我们做到这一点真不容易，因为恰好在这一天，人数众多而活跃的

---

① 德国莱茵兰—普法尔茨州内雷马根城的一个市区。

大学生联谊会阻止我们称心如意地飞行，竭尽全力拽拉所有能控制我们的绳索。我们的联谊会决定在这个时候大规模庆祝出游，前往罗兰茨艾克，以便在夏季学期结束时再次确认全体成员，然后以最佳告别纪念打发他们回家。

那是至少在我们的气候中只有这种夏末时节能提供的好日子：天地宁静和谐、彼此交融，集和煦阳光、秋高气爽、无际湛蓝于天地之间，
655 蔚为壮观。我们的装束多姿多彩，富于想象，在所有平素衣服的那种意气消沉中，只有大学生会欣赏这种装束。我们登上一艘轮船。为欢迎我们，船上喜庆地挂上了三角旗。我们把联谊会的旗帜插在甲板上。莱茵河两岸不时传来信号枪声，按照我们的安排，这信号枪声要把我们的到来通报给罗兰茨艾克附近莱茵河畔的居民，尤其是我们的店主。现在我不谈我们如何喧闹地从上岸处穿过激动而好奇的地方，也不想提我们之间彼此讲的、不是任何人都能听懂的玩笑和乐子；我略过逐渐兴奋甚至变得狂热的宴席和一个令人难以置信的音乐演出节目，整个餐桌上的人都必须参加这个节目，时而个别演唱，时而集体表演，而我作为我们联谊会的音乐顾问，事先得排练熟了，这时得担任指挥。在有些混乱的、变得越来越快的终曲期间，我已经向我的朋友使了个眼色，就在吼叫般的最后和声一结束，我们俩立即就在门外消失：在我们身后，一个咆哮着的深渊啪地一声合上了。

大自然令人神清气爽、毫无声息的静谧突然降临。阴影已经稍稍扩大，太阳纹丝不动地炙烤着，但是已经在西沉，从波光粼粼的莱茵河轻轻吹来一阵清风，拂在我们热乎乎的脸上。我们这个纪念仪式使我们只受当天余下的时光的约束，因此，我们想到，用我们当时很丰富的寂寞中的业余爱好之一来填补一天中最后的明亮时刻。

我们当时习惯于满怀激情地拿手枪射击，这项技术裨益于我们各自后来的戎马生涯。我们联谊会的侍者知道我们那个有点远、且在高处的
656 射击场，帮我们把手枪拿了上去。射击场位于森林坡地的上部边缘，森林掩盖了罗兰茨艾克后面低矮的山岭，在一片不平坦的小高地上，而且就在我们的约定发起之地、神圣之地的附近。在射击场旁边森林覆盖的

山坡上有一小块没有树的空地，可以让人席地而坐。坐在这里，目光可以掠过树木和灌木丛眺望莱茵河。恰恰是七岭山①蜿蜒曲折的美丽线条，尤其是龙岩山，划出了丛林映衬下的地平线，而波光粼粼的莱茵河本身，则将瑙能维尔特岛揽在怀里，构成了这完美剪影的中心。这就是我们的共同梦想和计划所神圣化的场所，到了晚上比较晚一点的时候，我们要回到这个地方去，万一我们想在我们自己规定的意义上结束这一天，那就是必须去了。

在这块空地边上不远处，在那个不平坦的小高地上，有一个巨大的橡树墩。在那个没有树木和灌木丛的空地上，在类似波浪的低缓山坡上，它寂寞地凸显出来。我们曾经在这个树墩上齐心协力刻了一个清晰的大五角星，上面的刻痕在最近几年的风雨中变得更深了，为我们练习射击技术提供了一个理想的靶子。当我们走到射击场时，已经是傍晚时分了，一个又大又尖的影子从我们的橡树墩向小小的空地伸展开去。周围一片寂静，我们脚下较高的树木遮挡了我们的视线，使我们无法看到下面的莱茵河。片刻之后，我们手枪射击的清脆回声格外震撼着这片孤寂——我刚向那颗五角星打出第二枪，就突然感到胳膊被猛地抓住，同时，我看见我的朋友也被以类似方式打断了他装子弹的工作。

我猛地转过身子，看见一个老人愠怒的面孔，同时感觉好像有一条 657
猛犬扑向我的后背。我们——即我和我那遭遇同样情况、受到另一个年轻一点的男子打扰的伙伴——还没来得及说出一句表示惊讶的话来，那位老人就已经用带威胁的强烈口气说话了。

“不，不，”他冲我们大喊，“不许在这里决斗！你们这些大学生就更不能决斗！你们把枪放下！你们冷静一下，互相谅解，握手言和吧！怎么样？你们都应该是世上的盐②、未来的智慧、我们的希望之种啊！——难道就不能放一放疯狂的荣誉问答手册及其武力自卫权条例吗？我不想在这事情上太伤你们的心，但是这种事情说明你们脑袋瓜子有问题。你

① 在德国中部，波恩附近，风景优美，有很多古堡。

② 意思是社会的中坚，见《圣经·马太福音》(5：13)：“你们是世上的盐……”

们的青春得到古希腊和拉丁姆①的语言和智慧的呵护，人们难能可贵地费心让美好的古代智者与尊者的光芒很早就照在你们青春的精神上——你们，难道你们想从此开始，让骑士的荣誉法典，也就是说，不理智与粗暴的法典成为你们的沧海桑田之准绳吗？——你们再好好看一下这法典，请你们将它诉诸清晰的概念，揭露其可怜的局限性，让它不是成为你们情感的试金石，而是成为你们理智的试金石。倘若你们的理智现在不摒弃它，那么，你们的脑袋就不适合在轻易就撕破一堆偏见的有力判断力，甚至在真假区别深深隐藏、不像这里这样随手就可以抓到的地方也能完全分清真假的真正良好的理解力是必然要求的领域工作：在这种情况下，我的好朋友们，寻求以另一种诚实的方式去闯荡世界吧！当个士兵或者学一门有可靠收益的手艺吧！"

658 我们一边激动地回应这番尽管真切却很粗鲁的话，一边总是互相打断对方的话："第一，你们在主要问题上就搞错了；因为，我们绝不是在这里决斗，而是练习射击。第二，你们似乎根本就不知道决斗是怎样进行的：你们以为我们会像两个拦路贼那样在这荒郊野外面对面站着，没有副手和医生等在场吗？第三，我们最终在决斗问题上——各持己见——有我们自己的观点，不想遭受你们这番说教的突然袭击，并被吓倒。"

这个无疑很不礼貌的反驳给那老人留下了恶劣的印象；当他发觉我们真的不是在决斗时，就稍微友好些地看着我们。可是，我们最后一句话还是令他不快，以至于他咕哝起来；而当我们大胆说出自己的观点时，他便使劲抓住他的陪同的胳膊，迅速转身，在我们背后愤然喊道："人不仅要有观点，而且还要有思想！"他的同伴这期间也喊："一旦这样一个人错了，你们也要对他怀有敬畏！"

可是，这个时候，我朋友又把子弹装上了膛，开始重新射击，他一边大喊一声："当心！"一边朝那颗五角星射击。老人背后突然响起"砰"的一声，这使他十分恼怒。他又一次转过身来，用仇视的目光看着我的

---

① 古意大利半岛中部一区域，古罗马帝国的发源地。

朋友，然后，他又用较和缓的声音对比他年轻的同伴说："我们该怎么办呢？这些年轻人用他们的爆炸把我毁了。"

"也就是说，你们要知道，"那个稍微年轻一些的男人开始转过身来，对我们说，"你们在现在这种情况下的爆炸消遣是对哲学的真正谋杀。好好看看这个值得尊敬的人——他有资格请你们别在这里开枪。假如一个像他这样的人请求——"

"开枪就开好了！"老人打断他的话，严厉地看着我们。——

其实，我们并不真正知道，我们该怎样看待这样一件事。我们不清楚，我们这种有些噪音的娱乐与哲学有什么共同之处，我们同样也理解 659
不了，为什么出于令人费解的礼貌考虑，我们就得放弃我们的射击场，一时大概就会犹豫、郁闷地站在那里。那位陪同看到我们的惊讶，就向我们解释了事情的原委。他说："我们必须在二位附近等待几个小时。我们有个约会，这位德高望重的先生有位举足轻重的朋友，今天晚上想到这里和他碰头；而且，我们在小树林旁边选择了一个有几条长凳的安静场所聚会。倘若我们在这里不断被你们近在咫尺的射击练习惊吓，那断然不是什么舒服之事；就你们自己的感觉而言，如我们所假定，如果你们听说这位寻觅了这个僻静荒寂之地来与友人重逢的人是我们的一流哲学家之一，那么就不可能在这里继续射击了。"

这种解释更让我们感到不安了：这时候我们看到自己正面临一个比仅仅失去我们的射击场更大的危险，便急忙问："这个安静场所在哪里？大概不会在左边的小丛林里吧。"

——正是那里——

"可是今晚这个地方是属于我们俩的，"我朋友大喊。"我们必须有这个地方。"我们俩都在喊。

眼下，对于我们来说，我们早就决定的庆祝活动比世界上所有的哲学家都更重要。我们如此热烈而激动地表达了自己的情感，以至于我们，连同我们本身令人费解然而却如此迫切表达出来的要求，都显得有些可笑。至少，两个用哲学来给我们捣乱的家伙疑惑地微笑着注视我们，好像我们这时非得说话以示道歉似的。但我们沉默了；因为，我们想尽量不流露自己的想法。

660 我们四个就这样一言不发地面对面站着。这时，夕阳的一抹余晖挂在树梢上。哲学家望着太阳的方向，他的陪同看着哲学家，我和朋友则朝森林中我们那个藏匿处望去，它偏偏在今天有和我们失之交臂的危险。一种有点愤怒的感觉向我们袭来。我们在想，倘若哲学阻止我们特立独行，阻止我们和朋友单独相处取乐，倘若哲学甚至阻止我们成为哲学家，那么，全部哲学都是个什么东西？因为，我们认为，我们的纪念活动真正有着哲学性质：在活动中，我们希望为今后的生活认真地下决心、做计划；在孤独的思考中，我们希望用相似于从前青少年时代创造性活动的那种方式，找到某种在将来构成并满足我们最内在心灵的东西。那种真正的神圣行为恰恰该在于此；除了决定孤寂地坐在那里思考，什么决定都没有做，就像在五年前我们聚在一起共同做出那个决定一样。这应该是一个沉默的庆典，完全是回忆，完全是未来——当下只不过是两者中间的一个破折号。而现在，一个充满敌意的命运进入我们的魔力范围——我们却不知道如何摆脱它；我们甚至感觉到，在整个会面的非同寻常中有某种神秘而有诱惑力的东西。

就在我们如此一言不发，分成敌对的两队人马，长时间靠近着站在一起，天上的晚霞变得越来越红，傍晚变得越来越静谧、越来越温和的时候，就在我们仿佛侧耳倾听大自然的均匀呼吸、倾听它如何对其艺术品——这完美的一天——感到心满意足而结束其一天工作的时候，莱茵河那边传来一阵杂沓、热烈的欢呼声，划破了黄昏的静谧；许多声音在远处变得很响亮——这肯定是我们那些大学生伙伴，此刻他们也许正泛舟莱茵河上。我和朋友在想，他们可能在惦记着我们，我们也感觉好像
661 缺点儿什么。我和朋友几乎同时举起手枪。回音将我们的枪声抛了回来。一阵熟悉的叫喊声也随着回音从河谷里传上来，这是辨认出我们的枪声以后的回应。因为我们以手枪射击迷闻名于我们的联谊会，同样也招来恶名。

然而，就在同一时刻，我们觉得我们的举动对那两位喜欢哲学的新来者来说是一种极大的不礼貌，此前他们一直一声不响地站在那里，静

静地观察我们，因我们的两声枪响而慌忙跳到一边。我们迅速朝他们走去，轮流着喊道："请二位原谅。刚才是最后一次开枪，这是为我们那些在莱茵河上的同学开的。他们也明白是我们在开枪。你们听见了吗？——如果你们真想要左边灌木丛中的那个休憩地，你们至少也得允许我们在那里坐一坐吧！那里有好几条长凳：我们不打扰你们：我们就静静地坐着，一声不响：可是，七点钟已经过了，我们**必须**现在就去那里。"

"听起来好像比实际情况更神秘，"停了一会儿以后我补充说，"我们之间有一个严肃的承诺，准备在那里度过接下来的一个小时；这样做是有理由的。这地方对我们来说由于一个美好的回忆而变得很神圣，还要为我们开始一个美好的未来。我们因此也将尽量别给你们留下任何糟糕的回忆——在我们多次使你们不安和惊恐之后。"

哲学家沉默了。可是，比他年轻的同伴却说："很遗憾，我们同样受到承诺和约会的约束：不仅时间相同，而且地点相同。现在，我们来选择，对于这样的巧合，是要听命运安排，还是要让捣蛋鬼瞎搅和。"

"另外，我的朋友，"哲学家感到欣慰地说道，"我对我们射击的小伙 662
子们比以前更加满意了。你没有发觉，刚才我们看太阳时，他们是多么平静吗？他们不说话，不吸烟，只是静静地站着——我几乎相信，他们思考过了。"

他急速转身对我们说："你们**已经**思考了吗？我们一边一起朝我们共同的休憩地走过去，你们一边对我说说这个事情。"我们这时一起走了几步，往下来到树林里温暖而雾气腾腾的氛围中，树林里光线更暗。我的朋友边走边毫不掩饰地把他的想法告诉哲学家：他曾害怕今天第一次会有哲学家妨碍他进行哲学思考。

老人大笑："怎么？你们害怕哲学家会妨碍你们进行哲学思考？这种事可能会有，而你们还没有经历过？你们在你们的大学里没有过经验吗？可你们听哲学讲座吧？"

这个问题让我们很不舒服，因为这和我们想的完全不一样。甚至在当时我们也还简单地以为，每个在大学里有哲学教职和地位的人也就是哲学家：我们根本没有经验，什么也不懂。我们诚实地说，我们还没有听过哲学教师的课。但是，我们肯定会弥补缺失的东西。

——那么，你们把你们的哲学思考称为什么呢？他问道。

“我们，”我说，“迫切需要一个定义。可是，我们大致是这个意思：我们想要认真地努力考虑该怎样成为最有教养的人。”

“这是多和少的问题，”哲学家咕哝道：“你们好好考虑考虑！这些是我们的长凳，我们愿意十分广泛地进行探讨，可我不想打搅二位思考如
663 何成为有教养的人。我祝愿二位幸福——你们在诸如决斗问题上的观点，是正当的、独特的、崭新的、有教育的观点。哲学家不想妨碍二位进行哲学思考：只是请别用手枪吓着了他。请二位今天模仿一下毕达哥拉斯的年轻信徒们：作为一种真正的哲学之献身者，他们不得不沉默五年——或许二位只需要五个十五分钟就能完成，为你们自己未来的教育服务，是啊，你们如此紧迫地探讨未来的教育。”

我们达到了目的：我们的纪念活动开始了。莱茵河一如五年前一样在薄薄的雾霭下流淌着，天空一如当年那样湛蓝，森林依然弥漫着清香。远处一条长凳的最偏远角落收容了我们；我们几乎像隐身一般坐在这里，哲学家和他的同伴都看不见我们的脸。我们俩单独在一起；当哲学家压低的声音向我们传来时，它在树叶的簌簌抖动声中间，在林中高地密集的多种多样生存的嗡嗡噪音中几乎成了一种天然音乐；其效果恰似远处单调的悲叹。我们实际上不受干扰。

晚霞渐渐淡化，时间悄然流逝，对我们青少年时代教育活动的回忆越来越清晰地浮现在我们眼前。我们似乎觉得，我们应向那个奇特的团体表示最大的感激：它对我们来说绝非仅仅是对我们中学学习的补充，简直就是真正硕果累累的社团，我们甚至把我们的中学也一起绘制进了这个社团的框架内，作为服务于我们一般性教育努力的一种个别手段。

我们意识到，由于我们的团体，我们当时从未总体上想到过所谓的职业。这些年来，想要尽快为自己培养有用公职人员并通过过于艰难的考试确保公职人员绝对顺从的国家所进行的太经常性的剥削，彻底和我
664 们的教育保持了最远的距离；要说我们俩多么没有任何一种功利意识，

多么没有任何一种快速升迁、平步青云的打算，还在于这一天一下子显得令人感到安慰的事实：当时我们俩还不真正知道，自己会从事什么事情，甚至毫不关心这一点。这种幸福的无忧无虑是我们的团体在我们心中滋养起来的；正是为了这种无忧无虑，我们才在团体的纪念活动中油然而生发自内心的感激。我曾经说过，这样一种无目的一时痛快，这样一种瞬间摇椅上的摇摆，对于讨厌一切无用事物的当下来说，必然显得几乎不可信，无论如何也是该指责的。我们是多么无用啊！而我们为这种无用感到多么自豪啊！我们倒可以争一争我们俩当中谁是更无用者的名声。我们不想有什么价值，不想拥护什么，不想达到什么目的，不想有未来，只想成为舒服地伸开四肢躺在当下门槛上的无用之徒——而我们曾经也是这样，拯救我们吧！

——我尊敬的听众们，当时我们就是这样想的。——

——做出了这些神圣的自我观察以后，我差不多正要以这种自我满足的语气来回答关于**我们**教育机构未来问题的时候，似乎渐渐感觉到，从远处哲学家坐的长凳上传来的天然音乐失去了迄今为止的特征，更加紧迫、更加清晰得多地向我们传来。我突然意识到，我在听，我在侧耳倾听，在带着激情倾听，在竖着耳朵倾听。我也许捅了一下我已经疲惫的朋友，轻声对他说：“你别睡！那里有点值得我们学习的东西。即使对我们没用，也适合我们听一听。”

因为我听见，年轻的陪同相当激动地自我辩解，哲学家则用越来越 665
大的声音攻击他。“你没有改变，”他朝他大喊，“很遗憾，没有改变，我真难以相信，你还是和七年前我最后一次看到你的时候一样，当时我抱着将信将疑的希望把你打发走。很遗憾，我不得不脱掉你在这期间披上的现代教育的皮，这不是为了找乐子——而我在那底下发现了什么？虽然是康德所理解的那同一种无法改变的‘睿智’性，但很遗憾，也是一种未被改变的智性——这也许也是一种必然性，然而是一种很少给人安慰的必然性。我扪心自问，如果你和我交往中度过的这些年头，尽管你有不迟钝的智慧和真正的学习热情，却没有给你留下更明确的印象，那么我作为哲学家活着是干什么的呀！现在你表现得好像在教育方面你还从来都没有听过我过去跟你的交往中如此经常提到的那个基本命题。那么，请问是哪个命题?”——

——“我记得，”被痛斥的学生回答；“您过去常说，倘若知道真正有教养之人的数量小得多么令人难以置信，那么，就不会有什么人致力于教育了。尽管如此，如果不是有一帮大众实际上违背自己的天性，只是受到诱人的迷惑就同教育打起交道来，那么就连这么小数量的真正有教养之人也不可能有。因此，人们不可以公开透露任何关于真正有教养之人的数量与庞大的教育机器之间可笑的不成比例的情况；真正的教育秘密就隐藏在这里，也就是说，有无数人表面上竭力为自己获得教育，为教育而工作，实际上只是为了让少数几个人的教养成为可能。”

“正是这个命题，”哲学家说——“可是你能为了相信自己成为那少
666 数人之一就忘记这个命题的真正含义吗?你想到了这一点——我已经看出来了。可是，这属于我们有教养的当下的无耻标志。人们把天才的权利民主化，以便解除自己的教育工作和教育需求。每个人都可能坐在天才所种之树的树荫下。人们想要逃避不得不为天才而工作的巨大必要性，使天才的产生成为可能。怎么?你太骄傲而不想当老师吗?你鄙视大批争先恐后来学习的学生吗?你在以轻蔑的口吻谈论老师的任务吗?那么你想怀着敌意与芸芸众生划清界限，效仿我和我的生活方式，过一种孤独的生活吗?你以为纵身一跳就能立刻获得我为了能当哲学家而经过艰苦的拼杀搏斗后才最终获得的东西吗?你不害怕孤独感会向你复仇吗?你就尝试着做教育修行者吧——你必须有过剩的财富才能发自内心地为大家活着!——奇怪的弟子们!他们总是相信，必须效仿只有对师父来说才刚刚变得可能的最难、最非同寻常之事；而恰恰是他们，应该知道这有多么艰难、多么危险，又有多少卓越的天赋为之付诸东流!”

——“我不想向你们隐瞒任何事情，我的老师，”这时，那位陪同说。“我听您说了太多的事情，我在您身边待了太长时间，不能全身心地献身于我们现在的施教和教育事业。我太清楚地感觉到您以前往往直言不讳地指出的那些不可救药的谬误和弊端——可是，我没有发觉我内心有我会用以在勇敢拼搏中取得成功的那种力量。我感觉到我总体上很懦

弱，逃向孤独并非高傲自大。我愿意向你们描述，我在眼下如此活跃、紧迫地运作的施教和教育问题上发现了哪一个特征。我似乎觉得必须区 667
分两个主要方向——**两个**表面上矛盾、作用上同样具有破坏性、结果上最终互相汇合的思潮控制了我们教育机构的当下：首先是对尽可能**扩展**和**传播**教育的欲望，然后是对**减少**和**削弱**教育本身的欲望。由于不同的原因，教育应该包括在最广阔的范围内——这就要求其中一种趋势。相反，另一种趋势苛求教育本身放弃其最高尚、最高贵、最崇高的要求，而满足于为任何一种其他生活形式服务，比如为国家服务。

“我相信已经察觉到，对尽可能扩大和拓展教育的呼吁是从哪个方面发出了最清晰的声音。这种扩大要归因于现今受欢迎的国民经济的信条。尽可能多的知识和教育——因而尽可能多的生产和需求——因而尽可能多的幸福：这个公式大概就是如此。在此，我们把有用当成教育的目的和目标，更确切地说就是把收益，把尽可能大的金钱收益当成教育的目的和目标。大概就是从这个方向出发，教育会被定义为人们赖以雄踞‘时代高度’，赖以了解所有最便捷挣钱途径，赖以掌握人与人之间、民族与民族之间所有交往手段的洞见。因此，真正的教育使命就是尽可能培养‘流通的’人，即人们称货币的那种‘流通’。这种流通的人越多，一个民族就越幸福；而恰恰这一点，才必然是现代教育机构的目的，即尽可能促进每个人天性所赋予的‘流通性’，也就是如此来培养每个人，使其从自己认识和知识的程度上获得最大可能性的幸福和收益。每个人 668
都不得不精确地自我估价，每个人都必须知道自己应该向生活索取多少。人们按照这些观点所宣称的‘智与财的结合’简直被看成是一种道德要求。任何使人孤独的教育、目标超越于金钱与收益之上的教育、花费很多时间的教育，在这里都是令人深恶痛绝的：人们通常会把这另一种教育趋势当作‘更高的自私自利’、当作‘不道德的教育伊壁鸠鲁主义’而鄙弃。根据这里适用的道德当然要求某种相反的东西，即一种**快捷**教育，以便能迅速成为赚钱者，然而却是一种全面的教育，以便能够成为赚**许多钱**的人。人可以有多少文化取决于收益的多少，但是向他索取的也同样多。简言之：人类对人间幸福有必然要求——所以教育才有必要——

不过仅此而已!”

“在此我想插句话,”哲学家说,“在这个并非没有清楚概括的观点上,产生了很大的甚至巨大的危险:广大民众随时会跳过中级水平,直接冲击人间幸福。人们现在称之为‘社会问题’。这些民众可能觉得,教育因此而对绝大多数人来说仅仅是最少数人追求人间幸福的一个手段:‘尽可能普及的教育’如此削弱了教育,以至于教育根本不能再赋予任何特权,根本不能再赋予任何尊敬。最普及的教育根本就是野蛮。但是,我不想打断你的探讨。”

哲学家的陪同继续说:“除了那种如此受欢迎的国民经济信条以外,如此勇敢力争的教育扩展、传播教育还有另一个动机。在有些国家,对
669 一种宗教压迫的恐惧如此普遍,对这种压迫后果的恐惧如此强烈,以至于所有社会等级的人都以强烈渴望迎合教育,并且恰恰吸纳了往往消解宗教本能的那些东西中的因素。另一方面,一个国家为了自己的生存,时不时重新致力于尽可能地扩大教育,因为国家毕竟足够充分地懂得,如何能控制最放开的教育,并且在国家官员或军队的最广泛教育最终总是在与其他国家的竞争中只对自己——对国家——有利的时候,发现这是经受住了考验的。在这种情况下,为了尚能够稳住复杂的教育上层建筑,一个国家的基础必然相应地宽广而坚实,正如在第一种情况下,为了争先恐后地获得一种如此绝望的解救方法,一种以前宗教压迫的痕迹必然仍可以感觉到。——因此只有在民众的呐喊要求最广泛的民众教育时,我往往才可能区分究竟是一种放肆追求收益与财产的倾向,还是以前宗教压迫的烙印,抑或一个国家的明智的自信心刺激了这种呐喊。

“另一方面,呐喊要让我觉得好像它虽然不是那么大声,但是至少会从不同方向如此坚决地唱出另一种旋律:**缩减教育**的旋律。人们通常在所有学者圈子里窃窃私语地发出具有这种旋律的声音,即这样一个普遍事实:随着现在竭力利用学者为其知识服务,**学者的教育**变得越来越偶然,越来越不可能。因为,现在知识学习发展得如此广泛,以至于有了良好但不是顶级资质而仍想在知识中有所成就的人将从事十分专门的专业,可是仍然毫不关心所有其他专业。如果他将在自己专业中出类拔萃,

那么在所有其他专业中，也就是说，在其中所有重要事情上，他就属于 670
平庸者。这样一个专业学者就类似于一辈子不会做别的，只会把某个螺丝或者把手拧到某个工具或者一台机器上的工厂工人，当然，他在这方面达到了令人难以置信的精湛水平。在人们善于给这些痛苦事实披上华丽思想外衣的德国，人们甚至把我们学者如此狭窄的专业范围及其对正确教育越来越大的偏离当作一种道德现象来赞美：‘在小事上忠心’①、‘马车夫的忠实’变成了富丽堂皇的主题，超越于专业之上便毫无教养，这被当作高贵的知足之标志来夸耀。

“在过去的几个世纪中不言而喻的是：人们把有教养者理解为学者，而且仅仅理解为学者；从我们时代的经验出发，人们很难感觉自己有必要将其如此幼稚地等同起来。因为利用人来为知识服务现在是到处都毫无顾忌地假设的前提：有谁还自问，如此吸血鬼般地耗费其创造物的知识会有什么价值呢？知识的分工在实践中追求的目标实际上与宗教时不时有意识地追求的目标相同：追求缩减教育，甚至毁掉教育。但是，根据有些宗教的产生和历史，对这些宗教来说完全是一种合理要求的东西，可能对知识来说有一天会导致自焚。现在我们已经到了这样的紧要关头：在所有具有严肃性的一般问题上，尤其在最高端的哲学问题上，知识人完全不再有机会作为知识人发言；而现在处于知识与知识之间的那个黏
连层，即新闻学，则认为此处该由它来完成使命，而且现在正根据其本 671
质来实施这个使命，也就是说，名副其实地按日付薪的工作②。

因为在新闻学中，两个方向汇合到一起：教育的扩展和缩减在这里彼此不相上下；报刊简直是在取代教育，而且，即使现在作为学者仍然提出教育要求的人，也往往依赖那个在所有生活方式之间、所有阶层之间、所有艺术之间、所有知识之间黏合缝隙，就像报刊纸张通常粘连的情况那样牢固而可靠。在报刊中，当今有特色的教育意图达到了登峰造极的程度：就如新闻记者，这为瞬间服务的侍者，如何取代了伟大的天才、所有时代的领袖、使人摆脱瞬间支配的拯救者。现在，请您自己告

① 参见《圣经·路加福音》(16：10)：“人在最小的事上忠心，在大事上也忠心。”
② 德语“新闻学”(Journalistik) 一词中的 Jour 在法语中是“日子”的意思。

诉我，我杰出的大师，对所有真正教育努力的颠倒无处不在，我在与这种颠倒进行的斗争中，应该抱有什么希望？如果我知道，这种假教育碾碎一切的碾子如何立即无情地碾过每一颗刚撒下的真教育的种子，那么，我作为个别老师，我应该以怎样的勇气出现呢？请您想一想，现在老师最努力进行的工作必然多么无用：他想把学生带回无限遥远、难以企及的希腊文化的世界，而不是回到真正的教育故乡；但是这同一个学生一到下一个钟点就会立即去拿报纸或时代小说或其修辞风格本身带有当今教育野蛮性的令人恶心之标志的那种修养书之一。”——

——“现在，你停一下！”这时候哲学家用响亮而同情的声音喊道，“现在，我更理解你了，我刚才真不该对你说那么恼怒的话。你什么方面都做得对，只是不该没有勇气。我现在想说点儿安慰你的话。”

报告二

672 我尊敬的听众们！你们当中从此刻起我才可以当作我的听众表示欢迎的人，那些或许只从传闻中听说过我三周前所做报告的人，现在不得不容忍毫无准备地被引入到一个我上次已经开始复述的严肃对话中，今天我将首先提一下这对话的最后一些变化。当时，哲学家较年轻的陪同者不得不真诚而推心置腹地向他德高望重的老师道歉，因为，他怯懦地离开他迄今为止的教师岗位，在一种自我选择的寂寞中毫无慰藉地度日。至少这样一种决定源于自负的傲慢。

“我的老师，”诚实的弟子说，“我听您的话听得太多，在您身边待得太久，因而难以虔诚地献身于我们迄今为止的教育事业。我太明确地感觉到您通常直言不讳地指出的错误和弊端：可是，我没有发觉我内心有我会用以在勇敢拼搏中取得成功的那种力量，凭借这种力量我可以摧毁
673 这种所谓教育的堡垒。我感觉到我总体上很懦弱，逃向孤独并非高傲自大。”紧接着，他如此自我辩解地描述了教育事业的普遍特征，以至于哲学家不得不用同情的声音打断他的话，并且这样安慰他说：“现在请你平静一下，可怜的朋友。我现在更理解你了，我在此之前不该对你那么不

客气。你什么都做得对，只是不该如此怯懦。我现在想说点安慰你的话。你认为我们当今学校中使你感到如此不堪重负的教育还能维系多久？我不想对你隐瞒我的有关看法：它的时代已经过去，日子到头了。第一个敢于在这方面十分诚实的人会从上千个勇敢心灵中听到其诚实所得到的反响。因为归根结底，在当今有更高贵天赋也更温情脉脉的人当中有一种默契：其中每个人都懂得，他不得不在学校的教育状况中遭受何种不幸；每个人都想让他的后代至少从同样的压力中解脱出来，尽管他自己不得不屈从压力。但是，任何地方都没有出现完全的诚实，其可悲原因就在于我们时代教育上的精神匮乏，恰恰在这里缺乏真正的发明天赋，这里缺乏真正有实用性的人，也就是说，那些有新颖的好点子，知道真正的天才和真正的实践必定有必要发生在同一个个体身上的人：而清醒的实践者恰恰缺乏点子，因此也还缺乏真正的实践。你就是让自己熟悉一下当今的教育文献也好呀！在研究文献时，不为最高的精神匮乏和真正笨拙的圆舞而惊恐的人，在**其**身上是没有任何可以损坏的。在此，我们的哲学不必始于惊讶，却必须始于惊恐：达不到惊恐的人，就请不要 674
插手教育事务。当然，迄今为止，一般规律正好情况相反；我可怜的朋友，那些惊恐的人像你一样胆怯地跑走，而清醒的未受惊恐者则用他们宽大的双手充分掌握一种艺术中所能有的最精细的技巧、掌握教育的技巧。但是，这不可能长此以往。也许有一天来了一个诚实的人，他拥有新颖的好点子，为了实现这些点子，他敢于同所有现存的东西决裂，也许有一天他以一个了不起的事例展示那至今都独自操作的宽大双手不能效仿的东西——这时候，人们将至少到处开始做出区别，这时候，人们将至少能感觉到对立，能考虑这种对立的原因；而现在，还有许多人好心地认为，那宽大的手应该从事教育手艺。”

——“我尊敬的老师，”陪同者说，“我想让您用一个个别的事例帮我接近由衷地发自您肺腑而对我说出的希望。我们俩都了解文理中学；比如，在这类学校的问题上，您也认为可以用诚实和新颖的好点子来消除陈旧的痼习吗？也就是说，在我看来，在此抵挡一次攻城锤进攻的，不是一道坚固的城墙，而是所有原则的黏滑。进攻者要捣毁的，不是一个有形的坚强对手：更应该说，这个对手是化了装的，能够变成上百个形象，你抓住其中之一，它却可以从你紧握的掌心中滑脱，为的是一而再、再而三地通过胆怯的让步和缓慢的后退来迷惑进攻者。恰恰是这种文理中学迫使我胆怯地遁入寂寞，恰恰是因为我感觉到，如果在这里斗
675 争走向胜利，所有其他的教育机构就必然让步；在这里不得不气馁的人，尤其是必然在最严肃的教育问题上气馁。所以，我的老师，请您就文理中学问题对我进行谆谆教诲：我们可以希望文理中学有怎样的一种毁灭和怎样的一种新生呢？”——

——“我也和你一样，”哲学家说，“非常看重文理中学的意义：所有其他学校都不得不用文理中学努力争取的教育目标来衡量自己，也一同为**其**误入歧途的倾向所苦，也同样因其净化和更新而使自己得到净化和更新。这样一种作为运动中心的意义，现在就连一所综合性大学都再也摊不上了，按照现在的构成，大学至少从**一个**重要的方面来看，只可以充当文理中学意图的扩充；我会在以后给你说清楚这一点。就现在而言，我们一起来思考在我内心产生出充满希望的对立的东西，即至今保养良好、如此丰富多彩而又很难捕捉到的文理中学的精神**要么**完全化为乌有，要么必须得到彻底净化和更新：为了不用一般命题把你唬住，我们首先想一下我们大家都经历过而且深受其害的文理中学的经验吧！用严格的眼光来看，文理中学的**德语课**是什么样的呢？

“首先，我要告诉你，德语课应该是什么样的。现在每个人天生说的、写的德语都如此糟糕粗俗，就像在一个报刊德语时代有可能的那样，所以，必须强制性地把正在成长的、有更高天赋的年轻人置于高品位的、有严格语言规范的玻璃罩底下：假如做不到这一点，那么，我下一步就宁愿重新说拉丁语，因为，我为如此糟糕、如此遭亵渎的语言而感到羞愧。

676 “一个高年级中等教育机构应该权威地、极其严厉地正确引导语言上不修边幅的年轻人，并且冲着他们大喊：‘你们要认真对待你们的语言！不能将此感受为一种神圣义务的人，其心中就没有萌生过一点点跟高年级中等教育相关的东西。由此可以看出，你们在对待母语的态度中是如

何重视或藐视艺术的，以及你们同艺术的关系到了何种程度。如果你们在我们新闻上惯用的某些词和用法面前并没有那么厉害地感觉到肉麻，那么你们就只有放弃教育上的追求：因为，在这里，就在这近在咫尺的地方，在你们言说和书写的每个瞬间，你们有一个试金石，试一试现在一个有教养者的任务有多么艰巨、多么非同寻常，而你们之中很多人又有多么不可能接受真正的教育。’如果不是这样，那么一个高年级中等教育机构在这一点上还会有什么使命呢？——

“照此说来，文理中学的德语教师就会有义务提醒他的学生注意数以千计的细节，并以确定无疑的高品位，完全禁止学生使用诸如 beanspruchen、vereinnahmen、einer Sache Rechnung tragen、die Initiative ergreifen、selbstverständlich① 这样的词语——等等，*cum taedio in infinitum*②。此外，同一个教师还必须进一步逐字逐句地以我们的经典作者来表明，当我们心中有真正的艺术感，眼前呈现对所写一切的充分理解时，每一个措辞应该怎样仔细、严格地来对待。他将一而再、再而三地迫使其学生更好地表达同样的思想，如此不厌其烦地直到无才者陷入对语言的神圣恐惧，比较有才的人产生出对语言的贵族热情。

“那么，这里就有一个使命，需要所谓形式教育③，也是最有价值的 677
教育之一，去完成，而我们现在在文理中学，在所谓形式教育的场所，又发现了什么呢？——善于把所发现的东西正确归类的人将懂得应该如何看待如今作为所谓教育机构的文理中学，也就是说，他会发现，根据其最初的构成，文理中学不是为教育，而仅仅是为了博学才施教的；更有甚者，文理中学现在发生了转向，似乎它甚至不再愿意为博学而是要为新闻学施教。这一点可以用德语课的上课方式这个最可靠的例子来加

① 以上几个被认为用词不当的德语词或用语很难既翻译成相应的汉语，又让中国读者明白为什么它们在德语中被认为用词不当。它们在中文中的大概意思按顺序如下：要求或利用，拉拢，算计，采取主动，不言而喻。它们的问题在于容易误导学生过于自以为是，从而影响真正的独立思考。

② 拉丁文：带着无限厌恶。

③ 形式教育强调古典语言、文字和历史，轻视自然科学，其理论以官能心理学为基础，认为教育的任务在于发展学生的官能。形式教育论的代表人物可以追溯到亚里士多德和英国的洛克。

以说明。

“教师原本应该借以使学生习惯于严格的语言自我教育的那种纯粹的实践性教导被取代，我们现在到处都发现对母语进行学究式、历史探究式处理的苗头，也就是说，人们对待母语好像它是一种死亡的语言，好像对其现在和未来没有任何义务可言。历史方法在我们时代已经流行到了如此地步，以至于连语言充满活力的躯体也被丢弃给了对它进行的解剖学研究：然而，在这里开始的，正是善于活生生地对待活生生事物的教育；在这里开始的，正是教育者的使命，在尤其需要得到正确处理而不是认识的地方压制到处都不由自主产生的‘历史兴趣’。可是，我们的母语是一个学生必须学会正确处理的领域：单从实践方面看，我们教育机构的德语课是必要的。当然，对于教师来说，历史方法似乎更轻松、更惬意得多，同样，它似乎也符合远差得多的资质，尤其符合其整体意
678 愿和追求的一种低空飞行。但是，我们不得不在教育现实的所有领域内造成这种感觉：更轻松、更惬意的东西隐藏在华丽要求和自负标题的外衣下：真正的实践，属于教育的行为，作为归根结底更困难的东西，遭到了忌妒和蔑视的白眼，因此诚实的人甚至必然向自己和其他人澄清这种混淆。

“那么，除了如此以博学来激励语言研究以外，德语教师通常还提供些什么呢？他怎样把其教育机构的精神同德意志民族拥有的**少数**真正有教养者的精神，同其经典诗人和艺术家的精神联系起来呢？这是一个琢磨不透的、令人疑虑的领域，人们会不无恐惧地廓清这个领域：但是，即使在这里，我们也不想有任何隐瞒，因为，某天这里的一切都必将更新。在文理中学，我们的审美新闻学令人作呕的特征会给年轻人尚未定型的精神打上烙印：在这里，老师本身播撒了对我们经典作家的误解意愿的种子，此后这种愿望做出了审美批评的姿态，不过是莽撞的野蛮。在这里，学生学习用那种男孩的优越感谈论我们独一无二的**席勒**，在这里，人们习惯于嘲笑席勒最高贵的、最有德国特色的构思，嘲笑波萨侯爵①，嘲笑马克斯和

① 席勒剧本《堂卡洛斯》(1787）中的人物。

泰克拉①——一种令德国天才愤怒并将令更出色的后人脸红的嘲笑。

“文理中学的德语教师往往从事的、常被看作其活动之顶峰的、有时甚至被看作文理中学教育之顶峰的最终领域，是所谓的**德语写作**。在这个领域，最有天赋的学生几乎总是带着特别浓厚的兴趣流连忘返，由此可以认识到，正是在这里提出的使命会有多么危险，多么有刺激性。德语写作是对个人的一种呼吁：学生越强烈意识到自己的各种特点，他就 679
越有个性地形成他的德语写作。此外，大多数文理中学还通过主题的选择要求这种‘个性塑造’：我始终认为这方面最大的明证就是，甚至低年级就提出了本身非教育性的题目，以此促使学生去描绘自己的生活、自己的发展。现在，你只要读一下多数文理中学这样一些题目的目录，就足以相信，也许绝大多数学生都不得不无辜地为这种过早要求的个性作文、为这种不成熟的思想制作而受苦终生，而一个人以后的文学活动多么经常地显得就像那种反精神的教育原罪的可悲后果一样！

“你只需想一想，在这样的年龄，在这样一种作文的制作中，会发生什么事情。这是第一次自己制作；尚未发育的能力第一次凝聚为结晶体；被要求的独立性的步履蹒跚之感给这些制品罩上了一层最初的一去不复返的迷人魅力。天性的全部鲁莽都从内心深处被呼唤出来，一切虚荣都不受任何较大限制的阻挡，第一次可以采取一种文学形式：年轻人感觉自己从现在起已经成熟，已经是一个能说话、能发表意见，甚至被邀请说话、被邀请发表意见的人。因为那些题目使他有义务对诗人作品做出评价，或者把历史人物以性格描述的形式加以概括，或者独立地阐述严肃的伦理问题，或者干脆用内心的火炬照亮自己的发展过程，交上一份关于自己的批评报告。总而言之，由最引人深思的功课构成的整个世界展现在惊讶的、迄今为止还几乎无意识的年轻人的面前，任由他做出 680
决定。

“现在，让我们想象一下，面对这些如此富有影响的最初的原创成果，教师通常做些什么事情。碰到这样的作业，教师会认为有什么应受

① 此两人为席勒的三部曲《华伦斯坦》(1799) 中的人物。

指责的呢？他让学生注意些什么呢？注意形式与思想的毫无节制，也就是说，注意在这个年纪有特色、有个性的一切。在早熟的兴奋中，只能完全独自以笨拙、激烈及怪诞特点表现出来的真正独立性，也就是说，恰恰是个性，受到斥责，被教师嗤之以鼻，因为教师喜欢无创造性的、平庸而规规矩矩的学生。与此相反，整齐划一的平庸却得到了懊恼地给予的表扬，因为老师往往有充分理由恰好在这种平庸中感到无聊透顶。

"或许还有人在文理中学德语作业的这整个喜剧中不仅看到了当今文理中学不仅最荒诞，而且最危险的因素。在这里，人们要求原创性，可是，恰恰又抛弃了这个年纪具有原创性的唯一可能性：在这里是以一种形式教育为前提，一般只有极少数人能在成熟的年纪接近这种教育。在这里，每个人都被轻易看成具有文学能力的人，**可以**对最严肃的事与人持有自己的看法，而真正的教育恰恰只会在这方面竭尽全力地压制对判断独立性的可笑要求，使年轻人习惯于对天才的权杖言听计从。在这里是以在每说、每写一个句子都是一种野蛮行为的不成熟年纪上的一个更大规模的表现形式为前提。现在，让我们再想想那个年纪很容易被引发
681 的自鸣得意中所包含的危险，让我们再想象一下年轻人第一次在镜子中看到自己的文学形象时所伴随的虚荣感——一眼就领会了所有这些效果以后，有谁会怀疑，我们的文学艺术公众化的全部弊端一而再、再而三地给成长中的一代人打上烙印：匆忙而虚荣的制作，可耻的攒书，十足的平庸，表达上无张力、无特色或者可怜的装腔作势，没有任何审美规范，无秩序混乱状态的狂欢，总之是我们新闻界和学究身上的文学特征。

"现在，极少数人多少知道，或许成千上万人当中几乎才有一个人有资格声称自己会创作，**所有**冒险尝试这样做的其他人在真正具有判断能力的人当中挣来了一阵荷马式的大笑①，算是对其每个铅印句子的报酬——因为这真是诸神看的一场大戏，看到文学的赫淮斯托斯②跛着脚朝我们走来，甚至想把什么东西敬献给我们。在这个方面教育培养严肃而

① "荷马式的大笑"的德文是 ein homerisches Gelächter，指两部荷马史诗中提到过的神的"不可遏制的笑"或"大笑不止"。

② 希腊神话中主神宙斯与天后赫拉之子，火与锻冶之神。

无动于衷的习惯和观点，是形式教育的最高使命之一，而所谓“自由个性”的全面放任，无异于想成为野蛮的标志。但是至少在德语课上想到的不是教育，而是某种别的东西，即上述“自由个性”，这一点可以从迄今为止的报道中清晰地看到。而只要德国的文理中学在培养德语作文方面为可恶的、不负责任的粗制滥造做准备工作，只要它们不把直接的说与写的实践训练看作神圣的义务，只要它们对待母语就好像它是必然的弊端或一具僵尸，我就不会把这些机构算作真正施行教育的机构。

“在语言方面，人们大概极少注意一些**古典典范**的影响。因此，从 682
这样一种考虑出发，我似乎觉得应该以文理中学作为出发点的所谓‘古典教育’是某种可疑而被误解的东西。因为，一眼看到那种典范时，你如何能对希腊人和罗马人从青少年时代起就用以思考和对待其语言的高度认真态度视而不见呢？——如果真有古希腊罗马世界作为最高教育典范出现在我们文理中学的教学计划面前（我至少怀疑这一点）时，你如何能在这一点上认不出你的典范呢？更应该说，按文理中学要求植入‘古典教育’，仅仅换来了一个尴尬的借口，一旦文理中学在某一方面没有能力培养教育学生，就会使用这个借口。古典教育！听起来有多么庄严崇高！抨击者会感到羞愧，抨击会变得迟缓——因为，谁能马上看透这种迷惑人的方式呢？而这是文理中学早就惯用的伎俩：根据呐喊传来的不同方向，在其没有用太多荣誉勋章装饰的盾牌上写着那些迷惑人的流行语之一，诸如‘古典教育’、‘形式教育’或者‘知识教育’三件了不起的事情，只可惜它们部分在自身内部，部分在彼此之间，处于矛盾之中，只是在被生拉硬扯到一起的时候，必然会造成一种四不像的教育。因为真正的‘古典教育’是空前艰难而罕见的事，它要求如此复杂的天赋，以至于只有幼稚或无耻才会承诺将此作为文理中学可实现的目标。‘形式教育’的说法属于粗俗的、非哲学的用语，必须尽可能将其放弃：因为没有‘实质教育’①。而把‘知识教育’确立为文理中学目 683
标的人，也就因此背弃了‘古典教育’和所谓的‘形式教育’，尤其

① 实质教育是和形式教育相对立的概念，其理论是在斯宾塞的实科教育的基础上发展起来的，代表人物有斯宾塞、赫尔巴特。

是文理中学的整个教育目的，因为知识人和有教养的人属于两个不同的领域，它们不时在一个个人身上相遇，但是，它们从来都不会互相调和。

如果我们把文理中学这三个所谓目的和我们在德语教学方面所观察到现实进行比较，（那么，我们会认识到，）这些目的在通常使用中是怎么回事，是为争斗和战争而想出来的权宜之计的借口，实际上甚至经常足以适合于麻痹对手。因为在德语课上，我们无法辨认出在某种程度上让人想起古代典范，想起古代语言教育之非同小可的东西。可是，通过上述德语课而达到的形式教育证明了对‘自由个性’的绝对喜好，也就是说，证明了野蛮和无政府状态；而就那种教学之结果的知识培养而言，我们的日耳曼学者将不得不公正地估计出，正是文理中学那种学者式的开端对他们的知识开花结果的贡献多么微乎其微，个别大学教师的个性对其贡献多么巨大。——总之，文理中学迄今为止疏忽了教育借以开始的最重要、最直接的目标——母语，可是它因此而缺乏所有进一步教育努力所需要的自然的肥沃土壤。因为只有在严格的、艺术上细心的语言培养和语言习惯基础上，对我们的古典作家的那种伟大所怀有的真正感情才会变得强烈，而从文理中学这个角度讲，对这些古典作家的认可迄今为止似乎只停留在个别老师的可疑审美爱好上或者某些悲剧和小说纯题材的效果上。可是，人们必然凭经验就自己知道语言有多难，人们必
684 然在漫长的寻觅和搏击之后才踏上我们的伟大诗人大步行走的康庄大道，从而感受到他们走在这条大道上多么轻松美好，而其他人却多么笨拙而又装腔作势地步其后尘。

“只有通过这样一种培养，年轻人才对我们的报纸制造厂工人和小说写手风格上如此受喜爱、如此受赞美的‘高雅’，对我们的文人的‘讲究措辞’，产生那种天然的厌恶，最终一下子超越一系列诸如奥尔巴赫①或古茨科②是不是真正作家的十分可笑的问题和顾忌：人们简直对其厌恶得不忍卒读，于是问题就解决了。但愿没有人相信，使自己的感情达到那

① 贝托尔特·奥尔巴赫（1812—1882），德国小说家。
② 卡尔·古茨科（1811—1878），德国作家、批评家。

种天然的恶心状态会很容易；不过，但愿也不会有人指望通过任何一条道路来达到一种审美判断，除非是一条语言的——而且不是语言研究而是自我语言训练的——荆棘小径。

“在此，每个认真做出努力的人都必然有那样一种人的经历：他作为成年人，比如作为士兵，在按未受训练的业余人士和经验主义者的方式走路走到现在之后，还必须学习走路。这是非常艰难的几个月，有人担心肌肉会撕裂，不再指望任何时候都舒适、轻松地做出人为而有意识地学会的双脚运动和姿势。人们惊恐地看到，他们多么笨拙而生硬地一脚一脚地迈着步子，担心忘记每步路怎么走，担心从来就没学会如何正确走路。而人们又突然注意到，从人为练就的动作中又产生出一个新的习惯和第二天性；步履原有的可靠性和力量得到了加强，甚至带着几分优雅，作为后果而归来：这时，人们知道走路有多难，而且可以笑话未受训练的经验主义者或行走时举止高雅的业余行走者。我们被称为‘高雅’的作家们已用其风格表明从来就没有学过走路；而在文理中学，正如我 685
们的作家们所证明的那样，我们的学生没有学习走路。然而，教育是从语言的正确行走姿势开始的。一旦教育真正开始，它随后也会对那些‘高雅’作家产生一种人们称之为‘厌恶’的天然感受。

“在此，我们认识到了我们现在的文理中学的严重后果：由于文理中学没有能力植入正确和严格的教育，尤其是服从和适应；由于文理中学充其量在刺激和鼓励科学的冲动方面达到了目的，从而博学与趣味的野蛮、知识与新闻之间会如此经常出现的结盟得到了解释。我们今天能十分普遍地觉察到，我们的学者们普遍从德国人在歌德、席勒、莱辛、温克尔曼等人的努力下已经达到的教育高度上下降、沉沦下来：表现为严重误解的一种下降，我们当中的那些人，在文学史家那里——无论他们叫格尔维努斯①还是尤利安·施密特②——同样也在任何交往中，甚至几乎在那男男女女之间的任何谈话中，都遭受到这些误解。可是，恰恰这种下降最多、最痛苦地表现在与文理中学有关的教育文献中。可以证

① 格奥尔格·戈特弗利特·格尔维努斯（1805—1871），德国历史学家。
② 海因利希·尤利安·施密特（1818—1886），德国报人、文学史家。

明，那些人对一个真正的教育机构所拥有的唯一价值，在半个多世纪期间内甚至都没有被说出来，更不用说被承认了，那些人作为为古典教育做准备的引路人和启蒙者的价值，只有由他们牵着手，才能找到通往古代的正确道路。任何所谓的古典教育都只有一个健康、自然的出发点，
686 讲究艺术地认真、严格适应母语的使用。但是，就这一点和形式的秘密而言，很少有人发自内心地凭自己的力量被引导到正确道路上，而所有其他人都不得不需要那些伟大的引路人和教师，托庇于他们的保护。但是，没有这种推断的形式感受力而能发展的古典教育，是根本没有的。在这里，辨别形式和野蛮的感觉在渐渐觉醒，将教育带到唯一真正的教育故乡——古希腊的翅膀第一次振动起来。当然，我们在试图接近那个无比遥远、用金刚石般坚硬的城墙围起来的希腊文化之城时，仅凭这翅膀的力量是不能飞得很远的：我们又重新需要那同样的引路人，同样的教师，我们德国的古典作家，以便在他们古典志向本身的鼓翼下被一起带走——飞向梦寐以求的国度，飞向希腊。

“当然，关于我们的古典作家和古典教育之间这种仅仅可能的关系，几乎没有任何声音穿透文理中学的古代之墙。语文学家们更是孜孜不倦地努力亲手把他们的荷马和索福克勒斯带入青年人的心灵，并且毫无顾忌地用一个未遭反对的委婉语‘古典教育’来称呼这个结果。但愿每个人都凭自己的经验来检验，自己由那些孜孜不倦的老师之手牵着到底从荷马和索福克勒斯那里学到了什么。正是在这个领域，有着最经常、最强烈的欺骗和无意中传播的误解。我在德国的文理中学里哪怕一丝可以真正称得上‘古典教育’的东西也还从未发现过：你要想到文理中学如何摆脱了德国古典作家和德语语言训练，那就不足为奇了。随便纵身一
687 跃，谁也进入不了古代。然而，中学对待古代作家的整个方式，我们语文教师有责任感的评价和释义，便是这种随便的纵身一跃。

“也就是说，对古希腊文化的感情是最努力之教育斗争和艺术天赋的一个如此罕见之结果，以至于文理中学只有因为严重的误解才会提出唤醒这种感情的要求。在什么年龄唤醒呢？在一个依然盲目地被白昼最瑰丽的色彩感所围绕的年龄，这个年龄还没有预感到，一旦对希腊文化的那

种感情被唤醒，它就立刻变得有攻击性，并且必然在反对所谓当今文化的不间断的斗争中表现出来。对于现在的文理中学学生来说，希腊人作为希腊人已经死了：是的，中学生对荷马有兴趣，但是，施皮尔哈根①的书远为强烈地吸引他；是的，他带着几分惬意吞下了希腊悲剧和喜剧，但是，像弗赖塔格②的《新闻记者》那样一部真正的现代戏剧却完全用另外一种方式打动他。是的，对于所有古代作者，他倾向于像海尔曼·格林③那样说话！这位唯美主义者有一次在一篇关于米洛的维纳斯的隐晦文章最后自问："一位女神的这种形象对我意味着什么呢？她在我心中唤起的想法对我有什么用处呢？俄瑞斯忒斯和俄狄浦斯，伊菲格涅亚和安提戈涅，他们与我的内心有什么共同之处呢？"——是的，我的同学们，米洛的维纳斯是与你们毫不相干，但是，与你们的教师也同样毫不相干——而这就是不幸，这就是当今文理中学的秘密。如果你们的引路人是个瞎子，可他硬要冒充一个明眼人，那么谁将带你们到教育的故乡去呀！如果你们被有系统地宠坏，在应该教你们说话的地方独立地结结巴巴说话，在应该引导你们对艺术品肃然起敬的地方独立地审美，在应该迫使你们**听从**伟大思想家的地方独立地进行哲学思考，那么你们当中有谁还会对 688
艺术的神圣庄严怀有一种真正的感情呢？所有这一切的结果便是，你们永远与古代保持遥远的距离，始终是当今的奴仆。

"当今文理中学机构所包含的最有益的东西在任何情况下都在于长年用以对待拉丁语和希腊语的认真态度：在这里大家学习尊重一门有固定规则的语言，尊重语法和词汇；在这里，大家还知道什么是错误，不会在任何时刻都受到困扰，要求把甚至当今德语文体中语法与拼写的异想天开与不伦不类都感觉为合理的。但愿这种对语言的尊重不像一个你在使用母语时立即就会重新丢弃的理论负担那样捉摸不定！更应该说，拉丁语或希腊语老师甚至通常很少用这种母语来给人添麻烦，他从一开始就

① 弗里德里希·施皮尔哈根（1829—1911），德国小说家、文艺理论家、翻译家。

② 古斯塔夫·弗赖塔格（1816—1895），德国小说家、剧作家。他的《新闻记者》（1854）被认为是德国最优秀的喜剧之一。

③ 海尔曼·格林（1828—1901），德国艺术史家、文学史家。

把它看做一个你可以从拉丁语和希腊语的严格训练中恢复过来的领域，它重新允许德国人通常用以对待所有土生土长事物的那种漫不经心的随和。那些从一门语言翻译成另一门语言的精彩练习可以最有益地促进自己语言的艺术感，但是涉及德语时，却从未以对一门不规范的语言来说尤其必要的那种恰如其分的绝对严谨和尊严来做这些练习。最近这些练习也越来越消失殆尽，人们满足于知道陌生的古典语言，却不屑于掌握它们。

“这里在对文理中学的理解中重新产生了学究倾向，一种向以前曾经认真对待的作为文理中学目标的人文教育投去澄明之光的现象。那是我
689 们伟大诗人的，也就是说，那些少数真正有教养的德国人的时代，这时候，通过了不起的弗里德里希·奥古斯特·**沃尔夫**①，从希腊罗马开始流经那些人的新古典精神被引入了文理中学；他发起树立文理中学新形象的大胆努力成功了，文理中学从现在起绝不仅仅应该还是成为一个知识培育地，而且尤其应该成为所有更崇高、更高尚的教育的真正圣地。

“此外在外表上显得必要的规则中，有一些非常重要的规则具有长期成效地过渡到了文理中学的现代形态上：只是恰恰最重要的，即赋予教师本身这种新的精神，没有成功，乃至于高级中学的目标在此期间又与沃尔夫竭力追求的人文教育相去甚远。经过虚弱的斗争之后，倒是陈旧的、被沃尔夫自己克服的对博学和学究式教育的绝对评价逐渐取代了已渗透进来的教育原则，并且现在重新断言其唯一的合理性，尽管没有以前的坦率，而是戴着面具、蒙着脸。然而，不想让文理中学成功进入古典教育的了不起的进程中，其原因就在于这些教育努力的非德意志的、几乎是外国或世界的特征；在于这样的信念，即相信有可能抽掉脚下的乡土，然后却仍能稳稳站立；在于这种妄想，即以为通过否定德意志精神，尤其是民族精神，能几乎直接地不经由任何桥梁就跳进陌生的希腊世界。

“当然，人们必然懂得，首先在其隐藏之处，在时髦的外衣下或者在废墟中寻找这种德意志精神；人们必然如此爱它，才不至于为其缺少活力

① 弗里德里希·奥古斯特·沃尔夫（1759—1824），德国语文学家、批评家。

的形式感到羞愧；人们必然尤其当心，不要把它同现在以高傲的样子自 690
诩为‘当今德意志文化’的东西混淆起来。应该说，德意志精神与这种东西是内在对立的：恰恰是在那种‘当今’往往抱怨其缺乏文化的领域，常保持着那种真正的德意志精神，尽管不是以让人有感觉的形式，而是在不文明的外表之下。相反，现在特别自负地自诩为‘德意志文化’的是一个世界性集合体，它对德意志精神采取的态度就像报界人士对席勒、迈耶贝尔①对贝多芬的态度：在这里，法国人最深根基上的非日耳曼文明施加了最强烈影响，这种文明被毫无才气地以最不可靠的鉴赏力加以模仿，并在模仿中赋予德国社会和新闻、艺术、修辞学以一种伪善形式。当然，这种照搬在任何地方都达不到一种如此自成一体的艺术效果，乃至于几乎直到我们的时代还在法国产生出那种从罗曼语文化的本质发展而来的原创文明。为了使大家都对这种对照有同感，让我们把我们德国最著名的小说家和每个不太有名的法国或意大利小说家进行比较：双方都有着同样可疑的倾向和目标，都有同样更加可疑的手段，但是在他们那里，是同艺术上的认真态度，至少同语言的准确性，往往也同美相关联，到处都反响着一种相应的社会文化的，而在我们这里，一切都是无创造性的、晃荡的、穿着思想与措辞外衣的或者令人不快的装腔作势，加上没有任何真正社会形式的背景，充其量通过学究方式和知识提醒人，在德国是腐败的学者，在罗曼语国家则是有艺术修养的人，变成了新闻人士。以这种所谓德意志的、彻底非原创的文化，德国人在任何地方都无法指望获胜：在这方面法国人和意大利人令德国人羞愧，而在巧妙模仿外国文化方面，尤其是俄国人令德国人感到自惭形秽。

“于是，我们格外坚定地坚持在德国宗教改革运动和德国音乐中表现 691
出来的**那种**德意志精神，那种精神在德国哲学的极度勇敢和严谨中，在德国士兵不久前经受住考验的忠诚中，证明了那种持久的、抛开所有假象的力量，我们甚至可以期待那种力量战胜‘当今’的那种时髦的假文化。将真正的教育机构拽入到这场斗争中，尤其在文理中学里，激发正

① 贾科莫·迈耶贝尔（1791—1864），德国作曲家。

在成长的新一代对真正德意志的东西的感情，这是我们所希望的学校未来的作为：在其中，甚至所谓的古典教育将最终重新得到其天然的土壤及其唯一的出发点。文理中学的真正更新和净化只能出自对德意志精神深入而大刀阔斧的更新和净化。十分神秘而难以理解的是真正联结最内在的德意志本质和希腊天才之间的纽带。但是，在真正德意志精神最高贵的需求像抓住野蛮之洪流中一根结实的救命稻草那样抓住希腊天才之手之前，在这种德意志精神中产生出对希腊人的强烈渴望之前，在力争而来的、歌德与席勒都很欣赏的那种对希腊故乡的远见卓识成为最出色、最有才华之人的朝圣地之前，文理中学的古典教育目标会毫无理由地在空中飘来荡去；而那些想在文理中学培养仍然如此有限的知识领域和学究气的人至少将不应该遭到指责，因为他们是要盯着一个真正的、坚定的、毕竟合乎理想的目标，是要把他们的学生从至今还被人冠之以‘文化’和‘教育’的耀眼幻象的诱惑中拯救出来。这就是当今文理中学面
692 临的悲哀处境：最有局限的观点在某种程度上是对的，因为没有人能到达或至少描述所有这些观点在其中变得不合理的那个地方。”——

——“没有人吗?”学生声音中带着感动问哲学家，两个人都沉默不语。

报告三

693 尊敬的在座各位！我曾经成为其倾听者并且在这里试图用生动回忆向你们描述其基本特征的那场谈话，在我上次结束叙述的地方被一个很大的间歇长时间地打断了。哲学家及其陪伴者都陷入了忧郁的沉默中：刚谈论过的、文理中学作为最重要的教育机构所面临的罕见困境像一个重负压在了他们俩的灵魂上，要摆脱这一重负，好心的个人太势单力薄，而大众又不够好心。——

有两个方面尤其使我们的思想家郁闷：一个方面是清晰的判断力，看到真正可以称之为“古典教育”的东西现在如何不过是一个完全不可能在我们教育机构的地面上生长的空中楼阁般的教育理想；看到与此相

反，用流行的、不受指责的委婉语来称之为“古典教育”的东西如何只有一种高品位错觉的价值，其最佳效果还在于，“古典教育”这个词本身还继续活着，还没有失去其充满激情的声音。然后，这两个真诚的人就德语课的问题彼此明确表明，迄今为止还没有为建立在古代基石上的更高教育找到真正的出发点：使语言传授粗野化，迫使学生走学究式历史 694
探究方向，而不是走实践训练和实际适应的道路，将文理中学所要求的某些练习同我们新闻宣传的可疑精神相联系——所有这些在德语课上可觉察到的现象都让你悲哀地确定，来自古典时代的最有益力量，也就是说，那些为迎战当今的野蛮而做准备的力量，那些或许会再一次把文理中学转变成这场战斗的军械库和车间的力量，还从未在我们的文理中学里被预料到。

另一方面，在此期间好像真正古代精神的基本原则要在文理中学的门槛上被赶走，好像人们在这里也要尽可能为我们现在所谓“德意志文化”的那种被恭维所惯坏的本性尽可能敞开大门一样。而如果对我们这些寂寞的谈话者来说还似乎有一线希望的话，那么就是希望情况必然还会更糟糕，迄今只有少数人猜出来的东西不久会强求许多人都明白，到那时，甚至对于严肃的民间教育领域也很真诚、很坚决的人的时代就不再遥远了。

哲学家说过，我们格外坚定地坚持在德国宗教改革运动和德国音乐中表现出来的**那种**德意志精神，那种精神在德国哲学的极度勇敢和严谨中，在德国士兵不久前经受住考验的忠诚中，证明了那种持久的、抛开所有假象的力量，我们甚至可以期待那种力量战胜“当今”的那种时髦的假文化。将真正的教育机构拽入到这场斗争中，尤其在文理中学里，激发正在成长的新一代对真正德意志的东西的感情，这是我们所希望的 695
学校未来的作为：在其中，甚至所谓的古典教育将最终重新得到其天然的土壤及其唯一的出发点。文理中学的真正更新和净化只能出自对德意志精神深入而大刀阔斧的更新和净化。十分神秘而难以理解的是真正联结最内在的德意志本质和希腊天才之间的纽带。但是，在真正德意志精神最高贵的需求像抓住野蛮之洪流中一根结实的救命稻草那样抓住希腊天才之手之前，在这种德意志精神中产生出对希腊人的强烈渴望之前，在力争而来的、歌德与席勒都很欣赏的那种对希腊故乡的远见卓识成为最出色、最有才华之人的朝圣地之前，文理中学的古典教育目标会毫无理由地在空中飘来荡去，而那些想在文理中学培养仍然如此有限的知识领域和学究气的人至少将不应该遭到指责，因为他们是要盯着一个真正的、坚定的、毕竟合乎理想的目标，是要把他们的学生从至今还被人冠之以“文化”和“教育”的耀眼幻象的诱惑中拯救出来。

默默考虑了一会儿之后，陪伴者转身对哲学家说：“我的老师，您本想唤起我的希望，可是您增强了我的判断力，因而也增强了我的力量、我的勇气：我现在实际上更勇敢地朝战场看去，我实际上已经不赞成自己太快地逃亡。我们真的一无所求。甚至在这场战斗中有多少个人会毁灭，以及我们自己是否会在第一批人当中倒下，都不关我们的事情。正因为我们对此事很认真，所以我们才不应该对我们可怜的个体如此认真；
696 在我们倒下的一刹那，将会有另一个人抓起我们尊为荣誉标志的旗帜。我甚至不愿意考虑，自己是否足够强大地去迎接这样一场战斗，是否将进行长期抵抗；有这么一些敌人的一本正经如此经常地被我们当作可笑的东西，若在他们的嘲笑中倒下，这本身竟也算一种光荣的死。当我想到，我的从事同样职业的同龄人如何准备和我一样从事最高的教师职业，我就知道，我们恰恰嘲笑了相反的东西，而对最不一样的东西变得认真起来。”

哲学家笑着打断他的话说：“那么，我的朋友，你说话就像一个不会游泳却要往水里跳的人，一个当时相对于溺死更害怕**不**被溺死而被嘲笑的人。但是，被嘲笑是我们最不应该担心的事情；因为我们这里是在一个有如此多真实情况要说出来的领域，这么多可怕的、痛苦的、不可原谅的真实情况，以至于我们不会没有最正直的恨，只有愤怒偶尔会让人尴尬地笑一下。你只要想一下数不胜数的一大堆教师，他们怀着最佳信念同化了迄今为止的教育制度，以便兴高采烈而又无忧无虑地将其继续推进。——当他们听说把他们排除在外，而且 *beneficio naturae*① 而排除在

① 拉丁文：由于大自然的恩惠。

外的计划，听说远远超出他们那种中等能力的要求，听说在他们的内心里没有回应的希望，听说他们甚至不懂得其呐喊，他们在其中只是被看作郁闷、反抗、沉重的大众的战斗时，你以为他们就是这样认为的吗？但是，这大概将毫不夸张地必然成为高年级中等教育机构中绝大多数教师的必然地位：是的，谁权衡一下现在这样一位教师多半是怎样产生的，他是如何**成为**高年级中等教育教师的，谁甚至都不会为这样一个职位感到奇怪。现在几乎到处都存在着如此夸张的大量高年级中等教育机构， 697
以至于不断地、无止境地需要更多的教师来满足这些机构的需求，一个即使有丰富天资的民族也没有这样的禀性来满足这种需求；于是就有过量的不合格者进入这些机构，可是这些人却逐渐通过其占优势的人数，以 *similis simili gaudet*① 的本能来确定那些教育机构的精神。那些误以为我们文理中学和教师在数量上明显的丰富性可以通过某些法律规定变成真正的丰富性，变成 *ubertas ingenii*②，而不必减少数量。然而在这个问题上，我们必须取得一致：就禀性本身而言，只有极少数人被派送到真正的教育过程中去，数量上甚至更少得多的高年级中等教育机构才够得使自己有幸运的发展；可是，在当今为广大群众设置的教育机构中，恰恰是此类教育机构为他们而成立才有意义的那些人必然感到进步最小。

“在教师方面也是如此。正是那些根据更高标准配享有这个荣誉称号的最佳者，在文理中学目前的状况中也许现在最不适合于教育这些鱼目混珠、良莠不齐的青年人，他们在青年人面前不得不在某种程度上对自己所能给予他们的最佳事物保守秘密；而另一方面，大多数教师面对这些教育机构又感到很有理，因为他们的低空飞行才能与应付其学生之愚钝的才能处于某种和谐的关系中。从这个多数中发出了不断新建文理中学和中等学校的呼声：我们生活在一个震耳欲聋地不断发出阵阵呼声的时代，这种呼声很自然地唤起一种印象，好像这一时代里有一种巨大的 698
教育需求正渴望得到满足一样。可是，恰恰在这里，你不得不学会听得真切；恰恰在这里，你不得不无视教育辞藻的动听效果，看清那些如此

① 拉丁文：物以类聚。
② 拉丁文：才华横溢。

不倦地谈论其时代教育需求之人的面目。这时，你就会经历一种非同寻常的失望，我的好朋友，就是我们如此经常地经历的那种失望：那些教育需求的大声宣告者，经近距离认真察看，竟突然变身为真正教育即坚持精神之贵族天性的那种教育的热情甚至狂热的反对者。因为，归根结底，他们认为，他们的目标就是将大众从伟大个人的统治下解放出来；归根结底他们力争推翻理智王国中最神圣的秩序，改变大众的奴颜婢膝，改变他们低三下四的顺从、他们在天才权杖下的忠诚本能。

“我早就习惯于谨慎地审视那些竭力主张一般人所理解的所谓‘民众教育’的人。因为，他们大多有意无意地想要在普遍的野蛮节日为自己争得毫无羁绊的自由，那种神圣的自然秩序是从来都不会给予他们这种自由的；他们天生是要伺候人、服从人的，其爬行的或装有假腿的或翅膀瘫痪的思想进行思考的任何瞬间都证明，自然用哪种黏土塑造了他们，以及它给这种黏土烙上了哪个厂家的商标。因此，不是民众教育可以成为我们的目标，而是对为伟大旷世之作做好准备之精良个人的教育。我们就是知道，公正的后代仅根据一个时代中孤独迈进的大英雄来评价一个民族的整体教育水平，并按照他们被认识、被促进、被尊重，或者被
699 封存、被糟蹋、被摧毁的方式来发表意见。直接地，比如，通过全面强制性基础课程，只能在外表上粗略地应付所谓的民众教育：总之是大众借以真正接触到教育的更加深刻的领域，在其中，民众发掘其宗教本能，进一步虚构其神话形象，保持对其习俗、对其权利、对其本乡本土、对其语言的忠诚，所有这些领域几乎不可能用直接的方法达到；总之是，只能通过破坏性的暴力手段，而在这种严肃问题上，真正促进民众教育根本就意味着阻止那些破坏性的暴力手段，意味着保持那种有益的无意识、意味着确保民众那种健康睡眠，没有那样一种反作用，没有那样一种手段，就没有任何文化能在其效果造成的高度紧张和激动中得以存在。

“但是，我们知道，那些想要打断民众有治疗作用的健康睡眠，冲着他们不断喊叫‘醒醒！要有意识！要聪明！’的人在追求什么；我们知道，那些假托通过大量增加所有教育机构，通过一种由此产生的自信的教师阶层来满足巨大的教育需求的人士有何居心。正是这些人，正是用这

些手段，在同理智王国的天然等级秩序作战，在摧毁从民众的无意识中迸发出来的最崇高、最尊贵的教育力量之根，这些教育力量在天才的诞生中、然后在对天才的正确培养和照料中，行使着母亲的天职。只有用母亲来比喻，我们才能理解一个民族的真正教育在培养天才方面具有的意义和义务：天才的真正诞生并不在这种教育中，天才似乎只有一个形而上的起源，一个形而上的家乡。但是，天才出现；他出自百姓中间；
他仿佛是在描绘该民族所有独特力量的丰富色彩变幻之映像；他让人认 700
识到一个民族在个人的讽喻本性中、在一件永恒作品中的最高命运，从而使其民族本身与永恒相关联，将其从变化无穷的瞬间领域解救出来——这一切只有当天才在一个民族的教育之母腹中成熟、吮吸营养时才能做到——而他没有保护他、给他温暖的家园，就根本不会展翼进行其永恒飞行，相反，他会悲伤地像一个流落到冬季荒野中的陌生人，及时从贫瘠的土地上悄悄溜走。”

“我的老师，”陪伴者在这时说，“您用这种天才的形而上学使我惊讶不已，我完全只是远远地感受到这种比喻的正确性。相比之下，我倒是完全理解您关于文理中学数量过多以及由此引起的中等学校教师数量过剩所说的话；恰恰在这个领域我积累了经验，这些经验向我证明，文理中学的教育倾向**不得不**完全取决于这些绝大多数其实与教育无关的教师，他们只是因为那种需求才走上这条道路，以适应那些要求的。所有在顿悟的辉煌时刻相信古希腊的独一无二和无法企及并面临艰巨拼搏来为这种信念辩护的人，所有这些人，都知道，通向这种顿悟的大门从来不会向许多人敞开，并认为，如果说有人似乎从职业出发，为了维持生计的目的而与希腊人打交道，就像与日常生活中的一件手工艺工具打交道那样，毫不畏缩地用手工业者的手去触摸那些圣迹的话，那是一种荒唐甚至有失身份的方式。可是，恰恰在最大多数文理中学教师从中被搜罗出
来的那个阶层中，在语文学者的阶层中，这种粗鲁无礼的感觉是全然司 701
空见惯的事情。所以，现在这样一种想法再度在文理中学里蔓延和扩散，这也就不足为奇了。

“且看一看年轻一代的语文学家们吧！你实在难得会在他们身上发现

一种羞耻感。而这种羞耻感就是，当我们面对一个希腊那样的世界时，我们完全无地自容。可那帮年轻的家伙却与此相反，他们多么冷漠而厚颜无耻地在最了不起的圣殿中间筑造他们可怜的巢穴！对于那些从上大学时代起就如此自鸣得意、毫无惧色地在那个世界令人惊讶的废墟中游荡的绝大多数人，应该有一个强大的声音从四面八方真正发出迎面棒喝：‘从这里滚开，你们这些外行！你们这些彻头彻尾的外行，悄悄从这圣地消失吧！不要做声，可耻！’唉，发出这种声音也是徒劳，因为哪怕你要懂得一种希腊的诅咒和咒语，你也得具有一点希腊人的气质！可是，那些人如此野蛮，以至于他们按照自己的习惯在这些废墟中惬意地为自己安排好一切：他们把其所有现代生活设备和业余爱好统统带来，把它们藏在古代的柱子和墓碑后面，当有人在古代环境中重新发现自己事先狡猾地塞进去的东西时，就会欢呼雀跃。其中一个人写诗，懂得查阅赫西基奥斯①的字典，他马上就相信自己有资格成为模仿埃斯库罗斯的诗人，他甚至找到了信徒，这些信徒声称他与埃斯库罗斯‘水平相当’。他，这个冒牌诗人！还有另一个人以警察的怀疑目光追踪所有的矛盾，追踪荷马作品中留下的所有矛盾的影子：他在撕碎和缝制他自己才从华丽衣裳上偷下来的荷马碎片过程中浪费着自己的生命。第三个人在审视古代文
702 化所有那些神秘和放纵的方面时感觉很不舒服，他下决心永远只认可开明的阿波罗，在雅典人身上看到了一个快活、明智却有些不道德的阿波罗式人物。当他重新把古代文化的一个黑暗角落带到自己的开明的高度，比如，当他在老毕达哥拉斯身上发现开明政治家的一个正直伙伴时，他会怎样地松一口气啊！再有一个人苦苦地思考，为什么俄狄浦斯命中注定要遭遇弑父娶母这样可怕的事情？罪在何方！诗的正义在何方！他突然明白：俄狄浦斯原本就是个全无基督温和气质、激情似火的家伙：他甚至陷入一种不得体的狂热——这时提雷西亚②把他称作令人憎恶的罪犯和全国的灾难。‘要温良恭顺！’索福克勒斯或许想要教诲说，‘否则你们就得弑父娶母！’还有人终其一生都在反复数着希腊罗马诗人的诗句，对

---

① 赫西基奥斯（活动时期5世纪），最完备的希腊语辞典的作者。

② 希腊神话中的先知。

7：13＝14：26 的比例感到乐趣。最后，有一个人干脆预言了如何从介词角度看荷马诗歌这样一个问题的答案，并且以为借助 ανα 和 κατα[1]，就能把真相从井中汲出。但是，尽管有最为不同的倾向，所有人都孜孜不倦、笨手笨脚地挖掘着希腊的土壤，乃至于真正爱惜古代的人简直就不得不害怕起来。所以，每个显示出对古代有某种职业爱好的人，无论其有无才华，我都要牵着他的手，在他面前用以下方式强调说：‘你知道什么样的危险在威胁你吗？你这个在学校学了一点平平常常的知识就被打发上路的年轻人！你是否听说过，按照亚里士多德的看法，被一个柱形立像砸死是一种非悲剧的死亡？而恰恰是这种死亡在威胁你。你感到奇怪吗？
那么，你该知道：几个世纪以来，语文学家们一直在试图把倾塌后埋入 703
泥土的古希腊雕像重新竖立起来，可是，迄今为止他们一直力不从心，因为，这是一个庞然大物，个人在其身上像侏儒一样爬来爬去。现代文化的巨大合力和所有的杠杆作用都被用上了，一再地，雕像几乎还没离开地面，就又掉落回去，掉落时把它下面的人砸得粉碎。这也许还可以忍受，因为，每个事物都必然以某种方式死去，可是，谁又会保证，这尊雕像本身不会在这些尝试中摔得粉碎呢？语文学家毁于希腊人——这大概可以不放在心上——可是，古代文化由于语文学家而本身变成了碎片！轻率的年轻人，你考虑一下这种情况，如果你不是破坏圣像运动的参与者，那你就回去吧！’”

“实际上，”哲学家笑道，“现在已经有许多语文学家像你要求的那样回去了：我察觉到一种与我青年时代的经验形成的巨大反差。他们中有很多人有意无意地相信：直接接触古典文化于他们无益且无望，因此即使现在，大多数语文学家的这种学习也被认为枯燥乏味、缺乏生气、毫无创造性。带着格外巨大的兴趣，这帮人涌向语言学：在这里，这一望无际的新翻耕过的土地上，现在还可以使用最平庸的才能来获益，而某种平凡，在有着方法上的新颖和不确定性以及在想象上误入歧途的持续

---

[1] 这两个希腊词都是介词，表示“上”和“下”的意思。和上下文联系起来看，尼采暗讽有人以为借助“上”、“下”这样一些介词，就能像借助辘轳的上下运动从井中汲水一样获得真相。

危险时，甚至被看成是积极的才能——在这里，按部就班的工作恰恰是
最向往的工作——在这里，那阵从古代废墟世界相靠近者发出的庄严拒
绝之声并没有让他吃惊；在这里，人们还张开双臂欢迎每个人，甚至面
704 对索福克勒斯和阿里斯托芬从未形成过非同寻常的印象和值得重视之思
想的人，也许都会被成功地安置于词源学的织布机旁，或者被要求去搜
集生僻的方言残余。他整天就是在关联和拆开、收集和分散、四处奔走
和查阅图书中度过。可是，就这样一个有实用价值的语言研究者会尤其
要当老师！现在，根据他的义务，为了对文理中学的年轻人有好处，他
偏偏要教古典作者，可他自己从未对其有何印象，更不用说什么见解了！
这有多么尴尬！古代文化对他无言，因此他对古代文化亦无言；他突然
闪过一个念头，也许，他为此才成为语言学者！那些作者为此才用希腊
语和拉丁语写作！而现在他便兴高采烈地马上从荷马开始进行词源学研
究，求助于立陶宛语或神职人员的斯拉夫语，尤其是神圣的梵文，好像
希腊语课不过是对语言学习的一般性引导的一个借口，好像荷马只有一
个原则性欠缺，即没有用原始印度日耳曼语来写作。凡是了解现在文理
中学的人都知道，其教师与古典倾向相距多么遥远，知道恰恰从这种欠
缺的感受中，如何蔓延出对比较语言学的那种学究式研究。”

“可是我认为，”陪伴者说，“这恰恰取决于古典教育教师是否**不**将希
腊人和罗马人同其他人、同野蛮民族相混淆；取决于他是否认为希腊语
和拉丁语**从来都不**是一种可以和其他语言**相比**的语言：这两门语言的骨
架是否与其他语言一致，是否有关联，对他的古典倾向而言恰恰是无所
谓的。对他来说，关键不是一致性，他真正的兴趣恰恰在于**不同点**，恰
705 恰在于使那些民族作为非野蛮人凌驾于所有其他民族之上的东西，只要
他就是一个有教养的教师，而且自己想要依照古典文化的崇高榜样来改
造自己。”

——“我搞错了，”哲学家说，“我怀疑，由于今天文理中学里教授
拉丁文和希腊文的方式，恰恰那种能力，那种在说与写当中表现出来的
对语言的惬意驾驭丧失了：这正是我们现在当然已经老朽、已经少得可
怜的这一代人出类拔萃的方面。而我觉得，现在的教师似乎如此从遗传

学和历史学的角度和他们的学生打交道，以至于最终充其量又培养出了一些小梵文学者，或者词源学研究的小冒失鬼，或者放肆的修订者，但是，让他感到快慰的是，他们当中没有一个人能像我们老人一样读他的柏拉图、他的塔西陀①。所以，文理中学现在也许仍然是广博学问的培植地，但不是那种几乎只是一种旨在最高贵目标的教育的自然而无意之副作用的学问，而更应该是那种可以比作不健康身体的过度肿胀的学问。文理中学就是这种学问肥胖症的培植地：如果文理中学没有完全蜕化为现在往往自夸为'当代德意志文化'的那种优雅野蛮的角斗学校的话。"

——"可是，"陪伴者回答说，"那无数可怜的教师该逃向何处！他们天生没有真正的教育天赋，更多是仅仅因为一种需求，因为过量的学校需要过量的教师，而且为了自己谋生，才应要求扮演成职业教师的角色。如果古代文化专横独断地回绝他们，他们该逃向何处！当今有一些
势力借助新闻界来喋喋不休的机构，日复一日地朝他们喊叫：'我们是文 706
化！我们是教育！我们高高在上！我们是金字塔的塔尖！我们是世界历史的目标！'——当他们听见这些富有诱惑的鼓动，当恰恰是最无耻的非文化标志，即报刊杂志上引起所谓'文化兴趣'的平民舆论，被作为一种全新的最高最成熟教育形式之基础向他们夸耀的时候，他们不就得成为当今一些势力的牺牲品！当这些可怜虫甚至只有一种预感——即那种鼓动全是谎言——的残余物活在心中的时候，他们该逃向何处？——除了进入到最愚钝、最繁琐枯燥的知识性中，从而不再听那种喋喋不休的教育喊叫，还能去向何处？被如此追逼，他们最终不就得像鸵鸟一样把脑袋插进沙堆里吗？埋头于方言、词源和修订，他们过着一种蚂蚁的生活，尽管离真正的教育还有好远的距离，至少可以把耳朵塞上，对高雅的时代文化之声充耳不闻，自我封闭，这对他们来说不是一种真正的幸福吗？"

——"你说得对，我的朋友，"哲学家说，"可是，当我们如此清晰地认识到，对这种过剩的要求是从敌视教育的领域发出来的，这种过剩

① 塔西陀（55？—117？），罗马帝国执政官、雄辩家、元老院元老，也是著名的历史学家与文体家，他的最主要的著作是《历史》和《编年史》。

的结果也只是对无教养有利的时候，那种必须存在过剩的学校，从而又得有过剩教师的钢铁般的必要性何在呢？实际上，只有当现代国家习惯于参与这些问题的讨论，并且往往以其盔甲伴随其要求时，才有可能谈论这种钢铁般的必要性：然后，这种现象当然就给大多数人留下同样的印象，仿佛永恒的钢铁般的必要性，即万物的原始法则在与他们说话。此外，一个与这些要求对话的‘文化国家’，如人们现在所说，是一种新
707 事物，在上半个世纪才成为‘不言而喻的事情’，也就是说，在一个用其最喜欢的话来说是存在如此多种多样‘不言而喻’的时代出现如此多的‘不言而喻’，这本身是完全无法不言而喻的。恰恰是最强大的现代国家普鲁士，对教育和学校的最高领导权如此当真，以至于这个国家所理解的可疑原则在其特有的大胆中获得的是一个普遍有威胁性的、对于真正的德意志精神有害的意义。因为，我们从这个侧面看到，把文理中学提升到所谓‘时代高度’的努力在形式上被系统化了；在这里，所有那些用以鼓励尽可能多的学生去接受文理中学教育的机制都很兴旺；在这里，国家甚至使用了其最强有力的手段，即赋予某种与兵役有关的特权，结果官方统计人员无偏见的证词表明，恰恰从这个角度，也只有从这个角度，才能解释所有普鲁士文理中学普遍过剩，以及新建文理中学的最迫切的持续需求。国家把所有较高官员和绝大部分低级官员的任命，把上大学，甚至把军队内最重要的优惠待遇，都同上文理中学建立起必然联系，除此以外，国家还能做什么来推进教育机构的过剩呢？而这是发生在这样一个国家，在那里，被大众完全认可的普遍兵役义务和追求政治仕途的极大虚荣心无意识地把一切有才华的人都吸引到这些方向上来。在这里，文理中学尤其被看作某种荣誉阶梯：在文理中学的道路上可以找到一切满足从政欲望的感觉。这是一个总之很独特的新现象：国家证明是神秘主义文化宗教的传播者，当它推动其目标时，它强迫其每个臣
708 仆只能双手举着普及的国家教育的火炬在其面前出现；臣仆们应该在火炬不安稳的光线下重新认识国家本身，将它视为最高目的，视为对其所有教育努力的奖赏。现在，这最后的现象也许会使它感到诧异：它应该让他们想起比如一种曾经为了国家缘故而得到推动的、将它作为国家目

的的哲学的那种逐渐被理解的相关倾向，想起黑格尔哲学的倾向；甚至宣称，普鲁士通过将所有教育努力服从于国家目的而成功占有了黑格尔哲学在实践上可用的遗产，这或许也不夸张：国家的神化在**这种**服从中当然就到达了顶峰。”

——“可是，”陪伴者问道，“一个国家在这样一个令人诧异的倾向中会遵循什么意图呢？因为遵循国家意图，才会出现这样的情况：普鲁士的那种学校状况得到其他国家的赞美、深入考虑和时不时的仿效。那些其他国家显然在此猜到了以相似方式有益于国家的继续存在和强大的东西，如那种著名的、变得很普及的普遍兵役义务。在每个人都可以有一段时间骄傲地穿上士兵制服的地方，在几乎每个人都通过文理中学吸收统一的国家文化的地方，热情洋溢的人几乎想要谈论古代状态，谈论一种只有在古代曾达到的无限国家权力，几乎每个年轻人都被直觉和教育督促着去把国家感受为人类生存的发展高峰和最高目的。”——

——“这种比较，”哲学家说，“当然可以说是热情洋溢的，不会只跛着**一条**腿走路。因为，只让教育适合于直接对国家有利的情况，并干 709
脆消除已表明不能立即应用于国家意图的冲动，恰恰对于这种功利目的，古代国家保持了尽可能远的距离。思想深邃的希腊人恰恰因此而对国家产生了那种对现代人来说几乎有伤风化的强烈钦佩感激之情，因为希腊人认识到，如果没有国家这种应急保护机构，文化的一棵哪怕无与伦比的萌芽都不可能发展；其完全无法模仿的、对任何时代都独一无二的文化恰恰是在**它的**应急保护机构细心、聪明的保护下才得以繁荣发展。国家不是其文化的边防哨、调节器、监督者，而是粗壮、强健、披甲上阵的伙伴和同路人，他护送令人钦佩的、更高贵的、几乎超凡脱俗的朋友经历严酷的现实，为此而赢得其尊重。相反，如果现代国家现在要求有如此诚挚的感激，那么，这样的事情肯定不会发生，因为它意识到了骑士的效劳是和德国最高的教育和艺术相违背的；因为，在这个方面，国家的过去像它的现在一样，都是可耻的。在此问题上，我们只需想想在各德意志首府纪念我们的伟大诗人、艺术家的方式方法，想想这些德意志大师的最高艺术计划每每由国家支持的方式方法就行了。

“因此，必然有一种特有的情况，不仅伴随着以一切方法促进这里所谓‘教育’的那种国家意向，而且还伴随着以从属于这种国家意向的方式而得到促进的文化。我的朋友，正如我曾犹豫不决地向你勾勒的线条那样，伴随着真正的德意志精神和一种由此派生的教育，那种国家意向正处于公开或者隐蔽的争论中：有益于国家意向的**那种**教育精神，由于国家意向的积极参与而为其所拥有，为此国家意向让其学校在国外受到
710 赞美，但是按照这个样子，那种教育精神必然出自一个同真正的德意志精神无关的领域，那种从德国宗教改革、德国音乐、德国哲学的最内在核心如此奇异地对我们说话的精神，它像一个被放逐的高贵者，偏偏遭到那种由于国家缘故而奢侈化的教育如此冷漠、如此轻蔑的对待。它是个陌生人，在孤独的悲哀中匆匆而过。在那里，香炉在这种假文化前面晃动：这种假文化在‘有教养的’教师和报刊撰稿人的呼唤下自以为有**其**名，有其体面，并用‘德意志’一词从事可耻的游戏。国家出于什么目的才需要过剩的教育机构和过剩的在职教师呢？这种广泛建立起来的民众教育和民众启蒙又有什么目的呢？因为真正的德意志精神遭到了痛恨，因为人们害怕真正教育的贵族本性，因为人们想要通过在许多人那里植入教育要求并推动其发展，来驱使伟大的个人实现自我流放，因为人们想要说服民众相信他们将自己找到道路——在国家这颗北极星的指引下！从而逃避伟大引路人严厉而无情的管教。一个崭新现象！作为教育之北极星的国家！这期间有一样东西安慰了我：人们如此反对并用一个服装鲜艳的代理牧师来取代的这种德意志精神，这种精神是勇敢的：它将在拼搏中逃入一个更纯洁的时代。它现在是高贵的，它将要变得无往而不胜，它将为自己保留某种对国家的同情感，如果国家在其危难中或者在被逼无奈时把这样一种假文化理解为同盟者的话。因为，人们最终关于统治芸芸众生的任务之艰难知道些什么呢？也就是说，在数以百万计的人当中，在大多都极端自私、不公正、不合理、不正派、有嫉妒心、恶毒因而心地狭隘、头脑怪异的人中正派地维护法律、秩序、和平、
711 宁静，从而不断保护国家为自己获得的少数作为其财产的事物，让其免受贪婪邻国和阴险强盗的觊觎。这样一个被如此困扰的国家会伸手去抓

任何一个同盟者：假如这样一个同盟者干脆用华丽辞藻来毛遂自荐，假如他把国家，比如像黑格尔所说的那样，称为‘绝对完美的伦理有机体’，并为每个人提出这样的教育任务：找出他能最有效地为国家效劳的地点和环境——那么，倘若国家不假思索地去拥抱那个毛遂自荐的同盟者，并且用野蛮的低音充满自信地冲他大喊：‘是的！你是教育！你是文化！’谁还会对此大惊小怪呢！”——

报告四

我尊敬的听众们！在大家认真听我讲述至此，在我们共同经历了哲 712
学家与其陪伴者之间的那场在寂寞中、在偏僻处进行的偶尔带点冒犯的对话之后，我不得不希望，你们现在也有兴趣像一个精力充沛的游泳运动员那样挺过我们的第二段行程，同时，我可以向你们保证，在我经历的这场小木偶戏中，现在将有其他一些木偶粉墨登场；总而言之，万一你们只是耐着性子听到现在，那么，现在叙述的波浪会更轻松、更快捷地把你们带到结尾。因为我们马上就会到达一个转折点，所以，我们就更应该再一次稍微回顾一下，以保证我们从这个如此变化无常的谈话中有所收获。

“你就留在你的岗位上吧！”哲学家对陪伴者喊道：“因为你可以抱有希望。因为情况越来越明显地表明，我们没有教育机构；可是我们必须拥有教育机构。我们的文理中学按其结构而言，是预先规定要完成这个崇高的目的的，它们不是成为一种怀着深仇大恨去抵制真正的教育的，
也就是说，建立在精选人才基础上的贵族教育的可疑文化保管地，就是 713
培养一种注重细枝末节、贫瘠或者无论如何都远离教育的学问，其价值也许恰恰在于至少对那种可疑文化的诱惑视而不见，听而不闻。”哲学家尤其提醒他的陪同注意，如果国家可以相信对那种文化的驾驭，如果国家通过它达到国家目的，如果国家与它结盟去和其他敌对势力作斗争，同样也和那位哲学家敢于称之为“真正的德意志”的精神作斗争，从而必定在一种文化的核心中出现的罕见蜕化现象。这种精神通过最高贵的

需求而与希腊人相关联，在艰难的过去表现得坚毅勇敢，其目的纯洁而崇高，它通过艺术而能够完成将现代人从现代厄运中拯救出来的最高使命——这种精神注定疏远其继承人，在别处生存。但是，如果它缓缓传来的哀怨声在当下沙漠中回响，那么，这种当下沙漠中负载过重、装饰得五彩缤纷的商队——教育——就会惊恐起来。我们应该带来的不仅是惊讶，而且是惊恐，这是哲学家的见解；不要怯懦地逃跑，而要进攻，这是他的劝告：可是他特别劝说他的陪伴者不要胆怯地、瞻前顾后地想到个体，因为凭着一种更高的本能，从个体奔涌出对现今野蛮的那种反感。“让它灭亡吧：皮提亚之神不难找到一个新鼎，找到第二个皮提亚，只要神秘的雾气仍然从深渊中冒出。”①

哲学家重新提高嗓门说：“我的朋友们，你们请记住，你们不可以混淆两个问题。为了生活，为了进行生存斗争，人必须多学习：但是，人作为个体抱着这种意图所学所做的一切仍然都与教育无关。相反，教育
714 只有在高于匮乏、生存斗争、需求的世界之上的大气层中才开始。现在的问题是，和其他主体相比，一个人在多大程度上认为他自己的主体有价值？他耗费多少力量去投入那种个体的生存斗争？有的人斯多葛主义般地将自己的需求限制在狭窄的范围内，很快就轻而易举地上升到那样一个领域：他在其中可以遗忘并似乎摆脱其主体，从而在一个永恒的、不涉及个人事物的太阳系中享受永恒青春。还有人把其主体的作用和需求扩大到如此的广度，并以如此令人惊讶的规模去营造其主体的陵墓，好像他能够在搏斗中征服神秘对手——时间一样。甚至在这样一种本能中也流露出了对不朽的渴望：财富权力、聪明智慧、机智果断、善于辞令、深孚众望、名扬天下——所有这一切都仅仅成为手段，被不知满足的个人生活意愿用来追求新生活，用来渴望一种归根结底虚幻的永恒。

“但是，甚至在这个最高形式的主体中，同样也在这样一个扩大的、仿佛集体化的个体的最强烈需求中，尚没有触及真正的教育。比如，如

---

① 这里的皮提亚之神指阿波罗，皮提亚指德尔斐阿波罗神庙传达神谕的女祭司。根据希腊神话传说，皮提亚坐在神庙内殿的一个青铜鼎上，受从深渊中冒出的雾气的诱发，进入迷狂状态，领悟阿波罗的意志，从而做出预言。

果从这个角度出发要求艺术，那么，恰恰只有艺术效果中的消遣或者刺激因素被考虑进去，也就是说，考虑的是纯洁、崇高之艺术最不善于激发的效果，而激发这种效果恰恰是藏污纳垢之艺术的拿手好戏。因为在观察者的总体行为中，尽管也许他自己感觉非常了不起，但是他却从未摆脱掉其躁动不安的主体：那种超脱主体之静观的明亮太空在他面前溜走——因此，尽管他可以学习、旅行、募捐，但是他却不得不永远远离
真正的教育，在放逐中生活。因为真正的教育鄙弃贫困而延颈举踵的个 715
体，怕其玷污自己：它懂得明智地避开想把它当作实现自私自利意图之手段的那种人。假如真有一个人自以为抓住了真正的教育，要从中有所收获，利用它来缓解自己的生活困境，那么它便会以悄无声息的脚步，带着嘲讽的神情突然跑开去。

“所以，我的朋友们，你们可别给我将这种教育，将这位轻盈飘逸、喜欢挑剔、高高在上的女神，同那个间或也自称为‘教育’，却不过充当生活所需、生计、家计之有智奴婢、顾问的使唤丫头混为一谈。可是，想要通过谋职或谋生来达到人生目的的教育均非我们所理解的教育之教①，而只是一种指点，你可以用这样的方法在生存斗争中拯救、保护自己的主体。当然，这样一种指点对于绝大多数人来说都至关重要：斗争越艰难，年轻人就不得不学得越多，不得不越紧张地调动自己的力量。

“只是不要让任何人认为，鼓舞并使他有能力参与这种斗争的机构在某种意义上真可以被看作教育机构。这是满足生活所需的机构，无论它们会承诺培养官员，还是商人，还是军官，还是批发商，还是农艺师，还是医生，还是技术员。但是，适用于这种机构的法律和标准无论如何也不适用于一个教育机构的设置，而在后者这里被允许甚至应有尽有的东西，在前者那里就会是罪过。

“我的朋友，我想给你们举一个例子。假如你们想把一个年轻人引到一条正确的教育道路上，那么，你们就当心别去干扰他与自然之间天真、
信赖、仿佛个人间那种直接的关系：森林、岩石、风暴、秃鹫、朵朵鲜 716

---

① 尼采在这里用的德文是 Erziehung zur Bildung，本文中 Erziehung 译成“教”或“施教”，Bildung 译成“教育”。

花、蝴蝶、草原、山丘必定都用它们自己的语言和他说话，在这些事物身上，他必定仿佛在无数各自投射的反映和映像中，在现象更迭的五彩缤纷中重新认识自己；这样，他才可以无意识地感受到万物与自然的大比喻之间的形而上统一，同时通过自然的永恒持久性和必然性使自己平静下来。可是，有多少年轻人可以被允许如此接近自然，几乎在和自然的直接接触中成长起来啊！其他人必定及时了解到另一个真相：人们如何奴役自然。在这里是这种天真形而上学的终结：动植物生理学、地质学、无机化学强迫其门徒从完全不同的角度观察自然。经由这种强加的新观察方式而丧失的东西，绝非诗的幻觉效果，而是对自然的本能、真实、唯一的理解：现在取代这种理解的是一种对自然的聪明算计和智胜。于是，真正有教养的人就被赋予了无价的财富，可以毫无任何中断地始终忠实于其儿时的遐想本能，并且由此达到一种宁静、统一，达到一种被迫进行生存斗争的人连想都想不到的内在关联与协调。

“我的朋友们，不要以为我不想让你们赞美我们的实用中学和市立高中：我尊重那些人们在其中学习井然有序地计算、掌握通用语言、认真对待地理并用令人惊异的自然科学知识武装自己的场所。我也乐意承认，为我们今天较好的实用中学准备好条件的人完全有资格提出完善的文理
717 中学学生通常提出的那些要求，而大学和国家公务员职位将同样毫无限制地对这类学生开放，这样的情况为时肯定已不遥远了！迄今为止，大学和国家公务员职位只对文理中学住读生开放——尤其是当下文理中学的住读生。这样一句令人痛心的强调，是我不得不加上的：如果实用中学和文理中学的当下目的真的总体上一致，而且彼此间虽有细微差别，却依然能指望在国家法律面前完全平等——那么我们就因此而完全缺乏一种施教机构：一种教育机构①！这绝不是对迄今为止一直在既幸运又真诚地追求低得多的、然而最必要的目标的实用中学的指责；可是，在文理中学范围内就不够真诚得多，也不够幸运得多，因为在这里存在着某种本能的自惭形秽感，存在着某种对整个学校都已可耻蜕化、对野蛮不

① 在这里，“施教机构”的德文原文为 Erziehungsanstalten，“教育机构”的德文原文是 Bildungsanstalten。

开化的平淡现实与辩解的聪明教师那掷地有声的教育语言之间的相互矛盾的无意识认识。因此说没有教育机构！而凡是在人们至少仍假装出教育机构模样的地方，人们比在所谓‘现实主义’的发祥地①更加没有希望、更加萎缩、更加不满！另外，我的朋友们，你们请注意，教师圈子里的人能把严格的哲学术语‘现实的’和‘现实主义’误解到这步田地，竟可以在这背后察觉到物质和精神的对立，并能把‘现实主义’解释为‘向着认识、塑造、掌握现实的方向前进’，一定多么粗俗和无知！——

“从我这个角度讲，我只知道一种真正的对立，即**教育机构**和**满足生活所需的机构**的对立：一切现有的机构都属于第二个类型，而我在谈论第一个类型。”——

两个哲学同行就如此令人感到诧异的问题大概谈了两个小时。这期 718
间夜幕已经降临，在黄昏时分哲学家的声音还仿佛大自然的音乐回荡在森林小径的上空，而此刻在漆黑一片的夜中，当他激动地或者干脆充满激情地说话时，声音在向下消失在山谷里的树干和岩石块那里折射回来，发出轰隆、啪啪、呲呲的声音。突然，声音戛然而止；刚才他还用几乎充满同情心的口气重复着“我们没有教育机构，我们没有教育机构！”——这时，有什么东西，也许是一个冷杉树的球果，径直掉在他面前，哲学家的狗狂吠着冲向这个东西——如此被打断了谈话，哲学家抬起头来，一下子感觉到夜晚已来临，感到了凉意和孤独。“我们怎么办?”他对他的陪伴者说：“天已经黑了。你知道我们在这里等谁。但是，他不会来了。我们白白在这里待了这么久。让我们走吧。”

现在，我得让你们，尊敬的听众们，了解当时我和我的朋友在隐蔽处贪婪而全神贯注地倾听那场清晰可辨的谈话时的那种感受。我曾经向大家讲述过，在那个傍晚，在那个地方，我们本想搞个纪念活动：这个纪念仅仅涉及教育和施教的问题，按照我们年轻人的想法，我们已经在这些问题上从我们迄今为止的生活中获得了丰富而幸运的收获。所以，我们特别倾向于带着感激之情想念那个我们曾经在这个地方设想出的机

---

① 指实用中学。德语中“实用中学”是 Realschule，该词前半部分 Real 和“现实主义”（Realismus）的词根是同一个词，含有“现实的”之意。

构，其目的如我在前面谈到的那样，是要使我们在志同道合者的小圈子
内互相鼓励、互相监督我们生动的教育活动。可是，当我们沉湎于默默
719 倾听哲学家慷慨陈词时，一道十分意外的光突然照到那整个的过去。我
们感觉到自己就好像在不经意的漫游中一下子发现自己的脚已站在了深
渊边上的人一样，我们意识到自己既没有避免也没有迎向那些最大的危
险。在这里，在这个对于我们来说非常值得纪念的地方，我们听到这句
警告：“回去！别再往前走一步！你们知道，你们的脚引你们走向何方？
这条熠熠生辉之路诱你们去向何方？”

现在，我们似乎知道了这一点，不尽的感激之情如此不可抗拒地把我们引到那位严肃的警告者和忠实的乐于助人的人身边，我们俩同时扑上去拥抱哲学家。哲学家正要走开，已经向一旁转过身去；当我们大声迈着步子如此意外地向他扑过去，而那条狗又尖叫着朝我们扑来时，哲学家，还有他的陪伴者，一定是认为有强盗袭击而不是有人欣喜若狂地要拥抱他。他显然已经把我们遗忘了。总之，他拔腿就跑。当我们追上他时，我们的拥抱完全没有成功。因为刹那间，我的朋友尖叫起来，原来是狗咬了他，而哲学家的陪伴者如此用尽全身力气向我扑来，结果我们俩都摔倒了。人和狗之间在地上你咬我躲地折腾了好一阵子——直到我的朋友模仿哲学家的话大声喊道：“以所有文化和假文化的名义！那条蠢狗到底想把我们怎么样！该死的畜生，从这里滚开，你这不开化的、永远都不会开化的家伙，滚开，离我们和我们的内脏远远的，悄悄回去，悄悄地、羞臊地滚回去！”

我朋友喊完这番话后，场面有点清晰了：仅限林中的漆黑一片所能提供的清晰度。“原来是你们！”哲学家喊道。“我们的枪手！你们把我们吓得不轻！在这夜深时刻向我扑来是何居心？”

720 ——“出于欣喜、感激和尊敬，”我们回答，一边握住这位长者的手，此时那条狗发出一阵预感不祥的狂吠。“不将此相告，我们便不想让你们离去。而为了能向你们解释一切，你们务必不要走开：我们还有多少我们关心的问题想要问你们！你们留下来吧，这条路我们再熟悉不过了，谈完后我们陪你们下山。或许你们等待的客人也会来。请看下面的

莱茵河上，是什么东西在那里如此明亮地来回游动，像是被很多火炬的光围绕着？我想，可以在那些人中间寻找你们的朋友，我甚至感觉到，他将带着所有这些火炬上山来找你们。”

我们就这样用我们的请求、我们的承诺、我们的富于想象的借口向这位惊讶的老人发起进攻，直到最后甚至那位陪伴者都劝说哲学家再在山顶上，在柔和的夜晚气息中，来回走动一会儿，正如他补充说的那样“涤除一切知识的浊雾浓烟”①。

“啊，可耻!”哲学家说，“如果真要引用什么的话，你们除《浮士德》以外就没有什么好引用的了吗？但是无论有无引文，我都愿意向你们让步，只要我们的年轻人坚持，不像他们来到时那样突然跑开。因为他们就像磷火，它在那里时，你感到惊奇；它不在那里时，你又感到惊奇。”

这时，我的朋友立即吟诵起来：

诚惶诚恐，谨遵台命
我希望能够抑制我轻浮的本性
不过我们平常走路总是像锯齿形。②

哲学家惊讶不已，站着不动了。“你们让我感到惊喜，”他说，“我的鬼火先生们，这可不是什么沼泽地！这地方对你们有什么用处？靠近一
位哲学家对你们来说意味着什么？空气凛冽清爽，土地干硬。你们必须 721
为你们曲折的下山路找出一个更加非凡的地带。”

“我想，”陪伴者在这时候插话道，“这两位先生已经对我们说了，一个承诺把他们束缚在此时此地。但是如我以为的那样，他们也作为我们教育喜剧的歌队在倾听，而且是作为真正的‘理想观众’——因为，他们没有打扰我们，我们还以为就我们自己单独在此呢。”

“是的，”哲学家说，“这是真的，你们应该受到这种赞扬，但是在我看来，你们还理应得到一个更大的赞扬——”

这时，我抓住哲学家的手说：“倘若谁能聆听像你们这样的谈话而不变得认真而好思考，甚至激动而热切，那么，谁就肯定像只爬行动物一

① 歌德《浮士德》，396行。

② 歌德《浮士德》，3860～3862行。这几句为剧中磷火所说。

样蠢笨，肚子贴在地上，脑袋钻在泥里。或许有人出于懊恼或自我谴责会很气愤；可是我们的印象不同，只是我不知道该怎样描述这个印象。恰恰这一小时对我们来说如此非同寻常，我们的情绪已有了如此的准备，所以我们坐在那里就像敞开的容器一样——现在我们觉得自己已被这种新智慧装得太满了，因为我完全不知所措，如果有人问我第二天想做什么，或者我从现在起究竟打算做什么，那么，我会无言以对的。因为很显然，我们至今的生活和教育都完全不同于应该有的样子——可是，我们如何才能跨越这道从今天到明天的鸿沟呢?”

“是的，”我的朋友认同说，“我也有同感，我也这样问自己，可是这时候我感觉好像干脆就被你们关于德国教育使命的如此崇高的理想观点给吓跑了似的，甚至好像我没有资格参与建设你们的事业一样。我只看到一支由最丰富天性的人组成的灿烂队伍朝着那个目标涌动，我可以想
722 象这支队伍越过哪些深渊，经过哪些诱惑。谁会如此大胆地加入到这支队伍中去呢?”

这时，陪伴者也重新转身对哲学家说：“如果我也有某种同感，如果现在我在你们面前把它说出来，也请你们别生我的气。在与你们的谈话中，我往往感觉仿佛超越了自我，我对你们的勇气、你们的希望有浓厚兴趣，直到忘我的境地。这时候有了一个更冷静的瞬间，一阵凛冽的现实之风引起我的思考——这时候我只看到在我们之间裂开的巨大鸿沟，你们自己就像在梦中一样把我从鸿沟上拉回来。你们称之为教育的东西此刻在我脑海里萦绕，或者说沉重地压在我的胸口。这是一件我不能承受其重的铠甲，或者是一把我无法挥舞的剑。”

我们一起在这个没有一棵树、那天被我们当作射击场的平地上慢慢地来回踱步，在这万籁俱寂的黑夜中，在这繁星静悄悄地布满苍穹的时刻，突然，我们三个人面对着哲学家，互相启发并且鼓励地一致说出下面这番话。“你们如此频繁地谈到天才，”我们说，“谈论天才寂寞地、艰难地在世间漫游，仿佛自然总是产生最极端的对立，一方面是愚钝的、昏睡的、过于依赖本能的大众；另一方面是与大众相距遥远的地方，是伟大的、沉思的、准备进行永恒创造的个人。可是，现在你们自己把这

些人称为知识分子金字塔的顶尖。然而，似乎从负荷沉重的宽大基础出发，一直到自由耸立的山尖，必然有无数渐进的高度。下面这句话恰恰在此很适用：*natura non facitsaltus*①。可是你们所谓的教育是从哪里开始的？在教育这个建筑上，从下面被控制的领域和另一个从上面被控制 723
的领域可以以哪些料石作为分界呢？而如果只可以在这些最怪僻的人那里真正谈论'教育'，那么，人们会要把机构建立在这些人难以捉摸的生存基础之上吗？人们怎么可以考虑那些只有利于精英的教育机构呢？我们宁愿认为，恰恰是这些精英知道找到自己的道路；在其中他们的力量显示出来，不需要任何其他人没有它就寸步难行的教育拐杖，从而不受干扰地阔步穿行于世界史的你推我搡之中，仿佛一个幽灵穿行于人群稠密的大聚会一样。"

我们互相说着这番话，并不十分讲究和有条理，哲学家的陪伴者甚至又进一步对他的老师说："现在请您自己想一想我们往往将其当作真正德意志精神的真正的忠实领路人和指南而引以为自豪的所有那些天才，我们通过庆典和塑像表示对他们的纪念，我们满怀自信地把他们的作品传递到国外：这样一种教育在哪一点上像你们所要求的那样迎合了这些天才？这些天才在多大程度上显示出是靠着本土教育之阳光而得到滋润，从而成熟起来的呢？而尽管如此，他们还是有可能的，而尽管如此，他们还是成了我们现在不得不如此尊敬的人，甚至他们的作品或许恰恰证实了这些高贵的人所采用的发展形式是正确的，它们甚至还为我们不得不承认的当时那个民族所缺乏的教育辩护。莱辛、温克尔曼从一种现成的德国教育中获得了什么呢？什么都没有，或者说至少像贝多芬、席勒、歌德以及我们所有伟大的艺术家和诗人获得的一样少。或许这是一个自然法则：总是后来几代人才不得不意识到，前一代人是如何通过上苍的恩赐而变得卓越超群的。"

这时候，那位哲学老人勃然大怒，冲着他的陪伴者大喊道："哦，你 724
这只知识单纯的羔羊！哦，你们这些统统可以称之为哺乳动物的人！那

① 拉丁文：自然无跃进。

是些什么歪门邪道的、笨拙的、狭隘的、畸形而残废的论点！是的，我刚才听到了我们现在的教育，而我的耳畔又响起了完全历史的‘理所应当’之事的声音，响起了全然世故而毫无怜悯之心的历史学家说理性的声音！记住这一点，你这个未受玷污的人：你已经老了，几千年来这星空就一直在你头顶上——可是，当今所爱好的这种有教养而归根结底很恶毒的废话你还从未听说过吧！于是，你们就为你们的诗人和艺术家感到自豪，我的好日耳曼人？你们用手指着他们，以他们向外国自夸吗？而因为你们不用费吹灰之力就把他们纳入你们的行列，于是，你们就得出一个最可爱的理论，说你们今后甚至无需努力就把他们产生出来吗？不是吧？我的没有经验的孩子们，他们是自己来的，是天生的！谁会想要谈论助产士呢？现在，我亲爱的，你们应该得到一句认真的教诲：怎么，难道你们还为上述所有那些璀璨夺目的高贵者被你们，被你们的野蛮过早窒息、耗尽、扑灭而感到自豪吗？怎么，难道你们还能不知羞耻地想到莱辛？他因为你们的麻木而在与你们可笑的蠢人和偶像的斗争中，在你们的戏剧、学者、神学家的弊端下走向毁灭的，一点也不敢从事他降临人间所要实现的那种永恒飞行。而在纪念温克尔曼的时候，你们又有什么感觉呢？他为了把自己的目光从你们怪诞的愚蠢无聊中摆脱出来而去乞求耶稣会士的帮助，他不光彩的改宗要归咎于你们，并作为一个无法抹去的污点固着在你们身上。你们居然能提席勒的名字而不觉得脸红吗？你们看看他的图像！他那炽热的目光蔑视地从你们身上掠过，他
725 那致命地泛红的脸颊——这没有向你们说明什么吗？所以你们把他当作一个美好而神圣的玩具，一个被你们毁坏的玩具。而假如你们再从他抑郁地匆忙赴死的人生中拿走歌德的友谊——那么你们就是加速了他人生之火的熄灭。你们没有帮助过我们任何一位伟大天才——而现在，你们想要由此得出一个教条，认为不再会有任何天才得到帮助吗？但是，到现在为止，对每个天才来说，你们都是歌德在《钟之歌》跋中所称的‘愚钝世界的对抗’，对每个天才来说，你们都是愠怒的蠢材，或者心胸狭隘的忌妒者，或者恶意的自私自利者。尽管有你们的存在，他们依然创作他们的作品，向你们发出抨击，而由于你们的原因，他们在一天尚

未完成的工作中，在斗争中，过早地死去，不是粉身碎骨，就是倒地不起。谁能想象，如果一个强有力机构中的那种真正的德意志精神，那种没有这样一个机构就只能个别地、支离破碎地、蜕化地艰难维持其生存的精神，在他们的头顶上打起了保护伞，那么有什么东西会注定落在这些英雄人物的头上呢？所有那些人都遭到了毁灭。而与此相关的是一种近乎疯狂的信念，相信一切所发生事物的合理性，想要以此来原谅你们的过错。而且不仅仅是那些人！在知识精英的所有领域里都有人出来指责你们：尽管我朝所有诗人、哲学家、画家或是雕塑家的才华看过去，而且不仅仅看的是最高级别的才华，可是我却到处看到没有成熟的、过度紧张或早衰的、英年早逝或冻僵的人。我到处都可以感觉到那种'愚钝世界的对抗'，也就是说，**你们的**过失。这正是我在渴望教育机构并认为那些自诩为教育机构者的状况很值得怜悯时想要说明的问题。对于始终将此称为'理想渴求'，或者干脆称之为'理想的'，从而打算满足于一种赞美的人来说，下面的话可以充当答案：现有的情况简直就是一种 726
卑鄙和耻辱；在瑟瑟发抖的严寒中渴望温暖的人必然变得疯狂，如果你将此称为'理想渴求'的话。这里涉及的是完全纠缠不休的、当下的、明显的现实：对此有所感觉的人知道，这里有一种严寒、饥饿之类的困境。可是对此毫无感觉的人——现在，至少有一个尺度，来衡量我称之为'教育'的东西止于何处，以及从下面被控制的领域和另一个从上面被控制的领域可以以金字塔的哪些料石作为分界。"

哲学家似乎很激动：我们要求他再转一会儿，而他则站在那个曾经被我们当作射击靶子的树墩附近说出他最后的那些话。我们之间有一段时间谁都没有说话。我们若有所思地缓步来回走着。与其说我们因为说出如此愚蠢的论点而感到羞愧，不如说我们感觉个性得到了某种修复：恰恰是在听到了对于我们来说不太入耳的激烈言词之后，我们感觉更接近了那个哲学家，甚至觉得他更亲切了。

因为人是如此不幸，以至于他只有当陌生人暴露弱点和瑕疵时才能如此迅速地接近陌生人。我们的哲学家发火带骂粗话，倒反而有点消除了我们迄今为止一直单独感受到的那种怯生生的敬畏。对于对这种看法感到恼火的人来说，就应该加上一句：这种桥梁经常由敬而远之引导走向亲切的爱和同情。而这种同情在有了我们个性的修复感之后，便逐渐越来越强地显现出来。我们为什么在夜深人静时刻带着这位老人在树木和岩石之间徘徊呢？既然他已经向我们让步了，那我们为什么没有找到
727 一个更心平气和、更谦虚的形式来接受他的教诲呢？为什么我们三人都如此笨拙地表达我们的异议呢？

因为这时候我们已经注意到我们的反对意见是多么不假思索、多么没有准备、多么没有经验，其中恰恰又如何回响着老人不愿意在教育领域内再听到的现代回声。此外，我们的反对意见并非纯粹来源于理智：为哲学家的谈话所激发而造成反抗的原因似乎在别的地方。或许我们所表达的只是本能的恐惧，想知道是否恰恰我们这些个人会被哲学家拥有的这些观点认为是有益的，或许我们以前对自己的教育所做的想象现在挤到一起变成了不惜一切代价找到一种思考方式的必要性，当然，我们想象的教育要求已遭到这种思考方式的彻底拒绝。但是，你不应该同那些感受到论证力量的对手争吵；或者，正如我们的情况所表明的道德寓意那样：这些对手既不应该争吵也不应该反驳。

于是我们羞愧、同情、对自己深感不满地在哲学家身边走着，前所未有地确信老人肯定有道理，我们肯定冤枉他了。现在，对我们教育机构所怀有的青春梦想显得有多么遥远，我们多么清楚地认识到我们至今只是碰巧逃脱的危险，也就是说把我们全身心地出卖给教育体制，它从我们青少年时代起就已经通过文理中学充满诱惑地对我们说话。可是我们还没有站在文理中学赞美者的公共歌队之列，原因何在呢？原因或许只在于我们仍然是真正的学生，在于我们还能够从贪婪的攫取、强求中，
728 从公共舆论接踵而来的无休止的破浪冲击中，退回到那个不久也要被冲刷掉的岛上！

我们被这种思想驱使着，正打算与哲学家攀谈时，他突然把身子转向我们，开始用较温和的声音说：“如果你们的举止体现青春气息、轻率和鲁莽，我并不应该感到奇怪。因为你们几乎不可能已经认真思考了从我那里听到的东西。且不要着急，随时随地想一想，而且，要朝思暮想。

因为你们正处于十字路口，现在你们知道了这两条路是通往什么地方的。你们在其中一条路上行走会受到时代的欢迎，它会让你们戴上桂冠和胜利标志：大队人马将簇拥着你们，你们的背后和前面站着同样多的志同道合者。而当领队发出口令时，它回响在整个队伍中。首要义务是：各就各位战斗，第二义务：不愿各就各位者，格杀勿论。另一条道路使你们和更罕见的同路人聚到一起，这条路更艰难、更曲折、更陡峭：走第一条路的人会嘲笑你们，因为你们在那里更费力地行进，他们也尝试着把你们引诱过去。可是一旦两条路交汇，你们将遭受虐待，被推到一边，或者人们怯懦地躲避你们、孤立你们。

“现在对于这两条路上如此不同的漫游者来说，教育机构应该意味着什么呢？在第一条路上挤向其目标的那一大群人把教育机构理解为他们自己借以被安置到队伍中去的机构，争取更高远目标的一切都会被从中分离出来。他们当然善于传播阐明其倾向的冠冕堂皇之词，比如，他们谈论‘自由个性在坚定的社会、民族、人类道德信念范围内全面发展’，
或者把目标‘缔造建立在理性、教养、公正基础上的人民国家’称为他 729
们的目标。

“对另一小群人来说，教育机构是全然不同的东西。他们想依靠一个稳固组织的保护来防止自己被那大群人冲走、驱散，防止他们个别人在过早疲劳中，或者在分心、蜕化、毁灭中，看不到其尊贵而崇高的使命。这些个人应该完成他们的作品，这是他们的共同机构的意义所在——而且是一部作为万物不能改变之永恒本质的纯粹反映，应该几乎涤除了主体痕迹、超越时代变化交替的作品。而机构的所有成员也都应该一起努力，通过对主体的涤除，来准备天才的诞生及其作品的产生。不少人，甚至来自二三流才子行列中的人，注定要来帮忙，而且只有在为这样一个真正的教育机构的服务中才会产生一生都恪守义务的感觉。可是，现在恰恰是那些才子被那种时髦‘文化’不断诱骗的本领引诱出轨并陌生化于他们的本能。这种引诱瞄准着他们自私的感情冲动、他们的弱点和虚荣，正是那种时代精神悄声在对他们说：‘跟我来吧！在那里你们是侍者、帮工、工具，在更高人物面前相形见绌，从不为你们的特征而感到

高兴，被线扯着，被链条捆着，充当奴隶，甚至充当自动机；在我这里，你们作为主人享受着你们的自由个性。你们的才华可以为自己发光，你们将凭才华自己站在第一的位子上，庞大的随从队伍将陪伴你们，舆论的呼喊将比从天才高度尊贵地赋予的表扬更使你们感到满意。’现在所有
730 最出色的人都屈从于这些诱惑。而归根结底，在这里决定人们是否可以听到这种声音的，几乎不是才华的程度，而是某种道德高度和道德程度，是英雄主义的、献身的本能——以及最后，一种成为风俗的、由正确教育导入的可靠需求：作为这样一种教育，如我所说的那样，主要是服从和适应天才的规矩。可是，现在被称为‘教育机构’的学校偏偏对这种天才的规矩几乎一无所知，尽管我并不怀疑，文理中学原先被认为是那样一种真正的教育机构，至少作为一种准备中的成形过程，而且在宗教改革那些不可思议的、深深激动的年代里真正在这样一条道路上迈出了大胆的第一步。同样，在我们的歌德和席勒时代，那种被卑劣地引开或封存的需求又有点引起人们的注意，几乎就像柏拉图在《斐德若篇》中谈论的那种新生的羽翼，每次接触到美，就给灵魂插上翅膀，带着灵魂远走高飞——飞向万物不变的、纯洁的、生成的原始形象。”

——“啊，我尊敬的、优秀的老师，”现在，陪伴者开始说话了，“在您引用了神圣的柏拉图和观念世界以后，我相信您不再对我生气了，尽管我刚才说的话理应让你讨厌和生气。只要您一说话，我面前就出现了柏拉图的那种羽翼；只有在间歇时我才作为我灵魂之车的驾驭者，非常吃力地驾驭着柏拉图曾经描写过的这匹狂野反抗、桀骜不驯的烈马，柏拉图说它‘庞大，拳曲而丑陋，颈项短而粗，面庞平板，皮毛黝黑，眼睛灰土色里带血红色，不规矩而又骄横，耳朵长满了乱毛，又聋，鞭
731 打脚踢都难得使它听调度’①。然后请您想一下，您远离我生活已经有多久了？所有那些诱骗的本领恰恰如何在我身上做试验，也许不无成功之处，尽管在我本人面前几乎未被察觉。我现在恰恰比以往任何时候都更强烈地理解到，一个使我们有可能和真正有教养的非凡之人生活在一起，

① 此处采用朱光潜所译柏拉图《文艺对话集》第131页的译文。

以便从中找到我们的领袖和指路明星的机构是多么必要的。我多么强烈地感受到孤独漫游的危险！而当我，如我对您说过的那样，误以为是在通过逃离对时代精神的寻找与直接接触来拯救自己时，甚至这种逃离竟也是一种欺骗。随着每一次呼吸，那种气氛都从无数动脉涌流到我们心中，而没有哪种寂寞足够寂寞和偏僻，到了其云雾够不着我们的地步。那种文化图像穿上最变幻莫测的假面化装服装，伪装成怀疑、收益、希望、美德，蹑手蹑脚地围绕着我们。而甚至在这里，在您身边，也就是说，几乎就在一位真正的教育隐士手上，那种鬼把戏竟然还会引诱我们。那一小撮有着几乎可以称之为宗派主义的教育的人彼此之间多么持久、多么真诚地保持着警惕啊！多么恢复相互的体力啊！在这里，失足必然遭到多么严厉的斥责，必然多么富有同情心地得到谅解啊！所以，我的老师，在您如此严肃地斥责我之后，现在，也请您原谅我！”

“我的朋友，”哲学家说，“你用的语言我不喜欢，让人想起秘密的宗教集会。我与此毫无关系。但是你的柏拉图之马讨我喜欢，为此你也应该得到原谅。我用我的哺乳动物来换这匹马。另外，我也没有什么兴致跟你们在这凉意中继续走下去了。我所等待的朋友竟然答应要在半夜三更上山来，确切地说是够癫狂的了。可是我徒劳地等待着我们两人约定的信号：我仍然不明白，到底是什么把他耽搁到现在。因为他通常像我 732
们老人一样，讲究准时、精确，而年轻人现在却称此为老朽。这次他背弃了我：真让我生气！你们快跟着我吧！该走了！”

——就在这一刹那间出现了新情况。

报告五

第五次讲话

作于3月23日

我尊敬的听众们！ 733

如果我向大家讲述的我们哲学家在夜晚的宁静中进行的、充满种种愤慨的谈话被大家以某些同情接受的话，那么哲学家最后告知的气恼决定也会以当时令我们失望的类似方式令诸位失望。也就是说，他突然告诉我们说，他要走了：遭到朋友的背弃，而且对我们和他的陪同在那个荒郊野外向他表白的话毫无兴趣，他似乎想要赶快结束在山上无益地延长的逗留。他似乎觉得这一天是个损失：仿佛要把这一天完全从自己身上抖落掉一样，他肯定也想把与我们相识的纪念抛到脑后去。所以，他不情愿地催促我们赶紧走，正在此时，一个新景象迫使他站住，刚抬起的脚又迟疑地放了下去。

一道彩色亮光和一阵从莱茵河附近清脆响起然后又迅速消退的声音
734 吸引住了我们的注意力；紧接着，一个缓慢的和谐乐句，在无数年轻声音中越发增强，从远处传到我们这边。哲学家大喊道："这就是他的信号！我的朋友还是来了，我没有白等他。这将是午夜重逢——我们该怎样告诉他说我还在这里呢？来！快开枪！现在展示一下你们的射击技术！你们听到欢迎我们的旋律中那种严格的节奏了吗？留意这节奏，用连续射击来重复这个节奏！"

这是一项适合我们的趣味和能力的任务；我们尽快装上子弹，在匆匆沟通之后举起手枪朝星光普照的山上开枪，而山下那一阵紧迫的声响在短暂重复之后就消失了。第一枪、第二枪、第三枪划破夜空——这时，哲学家大喊："节拍错了！"因为我们这时在突然之间没有忠实于节奏上的任务：一颗流星紧接着第三声枪响突然箭一般陨落，第四、第五枪几乎是不由自主地同时朝流星陨落的方向响起。

"节拍错了！"哲学家喊道，"谁让你们瞄准流星射击来着！流星自己会陨落，用不着你们；你们摆弄武器，就得知道想要干什么！"

这时，莱茵河那边又反复响起了那种以更无数、更响亮的声音发出的旋律。"他们还是明白了我们的意思，"我的朋友笑着喊道，"这样一个发光的幽灵恰好出现在射程内，谁能抵挡得住呢？"

"安静！"陪同打断他的话，"这样唱着回应我们这信号的，会是一群什么人呢？我猜有20个到40个人的声音，是刚劲有力的男人声音——那群人是在哪儿跟我们打招呼呀？他们似乎还没有离开莱茵河的对
735 岸——可是，从我们的长凳那里肯定能看到对岸。您快点过去！"

因为在我们到这时为止来回踱步的地方，在那个巨大的树墩附近，眺望莱茵河的视线被稠密、黑暗、高大的树木挡住了。另一方面，我曾经讲过，我们可以从那个比山顶的平地稍微低一些的休憩地，掠过树梢眺望，拥抱着瑙能维尔特岛的莱茵河，恰好为观赏者构成蜿蜒景致的中心。我们匆匆朝着个休憩地跑去，但是很留意年迈的哲学家：树林里一片漆黑，我们一左一右地陪伴哲学家，猜测着哪里有现成的道路，因为根本看不见路。

我们几乎还没有走到长凳跟前，就看到一道昏暗、宽大而又不安定的火光，显然来自莱茵河的对岸。“那是火炬，”我喊道；“那是我波恩的同学，肯定没错；您的朋友一定就在他们中间。刚才是他们唱的歌，他们会陪着他来的。您瞧！您听！他们现在登上了小船：不过半个多小时这支火炬队伍就会来到这山上。”

哲学家跳到一边。“你说什么？”他叫起来，“你波恩的同学？也就是说学生，我的朋友会和学生们一起来？”——

这个近乎愤怒的问题激怒了我们。“您对大学生有何意见？”我们回应，却没有得到的回答。过了好一会儿，哲学家才用抱怨的口气慢慢说道，仿佛是在和远处的人说话：“也就是说，甚至在午夜时分，我的朋友，甚至在寂寞的山上，我们也将不能独处，你自己把这群捣蛋的大学生弄到我身边来，尽管你很清楚，我很想小心避开这 *genus omne*①。我远处的朋友，我不明白你的是：久别重逢，而且挑了这么一个偏僻角落， 736
这么一个非同寻常的时刻，应该是有点专门意思的。我们要一个见证人的歌队，而且是这样一些见证人，干什么！今天把我们俩召唤到一起的根本不是一种多愁善感的柔情需求，因为我们俩都及时学会了能够在孑然一身中高贵地生活。我们决定在这里见面，不是因为我们的缘故，也就是说，不是为了呵护细腻的情感，或者为了充满激情地描述一个友好情景；而是要在这个我曾经在一个值得纪念的时刻庄严而孤独地见你的地方，像一个新团体中的骑士一样，互相忙于提出最认真的建议。让明

① 拉丁文：整个一类人。

白我们的人听我们说话吧，可是你为什么偏带一帮肯定不明白我们的人来呀！我远方的朋友，你这样做，我可认不出你来了！”

我觉得打断这么一个如此不快的抱怨者不合适：当他郁郁不乐地沉入沉默时，我们都不敢跟他说，他如此不信任、如此反对大学生，多么令我们生气。

最后，那个陪同转身对哲学家说：“我的老师，您让我想起，以前，
在我认识您之前，您也在好几个大学里生活过，有关当时您与学生交往
及讲课方法的传言一直在流传。有些人可能会从您谈论大学生时的灰心
口气中猜到特有的恼火经验；但是，我宁愿认为，您知道并看到那里任
何人都知道并看到的一切；但是，您对此的评价比其他任何人都更严格、
更正确。因为我从与您的交往中同样学到，最值得注意、最有教益的关
737 键经验和经历都是日常性的；恰恰是所有人眼里的难解之谜最没有人将
其理解成谜；而对于少数真正的哲学家来说，恰恰是这些问题一动不动
地躺在大路上，几乎就在许多人的脚下，等着被他们小心翼翼地捡起来，
从此作为知识宝石闪闪发光。或许您能在您的朋友到来之前这个短暂时
间内给我们讲讲您在大学领域里的经验和认识，从而兜完这个我们本不
情愿地被固请进行的有关我们教育机构思考的圈子。而且，请允许我们
提醒您，您甚至在您谈话的前一阶段已向我做出了这样一种承诺。您从
文理中学出发，为文理中学确定了一个特殊的意义：所有其他机构都必
须对照其已有教育目标，它们或许也得同样遭受其倾向的误入歧途之苦。
这样一种作为运行中心的意义，现在就连一所综合性大学都再也不可能
拥有，尽管它从目前的结构来看，至少在一个重要方面可以被看作仅仅
是文理中学意向的扩充。在这里请您答应我以后给我做出详细解释：刚
才可能听到我们之间谈话的这两位学生朋友也许能够作证。”

“我们作证，”我说。哲学家转身对我们说：“既然你们实际上都听了，那你们可以根据我们所说的描述一下，你们是怎么理解现在的文理中学意向的。而且，你们和这个领域近在咫尺，可以用你们的经验和感受去衡量我的思想。”

我的朋友用他特有的迅敏方式这样回答说：“迄今为止，我们一直以

为，文理中学的唯一目的是为大学做准备。但是，这个准备应该使我们 738
足够自立地获得一个大学生的非常自由的地位。因为我觉得，现在生活中没有一个领域像在大学生生活领域中那样听任个人对如此之多的事情做出决定和加以支配。个人甚至必须能够在一个完全开放的广阔场地驰骋多年，也就是说，文理中学将不得不尝试使他独立。”

我继续我同伴的话题说：“我甚至觉得，您不得不就文理中学问题所谴责的一切肯定有道理，但这一切不过是必要的手段，是要能在如此年轻的年龄培养一种自立，至少使人们相信自立。德语课尤其应该为培养学生的自立服务：个人必须及时为自己不靠拐棍就能独自行走的观点和意图而感到高兴。所以就要督促学生早创作，更早进行深刻评论和批评。尽管拉丁语、希腊语学习不能点燃学生对遥远古代的热情，但是在用来推动这种学习的方法上却有知识意识、有对严格的认识因果律的兴趣、有对发现和发明的渴望的觉醒：会有多少人被一种在文理中学里发现的、用年轻人的探索捕捉到的新解释所引诱而持久拜倒在知识魅力的脚下啊！文理中学生必须学习各种各样的东西，并在心中把它们汇总到一起：这样或许会逐渐形成一种欲望，在其陪伴下，他会在大学里独立地以类似方式学习并汇总。简言之，我们认为，文理中学的意图是要使中学生做好准备并适应以后的独立生活和学习，正如他不得不在文理中学秩序的强迫下生活和学习一样。”

这时哲学家笑了起来，但是并没有开怀大笑。他说：“你们刚给了我 739
这种独立性的一个很好例子。而恰恰是这种独立性吓了我一跳，并使我觉得接近当今大学生是件令人不快的事。是的，我的好朋友们，你们是完美的，你们已经长大成人，自然打碎了你们的模子，你们的老师可以以你们为乐了。判断上多么自由、明确、无忧无虑！眼光多么新颖、多么富有朝气！你们审判——所有时代的所有文化都逃之夭夭。知识意识被点燃，作为火焰从你们心底迸发出来——每个人都得当心，免得被你们烧着了！假如我马上再来看看你们的教授，那么我会再次看到同样的独立性在有力而优雅的上升状态中；从未有一个时代如此富于最美好的独立性。人们从来没有如此强烈地痛恨任何奴役，当然也痛恨施教和教育的奴役。

“可是，请允许我就用这种教育的标准来衡量你们的那种独立性，而且仅仅把你们的大学作为教育机构来考虑。如果一个外国人想要了解我们的大学体制，他首先有重点地问：在你们这里大学生与大学有什么内在联系呢？我们回答：用耳朵当好聆听者——那么外国人就很惊讶。‘仅仅用耳朵吗？’他又问了一遍。‘只用耳朵，’我们又回答一遍。大学生是聆听。如果他说，如果他看，如果他走，如果他交往，如果他从事艺术，一句话，如果他生活，他就是独立的，也就是说，不依赖于教育机构。很经常地，大学生在听的同时还写。这些时候，他就得依赖于大学。他可以选择他愿意听的东西，他也不必相信他所听到的东西，如果他不想听了，那么，他可以充耳不闻。这就是‘口授’教学法。

“可是，老师是对聆听的学生说话。他想什么、做什么，都被一道鸿
740 沟将其与学生的感知所隔开。教授经常是照本宣科。一般来讲，他想要尽可能多地拥有这样的听众，很难满足于少数人听课，几乎从不满足于一个人听课。一张说话的嘴，许多耳朵，再加上一半这么多写字的手——这是外部的学术工具，这是大学里运转中的教育机器。此外，这张嘴的拥有者是和许多耳朵的拥有者相分离、相独立的：这种双重独立性被兴高采烈地赞为‘学术自由’。另外，这个人——为了提高这种自由——可以大致说出他想要什么，另一个人可以大致听见他想要什么：只不过在两者背后不远的距离之外，站立着面带某种紧张的监视者表情的国家，时不时提醒大家，国家是这种特殊听说程序的目的、目标和典范。

“我们这些必然有一天获准把这个惊人现象只当作教育机构来考虑的人于是就告诉那个从事研究的外国人，在我们的大学里能称之为教育的东西是从口到耳；所有带教育目的施教都仅仅是‘口授的’。但是，由于甚至听和听什么听由学术上自由思考的大学生自主决定，由于大学生在另一方面可以否定所听内容的可信性和权威性，所以从严格意义上说，所有带教育目的的施教都摊到他自己头上。而通过文理中学来争取的独立性现在最高傲地表现为‘旨在教育的大学自我施教’，炫耀着其最绚丽

多彩的羽毛。

“这是多么幸运的时代！年轻人聪明，有教养，足以能管束自己！无与伦比的文理中学，它们在其他时代认为必须培养从属感、纪律、服从、顺从、防止独立自大的地方成功地栽培了独立性而又不得不抵制所有自主性的想法！我的好朋友们，现在你们该明白了吧，为什么我宁愿从教 741
育角度出发，把现在的大学看成是文理中学意图的扩充？由文理中学培养起来的教育作为完整和完成的东西带着苛刻的要求进入大学校门：它要求，它立法，它审判。所以你们可别错误估计有教养的大学生。大学生只要认为必须接受教育的神圣仪式，那他就不过是经他老师之手造就的文理中学生：作为这样的中学生，自从学习上被孤立起来以来，并在离开文理中学以后，他因此完全丧失了一切进一步的教育培养和教育引导，从现在起就得靠自己生活，而且自由自在了。

“自由自在！你们检验一下这种自由，你们这些人性的观察者！你们的大厦建立在当今文理中学文化的黏土地面上，建立在支离破碎的基础上，经旋风一吹，它就东倒西歪，摇摇欲坠。请你们看看自由的大学生，独立性教育的先锋，猜猜他的本能是什么，从他的需求出发来解释他！如果你们懂得按三个标准来衡量他的教育，一是按他对哲学的需求，然后按他的艺术本能，最后按作为所有文化的具体的绝对命令的古希腊罗马文化，那么，你们如何看待他的教育呢？

“人如此受到最严肃、最困难问题的困扰，以至于他在正确方法引导下及时陷入到那种持久的哲学惊奇中，单单在这种惊奇之上，有如在肥沃的土壤中，就会生长出一种更深刻、更高贵的教育。最常见的是，自己的经验把他引导到这些问题上，尤其是在狂热的青年时代，几乎任何个人事件都在双重的朦胧之光中反映出来，作为一种日常琐事的例证，同时也作为一种令人惊讶而又值得解释的永恒问题的例证。在这个几乎用形而上的彩虹围绕其经验的年纪，人最需要一只牵引他的手，因为他 742
突然间几乎本能地相信了生存的模棱两可，而且丧失了至今拥有的传统观点的稳固基石。

“这种符合自然的高度欠缺状态必然以可理解的方式被看作颇受欢迎

之独立性的最凶恶敌人，当今有教养的年轻人正需要培养这种独立性。因此，‘理所应当’所孕育的所有那些‘当今’之子都辛勤努力地去压制这种状态，使其瘫痪，使其转向，或者使其失去活力，而最受欢迎的手段是通过所谓的‘历史教育’来使那种符合自然的哲学冲动丧失活力。一个就在最近有了世界性丑闻名声的体系找到了这种哲学自毁的公式，而现在，在对万物的历史思考中表现出这样一种天真的不假思索，想把最不合理的变成‘合理’，让人把最黑的说成白的，以至于人们经常想滑稽模仿地用黑格尔的命题来问：‘这种不合理是现实的吗?’哎，现在恰恰唯独这种不合理似乎是‘现实的’，也就是说，有效的，而准备好用这种现实来解释历史却被看成是真正的‘历史教育’。我们年轻人的哲学冲动蜕变成了这种‘历史教育’：大学的神奇哲学家现在似乎在密谋用这种教育来强化青年学生。

“于是，一种历史的甚至语文学的权衡和追问慢慢取代了对永恒同一性问题的深邃阐释：某些哲学家想了或没想什么，或者某篇文章是否真
743 是他写的，或者干脆，某些解释是否真有优点。现在我们大学哲学讨论课的学生被鼓励去对哲学进行这种中性的独立研究：因此，我早就习惯于把这种知识看成语文学的分支，并且由此来评价其代表人物，看他们是否优秀的语文学家。因此，现在当然是**哲学本身**从大学里被排挤出去：这样就回答了我们关于大学教育价值的第一个问题。

“这样的大学跟**艺术**有何关系，这是无法问心无愧地坦言的问题：它们之间毫无关系。在这里，甚至连艺术思维、艺术学习、艺术追求、艺术比较的痕迹都找不到，根本没有任何人会认真谈论大学对促进最重要的国民艺术计划的表决。个别教师是否碰巧感到自己更亲近于艺术，或者是否设立一个进行审美批评的文学史家的教职，在这里完全不在考虑之列：相反，大学作为整体，不能对大学生进行严格的艺术训练，完全在这里听之任之，这是对大学想要代表最高教育机构的狂妄要求的极尖锐批评。

“我们这些‘独立自主’的大学生就是在没有哲学、没有艺术的环境下活过来的：那么，他们能有什么样的需求，来与希腊人、罗马人为伍

呢？现在，没有任何人再有理由假装对希腊人、罗马人情有独钟，反正他们是正襟危坐在拒人于门外的孤独和与人疏离的庄严之中。因此，我们当今的大学甚至前后矛盾地考虑这种完全消亡的教育倾向，为教育专门的新生代语文学家而设立它们的语文学教职，而这些新生代语文学家又有责任打磨文理中学生的语文学基础：一个既对语文学家又对文理中学不利的生命循环，它尤其第三次打了大学的嘴巴，因为它没有成为它 744
自己夸耀想要充当的那种事物——教育机构。因为你们尽可以把希腊人拿走，连同哲学和艺术：可是你们想在哪个梯子上攀登到教育那里去呢？因为在不需要那种帮助就爬上梯子的尝试中，你们的学问——你们必须允许我告诉你们——与其说会给你们插上飞翔的翅膀使你们翱翔，不如说是压在你们脖子上一个毫无益处的负担。

"如果你们，你们这些诚实的人，诚实地停留在这三个理智阶段上，认为现在的大学生不适合搞哲学，也没有为搞哲学做好准备；认为他们对真正的艺术毫无直觉；认为他们在希腊人面前是自以为自由的野蛮人，那么，你们将不会厌恶地逃避他，尽管你们或许很想要避免太近的接触。因为，他实际上是**无辜的**：正如你们所了解的那样，他默不作声，但是可怕地谴责过失者。

"你们一定要理解这个有过错的无辜者私下使用的秘密语言，这时候你们还将学会理解那种喜欢向外展示的独立性的内在本质。思想上更为高贵的年轻人都没有一个不面临那种无休止的、令人疲惫的、迷惑人的、使人神经错乱的教育需求：在那段他显然是那种充斥着官员、雇员的现实中唯一自由之人的时间里，他在不断产生的新痛苦和怀疑中为那了不起的自由幻觉而赎罪。他觉得无法自主自助，于是，他几乎毫无希望地埋头到日常生活和日常工作的白昼世界中去：他在**最平凡的**忙碌中，软弱无力地垂下了他的四肢。突然，他又吃力地站起来：他感觉能把他向上举起的力量还没有衰竭。自豪而高贵的决心在他心中形成并增长起来。他害怕这么早地陷入到狭小的专业框架中；于是他伸手去抓支柱和石墩， 745
以免被拽到那条轨道上。徒劳！这些柱子退后去了；因为他没抓住，而抓住了易破碎的管子。在空虚绝望的情绪中他看到自己计划的泡汤：他的状况是可憎的、不体面的；他处于过度紧张的活动和忧郁劳顿的交替之中。这时他疲惫、懒惰、惧怕工作、害怕一切大东西、憎恨自己。他剖析他的各种能力，认为看到了空洞的或者胡乱填满的空间。这时候他又从幻想的自我认识高度跌入到一种嘲讽的怀疑中。他消除了其斗争的重要性，感觉准备迎合任何真正的、尽管低级的有用性。现在他在匆忙而持续不断的作为中寻找安慰，用以在自己面前把自己隐藏起来。由于无助和缺乏教育领路人，他被迫从一种生存形式进入到另一个生存形式中：怀疑、振奋、生活需要、希望、气馁，这一切都把他抛来掷去，表明他头上本来可以引导其航船的繁星都已经熄灭。

“这就是那种受赞美的独立性、那种学术自由的画面，在真正缺乏教育的最佳心灵中反映出来：相对于他们，那些更粗俗的无忧无虑之人不在考虑范围之内，他们沾沾自喜于自己野蛮意义上的自由。因为这些人以其低级的惬意，以其专业上的早期限制表明，对于他们来说，这个因素恰好是合理的，根本没有反对的话可说。但是，他们的惬意确实抵销不了一个爱好艺术、需要引导的独一无二的青年的痛苦。这个青年最后闷闷不乐地放任自流，开始鄙视自己。这是无辜的无辜者：究竟是谁给
746 他背负了自立这个无法承受的负担呢？是谁在一个对伟大领路人的热衷以及在大师道路上欣喜地亦步亦趋往往仿佛成了当然的最迫切要求的年龄阶段鼓励他自立呢？

“考虑强行压制如此高贵的需求必定导致的后果，是有点令人不寒而栗的。在近处用锐利目光审视当今如此遭我痛恨之假文化的最危险促进者和朋友的人，会太经常地发现，正是在他们中间，这种蜕变的、脱轨的教育者被一种内心绝望引发了对没有人愿意向他们指出路径的文化充满敌意的勃然大怒。这不是我们当时作为新闻记者和报纸撰稿人在绝望的变态中重新发现的最糟糕、最不起眼的东西；是的，某些现在受到悉心照料的文学类型的精神才真正应该被描述成绝望的学生气质。比如，除了用蔓延至今的模仿者之风来理解当时颇有名气的‘青年德意志’，还能有什么别的办法吗？在这里我们仿佛发现了一个变疯狂的教育需求，这种需求最终甚至升温至一种呐喊：我即教育。在文理中学和大学门前，

有这些机构中逃脱了这种教育需求、表现得不受拘束的文化在游荡；当然没有大学那种学问，以至于最好把，比如，小说家古茨科①理解为现代文理中学生中的文学爱好者。

“这是一个围绕蜕变的教育者的严肃问题：我们很恐惧地观察到，我们整个学者群和记者群身上都带有这种蜕变的印记。如果我们的学者坚持对记者引诱民众的作品袖手旁观，甚或助纣为虐，那我们还能怎样来公正对待他们呢？如果不是设想他们的学问对他们来说也许不过就是类似于用在小说写作中的那种东西，即一种自我逃避，一种对其教育欲望 747
的禁欲式扼杀，一种对个体的绝望的毁灭，还能有别的样子吗？同样的叹息从我们蜕化的文学艺术中，也从我们学者疯狂增长的攒书中，迸发出来：哎，要是我们能忘记自己该有多好？没有成功：回忆没有被头上堆积如山的印刷品窒息，不时在重复：‘一个蜕变的教育者！为教育而生，被教育成没有教养之人！无助的野蛮人，日常生活的奴隶，被束缚在瞬间的铁链上忍受饥饿——永远忍受饥饿！’

“哦，这些痛苦的、有过错的无辜者！因为他们缺乏迎合他们当中每个人的东西，一个能给予他们目标、大师、方法、楷模、同伴，从其内部有一股令人强大、高尚的真正德意志精神的气息向他们涌来的真正的教育机构。于是他们在荒野中逐渐枯萎，于是他们蜕变成那种归根结底与他们有亲密关系的精神的敌人，于是他们错上加错，把过失堆积得比任何一代人堆积得都多，玷污纯洁的，亵渎神圣的，赞美假的、伪的。你们可以靠他们来认识我们大学的教育力量，并且十分严肃地向自己提出问题：你们在大学中促进了什么？德国的学问、德国的发明精神、德国的真诚知识欲望、德国人能献身的勤奋努力——美好壮丽的事物，其他民族都将为此而嫉妒你们，如果那种真正的德意志精神作为闪电中使土地肥沃、赐福于人的乌云覆盖在它们上空，那它们甚至是世界上最美好壮丽的事物。可是，你们害怕这种精神，所以你们大学的上空就笼罩着另外一层沉闷的阴霾，在它之下，你们这些更高贵的年轻人都呼吸费

① 卡尔·古茨科（1811—1878），德国作家，因“青年德意志”运动而闻名。

力，困难；在它之下，最优秀的人也走向毁灭。

748 “本世纪曾经出现过一次悲剧般严肃的、唯一有教益的尝试，要驱散这层阴霾，进一步开辟远眺德意志精神的高空云中路。大学历史不再包含相似的尝试，而迫切想要展示这里很必要的东西的人，绝不可能找到比这更清晰的例子。这就是古老、原始的‘大学生社团’[1] 现象。

“在战争中，年轻人把意外的、最光荣的战利品——祖国的自由带回家：装饰着这样的桂冠，他却在盘算更崇高的事。返回大学时，他喘不过气来地感觉到笼罩在大学教育场地上空沉闷、腐朽的气息。突然，他目瞪口呆，惊恐地看到了人为隐藏在各种学问背后的非德意志野蛮因素；突然，他发现自己的伙伴如何在没有领路人的情况下沉湎于令人反感的青春陶醉。而他却很愤怒，以当年弗里德里希·席勒在伙伴面前朗诵《强盗》时也许会有的那种最高傲的愤怒表情站了起来；而如果说席勒给其戏剧配以狮子的画面和‘暴君’的字样，那么，他的弟子本身就是那头正要一跃而起的狮子，所有‘暴君’实在都胆战心惊。是的，这些愤怒青年在胆怯而短浅的眼光看来，和席勒笔下的强盗没多大差异：他们的讲话在一个胆怯的听众听来，就好像他们认为斯巴达和罗马不过是女修道院而已。对这些愤怒青年感到的恐惧如此普遍，就连那些‘强盗’在宫廷范围内也没有造成这样的效果：根据歌德的解释，当时一个朝廷的德意志王侯曾经说，‘假如他是上帝，假如他预料到强盗的产生，他就不会创造世界了’。

749 “这种令人费解的强烈恐惧从何而来呢？因为那些愤怒青年是他们伙伴中最勇敢、最有才华、最纯洁的人：一种慷慨的无忧无虑，一种高贵的道德质朴使他们的表情和服装都与众不同。最庄严的戒律把他们团结起来，达到高度的严格和虔诚：他们有什么可怕的呢？你永远也搞不清楚，人们在这种恐惧中有多大程度是自欺欺人，或者是装腔作势，或者是真的认清了道理：但是，从这种恐惧中，从侮辱性的无意义追问中，流露出一种强烈的本能。这种本能从两方面痛恨‘大学生社团’：首先是

① 德语为 Burschenschaft，1815 年建立的德国大学生统一、自由运动的组织。

痛恨其作为真正教育机构最初尝试的组织，其次是痛恨这种教育机构的精神，那种男子汉般严肃、凝重、强硬、果敢的德意志精神，那种从宗教改革以来健康保存的矿工之子路德的精神。

“现在想想大学生社团的**命运**吧！我要问：德国大学当时理解了那种精神没有？就像德国王侯们甚至在其仇恨中都似乎理解了它那样？大学勇敢而坚决地张开臂膀去拥抱其高贵的儿子，并说了‘别碰他们，要不就先把我杀死’没有？——我听到了你们的回答：你们应该用它来衡量德国大学是不是一个德国教育机构。

“当时大学生已经料到，一种真正的教育机构必须扎根于怎样的深度，也就是说，要扎根于对最纯净的道德力量的内在更新和激发。而这一点应该为了大学生的荣誉而不断对他重复讲。他在战场上可能学会了在‘学术自由’范围内最不可能学到的东西：人们需要伟大的领路人，所有教育都始于服从。而在胜利的欢呼中，在想到其被解放的祖国时，他发誓继续做德国人。德国人！一会儿他学会了理解塔西佗，一会儿他理解了康德的绝对命令，一会儿卡尔·玛利亚·冯·韦伯①的琴与剑令他 *750*
心醉神迷。哲学、艺术、古代文化的大门在他面前砰然打开——而在一起最值得纪念的流血事件里，在对科策布②的谋杀中，他用强烈的本能和狂热的近视替他那过早在对麻木世界的抗拒中精疲力竭的独一无二的席勒报了仇。席勒本来可以成为他的领路人、大师和组织者，现在他惦念他，由衷地怒不可遏。

“因为，这是充满预感的大学生的不幸，他们找不到自己需要的引路人。他们逐渐在彼此相处时感到不确定、不一致、不满意；不幸的笨拙太早泄露出他们中间缺乏出类拔萃的天才的事实；而那起流血事件则表明那种匮乏的事实除了有一种令人恐怖的力量之外，还有一种令人恐怖的危险。他们没有领路人——所以他们走向灭亡。

---

① 卡尔·玛利亚·冯·韦伯（1786—1826），德国作曲家、指挥、钢琴家、吉他手、批评家，他为德国诗人卡尔·台奥多·科尔纳（1791—1813）的《琴与剑》诗歌谱过曲。

② 奥古斯特·冯·科策布（1761—1819），德国戏剧家，被德国学生谋杀。

“因为我在反复说，我的朋友们！——所有教育都始于人们现在吹捧为学术自由的东西的反面，始于顺从、从属、纪律、臣服。而正如伟大的领路人需要被领路之人一样，被领路之人也需要领路人：在这里，有一种相互的素质感受性，甚至一种预先稳定的和谐，支配了人才的秩序。万物始终天然倾向于遵守的永恒秩序，恰恰是那种文化，那种现在坐在当今宝座上的文化，要加以抵制，加以干扰和消灭。它想要将领路人降格到为**其**做徭役的地步或者让他们忍受折磨：它伏击寻找命中注定的领路人的被领路之人，用麻醉品削弱其寻觅本能。但是，尽管如此，当注定要做领路人和被领路之人的人互相厮杀、两败俱伤地聚到一起的时候，
751 就会有一种被深深触动的喜悦感，就像听一场永恒的拨弦乐琴演奏的那种感觉，一种我只想用一个比喻让你们去猜出的感觉。

“你们曾经在音乐排练中有几分参与地观看过通常构成德国乐队的那种无用然而善解人意的特殊人类吗？‘形式’这位任性女神是多么变幻莫测啊！怎样的鼻子、耳朵，怎样笨拙或者怎样瘦骨嶙峋、关节直响的动作啊！你们想象一下，你们是聋子，甚至一点都没有梦想过声音和音乐的存在；你们会把一种乐队演化的戏剧纯粹当作造型艺术家来欣赏：没有声音的理想化效果的干扰，你们会毫不厌倦地观赏这种滑稽场景的中世纪式粗犷木刻风格，这种对人类的无害的滑稽模仿。

“现在你们再想一下你们的音乐感回来了，你们的耳朵开启，而在乐队前面有一位受人尊敬的指挥，动作适度：那些和声华彩的诙谐现在对你们来说已经不复存在，你们倾听——但是，你们觉得，无聊气息似乎从受人尊敬的指挥那里跑到了他的同伴身上。你们只看到疲惫、柔弱的东西，你们只听到节奏的不准确，旋律的平庸和给人琐碎之感的东西。对你们来说，乐队成了淡然中愠怒的或者简直令人反感的大众。

“但是，最后，请你们用插翅的想象，把一个天才，一个真正的天才，放入到这大众当中——你们立刻就会发现令人难以置信的东西。就好像这个天才在闪电般的心灵漫游中进入所有这类半动物身体中，好像现在从他们所有人当中又只有**一只**魔鬼的眼睛在向外观看。可是，现在

你们听，你们看——你们永远不会听够的！如果你们现在再去观察那个庄严地轰鸣或者真挚地发出哀怨的乐队，如果你们预感到每块肌肉都在敏捷地绷紧，每个表情都有着抑扬顿挫的必然性，那么你们就会感受到， 752
领路人和被领路之人之间预先稳定的和谐是什么，以及在人才的秩序中，一切都是如何涌向应该这样构建的组织的。可是我的比喻明白地向你们表明，我想把一个真正的教育机构理解为什么样子，以及我为什么在大学中甚至没有发现这种教育机构的丝毫痕迹。”

五本未写之书的五个前言

致科茜玛·瓦格纳夫人

怀着真诚的敬意，并作为对口头和书面提问的回答，于1872年圣诞节欣然命笔。

1.《论真理之激情》前言

755 荣誉真的仅仅是我们最珍贵的一点自尊吗？——可荣誉作为欲望，是与最非凡之人相关联的，而且是与最非凡之人的最非凡时刻相关联的。这是顿悟的时刻，这时人仿佛要去创造世界一样命令自己张开臂膀，汲取自身之光，然后，把光洒向四方。此刻，他心中充满快慰，确信那种最让他升华、最使他入迷的东西，也就是这**一种**感觉的顶点，是不可以对后世有任何保留的；在给所有未来者这种最罕见大悟的永恒必要性中，人认识到其荣誉的必要性；走向整个未来的人类需要荣誉，正如那个大悟的瞬间是其最内在本质的摘要和典范一样，他相信作为这一瞬间的人是不朽的，而他把所有其他东西当作渣滓、腐朽、虚荣、兽性，或者作为赘语，抛弃掉，将其归于暂时性。

我们看到任何消失和毁灭时都情绪恶劣，经常还很惊愕，好像我们 756
在其中经历了某种从根本上说不可能的事情似的。一棵参天大树倒下，我们很不高兴，一座倒塌的大山令我们痛苦。每个除夕夜都让我们感受到存在与生成这一矛盾的神秘。但是，世界最终完成的一瞬间似乎会在没有后世和继承人的情况下像一道稍纵即逝的光线那样消失，这最强烈地伤害了道德之人。道德之人的要求更应该是：曾经存在过**一次**、要把“人”这个概念更美地传播开去的东西，也必然永恒地存在着。伟大的瞬间形成一个链条；这些瞬间作为山脉，把绵延几千年的人类联系起来；一个以往时代的最伟大之处对我也是伟大的；功名心有预感的信念成为现实，这些便是**文化**的基本思想。

文化斗争因伟大者应该永恒的要求而爆发，因为其他还活着的一切都在喊“不!”随遇而安者、渺小者、平庸者充斥世界所有的角落，作为我们注定要呼吸的浓重尘世空气，围绕着伟大者翻滚，碍手碍脚地，有如蒸煮中令人窒息、令人迷乱、令人不知所措地，堵塞了伟大者走向不朽的必经之路。此路经由的是人的大脑啊！经由可怜而短命之生物的大脑，作为这样的生物，他们须服从狭隘的需求，一再出现在同样的困境中，努力在一段短促的时间内防止自身的堕落。他们想要生活，想要一点点生活——不惜一切代价。他们当中有谁会猜想到只有伟大者才会从中得以幸存的那种艰难火炬接力赛呢？然而一再有一些人醒悟过来，尽管他们在那种伟大者的问题上感觉如此振奋，好像人生是一件美妙的事情，好像懂得以下道理就必然被认为是这种苦涩生物的最美之果：一个人自豪而清心寡欲地，另一个人深思熟虑地，第三个人悲悯地度过当下 757
的生存，然而三者都留下了**一个**教训，即把人生过得最美的人都不重视人生。如果平庸之人如此意气消沉地认真对待这一段有限的存在，那么那些其他人就善于在走向不朽的途中发出一声奥林匹斯诸神式的大笑或者至少流露出一种高贵的嘲讽；他们往往带着嘲讽爬进坟墓——因为他们有什么可以一起被埋葬的呢？

在这些相信可以找到天大荣誉的追逐荣誉者中间，最胆大包天的骑士你得到**哲学家**那里去寻找。他们的工作没有将他们引向“听众”，引向群情激昂和同时代人的欢呼喝彩。踽踽独行是他们的一部分天性。其才华是最罕见的，从某种角度来看，也是自然中最不自然的东西，而且甚至排斥和敌视同类才子。他们那种安于现状所筑起的大墙若要不被摧毁、被粉碎，那它必定要用金刚石做成，因为一切都在冲着它运动，包括人和自然。他们走向不朽的旅行比任何其他旅行都更辛苦，更阻力重重，可是没有人能比恰恰是哲学家更有把握在旅行中到达目的地，因为哲学家根本不知道，如果不是站在所有时代宽广张开的羽翼上，他该站在哪里；因为对现在与当下的蔑视存在于哲学的思考方式之中。他拥有真理；让时代车轮想去哪儿就去哪儿吧，它都不可能逃离真理。

知道这些人曾经活过，这很重要。甚至闲来无事的时候，你都绝不可能想象又可能成为我们例证的智者**赫拉克利特**的骄傲。从本质来看，任何对认识的努力追求都没有得到满足，也不令人满足；因此，如果不接受历史教训，任何人都不会相信如此王者般的自尊，相信一个如此无
758 限的坚定信念：要当真理的唯一幸福的追求者。这样的人生活在自己的太阳系中，你必须到那里去寻觅他们。一个毕达哥拉斯，一个恩培多克勒，也以一种超人的估价，甚至以一种几乎是宗教的畏惧，来对待自己，但是，连接对灵魂转世和一切有生物同一性的巨大信念的同情纽带又把他们重新带到其他人那里，带到对他们的拯救上。但是，渗透在以弗所①阿尔忒弥斯神庙的隐居者灵魂里的孤独感，你只有在最偏僻的荒山野岭里冻僵时才能有所感受。从这隐居者那里没有涌现出同情激发的过分强烈的感情，没有迸发出想要帮助和拯救的欲望：他像一个没有大气层的天体。他的目光火辣辣地转向内心；它好像只是在表面上，僵死、冰冷地向外看。在他的周围，由疯狂和错误构成的浪涛直接拍打着要塞，即他的骄傲；他厌恶地转过身去。但是，就连多愁善感之人也避免有这样一副悲观面孔；也许在一个偏远的圣地，在诸神的神像当中，在冷冰冰的恢弘建筑物旁，这样一个生存物才显得更为人所理解。在人当中，赫拉克利特作为人是令人难以置信的；如果他被看到在留意孩子们吵吵闹

---

① 小亚细亚西海岸的希腊古城，在现在的土耳其境内。古希腊时期即因为其阿尔忒弥斯神庙而闻名遐迩。

闹的游戏，那么，他无论如何是在思考一个凡人在这种情况下绝不会思考的事情——伟大的天之骄子宙斯的游戏、世界兴亡的永恒玩笑。他不需要人，即使是为了他的认识也不需要；他不关心可以从人那里询问到的一切，不关心他之前的其他智者努力询问的一切。他说："我寻觅我自己，研究我自己。"用的是一句用来描述神谕研究的话：就好像只有他是那句德尔斐名言"认识你自己"的真正实现者和完成者。

但是，他把从这个神谕中听出来的东西看作永远值得阐释的不朽智 *759*
慧，就像西比尔[1]的预言是不朽的一样。对于相距最遥远的人类来说，这已经足够了：让他们按神谕的方式解释，他如何像德尔斐之神本身一样，"既不说出，又不掩饰"。尽管他宣告这一点时"不带笑容，没有服饰和浑身的香气"，甚至更像是"满嘴白沫"，但是它**必然**渗透到未来的几千年中。因为世界永远需要真理，因此世界永远需要赫拉克利特，尽管他并不需要世界。他的荣誉关**他**什么事儿！他讽刺地宣告："不断流逝之凡人中间的荣誉！"这是属于歌唱家和诗人的东西，也属于那些在他以前作为"智"者而闻名的人——这些人可随意把最美味的一口自尊吞下去，对他来说，这种饭菜不过是太普通的家常便饭而已。他的荣誉与这些人有点关系，与他无关；他的自尊是对真理之爱——而恰恰是这种真理告诉他，是人类的不朽需要他，而不是他需要赫拉克利特其人的不朽。

真理！神的狂热妄想！真理和人有什么关系！

而赫拉克利特的"真理"又算什么！

它去了何方呢？一个逝去的梦，被其他梦从人类脸上拭去！——它不是第一真理！

也许一个冷酷的魔鬼对我们用骄傲的隐喻称为"世界史"、"真理"、"荣誉"的一切不知说什么好，只会说：

"在银河中闪烁奔泻的宇宙中某个偏远的角落，曾有一颗星球，聪明的动物在那里发明了**认知**。这是世界史上最高贵、最有欺骗性的时刻，但仅仅是一刻而已。在自然奄奄一息之后，这颗星凝固了，聪明的动物

---

① 古希腊的女预言家。

760 不得不死亡。也是时候了：因为尽管他们自鸣得意地认为自己认知了许多东西，但是他们最后都十分恼怒地发现，他们把一切都认知错了。他们死了，在真理之死中诅咒。这就是发明认知的这种绝望动物的方式。”

如果人仅仅是一种认知动物，那么，这就会是人的命运；真理会逼他进入绝望和毁灭，永远注定成为非真理的真理。而适合于人的，只有相信能够企及的真理，相信充满信任地靠近前来的幻觉。难道他不是在体验持续被骗的经历吗？难道自然不是几乎向他隐瞒了一切，甚至恰恰是离他最近的东西，比如他自己的身体？而他对自己的身体却只有一种杂耍人般的“意识”。他被锁在这种意识中，而自然则扔掉了钥匙。真可怜啊，哲学家倒霉的好奇欲，他想要透过一道缝隙从意识之屋向外、向下看一下：或许这时候他意识到了，人在其对一无所知的无所谓态度中，是多么依赖于贪得无厌、令人讨厌、冷酷无情、杀气腾腾的东西，就好像在梦中悬挂在一只老虎的背上一样。

“就让他悬挂着吧，”**艺术**喊道。“把他叫醒！”哲学家在真理之激情中大喊。然而，就在他相信是在摇醒那睡觉者的时候，他自己却陷入在更深沉的、着了魔一般的假寐中——也许他这时候又梦见“观念”或者不朽。艺术比认知更强大，因为它要的是生活，而认知达到的最终目的却是——毁灭。——

2.《关于我们教育机构未来的想法》前言

761 我有所期待的读者必须具有三个特点。他必须心静，读书不慌不忙。他不必总是把自己及其“教养”掺杂进来。他不可最终指望将新图表作为结果。我不保证拿得出给文理中学和其他学校用的表格和新课程表——我更欣赏那样一些人的极强之天性：他们能够从经验的深度出发一直到真正的文化问题的高山上，然后，又从上面重新下降到最乏味之规章、最精细之表格的深谷，以测量整个道路——而是满足于气喘吁吁地费力爬上一座可观的高山，在那里可以为更自由的眺望而感到心旷神怡，所以在这本书里，我将绝不可能使那些喜欢表格的朋友满意。我看到这样一个时代可能会到来：严肃的人服务于一种全新的、净化的教养，在共同的工作中，他们又成了日常教育——实现那种新教养的教育——的立法者；或许那时候他们会重新制作图表。可是，那个时代是多么遥 762
远啊！而在此期间又肯定发生什么情况呢？或许不到那个时代文理中学就灭绝了，或许甚至综合性大学也灭绝了，或者至少是上述教育机构的一个如此全面的改造，以至于这些机构的旧图表在后来人的眼里，显得就像木桩建筑物时代的残余①。

这本书是给心态平和的读者准备的，这些人还没有被卷入我们滚动向前的时代那种令人眩晕的仓促中，还没有感觉到，投身于时代车轮之下是件偶像崇拜似的快事，也就是说，这本书是为还不习惯于根据时间的节省或浪费来估计万物价值的人写的！也就是说——为非常少的人写的。但是，这些人“还有时间”，这些人可以搜寻他们一天中最富有成果、最精力充沛的瞬间，来思考我们的教育前景，而不必在自己面前感到脸红，这些人甚至可以相信是以一种十分有益、值得尊敬的方式，即在 *meditatio generis futuri*② 中，来到了夜间。这样一种人在阅读时还没有忘记去思考，他还善于在字里行间读出秘密，他甚至变得如此精力充沛，以至于他还能思考读过的内容。或许他在把书放下良久后还在思考。而且，他并非为了写书评或者再写一本书而思考，仅仅是为了思考而思考！轻率的精力挥霍者！你是我的读者，因为你将足够平心静气，为的是与作者一起踏上一条他看不到其目的地，又不得不老老实实相信其目的地的漫长道路，从而后代，也许是有眼睛的遥远的后代，会看到我们盲目地、只是在本能的引导下探索的是什么。如果读者会有相反的意思，
那就只需要敏捷一跳，愉快地付之行动，如果他认为靠一个以国家名义 763
提倡的新“组织”，那么，我们就不得不担心，他既没有理解作者，也没有理解真正的问题。

最后，第三个也是最重要的一个要求是，他绝对不可以按照现代人

① 木桩建筑物指河或河岸上用木桩支撑的房屋，尼采比较形象地用它来比喻外观上有点相似的图表。

② 拉丁文：对未来一代人的思考。

的方式，让自己及其教养不断介入其中，就好像是万物的可靠尺度和标准。我们更希望他有足够的教养，真正很少甚至轻蔑地去考虑他的教养；然后，他可以最信赖地把自己交给作者去引导，而作者恰恰从不知和不知之知出发才敢于与他交谈。他希望给自己索取的不是别的，而是一种对我们当今德国的野蛮特点、对如此显著地将我们这些19世纪的野蛮人和其他时代的野蛮人区分开来的东西所爆发出来的强烈情感。

现在，他手里拿着这本书，寻找着那些被类似情感来回驱赶的人。让你们被找到吧，你们这些个别人，你们的生存我是很相信的！你们这些无私的人，你们亲身感受着德意志精神的痛苦和堕落。你们这些沉思冥想的人，你们的眼睛绝不以匆忙的窥视去打量事物的外表，而是懂得找到通向事物本质的通道。你们这些思想高尚的人，亚里士多德的话是对你们的抬举，他说你们犹豫不决地、毫无作为地活过一生，除非一个大荣耀、一部伟大作品渴望你们！我号召你们！你们这回别再爬进偏远孤独而寂寞的洞穴里！你们至少做这本书的读者，以便事后用你们的行为来消灭、忘记它。你们想象一下，这本书注定要当你们的传令官：如果你们自己首先身披铠甲出现在战场上，那么，按照那个喊你们回头看的传令官的意思，这是在吸引谁的兴趣呢？

3.《希腊式国家》前言

764 我们现代人有两个概念胜过希腊人，它们几乎作为安慰手段给了一个举止奴性十足却又惧怕“奴隶”一词的世界：我们谈论“人的尊严”，谈论“劳动的尊严”。一切都在费尽心机，要痛苦地使一种痛苦生活永久化；这种可怕需求强迫人们去做消耗性的工作，受“意志”诱惑的人——或者更准确地说——人的理智，往往将这种工作赞叹为某种尊严的东西。但是，为了让这工作有要求荣誉称号的资格，首先就必须让工作只是其痛苦手段的生存本身比它至今为止在严肃的哲学和宗教眼里的样子更多一点尊严和价值。在所有数以百万计人的辛勤工作中，除了不惜一切代价生存下去的欲望，也就是瘦弱的植物借以将根延伸到没有土壤的岩石里的那种同样强大的欲望，我们还能发现什么呀！

只有那些当时马上被艺术文化的高贵幻觉占据心灵，从而没有在实际上走向自然将其作为真正的非自然来憎恶的悲观主义的人，才能从这 765
种惊人的生存斗争中脱颖而出。和希腊世界相比较，在多半只创造病态与怪诞事物的现代世界里，个别人就像贺拉斯《诗艺》开头描写的那种虚构事物①那样，是由各个不同部分五光十色地拼凑在一起的，在这同一个人身上往往同时显示出生存斗争和艺术需求的欲望：从那种非自然的融合中产生出在艺术需求之前原谅和净化那前一种欲望的需求。因此，人们相信“人的尊严”和“劳动的尊严”。

希腊人不需要这些概念上的幻觉，他们惊人地坦言，劳动是一种耻辱——而一种更隐蔽、更少言词、但到处都很活跃的智慧补充说：甚至人类也是可耻、可怜的虚无和“影之梦”②。劳动是一种耻辱，因为生存本身没有价值；但是如果就是这种生存在艺术幻觉的诱惑性装饰中熠熠生辉，而现在它似乎真有一种固有价值，那么“劳动是一种耻辱”这句话也就仍然有效了——而且感觉纯粹为继续生存而斗争的人不可能成为**艺术家**。现在不是有艺术需求的人，而是奴隶，在决定一般的想象：作为奴隶，他从本性上来讲不得不以虚假名称描述其所有状况，以便能够生存。诸如人的尊严、劳动的尊严等幻象是自惭形秽的奴性的可怜产物。不幸的时代！在这样的时代，奴隶需要这些概念；在这样的时代，奴隶被鼓动去思考自己和自己以外的事情！不幸的引诱者们！他们用知识树 766
的果子毁灭了奴隶的无辜状态！现在奴隶不得不用容易识破的谎言来虚度光阴，就如在这种人的所谓“所有人的平等”中，或者在所谓“人的基本权利”中，或者在劳动的尊严中的那些谎言，每个有深邃目光的人都可以识别。奴隶甚至不会理解，在什么级别上，在什么样的高度上，才可以大概地谈论“尊严”，也就是说，在个体充分超越自我，不必再为

① 贺拉斯在《诗艺》一书开头是这样写的：“如果画家作了这样一幅画，上面是个美女的头，长在马颈上，四肢是由各种动物的肢体拼凑起来的，四肢上又覆盖着各色羽毛，下面长着一条又黑又丑的鱼尾巴……”

② 出自古希腊诗人品达（公元前 518？—前 442？）的《皮托竞技胜利者颂歌》第 8 首中的诗句：“人是一个影之梦。”

其个人的继续生存而繁衍和劳动。

而甚至在“劳动”的这种高度上，希腊人有时都突然产生一种看上去像是羞怯的感觉。普鲁塔克[1]曾经以古希腊的本能说，没有哪一位出身高贵的年轻人，在比萨看到宙斯时，会产生自己成为一个斐狄亚斯[2]的想法；或者，当他在阿尔戈斯[3]看到赫拉时，会自己想成为波利克莱特[4]；他也同样不愿意成为阿那克瑞翁[5]、菲雷塔斯[6]或者阿尔基洛科斯[7]，不管他多么喜欢他们的诗歌。在希腊人看来，艺术创作同样归在不体面的劳动概念范畴中，就像任何俗气的手工业一样。但是，如果艺术冲动的强制力在希腊人身上发挥作用，那么他就**得**创造，并服从那种劳动需求。希腊人的行为就像一个父亲，一方面赞叹其孩子的美与才，一方面却羞答答地勉强考虑生育行为。兴致勃勃地对美感到惊讶，并没有使他对自己的生成产生失去理智的看法——这种生成在他看来像自然中的一切生成一样，是一种强有力的需求，是一种向生存的自行推进。生殖过程被看成应该害羞地加以隐瞒的事情，尽管在这一过程中，人为一个比保存他个人更高的目标服务：这同样的感情也掩盖了伟大艺术品的产生，尽管通过伟大的艺术品，一种更高的生存形式被开创出来，就像通过前一种行为，新的一代被
767 创造出来一样。因此，**羞耻感**似乎就出现于人仍然只是比他自己适用于个体之个别形象的情况更加无限宏大的意志现象之工具的地方。

现在，我们有了希腊人有关劳动和奴性方面的感觉应该被纳入其中的一般概念。他们把这两者看作一个必要的耻辱，人们在它面前感到羞愧，同时感到耻辱，同时感到必要。在这种**羞愧**感情中隐藏着无意识的认识，真正的目的**需要**那些前提；但是，在那种**需要**中，存在着自然这一司芬克斯怪兽的可怕与野蛮，司芬克斯在艺术上自由的文化生活的美化中，如此

---

① 普鲁塔克（公元46？—125），罗马帝国时代的希腊作家。
② 斐狄亚斯（公元前480？—前430），古希腊雕刻家、画家、建筑师。
③ 古希腊城市，当地有天后赫拉的神庙。
④ 波利克莱特（公元前480？—前5世纪末），古希腊雕塑家。
⑤ 阿那克瑞翁（公元前570？—前480？），古希腊诗人。
⑥ 菲雷塔斯（公元前340？—前285？），古希腊学者、诗人。
⑦ 阿尔基洛科斯（公元前680？—前645？），古希腊诗人。

美丽地向前伸展出少女的身影。尤其作为真正艺术需求的教育建立在一个可怕的基础上，但是这个基础会在朦胧的羞耻感中显现出来。为了使艺术发展有一片广阔、深入、肥沃的土壤，绝大多数人在为少数人服务中必须**超越**其个人需求的尺度而奴性地屈从于生活的需求。那个特权阶级应该付出代价，通过额外劳动脱离生存斗争，以便造就和满足一个新的需求世界。

因此，我们还必须懂得把以下事实说成是听起来残酷的真理，即**奴性属于一种文化的本质**：这当然是一条对生存的绝对价值不留下任何怀疑的真理。**它**是啄食普罗米修斯式的文化促进者之肝脏的秃鹫。艰难生活之人的痛苦必然还要加重，为了让少量奥林匹斯之人能够生产艺术世界。这里有共产主义者和社会主义者及其更为苍白的后裔、反对艺术但也反对古典时期的任何时代的"自由派"白种人所滋养的愤怒的源泉。 768
如果文化真可以由一个民族随意摆布，如果这里没有对个人来说便是法律和限制的无法回避的权力在统治，那么，对文化的鄙夷、对精神匮乏的美化、对艺术要求的破坏圣像运动式的毁灭，就**不仅仅**是被压迫大众对寄生虫个人的反抗了：这会是推倒文化之墙的同情呼唤，对公正和平均分担痛苦的渴望会淹没所有其他想法。实际上满溢的同情已经时不时在短期内毁坏所有文化生活的堤坝；一道同情之爱与和平的彩虹以基督教的第一道光芒出现，在这道光芒之下，其最美果实《约翰福音》诞生了。但是，也有这样的例子：强大的宗教在长期中把一种文化程度固定下来，用无情的镰刀割断所有想继续蔓延的一切。因为有一点不可忘记：我们在任何文化的本质中发现的残酷性，也同样存在于任何强大宗教的本质中，一般而言存在于始终邪恶的**权力**的本性中；所以如果一种文化凭借对自由或者至少对公正的呼唤摧毁宗教要求垒得太高的堡垒，那么我们将同样能很好地理解。任何想要或者不得不在可怕的万物状况中生活的东西，归根结底，从其本质而言，是原始痛苦和原始矛盾的映像，因而必然作为贪得无厌的生存欲望和时间形式中的永恒自相矛盾，即作为**生成**，映入我们的眼，这"顺应世界和大地的器官"①。每个瞬间都吞

① 出自歌德《浮士德》，第2部，11906行。

噬掉前面的瞬间，每一次诞生都是无数生存物的死亡，生殖、生活、谋杀是一回事。因此，我们也可以把辉煌的文化比作一个血淋淋的胜利者，
769 他在凯旋的队伍中把绑在战车上的战败者当作奴隶拖着走：一种慈善的力量蒙住了奴隶的眼睛，以至于他们几乎被车轮碾得粉碎，却仍在喊着"劳动的尊严！""人的尊严！"文化，这位艳后克利奥佩特拉①，总是一再把其最珍贵的珍珠扔进她的金杯里：这些珍珠是对奴隶和奴隶苦难的同情之泪。从现代人的娇生惯养中，而不是从那种苦难的真正的深切怜悯中，产生出当今的巨大社会危急状况；如果希腊人真是毁于其奴隶制，那么另一种情况就更加确定，即我们将毁于奴性的**缺乏**：奴性对原始基督教和日耳曼文化来说一点都不失体统，更不用说会被认为是卑鄙的。观察中世纪的农奴对我们起着如何的升华作用啊！农奴和地位更高的人具有内在强健而敏感的法律道德关系，其狭隘生存周围有着意义深刻的围墙——多么升华——而且多么富有谴责意味！

不能毫无伤感地思考社会形态的人，学会把它理解为那种高高在上的文化人持续而痛苦的诞生，理解为一切其他事物都在煎熬中为这种诞生服务的人，也都将不再被现代人在国家起源及意义问题上所扩展的那种骗人光华所欺骗。也就是说，如果没有手段来推动刚才描绘的那种社会过程，来保证其不受阻碍地不断延续，那么国家对我们来说又有什么意义呢？即使个人的交际欲望很强，也只有国家的铁夹子才能强行让更大量的民众彼此如此贴近，以至于现在**必然**出现社会的那种化学分解，
770 有着它那种新的金字塔结构。但是，其目标远远超越个人观点及其自私自利之上的国家，它的这种突如其来的权力是从哪里产生的呢？奴隶，盲目的文化鼹鼠，是怎样**产生**的呢？希腊人已经在国际法的本能中向我们泄露了这一点，这种本能甚至在其最成熟地富于教养与人性的时候，也没有停止用音量宏大的嘴巴喊出这些话来："战败者连同妻儿和生命财产均属于胜利者。权力赋予第一**权利**，没有在根本上不是僭越、篡夺、暴力行为的权利。"

---

① 克利奥佩特拉（公元前69—前30），古埃及托勒密王朝的最后一位女法老，后世称其为"埃及艳后"。

我们在此再次看到，为了社交需要，天性如何以铁石心肠铸造了国家这残酷的工具，即那位铁腕**征服者**，他不过是上述本能的客观化。这种征服者难以界定的伟大和强大使观察者感觉到，他们不过是通过他们表露然而又向他们隐瞒的一种意图的手段而已。就好像有一个魔力意志从他们内心产生一样，较弱力量如此令人费解地迅速加入到他们的行列中来，在那种巨大暴力集聚的突然膨胀中，在创造中心的魔力下，他们如此神奇地转变成一种至此尚不存在的亲合力。

如果我们现在看到，被征服者如何马上就对可怕的国家起源毫不关心，以至于归根结底，历史告诉我们的任何种类的事件都没有像关于突然发生的、暴力的、流血的、至少在**一个**问题上无法解释的篡权那么有限；如果相反，内心面对形成中的国家的魔力，在演算理性仅仅能看到一种力量相加的地方，不由自主地充满对一种无形中深层意图的预感；如果现在国家甚至被热情地看成是个人牺牲精神和义务的目标与顶点，那么一切都说明国家的极大必要性，没有国家，自然就无法成功地通过社会实现其假象中和天才之镜中的拯救。对国家的本能兴趣有什么样的 771
知识攻克不了啊！但是你应该想一想，一个深入看待国家诞生的人今后将只会恐惧地远离国家去寻求其拯救；而你在哪儿看不到国家诞生的纪念碑啊！诸如荒芜的土地、被毁的城市、野蛮化的人、耗尽精力的民族仇恨！可耻地诞生的国家，对于大多数人来说，是一个不断奔流的苦难之源，在经常重复出现的时期中，是人类劳命伤财之火——然而也是使我们忘我的声音，是鼓舞起无数真正英雄壮举的战场呐喊，也许是盲目、自私大众最敬畏的最高目标，这些大众也只是在国家生活的非常时刻才在脸上流露出令人诧异的伟大表情。

然而，我们不得不在希腊艺术独一无二的顶点，先验地把希腊人设想为“自在的政治人”；而实际上希腊人不知道有如此可怕地激发政治冲动、如此无条件地牺牲一切其他利益以服务于这种国家本能的第二个例子——最好我们能借助比较的方法，立足于类似的基础，用同一种称号来描述意大利文艺复兴时期的人。希腊人的那种冲动如此超载，以至于他总是又重新开始对自己生气，牙齿都咬到了自己的肉里。这种城市对城市、政党对政党的血腥嫉妒，那种小型战争的如此凶残贪欲，踩在敌人尸体上的猛虎般凯旋，简言之，那种特洛伊残酷搏斗场景的不断更新，荷马作为真正的希腊人站在我们面前，**饶有兴致地**沉浸在对这些场景的观望中——希腊国家这种天真的野蛮表明了什么？它从哪里获得它在永
772 恒正义的法官席面前的辩护呢？国家骄傲而平静地走到法官席面前，而它手牵着那个风姿绰约的女人——希腊社会。为了这位海伦，它进行那些战争——哪个白胡子法官会在这里进行谴责呢？——

正是在这种国家与艺术之间、政治贪婪与艺术创造之间、战场与艺术品之间让我们感觉到的神秘关系中，我们如已经说过的那样，把国家仅仅理解为强力推行社会进程的铁夹子；而没有国家，在自然的 *bellum omnium contra omnes*① 中，社会根本不可能更大规模地，或者超越家庭范围地扎根。现在，到处都建立了国家之后，那种 *bellum omnium contra omnes* 的冲动时不时地集中民族间可怕的战争阴云，仿佛释放为更罕见但是格外强大的电闪雷鸣。然而在间歇中，那种战争的向内集中的效果给予社会以时间在各处发芽、变绿，以便一旦出现几个暖和的日子，就让天才光彩照人的鲜花绽开。

关于政治方面的希腊人世界，我不想隐瞒，在哪些当今现象中，我相信自己认出了对于艺术和社会来说同样令人担忧的政治领域的危险萎缩。如果真有仿佛天生就被置于在民族本能和国家本能之外，从而不得不在把国家理解为只对他们自己有利的情况下才承认国家的人，那么这种人就必然把大的政治共同体尽可能不受干扰的共存看作最终的国家目标，在这些共同体中，可以允许**他们**在所有人面前毫无限制地致力于自己的意图。头脑中有着这样的想象，他们就将促进为这些意图提供最大
773 可靠性的政治，而他们会违背自己的意图，在无意识本能的引导下为国家意图做出牺牲，这是不可想象的，之所以不可想象是因为他们就是缺乏那种本能。国家的所有其他公民都不清楚自然以其国家本能在他们身上打什么主意，就盲目追随；只有那些立足于这种本能之外的人知道，

① 拉丁文：所有人对所有人的战争。

他们想从国家那里得到什么，以及国家会满足他们些什么。因此，这样的人就不可避免地会对国家产生巨大影响，因为，他们可以把国家看成**手段**，而所有其他人都在国家的那种无意识意图的作用之下，本身不过是国家目的之手段。现在，为了用国家手段来实现对其自私自利目的最大限度促进，尤其有必要使国家完全摆脱那些十分难以估量的战争抽搐，从而使国家得到合理的利用；因此，他们尽可能有意识地努力争取一种不可能有战争的状态。为此，现在有必要首先尽可能剔除、削弱政治上的特殊冲动，通过建立**同等重要的**大型国家实体及其相互保障，使一场侵略战争完全没有可能成功，从而也使一般意义上的战争最少有可能爆发；而另一方面，他们试图从个别的统治者手里夺走战争与和平问题的决定权，以便能更多诉诸大众或其代表的利己主义，为此他们又必须慢慢消除各民族的君主政体本能。他们通过最普遍地传播自由乐观主义的世界观来适应这个目的，这种世界观植根于法国启蒙运动和法国大革命的学说，也就是说，植根于一种完全非日耳曼的、纯罗马式肤浅的非形而上学哲学。我不得不在当今占统治地位的民族运动和同时传播的普遍 774
选举权中首先看到**战争恐惧**的作用，甚至在这些运动的背景下，作为真正担忧者，看到那些真正国际的、无国籍的金融隐士，他们由于天然缺乏国家本能，学会了滥用政治作为交易所的手段，滥用国家和社会作为自己的敛财工具。针对这一方面令人担忧的从国家倾向到金钱倾向的转移，唯一的应对手段除了战争还是战争；而在战争的激发下，至少情况变得如此清晰地让你看到，国家不是作为自私个人的保护机构建立在对战争魔王的恐惧基础之上，而是在对祖国和诸侯的爱戴中由衷地产生一种伦理热情，这种热情表明了一种更加高得多的目的。那么，如果我把运用革命思想来为自私的、没有国家的金钱贵族服务描绘成政治现实的危险特征，如果我把自由的乐观主义极其广泛的传播同时理解为陷入不寻常之手的现代金钱经济的结果，并看到所有的社会罪恶，包括由此产生或与此伴随的艺术必然衰落，那么，你就得原谅我偶尔唱一支赞美战争的歌。他的银弓发出可怕的声音；他像黑夜一样来临，他就是阿波罗，真正使国家神圣化、净化之神。但是，首先，正如《伊利亚特》开头所说的那样，他把箭射向骡子和狗。然后，他射中人本身，到处都燃烧起在柴堆上焚烧尸体的熊熊烈火。① 所以，除非说战争对于国家来说，就像奴隶对于社会来说，同样是一种必然，谁又能在诚实询问希腊艺术未达完美程度的原因时避开这些认识呢?

775 从迄今为止描绘的国家本质方面来观察战争及其划一可能性即**军人职业**的人，必然认识到，战争在军人职业中将国家的映像，或者干脆就是**国家的原始图像**置于我们眼前。在此我们看到，作为战争倾向的最普遍效果，混乱的大众立即被划分、切割成**军事等级**，从中产生出金字塔形状的“军事社会”的结构，最底层是最广大的奴隶之类的人。整个运动的无意识目的强迫每一个个人就范，甚至在异质特性之人那里产生一种仿佛是化学的性质转变，直到他们和那种目的实现了亲合。在较高的等级中，你更多地感觉到这种内在过程根本上涉及的东西，即**军事天才**产生的问题——我们将其看成是原始的国家缔造者。在有些国家里，比如在斯巴达的莱克格斯体制里，你可以清楚地察觉到那种基本国家理念即军事天才之产生的印记。如果我们现在想到在最活跃的活动中、在其真正的“劳动”中的原始军事国家，如果我们让自己明白整个战争技术，那么我们就不得不用提问来纠正从各处吸纳来的“人的尊严”、“劳动尊严”等概念：“尊严”的概念究竟是否符合目的在于毁灭“有尊严之人”的劳动，是否符合被委以“那种有尊严的劳动”之人，或者在国家的这种好战使命中，那些概念是否自相矛盾而互相抵消。我宁愿认为，好战者是军事天才的一种**手段**，他的劳动同样也是军事天才的手段；而一定程度的尊严不相宜于作为绝对之人和非天才的他，而相宜于
776 作为天才手段的他——他甚至可以选择自己作为好战艺术品之手段的毁灭，即**那种要被尊为天才手段的尊严**。但是，我在这里用个别例子所说明的问题，是最普遍适用的：每个人，以及他的全部活动，只有在他有意无意地充当天才工具的时候，才有尊严；从中可以立即推断出伦理的结论，即“人自体”，绝对的人，既没有尊严，又没有权利，更没有义

---

① 从“他的银弓”起的几句话，出自荷马史诗《伊利亚特》，第1卷，47～52行。

务：只有作为完全被决定的、为无意识目的服务的生存物，人才能为其生存辩解。

根据这些考虑，柏拉图的**完美国家**肯定是比柏拉图的崇拜者中那些最热情者本身所相信的更伟大的东西，完全不用说我们有“历史”教养的人善于用来拒绝这样一种古代成果的那种笑嘻嘻的优越神态。国家的真正目的，即奥林匹斯式的生存和天才的一再产生和培养——相对天才而言，所有其他的一切都仅仅是工具、辅助手段和为天才成为可能做铺垫——在这里是通过一种诗人的本能被发现的，并被有力地描写出来。柏拉图一眼看透可怕地遭到毁坏的当时国家生活的神首柱，在其骨子里还仍然看到了一点神明。① 他**相信**可以取下这神像；这被野蛮扭曲的愤怒外表不属于国家的本质：他的政治激情的全部炽热和崇高都投入了那种信念、那种愿望——他在这种炽热中烧尽了自己。他在其完美国家中置于顶尖位置上的不是其一般概念上的天才，而只是有智慧、有知识的天才；他把天才艺术家完全排除在其国家之外，这是苏格拉底艺术判断的死板结论，柏拉图在自我挣扎中将其变成了自己的判断。这种更为外在 777
的、几乎偶然的缺陷不应该阻止我们在柏拉图的国家的总体观念中认识到用其大无比的象形文字写出的一种深邃的、永远需要阐释的**国家与天才间相互关系的秘密信条**：我们在本前言中说出了我们认为从这密码中猜出的东西。

4.《叔本华哲学与德国文化的关系》前言

现在，在亲爱的卑鄙无耻的德国，教育如此潦倒在街头，对所有伟 778
大事物的红眼病如此无耻地流行，奔向“幸福”者的普遍喧哗发出如此

① 在这里，尼采是将两件事合在一起来说了：一是公元前 415 年，雅典海军准备出发远征西西里，但是在出发前的一天夜里，城里的大量赫尔墨斯神首柱突然遭到毁坏，煽动远征的将军阿尔西比亚德斯被怀疑就是毁坏者，后来被缺席判处死刑；另一件事是指柏拉图《会饮篇》接近结尾时阿尔西比亚德斯对苏格拉底的赞美，他说，剖开苏格拉底的“言论，往里面看，你就会发现它们骨子里全是道理……然后你会觉得他的言论真神明……”

震耳欲聋的声响，以至于人们不得不几乎在 *credo quia absurdum est*① 这个意义上产生出一个强烈的信念：为了在此寄希望于一种生成中的文化，尤其是能效力于这样的文化——公开表明与“舆论公开的”报刊相对立。那些不断为民忧虑的人不得不强行使自己摆脱恰恰是现在在场者、现在受重视者的人留下的印象，虽然这些印象铺天盖地向他们袭来，但他们却造成假象，好像他们把同样的事物列入无关紧要的事情中一样。他们不得不显得这个样子，因为他们要思考，因为一种令人反感的景象和一种含混不清的、简直与战争荣誉下的阵阵号角混杂在一起的噪音干扰了他们的思考，但尤其因为他们愿意**相信**德国特色，并且会随着这个信念
779 丧失自己的力量。如果这些信者竭力从远处、从高处自上而下看其希望之乡，请不要责怪他们！他们害怕善意的外国人现在生活在德国人中间并必然因为德国生活与他在自己的善意中学着尊为真正德国特色的那些伟大的个人、伟大的作品、伟大的情节多么不吻合而感到惊讶时使自己经受的那些经验。德国人若不能升华到伟大的地步，他就给人留下一个比平庸更差劲的印象。甚至著名的德国知识，其中不乏最有用的持家美德和家庭美德、忠诚、自我约束、勤奋、谦逊、整洁等似乎被置于更自由的气氛中，似乎得到了美化，但绝对不是这些美德的结果。从近处看，在德国驱使人去进行无限认识的动机更像是一种匮乏、一种亏损、一种漏洞，而不是一种力量的过剩，几乎就像一种寒酸、无定形、无生气的生活的结果，甚至像一种对道德上的狭隘和恶意的逃避，没有这样的漏洞，德国人就屈从于这些狭隘和恶意，而这些狭隘和恶意甚至无视知识而一再突然出现在知识中。德国人作为市侩作风的真正的高手，善于受局限，即在生活中进行认识和评价；如果一个人想要携其做自我超越而达到崇高境界，那他们便会使自己重如铅块，并用这种铅的分量挂在他们真正伟大的人身上，要把这些人从太空中往下拉到自己身边，拉到其可怜的贫困之中。也许这种市侩式的随众只是一种真正德国美德——一种对个别、渺小、眼前事物和个人奥秘的由衷关注——的变种，但是这

① 拉丁文：正因为其荒唐，所以我才相信。

种发了霉的美德现在比最明显的恶习更糟糕；尤其是自从人们完全在内心里高兴地意识到这种特征以至文学式的自我颂扬以来。现在，在众所周知如此文明的德国人中的**“有教养者”**和在众所周知如此不文明的德 780
国人中的“市侩”公开互相握手，并且在今后必须如何书写、创作、绘画、演奏音乐，甚至如何进行哲学思考和统治的问题上彼此达成协议，以便既不离这个人的“教养”太远，又不离那个人的“随众”太近。现在，人们将此称为“当今的德意志文化”；在这个问题上只要打听出，在我们知道“有教养者”的同乳兄弟，德国的市侩，几乎就在失去清白后毫不害臊地向全世界宣称自己是市侩以后，我们凭哪一个标志可以认出那位“有教养者”来。

有教养者现在首先是有**历史**教养：他通过其历史意识拯救自己，使自己免于崇高；市侩则通过其“随众”成功做到了这一点。不再是历史激发的热情——如歌德会误以为的那样——而恰恰是使一切热情变得麻木不仁，现在成为 *nil admirari*① 的钦佩者在寻求历史地理解一切时的目标；但是人们必然冲他们喊道：“你们是古今之愚人！历史只会对你们做和你们相匹配的自白！世界始终充满平庸琐事：正是这些琐事，也只有这些琐事，向你们的历史渴求揭开自己的面纱。你们可以成千上万人狼吞虎咽一个时代——你们事后会一如既往地忍饥挨饿，并且可以为你们那种靠饥饿得来的健康方式而自豪。*Illam ipsam quam iactant sanitatem non firmitate sed ieiunio consequuntur*. *Dial. de. orator*. c. 25. ② 历史不会把一切本质的东西都告诉你们，它只是嘲讽地、隐身地站在你们身边，给这个人手里塞一个国家行动，给另一个人手里塞一份公使报告，又给另外一个人手里塞一份年度数字报表或者一本词源或者一个实用网络。你们真以为可以像做一个加法题一样把历史汇总计算出来，而你们因此就认为你们平庸的理解力和你们的数学修养足够好了吗？当你们听别人 781
讲最著名的时代那些你们永远不会理解的事情时，你们一定会多么恼

① 拉丁文：平常心态。

② 拉丁文：甚至他们夸示的健康，也不是靠坚强，而是靠斋戒得来的。引自塔西陀《关于雄辩术的对话》，第 25 章。

火啊！”

如果现在又有那第三个毫无顾忌而激动的伙伴加入到这个自称为历史性的、毫无热情的教养中，加入到敌对于并诽谤所有伟大事物的市井小人中——加入到奔向“幸福”的人之中——那么这一切合起来就发出一声如此迷惘的叫喊和一种如此让人四肢瘫痪的喧嚣，以至于思想家捂住耳朵，紧闭双眼，逃入最孤独的荒野——逃往他可以看到那些人永远看不到的东西的地方，他必然听到从自然深处、从星空中向他发出的声音的地方。在这里，他和向他飘然而来的那些大问题进行商谈，但是那些问题发出的声音既让人不舒服、让人觉得可怕，又是非历史的、永恒的。软弱者在其寒冷气息面前逃回去，算计者奔跑着穿过它们，却没有感觉到它们。但是，和它们在一起，“有教养者”最糟糕，他有时以他的方式来认真为它们操心。对于他来说，这些幽灵变成了概念的编织[1]和空乏的声音图形。在伸手去抓它们的过程中，他误以为掌握了哲学，他围绕所谓的哲学史爬来爬去地寻找它们——而当他终于为自己搜寻到并堆积起整整一大堆云山雾罩的抽象概念和成规的时候——他可能会遇到这样的情况：一位真正的思想家拦住他的去路，让他那堆东西——烟消云散。作为“有教养者”从事哲学，真是天大的麻烦啊！虽然他时不时会觉得，好像哲学与现在作为“德意志文化”自鸣得意的东西之不可能的结合竟然变得可能了；随便哪个两性人在两个领域之间来回调笑、送秋波，想象在彼此间形成混乱。但是，在此期间如果德国人不想被迷惑，
782 就需要给他们**一个**忠告。他们可以在他们现在称之为“教育”的一切问题上自问：难道**这**就是被期望的德国文化吗？如此严肃，如此有创造性，对于德意志精神来说，如此有拯救意义，对于德意志美德来说，如此有清洁作用，以至于本世纪他们唯一的哲学家阿尔图尔·**叔本华**不得不宣称认可它吗？

在此你们有了这位哲学家——现在寻找属于他的文化吧！而如果你们能预感到这必然是一种适合于这样一位哲学家的什么样的文化，那么

① 在德文中，“幽灵”（Gespenst）和“概念的编织”中的“编织”（Gespinst）只差一个字母。尼采在这里是玩了一个文字游戏。

你们在这种预感中就已经对你们所有的教育和你们自己——做出了判断！——

5.《荷马世界的竞争》前言

当人们谈论**人性**时，总是以下面的观点为前提：它可能是使人和自 783
然相**分离**并标明人之特色的东西。但是，这样一种分离在现实中是没有的："自然的"特性和真正所谓"人的"特性密不可分地交织在了一起。能力最高强、具有最高威势的人完全就是自然，本身具有自然那种让人害怕的双重性。他那些可怕的、被看成人所不具有的能力也许甚至就是肥沃的土壤，所有的人性仅仅由此而在行动中、行为中、作业中萌发出来。

这样，希腊人，这古代最有人性的人，在自己身上就具有一种凶残的、猛虎般摧毁欲的特征：这个特征甚至在希腊人被放大到荒诞程度的镜像中，在亚历山大大帝身上，非常清晰可见，但是在他们的整个历史中，就像在其神话中一样，必然将我们这些用懦弱的现代人性观来面对
他们的人置于恐惧之中。如果说亚历山大让人钻透勇敢的加沙①保卫者巴 784
提斯②的双脚，把他的身体生捆在车上，在其士兵的讽刺下把他拖来拖去，那么这就是令人作呕的阿喀琉斯的漫画。阿喀琉斯在夜间用类似的方法虐待赫克托耳③的尸体，将其拖来拖去；但是，就连这个特征对我们来说也有某种侮辱性和引起恐惧的东西。我们在这里看到了极度的仇恨。也许我们以同样的感觉站在比如克基拉革命④中的希腊两派之间血腥而贪婪的互相残杀面前。如果胜利者在一场城邦斗争中按照战争**法则**把所有

① 巴勒斯坦西南部的一个地区。

② 公元前 4 世纪波斯阿契美尼德帝国的加沙城指挥官。

③ 荷马史诗中与希腊英雄阿喀琉斯决战的特洛伊英雄。

④ 克基拉是位于希腊西部伊奥尼亚海中的岛屿，中文里一般根据英文译成科孚岛。古代伯罗奔尼撒战争到了第五年（公元前 427 年），雅典的盟友克基拉爆发了以平民为一方，以寡头为另一方的尖锐内部斗争，并在内外矛盾的作用下演化成一场革命和残酷的杀戮。

男性公民都处死，把所有妇女儿童卖去当奴隶，那么我们就在对这样一种法则的认可中看到，希腊人真诚地认为必须让其仇恨完全发泄出来；在这样的时刻，浓缩、膨胀的感情得到宽慰：老虎一跃而起，它的可怕目光中闪烁着一种狂喜的残酷。为什么希腊雕塑家不得不无数次一再重复地生动描写战争和搏斗，描写直挺挺的人体，其肌肉因仇恨或胜利的狂喜而绷紧，描写蜷缩着的伤员、奄奄一息的待毙者呢？为什么整个希腊世界都在为《伊利亚特》的搏斗场面欢呼呢？恐怕我们没有足够"以希腊方式"来理解这些事情，而如果我们一旦以希腊方式来理解它们，我们甚至会感到毛骨悚然。

但是，是什么东西作为一切希腊性的温床，隐藏在荷马世界的**背后**呢？在**荷马世界**中，我们已经被线条的格外艺术性的明确、宁静、纯正远远提升到纯素材的融合之上：其色彩由于一种艺术错觉而显得更明快、更柔和、更温暖，其人物在这种五彩缤纷的温暖光线中显得更完美、更让人产生好感——可是，如果我们不再被荷马的手所牵引和保护，退回
785 到前荷马世界里的话，我们向哪里看呢？只有看黑夜和恐惧，看一种习惯于恐怖的想象的产物。这种十分可怕的神统传说反映了什么样的世俗生存啊：一种仅仅由**黑夜之子**、争斗、爱欲、欺骗、年龄、死亡支配的生活。让我们想象一下，赫西俄德诗歌令人窒息的空气仍然黏稠昏暗，没有从德尔斐神庙和无数神之所在流遍希腊的所有那些让人感觉舒缓和净化的东西：如果我们把这种稠稠的彼奥提亚①空气与伊特鲁里亚人②暧昧的淫欲混合起来，那么这样一种现实就会把我们**逼出**一个神话世界，在其中，乌刺诺斯③、克罗诺斯④、宙斯以及提坦众神⑤的争斗必定让人感觉是一种宽慰；在这种逼迫的气氛中，战斗是幸福、拯救，胜利的残酷是生命欢呼的顶峰。而正如希腊的法律观念事实上恰恰是从**谋杀**和为

---

① 希腊中部在史前希腊时期最早有人居住的地区之一，也是希腊古代许多传说的发祥地。

② 意大利中西部古国居民。

③ 希腊神话中最古老的天神。

④ 希腊神话中第二代天神，后被其子宙斯推翻。

⑤ 乌刺诺斯与大地之神盖亚的子女。

谋杀赎罪发展而来的，更高贵的文化也是从为谋杀赎罪的祭坛上获得其第一个胜利花环的。在那种血腥时代的背后，有一道波痕深深嵌入希腊历史中。俄耳甫斯①、缪宙伊斯②的名字以及对他们的崇拜表明，不停地观看一个充满搏斗与残暴的世界会逼人得出什么结论——厌恶生存，把这种生存理解为一种该受的惩罚，相信生存和负罪的同一性。但是，恰恰这些结论不是希腊人所特有的：在这些结论中，希腊将自己与印度，总体而言，与东方相联系。希腊的天才还为“充满战斗和胜利的一生想要得到什么?”这个问题备有另一个答案，并在希腊历史的整个广度上给出这个答案。

为了理解这个答案，我们必须以此为出发点：希腊天才认可如此可怕地存在的冲动，并认定其为**合理的**；而在俄耳浦斯式的转折中存在着这样 786
的思想，即以这样一种冲动为根基的生活并没有生活价值。战斗和胜利的喜悦得到承认，而没有什么东西像由此而产生的对诸如**厄里斯**③和**妒忌**等个别伦理概念的色彩化那样，把希腊世界与我们的世界如此截然分开。

当旅行家保萨尼阿斯④在漫游希腊期间到访埃利孔山⑤的时候，有人向他展示了希腊人第一首教谕诗的一个古本，赫西俄德的《工作与时日》，刻在一个铅盘上，因岁月和气候而遭到严重损坏。但是，他有了这样的认识：它一反通常版本的样子，一开头**没有**那段对宙斯的短小赞歌，而是立即以如下的宣告开篇：“世上有**两位**厄里斯女神。”这是最值得注意的希腊思想之一，值得让来访者在希腊伦理的入门处就马上铭记在心。“如果你有判断力，你就会赞扬这一个厄里斯，同样也会责备那一个厄里斯；因为这两位女神有着截然不同的性情。因为其中一位残酷的女神促进了糟糕的战争和争端！没有一个凡人喜欢她，倒是有人按照不朽之神的意志，受制于需求而向让人承受不了的厄里斯表示敬意。这一位作为

① 希腊神话传说中的诗人与歌手。

② 据说古希腊有三个叫缪宙伊斯的诗人。这里说的应该是指雅典的缪宙伊斯，被希腊人认为是他们最早的诗人之一。

③ 希腊神话中的不和女神。

④ 公元 2 世纪的希腊旅行家与地理学家。

⑤ 希腊的山脉。

长女，乃黑夜所生；但是上苍的统治者宙斯把另一位厄里斯置于大地之根基上，置于人类中间，作为一个善良得多的女神。她甚至驱使笨拙的人去工作，如果一个缺少财产的人看到另一个人很富有，那么他急忙以同样的方式播种、栽培、料理家务；邻人与努力致富的邻人竞争。这位厄里斯有益于人类。陶工怀恨陶工，木匠怀恨木匠，乞丐妒忌乞丐，歌手妒忌歌手。"①

787 根据我们那些学者的看法，最后两句关于 *odium figulinum*② 的诗行在此处是不可理解的。按照他们的评价，"怀恨"、"妒忌"这些谓语只适合糟糕的厄里斯的本质；因此，他们毫无顾忌地把这些诗行说成是不真诚的或者说成是碰巧落笔于此。但是，厄里斯在这里肯定不知不觉中启示了不同于希腊人伦理的另一种伦理，因为亚里士多德在这些诗行同好厄里斯的关联上没有感觉到任何反感。不仅亚里士多德，而且整个古希腊都对怀恨和妒忌与我们有不同看法，而赫西俄德的看法则具有代表性，他曾经把一位厄里斯说成恶的厄里斯，也就是说，引导人类进行你死我活的敌对厮杀的厄里斯，然后他又称赞另一位厄里斯为善的厄里斯，说她作为猜忌、生气、妒忌激发人类采取行动，但不是激发人类进行杀伤性的厮杀，而是激发人类进行**竞争**。希腊人爱**妒忌**，然而却不把这种性格看成缺点，而是视为一种**善意的**神性的结果：我们和希腊人之间的伦理判断有着怎样的一道鸿沟啊！因为希腊人爱妒忌，所以希腊人也感觉到，在任何过分的荣誉、财富、光环、幸福中都有神的妒忌的目光盯着自己，希腊人害怕这种妒忌；在这种情况下，神提醒他注意，任何人的命运都具有暂时性，而他则害怕自己的幸福，便牺牲掉最幸福的东西，屈服于神的妒忌。这种观念也许并不使他与自己的神疏远，恰恰相反，神的意义被改写成了人**绝不**可以胆敢与神竞争，人在心灵中燃烧着针对每一个其他生存物的妒忌。在塔米里斯③与缪斯的竞争

① 赫西俄德《工作与时日》，11～26行。

② 拉丁文：陶工之恨。

③ 希腊神话中一位爱上了美少年雅辛托斯的色雷斯诗人。阿波罗神也非常爱这位少年，因此阿波罗妒忌地告诉缪斯女神们，说塔米里斯曾夸口说他在唱歌上能胜过她们，于是缪斯女神就使他变瞎变聋，失去才能。

中，在玛息阿①与阿波罗的竞争中，在尼俄柏②感人的命运中，出现了人与神这两个绝不可互相竞争的力量。

但是，一个希腊人越伟大、越崇高，他的内心就越熊熊迸发出好胜的火焰，吞噬每一个与他在同一股道上跑的人。亚里士多德曾开列出一 788
大批这种敌对竞争的清单，其中有一个最引人注目的例子，说是甚至一具尸体也仍然能刺激一个活人产生耗尽人精力的妒忌。亚里士多德就是这样来描述科洛丰③人色诺芬尼④与荷马的关系的。如果我们不像后来在柏拉图那里也有的情况那样，把强烈渴望甚至取代倒下的诗人并继承其荣耀设想为这种攻击的根源，那么我们就理解不了这种对诗歌艺术的民族英雄的攻击强度。每个伟大的古代希腊人都把竞争的火炬传递下去，在每个伟大的美德上点燃起一个新的亮点。如果年轻的地米斯托克利⑤想着米太亚德⑥的桂冠无法入睡，那么他早被唤醒的欲望才以修昔底德给我们描写的他政治行为中唯一值得注意的纯本能的创造性，在与阿里斯提得斯⑦的长期竞争中释放出来。当伯里克利的一位著名对手被问及，他与伯里克利谁是城里的最佳摔跤手时，他的回答是："即使我把他摔倒在地，他也会否认他曾倒下过，就此达到目的，并说服那些看见他倒下的人。"问题和回答都多么独特啊！

如果你想要毫无掩饰地看到他天真见解中的那种感受，即感受到即使城邦的福祉有所改变也有竞争之必要，那你就会想到**贝壳放逐法**

---

① 古希腊传说中的人物，据说他要与阿波罗比赛演奏乐器。有传说说阿波罗输了，结果他让担任裁判的国王弥达斯长出一对驴耳；还有传说说缪斯判阿波罗获胜，最后阿波罗剥了他的皮。

② 在希腊神话中，尼俄柏是底比斯王安菲翁的妻子，因生有七子七女而十分自豪，并因此傲慢地嘲笑太阳神阿波罗的母亲女神勒托只生了一儿一女，还阻止底比斯人向勒托奉献祭品。女神勒托因此大怒，命令儿子阿波罗用箭射死尼俄柏所有的儿子，女儿阿耳忒弥斯射死尼俄柏的全部女儿。尼俄柏因此整天哭泣，主神就把她变成了石像。

③ 小亚细亚的古希腊城市，公元前 7 世纪繁盛一时。

④ 色诺芬尼（公元前 560？—前 478），希腊诗人和叙事诗作者。

⑤ 地米斯托克利（公元前 524？—前 460），希腊海上强权的缔造者。

⑥ 米太亚德（公元前 554？—前 489），在马拉松战役中打败波斯军队的希腊名将。

⑦ 阿里斯提得斯（活动时期公元前 5 世纪），雅典政治家和将军。

的原始意义。比如，以弗所人在放逐赫尔默多尔①时说：“我们中间算不上有人为最好；即使有人为最好，也是在别处，在别人那里。”那么为什么不会有人为最好呢？因为这样竞争就会渐渐终止，希腊城邦的永恒生命基础就会遭受危险。后来，贝壳放逐法又对竞争采取另一种主张：贝壳放逐法的运用，是在一种危险很明显的时候，即在一个进行竞
789 争的伟大政治家与党魁在白热化的斗争中感觉非得采用破坏性的有害手段和危险的政变之时。不过这种特殊处理的原本意义并非起阀门的作用，而是一种刺激手段：清除了杰出个人，以便重新唤起各种力量的博弈。一种敌对于现代意义上的天才“排他性”的想法，但是其前提是：在一种万物的自然秩序中总是有**几个**互相激发对方采取行动但又互相适可而止的天才。这是希腊人竞争观念的核心：它厌恶专制独裁，惧怕其种种危害，作为针对天才的**预防性措施**，它渴望着——第二个天才。

任何天赋都必须在奋斗中发展起来，希腊的国民教育如此要求；而现代教育者最畏惧的，莫过于所谓雄心的释放。在这里，人们把自私自利当作“自在之恶”来惧怕——耶稣会士除外，他们和古人想法一样，因此可能会成为我们时代最有效的教育家。他们似乎相信，自私，即个人因素，只是最有力的动因，其“善”、“恶”秉性本质上取决于其所争取的目标。但是，在古人看来，争斗教育的目的是整体的亦即城邦社会的福利。比如，每个雅典人都应该在竞争中发展自己，只要这能使雅典在最大程度上趋利避害。这不是漫无边际、其大无比的雄心，像通常情况下的现代雄心那样：年轻人在进行赛跑、投掷、唱歌等赛事时，想的是本城的繁荣；他要用自己的荣誉来增加本城的荣誉；他将裁判员尊敬地戴到他头上的花环奉献给自己的各位城邦之神。每个希腊人从小就在
790 心中感受到炽热的愿望，要在城邦之争中成为裨益于其城邦的工具：他的自私在被点燃的地方遭受到束缚和限制。因此，古代的个人更自由，因为他们的目标更近在咫尺。相反，现代人到处都与无限性交织在一起，

① 赫尔默多尔（活动时期公元前5世纪），古希腊法学家，被以弗所人放逐至罗马，对罗马十二铜表法的制定有贡献。

如埃利亚的芝诺①在比喻中所说的捷足者阿喀琉斯那样：无限性阻止他，他甚至连乌龟都追不上。

但是，正如受教育的年轻人在彼此竞争中接受教育一样，他们的教育者也彼此处于竞争之中。音乐大师品达和西门尼德斯②并驾齐驱，猜疑中满怀妒忌；诡辩家，古代更高水平的教师，在竞争中遭遇另一个诡辩家；就连一种最普通的教训也是通过戏剧，只有在伟大的音乐与戏剧艺术家的一种不寻常拼搏的形式下才给予人民的。多棒啊！“甚至艺术家怀恨艺术家！”现代人对艺术家再怕不过的是个人的拼搏冲动，而希腊人认识的**只是在个人拼搏中的**艺术家。在现代人察觉到艺术品弱点的地方，希腊人寻求着其最高力量的源泉！比如，柏拉图对话录中具有特殊艺术意义的，通常是以其时代的演说家、诡辩家、戏剧家的技艺从事竞争的结果，乃有意杜撰，目的在于他最终能说：“你们瞧，我那伟大的竞争对手们会做的我也都会；我甚至可以比他们做得更好。没有一个普罗泰戈拉③像我一样创作出如此美妙的神话，没有一个戏剧家创作出像《会饮篇》这样如此生气勃勃、如此吸引人的整体，没有一个演说家像我在《高吉阿斯篇》中那样写出演说——而现在我摒弃所有这一切，谴责所有仿制的艺术！只有竞争才使我成为诗人，成为诡辩家，成为演说家！”如果我们询问竞争与艺术品构思之间的关系，那么会有怎样的问题展现在 791
我们面前啊！——

相反，如果我们把竞争从希腊生活中剔除，我们就会立即看到那种前荷马时期可怕野性的深渊，一种由仇恨和毁灭欲构成的可怕野性。可惜，这种现象在一个伟人通过一个非同小可的辉煌业绩而突然脱离竞争，亦即他自己及其同胞所判断的 *hors de concours*④ 时，竟如此经常地呈现。效果几乎无一例外地惊人；而如果你通常从这些效果中得出结论，认为希腊人不能忍受荣誉和幸福，那么你就应该更确切地说，他不能承受没有进一步

---

① 芝诺（公元前 490? —430?），古希腊哲学家，埃利亚学派代表人物。

② 西门尼德斯（公元前 556—前 468），古希腊著名抒情诗人。

③ 普罗泰戈拉（公元前 490? —前 420?），古希腊哲学家，智者派的主要代表，最重要的诡辩家之一。

④ 法语：在竞争之外，脱离竞争。

竞争的荣誉，不能承受竞争结束时的幸福。再没有比米太亚德的最终命运更清楚不过的例子了。被马拉松之战无与伦比的成就置于孤独的巅峰，远远凌驾于任何共同战斗者之上：他感觉内心有一种一心对一个与他有宿怨的帕罗斯①公民复仇的卑劣欲望被唤醒。为了满足这种欲望，他糟蹋名声、城邦财富、公民尊严，使自己名誉扫地。在失败的情感中，他竟然堕落到采用种种不光彩伎俩的地步。他和得墨忒耳②的女祭司提摩暗中形成一种亵渎神灵的关系，在夜间走进任何男人都不得进入的神圣殿堂中。当他跳过墙，越来越接近女神的圣地时，一种惊弓之鸟的可怕恐惧突然袭上他的心头：他几乎瘫倒在地，失去知觉，他感觉自己被驱赶回去，在跳出墙外时瘫痪地摔倒在地，受了重伤。对城市的围困不得不解除，人民法庭在等待着他，可耻的死亡将其印记打在辉煌的英雄生涯上，为的是要对所有后人掩饰这英雄生涯。在马拉松战役之后，他感受到诸神的妒
792 忌。而当这种神的妒忌看到这个没有任何竞争对手的人站在孤独的荣誉巅峰时，它就爆发为火焰。如今他唯有诸神在身边——因此他遭遇神的反对。但是，这些神诱使他做出一种亵渎神灵的行为，于是他就毁了。

让我们注意一下，正如米太亚德的毁灭，最高贵的希腊城邦也在因功绩和幸运而从跑道上来到奈基③神庙时沉沦。毁掉其同盟者之独立并严厉惩罚被征服者起义的雅典，在伊哥斯波塔米战役之后以更严厉、更残酷得多的方式将其优势推向全希腊的斯巴达，这两个城邦也像米太亚德的例子那样，通过亵渎神灵的行为造成了自己的毁灭，证明了如果没有妒忌、猜忌和竞争之雄心，希腊的城邦就会和希腊的人一样蜕化。它变得恶毒、凶残，变得报复欲强烈，不信神明，它回到了“前荷马时代”——这时候，只需要一个可怕的惊吓，便可颠覆它、粉碎它。斯巴达和雅典听任波斯摆布，正如地米斯托克利和阿尔西比亚德斯④所做的那

---

① 希腊爱琴海中岛屿。米太亚德在马拉松战役中是发挥了重要作用的雅典将军，取胜后他又去围攻帕罗斯，结果无功而返，反被政敌借机投入监狱。

② 希腊神话中主管农业的女神。

③ 希腊的胜利女神。

④ 阿尔西比亚德斯（公元前450？—前404?），雅典重要的政治家、演说家、将军，在柏拉图的《会饮篇》中，他是对话者之一。

样；他们在放弃希腊最高贵的基本理念——竞争之后，背叛了希腊精神：而亚历山大，这个希腊历史的粗糙摹本和缩略形式，就此发明了世界性的希腊人和所谓的“希腊化”。

1872 年 12 月 29 日完稿

致《在新帝国中》周报出版者的一份新年贺词

795 **阿尔弗雷德·德福**①先生遇上了倒霉事，在一份写得很呆板、任何方面都让人担忧的《致德意志脑力劳动的新年贺词》中，最终真正可耻地栽了，并在倒下时爆发出如下的声音：

> 那大家就得从过去的一年里注意到，甚至在这里也再次出现有效的警告：知名的物理学家泽尔纳②在一本混合了天文学、认识论、伦理学，且总体印象上的确很奇特的书中，为最纯粹的热情所驱使，做了一次认真的劝人忏悔之布道，要求自我反省，回归其古老纯朴的道德。慕尼黑的医生普施曼③最近试图在理论上更严厉甚至残酷而尖锐地证明、剖析理查德·瓦格纳的自大狂，对活着的人进行如此人性审判，这显然太放肆，但是大家可以说，他选取了最该选的人。两本书，尽管让有些人产生悻悻之恶感，却因其警示力量而应该明确得到高度重视；它们绝不会无功而废的。

首先，我们认真表达我们的遗憾，因为泽尔纳的高贵名字未经许可，
796 就被拽入到一种如此可憎的关系中。可是，我们还能做什么呢？只能感

---

① 阿尔弗雷德·德福（1844—1916），德国历史学家，曾为《在新帝国中》周刊工作过。

② 约翰·卡尔·弗里德里希·泽尔纳（1834—1882），德国物理学家、天文学家。

③ 西奥多·普施曼（1844—1899），德国医生，曾写过一篇文章《理查德·瓦格纳，一个精神病学研究》。

到惊讶，并不断爆发出新的惊讶。怎么？编辑德福或者至少他所考虑的读者圈子难道不应该是独一无二的人，一种值得惊叹的稀有之物吗？没有第二个编辑，即使是最靠不住、最堕落的编辑，也不敢如此毫无拘束、如此慷慨激昂地承认自己对普施曼的欣赏，这显然被认为是有失体统的。那么，德福先生以其“毫无拘束的”激情是要屈尊迎合什么样的公众呢？迎合《在新帝国中》的读者，在这《在新帝国中》的范围内，在编辑和读者之间，这样的无拘无束似乎让人感到轻松愉快——在别的地方，它只能引起愤慨或反感。甚至真正立足于丑闻的创办人保罗·林道[①]也能流露或许相似的欲望，不过是间接地通过把那已经证实的普施曼丑闻接纳到其撰稿人丑闻的清单中而已。人们甚至还可以在这里辩解说，这里明摆着一种需求。《当下》[②] 需要普施曼丑闻——立足于丑闻的创办人有自己的需求；原谅这样的需求吧！可是不需要以阿尔弗雷德·德福的方式“攻击”普施曼，那么公开和普施曼握手——有可能吗？但愿没有这个必要！哪位“精神病医生”可以在这里给出解决办法？抑或这是必要的？那些读者也许会对易受影响的阿尔弗雷德·德福施加什么样的压力？——在此期间，在这些根本没有修辞意味的问题得到回答之前，让我们祝贺这位慕尼黑的“精神病学专家”有了新同事阿尔弗雷德·德福，后者甚至在那篇新年献词中也同样是一副医疗艺术家和专家的样子。但愿他们一起成长和繁荣，普施曼和德福，德福和普施曼，*par nobile fratrum*[③]！但愿他们尤其要像我们俩对新年的祝愿一样，尽快互相促进，互相真正熟悉最有效的秘密手段，通过听起来科学的吆喝（或者那份沮丧 797
的刊物）使自己传播开来。受到如此隆重待遇的普施曼其人肯定没有白白被召唤；今后他必然将在棘手问题上支持阿尔弗雷德·德福先生，以令人满意的方式在心理上对付《在新帝国中》读者的不自然的趣味渴求。

弗里德里希·尼采教授博士

---

① 保尔·林道（1839—1919），德国戏剧家、小说家。

② 一份德国期刊，在 1872—1931 年间出版，保尔·林道是其创办人与第一位发行人。

③ 拉丁文：一对宝贝兄弟。

希腊人悲剧时代的哲学

801 就远离我们的人而言，我们知道他们的目的，以便总体上赞同或拒绝他们，就足够了。对于靠近我们的人，我们根据其追求目的的手段来加以判断：我们往往不赞同他们的目的，但是因为手段以及他们的愿望的性质而爱他们。现在，哲学体系仅仅对于其创立者来说是完全真实的：对所有后来的哲学家而言，往往是**一个**大错误，对较弱智者而言，则是谬误与真理的总和。不过，无论如何，最高目的竟是一个谬误，是要受到谴责的。因此许多人不赞成任何哲学家，因为哲学家的目的不是他们的目的，二者相距甚远。另一方面，一般而言喜欢伟人的人，也喜欢这样的体系，尽管其十分谬误：不过其有一点完全不容反驳，一种个人的情绪、色彩，你可以利用它来造就哲学家的形象，就如你可以从一个地方的植物来推断土壤一样。然而，**这种**生活方式和看待人类事物的方式无论如何都是曾经有过的，因此也是可能的："体系"就是这土壤上的植物，或者至少是这个体系的一部分。——

我简单化地讲述那些哲学家的历史，我只是要从每个体系中强调那样一点，它是那么一点有**个性**的东西，并属于历史不得不保存下来的那
802 种不易反驳、不可讨论的东西。它是一个开端，是要通过比较来重新造就、仿制那些人物，让希腊本性的复调音乐最终有一天重新奏响；任务是揭示我们必须**始终热爱**和**尊重**的东西，以及不可能被后来的任何认识剥夺的东西：大写的人。

讲述古希腊哲学家的这种尝试因简明而有别于类似的尝试。简明是 803
这样达到的：提到每个哲学家时，其学说只占一个十分小的份额，也就是说，是通过不齐全性达到了简明。但是，选出的学说中都最强烈地回响着一个哲学家的个性，而所有可能流传的原理的一种充分列举就像那些手册中的习惯那样，无论如何都是一条路：个性完全哑然失声。那些报道因此就如此无聊，因为只有个性才能让我们对受到反驳的体系感兴趣，因为这是永远不可辩驳的东西。从三件轶事中有可能呈现出一个人的形象来，我尝试从每个体系中突出三件轶事而放弃剩余的东西。

1

有一些人反对哲学，而大家听从他们是明智的，尤其是当他们劝德 804
国人病态的大脑不要靠形而上学，而要像歌德那样借助身体来净化，像理查德·瓦格纳那样借助音乐来治疗的时候。民族的医生拒斥哲学；因此，想要为哲学辩解的人就会表明，健康的民族需要以及曾经需要哲学来做什么。如果他能表明这一点，那么也许就连病人都会取得有益的洞见，明白为什么哲学恰恰对他们来说是有害的。确实有一些好的例子，说明一种可以完全没有哲学而存在的或者在非常适度、几乎游戏般地运用哲学时存在的健康；罗马人在其鼎盛时期是没有哲学而生活着的。但是，一个从哲学那里重新获得所失健康的民族的病患之例在哪里？如果哲学表明自己任何时候都有帮助，都救苦救难，都能为你找到借口，那么这只是在健康人身上，它总是使病人病得更厉害。当一个民族四分五裂，与其中的个人处于松弛关系中时，哲学从来就没有把这些个人更紧密地编织回整体之中。当一个人想要站到一边，在自己周围围起安于现状的篱笆时，哲学总是准备更加孤立他，并通过孤立来摧毁他。哲学在
不完全有理的情况下是危险的，而只有一个民族的健康，但不是每个民 805
族的健康，会给予哲学这个理。

现在，让我们四处寻找，看看是什么对于可以称之为民族健康的东西来说最有权威性。作为真正健康之人的希腊人，通过进行哲学思考，且思考得比所有其他民族都多得多，而已经一劳永逸地为哲学本身做了

辩解。他们甚至都不能适时而止；因为在瘦骨嶙峋的老年，他们仍然以哲学的热烈敬仰者的姿态出现，哪怕他们仅仅把哲学理解为虔诚地在基督教教义中钻牛角尖和最神圣的咬文嚼字。由于他们未能适时而止，所以他们大大减少了其为野蛮的后代所做的贡献，因为这后代正处于青春年少时的桀骜不驯之中，不得不恰好落入那人工编织的大网之中。

另一方面，希腊人懂得适时开始，而这种关于必须何时开始哲学思考的信条，他们比任何其他民族都表白得更清楚。也就是说，不是到了痛苦中才开始：有了痛苦才开始哲学思考，大概是有些人的看法，他们从恶劣心情中引申出哲学。但是，哲学思考是在幸福中开始的，在成熟的男子汉阶段，正处于勇敢、顺当的壮年时期火焰般的欢快之中。这个时期希腊人进行哲学思考，这一点教了我们关于哲学是什么、哲学应该做什么的问题，同样也教了我们希腊人本身的问题。如果希腊人当时就是我们今天有学问的市侩可能会想象的那样一些清醒、早熟的实践者与乐天派，或者，如果他们像没有学问的空想家乐于假设的那样，只是生活在纵情享乐的声色犬马之中，那么哲学的源泉根本就不会在希腊人那里露头。最多也只会有一条不久即在沙漠中干涸或者蒸发成水雾的小溪，然而永远不会
806 有那种高傲地翻滚着浪涛奔流直下的大河，即我们所认识的希腊哲学。

虽然人们努力指出，希腊人能在异国他乡的东方发现和学习多少东西，他们无疑从那里获得了五花八门的东西。当然，如果把来自东方的所谓教师和来自希腊的潜在学生放在一起展示，琐罗亚斯德①在赫拉克利特旁边，印度人在埃利亚人旁边，埃及人在恩培多克勒②旁边，或者干脆阿那克萨戈拉③在犹太人中间，毕达哥拉斯在中国人中间，那样就有了一种奇观。细节无关紧要；但总体思想我们是将就认可的，只要你不用以下的结论来使我们不开心，说什么哲学因而在希腊只是进口的，说它不是从天然的本地土壤中生长出来的，甚至说哲学作为外来的东西，也许

---

① 琐罗亚斯德（公元前628？—前551？），古代波斯琐罗亚斯德教创始人，即查拉图斯特拉。

② 恩培多克勒（公元前490—前430），古希腊哲学家、诗人、医生。

③ 阿那克萨戈拉（公元前500？—428？），古希腊哲学家。

是毁了而不是促进了希腊人。再没有比人云亦云地说希腊人有一种土生
土长的文化更愚蠢的了，他们更多地吸收了其他民族中有活力的文化，
他们之所以能如此先进，恰恰因为他们懂得从另外一个民族让标枪落下
的地方继续把标枪投掷出去。他们富有成效地学习的技艺是值得赞叹的：
所以像他们一样，我们**应该**向我们的邻居学习，这是为了生活，而不是
为了学究式的认识，是要把所有学会的东西用作撑杆，靠它来跳高，而
且跳得比邻居更高。哲学开端的问题是完全无所谓的，因为开始时到处
都是粗陋、无形、空洞、丑陋，而万事万物中只有更高阶段才在考虑之
列。因为埃及哲学和波斯哲学或许更“有原创性”，总之，更古老，而宁
愿关心那些哲学而不是希腊哲学的人，做事是很不谨慎的，就像那些宁
愿不安于如此壮美、深邃的希腊神话，而要将神话一直追溯到物理学的
平凡现象，追溯到作为这些现象开端的太阳、闪电、暴风雨、云雾的人 807
一样，像那些比如在天真的印欧人种那里头脑简单的对一个苍穹的膜拜
中误以为重新发现了一个比希腊人的多神教更纯粹的宗教形式的人一样。
通往开端的道路到处都走向野蛮，关心希腊人的人应该始终告诫自己：
无节制的求知欲本身在任何时候都和对知识的仇恨一样使人野蛮化，而
希腊人通过顾及生活，通过一种理想的生活需求，束缚了自己本身不知
满足的求知欲——因为他们想要马上体验自己学到的东西。希腊人也作
为文明人，并且以文明的目的来进行哲学思考，因此，他们避免由于某
种土生土长的狂妄自大而再一次发明出哲学和知识的因素，于是直接去
充实、增强、提升、净化这些拿来的因素，以至于他们现在才在更高意
义上和更纯粹的领域里成为发明者。也就是说，他们现在发明了**典型的
哲学头脑**，整个后代都再也没有在此基础上发明出更多本质性的东西。

如果有人指出像古希腊大师泰利斯①、阿那克西曼德②、赫拉克利特、巴门尼德③、阿那克萨戈拉、恩培多克勒、德谟克利特、苏格拉底组

---

① 泰利斯（公元前624？—前546），古希腊哲学家、数学家、天文学家，米利都学派创始人，“希腊七贤”之一。

② 阿那克西曼德（公元前610？—前546?），古希腊米利都学派哲学家、天文学家。

③ 巴门尼德（公元前515—前450?），古希腊哲学家，埃利亚学派创始人。

成的这样一个如此神奇地理想化的哲学家群体，那么每个民族都会感到自惭形秽。所有这些人完全是用一块石头凿成的。在他们的思想和性格之间，严格的必然性占统治地位。对于他们来说，没有因袭的问题，因为当时没有专业的哲学家和学者。他们所有人都在了不起的孤独中成为当时唯一只靠知识生活的人。他们都拥有古人的美德活力，藉此他们比所有后人都更能找到自己的形式，并通过变形将其进一步塑造到最精细、最伟大的程度。因为没有一种习俗会朝他们迎面走来，乐于帮助他们，
808 使他们感到轻松。于是他们共同构成了叔本华所说的对立于学者共和国的天才共和国：一个巨人隔着不同时代之间荒芜的中间地带向另一个巨人呼喊，不受在其脚下爬走的喧嚣嬉闹的侏儒之干扰，继续着精灵间的高端对话。

关于这种精灵间的高端对话，我决定先讲一下我们现代的迟钝听觉大概能听到、能理解的东西，也就是说，无疑是少之又少。我似乎觉得，那些从泰利斯到苏格拉底的古代贤人在对话中讨论了所有那种尽管以最一般的形式出现，但在我们看来却构成了希腊特色的东西。他们在谈话中就像在其个性上一样，清楚鲜明地形成了希腊天才的伟大特征，其模糊的印迹，其不确切的因此更不清楚雄辩的复制品就是整个希腊历史。如果我们要正确解释希腊民族的整个生活，我们总是发现，只有那个在其最高天才身上放射出绚丽多彩光芒的形象被反映出来。正是哲学在希腊土地上的首次经历，对七贤的认可，成为希腊特色这幅图像上的一条清晰、难忘的线条。其他民族有圣人，希腊人则有贤人。有人不无道理地说过，与其通过一个民族的伟大人物，不如通过该民族对其伟大人物认可和尊重的方式，来刻画这个民族的特征。在其他时代，哲学家是在充满敌意的环境中一个偶然出现的孤独的漫游者，不是蹑手蹑脚地穿行而过，就是攥紧拳头挤过人群。只有在希腊人那里，哲学家不是偶然出现的：当他于公元前第六、第五世纪在世俗化的巨大危险和诱惑下出现，仿佛是从特洛丰纽斯①的洞穴出来，走入希腊殖民地的淫乐、发现者的幸

① 希腊神话中的人物，具有传奇色彩的建筑师，后成为神谕之神。

福、财富和感官性中时，我们就预感到，他是作为一个高贵的警告者而
来，为了在那些世纪中悲剧之所以诞生的同样目的，而宗教秘仪在其习 809
俗的奇怪文字中也向人暗示了这种目的。那些哲学家对生活和生存的判断一般比一个现代判断表明了多得多的东西，因为他们眼前的是十分完美的生活，因为在他们那里不像在我们这里，思想家的感情在追求人生自由、美好、伟大的愿望和对“究竟何为生命价值”的真理渴求之间的分裂中无所适从。哲学家在一种真正的、酷似统一风格的文化内必须完成的任务，之所以不可以纯粹从我们的状况和经历中猜测出来，是因为我们没有这样的文化。而只有像希腊那样的一种文化才能回答那种哲学家任务的问题，只有它能如我所说，完全为哲学辩解，因为只有它才知道并且能证明，哲学家为什么以及怎样才**不是**一个偶然出现的、随便散落到这里那里的漫游者。有一种钢铁般的必然性把哲学家束缚在一个真正的文化上；可是，倘若手头没有这种文化，怎么办呢？于是，哲学家就成了一个难以捉摸因而引起惊恐的彗星，尽管在良好情况下他作为文化太阳系中一颗主要的星辰熠熠生辉。希腊人之所以为哲学家辩护，是因为只有在他们看来，哲学家不是彗星。

2

在这样的思考之后，如果我把前柏拉图时期哲学家们作为一个休戚相关的群体来谈论，并打算把本文只献给他们，我就不会招来反对而更容易被人接受了。柏拉图开始了全新的东西；或者，我们可以同样正确
地说，自从柏拉图以来，与那个从泰利斯到苏格拉底的天才共和国相比， 810
哲学家缺少了某种本质的东西。想要对古代的那些早期大师表示猜疑的人，会把他们称作有片面性的人，而把其以柏拉图为首的模仿者称作多才多艺的人。把后者理解为哲学的混合性格，而把前者理解为纯粹类型，会更正确、更无偏见。柏拉图本身是第一位了不起的混合性格，并且既在其哲学中又在其个性中清楚地体现出来。苏格拉底、毕达哥拉斯、赫拉克利特的因素在他的理念学说中集于一体，因此这一学说不是纯粹类型的现象。甚至作为人，柏拉图也融合了三位哲学家的特征：赫拉克利特王者式的独来独往和知足，毕达哥拉斯的多愁善感和讲究法则，苏格

拉底的心理辩证法。所有后来的哲学家都是这种混合性格；在什么地方若有某种片面性出现在他们身上，就如犬儒学派的情况那样，那么这就不是类型，而是讽刺画了。但是，更重要得多的是，他们是各宗派的创立者；那些由他们创立的宗派全部都是反对希腊文化及其迄今为止的统一风格的反对派。他们以自己的方式寻求一种拯救，然而仅仅针对个别人，或者最多针对亲近的朋友、弟子圈子。古代的早期哲学家的活动，尽管他们没有意识到，但总体来说却是倾向于治疗和净化的；希腊文化的强大进程不应该受到阻挡，可怕的危险应该从它的道路上清除掉，哲学家保护、捍卫着自己的家乡。现在，自从柏拉图以来，哲学家却处于流亡之中，还阴谋反对自己的祖国。——真的很不幸，古代那些早期哲学大师为我们留下的东西如此之少；所有完整的东西都没有到我们手里。我们不由自主地由于那种损失而按照虚假的尺度衡量他们，而且让我们由于柏拉图和亚里士多德从来都不乏好评者、抄写者这一纯偶然的事实
811 而不喜欢早期的哲学家。有些人设想书有自己的命数，一种 *fatum libellorum*①；但是，如果事情的结果是，我们永远失去了赫拉克利特，失去了恩培多克勒的神奇诗歌，失去了被古人和柏拉图相提并论且在创造性方面超过柏拉图的德谟克利特的文章，却把斯多葛学派、伊壁鸠鲁学派和西塞罗作为替代品塞到我们手中，那么，这种命运无论如何都是非常险恶的。或许我们已经丧失了绝大部分的希腊思想及其语言表达：一种命运，想起司各图斯·艾利吉纳②或帕斯卡之厄运，并权衡着甚至在当前这个光明的世纪，叔本华那第一版《作为意志和表象的世界》都必然被变成废纸的人，是不会对这种命运感到惊讶的。如果有人要为这种事情设想一个特有的宿命力量，那么，他可以这样做，而且和歌德一起说："切莫抱怨卑劣之事；因为它颇有力量，不管别人对你怎么说。"③ 它在特殊情况下比真理的力量还大。人类很少写出一本以大胆的无拘无束唱出

---

① 拉丁文：书的命运。

② 约翰内斯·司各图斯·艾利吉纳（800—880），爱尔兰神学家、新柏拉图主义哲学家。

③ 引自歌德《东西合集》"郁闷卷"中的《漫游者的宁静》。

真理战歌亦即哲学英雄主义之歌的好书；不过，它是可以再多存活一个世纪，还是化为烂泥尘土，取决于极其偶然的情况，诸如头脑的突然愚钝，迷信的情感发作和厌恶情绪，最后，甚至取决于懒于提笔的手指，或者干脆取决于书蛀虫和多雨天气。但是，我们不要抱怨，还是让我们听一听哈曼①打发抱怨著作佚失的学者所说的安慰之语："用一根扁豆穿过针眼的艺术家不曾有过一箩筐的扁豆，足以练习其后天获得的巧手吧？这个问题是大家都想对所有那些学者提出来的，他们不如艺术家运用扁豆那样聪明地运用古人著作。"② 在我们的情况下还可以补充说：除了已经流传给我们的以外，不必再有任何话、任何轶事、任何年份流传给我们，我们甚至只需要少得多的东西来确定希腊人为哲学辩护这样一个一 812
般信条。——一个承受所谓普及教育之苦、但是没有文化、在其生活中也没有统一风格的时代，将不知如何对待哲学，即使哲学是由真理之神本身在街头、集市上宣告出来，亦是如此。在这样一个时代，它宁愿始终是孤寂散步者的博学独白，个别人偶然的战利品，隐藏的室内秘密，或者学术老人和孩童之间无害的闲聊。没有人会敢于在自己身上实践哲学法则，没有人按照哲学家的方式生活，以简单的男子汉之忠诚强迫一个古人无论在哪里、不管做什么，只要他曾经承诺过对斯多葛学派的忠诚，就一定要做出一个斯多葛派学者的姿态。一切现代的哲学思考都是政治的、警察式的，被政府、教会、高等院校、风俗习惯、时尚、人的怯懦局限在博学的外表上：它止于"但愿……"的叹息，或者对"曾经有过……"的认识。哲学没有权利，因此现代人只要一般而言有勇气、有良心，就必然摒弃它，并用柏拉图将悲剧诗人逐出理想国时所说的那一类话来驱逐它。当然，它保留一种反驳，就像那些悲剧诗人保留一种对柏拉图的反驳一样。一旦被逼得不得不说，它也许会说："可怜的民族！如果我在你们中间像个女占卜师一样在国内四处游荡，不得不躲躲藏藏，装得好像我是个罪人，而你们是我的法官一样，那是我的过错吗？你们只需看看我的妹妹——艺术！她与我的境遇一样，我们都流落在野

---

① 约翰·格奥尔格·哈曼（1730—1788），德国神学家、哲学家。

② 具体出处不详。

蛮人中间，不知道如何拯救自己。真的，我们在这里没有任何真正的权利：可是，我们会在法官面前找回权利，法官也会审判你们，将对你们说：首先拥有一种文化吧！然后你们才会了解到，哲学要做和能做什么。”——

3

813 希腊哲学似乎始于一个荒诞的念头，始于这样的命题，即水是万物的本原和母腹：真有必要停下来认真对待吗？是的，有三个原因：首先，因为这个命题表达了某种关于万物本原的东西；其次，因为它这样做未用图像和寓言；最后，第三点，因为其中尽管只是处于萌芽状态，却包含着万物归一的思想。第一个原因把泰利斯仍然留在了与宗教、迷信因素的关系中，但是第二个原因却把他从这种关系中摘出来，把他作为自然研究者展示给我们，然而由于第三个原因，泰利斯才被看成是第一位希腊哲学家。——如果他说：大地由水变来，那么我们只是有一个知识的假设，一个错误的、但很难反驳的假设。泰利斯在以水的假设来对这种“一”的表象进行的描述中，不是克服了当时那种低水平的物理观点，而是最多做了跨越。泰利斯对水，或者更精确地说，对湿气的存在和转化所做的贫乏而无序的经验性观察，最不会允许甚至建议这样一种非同小可的一般化；驱使他走向这种一般化的，是一个形而上学信条，它起源于一种神秘直觉，我们在所有哲学及更好表达这种信条的再三尝试中会遇到它：“万物归一”的命题。

值得注意的是，这样一种信条是如何专制地以所有的经验认识行事的：正是在泰利斯那里，人们能够了解到，在所有时代，当哲学想要翻越经验的藩篱而达到其具有魔幻般吸引力的目标时，它是如何实现的。它足尖点地，轻捷地向前跃进：希望和预感使其脚步插上翅膀。计算型
814 智能则慢腾腾地跟在后面气喘吁吁，寻找更好的落脚点，以便自己也达到那更有神性的伙伴已经达到的那种诱人目标。人们好像看见两个漫游者在一条裹携着石头湍急地向前奔腾的林中小溪旁：其中一个人轻盈地跳了过去，他踩着石头，从一块跳到另一块，石头在他身后沉下水去。另一个人一直无奈地站在那里，他不得不先为自己营造立足点，来承受

其沉重而缓慢的脚步，可是这往往弄不成，也没有神灵来帮他越过小溪。那么，是什么让哲学思维如此快速地达到其目的呢？它和计算、衡量思维的区别大概只在于其更迅速地飞越巨大空间吗？不，因为是一种陌生的、非逻辑的力量，即想象，在驱动它的脚。在如此驱动之下，思维不断从一个可能性跳跃到另一个可能性，这些可能性被看作暂时的安全保证。它自己在飞行中时不时抓住这样的安全保证。天才的预感向它指明了这些安全保证，它从远处猜测到，可证明的安全保证就在这一点上。但是，尤其是想象力在对相似性的闪电般领悟和阐明中是强大的：事后的反思形成了其标准和框框，试图以等同取代相似，以因果性取代共时性。但是，即使在这一点绝不可能的时候，即使在泰利斯的情况下，不可证明的哲学思维仍然有价值；即使在逻辑和经验认识的僵化想要走向“万物皆水”的命题时所有立足点都遭破坏，那么在知识大厦毁坏之后还会有残留物；恰恰在这种残留物中存在着一种驱动力，这几乎就是未来有一天能结硕果的希望。

当然，我并不是说，这种受到局限或者处于弱势状态或者作为比喻的思想，或许仍然包含着一种“真理”；比如，你若想象一下站在瀑布旁的造型艺术家，他在朝他扑面而来的各种水的形态中看到了艺术创造的 815
喷泉表演，伴有人体、兽身、面具、植物、岩石、林泽仙女、耄耋老人，总之是世上应有尽有的事物，以至于对他来说，“万物皆水”的命题得到了证实。泰利斯思想的价值——即使在认识到它是不可证明的之后——恰恰在于，它的意义无论如何都是非神话、非比喻的。希腊人——在希腊人中间泰利斯突然变得如此引人注目——因为原本只相信人与神的实在性，把整个自然几乎仅仅看作这些神一人的伪装、化妆和变形，从而成为所有现实主义者的对立面。在他们看来，人是真理和万物的核心，其他一切都只是现象和骗人的把戏。正因如此，把概念当作概念来把握让他们付出了令人难以置信的艰辛；和现代人的情况相反，甚至最个性的东西也升华为抽象概念，在他们那里，最抽象的东西也一再汇集成一位个人。但是，泰利斯却说：“并非人，而是水，才是事物的实在。”至少就他相信水而言，他开始相信自然了。作为数学家和天文学家，他对所有神秘的、比喻的东西都很冷漠，如果他没有清醒到足以得出“万物归一”这个纯粹的抽象概念，而停留在一种具体表述中，那么他在当时的希腊人中便是一个令人惊诧的珍奇之物。或许最引人注目的俄耳甫斯教徒①比他更具有把握抽象概念和进行非形象思维的能力，只是他们用比喻的形式成功地表达了抽象概念。希罗斯②的菲勒塞德斯③在时代和有些物理观念方面与泰利斯接近，甚至以其对物理观念的表达盘旋在那个神话与比喻结合的中间地带，以至于他比如敢把地球比作一棵带翅膀的橡
816 树，展翅停留在空中，而宙斯在击败了克罗诺斯之后给他披上了一件华丽的荣誉大氅，他亲手在上面绣上陆地、水域和河流。同这种几乎无法做可见性转换的晦涩比喻式哲学思维相比，泰利斯是位有创造性的大师，他在没有富有想象力的寓言的情况下，就开始深入探究自然。如果他在这中间虽然利用了知识和证据，但是不久又跳了过去，那么这同样是哲学头脑的一个典型标志。表示“智者”的希腊词在词源学上归属于 *sapio*（我品尝）、*sipiens*（品尝者）、*sisyphos*（口味最敏锐的人）一类；因此，一种敏锐的察觉与认识，也就是说，一种重大的区别，在大众意识看来，构成了哲学家的独特艺术。如果你说把自己的事情办好的人很聪明，那么哲学家就不聪明；亚里士多德说得对：“泰利斯和阿那克萨戈拉知道的事情被称作非同寻常的、令人惊讶的、困难的和神性的，但却是无用的，因为在他们看来，它不应该同人的财富有什么关系。”哲学通过这种对非同寻常的、令人惊讶的、困难的和神性的东西的取舍，与知识划清了界限，正如它通过强调无用而与聪明划清界限一样。在无论付出任何代价都想要认识一切的盲目欲望中，知识不要这种选择，不要这种精细鉴赏力，贪婪地攫取所有可知的事物；相反，哲学思维总是追踪着最值得认知的事物，追踪着重大的认识。现在，伟大的概念是可变的，无论是在道德领域还是在审美领域：于是哲学始于一种关于伟大的立法，与之相

---

① 大约公元前6—5世纪或者更早在希腊地区流行的一种宗教思潮的信徒，没有统一的宗教团体，但是都援引行吟诗人俄耳甫斯的话。

② 爱琴海中的希腊岛屿。

③ 希罗斯的菲勒塞德斯（活动期约公元前550），希腊神话作家、宇宙起源学家。

关联的是一种命名。哲学说，“这是伟大的”，于是，它把人提高到凌驾
于其认知冲动的盲目而无约束的欲望之上的地位。它用“伟大”的概念
驯服了这种冲动，而且大多用这样的方法，即把关于万物本质与核心的 817
最伟大认识看成是可以达到和已经达到的。当泰利斯说“万物皆水”时，
人从个别知识的蠕虫般摸索和四处蠕动中脱颖而出，他预感到事物的最
终答案，并通过这种预感来克服低级认识水平的共同偏见。哲学家寻求
让世界的交响乐在自己内心回响，使它以概念形式表达出来：在他像造
型艺术家一样平静，像宗教人士一样富有同情心，像知识人士一样探究
目的和因果关系期间，在他感觉自己膨胀为全宇宙期间，他保留了冷静
地把自己看作世界映像的谨慎态度，这是戏剧艺术家的谨慎态度，戏剧
艺术家变形为他人之身，说出他人之话，但是善于将这种变形向外投射
为诗文。在这里，对诗人而言是诗句的东西，对哲学家而言便是辩证思
维：他伸手去抓它，想要留住自己的着魔状态，以便把它固定住。而正
如对于戏剧家来说，言和诗只是用外语结结巴巴地说话，用以说出他经
历和看到的东西，用辩证法和知识反思而对每个深层的哲学直觉所做的
表达，虽然一方面是通报所见事物的唯一手段，但也是一个蹩脚的手段，
甚至归根结底，是一种进入到不同领域和语言的隐喻式的、完全不忠实
的转换。泰利斯就是这样看到了存在物的统一，而当他想要把话说出来
的时候，他却谈起了水！

4

尽管伴随泰利斯形象出现的哲学家的一般类型仅仅是像才从云雾中
显现出来一样，但是他的伟大继承者的形象却已经更加清晰得多地与我
们对话了。米利都的**阿那克西曼德**，古代第一位哲学作者，文笔恰如典 818
型的哲学家应该有的样子，只要他尚未被令人不快的要求剥夺了不偏不
倚的态度和天真：用宏伟风格的罗马字体，句句都见证了处于崇高静观
中的一种新的顿悟和表达方式。思想及其形式是通往那种最高智慧的小
径上的里程碑。以这样一种碑铭般的透彻，阿那克西曼德有一次说：“事
物从哪里产生，也必然在哪里消亡；因为它们不得不付出赎罪的代价，
因其不公正行为而按时间法则受到处决。”一个真正的悲观主义者的神秘

格言，铭刻在希腊哲学界碑上的神谕，我们将如何来解释你呢？

我们时代唯一的严肃的道德学家在《附录与补遗》第二卷第327页[1]让我们细心琢磨一个类似的思考："每一个人的正确评价标准是，他真正是一种完全不应该存在，而通过多种形态的痛苦和死亡来为其生存赎罪的存在物：对于这样一种生存物，你能指望些什么呢？难道我们不都是被宣判死刑的罪人吗？我们先通过生活，其次通过死亡，来为我们的出生赎罪。"一个人若从我们普通人命运的外在形态中读出这个教训来，并已经在没有一种人生可以被一心一意地忍受且在最近处被观察到这一事实中，认识到每一种人生的糟糕的基本状态——尽管我们那习惯于传记流行病的时代似乎对人的尊严有不同的、更为庄严的思考——一个人若像叔本华一样在"印度天空中的高地"上听到了有关生存的道德价值的圣语，那么这个人就会禁不住做出最为神人同形同性的明喻，从人生的
819 局限中汲取那种伤感的教训，并通过转换，把它运用到所有生存的一般性质中。现在和阿那克西曼德一起，把一切生成都看成是从永恒存在中获得的一种惩罚性解放，一种要用毁灭来赎罪的过错，也许不合逻辑，但是无论如何都是真正符合人性的，此外也完全体现了前面描述过的哲学跳跃的风格。一旦生成的一切也会重新流逝，不管我们现在想到的是人生，还是水，还是冷暖：在可以察觉到某些特征的任何地方，我们都可以按照一个非同小可的经验证明，来预言这些特征的灭亡。一个拥有某些特征，并由这些特征构成的存在物，绝不可能是事物的起源和原则；阿那克西曼德得出结论，真正的存在物不可能拥有特定的特征，否则就会像所有其他事物一样必然产生和灭亡。为了使生成不停止，原始存在物必定是不确定的。原始存在物的不朽和永恒不在于一种无限性和不可穷尽性——如阿那克西曼德的解释者通常设想的那样——而在于没有导致灭亡的特定特性：因此其名称也叫做"不确定性"。如此命名的原始存在物超越于生成之上，而且正因为这个理由确保了生成的永恒和无拘无束的进程。当然，那种"不确定性"，那万物之母，可能只会被人说成是

---

[1] 据乔尼奥科里和玛基诺蒙提纳利所编的15卷评注研究版《尼采全集》的说明，此处引文应该是在325页，在该书第2卷的第12章。

负面的，说成是某种不能从现成的生成世界中拿出称谓来给其命名的东西，因此可以认为与康德的“自在之物”旗鼓相当。

当然，关于这实际上是什么样的一种原始物质、它究竟是不是空气和水之间或者也许空气和火之间的一种中间物质而和其他人争论不休的人，根本就没有理解我们的哲学家：这同样也适用于那些认真地自问， 820
阿那克西曼德是否就认为他的原始物质是一切现有物质的混合物。我们更是不得不把目光对准那个一开始就列举的简洁命题的方向，我们从那个方向上可以了解到，阿那克西曼德已经不再纯粹按物理方式来看待世界起源的问题了。如果他更多地在所产生之事物的多样性中看见大量该当问罪的不公正，那么他就是作为第一个希腊人大胆抓住了一堆最深刻的伦理问题。有理由存在的事物怎么能消逝！那种无休无止的生成和创造缘何而来？自然容颜上那种痛苦扭曲的表情缘何而来？所有生存王国中那永无终结的挽歌缘何而来？从这个不公正的世界，从这个狂妄地背离了万物之太一的世界，阿那克西曼德逃入一个形而上学城堡中，他从中探出身子，用目光环顾四周，要在沉思默想之后最终向所有存在物提出问题：你们的生存有何价值？若无价值，你们为何存在？我看出来，由于你们的罪过，所以你们停留在此生中。你们必将以死来为此赎罪。瞧啊，你们的地球是如何在萎缩；海洋在缩小、干涸，山上的海贝向你们表明，大海已经干涸到了何种程度；大火现在就已经摧毁了你们的世界，最终把它化为蒸汽和烟雾。但是，总是一再有这样一个昙花一现的世界：谁能拯救你们于生成的诅咒呢？

对于一个提出这种问题并在翱翔的思绪中不停地扯断经验绳索，以立即进行最高太空飞行的人来说，并非任何一种生活方式都会很受欢迎。我们乐意相信这样的传说：他身穿特别令人尊敬的衣服走来，在他的表情和生活习惯上显示出一种真正悲剧性的自豪。他像他写作那样生活； 821
他说话如他衣着一样庄重，他举手投足就好像当下生存是一场他作为英雄而天生要参与的悲剧。他在这一切之中都是恩培多克勒的伟大楷模。他的市民同胞选他去领导一个移民的殖民地——也许他们很高兴既能给予他荣誉，同时又能摆脱他。甚至他的思想也出发去建立殖民地：在以弗所和埃利亚，人们摆脱不了它，而如果说人们无法下决心停留在它止步之处，人们却知道，人们是被它引导到此的，现在人们准备没有它而由此继续前进。

泰利斯指出了简化“多”之王国并把它降为**一种**单独存在的质——水的单纯展现或伪装。阿那克西曼德比泰利斯超前两步。有一次他自问：如果归根结底有一个永恒的“一”，那么那种“多”如何可能？他从这种“多”的充满矛盾的消耗性、否定性特质中寻求答案。对他来说，“多”的存在变成了一个道德现象，它没有得到辩解，而是不断通过毁灭来赎罪。可是，他随后想到了这个问题：既然整个时间永恒性已经消逝，那么究竟为什么所有已生成之物没有早就消亡呢？一再更新的生成之流缘何而来？他只能借助神秘的可能性是自己回避这个问题：永恒的生成只能从永恒的存在中找到其根源，从那种存在降为一种不公正生成的条件始终是相同的，事物的状况现在到了如此地步，个别生存物从“不确定性”母腹中的那种诞生，是看不到尽头的。阿那克西曼德止步于此，也就是说，他留在了深色的阴影里，这些阴影就像巨大的幽灵躺在这样一
822 种世界观之山上。通过堕落，确定性究竟如何产生于不确定性？暂时性如何产生于永恒性？不公正如何产生于公正？这些问题，人们越是想要接近，黑夜就越深沉。

5

就在这遮蔽了阿那克西曼德生成问题的神秘之夜，以弗所的**赫拉克利特**走上前来，用一道神性的闪电照亮了它。他喊道：“我凝视生成，没有人如此全神贯注地注视万物的这种永恒波涛和韵律。那么，我看见了什么呢？合规律性、不容争议的可靠性、始终相同的法则轨道、在所有违法行为背后进行审判的复仇女神、整个世界——显示出一种至高无上的正义与听命于它的恶魔般无所不在的自然力量。我看到的并非对已生成之物的惩罚，而是对生成的辩解。亵渎神灵的罪恶，变节，是何时以牢不可破的形式，以被视为神圣的法则显现的？哪里非正义占了上风，哪里就有专制、混乱、无序、矛盾；但是在有法律和宙斯之女正义单独统治的地方，如在这个世界上，怎么会有过失、赎罪、判决等领域，怎

么好像还有所有被诅咒者的刑场呢?”

从这一直觉出发，赫拉克利特得出两个相关联的否定，它们是通过与其前辈原理的比较才被明确揭示出来的。首先他否定阿那克西曼德不得不提出的假设，即完全不同的世界之二元存在；他不再把一个有形的世界和一个形而上的世界相分离，不再把一个确定性王国和一个无法界定的不确定性王国相区分。现在，在这第一个步骤之后，他甚至不再能被阻挡，去做出一个更大胆得多的否定：他完全否认存在。因为他保留 823
的这一个世界——被不成文的永恒法则所保护，在铿锵的节拍中汹涌起伏——哪里都没有显示出一种执著、一种坚不可摧、一座洪流中的堡垒。这个世界在任何地方都没有一座坚不可摧的、急流中的堡垒。赫拉克利特比阿那克西曼德更大声地喊道：“我只看到生成。你们别受蒙骗！如果你们相信在生成之海、流逝之海中的某个地方看到了坚实的陆地，那么它只存在于你们短暂的目光中，而不存在于事物的本质中。你们使用事物的名称，就好像它们有一段一成不变的持续存在；但是，甚至你们第二次踏进的河流也已经不是第一次踏进的那条河流了。”①

赫拉克利特有着直觉表象的最高力量作为其珍贵财产；同时他对在概念和逻辑推断中完成的另一种表象方式，也就是说，对理性，显示出冷漠、麻木不仁甚至敌对的态度，而且当他能以一种靠直觉获得的真理来反驳它时，他似乎还感觉到一种乐趣：他以诸如“一切事物任何时候都有对立面相伴随”的名言如此大胆地表述了这种意思，以至于亚里士多德在理性法庭面前指控他犯有违背矛盾原理的最高罪行。但是，直觉表象包括两方面：首先是在全部经验中向我们逼来的五光十色、变幻无穷的当下世界，其次是这个世界的任何经验得以成为可能的条件——时间与空间。因为这些条件即使没有特定内容，也不依赖任何经验，而是纯粹自在地靠直觉被感知，也就是说，被直观到。如果赫拉克利特现在脱离所有经验而以这种方式来思考时间，那么他是借助时间而拥有了属于直觉表象领域的所有事物最富有教育意义的象征图像。于是，比如叔

① 参见 Diels-Kranz 版《前苏格拉底思想家残篇》中的赫拉克利特残篇。

本华也按赫拉克利特的方式来看时间。他一再讲到时间：时间中的每一 824 个瞬间的存在取决于是否耗尽前一个瞬间，即它的父亲，然后再同样迅速地耗尽自己，过去和将来就像任何一场梦一样虚无缥缈，而当下不过是二者之间没有张力、不能持久的界限；但是，空间就像时间一样，而同时处于时间和空间中的一切又像空间一样，只有一种相对的生存，只是由于并为了另一个相似事物，也就是说，不过是由于并为了一个同样的存在物而存在的事物。这是具有每个人都可以达到的、贴切的最高直观性的真理，而恰恰因为这一点，通过概念和理性很难达到这种真理。但是，眼见到这种真理的人，必然也会立即进一步得出赫拉克利特的结论，说现实的全部本质恰恰只是有作用而已，对现实来说没有任何一种其他的存在。恰如叔本华表达的那样（《作为意志和表象的世界》，第一卷，第 10 页）："只是因为有作用，它①才充塞空间，充塞时间。它对直接客体的作用是'直观'的条件，在直观中唯有这一作用存在：每一其他物质客体对另一物质客体发生作用的后果，只是由于后者对直接客体先后起着不同的作用才被认识的，也只在此中才有其存在。所以，因果是物质的全部本质：其存在即其作用。因而可知在德语中将一切物质事物的总括叫做现实性（Wirklichkeit），是极为中肯的；这个词比实在性（Realität）一词的表现力要强得多。物质所作用于的东西无论如何还是物质，也就是说，它的全部存在和本质都只在有规律的变化中，而变化又是物质的一部分在另一部分中产生出来的，因此，按照一种仅在物质界限内部有效的关系，它的全部存在和本质完全是相对的，时间如此，空间亦然。"②

永恒、唯一的生成，一切不断地只是在起作用、在生成而非存在的现实之物的彻底变化无常，如赫拉克利特所教导的那样，是一种令人眩晕的可怕表象，其影响所及之处，最接近于给人以地震时丧失对

---

① 指物质。

② 译文参考石冲白所译叔本华《作为意志和表象的世界》，33 页，以及同页关于 Wirklichkeit 和 Realität 的脚注："叔本华此说，是因 Wirklichkeit 一词词根是动词，即作用、影响、效果等义；而 Realität 一词词根出自拉丁文 res，是事物的意思，不含有'作用'的意味。"

坚实大地信赖的那种感觉。需要有一种惊人的力量来把这种作用转化 825
成对立面，转化成崇高和幸福的惊奇。赫拉克利特是通过一种对每一生成和流逝的实际过程的观察来达到这一点的，他将这个过程包含在两极对立的形式下，理解为一种力量的分解，分解为两种不同质的、对立的、致力于重新统一的活动。一种质不断和自己过不去，分裂为自己的对立面：这些对立面又不断努力重新互相靠拢。虽然大众认为认识到某种一成不变、已成定局、始终不渝的东西，实际上每时每刻都是光明与黑暗、甘甜与苦涩共存，互相依附，就像两个摔跤的人，彼此交替占上风。按照赫拉克利特的说法，蜂蜜既甜又苦，而世界本身就是一个必须不断搅拌的混合罐。从对立面的战争中产生出一切生成：对我们来说显得持续不断的某些特性只表达了一个斗士的暂时优势，可是战争没有因此而结束，较量会永远持续下去。一切都按照这种斗争而发生，而恰恰是这种斗争揭示了永恒的正义。这是一个从希腊精神最纯粹的源泉中汲取的神奇表象，它把斗争看作一种统一、严格、关联着永恒法则的正义持续统治。只有一个希腊人能把这种表象看作一种宇宙论的基础；这是赫西俄德的善的厄里斯被美化成世界原则，这是希腊个人和希腊城邦的竞争观念，它来自竞技训练场、角力场，来自艺术竞赛，来自政党间、城邦间的互相争斗，传播开来成为最普遍的观念，乃至于现在宇宙之轮都在其中转动。正如每个希腊人战斗起来好像只有
他才是正确的，好像司法判决的一种无限可靠的尺度决定了胜利的倾 826
向，不同的质就是这样按照斗争中内在的颠扑不破的法则和尺度互相斗争。狭隘的人类头脑和动物头脑相信万物的确定性和持久性，但是万物本身甚至根本没有真正的存在，它们是出鞘之剑的电光与金星闪烁，是对立之质互相斗争中的凯旋之光。

叔本华再次描述了一切生成固有的那种斗争，胜利的那种永恒交替（《作为意志和表象的世界》，第一卷，第175页）：“恒久的物质必然不断更换形式，在更换形式时，机械的、物理的、化学的、有机的现象在因果性的线索之下贪婪地争相露头，彼此夺取物质，因为每个现象都要揭示自己的理念。在整个自然中都可以追寻到这种争夺的踪迹，而自然甚

至又是由于它才存在的。"① 随后几页对这种争夺做出了最值得注意的说明：只是这些描绘的基调总是不同于赫拉克利特的基调，因为斗争对叔本华来说是生命意志本身自我分裂的证明，是这种懵懵懂懂的黑暗冲动在自己消耗自己，这是一种十分恐怖、绝不令人喜悦的现象。这种斗争的场所和对象是各种自然力量试图互相夺取的物质，这也像时空一样，时空经因果关系而达到的统一就是物质。

6

当赫拉克利特的想象用看见无数对快乐角逐的对手在竞赛裁判严格监督下从事竞赛的快乐观众之眼审视着不停运动的宇宙，即"现实"时，
827 一种更崇高的感觉袭上心头；他不再能把一对对角逐者和裁判看成是互相分离的，裁判本身似乎在角逐，角逐者本身却似乎在裁判——甚至因为归根结底他只察觉到这样一种永远至高无上的正义，所以他才敢于宣告："多"的角逐本身就是这样一种正义！况且，"一"便是"多"。所有那些质实质上究竟是什么呢？它们是不朽的神吗？它们是有始无终地自为的孤立本质吗？而如果我们看到的世界只认识生成和流逝，却不认识固着不变，那些质也许就会构成另外一个样子的形而上世界吗？尽管这不是一个"一"的世界，就像阿那克西曼德在"多"的飞舞面纱后面寻找的那个世界那样，却是一个永恒而实在的"多"的世界？赫拉克利特是否绕了弯路，也许又重新陷入他如此强烈否定的双重世界秩序中呢？一个是有无数不朽之神和鬼怪——即**许多**实在——的奥林匹斯，一个是只看见奥林匹斯众神格斗中尘土飞扬和众神之长矛寒光逼人——也就是说，只看见生成——的人类世界。阿那克西曼德刚逃离确定的质而投入形而上的"不确定性"的怀抱；因为这些确定的质在生成和流逝，他便否定它们是真实的、核子般的生存；可是，现在不是好像生成只是永恒之质间斗争的可见性显现而已吗？当我们谈论生成时——当事物本质中也许根本没有生成，而只有许多真实的、非生成的、无法摧毁的实在时，是否应该追溯人类认识的固有弱点呢？

---

① 译文参考石冲白所译叔本华《作为意志和表象的世界》，212～213页。

这是和赫拉克利特相悖的出路和歧途，他再次呼喊：“‘一’便是‘多’。”许多可察觉的质既不是永恒的客观实体，又不是我们感官的幻觉（后来阿那克西曼德持前一种观点，巴门尼德持后一种观点），它们既不是僵化而任意的存在，又不是粗浅地掠过人脑的外观。第三种只留给赫 828
拉克利特的可能性，没有人靠辩证觉察能力，以及似乎靠估算，就能猜出来：因为他在这里发明的东西甚至在神秘的闻所未闻的事物领域内和出乎意料的全宇宙隐喻领域内也是一种罕见之物。——世界是宙斯的**游戏**，或者用更具物理学意味的表述，是火与自身的游戏，“一”只有在这个意义上才同时是“多”。① ——

为了首先说明火作为一种世界构成力量的引入，我提醒大家回忆一下，阿那克西曼德是以何种方式进一步建构其关于水是万物之源的理论的。泰利斯认为，在水之前，也几乎在水之后，是没有进一步的质的阶段的，阿那克西曼德基本上对泰利斯寄予信任，而且加强并扩大了其看法，但是却不能说服自己：在他看来，似乎潮湿本身形成于冷暖，因此冷暖应该是水的前期形式，它们是更早的质。生成始于它们从“不确定性”的原始存在中分离出来之时。赫拉克利特作为物理学家的重要性在阿那克西曼德之下。他将这种阿那克西曼德之暖转而解释为气、温暖气息、干雾气，简言之，解释为“火”：他现在说的这种火，和泰利斯与阿那克西曼德说的水，如出一辙，这东西在无数变化中经历生成的道路，尤其处于暖、湿、固三种主要状态。因为水部分下行转为土，部分上升转为火，或者如赫拉克利特似乎更精确地表达的那样：从海里只有纯粹的蒸汽上升，充当天上星辰之火的养料，从大地上只升起深色雾气，湿从中汲取养料。纯粹的水汽是海向火的过渡，不纯粹的水汽是大地向水的过渡。这样，火的两个变化的道路继续前进，向上与向下，去与回， 829
肩并肩，由火到水，由水到土，又从土回到水，由水到火。尽管赫拉克利特在这些最重要的表象上，比如认为火是靠蒸发维护的，或者水部分形成土，部分形成火等表象上，是阿那克西曼德的追随者，但是在把冷

---

① 参见 Diels-Kranz 版《前苏格拉底思想家残篇》中的赫拉克利特残篇。

排除在物理变化过程之外的观点上他是独立的，并与阿那克西曼德相矛盾，阿那克西曼德则公平合理把冷与暖并置，为的是要让湿从两者中产生出来。当然，对于赫拉克利特来说，这样做是一种必然，因为如果一切都是火，那么在其所有可能的变化中，就不可能有任何是其绝对对立面的东西；因此他会把人们称之为“冷”的事物仅仅解释为“暖”的程度，并且可以毫无困难地为这种解释辩解。但是，比这种对阿那克西曼德学说的偏离更为重要得多的是一种进一步的一致：他和阿那克西曼德一样相信一种周而复始的世界毁灭，相信另一个世界会从吞噬一切的世界大火中不断地重新脱颖而出。世界在其中迅速迎着那世界大火而去并准备熔化为纯粹之火的那个时期，被他以最引人注目的方式描述为一种渴望和需求，而在火中被完全吞噬则被描述成满足；我们只剩下一个问题要问：他如何理解并命名世界建构中新觉醒的冲动，即自我浇铸为“多”的各种形式的冲动呢？“满足滋生罪恶（傲睨神明）”这个希腊格言似乎有助于我们思考；而事实上，大家可以扪心自问一下，赫拉克利特是否也许从傲睨神明中推导出那种对“多”的回归。我们应该认真看待这个思想：在其光芒之中，赫拉克利特的面孔在我们眼前发生了变化，他眼中的骄傲之光熄灭了，流露出一副布满皱纹的痛苦断念加软弱无能
830 之容，仿佛我们知道，后来的古人之所以称他为“哭泣之哲人”的原因了。现在，整个世界变化过程不是一个对傲睨神明的惩罚行为吗？“多”不是一种罪恶的结果吗？纯变为不纯不是不公正的后果吗？现在罪过不是被置于万物的核心，从而生成的个体世界尽管解除了罪过，却同时一再被重新判决要承担其后果吗？

7

“傲睨神明”这个危险的词实际上成了每个赫拉克利特门徒的试金石；在这里，他可以表明是否真正理解了他的大师。这个世界上是否有罪过、不义、矛盾、痛苦呢？

有，赫拉克利特喊道，但是仅仅对个别看待事物而非综合看问题的有局限之人而言，而不是对综观一切之上帝而言；在他看来，一切对抗因素都会汇集于一种和谐，虽然常人眼睛看不见这一点，但是对于一个

像赫拉克利特那样近似于冥想之神的人来说是可以理解的。在他火的目光面前，没有一点一滴不公正遗留在浇铸于他周围的世界上；甚至能让纯粹之火进入如此不纯粹之形式的那种基本冲动也被他以一个崇高的比喻加以抑制。没有任何道德添加、永远处于同样无辜之中的一场生成和流逝、一场建设和毁坏，在这个世界上展示的，不过是艺术家、小孩子的游戏而已。于是，就像小孩子、艺术家做游戏一样，永远活跃的火在无辜中做游戏、建设、毁坏——永世在与自己做这种游戏。它变成水和土自我堆积起来，就像一个孩子在海滨堆起沙堆，又将其捣毁；他不断地重新开始这个游戏。有那么一刹那，他玩腻了：然后需求重新攫住他，就好像需求迫使艺术家去创作一样。不是鲁莽，而是不断重新觉醒的游 831
戏冲动呼唤其他世界活起来。孩子一下子扔掉玩具，但是很快又在无辜的心境中重新开始。不过，一进行建设，就总会按照法则和内部秩序连接、组合、成形。

只有审美的人才这样看世界，他在艺术家身上和艺术作品的产生中体验到，“多”的角逐如何能自带法则和公正，艺术家如何在沉思中高于艺术作品并在艺术作品中产生效应，必然与游戏、矛盾与和谐如何必然为生育出艺术作品而成双成对。

现在，谁还会要求这样一种哲学有使用“你应该”这种必要命令式的伦理学，或者干脆责备赫拉克利特有这样一种缺陷呢！人直到其最后一根纤维都是必然，而且是完全“不自由的”——如果你把自由理解成要能像换衣服一样随意改变自己本质的愚蠢要求的话，一种任何严肃的哲学都会以应有的嘲讽加以驳斥的要求。如此之少的人有意识地生活在逻各斯之中，并符合艺术家全知全能的眼光，这是由于他们的灵魂是湿的，由于人的眼睛和耳朵，尤其人的理智是糟糕的见证，如果“湿的淤泥占据了他们的灵魂”的话。没有人问为何如此，同样也没有人问为何火会变成水与土。赫拉克利特没有理由（莱布尼茨曾经有理由）**必须**证明：这个世界甚至是顶顶好的，对他来说，世界是永世美好而无辜的游戏就足够了。在他看来，一般而言，人甚至是一种非理性的存在：这和以下事实并不矛盾，即在人的全部本质中，充满着无所不在之理性的法则。人完全没有在自然中占据一个特别受优待的地位，自然的最高现象是火，比如天体，而不是头脑简单的人。如果人借必然性获得一部分火，
832 那么他就更为理性一点；如果他由水与土构成，那么他的理性就很成问题。因为是人，就必须认清逻各斯，这样一种义务是不存在的。可是，为何有水？为何有土？对赫拉克利特来说，这是一个比问人为何如此愚蠢、如此糟糕更为严肃得多的问题。在最高级的人和最有错误的人身上表现出同样的固有合法性和公正。可是如果你想要把一个问题摆到赫拉克利特面前：为什么火不始终是火，为什么它一会儿是水，一会儿是土？那么他只好回答："这是一场游戏，别太郑重其事，尤其不要道貌岸然！"赫拉克利特只是描绘了眼前的世界，他对它有一种宁静的满足感，艺术家就是用这种满足感来端详自己形成中的作品的。只有那些有理由不满于他关于人的本性描写的人才认为他是阴沉的、忧郁的、多愁善感的、阴森可怕的、脾气乖戾的、悲观的、普遍遭人恨的。可是这些人，连同他们的反感和同情，他们的恨和他们的爱，他都会当作无关痛痒，大概还会以这样的教导替他们说话："狗吠陌生人"或者"驴爱秕糠胜于金"。

甚至无数对赫拉克利特晦涩风格的抱怨也源于这些不满者，或许再没有哪个人比他写得更清晰、更有启发性了。当然，他写得很简短，因此对比赛阅读速度的人来说，当然是晦涩的。可是，一个哲学家如何会故意写不清楚——人们经常在背后这样议论赫拉克利特——是完全无法解释的：除非他有理由隐瞒思想，或者促狭到用言辞隐瞒自己思想贫乏的地步。如果说，甚至在平常的实际生活事务中，人们也必须就像叔本华所说的那样，小心谨慎地通过清晰表达来防范各种可能的误解，那么
833 人们究竟会如何得以在最困难、最深奥、几乎无法企及的思想对象中，在哲学使命中，不确定地、甚至谜一样地做出表达呢？至于有关简短的问题，让·保尔①说出了很好的道理："总体而言，如果一切大事情——对一种罕见理解力来说有许多意义的事情——仅仅被简短地、（因而）模糊不清地说出来，乃至于贫乏的头脑宁愿宣称其为胡说，而不愿意将其

① 让·保尔（1763—1825），德国小说家。

翻译成自己空泛意思。因为庸人的头脑有一种丑陋的机敏，总是在最深刻、最含义丰富的箴言中只看到自己的日常见解。”顺便说一下，尽管如此，赫拉克利特也没有避开“贫乏的头脑”；斯多葛学派已经肤浅地对他做了重新解释，并把他关于世界游戏的基本审美感知贬低为对世界合目的性的平庸考虑，而且对人类有好处，以至于他的物理学在那些人的头脑中变成了一种粗暴的乐观主义，不断向所有人要求：*plaudite amici*！①

8

赫拉克利特很骄傲：而哲学家一旦骄傲起来，这就是一种伟大的骄傲。他的活动从未指引他迎合“公众”，迎合大众的喝彩和同时代人的齐声欢呼。孑然长街，此乃哲学家本质之一。他的天赋最为罕见，从某种意义上说，也最不自然，甚至排斥、敌对于有同类天赋的人。他的自足自满筑起的围墙若是坚不可摧，那它肯定是钻石做成的，因为万物皆在运动，与他对着干。他走向不朽的行程比任何其他旅行都更艰难、更有阻力；然而，任何人都不会比哲学家更有把握地相信必将不朽——因为他根本不知道，若不站在所有时代张开的宽大翅膀上，他应该站在何处；
不重视当下和瞬间，毕竟是伟大哲学家的本质之一。他拥有真理：无论 *834*
时代的车轮朝哪个方向滚动，它永远也不能逃避真理。重要的是从这样的人那里体验到他们曾经存在过。比如，你绝不会把赫拉克利特的骄傲想象成一种多余的可能。从本质上讲，任何知识追求本身似乎是永远未被满足和无法令人满足的。所以，如果不是从历史中受到教益，没有人会相信一种如此帝王式的自尊和坚定信念，一种自认为是真理唯一幸运追求者的坚定信念。这种人生活在他们自己的太阳系里；你得到那里面去寻找他们才行。一位毕达哥拉斯，一位恩培多克勒，也以一种超人的估价，甚至以几乎宗教式的畏惧，来看待自己；但是联系对轮回和众生一统的信念的同情纽带又将他们引导向其他人，引向其他人的福祉和拯救。而至于以弗所阿尔忒弥斯神庙中隐士心中充满的那种孤独感，我们只有在最荒凉的荒山野岭中冻僵时才能稍稍感受到。没有任何强烈的同

---

① 拉丁文：喝彩吧，朋友们！

情感，没有任何想要帮助康复和拯救的欲望从他心中涌出。他是一个没有大气层的天体。他的眼睛向内看，只见燃烧着熊熊烈火，向外看，显得冷冰冰死气沉沉，只像是装装样子而已。在他的周围，妄想与错误之浪直接拍击其骄傲之垒，他厌恶地转过身去。但是，甚至善感之人也避开这样一种用铜浇铸的面具：这种东西也许在一个偏僻的圣地，神像之下，悄然耸立的冰冷建筑旁，会显得更好理解。在人中间，作为人的赫拉克利特是令人难以置信的；尽管他被看到如何留意玩闹之童的游戏，他却无论如何在同时考虑到了一个人在此情况下绝没有考虑到的事情：
835 伟大的宇宙顽童宙斯的游戏。他不需要人类，甚至不需要人类供他来认识；他不在乎你会探究他知道些什么，不在乎他以前的其他智者曾努力探究些什么。他轻蔑地谈论这些发问、采集史料的，简言之，“历史的”人。“我寻找、研究我自己”，他谈论自己说，用的是一句人们描述对神谕之研究的名言：好像他是德尔斐律条“认识你自己”的真正的实现者和完成者一样，别无他人。

但是，他把自己从这个神谕中听出来的东西看成是不朽的、永远都有阐释价值的智慧，像西比尔[①]的预言所创下的先例那样，具有无限深远的影响，足以影响到最遥远未来的人类：尽管人类只是要让他像德尔斐之神“既不说出，又不隐瞒”的东西如神谕的预言般得到解释。虽然他宣告这种智慧时“没有带微笑、修饰和圣油的芬芳”，毋宁说“满嘴唾沫星子”，但是却**必定**穿越千年未来。因为世界永远需要真理，因而世界也永远需要赫拉克利特，尽管他不需要世界。他的荣誉与**他**有何相干？“不断流逝之凡人”的荣誉！他嘲讽地如是喊道。他的荣誉与人类有点关系，与他无关，人类的不朽需要他，而不是他需要赫拉克利特其人的不朽。他所看到的东西，**关于生成中之法则和必然中之游戏的原理**，从现在起必然永远被看到：他拉开了这部最伟大戏剧的帷幕。

9

尽管赫拉克利特的每句话都表达了真理的骄傲与威严，不过是直觉

---

① 古希腊传神谕的女子。

领会的真理，而非借助逻辑绳梯攀援而上的真理；尽管他在西比尔式的迷狂中观看，而不是窥探，认知，而不是盘算：赫拉克利特的同时代人 836
巴门尼德却以一个相反的形象立于其旁，同样是真理预言家的类型，但几乎是用冰，而不是用火造就的，周围洒满冰冷刺目的光线。巴门尼德有一次，也许在年事已高的时候，有过一个最纯粹的、未被任何现实玷污的、完全贫血的抽象瞬间；这一产生了存在学说的瞬间——在两百年的悲剧时代中再没有另一个如此非希腊化的瞬间——变成了他自己生活中的界石，把他的人生分为两个时期。但是，这同一个瞬间同时也把前苏格拉底的思想分成两半，其中前一半可以称作阿那克西曼德时期，后一半可以干脆称为巴门尼德时期。巴门尼德自己哲学思考的早期同样还带有阿那克西曼德时期的面貌；它产生出一个贯通的哲学—物理学体系，作为对阿那克西曼德的问题的回答。后来当那冷冰冰的抽象寒战控制了他，他提出了谈论存在与非存在的最简单命题时，在许多由他造成毁灭的早期学说中，也有他自己的体系。不过，他似乎没有丧失对自己青年时代的那个强壮而体态健美的孩子的全部父爱，因此他自我解围地说："虽然只有一条正确道路；但是如果你想走上另一条路，那么我以前的看法，从其善意和一贯性来看，是唯一有道理的。"他用这种说法来保护自己，甚至在真正会宣告新认识作为通往真理的唯一路标的那首关于自然的伟大诗篇中，赋予其早期的物理体系以一种尊贵的广阔空间。正是这种父爱的考虑，尽管会包含谬误在内，却在一种因逻辑的呆板而完全僵化、几乎变成一架思想机器的天性中，是残剩的一点人类情感。

巴门尼德与阿那克西曼德的个人交往，在我看来，似乎并非不可信， 837
他以阿那克西曼德的学说为出发点，这不仅可信，而且也很明显，这个巴门尼德对一个只是存在的世界和一个生成的世界之间的完全分离持怀疑态度，这种态度也支配着赫拉克利特，并导致对存在的完全否定。两人都在寻找一条摆脱一个双重世界秩序中那种对立与分裂的出路。阿那克西曼德为一劳永逸地逃离生成王国及其经验上的既定特质而一跃进入不确定性、不可确定性，这对于像赫拉克利特和巴门尼德这样如此有独立思想的人来说，变得不易了；他们先试图能走多远就走多远，把跳跃保留到不再有立足之地、为避免倒下而不得不跳的地方。两人一再观望的世界正是阿那克西曼德如此忧伤地谴责的世界，阿那克西曼德还宣布它是犯罪场所，同时又是为生成之不公正而赎罪的地方。在他们的观望中，赫拉克利特发现——如我们已经知道的那样——任何生成中都显示出何等神奇的秩序、合规律性和可靠性：他由此得出结论，生成本身不可能是有罪的、不公正的东西。巴门尼德则有完全不同的眼光；他对各种质进行相互比较，相信发现它们不尽相同，因此必须分成两类。比如，如果他比较明与暗，那么，很明显，第二个特性不过是对第一个特性的**否定**；就这样，他区分了正面的质与反面的质，认真地在整个自然王国中努力重新发现和记录下那种基本的对立。在这样做时，他的方法如下：他列举一些对立面，比如，轻重、薄厚、主动与被动，并把它们和明与暗这一对立样板相比照，凡与明相一致的便是正面属性，凡与暗相一致的便是反面属性。
838 如果他以轻重为例，那么，轻就在明的一面，重就在暗的一面：所以在看来，重只是对轻的否定，而轻则是一个正面属性。从这种方法就已经产生出一种能遵循抽象—逻辑程序、拒感官提示于门外的抗拒能力。重当然似乎十分有力地作为正面的质向感官呈现出来，这没有阻止巴门尼德给它打上一个否定的印记。作为否定，他同样描述与火相对立的土、与暖相对的冷、与薄相对立的厚、与男性相对立的女性、与主动相对立的被动，以至于在他的目光前，我们的经验世界分成两个截然分开的领域，分成有正面属性的领域——具有明、火、暖、轻、薄、主动—阳性的特性——和有反面属性的领域。后者其实仅仅表达了另一个正面领域的缺失、不在场；因而他把缺乏正面属性的领域描写为暗、土、冷、重、厚，总而言之，描写为女性—被动的特性。他不用"正面的"、"反面的"这种表达方法，而用稳妥的术语"存在者"、"不存在者"，从而得出了这样的原理：与阿那克西曼德相反，我们这个世界本身就含有某种存在者，当然也含有某种不存在者。我们不应该在世界之外，几乎超越我们的地平线去寻找存在者，恰恰在我们面前，在各个地方，在任何生成中，都含有某种存在者，而且是在活动之中。

但是，这里也给他留下一个更确切地回答问题的任务：何为生成？——这就到了他不得不跳以免摔倒的瞬间了，尽管对于像巴门尼德这样的人来说，也许甚至每一次跳跃都会被看成摔倒。够了，我们陷入了云里雾里，陷入了 *qualitates occultae*① 的神秘主义中，甚至有点陷入了神话中。巴门尼德像赫拉克利特一样观望着无所不在的生成和昙花一 839
现，只能这样来解释一种流逝，好像它必然是不存在者的过失。因为存在者怎么该承担流逝的过失呢！然而诞生也同样不得不借助不存在者才能实现，因为存在者始终存在，不可能从自身诞生，也不可能宣告任何诞生。所以不仅诞生，而且流逝都是由反面属性造成的。但是诞生者拥有一个内容；流逝者失去一个内容，前提是正面属性——也就是说，那种内容——同样参与了两个过程。总之，我们有了以下原理："不仅存在者，而且不存在者，对于生成都是必要的；它们合作，于是就产生出生成。"然而，正面属性和反面属性又是如何相互走到一起的呢？它们难道不应该作为对立面正好相反，永远互相逃避，从而使任何生成都变得不可能吗？巴门尼德在这里诉诸一种隐秘的质，一种对立面之间互相接近、互相吸引的神秘倾向，他借助阿弗洛狄忒之名，借助男性与女性之间那种经验上众所周知的关系，对那种对立加以色欲化。正是阿弗洛狄忒的威力把对立面，把存在者与不存在者结合起来。一种欲望把互相冲突和互相憎恶的元素聚集起来，结果就是一种生成。当欲望得到满足时，憎恶和内在冲突又驱散存在者和不存在者——于是人类说"物之逝也"。——

10

但是，没有人摆弄诸如"存在者"、"不存在者"这样可怕的抽象概念而不受惩罚的；当你触摸它们时，血液都渐渐凝固了。有一天，巴门尼德突发奇想，这种奇想几乎夺走了其所有以往推论的价值，以至于他 840
很想把它们像装着破旧硬币的袋子一样扔到一边。人们往往设想，甚至有一种外在的印象，而不仅仅是像"存在者"、"不存在者"那样一些概念由内而外发酵的结果，参与了当时的虚构，即对云游四方的年迈漫游

① 拉丁文：隐秘的质。

艺人、秘教自然崇拜歌手、科洛丰人**色诺芬尼**①的神学的了解。作为云游诗人，色诺芬尼毕生经历了一种非凡的人生，并通过云游而成为一个很有学问且诲人不倦的人，他善于提问与讲述；难怪赫拉克利特把他算成博学者，尤其归入前述意义上的“历史的”人。无人能推算出，那种神秘的归“一”、归于永恒静止者的倾向是何时、由何处来到他这里的；也许这是那位最终定居下来的老人在颠沛流离和孜孜不倦的学习研究之后，有最高尚、最伟大的东西在神圣之宁静的幻影中，在万物执著于一种泛神论的原始和平的坚定不移中，来到他灵魂跟前时才有的构想。此外，偏巧在同一地点，在埃利亚，两个男人共同生活了一阵子，其中每个人的头脑里都有一个“一”的构想，这在我看来似乎是纯粹的巧合：他们没有形成学派，绝没有任何共同的东西是一个人学了另一个人的，然后又能继续教给其他人。因为那种“一”的构想的起源，一个人的完全不同于、甚至对立于另一人的；如果一个人一般地认识了另一个人的学说，那他就得将其转换成自己的语言，才能理解它。但是在这个转换过程中，另一人的学说中恰恰是独特的东西无论如何都会丢失。如果说巴门尼德纯粹通过一个假定的逻辑结论而得出存在者之“一”，并从存在与不存在
841 的概念中将其编造出来，那么色诺芬尼则是一个宗教神秘主义者，而且以那种神秘主义的“一”，真正是属于公元前6世纪的。尽管他不是像毕达哥拉斯那样激进的人物，可他在其漫游中也有同样的倾向和改善、净化、治愈人的冲动。他是伦理教师，但还只是在漫游艺人这个层面上；在后世他倒是会成为一个诡辩家的。在大胆拒绝现存道德和价值评估方面，在希腊没有人可与之相比；此外，他绝不像赫拉克利特和柏拉图那样，隐退到孤独中，而是置身于公众面前，愤怒而嘲讽地谴责公众对荷马的欢呼礼赞，公众对体育盛典荣誉的热情渴望，公众对人神同形石像的朝拜，但不是以瑟赛蒂兹②的那种骂人方式。个人自由在他那里达到高峰；而在这种走出所有习俗的几乎无边无际的过程中，他更亲近巴门尼

① 色诺芬尼（公元前565？—前473?），古希腊哲学家、诗人、历史社会学家、宗教评论家。

② 荷马史诗《伊利亚特》中一名最丑陋、最会骂人的希腊士兵。

德，而不是借助他曾经在一种和那个世纪相匹配的幻影状态中看到的、与巴门尼德的一种存在几乎没有表达和言语上的共同之处，但在起源上则是肯定没有共同之处的。

巴门尼德在其中发现存在学说的，更是一种对立状态。在某一天，某种状态中，他检验了他那两个互相作用的对立面，它们的欲望和仇恨构成了世界与生成，构成了存在者和不存在者，正面属性和反面属性——而他突然怀疑地停留在反面属性——不存在者的概念上。某种不存在的东西究竟能否是一种属性呢？或者更从原则角度问：某种不存在的东西究竟能否存在？但是，我们立即给予绝对信任的认知的唯一形式是同义反复 A=A，否认这种形式就等于是疯狂。但正是这种同义反复的认识无情地朝他喊道：不存在的东西就是不存在！存在的东西就是存在！他突然感觉到他的人生背负着巨大的逻辑罪过；但是如果他总是毫不犹 842
豫地设想**有**反面属性，尤其是不存在者，也就是说，用公式来表达就是 A=非 A，那么就只有完全的思维反常才会这样做。虽然如他思考的那样，同样反常的判断者大有人在：他自己只是参与了对逻辑的普遍犯罪。可是，揭示他犯有这种罪行的同一个瞬间以一种发现者的灵光萦绕在他周围，他发现了一个原理，一把打开世界奥秘的钥匙，远离所有的人类妄想，现在，他抓住关于存在的同义反复真理的那只结实的鬼神之手，深入到万物的深渊中。

途中他遇到了赫拉克利特——一次不幸的相遇！他只关心存在与不存在之间最严格的区分，恰好在现在不得不对赫拉克利特的二律背反游戏深恶痛绝；像“我们存在同时又不存在”、“存在与不存在既同一又不同一”这样一些命题，一些把他刚搞清楚、刚理出头绪的一切又重新变得模糊、变得毫无头绪的命题，令他勃然大怒。滚开！他喊道，好像长着两个脑袋却一无所知的人！在他们那里倒是一切都在流动，包括他们的思想！他们含糊地惊叹着万物，却必然是既聋又瞎，真正把对立面乱七八糟地搅和在一起！大众的愚昧无知，受到游戏般的二律背反的赞誉，被颂扬为所有认识之巅峰，在他看来，却是一种痛苦而令人费解的经历。

现在，他在其令人生畏的抽象中有如纵身跳入冷水中。真正存在的事物必然是在永恒的现在，不可能说它“曾经存在”、“将要存在”。存在者不可能是生成的，因为它会出自何处而生成呢？出自不存在者吗？但那是不存在的，不能产生任何东西。出自存在者吗？这无异于自己孕育
843 产生自己。流逝的情况亦如此；这像生成，像任何变化，像任何增长，像任何缩减一样，都是不可能的。总之，这个命题是有价值的：可以被说成“存在过”或“将存在”的一切是不存在的，但是关于存在者就绝不可以说它“不存在”。存在者是不可分割的，因为要分割它的第二力量在哪里呢？它是静止不动的，因为它会去向何方呢？它既不能无限大，又不能无限小，因为它已经完成，而一种已完成的、已存在的无限性是一种矛盾。于是它盘旋着，处于限、完成、静止的状态，处处平衡，在每个点上都同样完美，就像一个球体，但不在一个空间内，否则这个空间就成了第二个存在者。但是不可能有多个存在者，因为要把它们分开，就必须存在某种不会存在的东西：一个自我抵消的假设。于是就只有永恒的“一”了。

但是，如果巴门尼德现在把目光转回到他以前曾试图通过如此有意义的联想来理解的那个生成的世界，那么他就会因为眼睛竟然看到了生成而生他眼睛的气，因为耳朵听到了同样的东西而生他耳朵的气。“你们不要仅仅听从弱视的眼睛的指引，”此时他要求说，“不要听从嗡嗡作响的听觉或者舌头的指引，而要只靠思想的力量来检验!”这样，他就完成了对认识机制的最初的也是极其重要的批评，尽管这种批评还不充分，而且其后果是灾难性的：因为他一下子将感官和抽象思维能力即理性撕裂，就好像它们是两种截然分离的能力，所以他摧毁了理智本身，鼓励十分错误地将“精神”和“肉体”相分离，这种分离自柏拉图以来，像一句咒语一样附在哲学头上。巴门尼德评价说，所有的感官知觉给你的都仅仅是假象；而其中的主要假象恰恰是，它们显得好像不存在者也存
844 在，甚至生成也有一种存在。凭经验了解的世界之所有的“多”与绚丽缤纷，其质的变换更迭，其上上下下的秩序，作为一种纯粹的外观和幻觉，被无情地抛弃掉；从中学不到任何东西，也就是说，人们花在这个彻底无意义的、几乎是受感官欺骗而得来的虚构世界上的任何努力都被

浪费掉了。像巴门尼德那样做出总体评价的人也就不再是一位探究个别的自然研究者；他对现象的关注消退，因无法摆脱感官的这种永恒欺骗而形成一种仇恨。真理只会居住在最苍白、最抽象的一般之中，在最不确定的言词的空壳之中，就像在一个由蜘蛛丝缠绕而成的壳里；而在这样一种“真理”旁边，现在坐着哲学家，像一个抽象概念一样面无血色，被裹缠于公式之中。可是，蜘蛛想要其牺牲品的血，而巴门尼德式的哲学家恰恰憎恨其牺牲品的血，被他牺牲的经验之血。

11

而这是一个大约在爱奥尼亚革命爆发时正值鼎盛时期的希腊人。当时对于一个希腊人来说，是有可能逃离过于丰富的现实的，就像逃离想象力的一个赤裸裸的、故弄玄虚的系统性组合一样——绝不像柏拉图那样，逃入永恒理念的国度中，逃入世界塑造者的工场中，好让眼睛享受毫无瑕疵、无法毁坏的万物原始形式——而是逃入最冷漠的无言概念的一成不变之死寂中，逃入存在的一成不变之死寂中。我们甚至要避免依据错误的类比来解释这样一种值得注意的事实。那种逃亡不是一种印度哲学家意义上的遁世，不是宗教上关于生存之堕落、短暂、厄运连连的信念要求遁世，那最终的目标，存在中的安宁，并不是通过神秘地致力于**一种**充分的、令人陶醉的表象而争取实现的，这种表象对于平庸之人 845
来说，是一个谜和一件恼人的事。印度智慧那种令人迷醉的幽香在毕达哥拉斯和恩培多克勒身上或许不是完全无法察觉的，但就巴门尼德的思想本身而言却没有丝毫痕迹：这个事实的奇异之处在当时更应该说恰恰就是无香、无色、无灵魂、未成形的东西，完全贫血，完全缺乏宗教性和伦理热情，一种抽象的、概括性的东西——竟然是在一个希腊人那里！——尤其是那种致力于**确定性**的可怕能量，竟然是在一个神话思维的、最具动态想象的时代。“只给我一种确定性，你们诸位大神，”这便是巴门尼德的祈祷，“即使这只是不确定性之汪洋大海上一块够我躺在上面的木板也罢！生成中的、丰富的、绚丽的、茂盛的、鱼目混珠的、妩媚动人的、生动活泼的一切，你们都拿走吧：只把唯一的、可怜的、空泛的确定性给我留下！”

在巴门尼德的哲学中，奏响了本体论主题的序曲。经验没有在任何地方像他想象的那样向他提供一种存在，但是由于他能思考存在，于是他推断，存在必然存在着：这个结论所立足的前提是，我们有一个可抵达事物本质、独立于经验的认知器官。按照巴门尼德的观点，我们思维的素材根本就不存在于观察中，而是从别的什么地方拿来的，来自一个通过思维可以直接进入的感官外世界。现在，亚里士多德已经针对所有类似推论方法提出，存在绝不归属于本质，生存绝不归属于事物本质。正因为如此，所以根本就不能由“存在”这个概念——其本质不过是存在而已——推论出一种存在的存在。“存在”与“不存在”的对立，如果不能给出充当基础的对象，如果不能给出通过抽象而从中推导出这种对
846 立的直观形象，那么这种对立的逻辑真理就一无是处；不回到直观形象，它就只是一种表象游戏，实际上，任何事情都不可能通过这种游戏来认识。因为诚如康德所教诲的，真理的纯逻辑标准，即一种认知与普遍的、形式的知性、理性法则的一致，虽然是 *conditio sine qua non*①，因而也是一切真理的消极前提：但是逻辑无法继续前进，不是同形式而是同内容有关的谬误，逻辑是不可能通过任何试金石来发现的。但是，人们一旦为这样一种对立即“存在者，存在；不存在者，不存在”的逻辑真理寻求内容，那么人们实际上找不到酷似那种对立的唯一现实；我既可以说一棵树相对于所有其他事物是“存在的”，又可以说它相对于另一时刻中的它自己是“生成中的”，甚至最终还可以说它是“不存在的”，比如我在注视灌木时可以说“它还不是树”。这些话只不过是事物彼此之间以及事物与我们之间关系的象征，没有在任何地方涉及绝对真理：就连“存在”一词也只是在描述关联万物的最一般关系，“不存在”一词也是如此。但是，如果事物本身的存在是无法证明的，那么事物彼此之间的关系，即所谓的“存在”和“不存在”，不会引领我们接近真理的国度一步。借助词和概念，我们将永远到达不了关系之墙的后面，绝不会进入事物的任何一个神话般原始基础中，甚至在感性和知性的纯粹形式中，

① 拉丁文：不可欠缺之条件。

在时空和因果关系中，我们也得不到任何类似一种 *veritas aeterna*① 的东西。对于主体来说，想要超越自我本身看到和认识某种事物，这是绝对不可能的，以至于认知和存在是一切领域中最互相矛盾的东西。如果说巴门尼德处于当时理智判断力未受教化的质朴中，会误以为从永远主观的概念出发可以达到一种自在的存在，那么在今天，按照康德的说法， 847
这就是欠考虑的无知，尽管时不时地，尤其在消息不灵通却要装作哲学家样子的神学家中间，“有意识地领会绝对”被作为哲学任务提出来，也许是以黑格尔的表述形式：“绝对已然存在，否则其如何可能被寻觅?”或者用贝内克②的话说就是：“存在必然已经以某种方式存在，必然以某种方式可以让我们伸手可及，要不然我们甚至连存在这个概念都不会有。”存在这个概念！好像它没有显示该词词源学中最可怜的经验之源似的！因为 *esse*③ 其实不过是“呼吸”的意思：如果人将它用于所有其他事物，那么他就通过一个隐喻，也就是说，通过某种非逻辑的东西，把他相信自己在呼吸和生活这个信念转借到其他事物头上，并按照人来类推，把它们的存在理解为一种呼吸。现在，该词的原意很快就模糊不清了，但总还是留下足够的意思使得人根据其自己生存的类推，也就是说，人格化地，无论如何也是通过一种非逻辑的转借，来想象其他事物的生存。甚至对于人来说，也就是撇开那种转借不说，“我呼吸，故而有存在”这个命题也是完全不充分的，对此必然会有异议，正如对 *ambulo*，*ergo sum* 或 *ergo est*④ 必然会有异议一样。

12

另一个比存在者概念有更大内涵，而且同样是由巴门尼德发明，但他用得不如其弟子芝诺那样灵活的概念，便是“无限”的概念。不可能有任何无限的东西存在，因为做这样的假设时，会产生一种已完成的“无限”的矛盾概念。因为现在，我们的现实，我们的现存世界，到处都 848

① 拉丁文：永恒真理。

② 弗里德里希·爱德华·贝内克（1798—1854），德国心理学家。

③ 拉丁文：存在。

④ 拉丁文：我行，故我在，（或）故他在。

带有已完成的“无限”的性质。所以，它从本质上说意味着一种对逻辑因而也对实体世界的反对，因此是欺骗、谎言和幻觉。芝诺尤其使用了间接的证明方法，比如，他说：“不可能有从一处到另一处的运动：因为如果有这样的运动，那么就会有一种已完成的‘无限’，可这是不可能的。”阿喀琉斯在竞赛中追不上起跑稍稍领先的乌龟：因为仅仅为了到达乌龟起跑的那一点，他不得不跑过无数的、无限多的空间，也就是说，首先跑过那个空间的一半，然后是四分之一，然后是八分之一，然后是十六分之一，直至无限。如果他事实上追上了乌龟，那么这就是一个不合逻辑的现象，也就是说，无论如何不是真理、实在、真正的存在，而仅仅是一种欺骗。因为结束“无限”，绝无可能。这种原理的另一个通俗表达手段就是静止的飞箭。它在飞行中的每一个瞬间都有一个位置，它在这个位置上是静止的。现在，无限静止位置的总和会和运动相一致吗？现在，静止经过无限重复，会成为运动，也就是说，它自己的对立面吗？“无限”在这里被用作溶解现实的硝酸。但是，如果概念是固定的、永恒的、存在着的——存在和思维为了巴门尼德而同时发生——也就是说，如果“无限”永远不能完成，如果静止永远不会成为运动，那么那枚箭实际上根本就没有飞行过：它根本没有离开原地，脱离静止状态，没有任何一个瞬间成为过去。或者用另外一种方式来表达：在这个所谓的、仅仅是自称的现实中，既没有时间，也没有空间，也没有运动。最后，箭本身就是个骗局，因为它出自“多”，出自感官产生的“非一”幻觉效果。假设箭有一种存在，那么它就是不动的、无时间的、未生成的、僵
849 化的、永恒的——一种不可能的表象！假设运动真的是实在的，那么就不会有静止，也就是说，没有箭的位置，也就是说，没有空间——一种不可能的表象！假设时间是实在的，那么它就不可能无限可分；箭需要的时间必定是由一定量的有限瞬间组成，每个这样的瞬间必定是一个原子——一种不可能的表象！我们所有的表象，一旦它们经验上已存在的、从这个直观世界汲取的内容被当作 *veritas aeterna*，就会导致矛盾！如果有绝对运动，那就没有空间；如果有绝对空间，那就没有运动；如果有绝对存在，那就没有“多”；如果有绝对的“多”，那就没有“一”。所以

一个人就应该清楚，我们借助这样的概念触及事物核心或解开实在性之结的，是何其之少；而巴门尼德和芝诺则相反，坚持概念的真理性和普遍有效性，并把直观世界当作名实相符、普遍有效的概念的对立面，当作非逻辑和矛盾的一种客体化加以抵制。他们的所有论证是从完全无法证明、甚至不可信的前提出发的，即我们在那种思维能力中拥有关于存在和不存在亦即关于客观实在性及其对立面的最高决定性标准：那些概念不应该像其实际上源于现实那样，由现实来证明其可靠性，由现实来加以更正，而是相反，应该衡量现实，做出判断，在与逻辑矛盾的情况下，甚至发出诅咒。为了能给予它们以判官的权限，巴门尼德不得不把他唯独承认为存在的那种存在归在它们名下：思维和存在者的那个非生成的圆满之球现在不再可以理解为两种不同的存在，因为不允许有存在的二元性。于是，宣告思维和存在同一的过于大胆的想法就变得必要起 *850*
来；在这里，没有一种直观形式，没有一种象征，没有一种比喻可以出手相助；这个想法是完全难以想象的，但却是必要的，甚至在缺乏任何感性化可能性的情况下庆祝对世界和感官要求的最大胜利。思维和那种球茎状的、圆球状的、完全死木疙瘩一样僵化不动的存在，必然按照巴门尼德的要求，汇合成“一”和完全相同的东西，所有想象物噤若寒蝉。让这种同一性与感官相矛盾吧！这恰好是它不来自感官的保证。

13

此外，还可以拿出两个强有力的 *argumenta ad hominem oder ex concessis*① 来对付巴门尼德，虽然不能通过它们来昭示真理本身，却能表明感性世界和概念世界的那种绝对分离以及存在与思维的一致性都不是真理。首先，假如概念中的理性思维是实际存在的，那么，“多”和运动就必定也有实在性，因为理性思维是动态的，而且这是一种从概念到概念

---

① 这是叔本华著作《辩论中的雄辩术：总有理的诀窍》（1831）中“诀窍 16”开头的话，用的是拉丁文，夹杂了一个德语词 oder（或者）。按照叔本华的说法，这就是用对手认可的观点或对手的思路，即只适用于对手个人的论点来驳斥对手，比如，如果他为自杀辩护，你就可以马上喊起来：“你为什么不上吊？”或者如果他声称柏林是一个不舒服的居住地点，你可以立即叫喊：“你为什么不马上坐第一班快驿出发？”

的运动，也就是说，是在一种多元实在性的范围内。不存在任何对此加以反驳的借口，根本不可能把思维说成一种僵化状态，说成“一”的一种永远静止的自我思维。其次，如果从感觉只产生错觉和外观，而实际上只有存在和思维的实际一致性，那么，感觉本身又是什么呢？无论如何只不过是外观，因为感觉与思维，感官的产物感性世界与存在，不相交融。但是，如果感觉本身是外观，那么感觉在谁看来是外观呢？感觉
851 既然不是实际存在，却又如何能进行欺骗？不存在者连骗也是骗不了的。也就是说，“欺骗和外观从何而来”这个问题依然是一个谜，甚至是一个矛盾。我们称这种 *argumenta ad hominem* 为对动态理性的异议和对外观起源的异议。由前者可推论出运动和“多”的实在性，由后者可推论出巴门尼德式外观的不可能性，前提是把巴门尼德关于存在的主要学说看作是有根据的。

可是，这个主要学说仅仅意味着：只有存在者有存在，不存在者没有存在。但是，如果运动是这样一种存在，那么在一般情况下和每一种情况下适用于存在者的东西也就适用于它了：它就不是生成的、永恒的、不会被摧毁的，既无增亦无减。但是，如果由于那个关于“外观从何而来”的问题而使外观被排斥在这个世界之外呢？如果所谓生成的即变化的舞台，我们那多种多样的、无休止的、色彩斑斓的、丰富的生存，被保护起来而不受巴门尼德的摒弃，那么就有必要把变幻无穷的世界描绘成这样一些真正存在着的、在一切永恒中同时存在着的实体的**总和**。自然，即使在这个假设中，也根本就谈不上一种严格意义上的变化，一种生成。但是，现在，“多”有一种真实的存在，所有的质都有一种真实的存在，运动也不在话下；而关于这个世界的每一个瞬间，尽管这些被随意选择的瞬间会彼此相隔几千年，但肯定可以说：所有现存于这个世界的真实实体统统都是同时存在的，没有改变，没有削弱，没有增长，没有减少。一千年之后，世界依然如故，全无变化。尽管如此，如果这个世界某一次看上去和另一次完全不同，那么这不是欺骗，不是仅仅表面的现象，而是永恒运动的结果。真正的存在者时而这样运动，时而那样运动，彼此接近，互相分离，上上下下，你我交融，杂乱无章。

14

有了这种表象，我们就已经向**阿那克萨戈拉**学说的领域迈进了一步。 852
他十分有力地向巴门尼德提出两个异议，即针对思维的异议和针对“外观从何而来”的异议，但是在基本原理上，巴门尼德征服了他和所有更年轻的哲学家与自然研究者。他们所有的人都否认生成和流逝的可能性，如大众思维方法所考虑的那样，也像阿那克西曼德和赫拉克利特以更深邃的深思熟虑却又不假思索地认为的那样。这样一种神话般的生之于虚无、失之于虚无，这样一种从无到有的任意改变，这样一种质的随意替换分合，从现在开始，都被认为是没有意义的。但是，同样，也出于同样的理由，“一”产生出“多”，一种原始的质产生出多种多样的质，简而言之，世界按照泰利斯或者赫拉克利特的方式源于原质。现在更是提出了一个根本性的问题：要将关于非生成、不流逝之存在的学说转用到现存的这个世界上，而不乞灵于外观和感官错觉的理论。但是，如果经验世界不应该是外观，如果万物不会源于虚无，同样也不会源于某物，那么万物本身就必然包含一种真正的存在，其材料和内容必然是绝对实在的，一切变化可能只涉及形式，也就是说，只涉及这些同时存在的永恒实体的位置、秩序、分类、混合、分解等。于是，这就像掷骰子游戏一样：总是同样的骰子，但是，它们时而这样时而那样落下，对我们意味着不同的东西。所有以前的理论都追溯到一个原始元素，作为生成的母腹和起因，无论这是水、空气、火，还是阿那克西曼德的不确定性。
与之相反，阿那克萨戈拉现在声称，从相同的东西中绝不可能产生出不 853
同的东西，变化绝不可以由一种存在者来解释。无论你把那一种假定的材料想象成稀释的还是稠密的，你通过这样一种稀释或稠化也绝够不着你希望得到解释的东西：质的“多”。但是，如果世界事实上充满最五花八门的质，那么它们若不是外观，就必然有一种存在，也就是说，永远不是生成的、流逝的，始终同时存在着。但是，它们不可能是外观，因为关于“外观从何而来”的问题依然没有得到回答，甚至是否定的回答。早期的研究者想要把生成问题简单化，他们只设定一种孕育着一切生成之可能性的实体；现在反过来说了：有无数实体，但是从来不多，从来不少，从来没有新的实体。只是运动一再把它们抛洒得乱七八糟：不过，阿那克萨戈拉不同于巴门尼德而从我们思维表象不容置疑的转承中证明运动是一种真理而非外观。也就是说，我们在我们思维和拥有表象这一点上，以最直接的方式洞见了运动和转承的真理。因此，无论如何，巴门尼德的那种僵化、静止、死亡的存在被清除掉了。有许多存在者，同样肯定的是，所有这许多存在者（存在、实体）都处于运动中。变化就是运动——但是，运动从何而来呢？也许这种运动让你完全接触不到许多独立、孤立实体的真正本质呢？而它按照最严格的存在者概念，**非得**相异于物质本身吗？抑或尽管如此，它还是属于万物本身呢？我们正面临一个重要决定：按照我们方向选择，我们将进入到阿那克萨戈拉的，或者恩培多克勒的，或者德谟克利特的领域。一个引人深思的问题必然
854 被提出来：如果有许多实体，而且这许多实体是运动着的，那么是什么推动它们的呢？它们是相互推动吗？只有重力推动它们吗？或者万物本身之中有着吸引或排斥的魔力？或者运动的诱因存在于这许多实在的实体之外？或者一个更严格的问题：如果两个事物显示出一种转承，一种状态的互相变化，那么这是来自它们自身的吗？而这可以从机械角度还是从魔力角度来解释呢？或者如果不是这种情况，那么就有第三个因素推动它们喽？这是一个糟糕的问题：因为巴门尼德本来也可以自己承认有许多实体，但是更证明运动的不可能性来反对阿那克萨戈拉。也就是说，他可以说：你们拿两个独自存在的实体，每一个都有十分多种多样的、各自绝对的存在——这就是阿那克萨戈拉的实体——因此，它们永远不会互相碰撞，永远不会运动，永远都不会互相吸引，它们之间没有因果关系，没有桥梁，它们互不接触，互不干扰，它们毫不相干。那么，碰撞就完全和魔力吸引一样无法解释；互相绝对相异的东西，相互之间不可能产生任何种类的作用，也就是说，既不运动，也不被推动。巴门尼德甚至会补充道：你们剩下的唯一出路是把运动加之于万物本身之上；而这时候，你们认识为、视为运动的一切，就仅仅是一种欺骗，不是真正的运动，因为能适合那种绝对特殊物质的唯一一种运动只会是一种没有任何效果的独自运动。可是，现在你们恰恰设想了运动，为的是解释

更替、变化、空间里的移动的那些效果，简言之，就是解释万物的因果关系及彼此间的关系。但是，恰恰这些效果不会得到解释，会像从前一样，依然问题多多；因此实在不可以预见，为什么必须假设一种运动，因为运动根本就没有做你们渴望它做的事情。运动不符合万物的本质， 855
永远相异于万物。

为了不理会这样一种论证，那些埃利亚学派不动之“一”的反对者被一种产生于感官性的偏见所诱惑。每个真正的存在者都是一个空间的填充体，一块或大或小的物质，但是，无论如何都是伸展在空间里的，以至于两块或两块以上的物质不能存在于一个空间内。这种偏见似乎如此难以驳斥，于是在这种前提下，阿那克萨戈拉和后来的德谟克利特都认为，它们如果开始向对方移动，就必然互相碰撞；它们会互相争夺同样的空间；这种争夺就会引起所有的变化。换言之：那些完全孤立的、十分多种多样的、永远不变的实体，却没有得到绝对多种多样的思考，而是除了一种专门的、完全特殊的质之外，全部都有一种完全相同的根基，一块占据空间的物质。在对物质的参与中它们都是一样的，因此能够相互作用，也就是说，相互碰撞。尤其是，所有变化都完全不取决于那些实体的多种多样，而是取决于其作为物质的相同性。这里在阿那克萨戈拉的假设中，有一个逻辑错误作为基础：因为真正自在的存在者必然是完全绝对的、一统的，因而不可以设定任何前提作为其起因——而所有那些阿那克萨戈拉式的实体仍然是一种有条件的东西，它们有物质，而且已经以其存在为前提：比如，实体“红色”对于阿那克萨戈拉来说根本不仅仅是红色本身，而是此外还默默地是一块无质的物质。只有以后者，“自在之红”才能作用于其他实体，不是以红色，而是以非红、无色、无确定之质的东西。如果红色被严格地看成红色，看作真正的实体 856
本身，也就是说，没有那种根基，那么阿那克萨戈拉肯定不敢谈论红色对其他实体的作用，比如说出这样的话来：“自在之红”在碰撞下进而孕育了被“自在之肉”所接受的运动。于是，以下这一点就会变得很清楚了：这样一种真正的存在者是绝不可能被推动的。

15

大家得看一眼埃利亚学派的反对者，才会欣赏巴门尼德假设中的非凡长处。关于有多少实体的问题一提出来，阿那克萨戈拉和所有相信实体之“多”的人要面对何等的尴尬——巴门尼德幸已避之——啊！阿那克萨戈拉一跃而起，闭上眼睛说：无限多。这样，他至少飞越了对一定量基本素材的千辛万苦的证明。因为这些无限多的实体，没有增长，没有变化，必然永远存在，所以在那个假设中已经给出了一种已经结束、完成了思考的无限性的矛盾。总之，“多”、运动、无限性被巴门尼德以令人惊讶的存在命题所吓跑，经历放逐而回归，向巴门尼德的反对者投去标枪，用以造成不治之伤。显然，那些反对者没有确切意识到埃利亚学派以下思想的可怕力量：“不可能有时间、运动、空间，因为我们只能想象这一切是无限的，而且一旦是无限大，那就是无限可分；可是一切的无限都没有存在，都不存在。”没有一个严格把握“存在”一词意义的人，没有一个认为不可能有诸如完成之无限一类矛盾事物的人，会怀疑
857 这一点。但是，如果恰恰现实向我们展示了只以完成之无限的形式出现的一切，那么以下这一点就很引人注目：它自相矛盾，因而没有真正的实在性。但是如果那些反对者想要提出异议，“然而，在你们的思维本身之中却有转承，也就是说，甚至你们的思维也不可能是实在的，因此也就不能证明任何事情”，那么巴门尼德也许会像康德那样在相似情况下，在遇到同样责备时，做出相似的回答：“我虽然可以说，我的表象是前后承接的，但是这只意味着，我们意识到，也就是说，以内在意识的形式意识到，它们是有时间顺序的。因此时间不是自在之物，也不是客观地伴随着万物的确定性。”也就是说，应该在像那一种巴门尼德式存在那样无时间的纯粹思维与对这种思维的意识之间做出区分，而后者已经把思维转换成外观的形式，也就是说，转承、“多”、运动的形式。也许，巴门尼德会利用这条出路：另外，施皮尔[①]向康德提出的那些异议（《思维与现实》，第264页），必然在当时就向他提了出来。“可是现在首先很清楚，如果我不在我的意识中同时拥有这样一种转承的彼此承接的各个部分，那么我对这样的转承便只能是一无所知。也就是说，转承的表象本

① 阿非利坎·亚历山大罗维奇·施皮尔（1837—1890），主要用德语写作的德裔俄国新康德主义哲学家。

身根本就不是转承的，因此甚至完全不同于我们表象之间的转承。其次，康德的假设含有如此明显的荒谬，他如何竟能对它们视而不见，岂非咄咄怪事？按照这种假设，凯撒和苏格拉底都没有真的死掉，他们现在和两千年前一样好好地活着，似乎只是因为我的'内在感觉'的编排才死掉了。未来的人现在已经活着了，尽管他们现在还没有活着出现，那同样也是'内在感觉'在作怪。在这里尤其要问：有意识生命本身的始与终如何会连同其所有内外感觉一起仅仅存在于内在感觉的理解力之中呢？ 858
事实恰恰是，你根本就无法否认变化的实在性。如果它从窗户被赶出去，那么它又从钥匙孔溜进来。你会说，'在我看来，似乎只是状态和表象在变化'——所以，甚至这种外观本身也是某种客观在场的东西，在其中，转承无可怀疑地有着客观实在性，实际上就是有东西在其中前后承接。——此外，必须注意到，全部理性批判只有在我们的表象在我们看来和其实际情况一样的前提下才能有依据和道理。因为尽管表象在我们看来显得和它们的实际情况不一样，但是我们还是会对它们提不出有效的看法，也就是说，无法产生认识论和对客观有效性的'先验'检验。但是现在毋庸置疑的是，我们的表象本身在我们看来是转承的。"

对确定无疑的转承和动态的思考促使阿那克萨戈拉做出一种重要的假设。表象显然自己在运动，没有被推动，没有外在于自身的动因。他对自己说，因此就有自身携带运动起源和开端的东西；但是，其次他注意到，这种表象不仅自己动，而且还推动完全不同的东西——身体。也就是说，他在最直接的经验中发现了表象对扩展在空间的物质的一种作用，这种作用表现为后者的运动。这被他认为是事实，只是附带着也激发他去澄清这个事实。他有一个世上运动的规范模式就已经足够了，现在他不是把运动看作真正的孤立客观实体借助于表象能力即奴斯(Nous)① 的一种运动，就是把它看成借助于已被推动者的运动。在其基本假设中，后一种方式，即运动和冲撞的机械传递同样在自身中包含一个问题，这一点也许被他忽略了：冲撞效果之平常与见多不怪，大概使 859

① 在希腊哲学中指"理性"、"心灵"、"知性"。

他的目光对冲撞的令人困惑之处视而不见了。相反，他完全可能感觉到表象对自在实体之作用天生是有问题的，甚至充满矛盾，他因此而试图把这种作用追溯到一种机械的、在他看来可解释的推动和冲撞。奴斯无论如何也是这样一种自在实体，被他描绘成具有思维特质的十分轻柔精细的物质。当然，在这一类假设的描绘中，这种物质对另一种物质的作用必然和另一种实体对第三种实体所产生的作用完全一样，也就是说，一种机械的、借助于压力和冲撞而运动的作用。现在，他毕竟有了一种自身运动而又使他者运动的实体，其运动不是来自外部，也不取决于其他任何东西：尽管现在该如何思考有点儿类似于细小水银珠子自己来回滑动的那种自我运动，几乎显得是无所谓的了。在涉及运动的所有追问中，再也没有比对运动之始的追问更令人厌烦的了；因为如果人们可以把所有其他运动都当作后果和作用来思考，那么就必须说明最初的原始运动，但是对于机械运动来说，链条的第一个环节无论如何也不在一个机械运动中，因为这就意味着要追溯到 *causa sui*① 的荒谬概念上。但是，几乎从一开始就把自动作为永恒、绝对事物一生的嫁妆赋予它们，也同样不行。因为运动不是没有一个何去何从的方向，因而只可以被呈现为
860 关系和条件的；但是一个事物如果按照其本性必然涉及外在于它而存在的事物的话，那么它便不再是自在的、绝对的。在这般困境中，阿那克萨戈拉误以为在那种自动而且一向独立的奴斯中找到了一种非同寻常的帮助和拯救：奴斯的本质模模糊糊、影影绰绰，似乎恰好足以让人看不到，甚至他的假设归根结底也包含那被禁用的 *causa sui*。对于经验主义思考来说，这甚至是确定的，表象不是一种 *causa sui*，而是大脑的作用；在经验主义思考看来，把大脑产物——“精神”从其因分离出去，并在这种分离之后还误以为这种大脑产物是存在着的，这甚至必然是奇异地越出了常规。这就是阿那克萨戈拉的所作所为；他忘记了大脑，忘记了大脑令人惊讶的人为加工倾向，忘记了其纹理、管道的纤细和盘根错节，并宣告了“自在之精神”。这种“自在之精神”有任意性，不过是就所有

① 拉丁文：自因。

实体而言的任意性——一种极佳的认识！它在某个时候可以从它以外事物的运动开始，另一方面，在大多数时候都是自顾自——总之，阿那克萨戈拉可以假设一种原始时代的**第一**运动瞬间，作为一切所谓生成的起点，也就是说，作为一切变化，亦即永恒实体及其粒子的一切移动转换的起点。尽管精神本身是永恒的，但它绝非永远不得不费力地推动物质颗粒来回移动；而在任何情况下，那些物质都有一个奴斯尚未影响到它们，它们尚未处于运动中的时间和状态——时间的长短无所谓。这就是阿那克萨戈拉的混沌时期。

16

阿那克萨戈拉的混沌不是一种立即让人明白的构想：为了把握它，我们必须理解我们的哲学家关于所谓生成所形成的表象。因为各种各样 *861*
的基本存在状况本身在一切运动之前还绝不必然像阿那克萨戈拉所说的产生一切“事物种子”的绝对混合，这样一种混合在所有那些基本存在像在研钵中那样被捣碎并化成粉末，乃至于它们在那种混沌中就像在一个搅拌杯中被搅得乱七八糟之后，便被他想象为甚至连最小组成部分都被卷入的一种大混乱。你会说，这种混沌构想没有任何必要性；更应该说，大家只需要假设所有那些存在的随便哪一个偶然状态，但绝不是那些存在的无限分散状态；一种无序的并存已经足够，不需要混乱①，更不用说一种如此全面的混乱。那么，阿那克萨戈拉是如何发现这个棘手而复杂的表象的呢？正如已说过的那样，是借助于他对经验赋予的生成的理解。他首先从自己的经验中汲取了一个关于生成的最引人注目的命题，而这个命题又把那种混沌说作为自己的结论强加给自己。

对自然中发生过程的观察，而不是对以前哲学体系的回顾，使阿那克萨戈拉想到了**一切产生于一切**的学说：这是自然研究者的信念，建立在一种形形色色的，归根结底，自然是无限薄弱的归纳基础之上。他如此证明了这一点：如果对立面竟能产生于对立面，比如黑产生于白，那

① 在这里，尼采利用“并存”（Nebeneinander）和“混乱”（Durcheinander）的德文中都含有同一个 einander 玩了一个文字游戏。

么一切就都是可能的了；可是这发生于白雪融化成黑水之时。他这样来解释身体的营养：在食品中，肉或血或骨头的小小组成部分必然是看不见的，它们在提供营养时被分离出来，与身体里的同类物结合。可是如果一切都能从一切生成，液体生成固体，软生成硬，白生成黑，面包生
862 成肉体，那么一切就必然被包含在一切之中。这时候，事物的名字只表达一种实体对往往以无法察觉的较小量出现的其他实体的优势。在金子中，也就是说，在人们 *a potiore*① 用“金子”之名来命名的东西中，必然还包含银、雪、面包和肉，但是占十分微小的份额，整体是按照占优势的份额，按照金的实体，命名的。

但是一个实体怎么可能占优势，以比其他实体的拥有量更大的量填充一物呢？经验表明，这种优势只有通过运动才逐渐产生：优势是我们通常称为生成的一个过程的结果；而一切在一切之中，却不是一个过程的结果，而是与之相反，是一切生成、一切运动状态的前提，因而在一切生成之前。换言之，经验告诉我们，同类物比如通过饮食不断被输送到同类物那里，也就是说，同类物起初不在一起，不是抱团，而是分开的。更应该说，在眼前的经验过程中，同类物总是从非同类物中被提取出来，被移至他处（比如，通过饮食，肉的粒子从面包中提取出来等）。因此，不同实体的杂乱是事物构造的更早形式，时间上在一切生成和运动之前。也就是说，如果一切所谓生成都是一种分离，而且以混合为前提，那么就会有这样一个问题：这种混合，这种杂乱，原先必然是一种什么样的程度？尽管过程是一个从同类物到同类物的运动，生成已经持续了漫长的时间，但是人们还是认识到，即使现在，万物中也还是如何包含着所有在等待分离的其他事物的残余和种子，以及如何只是时不时
863 地有一种优势形成；原始混合必然是一种完全的混合，也就是说，可以是直到无限小微粒的混合，因为分解耗费无限的时间。在此过程中，有一种思想被严格遵循：有本质存在的一切是无限可分而又不失其特性的。

根据这些前提，阿那克萨戈拉想象世界的原始存在大概就像无限小

① 拉丁文：以更充分的理由。

的实心点构成的一个尘粒，其中每个点都特别简单，只具有一种质，但是每一种特殊的质都体现在无限多的个别点中。亚里士多德考虑到，这样的点是一个与自己各个部分同类的整体所包含的互为同类的各个部分，他将这样的点叫做 *Homoiomerien*①。但是如果把所有这样的点、这样的“事物种子”的原始杂乱和阿那克西曼德的那种原始材料相提并论，那就大错特错了；因为后者，所谓的“不确定者”，是完全单一、独一无二的一团，而前者则是各种材料的一个集合体。虽然你可以把各种材料的这种集合体说成与阿那克西曼德的“不确定者”是一回事，正如亚里士多德所为；它既不能着成白色，也不能着成灰色、黑色，以及其他任何颜色，它无味、无臭，而且作为整体一般都在量与质上是不确定的：大体上达到了阿那克西曼德的不确定者与阿那克萨戈拉的原始混合的一致。但是，除了这种消极的一致之外，它们之间的积极区分在于，后者是聚合的，前者是“一”。阿那克萨戈拉至少通过他对混沌的假设而大大超过了阿那克西曼德，以至于他不必由“一”推导出“多”，由存在者推导出生成者。

当然，在他的种子大混合中，他不得不允许一个例外：奴斯在当时没有，现在一般而言也没有混合到物中。因为即使它只是混合到一种存
在者中，它也必然处于无限的分散状态中，处于万物之中。这种例外在 *864*
逻辑上是最靠不住的，尤其在以前所描述的奴斯之物质性方面，它有某种神话的东西，显得很随意，但是按照阿那克萨戈拉的前提，却是一种严格的必然性。顺便说一下，精神像任何其他材料一样无限可分，只是在分离时不是通过其他材料，而是通过自己来分离，又时而大时而小地聚合起来，它永远有自己同样的量和质：而在当下时刻，在整个世界上，在动、植物和人身上是精神的东西一千年前也是这东西，不多也不少，尽管分布得不一样。但是在它与另一实体有关系的地方，它从未被混合到该实体中去，而是自动地抓住它，随意移动它、推动它，简言之，就

① 这个词可以翻译成“要素粒子”。按照亚里士多德的说法，这个术语是阿那克萨戈拉用来表示任何质的最小要素的。它没有出现在阿那克萨戈拉流传下来的文本中，所以它也许是后来的哲学家想出来的。

是支配它。它独自在自身中有运动，也独自支配世界，并且通过移动实体粒子表明这种支配权。但是它把它们移向何方？还是可以想象没有方向、没有路径的运动呢？精神在其冲撞中有如想在什么时候冲撞就冲撞，想在什么时候不冲撞就不冲撞那样随意吗？简言之，是偶然性，也就是最盲目的随意性，支配着运动内部吗？正是在这个界限上，我们撞见了阿那克萨戈拉表象领域内最神圣的东西。

17

在原始状态那种混沌杂乱中，必然在一切运动之前发生了什么，才能没有任何新实体、新力量的增长而从混沌杂乱中，生成现在这个世界，有着有规则的天体轨道，有着有规律的季节、时辰形式，有着丰富多彩的美和秩序，总之，才能由混沌生成一个宇宙呢？这只能是运动的结果，
865 不过是一种睿智地安排好的特定运动。这种运动本身是奴斯的手段，奴斯的目的应该是要完全排除同类，一个迄今为止尚未达到的目的，因为起初的无序和混合是一种无限。这个目的只能借助一个非同小可的过程去争取，无法靠神话的魔棍一蹴而就：一旦在一个无限遥远的时刻，这个目的被达到，所有同类物汇聚到一起，这时候，原始存在物在未分开的状态中一个挨着一个，按美的秩序排列，如果每颗粒子都找到其同伴和家乡，如果在各实体的大规模分散、分裂之后出现大和平，不再有分裂、分散的东西，那么奴斯就会又回到其自我运动中，甚至不再在分散状态中，以时大时小的组合，作为植物精神或动物神漫游世界，而是惯于居留于另一种物质中。在此期间，任务还没有终结：但是奴斯为了完成任务而设想的那种运动，表明了一种令人惊讶的合目的性，因为正是靠这种合目的性，在每一个新的瞬间，任务都会更多得到解决。也就是说，它具有螺旋式同心圆周运动的特点：在混沌式混合的某个点上开始，这种圆周运动，以一种小旋转的形式和越来越大的轨道，横跨一切现有的存在，到处都把同类物抛向同类物。首先，这种滚动的旋转使所有稠密者加入稠密者，所有稀薄者加入稀薄者，同样使所有暗、明、湿、干者加入各自的同类：在这些一般类别之上，还有两个更包罗万象的类别，即以太，也就是说，暖、明、薄的一切，和气，指暗、冷、重、坚固的

一切。通过以太和气体的分离，作为以越来越大的圆周滚动的轮子继而产生的效应，形成了类似于有人在静止不动的水域中搅起一个旋涡时的那种情形：受重的成分被搅到中间，挤在一起。同样在混沌中由薄、明 866
的以太成分向外，由云雾般湿、重的成分向内，形成那种不断扩展的水龙卷。然后，在这个过程的持续进行中，水从那种在内部聚集在一起的气体中分离出来，从水中又分离出土，但是在可怕的严寒作用下，从土中分离出岩石。另一方面，有些石块在旋转的重力作用下，一下子从土中被撕扯出去，被抛入热、明的以太中；在那里，它们在以太的火元素中被灼红，在以太的圆周运动中随着一起旋转，它们放射出光芒，作为太阳和星辰照耀、温暖着本身黑暗而寒冷的大地。整个构想令人不可思议地大胆而质朴，毫无笨拙的拟人化目的论成分，人们往往把这种目的论和阿那克萨戈拉的名字联系在一起。那种构想的伟大和引以自豪之处恰恰在于，它从运动的圆周推导出生成中的整个宇宙，而巴门尼德则把真正的存在者看成是一个静止的、死亡的球体。一旦那个圆周被推动，一旦奴斯使它滚动，那么世界的所有秩序、规律和美都是那第一推动的自然结果。如果我们责备阿那克萨戈拉在这种构想中流露出对目的论的明智包含，蔑视地谈论他的奴斯，就像在谈论 *deus ex machina*① 一样，那么我们就太冤枉他了。更应该说，阿那克萨戈拉恰恰因为消除了神话和有神论的奇迹干预，消除了拟人化的目的和功用，本来是可以使用康德在《自然通史与天体理论》中所说的那种豪言壮语的。但是，把宇宙的那种壮美和星球轨道的神奇构建完全归结为一种简单、纯粹的机械运 867
动，差不多归结为一种动态的数学图形，也就是说，不是归结为一个机械之神的意图及其干预之手，而是仅仅归结为一种震动波，这难道不是一种出类拔萃的思想吗？这种震动波一旦开始，就有必然和确定的行程，就产生实际不是却又相似于敏锐头脑最智慧的算计和最深思熟虑的合目的性的效应。康德说："我享受着喜悦，因为我看到，在没有随意虚构的情况下，由于确定的运动法则而产生了一个井然有条的整体，它看上去

① 拉丁文：解围之神。直译为"出自机械之神"，希腊戏剧中的用语。

如此相似于我们的世界体系，以至于我禁不住把它们同当成了同一体系。在我看来，人们会在此以一定的理智，毫不狂妄地说：给我物质吧，我要用它建造一个世界！”①

18

但是现在，即使假定那种原始混合是正确推断，似乎也首先会有一些来自力学的疑虑不利于那个建造世界的伟大构想。因为即使精神在一个地方造成一种圆周运动，同一运动的继续还是十分难以想象的，尤其因为它应该是无限的，而且逐渐把所有现存的聚合体到处播撒。人们会从一开始就猜测，所有剩余物质的压力肯定要压坏这个几乎还没有产生的小小圆周运动；这种情况没有发生，这从起推动作用的奴斯角度出发，假定了这样的前提：奴斯突然以可怕的力量开始，迅雷不及掩耳，若我们称此运动为旋涡，无论如何都不过分：德谟克利特同样想象了这样一种旋涡。而因为这个旋涡必然无限强大，为的是不受它所承受的具有无
868 限性的世界的阻碍，所以它将无限迅速，因为强大最初只能在速度中显现。另一方面，同心圆越大，这个运动就会越慢；一旦运动可以达到无限伸展之世界的尽头，那么它必定已经有了无限小的旋转速度。反之，如果我们在运动最初开始时把运动想象得无限大，也就是说无限快速，那么这个原初的圆周也肯定曾经是无限小的；因此我们有一个围绕自身旋转的点作为开端，它有着一种无限小的物质内容。可是，这个点根本不会解释接下来的运动：我们甚至可以想象，原始聚合体的全部小点都围绕自身旋转，但是整个聚合体保持不动、不分离。另一方面，如果那个被奴斯旋转的无限小的物质点不被推动着自转，而是切换一个想多大就有多大的圆周，那么这就已经足以冲撞、推动、投射其他的物质点，并让其弹回，如此逐渐造成一个移动中蔓延的混乱，在其中，作为紧接着的结果，肯定会发生气体和以太的那种分离。正如运动开始本身是奴斯的一种随意行为一样，在第一个运动切换成所选半径任意大于一个点的圆周的情况下，这种开始的方式就也是一种随意行为。

---

① 参见康德《自然通史与天体理论》，学院版，I，225～226、229～230页。

19

在此，我们当然会问，当时奴斯如此突然地产生了什么样的想法，要从那无数的点中冲撞一个随意的物质小点，让它在旋涡的舞蹈中到处旋转呢？奴斯为什么以前没有产生这种想法？对此阿那克萨戈拉会回答
说：奴斯有随意专断的特权，它可以一下子随意开始，它取决于自己， 869
而所有其他事物都是由外部决定的。它没有义务，因此也没有被迫追求的目的；一旦它开始了那种运动，为自己设定一个目标，那么这不过是——要说出答案很困难，赫拉克利特会说完这个句子——一场**游戏**而已。

这似乎始终是希腊人游走在嘴边的最终解答或答复。阿那克萨戈拉其人是一位艺术家，而且是最不同寻常的力学、建筑艺术天才，用最简单的手段开创出最了不起的形式和道路，几乎创立了一种动态建筑学，但毕竟来自艺术家心灵深处的那种非理性的随意性。就好像阿那克萨戈拉指向斐狄亚斯，面对宇宙这个庞大的艺术作品，有如在帕特农神殿前面一样冲着我们大喊：生成不是一种道德现象，而只是一种艺术现象。亚里士多德讲述道，阿那克萨戈拉回答了为什么生存对他很有价值的问题："是为了观察苍天和整个宇宙秩序。"他如此虔诚地对待物理事物，并带着我们站在古代神殿前油然产生的那种神秘的畏惧；他的学说成了一种无神论者的宗教修行，借助于 *odiprofanumvulgus et arceo*① 来进行自我保护，小心翼翼地在雅典最高尚、最高贵的社会中挑选自己的追随者。在雅典的阿那克萨戈拉追随者的封闭团体中，民间神话还只是作为一种象征性的语言被允许；所有神话、神祇、英雄在这里都只是被看成阐释自然的象形文字，甚至荷马史诗也该成为有关奴斯统治和 *physis*② 竞争与法则的规范颂歌。偶尔有一种声音从崇高的无神论者的社会中传到民间；而尤其是伟大的、任何时候都很鲁莽大胆的、求新的欧里庇得
斯敢于借助悲剧面具发出各种各样的呼声，这就像一枝箭一样穿透民众 870

---

① 拉丁文：我讨厌世俗的百姓，拒之于门外。引自贺拉斯《歌集》，第 3 卷，第 1 首，1 行。

② 拉丁文拼写的古希腊文：自然。

的感官，他们只有借助于滑稽的漫画和可笑的新阐释才摆脱得了这支箭。

但是，阿那克萨戈拉最伟大的追随者是伯里克利，世界上最强大、最威严的人；而恰恰是关于他，柏拉图作证说，只有阿那克萨戈拉的哲学使他的天才得以翱翔。当他作为公共发言人站在他的民众面前时，他就像一尊大理石的奥林匹斯神像一样，一动不动，有着刚性的美，现在他开始说话，平静地，裹在褶裥挺括的大衣里面，面部表情凝固，不带微笑，用一成不变的坚定声调，也就是说，完全不同于狄摩西尼①，他是在以他的伯里克利方式，发出电闪雷鸣，既摧毁又拯救——这时候，他是阿那克萨戈拉式宇宙的缩影，是为自己建造了最美、最尊贵外壳的奴斯画像。伯里克利几乎是精神的一种不受制约之艺术力量的铁定化身，能营造，能驱动，能淘汰，能料理，能高屋建瓴。阿那克萨戈拉本人说过，人之所以成为最理性的生存物，或者因此而必然内心拥有比所有其他生存物更丰富的奴斯，那是因为人具有就像手一类值得赞美的器官；他由此而得出结论，那种奴斯总是按照其占有的一个物质体的大小和体积，用这种物质来建造与它自己的量级相适应的工具，因而如果它以最丰富的量级出现，那么这工具就是最美、最合目的性的。而正如当时因为精神还是尚未分裂的一体，所以奴斯最神奇、最合目的性的行为必然是那种圆形的原始运动一样，伯里克利演讲的效果对于正在倾听的阿那克萨戈拉来说，往往显得是那种圆形的原始运动的譬喻图像；因为即使在这里他也首先感觉到一种具有可怕力量、有序运动的思想旋涡，以同
871 心圆逐渐席卷、裹挟走最近和最远的一切，而当它抵达终点时，它已有条有理地改造了全体国民。

古代以后的哲学家们对阿那克萨戈拉使用其奴斯来解释世界的方式感到很奇怪，甚至不能原谅；他们感觉就好像他找到了一种绝妙的工具，却并不真正明白，他们就竭力弥补发现者错过的东西。也就是说，他们没有认识到，阿那克萨戈拉那种倾注了自然科学方法最纯粹精神的

① 狄摩西尼（公元前384—前322），古希腊政治家、伟大的雄辩家。

放弃具有何种意义，这种放弃就是在任何情况下都尤其是提出某物何以（*causaefficiens*①）存在，而不是某物为何（*causafinalis*②）存在的问题。奴斯只是阿那克萨哥拉牵强附会地用来回答“何以有运动，何以有规律性运动”的问题的；可是柏拉图指责他说，他本该表明却未表明，每件事物都以自己的方式在所在地点处于最美、最佳、最合目的性的状态。但是，阿那克萨戈拉是不会敢于以个别情况来断言这一点的，对于他来说，现存的世界根本不是可以想象的最完美世界，因为他看到物物相生，发现奴斯对实体的分离既没有在世界已经充实的空间的尽头，也没有在个别生存物中完成和了结。对于他的认识来说，发现一种在简单的进一步作用中，从一种全然混合的混沌中，能创造出可见秩序的运动，就已经完全够了，（他）大概避免提出“为何”运动、运动的合理目的之类的问题。因为如果奴斯不得不通过运动来实现一个本质上必要的目的，那么它就不再处于随时开始运动的随意性中了；只要奴斯是永恒的，它
就不得不永远取决于这个目的，这时候就不允许有任何一个没有运动的 872
瞬间，为运动假设一个起点甚至在逻辑上也是不允许的：从而这时候原始混沌的设想，阿那克萨戈拉全部世界阐释的基础，也同样在逻辑上会是不可能的。为了避免目的论创立中的这些困难，阿那克萨戈拉不得不最强烈地强调和申明，精神是随意的；所有精神行为，甚至那种原始运动的行为，都是“自由意志”的行为，而另一方面，整个其他的世界都是按照那个原始瞬间，在严格规定的情况下，而且是在以机械方式规定的情况下构成的。但是那个绝对自由的意志大概只能根据儿童游戏或者艺术家的游戏冲动被看作是无目的的了。如果我们指望阿那克萨戈拉也有目的论者通常有的混乱，那就错了，目的论者为非同寻常的合目的性，为尤其在有机体中的局部与整体的统一，而感到惊讶，就假定：凡是智力认为存在的东西，也是通过智力引进的，凡是智力在目的概念引导下实现的东西，从性质上讲也必然是通过思考和目的概念来实现的。（叔本华《作为意志和表象的世界》，第二卷，第 373 页）但是，如果按照阿那

① 拉丁文：有效因。
② 拉丁文：终极因。

克萨戈拉的方式去思考，事物的秩序和合目的性则相反，不过是一个盲目机械运动的直接结果；而且只是为了能引起这种运动，为了某个时候一下子走出混沌的死寂，阿那克萨戈拉假设了随意的、独自取决于自身的奴斯。他恰恰看重奴斯所具有的这种随意性特点，也就是说，能够无限制地、不定性地、既不受原因也不受目的引导地发挥效应。

论道德外意义上的真理与谎言

1

在闪闪发光地浇铸成无数太阳系的宇宙中的某个偏僻角落，曾经有 875
一颗星，星上面的聪明动物发明了认知。这是“世界史”最傲慢、最有欺骗性的瞬间，但仅仅是一瞬间而已。待大自然稍作呼吸后，这颗星僵化了，聪明的动物不得不死掉。——于是某人可以杜撰出一个寓言，却还是不足以说明，人的智力在本性上显得多么可怜，多么虚幻和短暂，多么毫无目的和随意；有永恒，但它却不在永恒中；如果它又逝去，那就将是什么都没有发生过。因为对于那种智力来说，没有引导它超越人类生命的进一步使命。它不过是人性的一部分，只有它的拥有者和制造者才如此充满激情地对待它，好像世界之轴在它那里转动一样。可是，如果我们能与蚊子互相沟通，那么我们就会获悉，蚊子也带着这种激情遨游在空中，感觉这个世界的飞行中心就在自己这里。没有任何不靠着那一点点认知力量之气便立刻像胶皮管一样被吹胀起来的东西生性如此卑鄙、渺小；而正如任何搬运工都想要拥有其赞美者一样，最骄傲的
人——哲学家干脆打算看到，整个宇宙的目光都从四面八方像望远镜一 876
样盯着他的行为和思想。

值得注意的是，智力实现了这一点，但它恰恰不过作为辅助手段被附加给最不幸、最脆弱、最昙花一现的生存物，用以在生存的瞬间逮住他们；要不然，没有那种附加物，他们就会完全有理由像莱辛的儿子一

样迅速逃离生存。[1] 那种与认知和感觉相联系的自负，给人们的眼睛和感官蒙上一层迷雾，由于它自己带有关于认知本身的最讨好的评价，因而在有关生存价值的问题上欺骗了他们。它的最普遍作用就是欺骗——但是甚至连最个别的作用也本来就有某些相同特性。

智力作为个体保存的一种手段，在伪装中展开自己的主要力量；因为伪装是不太强壮的较弱个体保存自我的手段，作为弱者，它们无法用犄角或者猛兽利齿进行生存斗争。在人那里，这种伪装术达到了登峰造极的程度：那里有招摇撞骗、阿谀奉承、谎言欺诈、背后伤人、空讲排场、欺世盗名、伪装遮掩、一贯掩饰、自欺欺人演戏，总之，围绕着虚荣这一火苗不断飞来飞去已经如此程度成为规则和法则，以至于几乎再也没有什么比一种诚实、纯粹地追求真理的冲动竟会出现在人们中间更令人费解的了。他们深深沉浸在幻觉和梦幻图像中，他们的目光只是在事物表面来回滑动，看到了"形式"，他们的感觉无处通向真理，而是满足于接受刺激，几乎是在事物背上玩一种触摸游戏。而且人一生都允许
877 自己在夜间睡梦中被欺骗，他的道德情感也从未试图去阻止这一点，虽然据说有借助坚强意志克服打鼾的人。人真有几分了解自己呀！是啊，他能哪怕有那么一次，就像在一个照明的玻璃柜里被展示一样，完全感知自己吗？难道大自然不是就连关于他自己的身体都最大程度地向他隐瞒吗？这无非是要在远离肠子蜿蜒盘绕、血液急速流动、纷繁纤维微微颤动的地方，把他诱入并锁闭在自负而又故弄玄虚的意识中！大自然把钥匙扔掉，让倒霉的好奇心见鬼去吧！它只能从意识之屋的门缝里朝外看，朝下看。现在它感觉到，人在自己无知的冷漠中，靠无情、渴求、贪婪、凶残来支撑，仿佛在睡梦中悬挂在虎背上一样。在这种状况下，整个世界上的真理冲动缘何而来！

就个体想要在其他个体面前保存自己而言，它在事物的一种自然状态中使用智力，主要只是为了伪装，可是同时，人又由于需要和无聊而愿意在社会中、人群中生存，所以他需要缔结和约，致力于至少让最恶

---

[1] 在一封著名的致约翰·尧西姆·艾兴堡的书信（1778年12月31日）中，莱辛叙述了他的新生儿之死："他如此明白这个世界，以至于一有机会就逃之夭夭。"

劣的 *bellum omnium contra omnes*① 从世界上消失。但是，缔结和约却随之带来了看上去像是实现那种谜一般真理冲动的第一步的东西。现在，从今以后应该成为“真理”的东西被固定下来，也就是说，常规有效、有约束力的事物名称被发明出来，语言的立法也立下第一个真理法则，因为这里第一次出现了真实与谎言的对照：说谎者使用有效的名称、言词，要使不实在的东西显得实在，比如，他说，我是富有的，而对于他的状况恰恰“贫穷”会是正确的说法。他通过随意替换甚至颠倒名称而 *878*
滥用了固定的惯例。如果他以自私自利且带来损害的方式如此行事，那么社会就不会再信任他，将因此而排斥他。这时候，人们与其说逃避受骗，毋宁说逃避被欺骗所伤害。归根结底，在这个阶段上，他们甚至并不憎恨欺骗，而是憎恨某些某些种类的欺骗所造成的有敌意的恶劣后果。在一种类似的有限意义上，人甚至只要真理。他渴望真理那种受欢迎的、保存生命的后果；对纯粹的、没有后果的认知他感到无所谓，对也许有害的、破坏性的真理甚至怀有敌意。此外，语言的那些惯例怎么回事？它们也许是认知的产物，真理意识的产物：名副其实吗？语言是所有现实的恰当表达吗？

只有通过健忘，人才能误以为会实现这一点，即拥有一种上述程度上的真理。如果人不想满足于同义反复形式上的真理，即不想满足于空洞的外壳，那么他就将永远拿幻觉来替换真理。一个词是什么？一个神经刺激的声音图像。但是，由神经刺激进一步推断出外在于我们的一个因，这就已经是错误而不合理地运用原因原理的结果。如果只有真理在语言起源中、只有确定性的观点在命名时起决定作用，那我们怎么可以说石头是硬的，好像我们在其他情况下已经了解到“硬”了，不只是作为一种完全主观的刺激！我们按照性来划分事物，我们称树为阳性，称植物为阴性：多么随心所欲啊！超出确定性的规范有多远啊！我们谈论一条蛇，这个名称不过是指蜿蜒迂回，也可以指蠕虫。多么随意的界定！多么片面的偏爱！一会儿喜欢一个事物的这个特点，一会儿喜欢它的那 *879*

① 拉丁文：所有人对所有人的战争。

个特点！互相并存的各种语言表明，对于说话来说，重要的绝不是真理，绝不是一种恰当的表达方式，因为否则就不会有这么多语言了。“自在之物”（毫无结果的纯粹真理就会是这个样子）甚至对其塑造者来说也是完全不可理解的，根本不值得追求。他只描述了事物与人的关系，借助最大胆的隐喻来帮助对这些关系的表达。首先把神经刺激转换成图像，第一个隐喻！接着是图像又被声音所模仿！第二个隐喻。而每次都完全跃过一个领域，正好进入到一个完全不同的新领域中间。我们可以设想一个全聋的人，从来没有声音感和音乐感：他多么惊讶地看着沙盘里的克拉德尼①声音图形，在琴弦的震动中找到其原因，然后就会发誓，他现在一定要知道人们把声音称为什么，我们大家就是以这种方式对待语言的。当我们谈论树木、颜色、雪和鲜花时，我们以为对这些事物本身知道了些什么，却不过是拥有了对事物的隐喻，它们完完全全不符合原始的客观实体。正如声音作为沙子图形出现一样，自在之物的神秘X首先显现为神经刺激，然后显现为图像，最后显现为语音。因而语言的产生无论如何也不是按逻辑进行的，而语言这整个材料，后来诚实无妄的人、研究者、哲学家都在其范围内用其行事与建构，其来源若不是幻境，也肯定不是事物的本质。

还是让我们专门考虑一下概念的形成吧：每一个词立即成为概念，是由于它恰恰不应该，比如，为它的产生所归功于的那种完全个体化的一次性原始经验充当记忆，而必须为了多少有点相似的，也就是说，严
880 格说来绝非同样的无数情况而同时适合于完全不一样的情况。每个概念都是通过把不同事物等同起来而产生的。毫无疑问，一片树叶绝不完全等同于另一片树叶；毫无疑问，树叶的概念通过随意地对这些个别差异不予理睬，通过对差别的遗忘，而形成和唤起想象，好像在自然中除了树叶外，有差不多作为原始形式的“树叶”，所有树叶都是按照这个形式，由笨拙的手编织、绘制、琢磨、着色、打褶子、上油彩做成的，以

---

① 恩斯特·佛罗伦斯·弗里德里希·克拉德尼（1756—1827），德国物理学家、音乐家。他使声音的振动影响沙盘上的沙粒形成各种图形，这种图形以他的名字命名，叫做克拉德尼声音图形。

至于没有一个样本最终正确而可靠地作为原始形式的忠实摹本而出现。我们说一个人诚实；我们问：为什么他今天表现得如此诚实？我们的回答通常是：因为他诚实。诚实！这又意味着：树叶是诸树叶的原因。我们甚至对于一种叫做诚实的本质一无所知，但是大概了解无数个体化的本质，因而就了解我们通过略去不同事物而等同的不同行为，现在我们就把这样的行为称为诚实的行为；最后，我们用“诚实”这个名来表达这样的行为所包含的一种 *qualitas occulta*①。

对个体和实在事物的忽视赋予我们以概念，就像这也赋予我们以形式，而自然不认识形式和概念，也同样不懂范畴，只知一个我们无法企及、无法界定的 X。因为甚至我们的个体与类之间的反差也是拟人化的，并非源于事物的本质，尽管我们不敢说这种反差不符合事物的本质：当然，这会是一种教条主义的说法，作为这样的说法，它和它的对立面一样都是无法证明的。

那么，什么是真理呢？一大堆动态的隐喻、移情、拟人化，总之是人类关系的总和，被诗意地、注重修辞地拔高、改写、修饰，经历长期使用后，在一个民族那里被认为是稳定的、规范的、有约束力的了：真
理就是人们忘记其是幻觉的幻觉，是变得破旧而无感性力量的隐喻，是 881
没有了自己上面的图像、现在被当做金属而不再被看做硬币的硬币。我们始终还不知道，真理冲动缘何而来，因为迄今为止我们只是听说社会为了生存而提出的求真义务，也就是说，使用通常的隐喻，那么在道德上的表述就是：根据一个固定习俗来说谎、成群结队地以一种对所有人都有约束性的方式来说谎的义务。当然，人类现在忘记了，他面对的情况就是如此；他无意识地、按照上百年的习俗用上述方式说谎——正是通过这种**无意识**，正是通过这种遗忘，实现了真理的感觉。由于感觉到有义务把一个事物称为红色的，把另一个事物称为冷的，把第三个事物称为哑的，于是就产生一种与真理有关的道德冲动：从没有人信任、所有人都拒之门外的说谎者的对立面出发，人类向自己表明了真理的尊贵

① 拉丁文：隐藏的质。

性、可信性、有用性。现在人类将其行为作为**理性的**活动置于抽象概念的统治之下：他再也无法忍受被突然的印象和直观所吸引，他先是把所有这些印象概括为较少色彩、较为冷漠的概念，以便把其人生和行为的车辆套在它们头上。使人类高于动物的一切，都取决于这种使直观的隐喻挥发成为一种图解，也就是说，把一个图像化为一个概念；因为在那些图解领域内，从不可能靠直观的第一印象取得成功的事情却成为可能的了：按种姓和官阶建立起一种金字塔式的秩序，创造一个由法律、特权、隶属关系、明确边界组成的新世界，这个新世界现在面对另外一个
882 直观的、第一印象的世界，也是一个更坚固、更普通、更闻名、更人性的世界，因而也是有调节性、指令性的世界。尽管每个直观隐喻都是个性化的，没有任何相同之处，因此总是善于逃避所有的分门别类，但是概念的宏伟建筑显示了一种罗马墓室的严格规则性，在逻辑中流露出数学那种独特的严格和冷静的气息。被这种冷静气息吹拂过的人几乎不会相信，甚至像骨头般僵硬、像骰子一样四四方方、又像骰子一样可以翻转的概念也只剩下当**隐喻的残留物**的份儿了；关于一个神经刺激艺术地转换成图像的幻想，即使不是每个概念的母亲，也是其祖母。但是，在概念的这种骰子游戏范围内，“真理”就意味着——按指定的方式使用每个骰子；精确地数出它的点来，构成正确的范畴，绝不违背种姓秩序和等级次序。正如罗马人和伊特鲁里亚人①用呆板的数学线条来为自己划分天空，把一个神幽闭在这样一个划定的空间，就像在一个 *templum*② 里一样，每个民族在自己的头上都有这样一片按数学方法划分的概念天空，而且现在把真理要求理解为，找任何概念之神都得到**它自己的**领域里去。在此我们一定可以把人类赞美为强有力的建设天才，他们成功地在动态的基础上，几乎就是在流动的水上，搭建起了一座无限复杂的概念大教堂；当然，为了在这种基础上找到立足点，它不得不是一座像蜘蛛丝一样的建筑，纤弱得可以被浪卷走，坚固得风吹不散。作为建设天才，人

---

① 古代意大利半岛中西部国家的人。

② 拉丁文：划界、天界。占卜者为观察鸟兆，在空中以棍所划之界限。也当神殿讲。

类自以为如此远高于蜜蜂：蜜蜂用它从自然采集的蜡建设；人用他不得不先用自身制造的远为纤弱得多的概念材料来建设。在这里，人是很值得赞美的——不过不是由于他的求真冲动、对事物纯粹认知的冲动。如果有人把一样东西藏在一堆灌木丛后面，刚好又到那里寻找，而且也找 883
到了，那么这种寻找、找到就没有很多可赞美之处了：可是，在理性领域内寻找、找到“真理”，不外乎就是这样的情况。如果我要下哺乳动物的定义，然后在参观一头骆驼之后宣告：瞧，一头哺乳动物，那么虽然一个真理被如此揭示出来，但是它的价值有限，我的意思是说，它是彻底拟人化的，一点都不包含脱离了人的“自在之真的”、实在的、普遍有效的东西。这种真理的探求者，归根结底，只是在寻求从世界到人的变形；他竭力把世界理解为人一样的东西，充其量只为自己争得了一种同化的感觉。类似于占星术士把星辰看作是为人服务的，和人的苦乐有关，这样的探求者也把整个世界看成是与人联系在一起的，看成一种原始声音“人”的无限破碎的回声，看成一种原始图像“人”的大量复制的映像。其方法是：把人作为衡量万物的尺度，但是他这样做就是谬误地相信，他是把这些事物当作眼前的纯粹客体来直接拥有的。也就是说，他忘记了作为隐喻的原始直观隐喻，把它们当成了事物本身。

只有通过忘记那种原始的隐喻世界，只有通过一种原本从人类原始想象能力中流出的由群像构成的火流的石化和凝固，只有通过战无不胜的信念，认为**这个**太阳、**这**扇窗户、这张桌子就是一种自在之真理，总之，只有通过人类忘记自己是主体，而且是**进行艺术创造**的主体，人类才能多少宁静、自信、坚定不移地生活；只要他能瞬间来到这种信念的牢笼之墙外面，那么他的“自我意识”马上就会消失。对人类来说，要 884
对自己承认，昆虫或鸟类感知了一个完全不同于人类的世界，而这两种对世界的感知中哪一个更正确的问题是一个毫无意义的问题，因为在这里不得不用**正确感知**的尺度，也就是用一个**不在场的**尺度来衡量。总之，在我看来，正确的感知——这大概意味着一种客体在主体中的恰当表达——似乎就是一种矛盾百出的不近情理：因为在主客体这两个截然不同的领域之间没有因果关系，没有对错，没有表达方式，而顶多只有一种审美行为，我是指一种暗示性的转换，一种变成另一门完全的外语的亦步亦趋又结结巴巴的翻译。但是，为此无论如何都需要一种进行自由创作的和自由杜撰的中间区域和中间力量。现象一词包含很多诱惑，所以我尽量避免使用它：因为事物的本质出现在经验世界中是不真实的。一个没有双手，但是想用歌来表达浮现在面前的图像的画家将在这种领域替换中解释的东西，始终还是要比经验世界对事物本质的揭示要多。甚至一种神经刺激同产生的图像之间的关系是一种本身并非必然的关系；但是如果同样的图像产生了上百万次，并且经过好多代人被继承下来了，甚至最后在整个人类中都以同因引起的结果出现，这样它终于为人类获得了同样的含义，好像它就是唯一必要的图像一样，好像原始神经刺激与流传下来的图像之间的关系是一种严格的因果关系似的；这就像一场梦，永远重复，就会被完全感受为现实、判断为现实。但是，一个隐喻的石化和凝固，根本就不保证这个隐喻的必要性和唯一合理性。

885 每个熟悉这些考虑的人无疑都对任何那样的唯心论感到深深的怀疑，一旦他十分清楚地相信了自然法则的永恒一贯、无所不在和不可缺乏，他就会经常怀疑；他得出了结论：在这里，在我们穿透到望远镜能及之高度、显微镜能及之深度的范围内，一切都如此可靠、如此广大、如此无限、如此合规则、如此没有瑕疵；知识将永远不得不在这个竖井中成功地挖掘，所有发现都将协调一致，互不矛盾。这与一种想象的产物有多么不同：因为如果它是想象的产物，那就必然在某处让人猜出假象和不实在。与之相反，我们可以这样说：如果我们每个人各自都有完全不同的感官感受，如果我们自身只要能时而作为鸟，时而作为虫子，时而作为植物来感知，或者我们中的一个人把同样的刺激看成红色的，另一个人则把它看成蓝色的，第三个人甚至把它听成声音，那不会有人谈论自然的这样一种合规律性，而会有人把它只理解为一种最主观的形象。那么，对我们而言，一种自然法则究竟是什么？它本身不为我们所知，我们仅知其效应，即它与其他自然法则的关系，而其他自然法则也仅仅作为关系才为我们所知。也就是说，所有这些关系总是仅仅一再彼此参照，从其本质看是我们根本无法理解的；只有我们外加上去的东西如时间、空间，即连续关系和数字，才是我们真正熟悉的。自然法则中让我们感到惊讶的一切神奇之处，要求我们做出解释，会诱惑我们对唯心论产生怀疑，然而这种神奇之处恰恰在于，也完全只在于时空表象的数学式的严谨和颠扑不破之中。可是我们是用蜘蛛必然结网的必然性在自我之中，用自我，产生出这些表象；如果我们不得不只按这些形式来理解万物，那么我们在万物中实际上也不过是理解了这些形式，这一点就不 886
再是不可思议的了：因为所有形式内都必然自带数字法则，而数字恰恰是事物中最令人惊讶的东西。在星球运行和化学变化过程中，给我们留下如此深刻印象的所有合规律性，归根结底，恰好符合我们自己赋予事物的特征，结果我们因此而给自己留下深刻印象。当然，与此相关联的是：我们心中的任何感觉随之开始的那种隐喻形成的艺术过程已经预设了那些形式，于是就在其中被完成；只有牢固地保持这些原始形式，以后一座概念大厦如何重新用隐喻本身被建造起来的可能性才能得到解释。也就是说，这座概念大厦就是在隐喻基础上对时间关系、空间关系、数字关系的一种模仿。

2

正如我们所看到的那样，在建造概念大厦的，原先是**语言**，后来是**知识**。知识如同蜜蜂同时建设巢室和用蜂蜜填满蜂巢小室那样，也不停地建设那种巨大的概念墓室——直观形象的墓地。它总是在建造更高的新楼层，支撑、清洗、更新墓室里的古旧小室，尤其努力填满那被搭建成庞然大物的建筑框架，把整个经验世界，即拟人化世界，按序排列其中。如果行为中的人已经把其生命绑定在理性及其概念上，以免被冲走，以免迷失自己，那么知识探求者则紧挨着知识塔楼建起了他的小楼，以便能协助做点什么，甚至在这座现成的堡垒下面得到庇护。而他需要保护，因为有不断攻击他、用刻有最不一样盾徽的完全不同种类的“真理”来反对知识真理的可怕力量。

那种构建隐喻的冲动，人类的那种基本冲动，人们一刻也不能在思 887
想中把它消除，因为这样就会在思想中把人类自己消除掉。由于一个正规、呆板的新世界作为为了这种冲动而建的堡垒，被用其经挥发而成的产物——概念建造起来，所以这种冲动没有被克制住，也几乎没有被制服。它为自己寻找一个新的活动领域和另一种渠道，并在神话中，尤其在艺术中，找到了目标。它通过提出新的移情、隐喻、换喻，不断搞乱概念的范畴和小室，不断表现出把清醒人的现存世界搞得如同梦境中世界一般色彩斑斓、不守规则、毫无后果、互不关联、魅力无限、永远崭新的欲望。甚至清醒人自身也只是通过那个呆板、规则的概念织物才明白他是清醒的，而正因为如此，一旦那个概念织物被艺术撕碎，他又相信自己在做梦。帕斯卡正确指出，如果我们每个夜晚都做同一个梦，我们就会关注它，就像关注我们每天看见的事物一样："如果一个手工业工人毫不怀疑，他每天夜里整整十二个小时都梦见他是国王，那么，我相信，"帕斯卡说，"他一定会像一个每天夜里都梦见自己是手工业工人的国王一样幸福。"一个从神话中获取灵感的民族，如古希腊人，其清醒的白天，由于神话所设想的那种不断发挥作用的奇迹，实际上比知识上清醒的思想者的白天更像梦境。如果任何一棵树突然会作为仙女说话，或者一个公牛外形的神会把少女们拖走，如果雅典娜女神突然被看见在庇西特拉图①的陪伴下驾着漂亮马车驶过雅典的闹市——而诚实的雅典人相信这一点——那么在每个瞬间，一切都像在梦境中一样是可能的了，而
888 整个自然都蜂拥在人的周围，仿佛它不过是众神的化装舞会而已，众神只是自娱自乐于以各种形态骗人。

但是，人本身有一种无法克服的上当受骗倾向。当吟诵诗人惟妙惟肖地向他讲述史诗故事时，或者当剧中演员扮演国王演得比现实显示的国王还像国王时，人们会高兴得像被施了魔法一样。智力，这位伪装大师，只要它能骗而不伤害，它就是自由的，被解除了它以前受到的奴役，于是它就庆祝它的农神节；它从没有比现在更享乐、更富有、更骄傲、更机敏、更鲁莽的了。它带着创造的愉悦，把隐喻抛撒得乱七八糟，挪动了抽象概念的界石，以至于比如把河流称为把人带到其平时的步行目的地去的动态之路。现在它抛开了奴役的标志：否则，它会以愁容满面

---

① 庇西特拉图（公元前605—前527），古代雅典的僭主（公元前561—前527）。

的殷勤努力给一个渴望生存的可怜个体指明道路和工具，它像一个为其主人出去抢夺战利品的仆人，现在自己成了主人，可以从脸上抹去穷困的表情。不管它现在做什么，与其过去的行为相比，一切都带有伪装，正如过去的行为本身带有扭曲一样。它复制了人生，但是把人生当作一件好事，似乎对人生很满意。穷困的人抓牢巨大的概念框架和概念板壁借以逃命，而那些框架和木板对于已经自由的智力来说，只是它的最大胆的艺术品的一种脚手架和一种玩具；而当它把框架打碎，抛撒得乱七八糟，很具讽刺意味地重新组合，把最陌生的东西组合在一起，而把最接近的东西分开时，它表明它不需要那种应对穷困的权宜之计：它现在不受概念而受直觉引导。从这些直觉出发，没有一条有规则的道路通向
幽灵般的公式化的、抽象概念的国度：用来称呼这些直觉的词尚未造出 889
来，人看到它们时就会哑然，或者用全然被禁止的隐喻和闻所未闻的概念组合，以便至少通过粉碎和讽刺旧的概念界限，创造性地符合当今强大直觉的印象。

在有些时代中，理性的人和直觉的人并肩站在一起，一个惧怕直觉，另一个对抽象概念进行嘲讽；后者无理性，如同前者无艺术性一样。二者都渴望主宰人生：前者的办法是善于借助未雨绸缪、聪明和合规律性来面对主要困境，后者的办法是作为“大喜过望”的英雄无视那些困境，只把伪装成外观和美的人生当成实在的。无论何时，也许就像在古希腊的情况那样，直觉的人比其对立面更有威力、更战无不胜地使用武器，那么在有利的情况下，就会形成一种文化，艺术对人生的主宰就会建立起来；那种伪装、那种对贫困的否认、那种隐喻直观的光芒，尤其那种欺骗的直截了当，伴随着这样一种人生的全部表达。房屋、步态、服装、陶罐都没有表明，是生计所需发明了它们；好像在它们一切之中有一种高高在上的幸福和一种奥林匹斯山的明朗，几乎有一种游戏被严肃地表达出来一样。尽管靠概念和抽象引导的人借助这些手段只抵挡不幸，不是强制自己从抽象中得到幸福，尽管他渴望尽可能从痛苦中获得自由，但是另一方面，直觉的人站在一种文化中间，除了抵挡不幸之外，已经从他的直觉中收获到一种不断涌入的明朗、喜悦和解脱。当然，他一旦

890 受苦就更强烈；他甚至更频繁地受苦，因为他不善于从经验中学习，一再跌入他曾经跌入过的同一个陷阱。于是他在痛苦中就像在幸福中一样无理性，他大喊大叫，却得不到安慰。在同样的不幸之下，从经验中获得教益、借概念来控制自我的斯多葛学派的人显得有多么不同啊！他，通常只是追求正直、真理、无欺和免遭诱惑袭击的自我保护，现在在不幸中完成伪装杰作，就像另一种人在幸福中完成自己的杰作一样；他没有长着一张颤动、感人的人脸，而是仿佛戴着一张有着尊贵的匀称特征的面具，他不喊叫，甚至连声音都不改变。当真正的暴风雨向他倾倒下来时，他把自己裹在大衣里，缓步在雨中离去。

对德国人的警告

我们想要被人听到，因为，我们是警告者，而警告者的声音总是对 893
的，无论警告者是谁，也无论声音从哪里响起；为此，作为攀谈对象的你们有权利来决定，是否要把你们的警告者当作诚实的和洞察一切的男人们来对待，这样的男人只因为你们身处险境才把嗓门提高，而发现你们竟然如此沉默、如此漠然、如此毫无所知，他们会震惊。但是，我们可以证实我们自己这一点：我们说的是肺腑之言，只有这样，我们所要寻找的，也就和你们的相一致了，即德意志精神、德意志之名的福祉和荣誉。

已经有人向你们报道过，去年五月在**拜洛伊特**庆祝了什么样的节日：需要在那里安放一块巨大的基石，好让我们把许多担忧永远埋在它底下，我们相信，这块基石最终让我们最高贵的希望得到确认——或者更应该说，就像我们今天不得不说的那样，是误以为得到确认。因为，唉！这当中有太多的幻想：现在，那些担忧依然存在；尽管我们绝非荒废了抱有希望的能力，但是我们今天的求救声和警告声要让人们明白，我们害怕多于希望。但是，我们的害怕是针对你们的：你们根本就不想知道发生了什么，或许，你们甚至出于无知而阻止什么事情发生。虽然如此无
知早就不合时宜了，在那位伟大、勇敢、不屈不挠的斗士**理查德·瓦格** 894
纳几十年来一直在几乎所有民族的高度关注下，为那些他在自己的拜洛伊特艺术品中赋予其最终、最高形式，以及一种无往而不胜的尽善尽美

的思想承担责任之后，甚至显得几乎是不可能的了。假如你们现在还阻止他只是发掘那个他执意要送给你们的宝藏：你们以为这样为你们自己达到了什么目的呢？恰恰是这一点，也必须反复地、公开而透彻地告诉你们，以便你们知道，该是干什么的时候了，而且别再随心所欲地扮演无知者的角色。因为，从现在起，外国将是你们所演戏中的法官和证人；在它的镜子中你们大概将能重新发现你们自己的形象，正如公正的后代总有一天会给你们画出来那样。

假设你们通过无知、怀疑、封闭、嘲弄、诽谤成功地把拜洛伊特山丘上的那座建筑物变成毫无目的的废墟；假设你们在不宽容的不情愿中甚至都不允许那部完成的作品成为现实，产生影响，为自己作证，那么，你们肯定害怕后人的评价，同样也害怕在同时代非德语世界眼前感到羞愧。假如在法国、英国或者意大利有这样一个男人，他不顾公共权力和公共舆论的压力，为剧院奉献出五部具有震撼风格、从北到南持续受到欢迎和欢呼的大手笔作品——假如这个男人高呼："现存的戏剧不符合民族精神，它们作为公开的艺术是一种耻辱！请你们来帮助我为民族的精神准备一席之地！"那么，难道所有的一切会不来帮助他吗？哪怕是仅仅出于荣誉感呢？真的！这里急需的不仅是荣誉感，不仅是对恶毒诽谤的盲目恐惧；在此，你们可以一同感受，一同学习，一同了解；在此，你
895 们由于决心协助而由衷地欣喜。你们所有的学科都被你们大度地用昂贵的试验工场装备起来：如果为德意志艺术大胆的、尝试的精神建造一个工场，你们还会无所事事地袖手旁观吗？现在，理查德·瓦格纳用"未来的艺术品"这个名字描述的思想成为真正的、可见的现实，你们能说出我们的艺术史上有哪一个瞬间能比现在提出过更重要的待解决问题，提供过更充分的机会来取得丰富经验吗？在德意志民族知情的代表眼前，那座四层的宏伟建筑《尼伯龙根的指环》，按照只有其创造者才能学会的节奏拔地而起，引导了怎样的一场思想、行为、希望和天赋的运动啊！这场运动延伸到最遥远、最能带来丰硕成果、最有希望的远方——你怎么想都可以！而且，如果波涛不久后重新退去，一切又都风平浪静，好像什么都没有发生一样，那么，无论如何，原因不会在于运动的发起人。

因为，如果归根结底完成这部作品不得不是我们的第一忧虑，那么，怀疑作为第二忧虑就会同样沉重地压在我们身上，我们不想被认为已足够成熟、足够做好了准备、足够易于接受影响，从而可以把那个无论如何都很巨大的眼前影响引向深度和广度。

我们认为已经注意到，凡在人们已经以及通常从理查德·瓦格纳作品中获得推动力的地方，到处都隐藏着我们文化的一个巨大的、繁殖力很强的问题；但是，假如人们总是从中仅仅获得对狂妄的吹毛求疵和冷嘲热讽的推动力，却如此难以获得对思考的推动力，那么，这偶尔会使我们想到令人羞愧的猜疑：是否著名的“思想家民族”也许已经江郎才 *896*
尽，而且，是否已经用狂妄自负取代了思想。仅仅为了避免人们把 1872 年 5 月的拜洛伊特事件同建立新戏剧混淆起来，为了在另一方面能够解释，为什么现存的戏剧不可能符合这次活动的思路，人们就不得不面对那些易被误解的异议啊：我们要耗费多少精力，才能使那些有意或无意对此盲目的人看清楚，“拜洛伊特”这个词涉及的不仅是一定数量的人，即对音乐有特别渴望的一族，而且涉及民族；甚至超越德意志民族的界限，向所有那些想要使戏剧艺术完美与净化并且理解了席勒的神奇预见——或许有朝一日，从歌剧会发展出一种更高贵形态的悲剧①——的人发出召唤，去让他们认真而有所为地参与。只要始终——哪怕仅仅出于荣誉感而——尚未荒废思考能力的人，肯定都把一种艺术活动作为**道德上**的重要现象来感受并加以促进。这种艺术活动在这个程度上被所有参与者具有献身精神的、毫不自私的意愿所支撑，而且，被以这些人严肃地说出的以下自白所神圣化：他们认为艺术很崇高、很值得尊重，尤其盼望德国音乐及其对民间戏剧的神圣化作用会极大地促进一种独特的、具有德意志特色的生活。让我们相信甚至还有一种更崇高、更普遍的东西：德国人只有在表明他现在很可怕，但是他**想通过其最高、最尊贵之艺术力量与文化力量的努力使人们忘记他曾经很可怕**的时候，他才会变得受人尊敬，给人带来祥和。

---

① 参见 1797 年 12 月 29 日席勒致歌德的信。

897 我们有责任在此时此刻，恰恰是此时此刻，在我们不得不要求竭尽全力来支持德国天才从事一个艺术壮举的时刻，向人们提醒我们的这个德意志使命。在我们这个激情年代里始终有认真思考的群体的地方，我们期待听到一阵快乐、同情的欢呼声；尤其对德国的大学、研究机构、艺术院校的呼吁不会白费，它们会分别或者共同根据所要求的支持做出声明：像同样情况下帝国议会和州议会中德国福利的政治代表那样，有重要的理由来思考，倘若政治激情、民族激情被强烈激发的欲望以及记录了我们生活面貌的那些幸福追求、享受追求之特征的欲望不会迫使我们的后代承认，我们德国人在终于重新找回自我时已经开始丧失自我，那么，这个民族现在比以往任何时候都更需要通过纯粹德国艺术的崇高魔力、崇高恐惧而实现的净化和神圣化。

图书在版编目（CIP）数据

尼采全集. 第1卷/（德）尼采（Nietzsche F. W.）著；杨恒达等译. —北京：中国人民大学出版社，2013.6
ISBN 978-7-300-17741-0

Ⅰ.①尼… Ⅱ.①尼…②杨… Ⅲ.①尼采，F. W.（1844—1990）-全集 Ⅳ.①B516.47

中国版本图书馆 CIP 数据核字（2013）第 141816 号

尼采全集　第1卷
悲剧的诞生
不合时宜的思考
1870—1873 年遗稿
[德] 弗里德里希·尼采　著
杨恒达 等　译
Nicai Quanji

出版发行	中国人民大学出版社		
社　　址	北京中关村大街 31 号	**邮政编码**	100080
电　　话	010－62511242（总编室）		010－62511770（质管部）
	010－82501766（邮购部）		010－62514148（门市部）
	010－62515195（发行公司）		010－62515275（盗版举报）
网　　址	http://www.crup.com.cn		
经　　销	新华书店		
印　　刷	涿州市星河印刷有限公司		
规　　格	150 mm×230 mm　16 开本	**版　　次**	2013 年 7 月第 1 版
印　　张	40.5 插页 2	**印　　次**	2023 年 9 月第 5 次印刷
字　　数	574 000	**定　　价**	99.80 元